華東政法大學

建校六十周年《法学》创刊五十六周年文丛

总主编／何勤华 杜志淳

法学的历史

第3卷

法理学·上卷

1981年-1995年

主　编／郝铁川 李桂林

副主编／张卓明 马金芳

法律出版社
LAW PRESS·CHINA

主编简介

郝铁川

1959年12月生，河南汲县（现卫辉市）人。华东师范大学历史学博士、中国社会科学院法学所博士后。现任中央人民政府驻香港特别行政区联络办公室宣传文体部部长，华东政法大学、山东大学等院校兼职教授、博士生导师，中国法律思想史学会会长，中国比较法学会副会长，中国国家法制讲师团成员。曾任华东政法学院法律系副主任、华东政法学院《法学》月刊社总编辑、华东政法学院副院长、上海市委宣传部副部长、上海市金山区区长、北京奥组委秘书行政部副部长。

代表论著：《周代国家政权研究》、《儒家思想与当代中国法治》、《市场经济与中国法律文化的变革》、《周礼与中国文化》、《中华法系研究》、《法治随想录》、《法治沉思录》、《法律是一种生活艺术》、《国家拐点》、《邓小平与中国民主法制人权》，在《中国社会科学》、《中国法学》、《法学研究》、《比较法研究》、《人民日报》、《光明日报》等报刊发表论文300余篇。

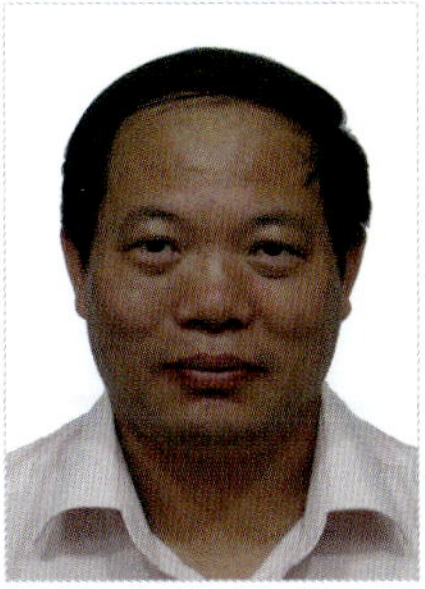

李桂林

1965年生，北京大学法学博士。华东政法大学教授、博士生导师。主要著作有《分析实证主义法学》、《西方法律思想史》，译著有《法理学——从古希腊到后现代》、《法律方法与法律推理》、《论法治——历史、政治和理论》，在国内核心刊物发表论文10多篇。

副 主 编 简 介

张卓明

1979年生。浙江大学法学本科、法理学硕士，中国社会科学院法学研究所法理学博士。现为华东政法大学法律学院副研究员、华东政法大学博士后流动站研究人员。

在《法学》、《法制日报》等报刊发表文章若干，合编《法理学：案例与图表》，译著有《民主与不信任：司法审查的一个理论》、《法律与解释：法哲学论文集》等。主持国家社科基金青年项目“选举权的法理研究”。

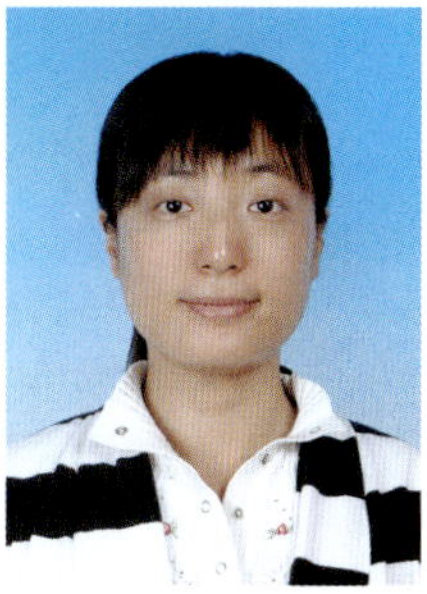

马金芳

1979年生，黑龙江省大庆市人。华东政法大学科学研究院副研究员。2003年获黑龙江大学法学硕士学位；2008年获中国人民大学法学博士学位。2003～2010年在黑龙江大学法学院工作，2010年至今在华东政法大学工作。

主要研究领域为法理学、社会法学。在《光明日报》、《法学》、《求是学刊》等核心刊物发表论文10多篇。主持国家社科基金青年项目1项、黑龙江省教育厅人文社科项目1项、中国人民大学博士论文创新资助计划。

解放思想是法学进步的原动力
（代总序）

1981年11月，由华东政法大学主办的《法学》复刊了。它的复刊，源自1978年年底的那场解放思想运动。

回顾新中国60多年的历史，我们可以清楚地看到，我们国家的发展，大体可以30年为时段分为前后两个阶段。前30年，我们党在治理国家的指导思想方面，出现了“左”的倾向。从“批武训传”、批俞平伯的红楼梦研究、批胡风“反革命集团”到1957年“反右”运动扩大化、1962年提出“以阶级斗争为纲”，直至1966年爆发“文化大革命”，“左”的思想不断升级，最终导致国民经济濒于崩溃、各项建设事业停滞、学术（包括法学）陷入一片沙漠状态。

1978年年底，中国共产党召开了十一届三中全会，实行改革开放之国策，社会各界解放思想，因而改变了整个中国的面貌，也迎来了法学研究的春天，导致了《法学》的复刊。自那时以来，我们也已经走过了整整30年。在这30年中，《法学》在上级部门的领导下，通过全体办刊人的持续努力，紧贴时代发展的脉搏，跟踪社会发展的前沿，及时回应法律界所遇到的热点和难点问题，发表了一大批高水平的作品，对我国的立法、执法和司法实践形成了重要的理论支持，在学术界乃至全社会产生了巨大影响力，推动了改革开放以后中国法律和法学的进步与繁荣。

在回顾总结《法学》30年历程，探索法学理论与法律实践互动之规律时，我们感受最深的一点就是，解放思想是法学进步、繁荣的原动力，没有中国的改革开放和解放思想，就没有中国法律和法学的今天，更没有《法学》的今天。

一

关于解放思想，邓小平同志有一个定义，就是“解放思想是指在马克思主义指导下打破习惯势力和主观偏见的束缚，研究新情况，解决新问题”。[①] 这个定义，包含了三个要素：（1）马克思主义的指导，讲的是政治立场和认识论、方法

① 《邓小平文选》（第2卷），人民出版社1994年第2版，第279页。

论;(2)打破习惯势力和主观偏见的束缚,这既包括政治体制上的,也涉及其他各个领域里的;(3)研究新情况、解决新问题,就是要跟上社会发展的步伐,与时俱进。因此,在某种意义上可以说,解放思想的精神实质就在于:一是说真话;二是实事求是;三是不唯书、不唯上;四是打破不合理的偏见和传统;五是在理念、观点和制度上创新。

30年来,《法学》就是贯彻了这一精神,解放思想,不断进步。其中,冲破政治上习惯势力和主观偏见的束缚,提高法学研究在我国政治体制改革中的贡献度,是《法学》首先关注的重点。众所周知,法律与政治紧密相关,法学研究也与社会的政治决策息息相关。要使法学研究对同时代的乃至以后的政治决策有所贡献,必须解放思想。换言之,法学研究在推动社会政治体制改革、回应社会重大政治问题时,如能解放思想、提出有真知灼见的建言建策,就会大大彰显法学研究的贡献。1982年春天,当我国立法机关将宪法草案提交全国人民讨论时,《法学》月刊社就召集各方面专家,就其内容进行广泛讨论,参与者有徐盼秋、潘念之、肖蔚云、高恭佑、浦增元、孔令望、陈云生、胡土贵、周天平等众多法学界知名人士。各位专家学者解放思想,破除禁忌,充分讨论,各抒己见。《法学》在第6期、第7期连续刊登了他们的建言建策,对我国宪法内容的确定产生了很大的影响。

1982年9月1~11日,中国共产党第十二次全国代表大会召开,大会通过的新党章明确规定:"党必须在宪法和法律的范围内活动。"但是,如何理解和执行党章的这一规定,许多党员甚至党的领导干部对此还存在许多疑问。当时,许多领导都曾提出了"到底是法大,还是党委大"的疑问;也有领导认为,规定党必须在宪法和法律范围内活动,就会束缚自己的手脚,妨碍开创新局面。针对党的十二大召开后社会上和党内存在的这些想法,《法学》1982年第11期刊登了楚云飞的文章《在宪法和法律范围内活动是党的一项重要原则》,系统阐述了党章这一规定的法理基础,强调我们必须解放思想,充分认识这一规定对推进我们执政党的建设和推动我国社会主义法制发展,全面开创社会主义现代化建设新局面的极其重要意义。

随着1992年10月12~18日党的十四大提出建设社会主义市场经济的改革目标后,我国市场经济发展迅速,宪法的许多规定就显得落后于客观形势的发展了,但是,真的要提出修宪的主张,在当时还是存在一定风险的。《法学》就在这一点上,以极大的理论勇气,于1992年第12期,以纪念宪法诞生10周年为契机,发表了评论员文章《修宪:市场经济发展的必然要求》。该文指出,修宪问题,无论从宪法学抑或法理学角度来看,应属技术性问题。然而,由于特定的历史条件，重提修宪问题，就不能不在某种程度上引起人们的高度警觉和重视。但是，社会主义市场经济的发展，出现了众多宪法上没有规定的事项。例如，“随着改革开放的不断发展，出现了多种经济形式并存的局面，特别是许多合营、合资、私营企业的出现，能否对这些经济形式进行保护，关系到改革开放能否向纵深发展的问题，而宪法对此并未规定”。同时，改革开放需要合法地出租、转让土地，而这一点也是宪法禁止的。因此，在适应社会主义经济发展和改革开放的历史要求下，1988 年，我们就对宪法进行了修改，允许私营经济形态的存在，以及取消了对土地出租和转让的禁令。现在，改革开放的进程和社会的发展，又一次需要我们对宪法做更大范围的、更大规模的修改，我们应当与时俱进，完成这一历史使命。在发表评论员文章的同时，这一期还刊登了孙潮、戚渊的《论确立市场经济的宪法地位》、李伟的《宪法权威论》、李步云的《不断完善中国人权的保障体系》等文章，对修宪涉及的各个领域的一些重要问题作了阐述。《法学》的这些文章，虽然发表在邓小平同志 1992 年南方讲话之后，但此时在我国，修宪问题还是一个禁区，因此，发表上述言论还是冒了一定政治风险的。

在法理学领域，关于法的定义这一核心问题，在新中国成立的前 30 年，基本上是“阶级斗争论”、“阶级意志论”一统天下。要冲破这一禁区，必须鼓足勇气，在法学理论上来一个大胆的突破。而在这方面，《法学》也走在了全国研究的前列。1986 年，《法学》在第 1 期《新年寄语慰读者》中，率先提出：“科学是没有禁区的，有禁区就不会有发展和深入。法学研究也是如此。”“近年来，我国法制建设和法学研究的现状表明，法学理论的研究正面临着改革和挑战，无论在内容和方法上都亟须有新的突破。”“我们认为，无论是基础法学还是应用法学的研究，都应该把焦点对准现实中涌现出来的或者是历史上没有解决的问题，应该重视和倡导‘问题法学’的研究。”

同期刊登的《中国法制报》政治评论部主任张宗厚的《对法的三个基本概念的质疑》一文，对现行的法的定义中三个核心命题——“法律是阶级社会特有的现象”、“统治阶级意志论”和“阶级性是法的唯一属性”进行了质疑，提出了不同观点，并予以系统阐述。同期还刊登了陈浩然的《对“质疑”的质疑》一文，与张宗厚文中的观点进行了讨论和争辩。《法学》1986 年的《新年寄语慰读者》和张宗厚、陈浩然文章的发表，在我国法学界激起了巨大的冲击波，给我们的思想以极大的震撼。因为直到 20 世纪 80 年代中期，上述从苏联引进的关于法的定义的三个核心命题，是我们熟悉并认为是天经地义的，几乎从未有人提出质疑。而张宗厚的文章则颠覆了我们的传统法学观，其震动不能说不大。而陈浩然的文章，虽然是对张宗厚观点的反质疑，阐述的力度相对小一些，但陈文给学术界带来的推进学术研究“百花齐放、百家争鸣”的贡献，则有目共睹。

在法学研究发展中，一直让我们法律人纠结的就是政治与法律的关系问题。而在阐述法律与政治之关系时，思想最为解放的文章，就是陈鹏生在《法学》1987年第1期发表的《没有法律的政治是危险的政治——法学研究的反思》一文。文中指出：“本来，政治和法律都是上层建筑的组成部分，相互作用，共同为自己的基础服务，是马克思主义的常理。但是，由于高度集权思想的影响，政治被强调到可以冲击，甚至代替一切的荒谬地步。政治与法律相互作用的关系，变成政治决定法律的关系。而按照‘左’的一套理论的逻辑推导，政治就是阶级斗争，阶级斗争就是敌我矛盾。于是服务于并决定于政治的法律，就只能是以阶级性作为自己的唯一的质的规定性，以‘阶级斗争的工具’作为自己的唯一职能了。以法作为自己研究对象的法学，当然也只能是‘阶级斗争’的[学问了]。”

作者认为，这种理论的后果，一方面，使法律失去了自己的独立性，唯政治需要决定自己的兴废存亡：政治安定时，法律成为民主的点缀；政治严峻时，一言可以废法，实际上是以“人治”代替了“法治”。另一方面，也把法律与阶级斗争捆在了一起，使法律与政治一起成为学术讨论和争鸣的禁区，“一旦涉及，就‘以言治罪’，出现‘文笔贾祸’，法学研究也就不复存在”。作者进一步指出：“我们的民主，首先是制度，然后才是干部的思想作风。否则民主就会随领导的喜怒哀乐而变样。因此，要政治民主化，就应该依靠法律制度，保障民主不会因领导人的改变而改变，也不能因领导注意力的转移而改变。我们的法学家，应该通过对法制建设深刻的历史反思，从理论上令人信服地告诉人们千万不要忘记一条历史教训：政治离不开法律，没有法律的政治，是危险的政治、灾难的政治。”因此，为了防止这一点，我们必须研究如何通过法律来保障公民权利义务一致性原则的确立和实施，以及这种意识的形成。

应该说，作者关于“没有法律的政治就是危险的政治、灾难的政治”的观点，不仅是对中国“重政治，轻法律”，崇尚“人治”，轻视“法治”之传统的深刻揭示和批判，而且也阐明了理顺法律与政治的关系，对防止历史悲剧的再次发生、建设社会主义法治的重要意义。应该说，在当时的环境下，没有思想的解放，是不可能有如此大的理论勇气提出这么尖锐和鲜明观点的。①

① 就在此文发表两年前，谢次昌在“论政治与法律的关系”一文中，还强调“政治与法律相比，政治总是处于主导地位，法律的制定和实施必须服从政治的需要”，载《法学》1985年第5期。

二

解放思想也促进了法学研究在我国经济体制改革中推动作用的发挥。1982年中期，随着我国改革开放的深入，社会主义经济体制转型，经济领域犯罪日益增多且形态各异，尤其是许多正常的经济活动和犯罪行为容易混淆，这对我国的法学理论研究和定罪量刑等都提出了严峻挑战。《法学》解放思想，敢于打破常规，使法学研究及其对司法实践的指导走在了全国的研究前沿。《法学》1982年第7期刊登的一组关于"职工受外单位聘用接受高额报酬是否构成犯罪"的讨论文章，就是突出的一例。

当时，随着打击经济领域犯罪的深入展开，不少单位和群众对一些在职的或退休的职工受外单位聘请、接受高额报酬的行为，向有关机关举发。当时政法机关内部对这类行为到底是否属于犯罪产生了很大分歧。而这种分歧，在1982年春上海某区人民法院受理检察机关诉上海某国营工厂的技术人员王某受贿①一案中获得了集中体现。从1980年起，王某私下接受外单位（自己的家乡奉贤县钱桥公社橡胶塑料厂）的委托，在业余时间，利用本单位的设备，从事产品试制并获成功。由此给钱桥公社橡胶塑料厂带来了巨大利润，王某也从该厂获取报酬3800余元。检察机关认为王某的行为已构成受贿罪，依照《刑法》第185条规定，予以公诉，要求惩处。在审判机关内部，有认为该定受贿罪的，有认为该定贪污罪的，有认为该定投机倒把罪的，有认为该定破坏经济秩序罪的，也有认为不该定罪的，等等，不一而足。《法学》抓住这一典型案例，组织专家进行深入讨论，最后一致认为，王某的行为虽有瑕疵，犯有错误，但还未构成犯罪，不该定刑。特别是，在改革开放的大背景下，为加快社会主义现代化建设事业，法律必须引导广大技术人员发挥自己的专长，多为国家做出贡献。而在此过程中，他们的劳动必须得到尊重，必须获得报酬，这不仅不是犯罪，而且是法律应该鼓励的行为。《法学》所发表的专家意见受到了司法机关的重视，不仅王某最终没有被定罪，而且对以后一些在职的或退休的职工受外单位聘请、接受高额报酬行为的评价也发生了良性变化。②

---

① 根据《法学》1983年第3期发表的龚介民的"重视韩琨案件中的法律与政策问题"和张传桢、铁犁的"韩琨案功与罪之争"，载郭道晖、李步云、郝铁川主编：《中国当代法学争鸣实录》，湖南人民出版社1998年版，第285页。王某的真名是韩琨，上海橡胶制品研究所助理工程师。

② 之后，《法学》还接连讨论了刘亨年、戴振祥等有罪还是无罪的案件。参见《法学》1987年第7～11期、1988年第10～12期。

当然,《法学》在经济领域发表学术观点,并有力地冲击了传统法律观点、推动了我国社会主义市场经济体制确立的最有影响力的文章是曹建明、钱富兴、顾长浩、李朝兴所写的《外商租用土地与经营房产业的理论与实践》。① 该文指出:"土地是一种重要资源,也是利用外资、引进技术、进行生产和经营活动的基本条件。""因此,发挥土地经济杠杆在对外开放中的积极作用,实行出租土地给外商从事综合性经济活动,并允许外商在我国购买和经营房产的政策,将涉及我国对外开放中土地和房产两个方面的法律问题,而其中地产业的问题又是最为关键的。""外商租用土地和经营房产业,可在相当的程度上解决开放城市建设资金不足、外汇不平衡的困难。"

文章接着阐述:实行出租土地给外商以及允许外商在我国购买和经营房产的政策,在目前还是一个非常复杂和严重的问题,比如,允许外商租用开放城市的土地,"是否会重演帝国主义在半殖民地旧中国建立租界的悲剧"? 作者认为,不会。因为"在对外开放中出租土地给外国投资者,与帝国主义在旧中国的租界是有本质区别的":不仅性质不同,前者是经济活动范围的概念,后者是政治主权的概念,而且产生的原因和条件也不同。作者接着进一步就外商租用我国土地问题的理论依据和法律依据进行分析。比如,出租土地的法律行为并不违背马克思主义的基本理论,也不违反我国的宪法和法律;各国关于外国人租用本国土地的法律制度及其在我国的实践;外商租用土地、经营房产与开放城市经济发展战略的协调;外商租用土地和经营房产业的法规及其协调;等等。

文章刊登后,在全国引起了很大反响。虽然也有一些不同的观点,认为文章提出的主张违反了我国 1982 年《宪法》第 10 条关于"任何组织或者个人不得侵占、买卖、出租或者以其他形式非法转让土地"的规定(因为此时宪法尚未修改),因而是违宪的。② 但大多数学者对文章的观点表示理解、支持和赞赏,认为文章回应了我国改革开放带来的引进外资、迅速发展我国市场经济的实践所提出的实际法律问题,具有重大理论指导意义。1988 年宪法修改,吸收了文章提出的观点,取消了出租和转让土地的禁止条款。文章发表以来,我国经济发展的实践证明了该文的正确以及它的强大生命力,也证明了《法学》思想的解放以及非常的理论勇气和远见卓识。

① 参见《法学》1986 年第 7 期。

② 实际上,文章本身已经回答了出租土地给外商是否违宪的问题,文章认为,《宪法》第 10 条并没有禁止"国家"出租土地的行为,只禁止了组织和个人;当时已颁布实施的《中外合资经营企业法》中已经规定了允许出租土地给外商。

三

解放思想也促进了法学学术的进步与繁荣。学术的进步与繁荣，最为重要的就是营造一个有利于学术讨论与学术争鸣的环境和氛围。而这种环境和氛围的形成，必须是在解放思想的前提下，能够说真话，实事求是，不唯书、不唯上，打破不合理的偏见和传统，在理念、观点和制度上创新。在这方面，复刊后的《法学》做得非常好。

比如，在1981年的复刊号上，就发表了华东政法学院院长徐盼秋的《关于社会主义法律与客观规律》一文。在文中，作者解放思想、实事求是，一层一层地分析批判了以往片面夸大意志的作用，要人治，不要法治，权大于法，以言代法等不顾社会发展客观规律的错误观点，明确指出，“利用客观规律来造福于国家和人民是社会主义法律的光荣任务”，但我们“要利用客观规律，必须首先掌握客观规律”。作者认为：“社会主义法律必须反映客观规律，但是它并不等于客观规律。”“客观世界是不可穷尽的，人们对于客观世界的认识也永远没有完结。所以，人们只能随着对客观规律认识的发展来不断完善社会主义法制。”作者最后指出，社会主义法律，作为社会主义社会上层建筑的一部分，它对客观规律的反映，与上层建筑的其他部分相比，具有自己的突出特点：社会主义法律对客观规律的反映不是以原理、定律等科学理论的形式，而是以法律条文的形式使其规范化；被社会主义法律所反映的客观规律，有国家强制力的保障，这使它本来就具有的客观必然性更加强化，能够加速这种客观必然性的实现；法律对客观规律的反映具有稳定性和严肃性，如果能够坚持以法治国，国家就会以更加符合客观规律的方式获得迅速发展。

与徐盼秋的文章相呼应，《法学》1982年第5期发表了余先予的《论法律自身发展的客观规律》一文，该文将社会主义法律与客观规律的学术探讨进一步引向深入。余文指出：“法律自身发展规律的问题，与法律表现客观规律的问题，是两个不同范畴的问题。前者是指法律这种客观的社会现象的自身发展受哪些客观规律的支配；后者是指法律这种客观事物与其他客观事物之间的关系。为了更好地完善我们的社会主义法制，我们不仅要研究法律与其表现的客观规律之间的关系，而且也要研究法律自身发展的客观规律，使我们的法律既符合客观形势所提出的要求，紧密地为解决党和国家所面临的各项任务服务，又符合法律自身发展的要求，建立完备的社会主义法律体系，真正担当起社会主义时代的历史所赋予法律的任务。”

那么,纵观数千年法律发展的历史,它有哪些规律呢?余先予教授认为,法律自身发展的规律,主要有五个方面:第一,法律制度本身是一种社会的客观存在,它源于物质生活关系,受社会经济条件制约,不是什么人想要就要、想不要就可以不要的东西,也不是可以随心所欲地"创造"的东西。第二,法律都具有鲜明的阶级性,它是取得胜利、掌握政权的阶级意志的体现,是建立和维护有利于统治阶级的社会制度和社会秩序强而有力的杠杆。第三,法律由国家机关制定或认可,以国家强制力为后盾,对全社会具有普遍约束力。第四,法律以肯定的明确的行为规范的形式,给予法律关系的当事人以权利和义务,规定他们可以做什么,不可以做什么。第五,法律制定出来就必须执行,在现实生活中兑现,务求做到有法必依,执法必严,违法必究。

又如,比较法研究,包括法系理论,在新中国成立的前30年,是一个遭受批判的领域,也几乎是一个被人们所遗忘的领域。直至改革开放之后的20世纪80年代初,比较法研究和法系理论依旧被认为是资产阶级的学术观点,是西方资本主义的研究领域。在此时,《法学》解放思想,冲破上述认识的樊笼,在全国率先提出比较法和法系的问题,在王召棠、陈鹏生的《社会主义中国法系初探》①和王召棠、张传桢、陈鹏生的《对中国式社会主义法律体系的探讨》②等文章中,作者旗帜鲜明地提出:"法系不应是资产阶级法学的专用语,而应是整个法学领域中应该着重研究的一个课题。"建立中国社会主义法系,必须肃清重刑轻民的历史影响,必须正确地处理好政治与法律的关系,肃清以政治代替法律、冲击法律的思想影响。应该说,这些观点不仅在当时,即使在目前,也是一种解放思想的观点。

再如,虽然我国于1982年12月通过了新中国的第四部宪法,但宪法理论的研究并没有很好地展开,这当中,除了人们还没有从1966~1976年10年"文化大革命"的噩梦中清醒过来,我国在言论自由方面还没有确立很明确的法治原则(对此,骆伟雄的《言论自由的若干法律问题》一文③有很好的分析)之外,宪法学研究者不能解放思想、缺乏理论勇气也是一个重要原因。对此,我国著名的比较宪法学家龚祥瑞的《中国需要什么样的宪法理论》④一文,勇开先河。龚文认为,宪法意识是从"权力必须受到限制"这个思想出发的。各国宪法规定的限制权力的表现形式可能有所不同,但立宪政府的一个共同信念,就是政府权力不

① 载《法学》1982年第2期。
② 载《法学》1983年第5期。
③ 载《法学》1989年第2期。
④ 载《法学》1989年第4期。

能无限。而宪法就是授予和限制权力的根本法，它规定了立法、行政和司法机关的职责以及彼此的监督和制约，规定了对公民权利的保障，这就是现代宪法的由来。因此，"宪法是治国之法，治官之法，是从崇尚个性解放，保护私有财产，保护人身、言论出版等自由，遏制暴政、苛政，保障公民利益出发的"。"针对权力的先定性和腐化性、侵略性，人们就要用宪法与行政法来约束它、管制它，使之分别由不同主体行使，并置于人民监督之下，这才是我们重新开始要做的。"作者最后指出："宪法是保护人民利益的根本大法。我们要研究人性中残酷的一面、人间的疾苦的一面，忠诚地以人类追求正义的精神而不懈地积累、更新如何预防权力被人类弱点所滥用的根源、技术和方法，重新开始宪法理论问题的研究。"

重读20多年前文章中这些即使在现在看来思想也是非常解放的观点，我们不得不佩服作者的理论勇气，也不得不佩服《法学》思想的解放。我们认为，龚文的上述观点，对新中国宪法学的研究一定具有长时间的理论指导力和学术影响力。

又如，就我国改革开放之后几次大的法学学术理论探讨，关于开展法学基本理论研究、关于开展社会主义法律体系的讨论、关于社会主义法的本质、法哲学的内涵和价值、①法的阶级性与社会性、宪法司法化、复员军人进法院、"坦白从宽，抗拒从严"的质疑、"婚内强奸"的讨论、法制建设协调发展、②罪刑法定与罪刑相适应的原则、③关于"廉政建设的法律思考"、法学的现状与发展、著名学者论依法治国、"克隆人"与法律、社会主义法的精神、④创新和繁荣法学理论笔谈、⑤《物权法》草案是否"违宪"、检察监督权之探讨、"双规"的合宪性等，《法学》的研讨也都是走在全国前列的。如关于中国社会主义法的体系的讨论，曾

① 如傅季重："法律哲学研究的对象及其任务"，载《法学》1982年第3期；公丕祥："也谈重视法哲学的研究"，载《法学》1983年第4期。

② 详细参见《法学》1984年第5～10期、第12期所发文章。

③ 罗平："同名数罪，毋须并罚"，载《法学》1982年第10期；邹涛："关于同种数罪及并罚问题"，载《法学》1983年第4期；魏皓奔："也谈'罪刑适应'"，载《法学》1983年第7期。

④ 郭道晖在《法学》1994年第10期发表了"社会主义自由——当代社会主义法的精神"，从孟德斯鸠的著作《论法的精神》一书中的思想，谈了"法的精神"的科学含义以及社会主义法的精神的问题。张光博在《法学》1995年第5期上发表了"法的精神与法律精神论略——与郭道晖同志商榷"。郭道晖在《法学》1995年第6期上再发"再论社会主义法的时代精神——答张光博教授"一文，展开了激烈的思想交锋，引起了法学界的关注。

⑤ 参见《法学》1987年第1期至1988年第8期。其中，有些文章探讨的问题在当时都是非常前沿和大胆的，如夏之的"对'马克思主义法学'提法的商榷"，魏皓奔的"社会主义社会同样产生犯罪"（当时许多人都认为只有资本主义才是产生犯罪的"温床"），崔敏的"客观性也是法的本质属性"，周叶中的"宪法实施：宪法学研究的一个重要课题"，舒国滢的"对法概念之争的思考"，吴家如的"法学研究应从适应型向创造型转变"，杨海坤的"对建立我国行政诉讼制度的思考"，等等。

经是改革开放初期我国法学界热议的课题,《法学》于 1983 年 4 月 21 ~ 29 日联合中国社科院法学所,在上海率先举办了关于法律体系和法学体系的专题研讨会。当时的一些法理学大家,如吴大英、沈宗灵、刘瀚、齐乃宽、王传生、陈汉章、余先予积极参加,撰文发言,有力地推动了中国社会主义法律体系和法学体系的形成。

尤其是从 1997 年起,《法学》在当时的主编郝铁川教授的主持下,连续刊登了一组"建国以来法学界重大事件研究"的文章,其中有《对新中国摧毁旧法制的历史反思》、《"刀把子"风波记》、《无罪推定在新中国的命运》、《1957 年错批杨兆龙的"法律继承论"纪实》、《关于 80 年代"法的社会性和阶级性问题"大论战》、《关于前苏联法对中国法制建设的影响》、《人权禁区是怎样突破的》、《人权研究中的一场风波》、《一场有缺陷的司法改革》、①《"再为司法独立鼓与呼"一文的风波》、《"法权"还是"权利"之争》、《从"法制"到"法治"二十年改一字》、《新中国第一次法理讨论会的回忆与思考》、《五十年代〈法学〉是为何被迫停刊的》、《1996 年"晓南"风波纪实》、《1957 年的王造时》、《关于更改反革命罪名的风波》、《死刑的限制与扩张之争》、《正当防卫立法的进展与缺憾》、《我们是怎样逐步实现"罪刑法定"的》等。这些文章,后来结集为《当代中国法学争鸣实录》一书,②在湖南人民出版社出版,在法学界引起了很大的反响。

最后,《法学》还非常重视对实务法律问题以及重大疑难案件展开学术研讨,直面社会现实对法学研究提出的要求,并给予法律实践以指导。这方面的例子非常多,如 1997 年对"碧纯"水侵权案件的研讨,1999 年对"枫叶"诉"鳄鱼"不正当竞争案件的研讨,2000 年对全国首例老虎袭人致死案件的研讨,对 2001 年綦江彩虹桥垮塌案件的讨论,2001 年深圳中级法院审理之中国首例贞操损害赔偿案件的研讨,对 2002 年"陆来富案件"的研讨,2003 年对"孙志刚案件"的研讨,对 2005 年"圆明园环评事件"的研讨,2008 年年初关于"许霆案"、"孕妇死亡案"、"彭宇案"的讨论,2009 年对"杨佳袭警案"、"齐玉苓案"的热议,等等。与此同时,《法学》也积极参与我国的立法活动,组织专家学者就各项法律草案进行学术研讨,对立法活动建言建策。其中最主要的有《立法法》、《行政处罚法》、

---

① 主要指 1952 年的司法改革运动。这场运动的结果:一是将 6000 多名旧法人员从我们的审判队伍中全部剔除了出去;二是将"法律面前人人平等"、"司法独立"、"法不溯及既往"、"尊重诉讼程序"等观点全部认定为"旧法观点"而予以彻底批判;三是用马克思主义和毛泽东思想的国家观和法学观武装我们的司法干部。详细参见何勤华:"论新中国法和法学的起步——以'废除国民党六法全书'与'司法改革运动'为线索",载《中国法学》2009 年第 4 期。

② 郭道晖、李步云、郝铁川主编:《当代中国法学争鸣实录》,湖南人民出版社 1998 年版。

《行政复议法》、《行政许可法》、《公务员法》、《公司法》、《物权法》、《劳动合同法》、《刑法(修正案)》、《刑事诉讼法》、《国家反腐败法》、《能源法》、《水污染防治法》、《反垄断法》、《政府采购法》、《监督法》、《罢工法》等。从而为我国新时期的立法、加快形成社会主义法律体系做出了贡献。

四

《法学》复刊30年的历史证明,一本杂志的进步需要解放思想,一门学术的进步也需要思想解放。这一点不仅仅是《法学》复刊30年的经验和教训,也是它之前的历史透视出来的经验和教训。

《法学》创刊于1956年6月15日。当时,正是中华人民共和国第一部宪法1954年宪法颁布实施、全国法制建设形势一片大好之时,《法学》(1956年创刊号及后面两期刊名为《华东政法学报》)应运而生。从其诞生的第一天开始,它就宣称要解放思想,鼓励学术创新,展开"百家争鸣"。其发刊词称:"'百家争鸣'是推进学术思想的重要精神。不奖励自由思想,不展开自由讨论,没有批评和自我批评,学术上就不会有进步,不会有新生力量。《华东政法学报》将充分体现'百家争鸣'的精神,重视有独立劳动和首创精神的作品,重视'问难析疑、求同存异'的学术争论。"①

正是在上述解放思想的指导方针下,《法学》在其创刊至1958年9月16日被迫停刊,这不到3年的时间内,发表了一批解放思想、极富学术创造力的好文章,如梅泽濬的《哲学上的因果关系及其在刑法中的运用》、②李良的《"百家争鸣"和法律科学》、③刘焕文的《在"百家争鸣"中谈旧法思想》、④杨兆龙的《法律的阶级性和继承性》、⑤孙晓楼的《关于中国法学遗产问题的看法》、⑥黄道的《略论刑事诉讼中的无罪推定原则》、⑦张光博的《关于"公民在法律上一律平等"的

① 载《华东政法学报》1956年第1期。
② 同上。
③ 载《华东政法学报》1956年第2期。
④ 同上。
⑤ 载《华东政法学报》1956年第3期。
⑥ 同上。
⑦ 载《法学》1957年第2期。

意义》、[1]李光灿的《论共犯》、[2]丘日庆的《现阶段国际法的体系》、[3]刘家骥的《谈谈双重国籍问题》、[4]叔思的《对建立我国刑法分则体系的一些意见》、[5]董敬之等的《谈重婚与通奸》[6]等。但到 1957 年夏天"反右"运动开始、法学界的思想受到禁锢以后,《法学》上也就再没有刊登什么好文章了,甚至登出了黄道被迫写的批判自己无罪推定观点的检讨文章,而中国此时的法制建设和法学研究也基本上处于停顿状态。

法学的历史是这样,其他学科的历史也一样,甚至世界上所有国家的情况都一样。在古代罗马,随着公元 426 年《学说引证法》(Lex Citationum)的出台,盖尤斯(Gaius,约 130 ~ 180 年)、乌尔比安(D. Ulpianus,约 170 ~ 228 年)、帕比尼安(A. Papinianus,约 140 ~ 212 年)等五大法学家被授予法律解答权(jus responddendi),他们五人的学说观点被认可具有法律效力,而其他法学家则不具有这种权力。百家争鸣的学术环境不再存在时,罗马法学也就失去了学术创造力,日益走向衰弱。中世纪意大利的注释法学派、法国的人文主义法学派、近代欧洲的私法注释学派、第二次世界大战之前的日本民主主义宪法学说等,其走向衰落的重要原因之一,也都是促成这些学派和学说兴盛的解放思想运动日渐衰微。

因此,解放思想是法学进步的原动力:解放思想营造了法学研究领域讲事实、摆道理、说真话这么一种"百花齐放"、"百家争鸣"的环境和氛围,激发了法学研究创造力的勃发,带动了法学方法论的创新,也改变了法学研究的整个面貌。更进一步说,解放思想是法学进步和繁荣的灵魂。应该认识到,在现代社会,包括法学研究在内的科学研究,与现代化生产劳动有着巨大的差异。

一方面,现代化生产劳动(不管是工业生产还是农业劳动)具有重复性,尤其是商业化生产、流水线作业,重复(复制)是其基本特征;而科学研究就不同,它不具有上述特性,它需要每一个项目、每一个专题、每一个观点的创新。如果科学研究不能摆脱重复性,那就是复制,就是模仿,甚至是抄袭,这样的科学研究就没有了原创价值。

---

① 载《法学》1957 年第 2 期。
② 载《法学》1957 年第 2 ~ 3 期。
③ 载《法学》1957 年第 3 期。
④ 同上。
⑤ 同上。
⑥ 载《法学》1957 年第 4 期。

另一方面，现代化生产劳动，一般具有集团性、流水作业的性质，这样，才能节约成本，最大限度地利用有限的资源，才具有商业竞争力；而科学研究（尤其是文科研究）不具有这一属性，每一个人大脑里的构思、想法，其他人是无法精确揣摩，也是无法取代的，它完全是个人思考的产物，具有个性化（包括由此带来的多元化）的特征。有没有个性化，是检验学术和科技有没有生命力的首要指标。

因此，科学研究需要解放思想（这么说，并不是否定生产劳动也需要解放思想，而是强调科学研究对解放思想更加具有依赖性，美国苹果公司创始人乔布斯是一个最好的例子），解放思想是科学研究的灵魂，科学研究与解放思想之间的紧密关联，是科学研究发展的规律之一。作为科学研究之重要组成部分的法学研究，当然也无法摆脱，而只能遵循这一规律，《法学》创刊55年、复刊30年的历程已清楚地表明了这一规律。其结论很清楚：遵守这一规律，法学就进步，就繁荣；违背这一规律，法学就退步，就衰微。

《法学》复刊的历史还证明，一个国家、一个民族的进步，也需要解放思想。改革开放30多年我国社会主义各项建设事业的艰难而辉煌的历程表明，什么时候我们的思想解放了，实事求是了，注重理念、观点和制度上的创新了，敢于打破不合理的偏见和传统了，我们的事业就进步；反之，我们的事业就受挫。《法学》复刊30年的历史，只是我们国家改革开放30多年历史发展的一个缩影而已。

本文刊登于2011年第11期《法学》，当时是为纪念《法学》复刊30周年而撰写。此次作为“法学的历史”丛书的代总序，除个别字词之外，没有做大的修改补充。编辑本丛书，基本目的在于纪念华东政法大学成立60周年，以及《法学》创刊56周年，希望通过本丛书，将《法学》（1956年出版的3期称《华东政法学报》）刊登的有影响的文章保存下来，以真实地记录《法学》，更广范围地说也包括了中国法学所走过的曲折道路，了解新中国50多年法学发展的真实面貌，以为中国法学今天的发展繁荣提供历史借鉴。正是基于这一目的，我们在编辑时，对1981年复刊以来的各期，主要是选出比较重要的文章，而对1956~1958年所出的18期（1956年《华东政法学报》共3期，1957年《法学》全年共6期，1958年《法学》1~9月共9期）文章，全文收入，未作删节和修改，以尊重历史真实。

本丛书的出版，得到了法律出版社社长黄闽、财税出版分社社长沈小英以及各位责任编辑的全力支持和帮助。在此，谨表示我们诚挚的谢意。本丛书规模宏大,参与编辑勘校人员众多,错误和疏漏在所难免,对此我们将承担全部责任,也希望广大读者能予以谅解。

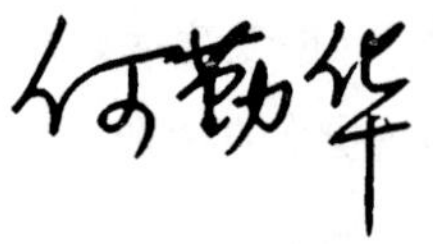 *

于华东政法大学

2012年8月1日

---

* 华东政法大学校长,教授、博士生导师,法学博士。

目 录

1982 年

1983 年

1984 年

1985 年

1986 年

1987 年

1988 年

1989 年

1990 年

1991 年

1992 年

1993 年

1994 年

1995 年

1982 年

社会主义中国法系初探

王召棠[*]　陈鹏生[**]

一、法系正名

什么是法系？人们通常总是说，这是资产阶级法学家从民族历史传统和习惯出发，对各国法律按其形式的某些特点所作的一种划分。他们把一些国家的法律规范，因其具有某些共同特征而归为一类，称为一个法系，如有以成文法典为主的大陆法系，有以习惯法为主的英美法系，以及有以民刑不分、行政与司法不分等为特点的封建“中华法系”，等等。应该说，这是资产阶级法学家研究法律制度类型的一种形而上的观点，把仅仅反映统治阶级意志的法律，归结为民族传统和习惯的表现，从而只着眼于法律的一些形式特点，加以简单类比，抹杀了法律的阶级本质，掩盖了法律发展的历史规律性。但是，这是资产阶级社会科学研究中的普遍特点。我们知道，只有马克思主义的出现，把马克思主义应用于社会科学（包括法学）的研究，才使法学研究成为真正的科学。因此，问题不在于资产阶级法学家提出“法系”的研究不对，而是在于他们的阶级局限性和缺乏科学的方法论。笔者认为，任何法律制度都是一定社会经济基础的反映，社会制度不同，法律制度当然也不同。但在同一类型的社会制度下的各国法律，仍会有自己的不同特点，而这种特点的出现，除了经济发展的差异和地区不同外，民族历史传统也具有一定的影响，并由此而形成自己特有的法律体系，这是客观存在、无可否认的。笔者认为，我们研究社会主义中国法系，就是要从我国的国情出发，以马克思主义的立场、观点、方法来具体地探讨我国社会主义法律发展的沿革及其内在的关系，总结出适合中国国情的某些全局性的、规律性的特点，作为立法和司法工作的指导。因此，法系不应是资产阶级法学的专用语，而应是整个法学领域中应该着重研究的一个课题。

---

* 作者单位：华东政法学院（现华东政法大学）。

** 作者单位：华东政法学院（现华东政法大学）。

二、研究社会主义中国法系的重要意义

今天，提出研究社会主义中国法系问题有什么重要意义呢？对此，我们是基于下列三个方面认识的：

首先，在我国，封建的“中华法系”，特别是唐、明律曾对当时东南亚诸国法律制度产生过深远的影响。到了清朝末叶，鸦片战争以后，西方资本主义侵略者把资产阶级的政治法律知识和商品一起销入我国，“中华法系”才开始解体。当时我国有一部分人为了“变法图强”，促使清政府着手“制定法律，兼取中西”。辛亥革命后的北洋军阀政府、国民党政府继续这条路线。他们虽然也制定了许多法律，但由于只是照抄西方的法典，不符合中国的国情，这样虽适应了半殖民地半封建社会的需要，结果却毫无成效。前后半个多世纪的历史教训不但深刻地揭示了法系的形成和发展必须与国情相适应的道理，而且使我们认识到，中国共产党领导下的民主革命和社会主义革命，必须有自己的新的法制和法律体系。特别是当前，随着我国社会主义政治经济的蓬勃发展，回顾新中国成立三十多年来法制建设的曲折历程，我们更加深刻地感到，总结我们的历史经验和教训，创建一个社会主义中国法系的迫切性和必要性。

其次，马克思主义告诉我们，法律和其他上层建筑一样，可以促进社会的发展，也可以阻碍社会的发展。对我们来说，今天的重要问题是要在党的领导下，总结实践经验，探索关于建立起一个符合国情的法律体系的规律，以进一步明确法制建设的方向，加强法制建设的自觉性，避免立法、司法的盲目性，促进我们社会主义法制建设的发展。我们从民主革命到新中国成立三十年来，曾经颁布法典、法律和各种法令、命令几千种，这些大量的法律文件的一个总的优点，就是从我国国情出发，适应当时当地的实际需要，具有马克思主义与中国实际相结合的特点，是发展社会主义中国法系的重要基础。总结研究这些法律文件，无疑会对今后的法制建设产生重大指导意义。由此可见，现在提出研究社会主义中国法系的问题，不但有其必要性，而且有其可能性。

最后，我们还应该看到，我国社会主义法制是在一个经济落后的东方大国建立和发展的，这对于其他共处同一地区，社会经济、历史和文化传统相类似的国家，可能提出一些共同性的问题。因此，开展社会主义中国法系的研究，探讨和解决这些共同性的问题，将具有深远的意义。

三、社会主义中国法系应具有哪些特点

社会主义中国法系还处于形成、发展的过程中，它本身的特点，也是在逐步地表现和发展的。社会主义中国法系应具有哪些特点，这是一个亟待探讨的基本问题。

马克思曾明确指出："法的关系正像国家的形式一样，既不能从它们本身来理解，也不能从所谓人类精神的一般发展来理解，相反，它们根源于物质的生活关系。"这是我们研究法的本质必须遵循的原则，也是探讨社会主义中国法系必须遵循的原则。法律关系作为一种社会关系，它是不以人们的意志为转移的客观存在，而法系的划分如果作为一种科学方法来掌握，它要反映法律关系的本质特点，也同样不是一种随心所欲的主观设想。我国社会主义法律，是党根据马列主义关于法的基本原理，同中国社会、中国革命的具体实践相结合的产物，是党运用辩证唯物主义和历史唯物主义的观点、方法，科学地分析中国社会政治经济的实际情况，对我国社会主义历史时期特定的社会关系的准确反映。因此，我们只有在马列主义原理的指导下，从中国社会的实际情况出发，去探讨社会主义法律发展的沿革及其内在联系，才能找到社会主义中国法系特点的深刻的渊源。

笔者认为，从我国的国情出发，一个具有民族特色的社会主义中国法系，应该具有下列几方面的特点：

第一，法律的性质是由政权的性质所决定的。我国是一个以工人阶级为领导，以工农联盟为基础的人民民主专政的国家，因而作为我国法律的一个最根本的立法指导思想，就必然是反映以工人阶级为领导的，以工农联盟为基础的人民大众的意志和利益。我国是一个落后的农业大国，农民占总人口80%以上，这是我们既不同于西方工业发达国家，也不同于苏联和东欧国家的基本国情。在法国，早在1891年农业人口就只占人口总数的45%，德国1899年是35%，英国的比例就更少了。甚至在俄国，在苏维埃政权建立前，农业资本主义发展的进程也比我国更快，许多农村的生产集中已代替了生产分散。正是从我国自身这种落后的农业大国的历史情况出发，我国法律如何在坚持无产阶级领导的原则下，正确地认识和处理农民关系，就成为一个带有根本性质的问题。

从我国社会主义法律发展的历史事实来看，法律关系在这方面的特点是十分明显的，有其深刻的历史渊源。早在第一次国内革命战争时期，湖南农民运动就提出"一切权力归农会"，井冈山斗争时期也是称"工农兵政府"和"工农兵委员会"。1934年通过的《中华苏维埃共和国宪法大纲》也明确提出"中华苏维埃

所建设的，是工人和农民的民主专政国家”。在党的领导下，人民民主政权各个时期所制定的法律、法令和规约，大部分都是着眼于农民的。着眼于农民，维护工农联盟这一基础，是我国法律的社会主义原则和民主原则的重要体现，它反映了无产阶级运用法律这一强大的杠杆，以社会主义原则去影响农民，引导农民，切实保护农民的利益，从而从根本上有利于巩固社会主义工农联盟。例如，根据我国农村生产力发展情况，我们摒弃那种脱离生产力性质而片面追求所有制形式的公与大的观点，从法律上确认在相当长的历史时期内，社会主义公有制包括国家所有制和集体所有制，承认以两种所有制为主的多层次的所有制结构，这就既保护了农民的实际利益，调动了他们的积极性，又有利于促进农村社会主义经济的发展。我国法律在保障农民实现当家作主的权利方面，也是从我国的实际情况出发，着眼于民主的实质和尽可能完善的民主形式的统一，创造条件，逐步扩大，使农民享有切实可行的权利。新中国成立以来，我国对于选举法的不断修改和完善，逐步扩大直接选举的范围，把新中国成立初规定的等额选举改为现在的差额选举等，都说明了这一点。

第二，法律和思想政治教育、道德感化密切结合，专门机关和群众路线密切结合，这也是我国社会主义法制的一个重要特点。中国古代法律思想家，向来有礼刑结合、明刑弼教的主张。孔子就说过“道之以政，齐之以刑，民免而无耻。道之以德，齐之以礼，有耻且格”。当然，封建统治者从来也没有这样做过，相反，封建法律制度的基本特点都是严刑峻法、特权法，他们的说教只不过是要以法作为推行礼的工具，以达到其维护尊卑贵贱等级制度，从精神上禁锢劳动人民，从而巩固专制统治的目的。社会主义法律本质上和封建法律完全不同，在我国，社会主义法律和社会主义道德都是建立在社会主义经济基础之上的上层建筑部分，它们都在根本上与人民的意志、利益相一致。对人民来说，法律不是什么“异己”的东西，而是完全可以通过思想教育和道德感化来使之成为人们自觉遵行的规范。特别是随着社会主义经济和政治的发展，我国阶级状况已发生了根本的变化，作为剥削阶级的地主阶级、富农和资本家阶级已不再存在，因而今后社会主义法律尽管还担负着实行专政的任务，但主要的任务已经转移到调整人们内部产生的各种社会关系上来了。这一新的情况，将使法律与思想政治教育、道德感化的关系越来越密切。我国在社会治安工作上采取综合治理的方针，实际上是专门机关和群众路线相结合，把法律的贯彻实施和基层的思想政治教育、道德感化以及健全制度等方面的工作密切结合起来，使之相辅相成、相得益彰，从而达到从根本上预防违法犯罪的目的。这是我国社会主义法律明显地区别于资本主义法律单纯惩罚主义的一个十分可贵的特点。综合治理的方针，凝结了我国从人民民主革命到社会主义革命时期，在法制工作方面的成功经验，是我们在马克思主义法律观指导下，通过长期法制工作实践而总结出来的创举。可以预见，随着政治经济的发展，这方面的内容和形式将会得到进一步的发展和完善，将在我国整个社会主义法律体系中占有日益重要的地位。

第三，在立法方面，我国的特点是：由原则到具体，由简单到复杂，先有单项法规然后有基本法典，逐步形成体系。立法发展的这一特点，反映了我国社会情况的多样性、差异性和过渡性。

一方面，我国是一个多民族的大国，疆域辽阔，情况复杂。由于历史的原因，地区之间的政治、经济、文化和风俗习惯都有明显的不同，形成我国社会情况的多样性和差异性。法律要因时、因地制宜，就必须采取原则性与灵活性相结合的原则，把中央颁布的法律写得原则些，不宜写得太细、定得太死，使地方和各个部门可以根据统一的原则，结合本地区本部门的实际情况，制定具体的法规，防止脱离实际的一刀切、一律化和一个样的倾向。可以说，我国从民主革命到新中国成立以来，在调整各方面社会关系中，通常起具体作用的往往还是部门性和地方性的具体法规。另一方面，我国社会处在一个过渡的、转折的时期，客观上的政治经济情况在不断发展变化，加之经验不足，在这种情况下，要一下子制定出统一调整广泛社会关系的基本法典是不可能的。例如，民事法典在生产资料私人所有制的社会主义改造没有完成，社会主义所有制没有完全确立的时候，就很难制定。我们只能根据客观需要，从简单的单行法规修订起，条件成熟一个立一个。所以，在前阶段我国常常以颁布暂行条例、决定和指示等来代替基本法，作为共同遵守的规范。如刑法颁布前，我们就根据实际需要，先制定《惩治反革命条例》和《惩治贪污条例》等单行刑事法规。从1949年到1952年，我国颁布的三百多种法规中，仅名称上属于暂行、试行、通则的，就占了一半。后来随着政治经济情况的稳定发展，这种情况才有明显的改变。我国法律这样从实践产生，再实践再发展，形成以基本法统率单行法、以单行法补充基本法的体系特色。它既不同于采取法典化的罗马法系，也不同于采取判例形式的英美法系，这符合我国实际情况，便于法律的贯彻实施。

第四，法律具有什么样的结构形式和文字特点，这不是一个单纯的立法技术问题，而是和法律本身的阶级性质有密切的联系。在历史上，我国封建社会的有些封建统治者，为了有效地发挥法律的专政效能，就很注意法律的简明易知，以防“奸吏因缘为市”、“罪同而罚异”。唐太宗主张“国家法令，惟须简约”，因而后来成为我国封建法典蓝本的唐律，只有十二篇，五百条，比魏晋以来的刑律都简明。我国自从党领导的人民民主政权建立以后，在立法上一贯十分注意结构简明，文字通俗易懂，便于群众接受和遵守。人民民主政权各个时期公布的法规，绝大多数只有几十条，法律条文不但记载规范的内容，还常常带有通俗生动的解释。我们已颁布的《刑法》和《刑事诉讼法》，都只有一百多条，条文内容基本上是一事一条或一款，而且用顺序号码编列，连贯而下，自成系统，简洁明了，便于查阅。民法涉及广泛的社会关系，西方各国民事法典都非常庞大，德国和法国的民事法典都超过两千条，日本的也有一千多条。我国民法（草案）却只有五百多条。在编章结构上，突出了民事主体，把民事主体从传统民法准则编中分离出来，使眉目更加清楚；并按照我国的国情，将一些法言法语改为通俗易懂的语言，让群众看起来更习惯些。我国法律结构形式简明和文字通俗易懂的特点，体现了我国立法的民族文化传统和群众的要求，与资本主义国家法律的烦琐性、思辨性形成鲜明的对比。这是我们社会主义法律应该坚持的方向。

第五，发扬民族历史的优良传统。法律和民族的历史传统、道德、风俗习惯有一定联系，它们在很多方面相互渗透、相互影响。正是由于这种现象的存在，不同国家法律表现出不同特色。我国是一个具有悠久历史的多民族的统一国家，几千年来留传下来的民族传统、道德和风俗习惯，无疑会对法律产生一定的影响。我们不能借口我国法律的社会主义原则，而不加分析地对这些影响采取虚无主义态度，那是不符合我国社会的实际情况的，也违背了历史唯物主义的原则。当然，我国法律接受民族历史传统的影响并不是消极的，而是根据社会主义原则，批判地继承。这在我国现行的法律中，已有多方面的反映。例如，我国法律已经从各个不同的角度，确认了拾金不昧、恪守信用、养老育幼、见义勇为、救死扶伤等中国人民几千年流传下来的优良道德传统。通过法律的确认和提倡，将会使这些优良道德传统，在新的基础上得到发扬。在民事立法中，我们也把道歉、悔过、告诫、责令搬迁等民间的传统习惯写入解决民事纠纷的处分项目。特别是，根据我国民间的传统习惯，我们长期以来一直强调依靠群众组织，通过调解的方式，及时妥善地处理民间一般的民事纠纷和轻微刑事案件，不但为实践证明是行之有效的，而且已经积累了丰富的成功经验，在内容和形式上都有了相当的发展，成为我国社会主义法制建设中一个颇具特色的创举。

这里还应该指出的是，社会主义法律是改造社会的杠杆，它必须在建设社会的精神文明的艰巨斗争中起“拨乱反正，继往开来”的作用。因此它一方面批判地吸取历史传统中的合理的因素，一方面又运用社会主义的原则去干预、反对在精神生活方面、社会风气方面的违反社会主义道德原则的东西，以促进新的社会关系的形成。我们在法律上明确规定对有条件有责任而见死不救的要追究法律责任，以及在处理涉及最广泛民事关系的一些问题时注意反对滥用亲权、损害子女合法利益的封建霸道行为，都是基于这一精神的。

社会主义中国法系的形成将是一个长期的过程，它涉及广泛的理论和实践问题，有待法学界和司法实际部门的同志共同来探讨解决。笔者提出这篇“初探”文章，无非是为了抛砖引玉，以期把这一关系到我国社会主义法律发展方向的重大问题的讨论引向深入。

大陆法系　大陆法系也称“罗马法系”、“民法法系”，是古罗马法和法国民法典以及仿照制定的其他各国法律的总称。

古罗马法以成文法为主要形式，是古代法中保护私有制、反映商品生产关系最典型的法律，对剥削阶级国家的立法影响较大，为许多国家所仿效。

1804年公布的《法国民法典》(1807年改称《拿破仑法典》)，就是一部根据罗马法制定的资产阶级民法的典型。它肯定了资本主义的经济关系，促进了资本主义制度的发展，是一部确认资本主义制度的重要法典，对资本主义国家立法有直接影响。

罗马法系一般包括法国、德国、奥地利、比利时、荷兰、瑞士、意大利、西班牙、明治维新后的日本，以及亚、非、拉的部分法语国家和地区的法律。

英美法系　英美法系也称“英吉利法系”，是中世纪以来的英国法律和仿照这种法律制定的其他各国法律的总称。英美法系以判例为表现形式。

英美法在资本主义国家法律体系中，与罗马法有同等的影响，有“罗马法为私法之模范，英国法为公法之典型”之说。

属于英美法系的有英国、美国、澳大利亚、新西兰、加拿大和亚洲、非洲一些用英语国家和地区的法律。

(1982年第2期)

法律哲学研究的对象及其任务

傅季重*

自从党的十一届三中全会以来,短短的几年内,我国陆续制定并颁布了许多适合我国国情的法律,可以说,在我国社会主义法制建设史上,没有一个时期比这个时期更有意义的了。

所有这些制定或正在制定的法律,对于巩固我国人民民主专政和发展以四个现代化为目标的社会主义经济建设,无疑都起到普遍有效的实践规范的作用。然而,这些法律何以成为普遍有效的?为什么这些法律规范能取得或已经取得普遍有效的实践效果?对这样的问题不能不从理论上去探讨,不能不从作为它的背景的哲学上去探讨。这就是法学研究的另一方面,即法律哲学的问题。

有人认为法律哲学是资产阶级法学的产物,马克思主义者只要坚持辩证唯物主义与历史唯物主义哲学,还要研究什么法律哲学?这种说法是不全面的。诚然,在马克思主义哲学产生以前,资产阶级的哲学家和法学家就一直用唯心主义哲学方法研究法的一般理论问题,现在还在研究它,但他们的研究,由于不符合人类社会发展的规律,因而不可能是真正的科学的法律哲学。自从马克思主义哲学产生以后,有了科学的世界观和方法论,但它并不代替法律哲学。科学分工越细,越能促进科学整体的发展。把法学中的哲学问题,作为一门科学来研究,不但可以丰富和发展马克思主义哲学,而且可以促进法学的发展。法律哲学作为一门研究法律的普遍规律的科学,不能让资产阶级独自研究去为巩固它的统治服务,无产阶级也必须加强研究,为巩固无产阶级的统治服务。

法律哲学是法学还是哲学?它是怎样发生、发展的?它所研究的对象是什么?它的任务是什么?本文想对这些问题谈点看法,希望引起法学工作者的兴趣和讨论。

一、法律哲学研究的对象

法律哲学与法律科学都以法律规范作为它的研究对象,是同一类的知识,把

---

* 作者单位:上海社会科学院法学研究所。

两者统称为法学,不但是正确的,而且也是必要的。法律哲学是法学,是法学的一个部门。

然而,法律哲学并不直接研究现实的具体的法律规范,而是超出现行法律的范围去研究它的一般规律性的东西,研究一般法律规范的根本原理,把它从法学的范围抽出来,纳入哲学的领域,成为哲学研究的一个特殊对象。如果说,法律科学是法学的"形而下学",那么,法律哲学就是法学的"形而上学"了。法律哲学又是哲学,是哲学的一个部门。

要给法律哲学下个精确的定义,看来是很麻烦的。然而,如果说哲学是把自然界、人类社会和思维的运动和发展的最一般规律作为它的研究对象,那么,法律哲学则把法律这种社会现象的运动和发展的最一般规律作为它的研究对象。法律哲学既然是哲学的一个部门,要理解法律哲学的研究对象,还得理解一般哲学是怎样发展到法律哲学的,从而理解法律哲学是怎样发生、发展的。

哲学最初是专以自然界为其考察对象,要阐明宇宙实在的根源是什么。这就是客观的宇宙论的哲学。后来哲学又研究主观的认识作用,研究作为这种作用的主体的人的认识论。这就是人的哲学。哲学从宇宙论的哲学发展到认识论的哲学,是哲学的一大进展。认识的主体是人。人不是抽象的人,不是单纯与自然相生活的人,而是不能离开社会生活的人。因此,人的认识,不仅要取得对于外界事物的观念,还要认识人在社会共同生活中的相互关系问题。人在社会的共同生活中,尤其是自从有了国家以后,在国家的生活中,必须受着一定的行为规范的制约,因而认识论必须把这种规范作为认识的对象来研究,这就在人的哲学中,在人的认识论哲学中,产生了道德哲学和法律哲学。由于道德哲学和法律哲学都是研究人的行为规范,两者从来是密切联系着的,然而法律规范是由国家制定并具有强制性的行为规范,从而把它和道德规范区别开来。资产阶级哲学家在强调人的哲学时,都把认识论和本体论割裂开来,把认识问题的解决同人的社会本质问题割裂开来,因而他们在研究法律哲学时都是以唯心主义的哲学方法去研究法律规范的正义性,从而形成了各种唯心主义的法律哲学。从神定论的法律哲学发展到权力说的法律哲学,从权力说的法律哲学发展到契约自由说的法律哲学,都把这种唯心主义的理论说成是一切法律规范的根据,似乎只有这样,才能说明法律规范的正义性、合理性。这就是资产阶级法律哲学的本质。

与资产阶级唯心主义相反,马克思主义哲学认为,认识论的规律归根结底是存在的规律在人的意识中的反映。认识是通过人的实践活动从现实中取得自己的全部内容的,认识问题的解决是同人的社会本质问题的解决紧密联系在一起的。

按照历史唯物主义的观点,法是由社会生活物质条件所决定的统治阶级的意志。在阶级社会中,法律也是一个历史的范畴。法律伴随国家的产生而产生,也随国家的消亡而消亡。这就是马克思主义法律的唯物史观。“法律哲学”这个名称的出现,虽然是近百年的事,然而自从国家与法产生以后就有了法律哲学。法律哲学的问题,就是法学中的认识论问题,也就是如何认识法律的规律的问题。

然而,法律这种社会现象有没有一般的规律,这在资产阶级的法律哲学中一直是个有争论的问题。许多资产阶级法律哲学家都把法律看做一种自由意志的活动。在他们看来,法学的世界就是一个意志自由的世界。如果说法律有规律的话,无非是研究这个自由世界中的自由规律而已。我们认为,任何规律都是事物间的本质联系,规律是客观的、普遍的又是必然的。作为一种社会现象的法律,正像其他社会现象一样,当然有其发展的规律。问题是如何认识法律这种社会现象的规律。

法律是人类社会生活的行为规范,它不同于自然规律,任何法律规范都是一种意志的体现。然而法律的作用绝不是单纯意志的活动,在意志的背后,一定要以社会历史发展的客观规律为依据。任何法律规范都是受这种客观规律制约的。这种客观规律同样是不能违反的,如果“违反”了它,其结果必然遭致失败。恩格斯说,“自由是认识了的必然”。法律规范的自由,就是这种认识了必然的自由;法律规范的必然性,就是这种必然性的体现。只有认识了这种必然性,才能真正达到人类意志的自由。所以无论是立法者或执法者都不能把法律所容许的自由意志的活动看做主观恣意的创造作用。法律从本质上讲,不是意志的自由创造,而是对于人类社会生活发展规律的反映。把唯物史观哲学所阐明的规律应用于法律现象,就是一切法律规范的最一般的规律。这是不能违反的。尽管法律容许意志的自由,但是这种自由不是没有必然性的自由,而是有着必须应该如此的必然性的自由。正像思维中逻辑的必然性并不等同于客观事物的必然性一样,法律规范的必然性也不能与自然规律的必然性等同起来。把法律规律与自然规律等同起来,抹杀了法律这种社会现象的特殊性,固然是不对的,而把法律看做单纯自由意志的活动,否认法律规律的存在,更是错误的。以马克思主义法律观为依据的社会主义法律,更应当尊重法律的客观规律性。《法学》复刊号中“关于社会主义法律与客观规律”一文深刻地论述了这个法律哲学的根本问题,同时也说明了法律哲学是法学又是哲学这种密切的关系。

二、法律哲学的任务

法律自身的客观规律决定了法律哲学的任务。法律哲学的主要任务是:确定法的概念,阐明法的本质;研究法律与其他社会现象的关系,特别是与政治、道德的关系以及研究法律哲学与现行法律的关系。

确定法的概念、阐明法的本质是法律哲学的首要任务。什么是法律?法律之所以成为法律的根据是什么?法律具有什么性质?这就是法的本质问题。资产阶级法律哲学家也把确定法的概念作为法律哲学的根本任务。然而他们把法律产生的原因都解释为精神要素。他们认为法律是人们意识到没有国家便不可能组织社会生活而互相协商的结果,并且是人们在精神上日益成熟的结果,以及源自人类固有的本性、社会心理和道德的需要等。有的认为有了精神生活才有文化,有了文化才有法律;有的认为法是公共意志的体现;有的认为法是不可违反的关于社会生活的意志;有的认为法是应付社会生活的工具,权衡利益的规范。众说纷纭,混乱不堪。然而他们在否认法的历史性而宣扬法的永恒性,否认法的阶级性而宣扬法的全民性,否认法的物质基础而宣扬法的精神要素这几点上,则是共同的,这是与唯物主义相对立的唯心主义的法律观。

任何概念都是反映事物的本质属性的认识。不了解事物的规律就不能正确地反映事物的本质属性。马克思主义的唯物史观给确定法的概念奠定了科学方法论的基础。法是社会物质生活条件发展的产物,是统治阶级意志的体现,是为统治阶级的经济基础服务的。马克思主义法的要领是由法律这种社会现象的客观规律所决定的,是基于法的客观规律而对法的本质属性的认识。马克思主义法的概念不但为现行的各种法律确定了本质的基础,也为法律所具有的各种性质之间的关系作出了科学的说明。

三、法律具有的本质属性及属性之间的关系

首先,一般来说,任何法律规范都具有这样一些本质属性:阶级性、一般性、命令性和强制性。一切现象皆具有相异的特性,完全同一的合同、遗嘱、婚姻是不存在的。但法律对于具有无限差异的实在,可以制定统一处理一定现象全体的法律规范。正因如此,法的一般性体现了法的稳定性。法的一般性固然有一定的局限,但无视法的一般性就会使法律秩序失去稳定性。任何法律规范都要

求人们从事一定行为,或禁止作一定行为,是为法律的命令性。与命令性密切相关的就是法的强制性。法律通过国家制定后,是以国家强制力保证其实施的。违反这些规范,对违反者就要给以强制性的制裁,是为法的强制性。

然而,在法的这些本质属性中,最本质的属性是它的阶级性。法是统治阶级意志的体现,任何法律规范之所以具有一般性、命令性,是由其阶级性决定的:为何抽象为法的一般规定;为何命令作什么,禁止作什么;为何国家要强制人们去遵守,要求社会行为必须以符合该统治阶级的利益为前提,体现该统治阶级的意志。法的阶级性是法的最本质的属性。它是决定法的其他本质属性的基础。

有人认为资产阶级的法律也有保护被统治阶级利益的法规,也讲法律面前人人平等,所以在法的阶级性之外,还有所谓法的人民性。其实仔细分析起来,这种人民性仍然是阶级性的体现。资产阶级法律在反对封建等级特权、促进社会生产力发展的斗争中,的确有其积极的意义。但资产阶级法学所提出的"法律面前人人平等",在资本主义制度下其实是不可能真正实现的。他们所说的"人人",只是有产者的同义语。他们维护的是资产阶级的特权,他们的法是资产阶级意志的体现。所以,这一法制原则仍是法的阶级性的体现。资产阶级国家的法律中,有所谓劳工法规,限制工作时间和规定最低限度工资。显然这个法规与资产阶级法的契约自由原则是相违背的,似乎是维护了工人的利益,难怪有的资本家就认为它违反了他们的宪法,应该宣布无效。虽然在所谓"法律社会化"的思潮下还是以法律的形式把它固定下来了,但是,难道这些法规还不是为了维护资产阶级的利益而规定的吗?这类表面看来使被统治阶级受益的法律,究竟是法的人民性呢?还是法的阶级性呢?这不是十分清楚的吗?

其次,法律哲学的任务还在于阐明法律这种社会现象与其他社会现象的关系,特别是与政治、道德的关系。任何法律都是为政治服务的,法律关系也包括在阶级、国家之间的政治关系的范围内。国家通过的任何法律规范都是政治措施。然而,法律对政治有其相对的独立性,法既经国家立法手续制定以后,就具有一定的稳定性,正由于它的稳定性,越能对一定的政治制度及其经济基础起着维护、确立和巩固的作用。政治可以调节法律的适用,可以从立法的观点提出对现行法律的修改,但绝不能代替法律。

法律与道德都是人们在社会生活中的行为规范。法律的目的是建立和巩固一定的社会秩序,而道德则是用来约束人的内心世界和行为。法具有强制性,而道德则具有说服性。在建设精神文明中,两者起着相互促进的作用。任何重道德轻法律或重法律轻道德的看法都是错误的。法律规范不可以道德化,道德规范也不可以法律化,两者只能互相促进而不能互相代替。

最后，法律哲学的任务还在于研究法律哲学与现行法学和法律史学的关系。一般来说，现行法学的研究都是从现行法律出发，研究它的具体内容。同时，法律随着时代的变化，又有着法律史学的研究。法律哲学所研究的，不只是现行的法律或以往的法律，它要回答的问题是法律的本质。所以从内容或方法来讲，法律哲学和法律史学是不同的。然而它们之间的关系又十分紧密。一方面现行法学或法律史学为法律哲学提供研究的根据，另一方面法律哲学又为现行法学和法律史学确立本质的基础。法律哲学离开现行法学和法律史学，就会成为无源之水、无本之木。它要从各国的现行法律或以往的法律的考察中，找出法的本质的根据，辨明法的规范的合理性。同时，法律哲学从现行法学中概括出法律之所以成为法律的根本要件之后，又反转来为现行法学和法律史学打下了本质的基础。例如，我国颁布的刑法、刑事诉讼法以及其他各种法律，尽管其内容千差万别，但都体现了上层建筑为经济基础服务的思想，体现了人民民主专政和社会主义民主相统一的思想。就刑法而言，它必须坚持国家主权、主客观相一致以及“给出路”等原则，这说明了马克思主义法律哲学为我国各种现行社会主义法律打下了本质的基础。这就使一切法律工作者都能从我国的现行法律中找出它的哲学背景来，从而更加自觉地执行法律、运用法律。

马克思主义唯物史观的理论为马克思主义法律哲学的研究奠定了科学方法论的基础。运用科学的方法，开展马克思主义法律哲学的研究，对于繁荣和发展我国的社会主义法学，对于进一步加强社会主义法制，是十分必要的。

（1982 年第 3 期）

社会主义民主发展的新阶段

赵炳霖*

具有伟大历史意义的党的第十二次全国代表大会,是我们党和国家历史上的一个重要里程碑。大会所制定的全面开创社会主义现代化建设新局面的正确纲领和一系列方针政策,是过去六年历史发展的总结,是党的十一届三中全会以来,正确路线的充实和发展。党的十二大精神的贯彻执行,必将把我国的社会主义建设引向新的胜利。大会提出,要开创社会主义建设新局面,必须抓住促进社会主义经济全面高涨,实现四个现代化这项首要任务和工作重点,与此同时,还必须努力建设高度的社会主义精神文明、建设高度的社会主义民主。社会主义经济建设、社会主义精神文明建设和社会主义民主建设,这三方面是紧密联系、相互促进的,只有这三方面的建设都搞好了,才能实现全面开创社会主义建设新局面的目标。现就社会主义民主建设与全面开创新局面的关系,谈一点学习的体会。

一、建设高度的社会主义民主是我们的根本任务

党的十二大十分鲜明地向全党和全国提出:建设高度的社会主义民主,是我们的根本目标和根本任务之一。社会主义民主建设是社会主义政治建设的主要部分,是社会主义建设中需要认真加以解决的重大实践问题,也是马克思主义的重大理论问题。这个问题是否解决得好,关系到社会主义事业的兴衰成败。

社会主义民主建设,从本质上说,关系到社会主义国家的阶级实质这个根本问题。国家,从来都是统治阶级对本阶级实行民主,对被统治阶级实行专政的政治统治的机关。因此,马克思和恩格斯在《共产党宣言》中就明确提出无产阶级革命的根本目标和根本任务是:“工人革命的第一步就是无产阶级上升为统治阶级,争取民主。”恩格斯在《共产主义原理》中又阐述了这一思想:“无产阶级革命将建立民主制度,从而直接或间接地建立无产阶级的政治统治。”马克思主义经典作家在谈到社会主义民主时,总是和建立自己的阶级统治联系起来,把社会

* 作者单位:上海社会科学院法学研究所。

主义民主建设看成建立阶级统治的一个根本问题。因此,无论从夺取政权来说,还是从巩固政权来说,建立和发展社会主义民主都是无产阶级革命和建设的一项根本目标和根本任务。

民主问题是一个国体问题。我们的国家制度是人民民主专政制度。在这个制度下,占人口绝大多数的劳动人民真正当家作主,而对极少数破坏社会主义的敌对分子实行专政。因而,发展社会主义民主,不能被简单地看成一个领导方法和工作作风问题,这是一个关系到国家制度的政治建设问题。应当说,在这方面我们是有深刻教训的。自从我们的人民民主专政制度在全国建立以后,劳动人民确实成了国家的主人,这是毫无疑义的。由于我们是在半封建半殖民地的社会基础上进行革命和建设的,而经济、文化的发展又需要一个相当长的过程,因而社会主义的民主制度和民主生活的建设也是一个长期的发展过程。但从我们的主观上说,有些同志并不了解发展社会主义民主的重要性,没有认识到这是我们革命和建设的根本目标、根本任务,因而社会主义民主的发展受到损害,人民群众的积极性受到挫伤的情况时有发生。在"文化大革命"期间,人民民主更是受到严重摧残。其中的教训需要我们认真加以总结。

民主问题又是一个政体问题。列宁说过,"彻底实现政治制度和社会制度的民主化",才能"使工人成为这个制度的主人"。① 劳动人民既然是国家的主人,那就必须采取一定的组织形式和制度来治理国家。新中国成立以来三十多年的实践证明,我们的人民代表大会制度是适合我国情况的,问题是要使这个制度进一步充实和发展,并建立与此相适应的一系列其他制度。党的十二大在这方面已经给我们指明了具体的方向,诸如继续改革和完善国家的政治体制和领导体制,把社会主义民主扩展到政治生活、经济生活、文化生活和社会生活各领域,发展基层单位的民主管理和基层社会生活的群众自治等。现在,在全面开创社会主义现代化建设新局面中,必须加快建设高度社会主义民主的进程,把十二大提出的任务具体落实到实际工作中去,探索发展社会主义民主的新形式,使人民群众管理国家的权利逐步地、更加充分地实行起来。

二、建设高度的社会主义民主是物质文明建设的重要保证

一个社会的存在和发展,归根结底,是由生产的发展所决定的。在全面开创

---

① 《列宁选集》(第1卷),第103页。

社会主义现代化建设新局面的过程中，物质文明的建设当然是我们的首要任务，但物质文明建设（精神文明建设也是一样）是需要靠包括发展社会主义民主为主要内容的政治建设来保证和支持的。可以设想，如果没有广大人民群众的主人翁责任感的不断加强，亿万工农和知识分子积极性的进一步调动，人们的聪明才智的充分发挥，物质文明建设就不可能得到发展。而且，如果个人与个人之间、个人与社会之间的关系没有得到正确解决，社会处在无秩序的不安定环境之中，生产就无法正常进行，当然更谈不上向前发展。作为上层建筑一部分的社会主义民主，它的确是生产发展的重要保证和支持，新中国成立三十多年来我国经济发展的起伏就充分证明了这一点。

从我国当前的实际情况来看，要充分发挥社会主义民主对物质文明建设的保证和支持作用，下列两方面的问题特别需要及时加以解决。

一是抓紧进行包括政治体制、领导体制改革在内的机构改革和经济体制改革。应当说，我们多年来形成的领导体制，无论行政体制还是经济体制，已暴露出多方面的矛盾，办事效率低、无休止地扯皮，这些官僚主义弊病，远远不能实现四化的要求，这一点大家已经看得十分清楚，但对这种现象给社会主义事业造成的危害是否有深刻的认识，值得有些同志考虑。1922 年 2 月 28 日，列宁在“给财政人民委员部”一文中说：“我们所有经济机关的一切工作中最大的毛病就是官僚主义。共产党员成了官僚主义者。如果说有什么东西会把我们毁掉的话，那就是这个。”[①]由于官僚主义弊端丛生而毁掉社会主义事业的情形，在一些企业、部门或单位是屡有发生的，最近在打击经济领域严重犯罪的斗争中就可以找到一些实例。现在，我们党中央十分严肃地向全党和全国提出了这个问题，邓小平同志在十二大的开幕词中，就把进行机构改革和经济体制改革作为坚持社会主义道路、进行现代化建设的一项最重要的保证明确地提出来了。今年上半年，中央国家机关的机构改革已迈出了可喜的第一步，目前需要一方面把中央的机构改革深入下去，建立起各部门明确的职责范围和工作制度以及各部门相互间的正确关系；另一方面需要把机构改革推向省市，否则，上下脱节，必将大大影响已经取得的改革成果，影响社会主义民主原则的发挥。

二是要在人民群众中大力宣传根据社会主义民主的原则建立人与人之间的平等关系和个人与社会之间的正确关系的重要意义，并开展切实有效的实际工作，使这些关系建立起来。在相当一部分群众特别是青年人中，对权利与义务、民主与自由的认识是模糊的、片面的，甚至是错误的。他们不了解权利与义务是

---

① 《列宁全集》（第 35 卷），第 552 页。

相辅相成、相互结合的，只想到享受权利的一面而不知道还有尽义务的另一面，特别是不了解资产阶级民主自由与无产阶级民主自由的本质不同，错误地认为民主自由就是自己想说什么就说什么，想干什么就干什么，否则，就是不民主、不自由。其实，就是在资本主义社会里，所谓民主与自由，也不是像这些人所理解的那样。资产阶级民主自由的旗帜、著名的法国大革命时代的《人权宣言》第3条就明确规定："自由就是指有权从事一切无害于他人的行为"，"权利的行使，只以保证社会上其他成员能享有同样权利为限制"。何况我们是社会主义国家，有共同的目标、共同的行为规则，反对剥削与压迫，国家保障公民正当的自由和权利，公民应当履行自己对国家和社会应尽的义务，公民行使权利和自由时，绝不能损害他人的权利和自由，更不能危害社会主义事业的发展。一个公民越能按照社会主义原则办事，他就越有自由，越能有利于社会主义制度的巩固，否则他就妨碍和破坏了别人的自由，危害了社会主义社会，也危害了自由。

三、国家民主化必须首先党内民主化

社会主义国家从阶级实质上说，是占人口绝大多数的劳动人民当家作主的国家，所以是最民主的国家。资产阶级说他们的国家是"自由社会"，似乎他们的国家是最民主的，但是，正像列宁所揭示的那样，"资本主义社会里的民主是一种残缺不全的、贫乏的和虚伪的民主，只供富人、只供少数人享受的民主"，资产阶级所标榜的"自由社会"实际上是以全民的虚伪形式来掩盖资产阶级狭隘的少数人统治的实质。

我们说社会主义国家按本质上说是最民主的国家，并不是说她从建立的第一天起民主制度和民主生活就是完美无缺的。民主是一个历史概念，有一个长期逐步发展的过程。资产阶级反封建后建立起自己阶级统治的资产阶级国家，其民主化的进程已有三四百年的历史，才发展到现在适合于资产阶级统治利益的种种形式。我们社会主义国家的发展历史只有六七十年，她的民主化的具体形式正在探索之中。可以说社会主义国家民主化，在国际共产主义的事业中还是一个有待解决的问题。现在，党的十二大明确地把建设高度的社会主义民主作为我们的一项根本目标和任务提出来，把国家民主化问题看成关系到社会主义事业兴衰成败的大事。可以预期，只要我们能够按照党的十二大所指引的方向扎扎实实地做艰苦的工作，国家民主化的进程将会加快，一个高度民主化的社会主义国家一定能够在我们的国土上建立起来。

社会主义国家民主化，首先必须党内民主化。社会主义国家的执政党是共产党,是领导我们国家从事社会主义建设事业的核心力量,是我们取得胜利的根本保证。党内的政治生活与党员的行动,直接影响和决定国家生活的各个方面。要把我们的国家建设成为高度民主的社会主义国家,就必须首先把我们的党建设成为具有高度民主集中制的党。

党的十二大总结了党的建设问题上一条极其重要的经验。这就是:“历史的严重曲折告诉我们,党内政治生活是否正常,首先是党中央和各级领导机构的政治生活是否正常,确实是关系党和国家命运的根本问题。”代表大会以欣慰的心情向全党和全国人民宣告:经过十一届三中全会以来的努力,党内的政治生活首先是党中央的政治生活已从过去长期不正常的严重状态中逐步恢复到马克思主义的正确轨道上来。这是决定我们这些年之所以能够在指导思想上完成拨乱反正的艰巨任务,取得各项工作的重大胜利,实现历史性的伟大转变的关键所在。国内和国际的历史经验告诉我们:作为执政党的共产党的党中央,是指导全党和全国的司令部,如果不遵循民主集中制和集体领导原则,而是受着个人崇拜的束缚,一言堂、家长制作风等不民主现象必然削弱党的战斗力,甚至会把党和国家引到邪路上去。我们全体党员和全国人民坚决相信,我们现在的团结和谐的党中央领导集体,将带领全党和全国人民一步一步地夺取新的胜利。当然,就全党来说,许多地方组织在这方面还有许多问题有待解决,首先是各级领导干部要牢固确立民主集中制观念,各级党委真正建立起集体领导,发展党内民主,并保证在民主基础上的集中统一。只有在党内民主化的基础上,才能带动和影响国家生活和社会生活各方面的民主化,使我们960万平方公里土地上的十亿人民成为一个团结和谐的巨大集体,同心同德,共同去夺取新的胜利。

四、高度的社会主义民主必须同法制建设紧密结合起来

社会主义民主必须制度化、法律化。只讲民主的发扬而不通过法制建设加以具体化,民主的发扬只能是空中楼阁。同时,要进行经济建设,必须要有调整各种经济关系的各种法律、法令和条例。轻视法制建设在发展经济中的作用,靠行政人员随意办事,将会造成无章可循的局面,严重破坏经济建设的进行和发展。自从党的十一届三中全会确定了加强社会主义民主和健全社会主义法制的方针以来,我们在法制建设方面已取得了显著成就,这是全国人民有目共睹的。当然,我们的法制建设仍然不能适应四化建设的需要,还有许多工作要做。

在民主与法制建设上,有两个问题值得注意。第一,要建立适合中国国情的社会主义法制,法制建设也要走中国自己的道路。外国的经验可以借鉴、可以参

考，但要从中国的实际情况出发。例如，我们现在确实需要制定一些新的法律、法令和条例来规范我们各方面的生活，这是毫无疑义的，但是，如果法律的分门别类太多、太复杂、太烦琐，连专业人员也不是一下能搞得很清楚，就将大大影响法律的执行和威力。有些国家已经出现了这种弊端就是明证。再如，要注意总结我们从解放区根据地建设以来的有效经验，如适合中国情况的人民调解组织、依靠群众调查研究的办案方式等，就是在法制建设方面行之有效的经验，需要加以巩固和发扬。第二，必须十分强调严格执行新党章关于"党必须在宪法和法律的范围内活动"的规定。现在，某些人法制观念淡薄，有法不依、执法不严等情况的发生往往来自党内。党的十二大的政治报告说得很好："党是人民的一部分。党领导人民制定宪法和法律，一经国家权力机关通过，全党必须严格遵守"，"特别要教育和监督广大党员带头遵守宪法和法律"。这是我们在进行民主与法制建设中特别需要加以强调的问题。党能够切实地做到这一条，就为全国人民作出了榜样，推动全国人民去遵纪守法。我们生活在高度民主和严格法制的社会中，社会主义现代化的建设事业就会不断取得胜利。

（1982年第10期）

关于加强法学基本理论研究的倡议

《法学》编辑部

党的十二大提出了全面开创社会主义现代化建设新局面的奋斗纲领和战略目标,反映了我国革命历史发展的客观要求。《法学》作为我国政法战线上的一个专业理论阵地,如何为实现党的十二大提出的伟大历史任务作出自己的贡献,这是我们正在认真思考的问题。我们首先想到的是,应该在四项基本原则的指导下加强法学基本理论的研究。因为法学基本理论是法律科学体系的躯干,是法律科学体系中各类分支学科共同原理的概括。它不仅是学习法律、研究法律和从事法律工作的人入门的基础知识,对人们融会贯通地、正确地理解社会主义各类法律起着指导作用,而且是国家法制建设,包括立法、司法和法制宣传活动的理论指南,其重要性和必要性是显而易见的。

法律体系的问题是法学基本理论的重要组成部分。恩格斯曾指出过:"法不仅仅应该适应于一般的经济状况,不仅仅应作为它的表现,并且还必须是一种内部首尾一贯的(着重号是恩格斯加的)不致因为内部有矛盾而相抵触的表现……"法律是随着经济基础的发展而发展的。在发展过程中,应建立与经济基础相适应的"和谐的法律体系"。建立社会主义法律体系是客观经济规律的需要,是当前我国法制建设必须着重解决的问题。但是长期以来,我们在法学理论的研究方面缺乏深入细致的探讨和创新。特别是在我国社会主义经济以及国家法制建设大踏步前进,客观形势已有了很大变化和发展的今天,不能不看到法学的理论研究是落在客观形势的后头了。尤其是法学基本理论的研究和探讨更显得薄弱,和新形势很不相适应。这对于法律科学,对于立法、司法工作和法律教育的发展,以至法律体系的形成,都带来了一定的不利影响。例如,在已颁布的现行法规中,有些方面就还存在不够协调的地方。彭真同志在中国法学会成立大会上曾指出:"法学是有自己独立的体系,自己的逻辑……前后、左右不能自相矛盾。"因此,只有在社会主义经济基础上遵循客观经济规律的要求,创立符合我国国情的法律科学的体系,才能避免法律之间内部结构的矛盾,从而促使国家的立法纳入科学的轨道,以维护法制的尊严和统一。又如,我国高等院校法律专业的课程设置也突出地反映了这个问题。法律专业课程由于法律科学体系和分类问题,未能从理论上认真地探讨和合理地解决,基本上按部门法设置课程，几乎是国家制定什么法，学校就开什么课，这样一来，不仅造成课程内容交错重复，而且由于门类不断增多，也就不可避免地使教学内容越来越庞杂，在一定程度上影响法律专业重点门类和重点学科的形成。类似现象说明，当前进一步开展法学基本理论的研究，不论在理论上还是在实践上都具有重大而深远的意义。

法学基本理论涉及的范围广泛，可以讨论的问题很多。我们的初步意见认为，当前对下列几方面的问题值得讨论，特提出来供同志们参考：

一、关于我国社会主义法律体系及其科学分类问题。这涉及我国法律科学本身的结构特点，它与历史上的法律和国外的法律有什么区别，因此，这就关系到我们应该遵循什么法理原则建立符合我国国情的法律体系等重大问题。

二、关于社会主义法律的客观规律性问题。法律作为上层建筑，它由经济基础决定并反作用于经济基础，这是毋庸置疑的。社会科学各部门概莫能外。但是，任何一门社会科学都有其自身的特点和发展的特殊规律，我们不但要研究社会科学和经济基础之间关系的共性，更要注意探讨法律、法学如何根据自身的特点来反映并服务于经济基础的特殊性，以便于充分发挥法律的能动作用。

三、关于社会主义法学的基本范畴，也就是法学的研究对象和领域问题。不同学科的研究对象，是由学科本身特有的一系列基本范畴所构成。法学作为一门学科来说，当然也不例外。法学的基本范畴就是对各个法律规范普遍本质的概括和反映。只有深入研究法律科学的特殊性，认真地探索法学的基本范畴，才能科学地搞清法律科学与政治、伦理、道德等其他社会科学的区别和联系。这是发展社会主义法学，为法律科学奠定基本理论的重要课题。

四、关于法学的方法论问题。众所周知，方法论的问题是任何门类学科普遍存在的。马列主义、毛泽东思想固然为各类学科提供了科学的世界观和方法论，具有普遍指导意义，然而我们能否在这一正确的方法论的指导下，结合法律科学的特点，开展法学领域中方法论的研究，从而指导人们在法律这一社会现象在与其他社会现象的各种复杂关系中，找出它们之间本质的必然联系，即客观规律性。因此，这是关系到我们能否取得法学研究的新成果，促进法学理论发展和确保国家法制建设沿着正确的航向前进的重要课题。

五、关于社会主义法律的解释问题。法律解释现有立法、司法解释，又有法学理论方面的探讨。目前，我国在解释法律的问题上，由于缺乏马克思主义法学基本理论的指导，还存在一些混乱现象。解决这一问题，一个重要的问题就是我们应该根据什么法理原则来指导法律解释工作。这方面有广泛的内容值得我们探讨，这对维护国家法制的统一和法律的正确实施都具有重要的意义。

当然，法学基本理论方面可以讨论的问题还很多，《法学》愿意和法学界的同志们一起，在党的“双百”方针指引下，围绕法学的基本理论问题，从实际出发，紧密结合我国法制建设和司法实践中的新情况、新问题，集思广益，努力探索，共同促进法学理论的发展，为开创社会主义法制建设的新局面作出更多的贡献。

（1982年第11期）

值得重视的一个倡议

张友渔*

《法学》编辑部"关于加强法学基本理论研究的倡议"(以下简称"倡议")提得好,也很适时,它从一个侧面反映了我国法学领域中亟待解决的一些理论问题。为此,笔者表示赞同和支持。党的十二大规划了全面开创社会主义现代化建设新局面的宏伟蓝图,充分反映了我国各族人民的共同愿望。举国上下各条战线都在十二大精神指引下制定自己的行动纲领,我们法学界也不例外,也要为开创社会主义现代化建设新局面作出自己的贡献。

党的十一届三中全会是我们党和国家历史上的一个伟大转折。三年多来,我国在发扬社会主义民主和加强社会主义法制方面是做了大量工作的,所取得的成绩也是不可估量的,这些都是党正确领导的结果,同时也是与我们法学界的同志们的努力分不开的。在十二大后,随着我国全面开创社会主义现代化建设新局面的历史性转变,法制建设将进入一个新的发展阶段,党和国家对我们的工作提出了更高的要求。在法学战线上,如何实现十二大提出的奋斗纲领和战略目标,这是我们法学界同志必须认真思考的问题。也就是说,在法制建设方面,如何开创一个与客观形势相适应的新局面,把法制建设提高到一个新的水平。笔者认为根据十二大精神,除了继续加强国家的立法、司法和进一步做好法制宣传教育工作外,还必须大力开展法学基本理论的研究,过去我们在这方面做得是不够的。我们虽有丰富的实践经验,但由于缺乏深入细致的探讨和创新,还没有能够创立反映我国国情的社会主义法学的理论体系,这是我们法学界应该重视和认真解决的问题。

从哪些方面加强法学基本理论的研究呢?"倡议"中提出了五个方面的问题,笔者认为它虽然不能概括法学基本理论的内容,但对这些问题的探讨方向是对的,它对国家的立法、司法、法制宣传和法学教育都具有现实的和深远的意义。

值得指出的是,开展法学基本理论研究,要防止理论脱离实际的倾向,对于那种从书本到书本的教条式研究方法是应该反对的。几年来,我们法学界的同志,把掌握的法学知识直接运用到司法实践和法制宣传教育上,把普及法律知识

---

* 作者单位:全国人大常委会法制委员会。

放在重要位置上。这种做法虽然不能代替研究工作,但可以为法学研究提供原料,扩大人们的视野,是繁荣和发展法学理论的必由之路。理论是从实践中科学抽象出来的,应受实践检验,任何脱离实际的空洞理论不仅不能指导实践,相反会对革命和建设带来危害,这是我们必须注意的问题。

笔者曾说过,《法学》是法律专业的学术性刊物,开展法学理论研究要做到生动活泼、深入浅出。内容要深,文字要浅。用浅显的文字把深奥的道理阐明清楚,生动地反映法学理论发展的新成果。笔者希望法学界的同志们,在四项基本原则的指引下,认真贯彻党的"双百"方针,坚持从实际出发,紧密结合我国法制建设、司法实践中的新情况新问题,开展法学基本理论的研究,为繁荣和发展社会主义法学理论,作出积极的贡献。

《法学》是有影响的刊物,办得是有特色的,特别是在理论联系实际方面作出了成绩,受到政法界同志们的重视。趁《法学》复刊一周年之际,笔者祝愿《法学》越办越好。

(1982 年第 11 期)

开展法学基础理论的研究

潘念之*

笔者赞成《法学》编辑部的"关于加强法学基本理论研究的倡议"(以下简称"倡议")。我国马克思主义法学的研究是随着马克思列宁主义的传入,就在先进的法学家中间开始的。从革命根据地创建社会主义法制,从而有组织地进行法学研究和教学,至今已有五十年的历史了。新中国成立以来,我们的研究法学的单位,有法律院校,有大量的出版物。中国政法学会和上海法学会成立于20世纪50年代,法学的学术活动在全国开展着。虽然其间存在曲折,曾经遭受到破坏,但在粉碎"四人帮"以后,特别在党的十一届三中全会以后,党和国家大力提倡社会主义法制,提倡依法办事,发出了许多文件,制定了重要的法律,加强了社会主义法制工作。十一届三中全会的公报,六中全会的决议,十二大的报告,都提出要发扬民主、加紧法制建设。而我国的立法、司法工作,法学研究、教育、出版及学术活动,更有空前的发展。几十年来我国的马克思主义法学由创立到发展,成绩是很大的。

在新中国成立初期,我国法学是学习苏联的。这是必要的。苏联是世界上第一个社会主义国家。它在建立以后,在列宁指导下,继承和发展了马克思主义法学,建立了一整套的社会主义法制,建立了自己的法学研究和教育机关,培养了大批法学人才,编写了大量的法学著作,创立了社会主义法制体系,也创立了马克思主义法学体系。尽管这些法制与法学还不是很完整的,是有一些问题的,但毕竟在第一个社会主义国家中建立起来了。这个初步建立的社会主义法制体系和马克思主义法学体系,对马克思主义法学是创造性的发展和划时代的贡献。这对其后建立的社会主义国家,是一项极为重要的可资借鉴的经验。社会主义的中国建立在苏联之后,学习苏联,是很自然而且是必需的。在初期,搬用了苏联的一些体系和内容也是难免的,是合乎历史发展规律的。

我国的革命和建设,在物质建设和精神建设方面积累了自己的经验,有了自己的创造,这就是毛泽东思想。在毛泽东思想指导下,以马列主义的法学基本理论同中国法制的具体实践相结合,根据中国的情况,发展了自己的法制,并对此

---

* 作者单位:上海社会科学院法学研究所。

进行综合和分析的研究，提出了新的法的规律和法的理论，充实和发展了马克思主义法学。从革命根据地到新中国成立以来的几十年中，我国法制和法学是有继承、有创新，发展很快，成就是很大的。当前，我国法学正处在新的繁荣时期。实事求是地总结我们法制建设的经验，从理论上加以说明，从而进一步发展马克思主义法学，并指导我国的法制建设，是全国法学界在党的十二大的指引下，在社会主义四化建设的总任务中应承担的迫切任务。《法学》编辑部的“倡议”是及时的、重要的。现在我们应该开展这样的法学理论研究工作。

没有正确的理论指导，就没有正确的实践。要加强我国的法制工作，必须提高我们的法学基础理论。法的概念、性质和任务，它的体系和发展规律，是关系到各个部门法的基础理论，必须首先研究清楚，这符合于中国的实际，适应于建设社会主义的要求。这些问题，过去在我们的理论书上曾经占有一定的篇幅，但没有充分展开研究。直到今天，我们还是按照苏联的法律体系，近来也采纳了西方的一些说法，可是从中国的法制实际出发进行多方面的、深入的研究还是不够的。究竟在社会主义中国，我们的法制应该是怎样一个体系，我们的法学应怎样分科，虽然有过一些讨论，但还没有进行精细的研究，未能作出科学的说明，当然全国法学界也谈不到有一个统一的看法。没有一个符合我国国情的法制和法学体系，而是头痛医头、脚痛医脚，遇到什么情况就临时搞一个法规，或者看到外国有什么法律，我国也搞一个什么法律，这不仅零碎散乱、彼此矛盾，而且难免发生错误，违反马列主义、毛泽东思想的原则，不适应也不能满足社会主义法制建设的要求。

试举一个例子。我国民法典已经写了好几稿而又停了下来，虽然有一些原因，如我国的民法应该包括哪些内容、其性质同其他国家的民法有什么不同等，而民法在整个法律体系中的地位和关系还有争论，也是一个原因。再说，经济法今天是受大家重视的，各个经济部门都在起草经济法规，而且主管部门还建立了经济法中心，统筹经济法规的立法问题。这当然是一件大好事。但在理论上，经济法能否成为一个独立部门法，如果能的话，它的任务和原则是什么，它的内容和体系是什么，它与民法和行政法的关系怎样，今天还没有作充分的讨论，也还没有说清楚。这就妨碍了经济法规的成熟和发展。其他部门的法也或多或少地有这样一些问题。

再就法学院校的教学课程设置来说，各校也各自为政，很不一致。当然，多开几门课，多传授一些学术，对于充实学生的知识和开阔学生的思想是有好处的。但首先总得使学习的东西有利于我国的社会主义法制建设，其次也得照顾到学习时间和学生的精力，总得有体系地、有中心地传授必需的而且有用的知识。没有体系而随便开设一些课程是不妥当的。前些时候,我们编纂《法学词典》时,由于没有统一的法学学科分类作为根据,把本来计划编制的按部门分类的词目表删去了。其后编辑《中国大百科全书·法学卷》时,为了便于读者查找,觉得这个按学科分类词目表不可没有,勉强编了一个词目框架,但也由于缺乏根据,困难很大。可见法制和法学体系的确定,是关乎发展我们社会主义法学的一个重要问题,是一定要很好研究并得到解决的。

另外,关于法的性质、任务、适用,各个部门法之间的关系,法与社会各方面问题的关系,法学的内容和任务,法学的研究对象、方法,法学与其他学科的关系等问题,都是与整个社会主义法的健康发展有关系,也都是应该深入研究并予以解决的。

希望读者响应《法学》编辑部的"倡议",大家来研究法的基础理论。

(1982 年第 11 期)

努力建设高度的社会主义民主

徐盼秋 *

胡耀邦同志在党的十二大所作的报告中，把实现高度的社会主义民主，提高到是我们的根本目标和根本任务之一，并指出社会主义两个文明的建设要靠继续发展社会主义民主来保证和支持。笔者认为这一新的论断，对提高我们社会主义民主的认识，具有重大的意义。

一、发展社会主义民主

社会主义民主，是我们的国家制度。但长期来人们认为民主仅仅是手段而不是目的，而且常常有人把 1957 年的“反右”斗争作为民主是手段的实例。他们说，当时发扬民主帮助党整风，但是后来抓出了大批“右派”，结果民主这个手段达到了引蛇出洞的目的。这个思想对发扬民主起了很不好的作用，而且至今尚未肃清。在十二大文件学习中有人说：“明年要整党了，谈什么民主，还是识相点。”从这个反应中看出有些人仍然心有余悸，把民主当做手段，好像我们谈民主又要以此为手段来“钓鱼”了。当然，这种认识是错误的。

前些日子有人不同意“没有民主就没有社会主义”的论断，认为这种说法是错误的，是自由化。这就把民主与社会主义对立起来，把民主看做自由化，看做资产阶级的东西了。所以弄清楚关于建设高度的社会主义民主的思想是很有必要的。

民主这个词来源于希腊语，是人民政权的意思。“民主”这个词的英语是“德莫克拉西”（democracy），是多数人统治的意思，以少数服从多数原则来实现统治。文明是对野蛮而言的，民主则是对专制独裁而言的，而且主要是对政权而言的。不论哪一个争得了统治地位的阶级，都要组织政府，而这个政府有的是专制的，有的是根据民主原则建立的。人们常常把民主的政府看做文明的政府，而把专制的政府看做不文明的、野蛮的。在资产阶级领导民主革命时，资产阶级提出民主是为了反对封建专横，是对封建特权的否定，曾经起过历史的进步

---

* 作者单位：华东政法学院（现华东政法大学）。

作用。资产阶级取得政权后，就组织资产阶级民主共和国。他们以选举制、议会制、三权分立等政治制度来实现自己的统治，因此，民主一开始是从国家制度方面来实现的，民主的本质含义就是一种国家制度、国家形态。民主也只能是一定阶级的民主，它同各阶级在国家中的地位相联系。而且民主是上层建筑，决定于所有制的关系，生产资料属于谁的，民主也属于谁的。因此，保护私有财产不受侵犯就成为资产阶级民主的核心。列宁指出："资本主义社会的民主是一种残缺不全的，贫乏的和虚伪的民主，是只供富人只供少数人享受的民主。"

无产阶级民主也主要是指国家政治制度，马克思在《共产党宣言》中就指出："工人革命的第一步就是使无产阶级上升为统治阶级，争得民主。"

马克思说的"争得民主"，是指夺取政权，建立无产阶级自己的政权。也就是从无产阶级革命胜利之日起，它必须首先要有一个民主的国家组织，把对国家事务的统治权、管理权掌握在人民手里。以上海为例，一解放就建立上海市人民政府，而这个政府必须是民主的，掌握在人民手里的。没有这样的政府，人民的天下一天也不能维持。这个政府要由劳动人民来管理，也只有有了这样的民主，才能镇压剥削者的反抗。如果不是民主的政府，还是利用国民党的旧政府，那么保卫人民民主就不可能，连镇压敌人的反抗也不可能。因此，民主与专政是统一的、相辅相成的。对敌人的专政与社会主义民主乃是同一现象的两个方面，是彼此统一而不可分割的整体。社会主义民主与资产阶级民主不同之处，就在于社会主义民主是大多数人的民主，是对极少数人实行专政，而资本主义民主则是极少数人的民主，对大多数人实行专政。绝大多数人管理国家的社会主义民主，比资产阶级少数剥削者管理国家的资产阶级民主要好千百倍。

当然社会主义民主还有其他方面的内容，如公民的基本权利即人身自由的权利、劳动权、教育权、选举权等。此外，还有领导工作上的民主作风，尊重对方的人格和意见，平等待人。反对专横粗暴、一言堂，反对家长作风、"长官"意志。有的人曲解民主，把自己变成人民的主人，或者颠倒过来变成"主民"，这是不对的。耀邦同志报告中还提到"民主应当成为人民群众进行自我教育的方法"，就是讨论说理的方法、说服教育的方法。十一届三中全会以来，我国的社会主义民主得到了很好的恢复和发展。

那么，如何发展社会主义的高度民主？耀邦同志指出：(1)继续改革和完善国家的政治体制和领导体制。社会主义民主主要是国家制度，我们要使它更加完善。改革的原则是能够使人民更好地行使国家权力，使国家机关能够更有效地领导和组织社会主义建设，以改变机关臃肿、低效率等官僚主义弊病，使国家机关成为列宁所要求的为人民办事的社会公仆，而不是统治人民的机关。(2)要使社会主义民主扩展到政治生活、经济生活、文化生活和社会生活的各方面，发展各个企业事业单位的民主管理，发展基层社会生活的群众自治，建立人与人之间的平等关系和人民与社会之间的正确关系。公民履行对国家和社会应尽的义务。国家和社会保障公民正当的自由和权利，而且要使之随着经济的增长而日益加强。

有的人认为要从西方资产阶级"引进"民主，把资产阶级的议会制、两院制、两党制、竞选制，以致资产阶级腐朽的生活方式、性解放和道德价值标准引进国内。这些与我国社会主义制度是不相容的。民主是上层建筑，受经济基础决定并且为经济基础服务，民主一定要适应经济发展的要求，如果不能适应、促进经济发展的要求，那么这种民主就不好。民主的发展程度还要反映经济发展的水平，如果超出了经济发展、文化科学发展的水平，那么，这种民主就不能实现。如果不是根据经济文化发展的允许或可能，硬要给予更多这样那样的民主自由权利，那么，这种民主自由就会成为泡影，甚至对经济的发展起阻碍的作用。例如，我们提出要对社会主义企业进行民主管理，这是根据经济发展的需要，不实行不能提高职工的主人翁精神，不利于大力发展生产，但如果把民主发展到职工直接支配生产资料、直接决定生产任务，那就会脱离国家计划，造成混乱局面。

前些时候有些人把民主看做"想说什么就说什么"、"想做什么就做什么"，用自由化的观点来看待社会主义民主，为了自己的需要可以侵犯或损害别人的权利，可以妨碍社会和危害国家。这样的民主与社会主义民主是风马牛不相及的。这样的民主连资产阶级都不如，倒有点像某些"造反派"头头奉行的法西斯主义。

要建设高度的社会主义民主，就要求在发展社会主义民主的过程中，所采取的一切措施都必须有利于社会主义制度的巩固，有利于促进社会生产和其他建设事业的发展，而绝不给危害社会主义的敌对分子以进行破坏活动的自由。民主和自由都可能被别有用心的人所利用。凡是不利于社会主义制度的巩固、不利于生产力发展的民主，都是与社会主义民主不相容的。如在宪法上已取消的"四大"，但至今还有人留恋。在一个基层单位搞了一次民意测验，还有5%的同志不赞成取消。为什么会出现这种情况？有的人可能是因为提意见不方便，告状无门。对此要考虑如何创造一种新的形式如设立一个专门的机构(如过去的监察部门)来解决这类问题。

二、健全社会主义法制

耀邦同志在报告中,对我国建设社会主义法制,以及社会主义法制的地位、作用和意义,作了高度评价,强调指出它是建设两个高度文明、振兴中华的可靠保证,并作为全面开创社会主义建设新局面的伟大任务之一。这对于那些较为普遍存在的法律可有可无的思想是一个很好的教育。有些同志对民主和法制问题不大关心,他们最关心的是工资、房子。他们说:“大道理管四化,小道理管嘴巴。”法制既是大道理,又是小道理,因为它直接为四化服务,而且它不仅管嘴巴,也管手脚。它管手,就是鼓励人们做好事,不许做法律不允许做的坏事;它管脚,只允许走正道不允许走歪道。它管人们的社会行为,保护好行为,反对坏行为。它还不是一般性地管,而是强制地管。如果有人来管你,你说:关你什么事,你可以不理,顶回去。但到了需要法律来管你,就要强制你服从,你要抗拒,就要依法处理。这是法律的强制性,不同于道德规范。有不少人不关心法律,但有时候法律会来找他,如他的家里出事了,孩子触犯了刑律,或者妻子要离婚,还有遗产、房屋纠纷等,他就会着急了,急需知道法律。既要知道实体法,也要知道程序法(如何打官司),这时候他才感到法律同他有密切关系,才感到要学点法律。也有的人因为不懂法律而犯了法,如果懂法,就不敢以身试法,可能避免犯罪。懂不懂法律,有没有法律意识,不仅是文明不文明的标志,也是政治觉悟高低的标志。法律是一门科学,一门研究社会行为的科学。每个公民都应该自觉地熟悉自己在国家中的政治权利和对国家应尽的义务,应该懂得自己应当做什么、不应当做什么,成为自觉守法的公民。

十一届三中全会以来,我国法制建设的成就是显著的。国家已经颁布了许多法律,计有刑法、刑事诉讼法、民事诉讼法(试行)、经济合同法、婚姻法等三百多个新法律、法令和行政法规。这些法律、法令、法规都是自十一届三中全会以来,在拨乱反正、消除“左”的错误的条件下,在马克思列宁主义思想指导下,在总结正反两方面经验的基础上制定的。这就是说我们有了比较系统的社会主义法律的体系。不久将要由全国人民代表大会通过宪法,使我国社会主义法制建设进入一个新的阶段。这部宪法清除了“左”的思想,确立了立法的基础。

我国社会主义法制的指导思想和重大的原则条文都是资产阶级法律所无法相比的。我们可以理直气壮地说,社会主义法律比资产阶级法律在立法思想、基本原理、原则、法律条文方面优越得多。“法律面前人人平等”的原则在我国有了重要的发展。这次耀邦同志在报告中提出了一个极其重要的原则:“党必须在宪法和法律范围内活动。”从中央到基层党组织和党员的活动都不能同国家的宪法和法律相抵触。党是人民的一部分,党领导人民制定宪法和法律,一经国家权力机关通过,全党必须严格遵守。过去和现在都有人批评我们某些党员干部特殊化,说“法律只对老百姓,管民不管官”,说“只打苍蝇不打老虎,法律面前人人平等是假的”。在打击严重破坏经济的犯罪活动中,我们提出对犯罪的党员干部,处理要从重。过去有的人称赞封建社会里的所谓“王子犯法,与庶民同罪”。现在我们干部犯法不仅同罪,还要从重。对这些新的发展,我们法学工作者应当很好地学习研究。

耀邦同志指出:当前法制建设中的问题是不但有相当数量的群众,而且有相当数量的党员包括一些负责干部,对法制建设的重要性还认识不足,已经制定的法律还没有得到充分的遵守和执行,就是有法不依、执法不严。这的确是在法制建设中必须加以解决的问题:

第一,对法制建设的重要性认识不足。首先是对法律的认识不足,对法律在人类社会发展中的地位和作用认识不足,把法律看做一部文艺作品一样,可看可不看。但是法律不是文艺作品,不是由哪一个作家创作的,而是由在社会上占统治地位的阶级制定的。古今中外任何一种社会的统治阶级都需要法律,都重视法律,都拿它来反映自己的阶级意志,都把自己的意志上升为法律,要求全体人民服从,只允许在法律确定的范围内活动,不许越轨。社会是错综复杂的,任何一个统治阶级都必须用法律来调整社会关系。为了使社会生产维持下去,发展起来,为了使人类正常地生活下去,避免混乱、无秩序、彼此冲突以致造成社会崩溃,统治阶级根据人类生活的长期经验,发现要有一个行为的规范,需要用法律来调整复杂的社会关系。社会可以比作一座巨大的工厂,要使机器正常协调地有节奏地运转,就要有规则、有纪律、有制度。两个文明建设都要靠民主和法律来保证。民主要制度化、法律化,民主也要法律来保证。

第二,有法不依,执法不严,也是当前法制建设中急需改变的现象。一定要依法办事,对以往制定的法律要求得到充分而严格的执行和遵守。有人批评我们:“首长一句话,法律变了样。”领导说了算,法律摆摆样,权大于法、以言代法、以人代法的现象也确实还存在,需要克服。法律是阶级意志的表现,不能用“长官”意志来代替法律,代替阶级意志。

耀邦同志要求我们在全体人民中间反复进行法制宣传教育,从小学起各级学校都要设置有关法制的课程,努力使每个公民都知法守法。知法守法要作为公民的义务,也应成为公民精神文明的标志。当然我们政法部门要以此作为重要的任务,党的宣传部门也要重视法制宣传,让法律在宣传阵地上有一席之地。

三、巩固人民民主专政

马列主义关于无产阶级专政的学说指出，专政具有三方面的职能（国家职能），一是对内镇压剥削者的反抗；二是对外抵抗外国的侵略；三是组织经济文化建设（教育科技等包括在内）。而且指出这第三个职能是无产阶级专政所特有的。资本主义由于生产资料掌握在资本家手里，所以不具有这个职能。这三个职能缺少一个，就不成其为完整的无产阶级专政。同时，这三个职能也不是固定不变的。有时候阶级斗争的职能居于第一位，这在无产阶级取得胜利之后的一定时间是必需的，不可避免的。列宁领导下的苏联是这样，我国也是这样，因为这时候剥削阶级会拼命地反抗，会力图夺回他们失去的天堂。所以无产阶级必须依靠政权剥夺资产阶级的全部资本（在我国，对民族资产阶级采取赎买政策），把一切生产资料集中在国家手里，并且尽可能增加社会生产的总量。即使在这个阶段也必须抓经济。重点抓阶级斗争，也不能为阶级斗争而进行阶级斗争，让政治去代替一切、冲击一切。即使在这个阶段，阶级斗争也并不是一抓就灵。所以，无产阶级在取得胜利后的一定时期里，把阶级斗争当做主要任务，在方法上搞政治运动是必要的、正确的，这是经济发展的客观要求，因为经济发展要求为它扫清道路、消除障碍。但我们不能忘记专政有三方面的任务，不能把阶级斗争当做唯一的任务，而忽略其他任务。

但是，当对资本主义经济、农业、手工业实行社会主义社会主义改造之后，当阶级斗争、阶级力量对比关系起了变化，当私有制已被公有制所替代之后，就必须及时地把重点转到经济建设方面来，大力发展社会生产力，组织和领导社会主义经济建设，只有这样才能最终消灭阶级，为共产主义创造物质条件。如果不及时转变，不去大力发展社会生产力，不去逐步满足人民的物质文化需要，却为了阶级斗争而去搞阶级斗争，那必然要危害社会主义事业。这里也涉及一个“政治”的概念问题。政治是什么？如果把政治仅仅理解为“各阶级之间的斗争”，不谈阶级斗争就是脱离政治。脱离政治还得了，轻则属非政治倾向，重则就是犯了政治错误，要遭到批判。这样的认识和做法是不对的，在理论上曲解了马列主义，在实践上伤害了一大批同志。马列主义从来也没有把政治同阶级斗争等同起来。列宁在十月革命胜利之后，就指出：“如何理解政治呢？要是用旧观点来理解政治，就可能犯很大的、严重的错误。现在我们主要的政治应当是从事国家的经济建设，收获更多的粮食，供应更多的煤炭，解决更恰当地利用这些粮食和煤炭问题。消除饥荒，这就是我们的政治。”列宁并没有把政治仅仅看做“各阶级之间的斗争”。他在讲各阶级之间的斗争时,也特别指出这个斗争有两个方面:一方面要粉碎资本主义制度遗留下来的东西,粉碎整个资产阶级一再想消灭苏维埃政权的企图;另一方面着重指出:“到目前为止,我们的注意力主要集中在这个任务上,妨碍了我们转向另一方面的任务——建设任务。”

谈政治,谈专政,都不能把阶级斗争当做唯一的任务。有的人一听到要加强无产阶级专政,就跃跃欲试,就联想到又要强调阶级斗争了,甚至恋恋不舍“以阶级斗争为纲”,恋恋不舍搞政治运动。这是“左”的思想没有肃清的表现。这种思想不克服,对开创新局面是不利的。当然有的人心有余悸,一听到要巩固人民民主专政,昔日的情景又在他们心头浮起,这是条件反射。

1957年以来,我们所犯的“左”的错误,究其原因,主要是不能及时地根据形势的变化使人民民主专政的职能转到组织经济建设方面来。在剥削阶级已不存在的情况下,仍然一股脑儿把阶级斗争当做社会的主要矛盾,不断地搞政治运动,造成阶级斗争严重扩大化,以致发生“文化大革命”,使党和国家、使社会主义事业遭受到难以估量的灾难。

但是要把专政的主要任务转到经济建设方面来,也是不容易的。所以说,它是伟大的转变,绝不能理解为专政的职能不需要了,过时了。因为专政对象不是没有了、找不到了,而是具体地存在着。现在,还有形形色色的敌对分子从经济、政治、思想文化、社会生活上进行蓄意破坏和推翻社会主义制度的活动,还有各种刑事犯罪分子。他们的人数不多,但能量不小。在今天他们不可能形成一个公开的完整的剥削阶级来同我们较量,但可以纠合成各种犯罪团伙,给我们造成严重的破坏。因此,专政的职能不能消亡,还要加强。斯大林有一个重要的论断,就是专政的消亡是通过加强专政的道路来达到的。笔者同意这个意见。应该看到,敌对分子的破坏的严重程度,不是以人数来决定的,而是以手段、方法来表现的,敌人正在利用科学技术的成就来进行犯罪。这说明巩固和加强人民民主专政的力量是必要的。

党中央反复指出:在剥削阶级作为阶级消灭以后,我国社会存在的矛盾大多数不具有阶级斗争的性质,阶级斗争已经不再是我国社会的主要矛盾。但是阶级斗争还将在我国社会的一定范围内长期存在,并且在某种条件下还有可能激化。对这样的科学论断,我们通过学习,认识会日益深化。需要明确的是:(1)一定范围内,是指在我们社会主义社会中存在的各种矛盾,只有一小部分是属于阶级斗争和包含阶级斗争的成分,大量的不属于阶级斗争范围。(2)这种阶级斗争只能是局部的、暂时的,不可能突破一定范围变为全局性的,使阶级斗争重新上升为社会主要矛盾。一定范围是相对于过去那种认为阶级斗争无处不是、无时没有、无事不是的阶级斗争扩大化而言的。

那么，在某种条件下可能激化，这个条件指的是什么呢？笔者认为，(1)如果在我们的指导思想上发生严重失误，回到“以阶级斗争为纲”大搞政治运动的老路上去，也就是在指导思想上离开十一届三中全会和十二大的精神。(2)不能严格区分两类不同性质的矛盾，在处理群众性的人民内部矛盾时，政策方法不当，犯了错误。(3)在遭到外敌大规模入侵的条件下。上述一、二两条是人为的激化，是主观指导思想问题，后一条则是客观造成的。

这些问题要引起我们足够的重视，这对于我们防止阶级斗争扩大化和避免人民内部矛盾激化都具有重大的意义。

关于建设高度社会主义民主，笔者对上述三个问题提出了一些看法。对于统一战线和民族关系问题，由于篇幅所限，本文就不再赘述了。

(1982年第11期)

应该重视我国法的体系的研究

齐乃宽*

今年的《法学》第二期,刊登了王召棠、陈鹏生合写的“社会主义中国法系初探”(以下简称“初探”)一文。今年七月在北京召开中国法学会成立大会期间,结合学习讨论彭真同志的讲话,与会的上海代表对这篇文章曾有过一些议论。最近学习中央政法工作会议文件,重温彭真同志的讲话,笔者认为“初探”中所涉及的某些问题,是值得进一步商榷的。

一、从“法系正名”说起

“初探”是以“法系正名”为开端的,笔者觉得这个头开得很好。常言道:“名不正则言不顺。”目前,我国法学界对有些学术问题之所以长期争论,而不能得出统一的结论,其中一个重要原因就在于未从“正名”着手。同样的名词,你这样解释,他那样解释,各说各的道理;产生了分歧又不从“正名”做起,不把概念校正好,那怎么会有共同语言呢?!

从“初探”一文的基本内容来看,作者的主导思想是明确的,即试图从我国国情出发,探索我国法律体系的有关理论问题,这当然是好的,但问题还是开头那一段的法系正名,未能“正”好,有的地方把“法系”与“法律体系”混为一谈了。这就容易使人造成错觉,难以把握其主题思想。

例如,在“初探”的第二部分作者写道:

“前后半个多世纪的历史教训不但深刻地揭示了法系的形成和发展必须与国情相适应的道理,而且使我们认识到,中国共产党领导下的民主革命和社会主义革命,必须有自己的新的法制和法律体系。”接着作者又说:

“特别是当前,随着我国社会主义政治经济的蓬勃发展,回顾新中国成立三十多年来法制建设的曲折历程,使我们更加深刻地感到,总结我们的历史经验和教训,创建一个社会主义中国法系的迫切性和必要性。”

笔者认为,之所以出现这种情况,是由于作者没有仔细研究“法系”与“法律

---

* 作者单位:上海社会科学院法学研究所。

体系”之间的区别所造成的。事实上“法系”与“法律体系”的概念是不相同的。为了弄清问题,让我们首先考察一下“法系”概念的历史由来。

二、“法系”概念的历史由来

所谓法系,其概念并不是自古就有的,而是自19世纪中叶以来,随着资产阶级比较法学的发展而逐渐形成的。早在18世纪40年代,资产阶级法律思想的先驱孟德斯鸠在他的代表作《论法的精神》一书中就曾经主张:要把法律作为一种社会现象来加以研究。他认为,各国法律的差异,是由各该国所处的社会和自然环境,包括政治、历史、地理、道德、伦理,风俗习惯以及民族传统等许多因素所造成的。到19世纪初叶,孟德斯鸠的理论引起了人们的广泛重视,在欧洲出现了对罗马法和日耳曼法的比较研究。1869年法国成立了比较法学会,1895年在英国也成立了类似的机构。欧洲大陆各国还相继举办了“比较法讲座”,把外国法作为自己的研究课题成为当时的一种风气。然而,在当时比较法的视野也还只是以研究欧洲大陆各国的法律为限。在第一次世界大战以后;欧洲各国所关心的不仅是大陆各国的法律,而且开始注意英国法、美国法以及与英美法有关的各国法律的研究。于是有了“大陆法系”和“英美法系”的划分,产生了资产阶级“法系”的概念。

因此,所谓法系,也叫“法族”,通常是指资产阶级法学家对各国法律按其内容和形式的某些特点所作的划分。一般把具有某种特征的某国的法律,与仿效这种法律的其他近似国家的法律归属于同一的法律类别,叫做同一个“法系”。它不同于通常所说的“法律体系”,主要是指某些国家的法律传统或法的历史渊源。这种法的历史渊源,不只是就某一国家自身而言的,它往往牵扯到与该国法律有关的一连串国家的法律。故所谓法系,通常总是由一国而波及数国,经过相当长期的历史发展过程而形成的;凡属同一法系的数国之间,在法律渊源上大多具有一定的继承关系,由此而形成一种法律的系谱。

从法系的划分来说,最初其范围并不太广,仅限于对当时存在的各国的法律的分析研究。后来随着比较法学的发展,推而广之把法系的研究应用于法史学,对古代法律也作了法系的划分与探讨。这样一来,关于法系的划分便日益纷繁复杂了。各个法学家划分法系的角度不一样,其划分的标准也就各不相同。在现代资产阶级法学中,法系的划分更是五花八门、种类繁多。

总之,资产阶级法系的概念和有关法系的划分,是较难切实把握的。法系的研究对于促进比较法学的发展,曾起过一定的积极作用,在资产阶级法律思想史上有其存在的价值。但资产阶级关于法系的划分是不科学的，带有明显的主观主义色彩。法系的具体划分标准不一，往往因人而异，对于中国的法学研究来说，这种方法是不可取的。当然，笔者并不反对从法史学的角度去研究我国古代法的渊源及其影响，也不反对从比较法的角度去分析外国法的立法经验，作为我国法制建设的借鉴。我们必须吸收古今中外一切有益的经验。但笔者却不同意在目前的历史条件下，去“创建”什么“社会主义中国法系”。因为：第一，从历史上看，所谓法系并非由什么国家的什么人，依其主观意愿创建和发展起来的，而是由于一定的法律形式适应了当时的社会历史条件，首先是适应了当时的客观经济发展的要求，从而当某国的法律形式确立之后，很自然地便为其他条件相类似的国家所仿效。第二，所谓法系，既然并非由某一个国家单独确立的，而往往是由一连串的国家互相沿袭而成的，那就不能由某一国家，根据事先设计好的“蓝图”，总结出一套法制建设的经验供别人仿效，从而“创造”出一个新的法系。第三，资产阶级“法系”概念本身是一种非确定性内容，其划分法系的标准是极不一致的。作为社会主义中国的法系究竟依据什么标准来确立呢？这种“创建”法系的行动，对于刚刚走上社会主义法制建设健全发展道路的我国来说，究竟有什么积极意义呢？笔者觉得我们应该着重研究的倒是法的体系问题，要充分重视我国社会主义法的体系的研究。

三、研究中国法的体系问题的迫切性

所谓法的体系，也叫法律体系，通常是指由一个国家的现行法律规范所组成的相互联系的各个法律部门的统一体系。一个国家的现行法律，涉及社会关系的各个方面，有着各种不同的内容和形式。但不论其内容如何复杂、形式如何繁多，都必须根据统治阶级的需要，按照一定的原则和方式，分门别类组成许多不同的法律部门，并由各法律部门组成一个既互相区别又互相联系的统一体系。因此，总的来说，任何一个国家的法律不论其表现形式如何，都有其一定的法的体系。特别是成文法国家，这种法的体系的结构是相当严密的。有些资产阶级学者不仅在法的部门的划分上进行过深入的研究；而且在法律规范的分类上花了很多工夫。例如，有关成文法与不成文法、普通法与特别法、实体法与程序法、强行法与任意法等分类，对于研究社会主义法的体系问题，有着重要的参考价值。但是，任何一个国家的法律部门的划分，并不是随心所欲的，而是由其所调整的社会关系的性质和范围所决定的。社会主义法的各种法律部门归根结底是由社会主义的经济关系的性质所决定的，各法律部门之间一般说来不应该有什么对立和矛盾,基本上应该是协调一致的。但是,如果我们在法制建设的过程中不加注意,不作通盘考虑,也会出现许多矛盾。同时一个国家的各个法律部门的划分也不是一成不变的,它将随着社会关系的发展而不断发展和变化。新中国成立三十余年来,我国的法制建设走过了迂回曲折的道路;党的十一届三中全会以来,我国的法制建设才走上健康发展的轨道。这几年我们国家不仅制定和颁布了《刑法》、《刑事诉讼法》、《民事诉讼法》、《经济合同法》等许多重要法律,同时还全面修改了《中华人民共和国宪法》,审议和通过了一系列的重要行政法规。党的十二大之后,我国已进入全面开创社会主义建设新局面的历史阶段,随着我国社会主义建设事业的发展,社会主义法制建设也将进入一个更加完善、更加健康发展的新时期,确立一个全面完整的社会主义法的体系的工作已经迫在眉睫了。据不完全统计,摆在我们面前需要制定的经济法规就有几十种之多;而随着国家机构改革和经济体制改革的发展,各种行政法规的制定将日渐增多;新宪法公布以后,地方国家机关的权力相应扩大,也将制定一系列的地方性法规。那么多的立法项目,那么多的创制法律规范的机构,如果没有一个统一部署和统筹安排,各机关、各部门各立其法、各行其是,那又怎么维护我国法制的尊严和统一呢?

彭真同志在中国法学会成立大会上发表讲话指出:"社会发展了,经济基础发展了,法要随着发展。资本主义社会进入社会主义社会,法也要随着变化发展。但法学又有自己独立的体系,自己的逻辑。立法要从实际出发,但也要有自己法的体系,前后、左右不能自相矛盾。不能灵机一动想搞什么法就草率地搞什么法。"彭真同志的讲话把社会主义法的体系问题提到了非常重要的地位,也指明了今后法学研究与法制建设工作的方向。立法要讲究科学,不能想搞什么法就立什么法。法律搞多了,又不能很好地执行,那不等于无法?彭真同志还指出:"法要有自己的独立的体系,有自己的逻辑,但要从社会实际出发,受社会实践检验。如果法与实际和社会主义发展需要不适应了,就要研究修改。"新宪法通过颁行以后,除了对有关的《组织法》和《选举法》进行修改以外,新中国成立以来我国政府所制定和颁布的法律、法令、法规,凡与新宪法相抵触的,都要作相应的修改或废止。这项工作不仅是立法部门和教学、科研部门的事,与执行机关及司法机关的关系尤为密切。这些机关由于经常直接和法律规范打交道,又经常处理实际问题,对于我国现行的法律规范,哪些切实可行,哪些与实际有矛盾;哪些法律、法令、法规仍然行之有效,哪些已经过时,一定会了如指掌,是最有发言权的。

(1982年第11期)

1983 年

建立中国式的社会主义法律体系

吴大英[*]　刘　瀚[**]

《法学》编辑部"关于加强法学基本理论研究的倡议"是很适时的。这一倡议说明,我国社会主义法学正朝着新的深度与广度稳步前进。可以预期,在切实加强了法学基本理论一系列重大理论与实践问题的研究,并不断取得新成果的情况下,必将对我国立法、司法、法学教育和法学研究起到积极的指导与推动作用。这是法学各学科本身建设的需要,是建设高度的社会主义民主、健全社会主义法制的需要,也是建设社会主义物质文明和精神文明的需要。

一、什么是法律体系

法律体系和立法体系、法学体系、法学教学科目是不同的,和法系更是不同的。法律体系是一个国家在一定发展阶段上,以所有现行法律为基础,分门别类,划分为若干部门法,而以宪法为根本大法组成的一个有机的、统一的整体。它是立法工作成果的总体表现,是法学研究的一个重要对象,是法学教育的一个主要内容,是被国际法学界公认该国法律属于某一法系或单独成为一个法系的基本依据。法律体系完善与否,是国家法制健全与否的前提,同时,也直接关系到宪法与法律在国家的政治、经济、文化和社会发展中能否更充分地发挥作用,因而,这一问题不仅有重大的理论意义,而且有迫切的实践意义。

二、法律体系的外部结构

法律体系外部结构的基础是各项法律、条例、施行细则等以及有法律效力的法律解释和类推适用的法律文件。没有比较完善的各项法律,部门法的划分、法律体系的整体便都无从谈起。法律体系的外部结构,要求各项法律自身有比较完善的形式,如每项法律的名称,篇、章、节、条、款的结构,条文设置的层次性和

* 作者单位:中国社会科学院。
** 作者单位:中国社会科学院。

逻辑性，文字用语等表述形式和法律议案的提出、审议、通过、公布、法律生效日期、解释权限、有权修改或撤销的机关等是否合于法定程序，等等。各项法律自身的形式如不完备，就犹如残砖断瓦，盖不成稳固而壮观的大厦。所以，这是法律体系的基础环节，必须十分重视。

各个部门法是法律体系外部结构的中心环节。部门法由各项同类或相近的法律构成。以某一项法律为主体，加上同一层次、下一层次和再下一层次的各项法律，才构成一个比较完善的法律部门。例如，我国刑法作为部门法，相对来说，比我国民法、行政法、经济法等部门法要完善，这除了五届人大通过刑法这一重要因素外，还因为新中国成立以来，我们对刑法历来就比较重视，制定和颁布施行了一系列刑事法规。在通过刑法以前，我国刑法就作为一个部门法而存在，只是那时，它是由一些单行条例组成，构成形式不够完善罢了。所以，每一部门法有无基本法律，是该部门法构成形式完善与否的一个重要标志。因此，我们必须抓紧各部门基本法律的立法工作。

法律体系整体的外部结构，要求各项法律和各个部门法门类齐全，严密完整，而不能支离破碎。这是我们研究法律体系的重点。我国独立的比较完整的工业体系和新中国成立三十多年来立法的成绩和实践经验，使我们建立一个比较完整的具有中国特色的社会主义法律体系有了现实的可能性；社会主义现代化建设的需要，又使建立比较完整的法律体系具有极大的迫切性。因此，我们一定要以高度自觉的负责精神和积极认真的态度来抓紧进行这项工作。

有人认为，法律体系是客观存在的，不是人们想要建立什么样的法律体系就能够建立什么样的法律体系的。笔者认为，这里有两个问题、两层意思，必须区分开来。

其一，一般来说，有国家，必然有法律（不论其具体形式）；有法律，必然有法律体系。人们既不能随心所欲地创造出离开以经济为基础的社会客观需要的法律体系，也不能人为地取消法律体系，如果有人硬要那样做，势必受到历史的惩罚。从这个意义上，对一个国家来说，法律体系是客观存在的，不以人的意志为转移的。

其二，我们再进一步考察，法律体系的客观存在，是否说明人们对法律体系就无所作为了呢？不是。一个国家，特别是就一个国家的一定历史发展阶段来说，法律体系的完善程度，是同这个国家当时的立法者、司法者、法学家等对于法律体系重要意义的认识和完善法律体系的自觉性与主观努力的程度成正比的。不然，就无法解释为什么历史上存在过的众多国家，有的法律体系比较完善，而有的则支离破碎又互相矛盾。明确这一点，对于扭转那种认为人们对完善法律体系无所作为的观念，是非常重要的。特别是在现代科学突飞猛进的今天，人们可以运用各种精确的科学手段，预测各种社会关系发展的趋势，那么，调整各种社会关系的各项法律的发展趋势，经过人们的努力，当然也是可以作出科学预测的。这就提供了一种可能，使我们能够对短期以至长期应制定哪些新的法律，构成哪些新的部门法，整个法律体系又将是什么样的等问题，做到胸中有数，形成比较周密的近期计划和比较概括的长远规划，使我们对建立具有中国特色的社会主义法律体系有一个总体上的认识。这是十分必要的，也是能够做到的。过去我们对这一点认识不足，工作薄弱。现在要加强这方面的工作，首先应从理论研究做起。我们从事法学理论研究的同志，应该为研究这一重要课题作出自己应有的贡献。

三、法律体系的内部结构

法律体系的内容，是由各种法律规范构成的。各种法律规范之间，必须和谐一致、相辅相成，并在同一方向上相互作用；否则，势必彼此冲突，造成执行中的困难，削弱法律的权威。因而，相对于法律体系的外部结构来说，它的内部结构即实际内容是更为重要的。

要使法律体系内部和谐一致，最重要的是解决好以下四个问题：

第一，任何法律（这里是从广义上说的），从原则精神到条文规定，都要符合宪法。宪法是国家的根本大法，在法律体系中，宪法有其特殊的地位。一方面，在整个法律体系中，它是一个部门法，同其他部门法一样，也有其特定的调整对象和调整方法；另一方面，在整个法律体系中，它又属于统帅的地位，因为它规定国家各方面的最基本、最重要的问题，是制定其他法律的依据。其他法律或某一法律的某些规定，如果同宪法相抵触，自然就破坏了法律体系内部的和谐一致。这项法律或其中某些规定就是违宪的，必须依据法律程序予以修改或撤销。

法律体系是多层次的，除了宪法之外，各项法律还有同一层次、下一层次、再下一层次的区分，如基本法律、法令、行政法规、地方性法规，这是我国法律的大的方面的几个层次。就某一项法律来说，其下还有施行细则、办法、有法律效力的法律解释、类推适用的法律文件等。这样，要保持法律体系内部的和谐一致，每项法律除了要符合宪法外，还要与同一层次的法律保持一致，不能有矛盾；下一层次的法律要依据上一层次的有关法律来制定，不能违背；地方性法规和民族自治地方的自治条例和单行条例应有的特殊和变通的规定，必须是宪法、法律和行政法规所允许的，不能超出其所允许的范围。这样，所有的法律，分开来，是分门别类的各个部门法、各项法律以及各种各样的法律规范，各自担负着调整不同社会关系的任务，各自有其根据不同的调整对象而采取的不同的调整方法；合起来，又是上下一致、左右协调、完整严密、和谐一致的一个统一体。

第二，任何法律，自身的和谐一致以及整个法律体系的和谐一致的根源，在于必须适应经济状况、其他社会关系的状况及其发展的需要，即必须符合实际，而不能与实际脱节。

第三，任何法律，都是由法律规范的三个组成部分即假定、处理、制裁构成的，三者缺一，就不成其为法律规范，也无法执行。但是，某一项法律或某一条文并不都是明确表述出这三个组成部分的。如果在每项法律或每一条文中，把这三个组成部分都明确表述出来，势必使法律和法律条文的结构及文字表述重叠累赘，冗长烦琐。因此，单独的一项法律或一个条文，是无法解决这一矛盾的。只有把一项法律或一个条文作为整个法律体系的一个有机组成部分，才能解决这一矛盾。例如，宪法条文一般不规定对违宪行为的制裁，因为这是刑法等有关法律应该而且必须规定的内容。如果要求宪法的每一条文把这三个组成部分都详尽无遗地作出具体规定，那宪法就不成其为宪法，而成为无所不包的法律大全了。再如，违反婚姻法应受的刑事制裁，在婚姻法中只作了原则规定，其具体内容规定在《刑法》第七章中。如果在《婚姻法》中规定刑事制裁的具体内容，在《刑法》中规定婚姻、家庭方面的假定和处理的详细内容，那么，《婚姻法》就不成其为《婚姻法》，《刑法》也不成其为《刑法》了。其他法律，如选举法、经济法、劳动法等，也都是这样。这就说明，在制定每一项法律时，都要把这项法律，以至这项法律的每一条文，放在整个法律体系中去考虑。在根据该法律的调整对象、调整方法和实际需要规定假定、处理、制裁的内容时，既不能不考虑自身内容和谐一致、严密完整，也不能不顾整个法律体系的和谐一致、严密完整。法律、部门法、法律体系之间的关系，是部分、局部、全局的关系，立法者胸中必须有这个全局。

第四，任何法律，即使在制定的当时看来是多么和谐一致、严密完整，也不会没有对其中的某些条文加以修改、补充规定或作出法律解释的必要；法律体系中的各项法律，也不会没有修改、废止或用新法代替的必要。这是由于社会生活是极其复杂多样的，是不断变化的。恩格斯曾经指出："'法发展'的进程大部分只在于首先设法消除那些由于将经济关系直接翻译为法律原则而产生的矛盾，建立和谐的法律体系，然后是经济进一步发展的影响和强制力又经常摧毁这个体系，并使它陷入新的矛盾（这里我暂时只谈民法）。"解决这种"新的矛盾"的办法,就是根据出现的新情况、新问题,及时对有关法律进行废、改、立。所以,法律体系的和谐一致、严密完整,是相对的,而不是绝对的,是发展变化的,而不是凝固不变的。如果我们强求一蹴而就、一劳永逸的和谐一致、严密完整,必然会事与愿违、适得其反。

四、科学地划分部门法

一个国家在什么情况下制定什么法律?许多法律分门别类划分为哪些部门法?从根本上说,部门法的划分是由法律所调整的社会关系即法律所调整的对象决定的。宪法、行政法、财政法、经济法、刑法、民法、诉讼法、婚姻法、劳动法等部门法的划分,就说明了这一点。法律调整的方法,对部门法的划分也起着一定的作用。刑法、民法之所以成为两个独立的法律部门,除了它们调整的对象不同外,它们的调整方法也不相同。所以,依据法律所调整的对象和方法,就可以大体上把法的部门划分开来。但是,不论从调整对象还是从调整方法来说,都有交错重叠的现象。经济法调整的对象是经济关系,民法、劳动法等调整的对象主要也是经济关系。就调整方法来说,违反经济合同法,在多数情况下,适用经济、行政制裁,但刑事制裁也是必不可少的。根据婚姻法处理的大量婚姻案件,并不诉诸刑罚,但婚姻、家庭方面的犯罪,则要使用刑罚。这说明,同一调整对象,可以有两个或两个以上的部门法来共同调整;同一种调整方法,当然更可以用于几个部门法。存在交错重叠的情况,是否就意味着无法划分部门法了呢?不是。从每项法律调整对象和方法的总体上,从不同的法律调整同一对象的不同角度及其采取的主要方法上,我们仍然可以把它们划分开来。另外,在划分法的部门时,还应考虑其他因素,如实际是否需要,在整个法律体系中是否协调,等等。有些法律,本应成为一个部门法,但由于组成它的各项法律,特别是基本法律尚付阙如,归入相近部门法的情况,也是有的。按经济法调整的对象和方法来说,也可以把它归入民法,所以有“大民法”的主张,但从社会主义现代化建设事业的实际需要和近几年大量的经济立法以及拟议中的更多的经济法规来说,把它独立出来更符合实际需要,在法律体系结构上也更加合理。

从发展趋势来看,我国将会建立一些新的部门法。例如,有人认为,人民公社法、军事法应成为独立的部门法。又如,四个现代化的关键是科学技术现代化,为此,必须发展各类教育事业、科学文化事业。这方面的法规,过去都包括在行政法规之中,为适应形势的需要,有关科学、教育、文化方面的法规,就很有独立成为一个部门法的必要。还有民族区域自治法、土地和住宅法、利用和保护自然资源法、外贸和对外经济活动法等，是否应成为独立的部门法，也值得研究。当然，如同法律不能制定得太多，以致成为灾难，反而无助于充分发挥法律的作用一样，部门法也不宜划得过细，以致失去划分部门法的意义和作用。

我们相信，经过大家充分酝酿讨论，提出有科学根据和实际应用价值的意见，一定会有助于逐步建立中国式的法律体系。

（1983 年第 1 期）

关于法制建设中的几个理论问题

陶希晋*

党的十一届三中全会以来,我国的法制建设,在党的正确路线指引下,拨乱反正,已经取得了很大成绩。为着适应我国新的历史时期总任务的需要,新的宪法已经第五届全国人民代表大会第五次会议制定颁行,这是全国人民政治生活中的大事,它继承和发展了1954年第一部宪法的基本原则,总结了我国社会主义建设的丰富经验,标志着我国法制建设已经发展到了又一个新的历史阶段。

当前,我们法律工作者,面临着一个十分迫切的任务,这就是在新的大好形势下,怎样总结新中国成立三十多年来法制建设的经验,加强社会主义法学理论的研究,开创社会主义法制建设的新局面。本文试图就与此有关的几个理论问题谈一点看法。

一

我国人民的革命法制是在打碎旧的国家机器、废除国民党伪法统和伪“六法”的基础上建立起来的。马克思列宁主义认为,法和国家一样,是阶级斗争的产物,是实现阶级统治的工具。中国革命是在以毛泽东同志为首的中国共产党的领导下,运用马克思列宁主义的原理,经过长期的革命战争,取得新民主主义革命在全国范围内的胜利的。长期革命战争的过程,也就是我国人民革命法制开创和发展的过程。

当中国革命还在一块块、一片片地区取得革命胜利,开始建立革命根据地政权的时候,革命的人民法制也就相应地逐步创立起来。例如,土地法、婚姻法、劳动法和诉讼条例等,都是根据当时革命群众的意志制定的。大家所熟知的著名的《三大纪律八项注意》,就是毛泽东同志为我党最初制定的中国人民解放军的军纪。其对各方面的影响和作用之大,远远超过了一般的军事法规。

随着中国人民革命战争的胜利和新中国的成立,旧中国的反动的国家机器被彻底打碎。作为反映反动统治的意志表现的旧法统及其所有的旧法律,也被

* 作者单位:全国人大常委会法制委员会。

人民的革命风暴所吞没，1949 年 2 月，党中央正式发布了《关于废除国民党〈六法全书〉与确立解放区司法原则的指示》，尖锐地指出："人民的司法工作，不能再以国民党的《六法全书》为依据，而应该以人民的新的法律为依据。"并且特别指出："司法机关应该经常以学习和掌握马克思列宁主义毛泽东思想的国家观、法律观……来教育和改造司法干部。"1949 年 6 月，中国人民政治协商会议制定了起临时宪法作用的《共同纲领》、《中央人民政府组织法》以及其他一些重要的新的法律，集中地反映了全国人民当家作主的愿望。1949 年 10 月 1 日中华人民共和国诞生了。此后，党和国家领导了土地改革、抗美援朝、镇压反革命、司法改革、"三反"、"五反"等运动。在这个时期内，相应地制定了《惩治反革命条例》和《惩治贪污条例》等重要法规。在运动中立法，又以法律武器保障运动的健康发展和各项社会主义改革的彻底胜利。1953 年我国开始了第一个五年计划的建设，次年制定了我国第一部宪法，从此，我国人民民主法制建设开始进入一个新的阶段。

由此可见，新中国的人民民主法制开创的过程，也就是彻底废除国民党伪"六法"和一切旧法的过程。这是我国人民民主法制建设的一个重要特点。

有些人包括一些外国朋友对此认识不清。他们对革命法制和反动的国民党旧法没有作阶段分析，把法的继承性强调到了不适当的程度，甚至错误地认为旧法不应当彻底废除。在他们看来，政权可以代代交替，法总是一脉相承。这种超阶级的国家观和法律观，是同马克思列宁主义、毛泽东思想的国家观和法律观根本对立的。历史的经验值得汲取，当人民革命快要取得全国范围内的胜利的时候，国民党反动派所要保留的正是旧法统。国民党的头子在 1949 年元旦的求和声明中，提出什么"法统不致中断"等妄想，企图以此保持其反动统治。毛泽东同志在 1949 年 1 月 5 日"评战犯求和"一文中，严正指出："'法统'还是要'中断'，国民党匪帮还是要灭亡……"这充分表明了马克思列宁主义、毛泽东思想关于废除旧法的不可动摇的原则性和坚定性。在《马克思在科伦法庭前的辩护词》中，曾有这样的描述："这些法律是由旧关系产生出来的，所以必须与旧关系一同死亡。"事实上，我们正是这样做的。

现在还有人怀疑我党在新中国成立前宣布彻底废除旧法和新中国成立后实行司法改革的正确性，认为旧法应当在制定完善的新法以后才可逐步废除，这样才符合"程序"，也不至于"无法可依"。按照这种观点，我们现在还有很多法律没有制定出来，似乎还应当适用国民党旧法，这岂不是历史的颠倒。至于司法改革，其内容就是批判旧法观点和旧司法作风。历史早已证明，彻底废除反动统治阶级的旧法，肃清旧法观点和旧司法作风，是打碎旧的国家机器的一个重要步骤，是完全必要的，非常及时的。

二

社会主义法制是为社会主义经济基础服务的，它是经济基础的反映，又是保护社会生产力发展的工具。马克思说："无论是政治立法或市民的立法，都只是表明和记载经济关系的要求而已。"所以作为上层建筑来说，法同哲学、文学、艺术等是一样的；但是又有很大的不同。法是作为国家意志出现的，是统治阶级公开以国家强制力来保证其执行的行为规则，它不仅具有鲜明的阶级性，而且具有普遍的约束力。因此它对于经济基础的巩固和发展起着不同于其他上层建筑所特有的强制作用。这种作用主要体现为：

首先，通过打击刑事犯罪活动，维护社会治安，以促进社会主义经济基础的巩固和发展。我们国家制定和颁布的刑事法规就是打击犯罪的工具。凡构成犯罪的，都应当受到刑罚制裁。事实告诉我们，只有惩罚犯罪、保护人民的合法权益，才能解除人民群众的后顾之忧，使人民群众安心生产和工作，促进社会生产力的发展。

其次，通过调整社会主义的生产关系和人与人之间的关系，正确处理人民内部矛盾，促进人民内部的安定团结，也是我们的法服务于经济基础的一个重要方面。为了保障社会主义四个现代化建设的顺利进行，必须最大限度地调动广大人民群众的生产积极性。我们的民事立法，在这一方面起着极其重要的作用。为人民群众排难解纷，防止人民内部矛盾激化，促进人民内部团结，发展社会主义商品经济，稳定社会秩序，是民事立法的根本目的。它对于促进我国社会主义的物质文明和精神文明的建设起着不可忽视的重要作用。

最后，国家通过法律手段，直接调整社会主义的经济关系，促进社会主义经济秩序的稳定。我们大力加强经济立法，制定各项经济法规，就是直接为实现这个目的服务的。近几年来制定的经济合同法、中外合资企业经营法、工商企业登记条例等，都是以国家强制力为后盾，直接调整经济关系的。不论是国家机关、企业事业单位或者社会团体，还是公民个人，都必须遵守。这种用经济立法手段直接调整经济关系以促进经济基础的巩固和发展，将会发挥越来越大的作用。

但是，由于社会主义的经济基础是不断发展变化的，作为上层建筑的法，也要与之发生相适应的发展变化。有人不理解我国社会主义的法制与经济基础又相适应又相矛盾的情况，当他们看到法与经济基础发生矛盾时，不是研究如何使我们的法制去适应经济基础变化了的新情况，而是墨守成规，用一种凝固的、不变的观点来看待我们的法制建设,错误地认为法律会束缚我们自己的手脚。事实证明,法制的逐步完善正是不断根据社会经济基础的客观需要制定新法;同时,又要不断根据经济基础的发展变化来修改和补充原有的法律。因此,完备法制的过程也就是法律本身适应经济基础的发展变化而不断地"废"、"改"、"立"的过程。那种认为完备法制会束缚手脚的说法是没有理由的,是站不住脚的。

毛泽东同志在论述上层建筑与经济基础又相适应又相矛盾的时候说道:"矛盾不断出现又不断解决,就是事物发展的辩证规律。"周恩来同志也说过:"在生产力和生产关系之间,在经济基础和上层建筑之间,矛盾不断产生而又克服,克服而又产生,这是一个川流不息、万古常新的辩证法过程。"因此,把社会主义法制看成是一成不变的东西是不对的,把我们的法制工作看成仅仅是若干新法规的起草、审议工作而忽视对原有法规的整理、编纂,也是不对的。这样,日子久了,新的立法固然增加了,可是整个立法发生矛盾和混乱的现象也会随之增加;其后果是,我们的司法机关和人民群众就会感到有法难依。因此,我们在抓紧制定新法的同时,还必须大力加强并经常不断地对原有法规进行系统的整理和编纂工作,这是完全必要的,是符合社会主义经济基础发展变化的客观需要的。

三

正确处理我们立法工作中的原则性与灵活性、稳定性与纲领性的辩证关系,是关系到我国法制建设能否取得重大成效的一个十分重要的问题。在立法工作的指导原则问题上,毛泽东同志一贯主张,我们的立法工作应当是原则性与灵活性相结合。所谓原则性,是指我们立法必须遵循的一些基本规则,它反映了我国人民民主专政的阶级本质和目的要求。毛泽东同志指出,我们的立法原则基本上是两个:一个是民主原则,另一个是社会主义原则。我们的民主就是工人阶级领导的以工农联盟为基础的人民民主;我们的社会主义就是指我们所进行的社会主义改造和社会主义建设。前者是方法、手段,后者是目的、方向;二者相辅相成,缺一不可,它贯穿在我们的整个立法工作中。要坚持立法的原则性,还必须要有一定的灵活性。这在法制建设的实践中,特别是多年来社会主义建设的实践中,已经有了许多的经验教训。比如说,应当办到而一时难以办到的事情,必须作出恰如其分的规定,以求逐步实现;不是在一切地方和任何条件下都能办到的事情,也只能规定按照不同的情况、不同的条件去办。我们不能采用"一刀切"的办法,去作过死过细的硬性规定。这样,才能使我们的法制建设符合实际情况，符合我们国家的国情，也就是说要从实际出发，坚持实事求是的立法原则。

在立法工作中，还必须坚持稳定性与纲领性相结合的原则。毛泽东同志曾经批评过那种认为宪法和法律只是把已经取得的成果加以固定起来的说法。因为它只是肯定既得的成就的一面，而根本不讲事物发展的一面；只是过分地强调法律的稳定性，而忽视了法律应有的纲领性。对于一些现在还没有做到而经过努力有条件办到和应当办到的事情不敢作出明确的纲领性的规定，是一种凝固的片面的形而上学的观点。在这种观点下制定的法律，是不会正确地反映人民的意志和长远利益的，也不符合列宁所说的"法令，这是号召人们去做大量实际事情的指令"之认识。这种作法只会导致墨守成规，而不能指引人民群众的奋斗目标，也不能推动我们社会主义四化建设向前发展。我们必须经过周密的调查研究，总结经验，通过立法把已经取得的成果规定在法律中；同时，又要引导人民群众前进，制定一些现在还没有做到但是应当做到和能够做到的法律规范。例如，我们把建设社会主义物质文明和精神文明规定到我们的宪法、民事立法和其他有关法律中去，其中有许多就是现在还没有完全做到，但将要做到而且肯定能够做到的东西。因而那种把从实际出发、实事求是，仅仅认为是把已经取得的成果固定起来而忽视引导人民群众前进的观点，是不正确的。我们的1954年宪法和现在的新宪法，就是稳定性与纲领相结合的范例，正如彭真同志在《宪法修改草案的报告》中所说的："既考虑到当前的现实，又考虑到发展的前景。"因此我们的新宪法和1954年宪法一样是发展的宪法，是具有中国特色的宪法。新宪法是确立了全面开创社会主义现代化建设新局面的总章程。

总之，原则性与灵活性相结合、稳定性与纲领性相结合，就是我们多年来行之有效的立法工作的指导原则，是马克思列宁主义、毛泽东思想法律观体现在立法工作中的基本观点。

四

为了加强同犯罪作斗争，维护社会治安和为社会主义现代化建设创造出一个安定团结局面，我们制定了许多法律、法令和政策，贯穿其中的一个基本点，就是坚持毛泽东同志正确处理两类不同性质矛盾的光辉思想。毛泽东同志的这一光辉思想是在社会主义改造基本完成的时候提出来的，已经被实践证明是正确的。它丰富了马克思列宁主义关于国家与法的学说。在我们的法制建设中，不论是立法，还是司法，都应当遵循，并以此作为深入实际、具体观察问题和处理问题的思想武器。

犯罪是一种复杂的社会现象，在多数情况下，犯罪是由人民内部矛盾激化而成的，是可以避免的。因此，关键在于预防犯罪，防止人民内部矛盾激化。大家知道，在社会主义条件下，敌我矛盾只是一小部分，而人民内部矛盾却是大量的。专政的制度不适用于人民内部，绝不能由一部分人民去压迫另一部分人民。当然，这不是说人民中间的犯罪分子可以不受刑法的制裁，而是说这与对敌人的专政有着阶级本质的不同。矛盾的双方可以在一定条件下互相转化。本来属于对抗性的敌我矛盾，如果处理得当，可以转化为非对抗性的人民内部矛盾；而非对抗性的人民内部矛盾，如果我们处理不当，或者丧失警惕，麻痹大意，也可以转化为对抗性的敌我矛盾。这样的事例在当前全国各地是不胜枚举的。因此，我们法制建设的一个重要任务，应当是防止人民内部矛盾激化，切实做到预防犯罪。

在打击犯罪、处理敌我矛盾的问题上，我们的斗争策略是，利用矛盾，争取多数，打击少数，各个击破。对待反革命分子，要注意打得稳、打得准、打得狠。对于违法乱纪分子要严格按照依法办事、有法必依、执法必严、违法必究的法制原则去处理，但要注意缩小打击面，扩大教育面；重证据，重调查研究，严禁逼、供、信；严禁使用肉刑。对于犯罪分子要坚持给出路的政策。毛泽东同志指出："不给出路的政策，不是无产阶级的政策。"至于在捕人或杀人的问题上，毛泽东同志一再教育我们要谨慎。他认为："人总是要捕一点，杀一点的，否则不能平民愤，不能巩固人民的专政。但是，不要轻于捕人，尤其不要轻于杀人……凡是可捕可不捕的，可杀可不杀的，都要坚决不捕不杀。"又说："人要少捕、少杀，动不动就捕人、杀人，会弄得人人自危，不敢讲话，在这种风气下，就不会有多少民主。"为了贯彻少杀的方针，除了对于那些有血债或其他严重罪行不杀不足以平民愤的以外，一律不杀。对于某些罪该判处死刑的罪犯，在一定情况下，还可以采取判处死刑、缓期二年执行，强迫劳动，以观后效的政策。显然，这是一个慎重的政策，既可以避免犯错误，取得广大人民群众的同情；又可以分化、瓦解敌人，改造罪犯，保存大批的劳动力，有利于生产和建设。同时，还体现了革命的人道主义。实践证明，这是一个英明正确的政策。至于对于罪犯的劳动改造，重点也在于思想教育，使其改造成为新人。因而，那种只重生产、不重改造，忽视抓政治思想教育的倾向是不正确的。对劳动改造的犯罪者虐待的行为更是错误的。毛泽东同志这一整套的打击犯罪，改造罪犯，化消极因素为积极因素，促使对抗性矛盾转化为非对抗性矛盾的光辉思想，在古今中外的法制史上是一个伟大的创举。

五

加强社会主义民主，健全社会主义法制，努力开创社会主义法制建设的新局面，是摆在我们全党全国人民面前的一项迫切任务。要实现这个光荣而艰巨的任务，当务之急是加强马克思列宁主义、毛泽东思想的法学理论研究工作，建立和完善我国自己的法学理论体系。

我国的法制建设必须要以马克思列宁主义、毛泽东思想的法律观作指导，而不能以任何别的什么东西来指导我国的法制建设。只有把马克思列宁主义的法学原理具体运用到中国的立法和司法实践中去，才能开创一条中国式的法制建设的道路来。现在，我们对马克思列宁主义法学理论研究工作，远远不能适应我国法制建设的需要。有人认为立法是一门单纯技术性工作，只要参考外国的资料写出法律条文就够了，因而忽视对马克思列宁主义、毛泽东思想的法学理论的研究。这种见解，不利于我国的法制建设。就我国法律各学科、各个法律部门的分类而言，由于我们缺乏对马列主义法学基础理论的研究，对这个问题的思想认识很不一致。究竟应当根据什么原则来建立我国的法律体系，依据什么标准来划分各个法律学科和各个法律部门，又要不要维护社会主义法制的统一性和严肃性？所有这方面的问题几乎还是各说各的，没有作出深刻的研究，取得一致的认识。类似这样值得研究和探讨的问题还相当多。这种忽视法学理论研究的状况，已经在一定程度上，影响到我们的法制建设。这是一个迫切需要加以解决的问题。我们必须要在坚持四项基本原则的前提下，进一步解放思想、冲破老框框，在马克思列宁主义的法学理论上敢于结合我们的实践作出新的探索。

在加强法学理论研究的同时，还必须注意普及法制教育，提高广大人民群众和干部的法律水平，这二者是紧密相连的。只有在普及的基础上，才能提高。我们广大的人民群众是遵纪守法的，但是他们缺乏法律知识。多年来，由于极"左"思潮和法律虚无主义的干扰和破坏，我们的法制宣传教育做得很不够，尤其是对于我们的青少年，几乎很少进行这方面的工作。我们的中学没有法律课，没有适时地对青少年进行法制教育。所以在人民群众中，特别对于有些青少年的违法、犯罪，我们法律工作者，由于没有抓紧法制宣传教育工作，感到自己也是有责任的。现在这种状况，不仅不利于社会秩序的稳定，而且也不利于我们法学理论研究的深入和提高。法学理论的研究必须与全国人民学习法律、遵守法律和国家机关工作人员执行法律的实践紧密地结合起来，否则法学理论的研究就会缺乏雄厚的基础而成为空中楼阁。我们认为从小学开始，就应当对少年儿童进行遵纪守法的教育，特别对于中学生就更应当灌输一些法律知识，这是对广大人民群众加强法制宣传教育的重要环节。毛泽东同志为了提高干部的马克思列宁主义的法律水平，曾经在一次国务会议上号召“大家要学点法学”。毛泽东同志这一语重心长的教导，对于我们的国家工作人员，特别是领导干部学会“以法治国”，是很有教益的。我们的新宪法已经公布了，这是一部理论与实际相结合的国家根本大法，现在全国人民和干部都在认真地深入地学习，它必将对于我们开创法制建设和法学研究工作的新局面，有着重大意义。

（1983 年第 2 期）

当前我国法学研究的着重点

李光灿*

《法学》编辑部发起的"关于加强法学基本理论研究的倡议"好得很！这是一个非常必要非常及时的倡议，是当前我国法学研究的着重点。笔者愿意作为从事法学专业研究者的一员，谨跟我国法学界著名前辈陶希晋、张友渔、潘念之等同志积极赞助这个倡议的脚步，于积极响应的同时，也来说两句老实话。

《法学》编辑部的倡议中提出的值得研讨的五项内容和问题，我除了完全同意外，再补充两点。

一、关于对马克思列宁主义、毛泽东思想的基础理论、法学思想的学习问题

不掌握这一思想武器，要想正确解决倡议的五项内容和问题，是不可能的。单是这方面的有关著作，我们略加选择，应当做重点学习的著作，就有近百篇。而其中的最著名者，如"黑格尔法哲学批判"、"死刑"、"人口、犯罪率和赤贫现象"、"第六届莱茵省议会的辩论（第三篇论文）"、"'剩余价值理论'附录（11）"、"英国工人阶级状况"、"法学家的社会主义"、"德意志意志形态"、"徭役制和社会主义"、"被剥削劳动人民权利宣言"、"关于苏联宪法草案"、"论人民民主专政"等，应当都是"干部必读"的经典论著。从事社会主义法制建设的法律工作者，如果不读懂这些经典著作，不真正理解这些著作中的基本原则，要想正确解决倡议中提出的五项重要问题，也是不可能的。进行这一学习的目的，是使研究者通过认真学习，力求掌握马克思主义的世界观、历史观和法律观。很难想象，如果不进行这样的学习，不具备这样的世界观、历史观和法律观，任凭你个人再聪明的头脑，去从事五项倡议的研究，也不可能真正沿着马克思主义轨道去进行，并且还有可能堕落到地主阶级人治主义法律观、资产阶级法律至上的法律观和小资产阶级与小农阶层的"左"的法律虚无主义法律观的泥沼里去，而不能自拔。因此，认真学习和努力掌握马克思列宁主义、毛泽东思想的基础理论和法学

---

* 作者单位：中国社会科学院。

思想，是正确解决倡议中五项内容和问题的思想基础和前提。

二、关于肃清“左”、右倾错误思想的影响，正确进行两条战线斗争的问题

胡耀邦同志在我党第十二次全国代表大会上的报告中指出：“‘文化大革命’和它以前的‘左’倾错误，影响很深广，危害很严重。在深入揭发批判林彪、江青这两个反革命集团的同时，必须对‘文化大革命’和它以前的‘左’倾错误进行全面清理。”耀邦同志在《关于思想政治工作问题》的讲话中又指出：“在政治、经济、思想领域中，还必须继续肃清‘左’的东西，同时必须严重注意和认真对待资产阶级自由化，注意克服封建主义的东西，不可掉以轻心。认为拨乱反正以来，‘左’的东西都已肃清了，这个判断是不正确的，实际上今后还要花很大气力同它作斗争。”耀邦同志指出的这一情况，对政法界更不例外。和经济、文教、思想各领域比较起来，我国政法界的拨乱反正做得不够，“左”的残余还存在，封建的法律思想残余还存在，有法不依、执法不严的现象在一些地方还存在，听不进不同意见的“一言堂”作风还存在。另一方面，资产阶级自由化倾向，资产阶级的法律观点和思想作风，也在若干工作中有所表现。而这些，都是我国社会主义法制建设的障碍，都是我们应注意去克服的错误倾向。但总的来看，在当前我国法制建设中，“左”的倾向仍然是主要的错误倾向。如果不坚决肃清这些“左”的和右的错误的东西，就会影响和干扰我国社会主义民主和法制的健康发展，就会损害我国社会主义现代化建设的事业。

为此笔者主张：探讨倡议的五项内容和问题，必须强调认真学习和掌握马克思列宁主义、毛泽东思想的基础理论和法学思想作为我们锐利的武器，和必须强调坚持进行正确的两条战线的斗争。只有端正思想路线，用马克思主义世界观、历史观和法律观作理论指导，才能有效地理论联系实际，去探索我国法制建设中的新情况、新问题和新鲜经验，从而总结出符合我国国情的带有客观规律性的法律科学的理论体系来。

（1983 年第 2 期）

法的科学性与科学性的法

——纪念马克思逝世一百周年

王传生*

一

马克思主义关于国家和法的理论，是科学社会主义的一个重要组成部分，它揭示了法的发生、发展和变化的规律，不仅为无产阶级挣脱反动统治阶级的“永恒正义”的束缚提供了重要的思想武器，也为尔后社会主义革命法制的建设提供了科学的理论基础。在我们开展全面的社会主义现代化建设的今天，如何坚持马克思主义关于法的科学原理，建设适合我国国情、有利于发展高度的物质文明和精神文明的科学的社会主义法制，是一个十分重要的问题。

法律，历来都是人们注意研究的对象。中国战国时期的百家争鸣，法家就是其中较为显赫的一个流派。古希腊、古罗马文化中，法律原理的探讨占有重要的一席。至于新兴的资产阶级思想家为反对封建法的专横所倡导的“理性论”、“自然法论”、“契约论”等法律起源的学说，更是风靡一时。但是，所有这一切关于法的学说有一个共同的根本缺陷，那就是不管他们的出发点如何，总是把法看做脱离社会的一种力量，认为不是社会的物质生活决定法的存在，而是法规定了社会，缔造了社会。尽管在以往每个历史发展 阶段所出现的代表着新兴力量的法学理论和法律制度，都具有不同程度的革命性，甚至对某些具体问题的理解表现出相当的科学性，但由于他们对法律整体的这种唯心主义的理解，其结果，必然是使法律以“永恒真理”的名义成为维系反动统治的力量，走进了反科学的死胡同。

马克思主义的法学理论之所以成为一门真正的科学，就在于它纠正了这种历史的颠倒，它以唯物史观为基础，揭示出法律只不过是一个历史范畴，它是在出现了社会分工、出现了私有制、出现了阶级分化以后才产生的阶级统治的工具，是统治阶级维护自己的阶级统治（最终的是维护自己的经济利益）的一种具有国家强制力的意志的体现。它植根于一定的经济基础，同社会的物质生活相

* 作者单位：安徽省社会科学院。

适应,受社会物质生活方式的制约,是“社会共同的、由一定的物质生产方式所产生的利益和需要的表现”。马克思曾以《拿破仑法典》为例,指出并不是由于这部法典建设了资产阶级社会;相反,恰恰是“18 世纪产生的及在 19 世纪继续发展的资产阶级社会,在这部法典里找到了自己的法律表现”。① 他一语道破 18 世纪资产阶级启蒙思想家孟德斯鸠所津津乐道的“法的精神”,实质上不过是财产所有权的问题,指出:“每当工业和商业的发展创造出新的交往形式,如保险公司等的时候,法便不得不承认它们是获得财产的新方式。”②法律的有效性正寓于对经济基础的适应性之中,立法者只是在表述法律,而不是在创造法律。当然,人类社会除了经济生活之外,还有政治的、文化的以及其他社会生活,为了维持这些社会生活的正常运转,也有表现为法律关系的要求,但所有这些社会生活同物质生活方式相比较,都不能不是第二位的,无不受到物质生活条件的制约。所以,归根结底,无论政治的立法或市民的立法,都只是表明和记载经济关系的要求而已。③ 马克思对法的起源和本质的这些分析,使得前此以往几乎被神化了的法律回到了“世俗”的境地,回到了真正合乎“理性”的科学境地。

马克思既反对那种对法的超社会、超阶级的唯心主义的理解,也反对那种把法律看成是对生产关系亦步亦趋消极反映的机械唯物主义的理解。他认为法律在总的依赖于经济基础的状态中,有着自己独立的道路。它固然不能为自己赖以产生的基础规定发展方向和速度,却可以依靠自己特有的职能——组织、调节、保卫的职能等,为自己的基础服务,保障和促进它的发展。当它与经济相适应的时候,会帮助经济的发展,而当它与经济相背离的时候,就会起破坏作用。“当某一个国家内部的国家政权同它的经济发展处于对立地位的时候……斗争每次总是以政治权力被推翻而告终。”④私有制的存在是剥削阶级国家政权与法,同社会生产方式不可调和的冲突的症结。只有实现了社会主义公有制,才能最终地实现法与它的基础的整体和谐。

二

法律同社会生活联系的广泛性,决定了它除了要反映社会共同的根本的规

---

① 《马克思恩格斯全集》(第 6 卷),第 292 页。

② 《马克思恩格斯选集》(第 1 卷),第 71 页。

③ 《马克思恩格斯全集》(第 4 卷),第 121 ~ 122 页。

④ 《马克思恩格斯选集》(第 3 卷),第 223 页。

律之外，还要对它所规范的各类社会生活的特殊规律作出科学的回答。真正科学的法，必须在它所规范的各个领域，都能实现主客观的一致，既反映社会生活的总规律，即与经济基础相适应的规律，同时也忠实地反映它所规范的各类社会生活的特殊规律。例如，有犯罪就应该有与之相适应的刑罚制度；有感情破裂的婚姻，就应该有离婚；为了人类的优生，就应该有禁止近亲结婚的规定；为了保持生态平衡，就应该由法把对自然的开发和人的本身生产控制在人类生存条件许可的较佳限度；为了保证审判的正确，就应该有一系列必要的互相制约、相互配合的诉讼制度，如此等等。所有这些都是客观规律的表现，而非个人任意性的产物。

社会，是在一定物质条件下的一个有机整体。政治的、经济的、文化的乃至婚姻家庭生活都相互联系、相互作用，构成一个总体，就像自然界各种物质和物体相互联系而形成一个生态系统一样。从微观现象来看，各种法律所规定的只是某一类社会行为，甚至是比较狭窄的社会行为，它所发生的规范性效果仅在所规定的行为界限之内。其实不然，从宏观现象看，各种法律的规范性效果并不只是局限于所特定的界限之内。由于各种社会行为的互相影响，法律规范的效果也互为作用。对生产与生活的法律规范适当，促进生产发展，固然是增进社会文明的基础；而有关精神文明的法律规范效果的实现，同样对物质文明起着重要的保证与促进作用。即使是有关经济流转和财产关系、婚姻家庭关系调整的法律中所体现的社会主义原则，对培养集体主义精神和共产主义道德也起着重要作用。这种超越部门法律限定效果的法的宏观效果的实现，都有赖于法的整体和谐。“在现代国家中，法不仅必须适应于总的经济情况，不仅必须是它的表现，而且还必须是不因内在矛盾而推翻自己的内部和谐一致的表现。”①这正指明法的整体和谐对建立科学的法的体系的重要意义。

讲求法的和谐，不仅要讲求与其所规范的外部关系的和谐、协调一致，而且要讲求法律内部的和谐，根据法制的统一原则实行立法与司法，对其所规范的社会行为的主次轻重及其相应的法律责任都应有合乎科学逻辑的区分、衡量与排列。要讲求法律的完备，长期留有缺口的状况必然导致某些必须由法律规定的社会生活的任意性，从而损害法的整体和谐。此外，法律体例的严密、法律语言的严谨、法律要件的明确，尽可能减少随意性解释等，都是维护法的科学性所必需的。

① 《马克思恩格斯选集》（第4卷），第483页。

三

就人类的历史长河来看,绝不可以说所有的剥削阶级的法律全都是反科学的。残余的秦简中所记载的处于社会变革时期的我国秦朝关于保护封建生产力的规定可说是无微不至,对促进新兴的封建经济的发展起了不容忽视的积极作用。所以,“商君亡,其政不改”。当今,一些发达的资本主义国家的经济管理的立法、自然环境的立法,随着科学技术的高度发展,已近乎经济管理规律和自然规律的规范化、法律化,不可谓不科学。但从根本上说,由于阶级的局限,他们不可能科学地理解法的本质及其消长的规律,尽管他们某些经济管理的法律规定几乎精确得如同钟表一般,却无法解决资本主义的社会痼疾。伦敦上空的工业浓雾可以因为环境保护法规的严格限定变得澄清了,但英国几百年来无数彼此矛盾、语义模糊的法令、条例和判例形成的法律迷雾,却无法变得晴朗一些,“结果让完全不法的状态代替了‘法治状态’”①。发达的资本主义国家可以颁布上百个社会福利的法律,但却无法从根本上解决劳动者相对贫穷的状态。由此可见,旨在维护私有制的法律只是有时存在不完全的、局部的科学性,绝不可能构成完整的法的科学体系。资产阶级的法律和法学理论总是出现这样那样的矛盾,这是具有先天因素的必然现象。

我国的社会主义法制,就其本质来说,应当是科学的法,但在其建立的过程中也会存在不完善、不科学的现象,特别是封建残余思想对建设社会主义民主与法制有着重大阻碍;社会主义政治、经济、文化机制规范的法律表现形式也需要一个探索过程。但社会主义法制由不完善到逐步完善将是一个自觉的运动过程,马克思主义法的理论的指导是完成这种运动过程的根本保证。这一点是资产阶级法制所无法达到的。我们要注意两种不同类型的法制在根本性问题上的原则界限。否则,就可能对资产阶级的三权分立、法官个人自由心证、唯心主义的无罪推定、片面的轻刑主张等津津乐道;就可能把在西方那种烦琐不堪的法律条文下所产生的“律师万能”的律师制度,作为我们必须效法的榜样;就可能欣赏西欧自罗马法以来所沿用的民法债编、物权的体例,而恰恰忘记了列宁关于“不是把罗马法典,而是要把我们的革命法律意识运用到‘公民法律关系’上去”的教导。② 甚至对我们长期以来行之有效的“坦白从宽,抗拒从严”的政策也产

① 《马克思恩格斯全集》(第1卷),第702页。

② 《列宁全集》(第36卷),第587页。

生怀疑,对我国长期以来积累的审判工作群众路线、人民调解工作等宝贵经验也视若无睹。因此,坚持马克思主义法学基本原理,防止那种自己也不甚了然的盲目崇拜西洋的现象,应是法学理论与实践中的重要问题。

社会主义的法是阶级性与科学性的统一,法律是阶级性很强的一门科学。无产阶级的法是为无产阶级和广大人民的利益服务的。但要实现这个服务,必须有严肃的科学态度,要有从形式到内容都极为严整的法的科学体系,绝非一宣称是无产阶级的,就必然具有科学性与真理性,那种"阶级真理论"、"权力真理论"和"空头革命论"正是社会主义法制的祸害。不求实际的"贴标签"的办法不是老老实实的科学态度。自新中国成立以来法制建设的成功与挫折,都可以从是否全面地遵循马克思主义的科学理论、是否坚持严肃的科学态度中总结出经验教训,有些还是很沉痛的教训。

四

当前,我国正处在一个新的历史时期,全国人民的根本任务是集中力量进行以经济建设为中心的社会主义现代化建设。加强社会主义法制,发扬社会主义民主,是发展社会主义事业的需要。党的十二大和新宪法对法制建设的高度重视,表明了我国社会主义民主和法制建设进入了一个新阶段。我们必须坚持马克思主义科学的法的理论,同我国法制建设的实践结合起来,建立适合于我国国情的科学的社会主义法制体系,以保障社会主义建设的顺利进行。

要使我们的社会主义法制建立在真正的科学基础之上,须重视以下内容:

首先,必须使之充分适应经济基础。社会主义是共产主义运动的一个阶段,它的一切活动都是在共产主义思想指导下进行的,社会主义法制建设当然应以共产主义思想为指导。但是"法律应该以社会为基础",社会主义阶段的法律所规定的应是社会主义的各项制度和方针政策,不可以同共产主义高级阶段的要求相混淆。它必须适应社会主义经济基础的需要,忠实地反映社会主义经济规律的要求,致力于完善社会主义经济制度,及时调整、改革上层建筑、生产关系中的不适合部分,使社会主义的经济规律能在社会主义法律中得到具体化和规范化,成为国家的意志,并通过国家的强制力保证其实现。随着我国社会主义事业的发展和阶级状况的变化,社会主义法制建设要在不忽略法律的专政职能的前提下,及时把重点转移到组织社会经济、政治、文化生活方面来,加强经济立法和司法工作,有秩序地组织社会生产与流通,维护社会主义经济秩序,巩固与发展社会主义公有制,促进社会生产力的发展,以满足人民群众日益增长的物质文化生活的需要。

社会主义法制不仅要保证高度物质文明的建设，还要保证高度的社会主义精神文明的建设，根据文化建设和思想建设各项工作自身发展的规律，从法律方面保障社会主义的教育、科学、文化事业在共产主义思想指导下得到较快的发展，并有利于社会成员共产主义思想、伦理道德和新型的人与人关系的形成，以保证社会主义文明的正确方向。

为了适应社会主义经济基础的发展，我们的法制必须充分反映在社会主义条件下人民民主不断扩大和完善的要求，成为维护人民民主权利、完善社会主义政治制度的有力手段。同时，为保障社会主义制度，法制还必须正确反映社会主义条件下阶级斗争的规律，运用法律武器打击极少数蓄意破坏社会主义制度的敌对分子，惩罚犯罪，保护人民，保障社会主义现代化建设不受干扰破坏。

其次，科学的社会主义法制必须符合中国的国情。

科学的社会主义法制需要“在总的与经济基础相适应的情况下”，还要适应由特殊的国情所决定的种种特殊规律。我国是一个地大物博、人口众多的社会主义国家，先进的社会制度与半封建半殖民地旧中国遗留的残余影响形成鲜明的对照。社会主义法制要从这个实际出发，既应保障先进的社会制度不断巩固发展，促进落后的社会生产力的迅速提高，同时注意有步骤地清除旧习惯势力的影响，抵制外来的资本主义思想的侵蚀，以保障社会主义机体的健康成长。在建设社会主义总目标下，不同的社会领域、部门、地区和民族之间的发展很不平衡，社会主义法制建设也应适应社会生活各方面、各个领域的差异，予以相应的规范，以期求得总体在相对平衡中的逐步发展。

当前，我国正在进行的经济、政治体制改革，是使上层建筑适应经济基础、适应生产力发展的重要努力。恰当地调整由于改革而产生的各种社会关系的变化，就成为建设社会主义法制的重要内容。例如，在经济改革方面，要从法律上保障国营经济的主导地位，保护集体经济的发展，调节个体经济的辅助作用；用法律手段贯彻计划经济为主、市场调节为辅的原则，完善各种形式的社会主义责任制。在政治改革方面，要从立法上巩固和发展国家机构改革的成果，为克服和防止官僚主义，提高工作效率，做出法律制度的切实保证。

我们在长期的革命和建设的实践中，积累了丰富的法制工作经验，认真总结这些经验，对完善法制有着重要意义，即使是反面的经验，也能提供重要的鉴戒。建设适合中国国情的社会主义法制并不排斥对外国甚至资本主义的法学理论和制度的研究、借鉴和有区别地吸收。

再次，建设科学的社会主义法制必须实现自身的整体和谐。

社会主义法制的整体和谐是建立在马克思主义关于法的理论基础之上的。四项基本原则是立国之本,是实现整体和谐的根本依据。同时要坚持法制的统一原则,以保证巩固人民民主专政,有秩序地组织社会生活,保证四化建设顺利进行。

针对我国法制未达完备的情况,必须加强立法工作,特别是经济、政治、文化领域的立法。必须大力加强国民经济计划、经济管理体制、企业经营管理、自然资源的保护与利用、环境保护以及对外经济活动等方面的经济立法,以保障社会主义经济的全面发展;要制定一系列的行政法,明确从中央到地方各级国家机构及其工作人员的任务和职责,建立与健全干部的选拔、任免、培训、考核和奖惩制度,保证国家管理的科学运转;要制定有关教育文化的法律,以促进科学文化的发展与繁荣。

为了保持法制的整体和谐,还必须加强社会信息的掌握、积累与研究,经常以之检验法律执行的效果,适应客观形势的发展变化,不断完善法律规范,改进法律设施,在保持法律稳定性的同时,恰当地体现其与社会运动的适应性。

最后,保持社会主义法制的科学性,还必须用科学的态度对待马克思主义的法学理论。马克思主义法学理论的科学性,在于它是从具体的社会现象中,抽象出来的科学结论,至于在具体场合对具体问题的论述,其普遍意义是各有差异的。因此,必须全面地、完整地理解马克思主义法学理论的精神实质,加以运用。对单个具体问题的论断,则必须了解其所产生的背景和真实含义,以确定其对普遍实践的指导意义,切忌各取所需的实用主义态度。还应指出,在论述法的规范性质时,也有不加区别地引用马克思早期带有自然主义倾向的观点的情况。从事法学研究,应该避免这种各取所需的现象。

马克思逝世一百周年了,马克思主义法学理论作为科学社会主义的组成部分,仍保持着旺盛的生命力,并在实践中不断丰富和发展。我国的社会主义法制,在它的指导下,通过中国共产党和中国人民的实践,必将建设成具有中国特色的科学的法制体系,为丰富马克思主义法学理论宝库做出重要贡献。

(1983年第3期)

也谈重视法哲学的研究

公丕祥*

法哲学是不是资产阶级法学的“独占品”？要不要建立马克思主义法哲学体系？如何建立马克思主义法哲学体系？这些都是当前法学界颇有争议的问题。继文正邦同志“应当开展马克思主义法哲学的研究”（载《四川大学学报》1981年第1期）（以下简称“文文”）一文之后，傅季重同志又发表了“法律哲学研究的对象及其任务”（载《法学》1982年第3期）（以下简称“傅文”）。这两位同志都明确否定法哲学为资产阶级法学所“独有”之说，阐发了建立马克思主义法哲学体系的必要性，并对如何建立这门学科提出了很好的意见。我国法哲学研究和其他法学分科比起来，更加薄弱一些。为促进这株新生的“幼苗”健康、顺利地成长，在此，笔者亦谈一些有关法哲学研究的粗陋看法。

开展法哲学研究，首先遇到的一个问题便是：什么是法哲学？从已发表的两篇文章来看，观点相殊异。“文文”认为，法哲学是介于历史唯物论和法学理论之间的一门科学，它以历史唯物论为指导，以法学理论和部门法学为科学基础，既与二者密切联系，又有其特有的研究领域。“傅文”则认为，法哲学是法学的一个部门，因为它与法律科学同以法律规范为其研究对象；法哲学又是哲学的一个部门，因为它超出了现行法律的范围去研究它的一般规律性的东西，从而纳入于哲学领域。在国外法学界，对于何谓法哲学，观点也不一致。例如，《苏联大百科全书》认为：“法哲学即法律哲学，是资产阶级法学的一个分科，它的任务是研究国家和法律的一般规律。”英国1977年版《不列颠百科全书》认为：“法哲学就是系统阐述法律的概念和理论，以帮助理解法律的性质、法律权力的起源及其在社会中的作用。”而德国《布洛克豪斯百科全书》则认为：“法哲学是哲学的一个分科，它以一定的方式，有系统地从事研究法律和法学的一般原理（意义和目的，起源和效力）。”

古人说：“名不正，则言不顺。”从此看来，要使法哲学研究一开始就沿着正确方向行进，确有必要先来一番“正名”，弄清法哲学这门学科之性质。

法哲学（the philosophy of law）这一名词盛行于17世纪末18世纪初的欧

* 作者单位：南京师范学院政教系。

洲。17世纪德国哲学家莱布尼茨在《法学教学的新方法》中，首先提到“法哲学”一词。接着，德国启蒙大师康德于1797年写了《法学的形而上学》(在当时，“形而上学”意即“哲学”)，历史法学派代表人物胡果于1798年发表了《作为实在法、特别是私法的哲学的自然法教科书》。到了19世纪，唯心辩证法大师黑格尔于1821年出版了《法哲学原理》，英国分析法学派创始人奥斯丁于1832年又发表了《法理学和实在法哲学讲义》。从此，“法哲学”一词便在全世界传播开来。

那么，到底什么是法哲学呢？在关于法哲学的研究对象问题上，尽管表述不一，但都表达了如下相同的意见：法哲学是以法的最一般原理为研究对象的学科。但是，一旦涉及法哲学的性质，分歧便出现了。分歧的焦点在于：法哲学是介于哲学与法学理论之间的一门边缘性学科，抑或既是法学、又是哲学的学科？

说法哲学是一门边缘性学科，有其一定的道理。因为它充分肯定了哲学对法哲学的指导作用，法哲学必须以部门法学的研究成果作为自己存在的基础。但是，这种观点有一个无法解决的矛盾，即法哲学与法学理论到底是何种关系？“文文”这样解释过：“法哲学纯粹是从哲学的角度研究一切法学问题。”然而，难道一般的法学理论就不需要从哲学的高度去研究一切法学问题吗？一般的法学理论，亦即我们现在所讲的“法学基础理论”，不仅需要而且十分需要运用哲学方法去分析法的现象。离开科学的哲学世界观和方法论，一般的法学理论对于诸如法的本质、特征和社会功能、法与其他社会现象的关系等一系列问题，就无法做出科学的解决。因此，硬要在法哲学和法学基础理论之间树一块“界碑”，实在无益于法哲学理论研究的发展。

那么，法哲学是否既是法学、又是哲学的一门学科呢？这种观点也有一定的合理性。因为它明确承认了法哲学是法学体系中的一个分支，同时也看到了法哲学与哲学在研究事物规律性上的共同点。但是，能否由于法哲学与哲学都研究客观事物的规律而把法哲学并入哲学大厦之中呢？笔者认为，不能简单从事。在古希腊，由于立法不发达，因而法哲学无法独立出来，只是作为哲学的“附庸”而存在。在古罗马帝国时期，法哲学的发展获得了独立的意义，出现了一个专业法学家阶层。中世纪的意识形态领域，乃是神学的一统天下。法哲学同其他学科一样，成为“神学”的“婢女”。随着近代资产阶级革命的发生与发展，法哲学逐渐摆脱了神学的束缚，得到了迅速发展。在整个17、18世纪，古典自然法哲学派一直称雄于西方法学界。但是，由于当时立法活动不够广泛，所以，法哲学或是与政治学结合在一起，或是成为哲学的一个部门。到了19世纪中后期，随着资产阶级立法活动的日益发展，法哲学开始成为一门独立的法学学科。如果说，先前的法哲学或是哲学家的法哲学，或是政治学家的法哲学；那么，自此以后的法哲学便是专业法学家的法哲学。当今西方法学界的三大派别——社会法学派、分析实证主义法学派、新自然法学派，都是专业法学家法哲学思想的集中体现。这种情况的出现，是科学发展的必然要求。现代科学的发展，正呈现出一幅分工高度精细的图景。法学也是如此。如果说，昔日哲学这个“科学皇后”曾经孕育了各门科学，法哲学曾是这个“皇后”的一个“儿子”的话；那么，在今天，“儿子”长大了，必然要从“皇后”的怀抱中分离出去。我们完全不必把法哲学这门已从哲学体系中分化出去而自成体系的独立学科，再拉回到“皇后”的怀抱里。更何况，现代社会立法活动空前活跃，法律现象层出不穷，迫切要求法哲学从理论的高度加以概括和总结。如果我们仍将法哲学归附于哲学，其结果只能妨碍法哲学的发展。因此，说法哲学是哲学的一个部门，笔者实在不敢苟同。

总之，笔者认为，法哲学以哲学作为自己的理论基础，但不是哲学的一个部门；它用部门法学的研究成果来丰富自己，但不是哲学与法学之间的一门边缘性学科。法哲学就是我们现在所称的法学基础理论，它是以关于法的最一般问题为研究对象，揭示法这一社会现象辩证发展规律的独立学科，是法律科学体系中的一个分支，是法学这座宏伟建筑物的基础性科学。

明确了法哲学的性质，那么，如何来构架这门学科的体系呢？

就建立科学的法哲学理论体系的要求来说，最恰当的方法莫过于“从抽象上升到具体”的方法。充分认识这一点，对于把握建立马克思主义法学哲学体系的正确方向，尤为重要。

一般理论思维的发展有两条道路。用马克思的话来说，“在第一条道路上，完整的表象蒸发为抽象的规定；在第二条道路上，抽象的规定在思维行程中导致具体的再现。”也就是说，从具体到抽象，从抽象到具体。第一条道路是第二条道路的基础，第二条道路则是第一条道路的必然要求。我们在开始着手探索马克思主义法哲学理论体系的时候，除了坚定不移地遵循“从具体到抽象”的道路、深入分析法的现象、谨防“头脑制造法则”一类唯心主义的侵袭之外，更重要的还是在于要能够把对法这一现象的研究成果，在逻辑思维的行程中再现出来，进而形成科学的理论化形态。而欲达此目的，就必须遵循“从抽象到具体”的叙述方法。

按照这一叙述方法，就必须坚持法的逻辑与法的历史的统一，这是衡量法哲学理论体系是否成熟的重要标志之一。因为，凡是成熟的理论，在表现形态上总是联系层次与发展序列的辩证统一、结构与过程的辩证统一、空间与时间的辩证统一。我们现行的法哲学体系（即法学基础理论）之所以缺乏哲学的“意味”，一个重要原因就在于只注重对法这一社会现象的时间性描述,而忽视了空间性描述,未能做到逻辑与历史的统一,结果,使人有平铺直叙、贫乏呆滞之感。为了改变这一局面,就必须注意对法的逻辑与法的历史一致性问题的研究。

按照这一叙述方法,还要找准构成法哲学体系的逻辑起点,以便在思维中再现或"复制"客体的发展规律。我们只有着力寻找这一体系的逻辑起点,然后才能一环扣一环、一步比一步深地分析法的矛盾运动,揭示出法的基本运动规律。

此外,我们还要把握法哲学概念的矛盾运动。辩证思维告诉我们,每一个概念的产生和发展,总是一个由简单到复杂、由单一规定发展为多种规定综合的过程。如同黑格尔所说,概念开始时"是抽象的,它保存着自身,但是仅仅通过自身使自己的规定丰富起来,从而获得具体的内容"(《法哲学原理》,第 296 页)。我们在研究建立法哲学体系的时候,也应当努力探寻每一个法的概念的形成和运动,考察它们是怎样由单一规定发展为多种规定的综合,进而建立起动态的而不是静态的、发展的而不是僵化的法哲学范畴体系。

(1983 年第 4 期)

对中国式社会主义法律体系的探讨

王召棠[*]　张传桢[**]　陈鹏生[***]

建立社会主义法律体系，是我国社会主义历史发展的必然要求，它直接关系到立法、司法、法学研究和法律教育等各个方面的工作，是我国法制建设一项迫切的战略任务。这里，首先要解决的是一个走什么路子、建立起什么样式的法律体系的问题。邓小平同志在党的十二大开幕词中指出："我们的现代化建设必须从中国实际出发"，"走自己的道路建设有中国特色的社会主义"。毫无疑问，建立我国社会主义法律体系，也完全应该坚持这个正确的方向。只有"从中国实际出发"，"走自己的道路"，一个具有中国特色的社会主义法律体系才能"立"起来，行得通。

我们所讲的中国实际，指的是我国历史和现实的实际，我们要在历史唯物主义思想的指导下，既立足于我国是一个拥有十亿以上人口的发展中社会主义国家的今天和明天，又不割断我国作为一个具有悠久历史文化传统和革命传统的国家的昨天。观今宜鉴古，把鉴古与观今联系起来考察，这在我们建立中国式社会主义法律体系的过程中，同样是十分必要的。

一

从历史上看，我国古代法律体系究竟是个什么样子的？要了解它的基本特点，从中借鉴，还得研究凝集着中国古代法律体系精神原则的中华法系。诚然，法系和法律体系是有区别的，但是，两者密不可分，法律体系是法系的基础，法系是法律体系精神原则的集中体现，人们通常就是以一个国家的法律体系为基本依据来判断其法系的归宿的。因此，割裂法系和法律体系的联系，甚至对法系抱虚无主义的态度，是不科学的。纵观我国古代的法律，从最早一部封建成文法《法经》开始，到最后一部封建法典《大清律》为止，其发展沿革一脉相承，十分清楚，表现出独树一帜的中华法系的紧密内在联系。而从中华法系中表现出来的

---

* 作者单位：华东政法学院（现华东政法大学）。
** 作者单位：华东政法学院（现华东政法大学）。
*** 作者单位：华东政法学院（现华东政法大学）。

我国古代封建法律体系的一个显著特点，便是重刑轻民，诸法合体。一方面，在我国古代颁行的法典中，基本上是刑法典，有关田土、户籍、婚姻等民事法律关系的规定较少，条文也较为简单。作为成文法始祖的《法经》，所属六篇全是刑事法规。之后的汉《九章律》，也只是在户律和杂律里有少数民事法规。到了唐代，成为封建法典楷模的唐律十二篇，属于民事法规的仅户婚、杂律中的一部分。另一方面，我国古代历朝统治者都十分重视法律编纂工作，但从未正式颁布过一部按民事法律关系调整的内容和性质来划分的独立民法典。少量民事法规都是包含在刑事法典里面，不自成体系，因而形成民刑不分、诸法合体的结构。上述情况和罗马法系、英美法系民法始终占突出地位相比较，更显出我国封建法律体系重刑轻民的倾向。

在我国，古代法律体系从确立到发展，经过几千年漫长的历史过程，重刑轻民，诸法合体的特点则与之相始终。这是为什么呢？探索这一现象的社会根源，从中吸取教训，应该是我们“鉴古”的着力点。

首先，法的关系“根源于物质的生活关系”。我国古代法律体系所采取的重刑轻民、诸法合体的保守性结构形式，从根本上说，是由封建土地占有制的农业与家庭手工业相结合的封建自然经济所决定的。我国封建社会长期停滞、发展缓慢的历史条件，使我国古代法律这种保守性结构陈陈相因从未间断而自成体系。作为上层建筑之一的法律制度，总是要竭力维护它的经济基础的，以商品经济为调整对象的民事法规的发展，不但要以商品经济的发展为前提，而且必然会因为它自身所具有的能动性而对商品经济起推动作用，这就会危及封建专制制度所赖以建立的自然经济的基础。正是由于这个原因，所以我国古代历朝封建统治者，都实行“重本抑末”的基本国策，并推行一整套由这种基本国策派生出来的法律制度，来限制、摧残商品经济。在这种情况下，民法相应落后，“轻民”作为古代法律体系中长期存在的现象，就必不可免了。

其次，我国古代民法不发达的另一个重要原因，就是礼的调整代替了民事法律而起作用。礼法结合是中华法系的基本特点。自西周创建礼制以来，礼一直成为历代统治者的重要统治工具。特别是进入封建社会以后，儒家的纲常伦理思想不断法典化，通过法律的形式，对婚姻、继承、亲属和尊卑等广泛的民事关系起直接的调整作用。而在“国无二君，家无二尊”的思想指导下，封建社会历来十分注意强化家长的特权，作为族权化身的家长实际上拥有调整、裁决家庭成员之间民事纠纷的权力，并形成一套相当完整的家族法，在整个封建法律体系中占有重要的地位。这样，对于封建社会来说，独立的民法典的存在就没有必要和可能了。

二

探讨我国古代法律体系重刑轻民、诸法合体的特点及其产生的根源，对我们建立中国式社会主义法律体系，有其深刻的借鉴作用。

借鉴之一，是必须肃清重刑轻民的历史影响，重视民事法规的制定和运用，确立民法在我国社会主义法律体系中应有的重要地位。

我国古代法律制度源远流长，影响很深。多年来，在我们的法制建设中，不论是法学理论的研究，还是在立法和司法的实践中，都不同程度地存在"轻民"的倾向。加之由于我们的革命长期处在激烈的阶级斗争环境中，以后又曾经在较长时期内受"左"的思想影响，使人们容易形成一种片面的观点，把法律仅仅看成阶级斗争的工具，强调它的阶级专政作用，而忽视它的处理人民内部矛盾和社会经济关系的民事调整作用。因此，我们对民法的重要性是缺乏自觉的认识的。这表现在民事法规的制订远远落后于客观实际的需要，在司法实践中，则习惯于以政策代替法律，以党政组织的名义仲裁民事纠纷，即使在司法机构的设置上，也是重刑庭而轻民庭，视刑事审判为正宗，把民事审判工作看成无足轻重的烦琐小事。应该认识到，我们的国家已进入现代化建设的历史新时期，以调整经济关系为其本质特点的民事法规，在保障经济建设、维护社会安定团结，以及保护、发展经济基础等方面，将越来越广泛地发挥它的重要作用。轻视民法，不确立民法在整个法律体系中的应有的重要地位，就会使社会主义法律的内在结构失去其适应基础要求的合理的比例，妨碍部门法相互间的协调，从而影响法律的整体作用。

由于民事法规的不完备，民事诉讼的不被重视，在现实中已产生一些值得重视的问题，诸如大量内部矛盾由于未能及时依法处理，当事人诉诸暴力，使矛盾激化，以致酿成恶性案件。这类案件越来越多，有的地区竟占刑事案件的80%以上，严重危害社会安定团结；在对外开放和对内搞活经济政策的贯彻中，涉及大量权利义务纠纷问题，以及在各行各业创新改革中出现的一系列民事法律关系等，有的缺乏相应的法规作为处理裁决的依据。所有这些都说明，加强民法，确立民法的重要地位，已是我们法制建设中刻不容缓的任务。

借鉴之二，是要按照马克思主义的政治观和法律观，正确地处理好政治与法律的关系，肃清以政治代替法律、冲击法律的思想影响。我国古代实行君主专制主义政体，皇帝为维护其专制统治，可以随时发布诏令，并以自己的诏令任意破律、代律，因而反映皇帝个人意志的诏令，实际上成为封建法律的基本渊源和封建法律体系中的基本法律形式。在社会价值的判断上,违反长官意志远比违法要严重得多,无论朝野上下还是人与人的关系,都是重义务而轻权利,重政治轻法律。这种传统的法律观,至今仍然有其深远的影响,以致使人们习焉不察,成为我们法制建设中的一种思想障碍,也是我们建立社会主义法律体系必须解决的一个认识问题。

事实上,政治决定国家大政方针,它总是体现于法律,因此,严格依法、守法,就是体现了政治,二者本质上是一致的。但法律关系比政治关系要复杂得多,如人与人的关系,人与物的关系,人与自然的关系,只有把这种关系科学地形成为一个体系,才能更好地体现政治,达到政治方向的统一。可是过去,由于我们没有摆正政治与法律的关系,因而在国家生活中存在以言代法,以权废法,政治可以取代法律,以及视法律为束缚手脚的绳索,而有法不依,执法不严等,其源盖出于此。

在马克思主义看来,政治和法律同属上层建筑的组成部分。政治作为上层建筑的主导部分,法律无疑是应该为它服务的。但是,法律既然是作为上层建筑的一个组成部分,它和政治以及其他上层建筑一样,就都具有相对的独立性,其基本含义有两点:一是法律有其自身发展的特殊规律,它是把各类学科所揭示的客观规律的知识,充分运用到社会生活各个领域中,对人们行为规则的具体界限,通过法律条文的形式加以规范化、法律化。这也就是法律学科区别于其他上层建筑的最显著特点和特殊职能。正是基于这一点,我们说法律与法律关系是文明社会一定社会秩序的体现和有力的保障,是一种不以人们意志为转移的客观存在,是包括政治在内的任何其他上层建筑所取代不了的。二是法律具有对经济基础起特殊作用的职能。实践证明,经济基础的巩固,生产力的发展,必然使整个社会关系,包括生产秩序、生活秩序、工作秩序等发生变化,这就势必要求法律的干预,进行合乎规律的巩固或调节,以促进生产力进一步的发展。当前各个领域开展的创新改革的深刻革命,不是更需要发挥法律的能动作用吗?可见,法律对促进生产力的发展,是起着其他上层建筑所不能代替的特殊职能作用。法律所具有的这两种特性,清楚地表明:法律虽然受政治的影响并为政治服务,但政治绝不能像经济基础那样决定法律,更不能代替法律。恩格斯在论述上层建筑的作用时,曾经强调说:"经济状况是基础,但是对历史斗争的进程发生影响并且在许多情况下主要是决定着这一斗争形式的,还有上层建筑的各种因素。"毫无疑义,恩格斯所说的这种能够对历史斗争进程起重大影响的上层建筑"各种因素",是包括法律在内的。任何轻视法律,把政治需要和法律建设对立起来的思想,都是不对的。在过去若干岁月里,人们不是吃够了那种离开法制的政治生活的苦头吗？这方面的历史教训是十分深刻的。我国古代封建法律由于民法落后，以及用强权暴力代替价值规律，用行政干涉代替市场调节，与西欧各封建国家新兴资产阶级运用法律的力量帮助社会冲破封建的樊篱，迈入资本主义门槛，形成强烈的对照。在我国封建社会长期停滞、发展缓慢的历史进程中，法律起到阻碍社会前进的反作用。“十年动乱”中，“四人帮”也是利用我们法制不健全的空子而为所欲为，无法无天，给国家和人民造成深重的灾难。我们应该吸取这些历史的教训。

应该指出，在我们一些干部中，产生政治代替法律、冲击法律的根源是“左”的思想。认为政治可以决定、代替和冲击法律的人，往往把政治仅仅理解为阶级斗争、处理敌我矛盾关系，而法律仅仅是根据处理这种关系的需要而作出的一种权宜手段。在相当一段时期内，轻视法制的建设和运用，特别是不重视用法律把人民内部许多权利义务关系确认下来，并切实保障其实现。如作为人民群众管理国家的基本权利——选举权、监督权、罢免权等，过去曾经长期没有严格的法律保障，国家干部事实上是实行终身制。对国家工作人员的职务权限范围、责任制度等，也缺乏明确法律规定，这也是造成国家机关中官僚主义现象长期存在的原因之一，而人民群众的批评监督，也很难切实生效，有的往往横遭打击。国家机关和工作人员中一些本应受法律追究的行为，却被大事化小，小事化了，或者以党纪政纪代替国法的制裁。在民间，一些涉及财产、婚姻、家庭等权利义务纠纷，也常常被排除在法律视线之外，即使司法机关受理了，有的也是旷日持久地拖延下去，以致激化。这样一来，作为我们国家政治生活的基础的民主制度，就可能成为一种理论原则而不能通过具体的法律规定来保障其付诸实现。可见，在处理政治和法律的关系问题上，如果离开了马克思主义的原则，就会影响我们国家正常的政治生活和民主风气，影响法律的实施和贯彻，当然也就会影响社会主义法律体系的建立。

三

那么，从我国的历史和现实的实际出发，我们在建立中国式的社会主义法律体系时，应着重注意哪些问题呢？

第一，从我国社会主义经济基础的现实情况出发。

法律体系是植根于经济基础之上的，它应有什么样的规模，形成一个什么样的体系结构，都必须符合我国目前的经济发展需要，从当前的国情出发。我国社会主义经济基础，不但反映社会主义经济的一般规律，而且反映中国条件下的特殊规律。这主要表现在所有制形式上,既坚持以生产资料所有制为基础,又根据我国现阶段生产力水平低,生产力结构多层次性,而允许各种经济形式长期地同时并存。和经济形式相适应,在经济管理体制上实行多种多样的管理方式,建立责、权、利紧密结合的不同形式的生产和经营责任制。所有这些,都反映出我国在生产关系具体形式方面的主要特点。这就要求决定并服务于经济基础的法律,不但要确认它们的存在,而且必须建立具体的专门法规,对这些制度、原则的实施给予切实的法律保障,以推动多种形式所有制和经济责任制沿着社会主义方向不断发展和完善,从而更充分地发挥法律保护社会主义经济基础和促进生产力发展的能动作用。

当然,法律体系在反映社会主义经济基础发展情况时,还有一个先后主次的问题。我们在法律体系上应该首先注意反映经济建设宏伟目标的战略重点和根本环节。由于我国的基本国情是,十亿人口八亿在农村,三亿多劳动力从事农业生产,农业作为国民经济的基础,其发展的快慢,在很大程度上直接影响甚至制约着经济发展的全局。正因为农业关系如此之大,所以今后二十年我国的经济发展战略重点要把农业排在首位。这种客观的形势,理所当然地要求我们在立法上采取相应的措施,重视运用法律的手段,保护农村的集体所有制,和作为农村合作经济主要形式的联产承包制,使它们在社会主义原则指导下发展,并更好地为社会主义服务。我们过去对于农村集体所有制的原则,虽然在理论上、政策上加以承认,也明确提出“三级所有,队为基础”;但是,由于没有在法律上相应地作出反映,缺乏严格的法律保护,因而一再出现“一平二调”的共产风,损害了生产队的自主权,严重挫伤农民的积极性。历史的教训深刻地告诫我们,在发展农业经济、保护农村集体所有制和联产承包制方面,应该有相应的法律,并使这些法律在我们社会主义法律体系中占有应有的地位。

第二,适应阶级和阶级斗争的现状及其趋势。

我们过去在法制工作上长期受“左”的思想影响,在理论上的表现之一,就是片面地强调以阶级斗争作为法的唯一的质的规定性,从而认为法的作用仅仅是阶级斗争的工具,并以此来说明一切法律问题。这样,实际上是削弱了作为反映全面社会主义社会关系的法律的应有作用。一方面把一些非阶级斗争性质的问题当成阶级斗争问题来进行法律处理;另一方面则把大量本应由法律来调整的非阶级斗争性质的社会关系,排除在法律调整之外。今天,民法、行政法、经济法所以落后于客观形势的需要,应该说这是一个重要的认识根源。

在我们对阶级和阶级斗争问题的认识拨乱反正之后,特别是面对剥削阶级作为一个阶级已经不再存在,“我国社会主义存在的矛盾大多数不具阶级斗争的性质”这一新情况，我们不是应该削弱法制，而是必须进一步加强和完善法制，提高建立中国式社会主义法律体系的自觉。我们还应该看到，今天存在于我们社会的“一定范围”内的阶级斗争，无论就其内容或形式来说，都和过去不同了。我们同剥削阶级残余以及敌视社会主义分子的斗争，主要表现为发展社会主义经济和破坏社会主义经济的斗争；巩固人民民主专政和削弱人民民主专政的斗争；宣传无产阶级意识形态建设社会主义精神文明和传播剥削阶级意识形态的斗争。而由于阶级力量对比关系的明显变化，敌人总是千方百计地用糖衣炮弹从内部来拉拢瓦解我们，使腐蚀成为这一时期阶级斗争的主要形式。因此，从经济、政治和思想文化等方面加强和完善法制，已成为历史发展的客观要求，这是我们建立中国式社会主义法律体系应考虑到的一个特点。

随着我国阶级和阶级斗争状况的变化，人民内部矛盾已成为社会政治生活的主题。如果说，当阶级矛盾在各种社会矛盾中居于主要矛盾的过渡时期，阶级斗争是社会发展的直接动力，那么，在社会主义制度基本建立的今天，要推动社会历史不断向前发展，就必须围绕发展生产力的要求，逐步完善社会主义的生产关系和上层建筑，这里面包含着运用法律调整社会关系的极其广泛的内容，例如，如何克服党政不分、权力过分集中问题，如何彻底消除官僚主义和特权现象，以及涉及科技教育、劳动就业、劳动报酬、智力成果权益、奖罚制度、申诉与处理纠纷、精神文明建设等，都需要有相应的法律措施。我国新宪法把公民的权利和义务移到第二章的突出地位，就是对现实状况的正确反映。可见，从法律体系的总体考虑，面对阶级和阶级斗争的这些新情况，我们无疑应该强调和突出民事法规的地位，也就是说，在处理刑法与民法的关系上，应该以民法为主，在处理法律与道德的关系时，应以道德为基础，预防为主。

第三，适应统一的多民族国家的特点。

我国是一个统一的多民族国家，自秦汉以来的两千多年中，虽然几经动乱分合，但各民族始终互相依存，我们一直是作为多民族国家立足于世的。在现有的五十多个民族中，各族所处的地理环境，以及经济、政治、文化状况差别悬殊，形成不同的传统习惯和社会基础。正是考虑到这一状况，新宪法在明确宣布各民族一律平等的原则下，强调“国家保障各少数民族的合法的权利和利益”，并进一步充实和完善民族区域自治的内容和制度，规定自治机关在国家计划的指导下，自主地安排和管理地方性的经济建设事业，自主地管理本地区的教育、科学、文化、卫生、体育事业等。我们国家民族结构的这一特点，以及新宪法对民族问题的规定，应该有具体法规来作出相应的反映。过去我们在“左”的思想影响下，对少数民族地区的特点研究不够，习惯于“一刀切”，现在我们的法律应该根据新宪法规定的精神，进一步体现国家集中统一和民族区域自治的正确结合，体现全国人民共同利益和少数民族特殊利益的正确结合，让有关少数民族自治的专门法规，在整个社会主义法律体系中相应地反映出来，使社会主义法律在加速民族自治地方的发展繁荣，逐步消除历史遗留的民族地区间的差别中，发挥更大的积极作用。

第四，注意稳定性和发展性的结合。

具有中国特色的社会主义在建设和发展中，与之相适应的中国式社会主义法律体系，也只能处在建设和发展的阶段。正如恩格斯指出的那样，“在一切哲学家那里，正是体系是暂时性的东西”，因为体系是从“克服一切矛盾的需要中产生的”。法律体系的形成和发展，本身就是一个不断克服实际与法的矛盾的过程。特别是我国尚处在体制的创新改革时期，情况是在不断发展变化，当前的实际只是我们建立法律体系的出发点而不是终点。因此，我们的法律体系既要总结已有立法、司法的成果，而且也必须适应社会发展趋势的要求，把稳定性和发展性正确地结合起来。例如，环境保护法规就是一种范围广泛的综合性法规。随着工业的不断发展，环境立法、司法和环境法学都必然日益发展而自成体系。又如人口控制、计划生育，是对我国经济和社会发展都具有极端重要性的问题，我国已经把它作为基本国策，把实现人口控制与实现经济发展的目标紧密地结合在一起，人口与经济的关系，是物质资料生产和人类自身生产的“两种生产”的关系，其重要性不言而喻。而我国人口众多，不同民族、不同地区的风俗习惯、生产水平、人口密度，都有明显差异，形成我国人口问题的复杂性和特殊性。但是，直到现在，我们还没有一个关于人口控制、计划生育的正式法规。目前各地在执行这一方针时，主要是依据中央和地方一些政策原则和工作指导，在工作中往往因法无明文而各自为政，采取了各种各样的限制措施和奖罚办法，客观上产生了一些矛盾和问题。可见，无论从重要性还是迫切性来说，建立这方面的专门法规已是势在必然了。

我国社会主义历史的发展进程，已经到了迫切需要研究、探索和建立具有我国自己特色的社会主义法律体系的时候了。笔者不揣浅陋地谈了对建立中国式法律体系的初步认识，目的在于抛砖引玉，以期集思广益，共同促进讨论的深入开展。

（1983年第5期）

社会主义法律体系的形成及其科学结构

王传生*

一

建设社会主义法律体系，是关系到我国法制建设的一个重要问题。它不仅要求按照统一的、能表明各种法律规范的共性和个性的标准，对我国的法律进行科学的分类和组合，使之构成一个既符合马克思主义法学原理，又具有中国特色的科学的法律体系，而且要根据这个科学的法律体系的总体要求，有计划、有步骤地完善立法，制定出切合实际需要的法律，完善法律设施，以适应客观的需要。所以，这不仅是个理论问题，也是一个重要的立法和司法实践问题。它对加强社会主义法制，有效地保障我国的社会主义物质文明和精神文明建设，都具有重要意义。

长期以来，关于建立社会主义法律体系问题，在我国并没有得到应有的重视，这当然是与我国在过去一个较长时期内，由于“左”倾思想支配所产生的法律虚无主义分不开的。现有的法律制度尚且不受尊重，何谈法律体系。自从党的十一届三中全会以来，经过拨乱反正，奠定了正确的思想政治路线，法律在国家政治、经济、文化以及其他各个社会生活领域中的重要地位和作用，已为人们重新认识，法制建设逐步加强，各部门立法工作正在开展。在这样一个新的条件下，如何保证立法工作的计划性、科学性和现实性，保证各个法律部门都建立在真正合乎科学的体系基础上，协调地为经济基础服务，为现代化建设服务，就理所当然地被提上了重要议事日程。过去，由于对法律体系的总体考虑有欠缺之处，制定法律往往偏重于解决社会生活中某些突出存在的问题，而对于具有深远意义的完善法律体系的工作，则缺乏深入的探讨，以致给法律的研究与实践都带来了一些难题。例如，由于经济建设发展的需要，我们已经有了不少以调整经济、财产关系为内容的法律，但是这些法律却缺少了一个概括的原则总汇——民法总则，以致在研究和处理经济关系时所必然涉及的法人、民事行为能力、行为时效等问题，都只能依赖原理的叙述和习惯的沿用来解决，这在法律的适用上不

* 作者单位：安徽省社会科学院。

能不是一个重大的缺陷。又如，因为各部门立法的着眼点不同，在相关联的法律中，对同一类行为的法律规范，也有出现责任程度的差异（如对企业职工违反纪律有时重于行政处分的后果、有时重于违法犯罪法律责任的后果）、体例系列的差异（如在同一个法律的罚则中行政处分与刑事处分参差错杂、轻重失序、任意排列）的情况，有的以低一层次的法律改变高一层次法律的某些规定，有的以程序法补充实体法有关实质性问题的规定等，所以出现这种状况，固然有许多因素，而对于建立社会主义法律体系缺少研究是一个相当重要的原因。

建立法律体系是人们对法律这一社会现象的认识逐步深化的结果，它是同人们对自然界和人类社会本身的认识逐步深化相伴随的。我们知道，人类早期对自然界和社会本身的认识比较肤浅。只是在科学的分工日趋细密，人们才能对自然界和社会生活的各个领域分别作细致深刻的研究，逐步揭示出它们各自的运动发展的规律，这既带来了科学的昌盛，也带来了人们对自然和社会认识的进一步深化。这种认识深化的结果，使人们进一步发现自然界和人类社会生活的各个领域都是互相联系、互相制约、互为作用的，从而使自然科学、社会科学以及自然科学与社会科学之间，都出现了由分化走向整化的过程。早在一百多年前，恩格斯就做出了物质世界的整体性和科学整体性的论断，指出："我们所面临的整个自然界形成一个体系，即各种物体相互联系的总体。"①他还指出人类社会生活的各个领域无不存在互相结合、互相作用的情况。物质世界的整体性和系统性决定了反映物质世界的自然科学和社会科学的整化趋向。这种科学的整化当然不是简单的历史重复，而是要求科学在高度分化的基础上，又高度综合，以体现其相互渗透、相互作用的规律，从而出现了许多边缘科学、横断科学和综合科学。不仅如此，而且每门科学内部的各个部类也无不相互联系、相互渗透、相互作用。每门科学的发展与发挥作用，都是以这种相互联系、相互作用、相互配合为前提的。我们对任何自然现象和社会现象的研究都要有整体的观点和系统的观点，不能把它当成单个孤立的现象，而是要把它当做整个系统中的一个互相作用与联系的环节。

就法律自身的运动与发展的历史来看，这种分化与整化的演变过程也是明显的。无论是我国古代或其他国家古代的法律，几乎都是浑然一体。我国古代法律熔民、刑、诉讼于一炉，甚至礼法掺杂、互相替代。后来，经济生活的发展带来了社会关系的日益繁复，也带来了法律分工的细密。凡需要由国家力量保证实现的社会行为都有表现为法律形式的需要，而且科学技术的发展和对自然的

① 《马克思恩格斯全集》（第20卷），第409页。

开发，又要求对人与自然的关系方面做出相应的法律规范。但是，在法律这样不断分化的过程中，同时孕育着讲求法律的相互配合、相互作用与协同动作的整体化与系统化的必然性，提出了建立科学的法律体系的要求，以更好地协调各部门、各种类别的法律之间的关系。从现象上看，建立社会主义法律体系似乎只是研究法律整体结构形式，其实不然，更重要的是要科学地表明法律自身运动的规律，表明法律对社会事物相互作用、相互影响的规律，表明法律整体和谐的规律。它要通过运用统一的标准，分门别类，揭示和区别不同部门、不同层次的法律规范的本质特征，深刻地认识和掌握各种不同法律规范的内在联系，明确各个法律规范在法的整体中的地位和作用，这对保证法律适应客观规律，保障法的整体和谐，正确而有效地发挥法律在社会生活各个领域的规范作用，都是极其重要的。

就法律与社会的关系来看，它也有个整化、系统化的要求。法律是一门科学，它依存于社会，表述社会运动与发展的规律。如果把法律看成是独立于社会之外的一种力量，当然是错误的。但是，我们也绝不能忽视，法律在总的依赖于经济基础的状态中，有着自己独立的道路，有着自身的形成、运动与发展的规律。即使是在表述客观的社会规律，如果要达到应有的准确程度，也必定要遵循一定的科学方式。社会是一个有机的整体，各个不同领域的社会生活以及不同领域的社会生活中的不同层次，都相互联系、相互作用，构成了多因素的复杂的动态系统。社会的系统性和整体性，决定了法律这门科学的系统化的要求，这就是要把对法律现象的微观研究和宏观研究紧密地结合起来，既要考虑到每个具体法律对其所规范的某种社会行为的适应性，更要考虑这项法律规定对整个社会生活的适应性，要把具体的研究对象放在全系统的范围内加以考察，要从法的整体与部分、整体与外部条件的相互联系、相互作用、相互制约的关系中进行综合比较和分析研究，以达到最佳的处理。例如，为搞活经济、促进经济建设的发展，需要有一系列的法律法规，以巩固与发展生产责任制，疏通商品流通渠道，繁荣集市贸易。但对这类法律规范，不仅要放在经济生活的领域去考察其经济效益问题，而且要放在精神生活领域去考察其对社会心理的影响，在打击经济领域内的犯罪中，有必要对某些当前比较突出的犯罪行为从重惩处。但也要对与之临界的罪行处理作必要的调整，以免发生重罪与轻罪的系列失调现象。如此种种，都有赖于科学的法律体系的研究，才能得到较好的解决。

二

如何划分法律部门及其所隶属的各个层次，形成社会主义法律体系的科学结构,是建立社会主义法律体系的重要问题。

体系的划分是人们主观作用的结果,但体系成立的本身则是客观规律作用的表现。如果要建立科学的体系结构,就必须实现主客观的一致,否则就不能成为科学的体系。法律体系受经济基础制约,不同的经济基础可以出现不同的法律分类。资本主义国家有资本主义法律体系的分类标准,社会主义国家有社会主义法律的分类标准。把法律分为公法与私法两大部类是资产阶级传统的法律分类方式。不过在近代,随着资本主义垄断的日益扩张,为了维护垄断资本利益而实行国家干预的加强,公法与私法也有相互渗透的趋势。在社会主义社会,生产资料公有制决定了所有的社会关系都具有公共的、集体利益的性质,公法和私法的区分已失去客观基础,社会主义法律体系关于法律的分类标准,主要是以法律所调整的对象——社会关系为依据,社会关系的不同性质和不同层次,决定了法律不同部门的区分和层次的隶属。同时,法律调整的方法对不同部门法的划分也起着重要作用。但从现在通常主张的部门法的划分,有两种情况值得注意:

一是平行并列,部门法越划越多。除现有的宪法、行政法、刑法、民法、婚姻法、诉讼法、经济法之外,还有主张适应经济建设发展的需要,将有关科学文化教育的法律,军事、土地、人民公社、对外经济活动、利用和保护自然资源的法律等,都开辟为新的法律部门。这样主张的目的无非强调这些法律所调整的社会关系在整个社会生活中的重要地位。这样的划分,其结果必然是出现繁多部门法的平行并列,很难形成一个有层次的,既能表明某类法律共同特征,又能表明具体法律的独有特征,能把某类法律的共性与个性有机结合起来的一个科学的法律体系,分部门成了多部门,有体系反成了无体系,这样的主张是值得商榷的。

二是划分的标准有交叉重叠,带来了体现法律划分的层次性与统一性的困难。怎样从交叉重叠的现象之中,作出最佳的选择方案,做到既有利于通过这种科学的划分,能够比较准确地反映出各种法律的共同特征和独有的特征;又能反映出它们在整个法律体系中的地位与作用,反映出它们之间的区别与联系,是个重要的问题。这在呈现出综合性的法律部门中,尤其重要。以社会经济关系为调整对象是民法和经济法的共同特征,而且民法中规定的实现经济流转的某些原则的规定,又是所有经济法运行时必须遵守的规范。事实上,经济法是诸多不同的有关社会经济活动法律规范的聚集。如果经济法独立成为一个法律部门,它是否还需要有一个基本的法律作为统帅,它与民法的关系究竟怎样,如何协调它们之间的关系,也是值得研究的。

根据上述情况,在进行法律分类、确立法律体系时有必要注意几个问题:

第一,按照以共同特征为主的原则,集中地、精确地划分法律部门,层次不妨多一点，部门应该集中一些。

法律部门的划分，归根结底是由它所依托的社会关系决定的。社会关系的多层次，决定了法律划分的多层次。层次越高，部门越集中。如果作为一个与社会构成的系统相适应的法律系统来考虑，那就不仅要表明它们之间的区别与相互联系，而且要能表明其与社会关系相适应的隶属关系，表明某项法律在整个法律体系中所反映的社会关系的不同地位、不同层次，就像一个金字塔一样。有最高一级的国家权力结构和最集中的一类社会关系，就应有与之相适应的最高层次的法律——宪法，然后依次按照各类法律反映社会关系的不同层次归属、组合，构成一个完整的体系。一律平行并列的方法严格说来不是一个科学的方法，不能反映系统化的要求。例如，把婚姻家庭法从属于调整财产关系的民法中划出，是社会主义法律体系的一个进步的表现，它所调整的是人身关系，是把它独立为一个部门，还是把它归属于调整人身关系的法律部门，是可以研究的一个问题。如果从它所隶属的更高一级的人身关系另辟一个高层的法律门类，则青少年保护法都可归入此类，体系是否可以更明确、更概括一些。民法与经济法似乎也可以并入一个调整经济财产关系的更高层次的法律门类之中。由于民法与经济法虽无直接的隶属关系，但由于民法的总则规则规定，对于调整经济财产关系的法律具有普遍适用价值，因此对一般的经济财产关系的法律具有虚列的指导关系，也可以在排列组合中适当地表明。至于保险法、经济合同法、人民公社法、对外贸易法等，都可以归属于经济法的下属层次。通过这样集中地分层次的归属，也许可以更好地构成一个科学的法律体系，一个不仅反映法律本身规律，也有利于反映社会客观规律的科学体系。

第二，要有一个表明各类法律不同特征的统一标准，把形式的划分与实质的划分区别开来。

建立社会主义法律体系虽然是理论探讨，但这一理论问题的研究，主要是为完善立法服务的。它既具有理论性质，同时具有立法、司法实践的性质。因此，一些属于形式上划分法律类别的标准，如实体法与程序法、国内法与国际法等，以及属于立法等级，并不表明某种法律内在特征的区别标准，如根本法与基本法、基本法与行政法规等，就不宜作为建立法律体系中划分法律门类的标准。否则，把多标准的划分合并运用，就难以保证法律体系的科学性与完整性。

第三，在法律调整对象交叉的情况下，要选择比重较大、最能表明其本质特征的调整对象加以区分。

区分法律类别的目的，在于对同一种类、同一性质的法律按其本质的差异排列组合，便于进行比较，为完善法律制度、实现法的整体和谐提供条件。不论依照何种标准进行划分,都要把最能表明该项法律本质特征的主要部分作为优先考虑的内容。在法律调整的对象和调整的方法交叉重叠的情况下,应当看它的主要方面。不少行政法都附有罚则的规定,当然不会产生是否应划入刑法一类的怀疑。即使是有些从形式上看来似乎属于行政权力实施的法律规范,实质在于调整经济关系的,也应该服从本质的特征。如银行法、交通法应归于经济法范畴之类。

关于划分部门法的标准、建立社会主义法律体系的科学结构,是一个很复杂的问题。这里只能提出一些粗略的看法,很多问题都需要通过实际的和理论的深入探讨,才能逐步得到解决。

三

建立社会主义法律体系,必须讲求法的整体和谐。

法律体系的建立,并不能自发地实现法的整体和谐,而只是为实现法的整体和谐提供了比较、选择的方便途径,要实现法的整体和谐,还需要有目的的、自觉的努力。

讲求法的整体和谐,首先要讲求法律与其所规范的外部关系的和谐。适应经济基础是一条总的规律,而各类社会生活又各有其自身的特殊法律,这些事物的特殊规律又相互影响、相互作用、相互制约,并且处于运动、变化与发展之中。正像恩格斯所说的:"政治、法律、哲学、宗教、文学、艺术等的发展是以经济为基础的。但是,它们之间又都相互影响,并对经济基础发生影响。"①这就提出了法律体系必须与运动着的社会保持相应的整体和谐的要求。法律不仅要比较准确地、完整地反映它所规范的社会生活的规律,而且要适时地反映社会生活在相互影响、相互制约中的运动规律。例如,物质文明的建设与精神文明的建设是相辅相成、相依为用的,因此,我们在运用法律规范促进物质文明的建设的同时,绝不可以忽略运用法律规范促进精神文明的建设。在社会主义条件下,要搞活经济、完善各种形式的生产责任制需要有法律的保障,但也需要有防止导致异向发展的法律限制。总之,坚持社会主义原则是实现社会主义法律体系整体和谐的基础,也是保证社会主义法律体系科学性、保障社会主义法律正确发挥调整各种社会关系的功能的必要条件。

---

① 《马克思恩格斯选集》(第9卷),第506页。

其次，要实现法律体系的和谐，还必须讲求法律内部结构的和谐。在根本法与基本法之间、基本法与其他法律之间、国家法律与地方法规之间、程序法与实体法之间、各项法律之间以及法律的每项条文之间都必须处于协调状态。“在现代国家中，法不仅必须适应于总的经济情况，不仅必须是它的表现，而且还必须是不因内在矛盾而推翻自己的内部和谐一致的表现”。① 坚持社会主义法制的统一原则，是实现法律体系内部整体和谐的一个重要方面，一切法律都应该服从于宪法，基本法律对其他一切法律法规、国家法律法规对地方性法规都具有统一的约束力；法律内容和形式的严谨是实现法律体系整体和谐的又一个方面，条文内容的主次轻重以及相应的法律责任都应有合乎逻辑的区分、衡量与排列，如刑法的重罪与轻罪及其相应的刑罚，民事流转的程序都应该作出科学的序列规定，不容出现矛盾现象。此外，法律体例的严密、法律语言的严谨、法律要件的明确，都是实现法律整体和谐的必要条件。

最后，法律的完备对实现法律体系的整体和谐有着重要意义。法律的不完备，特别是具有重要地位的基本法律缺乏，必然导致某些必须由法律规定的社会行为的随意性，从而妨碍法的整体和谐。例如，为保障社会主义经济建设的顺利进行，保障社会主义经济秩序不受侵犯，必须加强同玩忽职守、损害社会主义经济的犯罪行为的斗争，仅仅一条渎职罪名很难概括诸多由于主观责任损害社会主义经济的犯罪现象。健全社会主义文化教育制度、发展科学技术，也不是原则性的行政文件所能收效。这就需要根据社会主义法律体系的整体要求，有计划、有步骤地完善立法，使各个部门的法律逐步达到门类齐全、严密完整。特别是一些重要的基本法律如民法、行政法；重要的经济法，如经济管理体制、企业经营管理、自然资源的保护与利用；以及关于发展教育文化和科学技术的法律，应该抓紧制定，以促进社会主义物质文明和精神文明的建设。当然，法律的完备也要从实际出发，要本着求实的精神，积极、认真、审慎地开展立法工作，不能仓促行事。

由此可见，建立科学的社会主义法律体系实质上是一项系统工程，无论是法律门类的划分与法律的制定，都必须有整体的考虑，既要考虑当前的需要，更要考虑到长远的社会效应；既要考虑部门的重要地位，又要考虑整个系列的合理化；既要考虑本身的特殊规律，又要考虑其相互影响、相互作用的规律，始终把它作为一个有机的整体对待，才能有效地发挥法律对社会行为的规范作用。

（1983 年第 7 期）

① 《马克思恩格斯选集》（第 4 卷），第 483 页。

社会主义民主与资本主义民主的区别

李步云*

邓小平同志在《坚持四项基本原则》的重要讲话中提出:“我们在宣传民主的时候,一定要把社会主义民主同资产阶级民主、个人主义民主严格地区别开来”,“中国人民今天所需要的民主,只能是社会主义民主或称人民民主,而不是资产阶级的个人主义的民主。”为了澄清一些人盲目崇拜西方民主的糊涂认识,为了使我国高度民主的社会主义政治制度健康地发展,划清社会主义民主与资产阶级民主的原则界限,无疑具有十分重要的现实意义。

资产阶级民主是作为封建专制主义的对立物而出现的。马克思主义充分肯定资产阶级民主在历史上曾经起过的进步作用。但是,随着无产阶级登上世界历史舞台,无产阶级同资产阶级的矛盾上升为主要矛盾,资产阶级民主就逐渐失去了进步性,而转化成为落后的、反动的东西。如同资本主义必然要被社会主义代替一样,资产阶级民主最终也必然要被社会主义民主所代替。

概括地说,资产阶级民主就是资产阶级掌握国家政权,由他们当家作主;社会主义民主则是无产阶级和其他人民群众掌握国家权力,由人民当家作主。这是社会主义民主与资产阶级民主的本质区别。这种本质区别是通过以下几个方面的根本不同而具体表现出来的:

一、经济基础不同

马克思主义认为,民主属于上层建筑的范畴,它是由经济基础决定,并为经济基础服务的。资产阶级民主是建立在资本主义生产资料私有制的基础上,是以保障这种私有制不受侵犯为其根本目的的。社会主义民主则是建立在生产资料公有制的基础上,是以建立、巩固和发展这种公有制并保障它不受侵犯为其根本任务的。这是社会主义民主优越于资产阶级民主的最主要的一条。历史已经证明,什么人在经济上占统治地位,在政治上必然也占统治地位;掌握国家政权的阶级必然是那些把生产资料掌握在自己手中的阶级。一个国家的统治阶级必然要使这个国

* 作者单位:中国社会科学院。

家的民主制度和民主生活纳入维护自己利益的轨道，特别是要运用这种民主来保障体现自己根本利益的生产资料的所有制。在资本主义制度下，资产阶级利用资产阶级民主来调整与集中本阶级的意志和力量，以维护资本主义私有制，对无产阶级和劳动人民进行剥削和压迫；与此相反，无产阶级则要利用社会主义民主，团结其他人民群众，集中全体人民的意志和力量，保障社会主义公有制，发展社会主义的各项事业，为消灭一切阶级差别，最终实现共产主义创造条件。因此，对于民主，我们不能单纯把它看做目的，同时也应当并且首先是把它看做一种手段。离开了经济制度孤立地考察民主，是不会对民主的阶级实质有正确认识的。

二、阶级内容不同

资产阶级民主只是剥削者少数人所能享有的民主，而社会主义民主则是占人口绝大多数的全体人民能够充分享受的民主。资产阶级民主体现出一切国家权力属于资产阶级；社会主义民主则实现了国家的一切权力属于人民。在资本主义国家里，议会都是资产阶级在把持，资本主义国家用各种巧妙的办法，有效地保障资产阶级的代表人物牢牢地控制议会和把持政府。

与此相反，社会主义民主则是由广大人民群众真正当家作主，国家的一切权力是掌握在全体人民手里的。在我国，各级人民代表大会是国家的权力机关。人民代表真正来自人民，并忠实地代表着人民的利益。以五届人大代表为例，在3497名代表中，工人占26.7%，农民占20.6%，人民解放军占14.4%，干部占13.4%，知识分子占15%，爱国人士占8.9%，归国华侨占1%。全国50多个少数民族都有各自的代表；少数民族代表占10.9%。我们的民主制度不仅保证广大人民能够把自己所满意的和必要的人选举到代表机关去直接行使国家权力，而且各级人民代表在工作中必须密切联系群众、依靠群众，选民有权直接或经过人民代表大会监督和撤换人民代表。

从民主的阶级内容分析，还要看到，一定的统治阶级的民主，就意味着对一定的被统治阶级的专政。资产阶级民主只是由资产阶级所享有，它的另一面，就是对无产阶级和其他劳动人民实行专政。这种专政主要不是直接地、而是通过曲折的形式表现出来的，它表面上标榜自己的政权是“全民政权”，而事实上它给劳动人民的所谓民主自由权利，是有一个根本的界限的，就是不能推翻资本主义的经济和政治制度，谁想超越这个界限，谁就会遭到那个国家的暴力机器的镇压。社会主义民主则与此完全相反，它是广大人民享有民主，对极少数敌视与破坏社会主义制度的敌对分子实行专政。它之所以能够也需要公开确认与明确宣布人民民主专政的国家政权包括人民民主与对敌专政两个方面，对于极少数敌对分子来说，这个政权并不是什么仁慈的东西，就是因为这个政权是绝大多数人对极少数人的专政。这样做，有利于教育、动员与组织广大人民群众同极少数敌对分子作斗争。

三、广泛程度不同

站在广大人民群众的立场来看，资产阶级民主的内容极其狭窄，而社会主义民主的内容则是非常广泛的，它包括政治民主、经济民主和社会民主，全体人民不仅有权管理国家的政治，而且有权管理经济、文化和其他社会事业。而经济民主与社会民主是资产阶级民主所根本没有的，在资本主义制度下，生产资料属于资产阶级所有，资本家是工厂、矿山和农场的主人，只有他们才享有对这些企业资产的占有、使用和处分权，而劳动人民不享有管理这些工矿企业的权力。在社会主义制度下，生产资料归全社会所有，工人、农民、知识分子是国营企业和集体经济组织的主人；厂长、经理、社长同工人、农民的关系是同志式的平等关系。这些国营企业与集体经济组织内的全体职工，享有民主管理这些国营企业与集体经济的权力。

两种民主制的广泛程度不同，还表现在政治民主方面。在我国，享有完全政治权利的人民占全体公民的99.9%以上；而在资本主义国家里，劳动人民享受政治权利是受到种种限制的。在社会主义制度下，广大人民群众充分享有选举权与被选举权。我国宪法规定了选举权的广泛性，选举权的平等性，直接选举与间接选举同时并用和无记名投票，这是我国选举制度的社会主义原则。以我国1979年到1981年全国1925个县级直接选举单位为例，它的总人口数是743780575人，共选出人民代表595345人，平均1249人选出一名代表。在选出的代表中，工人占10.56%，农民占47.61%，干部占25.53%，知识分子占8.44%，军人、爱国人士、归侨等占7.86%；在代表中妇女占21.86%，不是共产党员的代表占33.15%。在这1925个县级直接选举单位中选出人民政府领导成员44995人，其中妇女占14.19%，不是共产党员的干部和群众占20.13%。这些数字充分说明，我国的选举权和被选举权具有普遍性和平等性，人民代表和人民政府领导成员具有广泛的代表性，我国的选举制度具有真正的民主性和人民性，它充分体现了“主权在民”的原则。在我国，这种绝大多数人所享有的民主权利，在法律制度上得到了充分保障。

四、真实性质不同

资产阶级民主的一个重要特征，是形式与内容相矛盾、理论与实际相脱节。

资本主义国家的法律表面上规定了公民享有广泛的和平等的民主自由权利,在理论上也标榜以“民主、自由、平等”和“主权在民”作为立国的原则;但在实际政治生活中,广大劳动人民根本无法真正享受到法律所明文规定的民主自由权利。资产阶级民主之所以存在这种形式与内容相矛盾、理论与实际相脱节的情况,有多方面的原因:历史上,资产阶级取得革命成功,是借助于广大工人和农民的力量;资产阶级共和国建立后,不得不在法律上给劳动人民以这样那样的民主自由权利;资产阶级国家是少数人对多数人实行统治,这就不能不千方百计地把自己的政权装扮成是“全民的政权”,以麻痹劳动人民的革命意识;资产阶级民主否定了封建的等级和特权,但是它却肯定了财产的特权,在资本主义制度下,财产实际上是公民取得政治权利大小与多寡的决定性因素,资本主义国家的竞选需要大量经费,实际上是一种金钱选举,所谓公民享有平等的被选举权完全是虚假的。在社会主义制度下,情况根本不同。在我国,经济上的平等必然表现为政治上的平等,在选举中,个人财产不起任何作用,被选为各级人民代表大会的代表或担任国家机关工作的,其唯一条件是思想进步,能够全心全意为人民服务,有能力、贡献大。事实正如列宁指出的那样:“总的来说,资产阶级的民主和议会制同苏维埃的或无产阶级的民主之间的差别在于:前者把重心放在冠冕堂皇地宣布各种自由和权利上,而实际上却不让大多数居民即工人和农民稍微充分地享受这些自由和权利。相反地,无产阶级的或苏维埃的民主则不是把重心放在宣布全体人民的自由和权利上,而是实际保证那些曾受资本压迫和剥削的劳动群众能实际参与国家管理,实际使用最好的集会场所、最好的印刷所和最大的纸库(储备)来教育那些被资本主义弄得愚昧无知的人们。”

五、具体形式不同

建立在不同经济基础之上的具有不同阶级性质和阶级内容的民主,必然有着不同的形式。资产阶级民主的一个重要形式,是实行议会制民主;而我们的国家是实行人民代表大会制。显然,这两种民主形式是根本不同的。资产阶级议会制是以立法、行政、司法三权分立的学说和原则作为其理论基础,相对于封建专制主义中央集权制而言,三权分立在历史上曾经起过进步作用,但是这种民主形式是为资产阶级的阶级内容所决定并为它服务的。无产阶级专政的国家绝不能采用这种民主形式。议会制民主是资本主义国家经济关系和政治关系的集中表现,资本主义生产关系的一个重要特征是生产自由竞争、商品自由销售,与此相适应,在政治上有两党制或多党制彼此争权夺利。资本主义国家的真正权力是集中掌握在资本家集团手里,但在政治外表上它需要也可以表现出高度的分权与自由化,以三权分立为基础的议会制,就是由这样一种经济、政治状况和特点决定的。我国的人民代表大会制同议会制根本不同。我国的立法、行政、司法有必要的分工,但在根本上是统一的,各级人民代表大会是国家的权力机关,各级行政机关和司法机关都由它选举产生,向它负责,受它监督。这种领导体制的基本特征和优越性,是高度民主与高度集中的有机统一。由于生产资料的公有制和计划经济,它要求国家政治权力的高度集中。行政机关与司法机关都由国家权力机关——各级人民代表大会统一领导,正是体现了政治权力的高度集中;另一方面,这种领导体制又保证了国家的一切权力属于人民;体现了高度民主。此外,在社会主义制度下,广大人民还通过各种方式和渠道,如人民来信来访;在报纸上经常讨论党和国家的政策,批评各种违法乱纪现象;经常召开各种会议,讨论国家大事和本单位的生产、工作和生活等,来参加管理国家、管理经济文化和社会事务。这些丰富多彩的民主形式,也是资产阶级民主无法比拟的。

六、领导力量不同

在近代,任何一种民主,总是由一定的政治力量,首先由一定的政党领导的。资产阶级民主是由资产阶级政党领导,社会主义民主则是共产党实行领导。这也是资产阶级民主同社会主义民主的一个重大区别。

资本主义国家的某些统治者,鼓吹资产阶级民主是超阶级、超政党的,这是骗人的。在资本主义国家里,一党当权也好,两党或多党轮流执政也好,那里的民主完全是由资产阶级政党在控制,资产阶级议会成天吵吵嚷嚷,无非是一些资产阶级政党在那里争权夺利,或共同商讨如何更好地维护资本主义制度不受侵犯。

在我们国家,共产党的坚强领导,是社会主义制度的一个重要特征,也是社会主义民主的一个重要特征。我们的党不是代替人民当家作主,而是支持人民群众自己当家作主。没有党的领导,我们的国家就不可能沿着社会主义道路胜利前进;没有党的领导,广大人民的意志、智慧、力量就不能很好地动员、集中、组织起来,十亿人民就可能像一盘散沙;没有党的领导,社会主义民主就可能被某些不良分子所控制而走偏方向,甚至变质。正是在这个意义上,我们可以说,没有共产党的领导,也就没有社会主义民主。

从以上分析可见,如何看待民主,有一个立足点问题。有的人,由于观察问题的立场、观点和方法不对,自然得不出对民主问题的正确认识。如果自觉地或不自觉地站在超阶级的立场上,不是从人类社会存在阶级对立和阶级斗争的基本事实出发来观察问题，就会划不清两种民主制的原则界限，就会对两种民主制究竟哪个进步、哪个优越的问题，产生种种糊涂认识。

我们观察问题，还要善于透过现象抓住本质。例如，对资产阶级议会的看法，不能只看到在那里争论十分激烈，就以为那里很民主，而要看到，是什么人在争论，争论些什么，他们所要通过的议案或法案是为了维护什么阶级的根本利益。又如，在资产阶级议会里，通过议案往往有很多人赞成，也有很多人反对。在我们的人民代表大会上通过法案，在很多情况下是一致通过。有的人就认为资产阶级的民主比我们的民主要好。这也是未抓住问题的实质。资产阶级议会之所以投票时分歧很大，那是因为所要通过的法案丝毫不损害资本主义制度的根基。如果有人提出某种有损害于资本主义基本制度的法案，资产阶级的议员肯定会群起反对，那时就会显示出他们之间的完全一致。我国的权力机关在通过各种议案时需要充分讨论，也常常有各种不同意见的争论，但由于人民代表所代表的人民在根本利益上的一致性，提交国家权力机关讨论通过的法案或议案体现人民的根本利益，因而付诸表决时往往一致通过，这是很自然的。

对于民主，我们还应当从历史发展的角度进行考察。资产阶级民主从建立到现在，已经有了两三百年历史；资本主义国家的统治者，已经在这方面积累了相当丰富的经验，有了一整套调整自己内部矛盾和对劳动人民实行统治的方式方法。但是，资产阶级民主同整个资本主义制度一起，现在已经成为腐朽的东西，再没有什么发展前途。资产阶级民主为社会主义民主所代替，是历史的必然。社会主义民主从产生到现在，只有几十年的时间。由于劳动人民自己掌握国家政权，在整个人类历史上是破天荒第一回，自然需要经历曲折的道路，需要长时间的摸索经验和积累经验，才能使自己的民主制度逐步健全和完善起来。

现在有人对于社会主义民主制度在执行中还存在这样那样的不足和缺点，认为是“社会主义异化”。这种说法不仅在理论上滥用了马克思的“异化”概念来解释社会主义，把发扬社会主义民主产生的矛盾与“异化”等同起来，而且混淆了两种民主观的界限，是对社会主义民主制度的歪曲。把实现社会主义民主过程中出现的问题和矛盾，说成“异化”是十分错误和有害的。

（1983 年第 12 期）

1984 年

关于开展我国法制建设协调发展问题讨论的意见

《法学》编辑部

在《法学》编辑部几年来的工作中,和在编辑部创议的在1983年春起开展的关于加强法学基础理论研究的讨论中,我们感到当前在我国法制建设中存在一个值得重视的问题。这就是法制建设如何协调发展,以适应社会主义现代化建设的需要。我们认为这既有重要的理论意义,又有实践意义。为此,我们提出来和广大法学工作者一起研究和探讨。

党的十一届三中全会的召开,标志着我国进入了一个新的历史阶段,也是我国法制建设发展史上新的里程碑。四年多来,我国法制建设正像经济建设一样突飞猛进,许多法律、法令颁布施行,政法队伍健康成长,法律院校纷纷恢复发展,法律研究空前繁荣。在这样一个新局面下,各方面的力量应密切合作,协调发展,以适应和推动经济建设的发展。

我们提出法制建设的协调发展包括两方面的内容。一是外部的协调发展,即法制与经济基础以及其他上层建筑之间的协调关系;二是法制系统内部的协调发展,即立法、司法(执法),律师制度和为法制服务的法学教育、法学研究等方面的协调发展。这两方面的协调发展,都是我国社会主义法制存在和发展的客观要求。从根本上说还是作为上层建筑一部分的法制如何和经济基础的发展相协调的问题,不论是法制和其他上层建筑的协调,还是法制内部各方面的协调,归根到底,都必须以法制和经济基础的协调为指导思想。作为上层建筑相对独立部分的法制,它是一个多层次的、主次有序的整体结构。只有让法制的各方面协调一致,才能保证法制建设合乎规律的发展,从而充分发挥其为社会主义革命和建设服务的整体效能。1982年年底通过的新宪法是我国最好的一部宪法,实施一年来已充分发挥其效能。现在的关键就是要在宪法的指导下,保证法制关系各个方面的和谐统一。彭真委员长在新宪法颁布一周年向新华社记者发表的《进一步实施宪法,严格按照宪法办事》的讲话,为我们讨论法制协调发展指明了方向。陈丕显同志在中国法学会一届二次理事会上具体指出:"制定法律离不开宪法","离开根本大法去讲其他法律就丢掉了核心。同样,离开宪法去从事法学研究,也就不能使法学研究工作更好地为社会主义现代化建设服务,也就无从建设具有中国特色的社会主义法学。”宪法是法制协调发展的依据和基础。维护宪法的全面贯彻实施，就是我们讨论法制协调发展的出发点和归宿。

我国社会主义法制系统是建立在公有制基础上，由党统一领导的上层建筑的一个部分。它与资产阶级国家建立在私有制基础上的“三权分立”的法制系统是根本不同的。我国法制各方面之间的相互关系有着共同的基础和统一的原则，是应该而且能够实现协调统一的。实践证明，在我国法制建设的整体上，由于党的正确领导，各方面的关系是协调统一的。然而，也不能不看到我国法制还处在创新和完善的阶段，工作上缺乏经验，因此我国的法制建设同经济基础之间以及法制建设同其他上层建筑之间，法制系统各个部门之间还存在某些不够协调的现象。诸如：

在法制与经济基础方面：法制建设的根本目的是维护和推动社会主义经济的发展使之满足广大人民的物质和文化生活的需要。然而，长期以来，我国的社会主义建设主要依靠行政手段，依靠经济手段和法律手段甚少。对法制建设如何保障和推动生产的发展，充分发挥法律对社会主义经济发展的杠杆作用，在人们的认识上尚没有引起足够的重视。特别是在法制建设面临新的技术革命，以及即将到来的我国从南到北共十四个沿海地区的港口进一步实现对外开放政策的新情况下，如何运用新的技术手段来提高法制的效能，就成为我们迫切需要研究和解决的新课题。

在立法方面：在国家现行法律中，有的不仅与宪法规定精神不尽吻合，内部结构也有不和谐和互相矛盾之处；而且法出多门，立法层次、权限不清，名称也较混乱，甚至有的地区出现某些部门囿于本部门的权益而“借法争权”的现象；宪法颁布后，至今有些方面还缺乏相应的法律、法规，以保障宪法的贯彻实施；这就与国家整个法制建设显得不够协调。

在执法方面：在一定程度上存在执法难和执法不严的问题。从严厉打击严重刑事犯罪斗争中所反映出来的情况看，对刑事犯罪分子打击不力，有的地方公、检、法部门之间，也有不够协调的现象；律师制度的贯彻在一些地区至今阻力较大，不少人把律师看成“异己”，这是一种很不正常的现象。

在法律解释方面：立法解释显得薄弱和不够经常。一般来说，国家颁布了一个法律就要相应地作出立法解释和司法解释，以便统一行使法律，保障法律的权威。依国家法律规定，司法解释权属最高人民法院和最高人民检察院，然而目前有关部门对同一个问题各有各的解释，没有统一的标准，引起内部不必要的争论，带来不良影响。在学理解释方面也存在很不统一的现象，如不少报刊的法律顾问解答，对同一个问题各说各的，差错百出，很不严肃，也给政法机关带来被动。

在法学教育和法学研究方面:我国还没有建立起适应现实情况的科学体系,理论与实际相脱节,教学与科研远远落在法制建设实践的后头;如此等等。

综上所述,随着我国社会主义经济建设的发展,我国法制建设不协调的矛盾也将日益明显,因而讨论和解决法制协调发展的问题,已成为我国法制建设中一项具有战略意义的迫切任务。作为法学工作者和政法工作者,探索我国法制建设协调发展的客观规律,是责无旁贷的任务。我们应该在四项基本原则的指导下,以宪法为基础,面对新情况,研究新问题,为促使法制的协调发展而共同努力。令人感奋的是,当我们把讨论法制协调发展的问题提出来后,就得到中共中央书记处书记陈丕显同志的指示,他号召所有法学理论工作者为此作出成绩来。同时,我们也得到法学界的专家、学者和从事政法工作的同志们的热忱赞同,他们纷纷来信来稿表示支持。著名法学家张友渔同志满腔热情地在意见书上写道:“开辟专栏讨论如何协调发展我国社会主义法制建设,很有必要。我很愿意参加这一讨论,在讨论时,提出自己的意见。”还有不少同志来信说,法制建设协调发展是法学界和政法界普遍关心的问题,但事关法制建设的大局,希望有关部门加强领导,使讨论取得预期的良好成果。我们诚恳希望法学界和政法界的同志,深刻体会中央领导同志的殷切期望,都能学习张友渔同志那样深切关心法制建设的精神,积极参加这一问题的讨论,以期在党的领导下,集思广益,努力探索,为开创我国法制建设的新局面,建立具有中国特色的社会主义法制作出积极的贡献。

(1984年第5期)

法制协调是法制存在和发展的客观要求

《法学》特约评论员

我国社会主义法制作为社会主义上层建筑的一个组成部分，它和上层建筑的其他部分具有紧密的联系，而从法制本身来说，它是一个有系统的结构，其所包括的各个方面，更是一个不可分割的整体。因此，我们要加强社会主义法制建设，使之积极服务于社会主义经济基础，首先就必须解决法制同外部条件协调和法制自身协调的问题。法制协调发展，可以说是我国社会主义法制建设中的一个"牛鼻子"，抓住了它，就能驾驭好整个法制建设的全局，把我国社会主义法制建设有条不紊地推向前进。

一、协调发展与社会主义法制建设纲领的关系

法制建设属于国家法制活动的范畴，涉及法律的制定、法律的执行和法律的遵守等各个方面，相互之间存在内在的联系和制约，需要建立和谐一致的关系，才能保证形成有利于统治阶级的法律秩序。我们在中国的大地上搞社会主义法制建设，要探求具有中国特色的规律。我们党是重视总结这方面的经验的。1956年，我国生产资料私有制的社会主义改造基本完成，刘少奇同志作的党的八大政治报告以及八大关于政治报告的决议，都强调要把全国工作重点转移到经济建设上来，进一步加强社会主义法制。八大关于政治报告的决议指出："由于社会主义革命已经基本完成，国家的主要任务已经由解放生产力变为保护和发展生产力，我们必须进一步加强人民民主的法制，巩固社会主义建设的秩序。国家必须根据需要，逐步地系统地制定完备的法律，使人民的民主权利充分地受到国家的保护。"董必武同志在这个会上对新中国法制建设经验进行了系统的总结，探讨了社会主义法制建设的规律，强调加强国家法制的中心环节是依法办事；依法办事有两个方面，即有法可依，有法必依。随后，毛泽东同志在1957年1月的讲话中，也专门讲了法制问题，反复强调"法制要遵守"，"要求所有的人都遵守革命法制"。我国在1957年之前，法制建设的发展是正常的、健康的。从1957年到1966年是我国开始全面建设社会主义的十年，我国法制建设也有所发展，但是，由于党的工作在指导方针上有过严重的失误，所以我们的法制没有

建立起应有的权威。这就使“文化大革命”这样严重破坏社会主义法制的事件得以发生。林彪、江青反革命集团正是利用了社会主义法制遭到破坏的混乱局面，进行篡夺党和国家最高领导权的阴谋活动，给中国人民带来了一场灾难。粉碎“四人帮”后，党总结我国法制建设曲折发展的经验教训，确定了继续加强社会主义法制建设、完备社会主义法制的决策。邓小平同志在党的十一届三中全会上强调指出：“必须使民主制度化、法律化，使这种制度和法律不因领导人的改变而改变，不因领导人的看法和注意力的改变而改变。”他要求做到“有法可依，有法必依，执法必严，违法必究”。邓小平同志提出的并写进十一届三中全会决议的这个“十六字”方针，是党的八大提出的加强社会主义法制建设的原则的继续和发展，它确定了我国社会主义法制建设的奋斗目标和指导原则，成为具有中国特色的社会主义法制建设的纲领。

这十六个字不但科学地概括了我国社会主义法制建设的内容和要求，同时，也揭示了我国社会主义法制建设协调发展的规律，为完善我国法制建设的各个环节的工作，提供了科学的理论指导。实践证明，法制的各个方面，就像一根链条上的各个环节一样，是紧相衔接、不可缺损的，哪一个环节松懈或脱节了，都会给法制的整体作用带来损失。

“有法可依”，这是从立法方面为加强社会主义法制提供前提条件。只有通过立法工作形成全国统一的相对稳定的法律规范体系，去调整各种需要法律干预的社会关系，社会主义法制才能奠定坚实的基础。但是制定法律是为了执行，否则，法律再好也只是一纸空文。因此，解决了“有法可依”的问题之后，更重要的就是“有法必依”了。

“有法必依”，是加强社会主义法制的中心环节，既包括了执法，也包括了守法。首先是各级国家机关及其工作人员必须坚决执行宪法和法律，完全依法办事，带头遵守法律；其次是每个公民都必须严格遵守法律和制度，自己不违法，并积极和一切违法行为进行斗争。而要做到这些，除了靠宣传教育之外，必须使上升为国家意志的法律，具有极大的权威，即由国家的强制力来保证其贯彻实施。因此，要做到“有法必依”，还必须实行“执法必严”、“违法必究”的原则，这主要是通过公安、司法等专门机关，按照法律程序，对违法犯罪的人，追究法律责任。可见，要全面实现法制建设的“十六字”纲领，就必须搞好法制内部各方面的协调，当然也要搞好法制同其他上层建筑的协调，这是法制存在和发展的客观要求。我们应该认识到，我国社会主义法制建设的“十六字”纲领，是一个统一的整体，是对立法、执法、守法诸方面提出的，要求相互联系、相互制约。社会主义法制只有在纲领所要求的诸方面得到协调发展，才能日臻完善。

我国新宪法的颁布实施,为我国社会主义法制建设确立了基本的原则和基本的思想,也为我们按照"十六字"纲领协调发展法制提供了基础。毛泽东同志曾经指出,宪法是国家的总章程。我国宪法规定:"国家维护社会主义法制的统一和尊严";"一切法律、行政法规和地方性法规都不得同宪法相抵触";"一切国家机关和武装力量、各政党和各社会团体、各企业事业都必须遵守宪法和法律。一切违反宪法和法律的行为,必须予以追究";"任何组织或者个人都不得有超越宪法和法律的特权。"这些都说明,宪法是我国法制活动的总枢纽,法制建设的各个环节都要受宪法的控制和支配。陈丕显同志在中国法学会一届二次理事会上的讲话中谈到:"我们制定法律离不开宪法,研究法律也离不开宪法。离开根本大法去讲其他法律就丢掉了核心。"可见宪法在我国法制协调发展中处于主导的地位。我们今天讨论法制建设协调发展的问题,正是以宪法所确立的基本原则和基本思想为基础的。这个指导思想统一了,我们就有理由预期这次讨论一定会沿着正确的方向,逐步深入地开展下去。

二、协调发展是社会主义法制建设的客观规律的要求

在我国社会主义法制建设的"十六字"纲领的指导下,自十一届三中全会以来,我国社会主义法制建设取得了令人鼓舞的重大进展。1982 年宪法的通过和实施,大批法律、法规的颁行,严格执法守法风气的倡导,立法、执法机构的健全和法制工作队伍的成长,法律教育雨后春笋般的发展,法学研究的初步繁荣,如此等等,构成了我国法制建设的一幅壮丽的图画。但是,我们的法制工作越有成绩,就越显得它协调发展的重要。

法制作为国家上层建筑的一部分,它必须与经济基础协调发展。对于我国社会主义法制来说,就是要与我国社会主义现代化建设的需要相适应,满足我国社会主义经济基础对法制提出的要求。这一点只有法制建设内部的各种关系处理好了,建立了和谐一致的协调发展的体制时才能达到。正像我国经济建设可以在生产资料公有制的基础上实行计划经济一样,我国法制建设也可以在社会主义经济基础上得到协调发展。这也是社会主义制度优越性在法制建设上的体现。但是,像任何事物在矛盾斗争中前进一样,我国法制建设也是在协调与不协调的矛盾运动中展开的。我国社会主义法制建设的各个方面,在党的统一领导下,应该说在总体上是基本协调的,但是,由于历史的和其他方面的原因,也确实存在某些不协调的地方。克服不协调的因素以及突破旧的协调建立新的协调的运动,正是我国法制建设向前发展的动力。法律的废、改、立以及与之相适应的

执法、守法等环节的改进，就是这种运动的生动表现。如果没有不协调，我们还要对法律进行废、改、立干什么呢？承认客观存在的某些不协调，并不是否定我国社会主义法制总体上的基本协调，而是说明我们在四化建设的新的历史时期，面对社会发展的新形势，在法制建设上所具有的革命自觉性。正是从这一精神出发，陈丕显同志才热情地肯定和支持这次讨论的开展。道理十分清楚，讨论协调发展的问题，在肯定社会主义法制的发展基本协调的前提下，找出某些不协调之处，有利于我们发现法制工作的薄弱环节，采取有力措施加以改善，以达到新的协调。这样，我们的社会主义法制就可以更充分地发挥其对经济基础的能动作用，成为促进经济建设的有力杠杆。当然，情况是在不断发展变化的，建立起新的协调之后，又会为新的不协调所打破，出现新的薄弱环节，需要再采取新的措施去建立更新的协调。这种协调与不协调的矛盾运动，在整个社会主义历史时期是螺旋式上升的，一直到社会主义法制完成它的历史使命。

就我国社会主义法制建设的现状来说，由于涉及面广，经验不足，确实仍存在某些不协调的现象。

在立法上，我们虽然取得了很大的成就，但是，随着《宪法》、《刑法》、《刑事诉讼法》、《民事诉讼法》（试行）的颁布，作为基本法之一的民法就成了一个亟待解决的薄弱环节；经济合同法等一系列经济法规虽已公布实施，但公司法、票据法、草原法等许多经济法规仍有待制定，才能成龙配套。对于自新中国成立以来公布的数以千计的法规，也急需整理甄别，区分出哪些是已经失效的，哪些是部分过时需要修改的，哪些是现在仍然有效的。这种法规整理工作，是立法工作的一部分，不仅各部门要做，而且国家应有专门机构从事这方面的经常工作。此外，我国的立法司法解释也显得薄弱，亟待加强。

在执法和守法方面，胡耀邦同志在党的十二大政治报告中指出："现在的问题是，不但有相当数量的群众，而且有相当数量的党员，包括一些负责干部，对法制建设的重要性还认识不足，有法不依、执法不严的现象在一些方面仍然存在，已经制定的法律还没有得到充分的遵守和执行。"这个问题的彻底解决，还有待我们作出很大的努力。现在，违法乱纪的事仍时有发生。有的干部执法犯法，亵渎法律的尊严。有的群众仍处在法盲状态，甚至把法律当儿戏，不惜以身试法。这方面的问题，就我国法制建设的全局而言，是一个最大的薄弱环节。我们需要大力加强法制宣传教育工作，努力在干部和群众中灌输社会主义的法律意识，使执法和守法能赶上立法发展的要求。

在法律教育和法学研究方面，我们也还远远不能满足社会主义法制建设所提出的需要。现在，执法工作人员中，受过系统法律教育的人很少，按照现在的法律教育的情况,不大力发展干部轮训和多办二年制专修科的话,基层政法机关要分配到大专毕业生是很难的。法学研究理论与实践脱节的问题也仍然存在,理论工作和实际工作之间经常的联系渠道还不畅通。董必武同志在1954年曾指出:“法学在我国还没登上科学之门”,“从法学上来科学地分析说明从而奠定我们法律科学基础的著作,更是少得很。”时间过了30年之后,我们虽然不能说这种状况没有改变,但是,我们确实仍需努力开创新局面,以便取得更大的突破。

不仅如此,从法制的外部关系来看,我国法制和其他上层建筑部分,如政治、伦理道德、科技文化等,在新的形势下,不可避免地会出现许多新的关系,同样需要作出相应的调整,使之在新的历史条件下,更好地和谐统一,共同为经济基础服务。

我们研究我国社会主义法制协调发展的问题,指出它的不协调的薄弱环节,正是为了解决矛盾,达到协调。我国社会主义法制系统是建立在社会主义公有制基础之上的,是由党统一领导的,因此,不协调的现象只是局部的,而且通过我们的工作是完全能够克服的。

三、努力研究这个对法制建设具有战略意义的新问题

法制协调发展是我国法制建设中的一个新问题,也是我们开创社会主义法制建设新局面所必须解决的一个战略性的问题。我们应当加强这方面的研究,努力探索社会主义法制建设协调发展的规律,把这个问题解决好。

这方面需要研究的问题是很多的,这里我们略举几个问题,供同志们参考。

第一类问题:法制协调发展与社会主义现代化建设的关系。社会主义法制作为社会的上层建筑,它被经济基础所决定,又反过来为经济基础服务。我们研究法制协调发展,搞好法制建设,归根结底,还是为了满足社会主义现代化建设的要求。社会主义的经济基础为法制协调发展提供了条件。揭示社会主义经济建设与法制建设之间的辩证关系,使社会主义法制更好地为社会主义经济基础服务,是研究法制协调发展的首要任务。

第二类问题:法制协调发展的基本内容。社会主义法制与资本主义法制不同,资本主义法制越是追求本身的和谐一致,越有可能和经济基础发展的要求脱离,社会主义法制则越是追求本身的和谐一致,就越能适应经济基础发展的要求。由于社会主义法制内部的和谐一致正是它更好地保护和促进社会主义经济基础发展的条件,所以社会主义法制协调发展的基本内容,是法制建设上各个环节的和谐关系。这种协调发展的和谐关系必须以我国宪法的规定作为基本依

据，由立法系统、执法系统、守法系统科学组合而成。我国立法系统怎样进一步完善？国家急需的法律规范如何逐步制定出来？对我国立法发展的预测怎样？国家最高权力机关、国家行政机关、地方国家权力机关在我国立法体系中的地位和作用？立法司法解释和法规整理工作如何跟上我国法制建设的形势？执法不严的根源及其改进办法？如何加强我国公民的守法观念？诸如此类的问题，都需要我们深入探讨。

第三类问题：法制协调发展与其他种类社会规范的关系。法律作为人们的基本的行为规范，在各类社会规范中起着主导的骨干的作用。但人们的行为不仅受法律调整，也受道德规范、社团章程、乡规民约、文明公约等制裁。因此，法制协调发展也要有其他各类社会规范的配合。共产主义道德规范怎样成为人们遵纪守法的第一道防线？乡规民约、文明公约如何成为发挥社会主义法制威力的辅助手段？社团章程的合法性如何保证？怎样防止“土规定”、“土政策”干扰国家法制的统一？这些也是我们研究法制协调发展时必须要涉及的问题。

第四类问题：党在法制协调发展中的作用。我国的法制建设是在党的统一领导下进行的，党在法制协调发展中起着重要的领导作用。如何加强和改善党对法制工作的领导？党的政策如何指导法制协调发展？党的组织如何为法制建设选拔德才兼备的干部？怎样保证一切党员和党组织的活动都在宪法和法律的范围内进行？这些问题的解决都对法制协调发展有重要意义。

第五类问题：法律教育和法学研究如何更好地为社会主义法制建设服务的问题。这里涉及一系列体制改革的问题，亟待通过讨论，逐步取得统一的认识。

上述列举的当然不是问题的全部，但是从这些问题可以看出，法制协调发展需要解决的问题是多方面的。对这些问题的深入讨论，需要全国从事法学理论工作的同志和从事政法实际工作同志的积极参加。可以肯定，这场讨论在“百家争鸣”的方针指导下，各抒己见，择其善者而从之，一定会产生积极的成果。

（1984年第5期）

对法制建设协调发展问题的浅见

谢次昌[*]　卞耀武[**]

一、一个成功的范例

在我国社会主义法制蓬勃发展的大好形势下,整个法制建设如何协调发展,更好地适应经济基础,充分发挥我国法制在四化建设中的特殊作用,这是人们普遍关注的重大问题。在党的正确路线指引下,近年来我国的法制建设在实践中已经摸索了一些较好的经验。国务院经济法规研究中心在我国经济法制建设中所起的规划、指导、组织和协调的作用,就是一个很好的范例。

国务院经济法规研究中心是1981年7月成立的,它是国务院领导下的一个研究、咨询机构。它成立以来,做了大量的工作:一是制定了《1982~1986年经济立法规划》,把当前经济建设中客观上最急需的各种经济法规的立法工作,按主次、先后做了恰当的安排;二是讨论审议了一大批重要经济法规,目前已由全国人大或人大常委会通过颁发的《经济合同法》、《外国企业所得税法》、《商标法》、《海洋环境保护法》、《食品卫生法》、《统计法》以及国务院颁布的《对外合作开采海洋石油资源条例》、《外国企业所得税法施行细则》、《物价管理暂行条例》等,就是由这个中心组织起草并进行初步审议的;三是开办了经济法干部进修班,培养了一批国家急需的经济法专门人才;四是抓了经济法理论和经济法制建设的研究工作,先后提出了两批经济法理论课题和一批经济法制工作调研专题,并于1983年10月在沈阳召开了全国经济法理论研究工作会议;五是开展了经济法制的宣传工作,编写并出版了《经济合同法条文释义》、《经济合同法规选编》、《城镇个体经济法规选编》、《国营工业企业法规选编》等书籍,并正在组织编写《经济法词典》。此外,还对上级领导交议的文件提供了意见和咨询。

从以上情况可以看出,这个研究中心工作成果十分显著,成了协调我国经济法制建设的一个带有决策性的机构。这个研究中心的干事会是由法学研究单位、法律教学单位、国务院有关经济部门的法律业务单位、全国人大常委法委会

---

* 作者单位:中央政法管理干部学院。

** 作者单位:青海省商业厅。

以及有关政法部门的专家、学者和负责人组成的。它的许多活动都是组织有关单位,采取理论工作者与实际工作者相结合的方式相互配合进行的。因此,在经济法规起草或修订的过程中,既能集思广益,解决经济法专业力量不足的困难,又避免了理论脱离实际以及各部门互不通气、法规之间互不衔接、彼此矛盾和抵触的现象。正是由于国务院设立了这样一个经济法规研究中心,我国的经济法制建设才得到了迅速而协调的发展。这种做法是我国经济法制建设协调发展的一种很好的尝试,有许多经验值得总结推广。

二、由此受到的一些启发

我国经济法制建设取得的这些经验,尽管还有许多地方需要完善和继续发展,却为整个社会主义法制的建设树立了一个很好的范例,使我们受到了很大的启发。

一、我国法制建设要做到协调发展,应该在相应的范围或层次内,设立真正能起到指导、组织和协调作用的法律咨询机构。例如,经济法规范围极其广泛,涉及国务院的许多部门和国民经济的各个领域,特别是由于形势的迅速发展,许多经济领域的社会关系都急需进行法律调整,因此,需要制定的经济法规是很多的。同时,法律是政策的定型化和具体化,它具有相对的稳定性,不能朝令夕改,起草和审议法规是一项专业性很强的极其复杂而严肃的工作。在这种情况下,如果没有一个能够协调上下左右关系、有指导和组织能力的专门机构来把经济法制建设工作统一起来,就可能贻误时机,使立法工作赶不上形势发展的需要,或者在立法工作中出现政出多门、相互矛盾、重复劳动的现象。

经济法领域是如此,其他法律领域以及整个法制建设也是如此。可是,我国目前类似的专门机构实在太少了,这是一个值得引起重视的问题。根据笔者的看法,如果要设立这样的机构,则以设在全国人大常委会之下为好。因为全国人大常委会是我国最高权力机关的常设机关,拥有立法权,把整个法制建设的指导、组织、协调工作放在全国人大常委会的领导之下、是符合我国人民当家作主和议行合一的体制的。除全国人大常委会以外,国务院和各省、市,自治区似乎也应设立相应的机构。法律规范可分为民法、刑法、经济法、行政法等领域,每一个领域内部和相互间也有一个协调发展的问题。因此,也应在相应的范围和层次内设立协调机构,由有关机构来承担指导、组织和协调的任务。

二、在法制建设中,每个法制机构也应该抓法律教育、法学研究和法制宣传等项工作。当前,我国的法制建设发展很快,不仅原有的执法机构迅速扩大,而且新设了许多法制机构，各种法律专业人才十分缺乏，往往是某项法规已经颁布，而执法机构却配备不上合格的专业人才。这种情况严重拖了法制建设的后腿。现在，教育部门虽然增设了不少中等和高等法律院校，开辟了函授、刊授、夜大等教学形式，但仍然是杯水车薪，不能适应法制建设的需要。国务院经济法规研究中心虽然是一个研究咨询机构，但可贵的是，他们并没有局限于自己的"职权"范围，而是积极抓经济法干部的培训，这种做法是值得提倡的。我们应该打破只有教育单位才能办教育的老框框，提倡法制机构自己来办教育，培养自己需要的干部。例如，最近国务院发布了经济合同仲裁条例，规定在各级工商行政管理局设立经济仲裁机构，这就需要配备一大批专职或兼职的仲裁员。但是，我国过去并没有普遍实行仲裁制度，一下子哪里去配备这么多的仲裁员，最现实的办法还是靠各级仲裁机构自己想办法去培养。

过去，我国的法学研究领域一直存在一种理论脱离实际的倾向，实务部门往往轻视理论研究，而研究部门又不太了解实际情况。在这方面，国务院经济法规研究中心就做得比较好。他们的主要任务本来是协调经济立法工作，即组织起草和进行初步审议，但是他们却十分重视经济法理论的研究工作，不仅自己身体力行，而且还把全国的研究力量组织起来，从而把全国各方面对经济法的理论研究纳入为经济立法服务的轨道上来，在这个领域开辟了理论联系实际的新途径。

还有关于法制宣传，也是每个法制机关需要注意抓好的工作。尽管法制宣传牵涉面很广，全党全社会都有责任，但法制机关更应该抓这方面的工作。要善于利用各种形式和时机，结合自己的业务，来宣传法制知识，以获得人民群众和有关单位对自己工作的理解和支持。总之，要使法律教育、法学研究和法制宣传适应立法和执法的需要，做到协调发展，就必须改革目前的教育、研究和宣传体制，使每个法制单位都来抓这几个方面的工作。

三、在法制建设中，还应该把立法和执法结合起来，防止立法和执法互相脱节的现象。立法和执法虽是两个不同的概念，但两者有着密切的联系，就某一个国家机构来说，说它是立法机构或执法机构都是相对而言的。例如，国务院是最高国家权力机关的执行机关，但它又可以根据宪法和法律，制定行政法规，发布决议和命令。又如，全国人大和全国人大常委会是行使国家立法权的机关，但它又负责监督宪法的实施。可见，立法和执法并不是截然分开的。执法的过程往往是通过一系列立法的形式表现出来的。要实施宪法，就必须制定一系列基本法律；又必须制定一系列单行法规；而实施这些单行法规，还要制定更具体的实施细则和执行办法，这就形成了多层次的立法体系和执法体系。同时，就整个法制建设来说，无法可依当然不行，但是有了法律以后，如果不能贯彻执行也等于零。近年来，由于我们已经颁布了一大批法律和法规，并且颁布了新宪法，执法的问题逐步突出，这就需要在抓立法的同时，狠抓执法工作。这方面，国务院经济法规研究中心已经引起注意。这个研究中心在开始的时候着重抓立法，这是正确的，而当立法工作已经走上轨道，并且制定和颁布了一大批经济法规时，又及时把自己的注意力扩大到执法方面。在他们提出的1983年经济法理论研究课题中，就有“保证经济法实施的途径”这样的课题，并且在1983年经济法制工作的调整研究专题中，专门有一项对已经颁布实施的经济法规执行情况的调查研究，其中的专题有：《经济合同法》实施以来在执行过程中有哪些问题；《商标法》公布以后的主要反映；《海洋环境保护法》在实施过程中存在哪些问题；《森林法（试行）》实施后为什么刹不住乱砍滥伐风等，这些问题的提出是非常及时的。研究解决这些问题，就可以避免经济法规在立法和执法上的脱节现象，使经济法制更加协调地向前发展。经济法制建设是如此，其他法律领域和整个法制建设也可以如此。只有把立法工作和执法工作结合起来，整个法制建设才能成为一个有机的整体。

三、几个有关的理论问题

一、关于法制建设包括的内容：法制建设究竟包括哪些内容？根据笔者的看法，可以把它归纳为三个系列，即立法系列、执法系列和辅助系列。立法系列包括法律的起草、审议、解释、编纂整理等以及相应的机构和物质设施；执法系列包括法律的管理实施、监督和司法等以及相应的机构和物质设施；辅助系列包括法律教育、法学研究、法制宣传等以及相应的机构和物质设施。我们所以把法制建设的内容归纳为三个系列，其根据是：第一，法制建设和法制是两个相互联系而又不同的概念，法制一般的理解是统治阶级按照自己的意志，通过国家政权建立起来的维护其统治秩序的法律和制度，法制建设则是为了确立这些法律和制度而由统治阶级通过国家政权所进行的各项工作。法制作为一种上层建筑是一种客观的社会存在，法制建设则是一种主观见之于客观的实践活动。第二，社会主义法制建设的基本要求是“有法可依，有法必依，执法必严，违法必究”，因此，它主要是强调立法和执法两个方面。因此，法制建设包括立法、执法等活动。法律教育、法学研究、法制宣传也应纳入法制建设的范畴。有人主张把法律监督作为法制建设的一个基本方面，这种意见是有一定道理的。为了克服执法不严甚至执法者违法的现象，就必须加强法律监督。但是，法律监督的目的是执法，或者说是执法的继续，因此，还是把它包括在执法系列为好。此外，法律教育、法学研究和法制宣传虽然都是法制建设的内容，但考虑到它们都是围绕立法和执法来进行的，因此，可以把它们综合起来，作为辅助系列来看待。第三，把立法、执法和辅助这三个基本方面称之为系列，有助于我们概括其中一系列丰富的内容。系列，或称系统，不仅包括工作的顺序和组织的体系，而且意味着它们之间是一个有机的统一整体。如果不把它们称为系列，人们就可能把它们简单地理解为法制的制定和执行，从而忽略其中丰富的内容和内在的联系，不利于我们对法制建设进行科学的分析和研究。

二、关于协调发展的含义：根据笔者的看法，法制建设的协调发展是否应该包括如下一些含义：第一，整个法制建设应该与整个国家的四化建设相适应，即必须为社会主义的物质文明和精神文明建设提供法律保证。第二，法制建设三个方面，即立法系列、执法系列、辅助系列之间必须相互配合、协调一致地发展，其中立法是中心环节，执法系列要适应立法的要求，辅助系列则必须同时适应立法和执法的要求。第三，每个系列内部也有一个协调发展的问题，如在立法方面除着重抓好法律的起草和审议外，还要做好法律的整理编纂工作；在执法方面，除抓好管理实施外，还要加强法律的监督等。

协调发展并不是平衡发展，而是一环带一环的渐进过程。四化建设发展了，要求建立新的法律和制度，从而推动了立法；新的法律颁布了，又要求建立新的执法机构，开展新的法律业务；而立法和执法工作的扩大，又要求法律教育、法学研究、法制宣传等跟上去，更好地为立法和执法服务。

这里还有一个问题需要注意，即立法不仅要考虑四化建设的需要，而且要考虑实际的可能。过去，由于法律虚无主义的影响，我国的法制建设几乎陷于停顿。现在百废待兴，要制定的法律和法规当然很多。但也不能搞各种法律一哄而上。首先，从我国国情出发调整社会和经济等各个领域的关系，不能只是依靠法律的一种手段，还需要其他行政的、教育的等各种措施，我们不主张法律是万能的。其次，制定法律还要有一个深入细致调查研究的过程，特别是在当前面临调整改革时期更不能轻率从事。最后，还有立法的起草、审议工作中的困难和执法机构、人员以及相应的物质设施的配备上的困难，法律即使制定出来也难以实施。因此，除了宪法和基本法律以外，对于其他需要制定的法规，在制定时都要考虑实际的可能。只有在工作急需而又有制定和实施的可能时，才着手制定和颁布。否则立法走得太快（立法本身虽是一项极其艰巨、复杂的工作，但比起执法来毕竟要容易得多），就可能造成法制建设的失调。

三、关于加强和改善党的领导：法制的协调发展关键在于领导，因为协调的问题实质上就是一个领导问题。在我国,法制建设是在党的领导下进行的,因此,法制建设如何协调发展,也就是如何加强和改善党对法制建设工作的领导。

加强对法制建设工作的领导,是党在新时期的一项具有特殊重大意义的工作。过去,由于“左”倾思想的影响,党政不分,以党的政策代替国家法律的现象比较严重。现在,情况不同了,我们国家进行了机构改革,克服了党政不分的现象。在新宪法作了“一切国家机关和武装力量、各政党和各社会团体、各企业事业组织都必须遵守宪法和法律”的规定以后,新党章又特别强调“党必须在宪法和法律的范围内活动”。在这种情况下,党就必须善于把自己的政策变为具有国家意志的法律,通过建立体现自己的路线、方针、政策的法制来实现对国家和社会生活的领导。因此,法制建设是涉及党对国家和社会生活的领导的全局问题。加强和改善党对法制建设工作的领导就显得十分重要而迫切了。

同时,法制建设是一项十分复杂的工作,它的体制十分庞大。过去,有人把法制建设只理解为公、检、法等政法机关的事情,这显然是一种误解。法制建设的范围要广泛得多。它不仅涉及最高权力机关和地方权力机关,并且涉及最高行政机关和地方各级行政机关,甚至涉及各企事业单位和各人民团体。并且,整个国家生活和社会生活都与法律息息相关。因此,要使法制建设的各个方面、各个领域都能协调一致地向前发展,只有加强党的领导,改善党的领导和动员各方面的力量才能搞好。

（1984年第5期）

论新时期法制建设的大目标

——兼谈法制建设的协调发展

《法学》评论员

党和国家工作重点的转移,使我国社会包括法制在内的整个上层建筑,正经历着一场极为深刻的历史变革。这一变革的实质,从根本上说,就是要解决上层建筑如何更好地适应和服务于经济基础的问题。前不久,彭真同志在召集首都新闻界人士座谈时指出,我国新的历史时期,党和国家的任务,概括起来说,就是在坚持四项基本原则的前提下,实现社会主义现代化,发展社会主义民主和健全社会主义法制,建设高度文明、高度民主的社会主义国家。彭真同志站在历史唯物主义的高度,深刻地阐明了健全社会主义法制与实现社会主义现代化的辩证关系:既指明了法制必须以促进社会主义现代化为自身建设的大目标,又强调了实现社会主义现代化离不开法制的重要作用。我们只有全面地理解这一精神,才能使新时期社会主义法制沿着正确的方向前进。

一

法制面向经济建设,这是法制建设具有根本性的指导方针。党的十一届三中全会以来,我国社会主义法制在为四化服务方面,已迈出了可贵的一大步,颁布实施了一系列重要的经济法规,有力地保障和促进了经济建设的顺利发展。但是,这仅仅是个良好的开端,法制建设还不很适应经济发展的需要,人们对法制为经济建设服务这一大目标的认识也很不够。这是一个亟待解决的问题。

过去,在相当长的时期内,我们一直强调法律是阶级斗争的工具,这有具体的历史原因,特别是在剥削阶级还存在、阶级斗争还相当尖锐、复杂的历史条件下,突出法律在对敌斗争中的专政作用,这无疑是正确的,也是容易理解的,即使在剥削阶级作为一个阶级已不复存在的今天,法律在阶级斗争中的重要作用也仍然应该加以肯定和坚持。否则,我们就会丧失警惕,成为一个不清醒的马克思主义者。当前,我们运用法律武器对各类严重危害社会治安的刑事犯罪分子,依法给予严厉打击,维护社会治安,已取得了显著效果,这就充分体现了法律在对敌斗争中的威慑作用。今后我们仍将运用这一武器继续同形形色色的敌对分子进行斗争，这是丝毫放松不得的。然而，由国家政权直接产生的法律，其作用和国家的职能一样，从来就不是单一的，而是既有阶级压迫的一面，又有管理公共事务的一面。国家和法律的这种本质属性，归根结底由社会需要所决定。社会的物质生产构成人类活动的基本内容，人们为了进行生产必然要发生一定的联系和关系，法律则是按照统治阶级的意志和利益，调整人们这种生产关系和社会关系的一种手段。因此，法律不能不具有调整经济关系的职能。它不是促进经济的发展，就会影响经济的发展。我国民事法规和经济法规长期落后于客观实际的需要，就是重要的证明。如果我们对法制功能作用持片面的看法，在全国工作重点已转移到以经济建设为中心的新的历史时期，将会使法制建设偏离为现代化建设服务的大目标，这就从根本上违背了历史规律和人民的利益。

法律作为统治阶级意志的外在“客观化”表现，必须面向经济建设，这是不以人们意志为转移的客观要求。今天，随着党和国家工作重点的转移，自觉地运用法律来调整经济关系，使经济建设按照客观规律的要求发展，以达到预期的目的，则更是历史的必然。因为我们有社会主义公有制为我们提供充分运用客观经济规律的客观条件，又有马克思主义的思想指导为我们创造了自觉运用客观经济规律的主观条件，我们完全可以把经济规律的客观要求通过法律形式加以具体化、制度化，对错综复杂的经济关系进行全面有效的调整，以体现国家对社会主义经济的领导、组织和管理的职能，使之更有成效地沿着社会主义现代化方向发展。所以，我们应该努力提高以法律促进经济、以经济检验法律的自觉认识。我们在法制建设的指导思想方面能不能适应我国社会历史性的大转变，坚决地转移到以服务于经济建设为大目标的轨道上来，这将是决定我们的社会主义法制能否与新时期的历史任务相适应的关键。

有人担心，强调法制应该面向经济，是否会模糊法制的阶级内容和政治属性，这是完全不必要的。无产阶级的阶级利益、阶级政治的内容，是由不同的历史时期向无产阶级提出的不同历史任务所决定的。对此，列宁曾经很有针对性地指出：“要是用旧的观点来理解政治，就可能犯很大的严重的错误。”①当年轻的苏维埃国家还处在艰难的初创阶段，列宁就高瞻远瞩地明确提出：“我们走向战胜白卫分子的每一步，都使斗争的重心逐渐转向经济方面的政治。”其后又说：“现在我们主要的政治应当是：从事国家的经济建设，收获更多的粮食，供应更多的煤炭，解决更恰当地利用这些粮食和煤炭的问题，消除饥荒，这就是我们的政治。”列宁的这些教导，对我们来说，既深刻又亲切。在十一届三中全会刚

① 《列宁选集》(第4卷)，第370页。

刚从路线上、思想上拨乱反正的时候，邓小平同志就以其远见卓识，及时地明确回答：把我国建设成为现代化的社会主义强国，“这就是当前最大的政治”。党的十二大又进一步提出了全面开创社会主义现代化建设新局面的宏伟纲领，新宪法反映了全国人民这一强烈愿望，明文规定了“今后国家的根本任务是集中力量进行社会主义现代化建设”。在新的历史时期，我们把社会主义经济建设看成党和国家的主要任务，是无产阶级的最大政治，是由社会主义革命的根本目的所决定的。社会主义革命就是要消灭阶级，消灭剥削，最大可能地发展生产力，不断改善人民的物质文化生活，而阶级的存在是同生产力发展的一定历史阶段相联系的，只有大力地发展生产力，才能为彻底消灭阶级和剥削、不断改善人民物质文化生活创造必要的条件。我国社会主义法制在促进自己的基础朝这个方向发展方面所起的巨大能动作用，不但是其他上层建筑所无法代替的，而且更直接，更迅速。因此，强调法制面向经济，为经济建设服务，就是要通过它对经济的促进，使无产阶级专政从根本上得到巩固和发展。法制为经济建设服务，也就是为无产阶级专政服务。可见，坚定地确立法制为经济建设服务的思想，具有多么重要的意义。

法制面向经济，这不仅仅是立法、司法部门的事情，随着法制建设的发展，客观形势越来越强烈地向经济建设各部门提出重视和运用法制的要求和任务。当前在经济建设各部门中，仍然没有打破单纯依靠行政手段管理经济的传统观念和习惯，不重视也不懂得运用法律手段作为动力机制来促进经济的现象，还比较普遍。我们应该向经济建设部门大声疾呼：这种情况到了非改变不可的时候了。

二

法制面向经济，以服务于经济建设为自身建设的大目标，关键在于法制要和经济协调发展。凡是有生命力的，能起积极的能动作用的法律，总是和决定它的经济状况相适应而协调发展的。因为“事物的法的本质不应该去迁就法律，恰恰相反，法律倒应该去适应事物的法的本质”，并且“在现代国家中，法不仅必须适应于总的经济状况，不仅必须是它的表现，而且还必须是不因为内在矛盾而自己推翻自己的内在和谐一致的表现。”马克思和恩格斯的这些教导，极其深刻地揭示了法制协调发展的重要性及其基本内容。从法制内部和外部的关系看，其协调发展包括与经济的协调，以及自身内部结构的协调，两者是密不可分的，只有做到这两个方面的协调，法制才能从整体上充分发挥其巨大的能动作用。

当前，一个新的技术革命的浪潮正迎面袭来，它将通过对生产力的巨大促进，而对整个社会经济产生深刻的影响。我们要实现四个现代化，力争迅速发展和进步，在这人类正处于新的社会生产力向前跃进时期，面对新的技术革命的挑战，就必须抓住时机，充分利用新的技术成果发展经济，缩小我们同发达国家在经济技术上的距离。因此，法制作为发展生产力的巨大杠杆，也必须适应新的技术革命的形势，同这一新形势下的经济协调发展。

运用法律手段管理经济，是现代化建设的客观要求。经济建设的发展，形成了极其复杂的生产关系和社会关系，如果没有相应的法律，行无明令，止无确禁，赏罚由心，各行其是，那我们的经济建设就会无法进行。特别是随着科技成果越来越广泛地应用于生产领域，客观上对运用法律手段管理经济的要求就越来越迫切。这首先是给立法工作提出了新的繁重的任务。科技革命要求科技、经济和社会同步发展，在取得经济效益的同时，还必须注意社会效益和环境效益，才能求得整个社会经济朝着社会主义方向健康地发展，而把人民的根本利益上升为国家意志的法律，则通过它的调整、引导、鼓励和限制，对整个经济建设起保证的作用，以防止经济发展偏离社会主义轨道。这无疑有许多新的、复杂的生产关系和社会关系需要我们运用法律手段来调整。例如，要适应工业化的发展，就要注意解决生态平衡和防止环境污染的问题，这就需要加强环境保护的立法；从新技术革命的需要出发，必须充分发挥沿海地区内联外挤的战略地位的特殊作用，因而对沿海的经济特区和开放城市就必须及时制定出一系列相应的管理法规；技术革命的一个突出问题是信息化，要及时地、充分地利用新的科技成果来形成一批新的产业部门，于是，就需要有一套技术性法律规范，以确认利用最新技术设备的程序、执行工艺过程的准则，以及对产品、劳动和服务质量的要求，等等。再从经济管理体制上看，随着新的科技成果的应用，新的产业的建立，区域经济的发展，分工的专业化，必然进一步要求经济体制的改革，这种改革既要适应范围广泛、形式多样、层次复杂的经济特点而有相当的灵活性，又必须为保证社会主义方向而坚持高度的原则和必要的集中，这就要充分运用正确反映客观经济规律要求的法律规范来加以调整、平衡和约束。形势越来越清楚地表明，我国长期存在的“塔形”行政管理体制，同日益向“网状”发展的经济联系之间，其矛盾正随着现代化建设的发展而进一步暴露出来了。像步鑫生等许多“开拓”型的革新者，他们在历尽艰辛的创业过程中，一个共同的深刻感受，就是需要有相应的法律来支持他们摆脱那种官僚主义的层层束缚，以便让他们放开手脚振兴企业。所有这些都是法制建设面临的客观现实。

以上情况，使我们加深了法制必须面向经济，与经济建设协调发展的总体认识。但是，我们强调运用法律手段管理经济，把法制看做推动经济发展的动力机制，并不是主张“法律万能”，在处理法制建设和经济建设协调发展的关系中，绝不能搞一哄而上，齐头并进，而应该分别轻重缓急。和经济状况协调发展的法制，是一个动态的多层次的体系。复杂的客观事物在其运动中，总是有强弱先后，而法制工作也由于基础、条件及客观要求的不同，不是平衡发展的。在一定时期，总有某些带动全局的部门，需要特别地、优先地加强。因此，衡量法制是否协调，必须以客观需要为检验的标准，一方面要看它所维护的生产关系是否适应生产力发展的需要；另一方面是看它反映的客观内容是否准确、恰当。彭真同志曾经生动地设喻说：“客观实际是法律的母亲，法律是客观实际的儿子。”这是我们建设社会主义法制必须遵循的一个基本原则。

根据我国现实政治和经济状况，当前法制建设的重点，无疑应该是在经济法规和民事法规方面，要充分认识运用法律手段来管理经济的迫切性，加快这方面立法工作的步伐。在具体的步骤上，又必须面对新的技术革命带来的信息，从战略上优先考虑一些带动全局的环节。比如说，实现经济跳跃，迎接挑战，实际上是一场智力的革命和竞争，人们的劳动是以智力和知识为基础，而我国虽有世界上人数最多的产业大军，但知识水平和知识结构同新形势的要求很不相称，这种情况突出了知识和人才的重要性，从而也就向法制建设提出了加快制定有关保护、推广和运用创造发明，引进先进技术，以及改善人才管理、促进教育事业等方面立法工作的紧迫性。再如体制改革已成为当前直接与经济能否跳跃密切相关的全局性工作，迫切需要总结经验，制定出相应的法律来促进改革、指导改革，使体制改革更有成效地健康发展。又如，调整好生产、流通和分配之间的关系，国家既要懂得“聚财”，更要懂得“生财”和“用财”，这就向我们提出了改革财政税收立法的紧迫任务。此外，像健全行政法规，加强反对浪费、反官僚主义弊端的法律手段，进一步从制度上保障人民民主权利，促进民主政治的发展，以充分调动人民群众四化建设的积极性；要使法制协调发展还必须抓紧法规整理工作，建立法规整理机构和制度，解决法律与法律相互“打架”、交叉重复和矛盾的问题，以利于现行法规的贯彻实施。这些都是眼下法制建设的当务之急。总之，法制的协调发展，既要有适应经济发展趋向的总体规划，又必须立足于当前的客观实际，以重点带动一般，使法制各方面在发展中求得相对的平衡，相互协调的发展。

我们进行的现代化建设，是整个社会的现代化，其中当然包括法制建设。要使法制建设同现代化建设协调发展，法制工作也有一个适应新的技术革命形势而进行自身改革的重要任务。从立法、司法、守法到法学研究、法律教育、法制宣传等方面，都必须改变与新形势不相适应的老套套、老框框。例如，科技进步为司法工作取得社会信息提供了现代化的手段，要求司法工作者改变原来的知识结构，解决好法律专业知识与相关科学知识的关系，这就涉及司法干部的培养、训练等一系列工作的改革。同时，科学技术成果越来越广泛地应用于生产管理和公共事务管理，也给法律的适用提出了新的课题，因为法律手段的运用，实际上也是采取、实现管理决定的一种形式，而要改善法律手段运用的形式，就必须提高和发展法律手段自身的科学技术水平。不难设想，随着科技革命的发展，对法制部门的法律信息、法律监督、法律预测以及法律咨询都会带来深刻的影响，因此，面对这一新的形势；立足于改革，是法制建设中一项战略性的任务。

综上所述，我们认识到，今天提出法制必须面向经济、以服务于经济建设为自身建设的大目标，促进法制建设同经济建设协调发展，在理论上和实践上都具有深远的意义。但是，要把法制建设这一基本方针变成人们自觉的行动，则还须从各方面作出很大的努力。当前，我们应该充分认识新的技术革命形势对我国社会必将产生的影响，在法制建设上进一步解放思想，肃清“左”的残余，改变过去那种旧的改不掉、新的树不起来的情况，努力开拓新路子，开创新局面，使社会主义法制发挥更大的威力。

（1984年第6期）

对我国法制协调发展的一点实践认识

陈 希*

党的十一届三中全会以来,我国法制建设取得了巨大的成就。随着新宪法的公布,我国法制建设又进入一个新的历史时期,一批新的法律、法规正在陆续制定、颁布,法制宣传、教育、科研空前繁荣。如何进一步加强我国法制建设的协调发展,使其适应目前政治、经济形势的要求,促进我国社会主义现代化建设事业的发展,不仅是一个理论问题,也是一个具有重大意义的现实问题。

法制的协调发展,是法制建设过程的客观要求。新中国成立后,在"十年动乱"以前的时期内,我国法制建设中,行政法规占有重要的地位。当时根据宪法、法律制定的行政法规面广量大,占我国全部法律、法规的90%左右。行政法规反映着政府各个部门的基本业务和政策,情况复杂,内容具体,变化较快。法与法之间的不尽一致,主要表现在行政法规同宪法、法律之间和行政法规相互之间的关系没有得到正确的处理。因此,法制建设能否协调地向前发展,行政法规关系重大。在"十年动乱"前,我们在周恩来总理的直接领导和关怀下,经过长期工作实践,所取得的经验,是在行政法规的立法工作活动的整个链条中,必须在统一领导(不是各立山头、各行其是)的前提下,抓两个主要环节,一个是统一审查,另一个是不断整理。为完成此任务,还必须建立一个精干的、专业水平较高的业务中心,作为抓两个主要环节的组织保证。

新中国成立后,在政务院时期,设有中央人民政府法制委员会,它的主要任务是起草民法、刑法等大法并审议部门送来的法规草案,编辑《中央人民政府法令汇编》。它是当时中央唯一的法制工作机构,在中共中央和政务院的直接领导下,起草过《中华人民共和国婚姻法》,并向中央人民政府提出这一法律案。它也作过一些立法性解释,如《〈中华人民共和国婚姻法〉若干问题解答》,具有法律效力。同时,也起草过《中华人民共和国惩治反革命条例》、《中华人民共和国惩治贪污条例》、《中华人民共和国劳动改造条例》和《人民法院暂行组织条例》、《人民检察署暂行组织条例》,等等。此外,还起草了许多法律、法令,但由于种种原因而被搁置下来,没有把法规审议工作紧跟上去。国务院成立后,设立

---

* 作者单位不详。

了国务院法制局，它是在国务院直接领导下的法制机构。其基本任务是：(1)审查国务院交付审查的法规草案；(2)根据国务院的决定，草拟法规草案；(3)整理国务院发布和批准的现行法规；(4)办理国务院交办的其他有关法制的工作。大家知道，由于新中国开创伊始，政务浩繁，所以除民、刑大法由人大常委会办公厅法律室起草外，国务院的行政审查工作是大量的、经常的。同时国务院常务会议还专门做出决定，要求法制局整理政务院时期，由它发布和批准的法规。这两项任务，成为当时法制局工作的两大重点，也是当时协调法制的两个重要渠道。在周恩来总理的直接关怀和领导下，在法规公布前抓统一审查的环节，在法规公布后抓不断整理的环节。我国社会主义法制建设实践完全证明：在法制局工作中抓紧以上两个重要环节，正是法制工作协调发展的关键。实践证明，周恩来总理不仅是伟大的无产阶级的革命家，也是具有高瞻远瞩、真知灼见的马克思主义的法学家。他十分重视法制建设的协调发展，多次强调在审查工作上要注意行政法规同宪法、法律、法令有无矛盾，法规与法规之间有无矛盾，等等。在每次国务院会议通过法规草案时，周总理又十分重视法制专门机构的作用，总是要问法制局看过没有，当起草单位答复已经与法制局共同审议和修改以后，他才开始主持讨论通过提交的法规草案。在法规公布以后，是不是就可以高枕无忧、一劳永逸、一成不变了呢？当然不是。周恩来总理在 1958 年 9 月 16 日参观国务院规章制度展览会时，在对法制建设问题的意见中指出："我们的法是多数人统治少数人的，是与剥削阶级的法根本不同的。我们的法为了符合人民的利益，必须经常地改变。"他还指出："法从何来，是一个最根本的问题。""从群众中来，到群众中去，就是我们的主要程序。"这样，法规的整理工作，就成了长期的经常的一项重要任务。周总理在法制建设协调发展的问题上，自始至终体现了"实践、认识、再实践、再认识"这样一条马克思列宁主义、毛泽东思想的认识路线，是值得我们永远学习的。

根据我们长期实践的经验，抓法规统一审查这个环节，可以起到下列作用：

(一)协助领导起统一把关的作用。把什么关？主要是：(1)把与宪法是否相吻合的关。(2)把程序关。把报上来的一些属于部门职权范围以内的法规退回去，以部门名义发布；把一些涉及国家基本制度，涉及重大的外事关系、民族关系，涉及公民基本权利和义务以及其他涉及面大、稳定性强的法规，经过研究后，建议由国务院提交人大常委会批准或者公布；把那些涉及国务院几个部门关系的法规，建议提交国务院常务会议或全体会议讨论通过后批准或者公布。(3)把文字、逻辑、体例等立法技术关。法规的文字、逻辑、体例等与普通语文的要求不同，它是法律内容的表述，因此必须要有严格的要求。(4)把政策关，多同党的方针、政策作比较，对某些具体问题，也可以提出一些实质性的意见。

（二）起协调作用。主要看法规涉及哪些部门，相互间有无分歧意见，涉及哪些法规，相互间有无矛盾，以便协商解决或者否定一方的意见。

（三）起加工、修补的作用。首先是弄清楚法规的指导思想、业务政策、主要矛盾和实际情况。这主要靠我们对起草部门提供的草案进行加工、修改，提供法律知识和立法技术方面的帮助。这也正是业务部门需要我们帮助的，也是发挥专门人才作用的地方。根据我们的经验，报来的所有法规几乎没有一个不需要加工、修补的。凡是内容不成熟的法规一般退回修改，凡是内容比较成熟的法规都由我们协助修改。有些法规草案经修改后几乎"面目全非"，实际上起的是合作起草的作用。

（四）起参谋、指导的作用。在审查工作中同各方面的法规接触多了，可以提出许多建议，如某一类法规杂乱零碎可以合并起草，等等。

实践证明，法规公布前抓统一审查这个环节，就可以解决立法的权限和层次问题，避免法与法之间的矛盾，保证法规自身的质量。法规公布后，抓整理这个环节。主要是使人民的法律不断地适应我国政治、经济形势的发展变化。依照1955年1月13日国务院常务会议关于整理法规的决议，原国务院法制局对原政务院发布和批准发布的各项法规，搜集了250件比较重要的，进行了初步整理。首先，主要是看它同宪法原则和现行政策是否符合，同当前情况和新的经验是否适应。其次，再看它同其他法规或者它本身条文间有无矛盾。进行研究、整理的结果，不仅对250件法规分清了哪些应废、那些该改、那些该留，而且发现了我们在少量法规的制定上，在法律程序上，在法规的修改和解释上存在许多问题，提供了改进这项工作的经验。

原国务院法制局在怎样进行法规整理的问题上，摸索了一套经验，并且写出了《关于法规整理工作的总结报告》。1956年9月25日国务院批转了这个报告，为全国整理法规树立了一个良好的范例。由此可见，抓住法规整理这个环节，就可以使我们的法规不断地破旧创新，克服有法难依的局面，有利于维护法制的统一和尊严，促进我国社会主义现代化事业的发展。

由此可见，法制建设的协调发展，必须抓统一审查和不断整理这两个主要环节，建设一个统一的法制工作机构，建设一个精干的、专业水平较高的配套的业务中心。这样，就可以促进法制建设的协调发展，维护法制的统一和尊严。

（1984年第6期）

1985年

法制建设要与改革开放相协调

倪正茂*

《法学》关于法制建设协调发展的学术讨论,已在全国引起了巨大的反响,而且远远越出了法学界的范围,对立法、司法实际部门产生了深刻的影响。随着讨论的逐步深入,问题越来越集中了。其中关键性的问题之一,就是要"有法可依"和"有法必依"。特别是在中华民族20世纪第三次腾飞的今天,笔者认为,紧密配合我国经济形势的飞跃发展而加紧立法,已成法制建设协调发展的燃眉之急。这从新形势下农村的法制需求、方兴未艾的城市经济体制改革的迫切需要、对外开放中已经提出的种种问题以及迎接新技术革命挑战的要求等方面看,都是显而易见的。

一

十一届三中全会以来,农村改革的形势迅速发展,冲垮了"一大二公"的旧模式,改变了八亿农民搞饭吃的被动局面,动摇了城市交往的森严壁障。农村生产力得到了空前的解放;神州大地重组宏观产业结构,并由此而推动建立全新的具有中国特色的社会主义社会的历史性机缘正相期而来。目前,农村经济开始向专业化、商品化、现代化转变。综观农村大好形势,结合笔者赴浙南和鲁东农村调查的体会,可以看到这样两个问题:第一,农村的改革,基本的依据是党的政策;为了巩固已经取得的成就,克服存在的缺点,解决新的矛盾,以进一步发展农村的大好形势,加紧农村立法已成燃眉之急。第二,法学界、立法部门对此尚未足够重视。

农村立法的燃眉之急,可从下列三方面略见一斑:

其一,农村改革引起农村社会关系的急剧变动,迫切要求制定有关的经济立法。农村社会关系的变动,主要表现在:农村生产经营的基本单位已经从具有民事主体资格的法人生产队、生产大队转变为农户,而不具备法人资格,又与作为自然人的公社社员大大不同的农户与农户之间的社会关系,以及由这种社会关

* 作者单位:上海社会科学院法学研究所。

系引起的矛盾，是过去所无的；作为特殊的权利、义务主体的农户，其法律地位有待明确；农户内部成员之间的微观社会关系起了很大的变化；农户与生产队或大队产生了新的关系，这种关系中形成的矛盾与纠纷成了当前农村纠纷中的主要部分，表现在撕毁合同方面特别突出；几个、十几个以至几十个农户建立经济联合体，其内部成员之间的复杂关系带来了前所未有的法律纠纷，等等。举例来说，农村联产承包责任制的最主要法律手段是签订农业承包合同，现在农村中最主要的经济纠纷就是合同纠纷；有些地区 80% 的人民来信集中反映合同被撕毁的问题；笔者在某地区调查时，该地区共有 17 人在京上访，300 多人在省府上访，在县、区、乡上访的则不计其数。某县甚至出现 3000 名果农上访县府的事。然而，我国《经济合同法》主要适用于城市、工矿企业，专门适用于农村的经济合同法至今仍未拟就。

其二，随着改革的展开，农村刑事犯罪出现了若干新的特点：侵犯对象变化；犯罪方式变化；犯罪内容变化。据笔者在浙南的调查，除侵犯专业户、破坏专业户生产、因争田争水导致矛盾激化杀伤人而犯罪等各地均有的问题外，浙南某些村镇还出现了截取信件、盗窃情报、生产赌具、宗族械斗等突出问题，受损最大的往往是专业户，而保护专业户的有关立法却未跟上。

其三，改革还带来了民事纠纷的一些新特点，它们是：时间跨度长，地域跨度大，涉讼内容变化。例如，过去极少出现的赡养纠纷因农户成了基本生产单位、直接掌握经济大权而大大增加。山东烟台市 1982 年赡养案新收 7542 件，1983 年为 9066 件，上升 20.2%。

上述情况说明，必须加强针对农村现实迫切需要的有关立法。然而现在专事农村新形势下法制需求的调查研究人员还为数寥寥，全国各法学研究单位基本上没有研究农村法制问题的专门机构，法学界对农村法制问题感兴趣的十分少见。这是一个亟待解决的矛盾。

二

同农村改革相比，城市的改革更为复杂。“改革一定要搞好，不能够也不允许发生大的曲折。”（赵紫阳在全国政协 1985 年新年茶话会上的讲话）因此，农村改革中因为缺乏健全的立法所造成的问题，在城市改革中无论如何应该力求避免。邓小平同志早在 1978 年 12 月就高瞻远瞩地指出：“国家和企业、企业和企业、企业和个人等等之间的关系，也要用法律的形式来确定，它们之间的矛盾，也有不少要通过法律来解决。”中共中央《关于经济体制改革的决定》（以下简称

《决定》)先后八次提及法制在经济体制改革中的作用,其中一处指出:“经济体制的改革和国民经济的发展,使越来越多的经济关系和经济活动准则需要用法律形式固定下来。国家立法机关要加快经济立法,法院要加强经济案件的审判工作,检察院要加强对经济犯罪行为的检察工作,司法部门要积极为经济建设提供法律服务。”另一处指出:“为了使各个企业的经济活动符合国民经济发展的总体要求,社会主义的国家机构必须通过计划和经济的、行政的、法律的手段对企业进行必要的管理、检查、指导和调节……”《决定》指出政府机构管理经济的主要职能之一就是“制订并监督执行经济法规”;还指出“当前要注意为城市和乡镇集体经济和个体经济的发展扫除障碍、创造条件,并给予法律保护”。这一切,从经济体制改革的根本任务上明确地提出了加紧立法的要求,说明了它是法制建设协调发展的一项紧迫任务。

从我国城市经济体制改革的实践看,以下几个方面都反映了加紧立法是协调发展我国法制的急务:

第一,从促进经济体制改革方面看。

前几年的改革试点中,涌现出一批勇于改革的闯将。可悲的是其中不少人因此而罹祸,有的人甚至身陷囹圄。如何保障改革者的权益呢?改革家步鑫生同志说:“我体会,改革的成果,一离不开党的领导和人民的支持,二离不开法律”,“法律要保障改革,保障改革者的合法权利不受侵犯。”这是改革者的呼声。为了促进改革,制定有关保护改革的法律,不但为今后长期改革所需,尤为当前推动改革所不可缺少。

改革的一个极其重要方面是增强企业活力,使企业在服从国家计划和管理的前提下,有权选择灵活多样的经营方式,有权安排自己的产供销活动,有权拥有和支配自留资金,有权自行任免、聘用和选举本企业的工作人员,有权自行决定用工办法和工资奖励形式,有权在国家允许的范围内确定本企业产品的价格等,总之是使企业成为具有一定权利和义务的法人。这里,所说的各种“权”,都必须有法律的根据。

企业扩权,实行厂长负责制得到广大工人的热烈拥护。但工人同时提出了职工民主管理权的问题。有些地方由于没有处理好这类问题,使职工产生了误解和消极情绪,从而影响了改革的深入发展。因此,职工的民主管理权,需要有效的法律保障,制定企业法、劳动法、工会法,应尽快提到议事日程上来。

以大、中城市为依托的,不同规模的,开放式、网络型的经济区,正在各地兴起;企业与企业之间的社会主义竞争正在日益激烈地展开;多种经济形式、多种经营方式正在发展;全民、集体、个体经济之间灵活多样的合作经营和经济联合,小型全民所有制企业租给或包给集体或者劳动者个人经营等正在迅速发展;同时,有些单位和个人趁改革之机任意涨价、人为地制造涨价风,扰乱社会主义市场,损害国家和消费者利益的事,也时有所闻,今后也绝不可能自动绝迹。所有这些,都要求加紧有关的立法,以保证改革的健康发展。

第二,从巩固经济体制改革的成果看。

以法律手段巩固已经取得的改革成果也是当前立法工作的重要一环。其中,深圳、珠海、汕头、厦门四个经济特区的经验尤其宝贵。党在经济特区实行的许多政策,业已被实践证明是正确的。集中举办中外合资经营、合作经营以及外商独资经营等企业,积极引进外资和先进技术中的许多成功经验,都可为十四个沿海开放港口并逐步为全国各地所用。有些同志已经总结出特区立法宜"粗细结合、该粗则粗、该细则细"的原则,如涉及投资成本和利润计算的重大条件,税收、土地使用费、土地使用年限、工资标准、利润汇出等宜细,而特区总条例则宜粗,即宜原则些。据了解,有的地方在利用外资、举办合资企业方面教训甚多,而随着对外开放的发展,可能还会因为经验不足而出现种种问题。这样,将特区的成功经验以立法形式固定下来,不仅对特区建设本身有重大意义,而且对十四个沿海开放城市和其他地方,也是十分迫切需要的。又如,国务院最近作出的《关于改革建筑业和基本建设管理体制若干问题的暂行规定》,就是总结了 1982 年 9 月全国投资包干经验交流会的成果等作出的具有立法意义的规定。在其他战线各个部门已经进行的改革中,必定有不少行之有效、值得肯定的方面,对此进行深入调查,过细分析,精心研究,用立法加以固定,无论对巩固有关部门的改革成果,或者对其他部门的进一步改革,都是很有价值的。

改革不仅会带来经验、成就,也会带来新的矛盾和问题,对于这些矛盾和问题的解决,在许多情况下也需要法律的调整和干预。例如,目前全国每年签订各种经济合同约六亿二千五百万份,因争议而提起诉讼的案件约六万二千多起,在改革全面铺开以后,合同会随着商品生产和商品交换的发展成倍乃至几十倍、几百倍地增加,合同纠纷也会相应增加;但是,我国现行的仲裁制度却与上述情况极不适应,机构不健全、也不统一,缺乏足够的权威性,仲裁机关的法律地位不明确,仲裁人员素质较差。因此,为了适应改革带来的更加迫切的仲裁需要,就提出了尽快制定我国仲裁法的迫切要求。

同农村的改革一样,城市的改革也必定引起社会关系、生活方式、思想方式、道德观念的变化,从而带来刑事犯罪、民事纠纷的新的特点。《决定》指出:"越是搞活经济、搞活企业,就越要注意抵制资本主义思想的侵蚀,越要注意克服寻种利用职权谋取私利的腐败现象","要努力在全社会形成适应现代生产力发展和社会进步要求的、文明的、健康的、科学的生活方式，摒弃那些落后的、愚昧的、腐朽的东西。”可见密切注意社会治安的动态，研究对策，及时制定、修改关于加强社会治安、保障改革的刑事、民事立法，也应引起极大的重视。

此外，与城市经济体制改革有关的一个重大方面是对外开放。在利用外资，吸引外商来我国举办合资经营企业、合作经营企业和独资企业方面，已经提出了不少问题。有同志概括为保障外商投资安全、使投资优惠合理化、合理规定工资标准、环境保护、货币使用、职工权利保障以及防止资本主义腐朽思想污染七个方面。这七个方面以及其他方面的问题，也亟待立法予以妥善解决。例如，保障投资安全问题方面，就非采取立法手段难以解除外商顾虑。据了解，某外国一个大公司的主要决策领导人问我特区主任“任期多久”，“调走了会怎样”。某国顾问工程师集团编写的一份建议书中就列有“第二条，投资或利用能合理回收”，“第三条，投资有长期安全保证”等。笔者近期陪同日本一个法学家访华团在沪访问，该团成员所到之处都十分关心地询问投资安全保障问题。据悉，在各国来华投资中，日本这一近邻反而处于不十分活跃的状态，日本法学家告诉笔者，日商之所担心的也就是缺乏保障投资安全的立法。对国外投资者给予法律上的安全保障，早已成为受资国必备法律内容的国际惯例。我国《宪法》第18条、《中外合资经营企业法》第2条虽然均有关于保护外国投资者合法的权利和利益的规定，但大多较为原则。为了更快、更多地吸引外资，在《宪法》原则规定的基础上作出进一步的具体规定，已经刻不容缓。

三

农村和城市经济体制改革都急迫地提出了人才问题，加紧人事制度的改革，加快人才立法的进程，已成举国上下一致关心的急务。

目前的人才选拔，仍然处于无法可依的状况。在许多情况下，人才的选拔取决于原任领导者的个人好恶。近一两年来的接班人才选拔，是在整党还未铺开或还未完成的情况下进行的，是在城市改革还未充分展开的情况下进行的。一个整党，一个改革，是选拔出优秀人才的先决条件。在某些整党未开始的单位里出现了突击提干、封官许愿的现象，在某些尚在抵制改革或对改革毫不热心的单位里却安排好了各级梯队的情况，都不是正常的。应当对此前的人才选拔情况进行典型调查，从而找出存在的问题，研究如何采用各种可靠的手段，使得真正有用之才被大批地提拔到国家和企业管理的领导岗位上来。

人们还往往把人才的选拔寄托于“伯乐”身上。诚然，有伯乐比没有伯乐好。但是，把希望寄托在伯乐身上，本身就值得商榷。首先，《淮南子·道应》篇、《通志·民族略四》、《韩非子·说林下》、《吕氏春秋·观表》都曾提到古之伯乐，但伯乐相的是马，而不是人。“相”到好马，伯乐有功，升官发财，大大得益。“相”人却不一样，“相”到比自己高出一筹的人，往往会使自己相形见绌。于是出现了不少专找比自己更平庸的人来接班的事。在整党尚未深入开展的情况下，这大概是难以避免、毋庸讳言的吧！其次，伯乐只能“相”到一匹或几匹好马，我们需要的是成千上万的“好马”，这就只能靠政策、制度，其中包括法律制度。如果说到“相”人，那么，史书所说的明主贤臣都可谓之“伯乐”。但是他们即使再“明”再“贤”，也只能“相”到寥寥数人，根本不可能大批大批地选拔出人群中的“千里马”来。因此从政策上、法律制度上保障人才的选拔，是比靠“伯乐”选才更为根本的事情。

现在有些地方仍然存在压抑人才、打击迫害知识分子的情况。这种打击、迫害知识分子、压抑人才的表现形式是多种多样的，有时是十分隐蔽因而极难发觉的。为了确保人才不受压抑、知识分子不受打击、迫害，应当以立法明确规定，对压抑、打击、迫害知识分子者给予恰当的法律制裁或行政处分；应当以立法明确规定，任何对抵制压抑、打击、迫害知识分子的人进行刁难、报复者，要给予恰当的法律制裁或行政处分。

在我国社会主义社会的现阶段，人才部门所有制必须打破。但要切实做到这点，必须解除沿用已久的种种禁令，同时以立法保障人才的流动，不然，不可能减轻许多心有余悸的知识分子的心理压力与后顾之忧。

《决定》指出，“必须尊重知识、尊重人才，同一切轻视科学技术、轻视智力开发、轻视知识分子的思想和行为作斗争”；又指出，“对有重大发明创造和特殊贡献的，要给以重奖”。赏罚分明，奖惩有准，当然应该依靠法律，这是我国古代的一些封建统治者都已了然的。时至今日，我们还有什么可犹豫的吗？为了“在不太长的时间内，造就出大批能够卓有成效地组织和指挥企业生产和经营的厂长（经理），能够有力地加强企业的技术管理、推动技术进步的总工程师，能够切实加强企业经营、提高经济效益的总经济师，能够严格维护财经纪律、精打细算、开辟财源的总会计师，能够坚持正确的政治方向、团结企业广大职工的党委书记，形成一支包括这些人才在内的，门类齐全、成龙配套的社会主义经济管理干部和技术干部的宏大队伍”，加紧人才立法也已是万众瞩目、刻不容缓的急务了。

要完成上述任务，除了立法、司法工作者的努力外，法学家、法学教员和法律系学生，也应当充满着对农村和城市改革的高度热情，倾听实践的呼声，以实践所提出的问题为研究的主要课题，以与实践紧密相关的学科为教学的主要内容，把培养解决改革实践提出的问题的能力放在第一位。迅速摒弃搬条条、东抄抄西摘摘的所谓“科研”，迅速改变啃书本、背条文的死读书状态，也已成了燃眉之急。一切有志改革、一切热烈欢呼中华民族第三次腾飞的志士仁人，是拿出实际行动的时候了！

（1985年第2期）

经济开放离不开法制协调

董开军*

社会主义社会化大生产本质上应该是开放型的生产。以生产资料公有制为基础的社会主义生产关系的建立,实现了劳动者同生产资料的直接结合,摆脱了私有制下的种种狭隘限制,因而社会生产力有可能得以充分发展。然而社会主义建设的实践证明,使这种可能转化为现实,绝不是轻而易举的事。我国多年来受别国模式的影响,把特殊历史条件下形成的高度集中的管理形式作为普遍真理加以运用,使社会主义经济失去应有的内在活力,成为闭塞僵化的系统。这在客观上严重地阻碍了生产力的发展,亟须进行一系列的改革,其中,经济开放就是带有根本性意义的重大决策之一。而这一决策的实现,是离不开法制协调发展这一重要条件的。它们之间的关系,主要表现在下列几方面:

一、法制建设协调发展是经济开放的必然要求

经济开放归根到底是生产力的社会性要求,要求生产资料占有方式和经济管理方式一并具有相适应的社会性,从而使生产力在一个它所必需的社会空间伸展、迂回、自由发展。开放性的经济活动必然要求法制协调,因为与社会化大生产相联系的组织和管理方式需要有法律的明确规定,大量复杂的社会关系也相应地要由一系列和谐一致的法律规范来调整。可以说,经济法的出现也是开放性社会经济日益发展的必然结果,是国家以社会主体身份运用法律手段对错综复杂的各种经济关系进行统一规范和调整的体现。无论何种制度的国家,只要是开放性的社会经济,几乎都存在法律"经济化"这一客观现象,结果使关于经济法问题的议论具有世界性意义。经济开放随着生产社会化趋势的不断扩大而变得越来越有实际意义,它在客观上要求着反映并服务于它的法制建设必须协调发展。

从法制建设内部来看,只有协调发展,才能充分发挥国家组织和管理经济建设的职能作用。而立法、执法、守法三环节在和谐、协调的运动中适应经济开放

* 作者单位:黑龙江大学法律系。

的要求,才能使统治阶级的国家意志在社会生活中得到顺利而完整的体现。社会主义国家法制的优越性就在于它具有直接组织和管理经济文化建设的职能作用。这部分职能作用随着社会主义制度的不断完善而呈现日益扩大的趋势,而且越来越主要是通过严密的经济立法和健全的经济司法手段来达到目的。但由于种种原因,我国法制建设的实践并不尽如人意,社会生活中有许多重要的问题尚无明确的立法规定,即使有也不够全面和严密。无法可依现象的存在就必然导致极少数人以权谋私,大搞不正之风。执法环节也比较薄弱,执法人员的政治和业务素质都亟待提高。经济开放说到底就是要进一步解放生产力,最大限度地调动人民群众和知识分子的劳动热情和积极性。可是有的人民法院在适用法律过程中,还常常习惯于"左"的一套东西。尤其是在处理经济违法犯罪案件方面,由于对党的现行政策和法律规定缺乏完整的理解,有人自觉不自觉地混淆罪与非罪、违法与合法的原则界限,以致出现了勇于致富的改革者和劳动者锒铛入狱的现象。税收是国家财政收入的重要来源,据统计约占整个财政收入的90%左右。它具有无偿性和强制性特点,特别是第二步利改税实行以后,意义更加重大,必须得到有效的监督和执行。然而有些业务主管部门无视国家税收法规,擅自为其所管企业减、免税额和应征项目。这一方面说明税法宣传教育工作需要加强,另一方面也说明税务部门作为经济执法机关还没有建立起应有的权威。至于守法这一环节就更为薄弱了,历史上缺少法制传统再加上新中国成立以来受到法律虚无主义的影响,一般人心目中除了刑法观念而外,几乎不把什么经济法、民法、行政法的强制性和严肃性放在眼里。法律意识比起其他社会意识如政治、经济、哲学、艺术等要淡薄得多。另一方面,法学研究和法学教育与法制宣传也跟不上时代的发展,这也影响到整个社会法律遵守水平的普遍提高,不利于法制建设内部各个方面的协调发展。

从法制建设外部来看,只有协调发展,才能保证经济开放顺利进行,使生产力的发展有更大的社会空间。经济开放就是要充分发挥生产力的社会性因素,冲破自然经济传统,摆脱地区、部门、行业的限制,为生产力的伸展提供发展余地。这在客观上要求法制建设外部协调发展,以便为经济开放开辟道路:

首先,法制建设要与经济基础协调发展。很明显,这是由法律现象的社会本质决定的。马克思指出:"先有交易,后来才由交易发展为法制……这种经过交换和在交换中才产生的实际关系,后来获得了契约这样的法律形式。"可见,法制作为上层建筑要反映并确认适合生产力发展需要的生产关系的具体形式,巩固经济开放取得的成果并为其进一步发展排除障碍。社会主义法制建设与经济基础协调发展是经济开放矛盾运动的必然性要求。

其次，法制建设要与上层建筑其他组成部分协调发展，为经济开放提供更广阔的运动空间，这是法制建设协调发展中的又一现实问题。经济开放本质含义就是向广大的社会空间开放，把整个社会作为经济活动的运动领域和场所，这就需要各种政治、法律制度和与之相适应的社会意识形态反映这一现实要求。因此，法制协调涉及上层建筑的广泛领域，包括文化教育、科学技术、体育卫生及社会福利等方面立法和执法上的协调，亦即健全社会立法，力求同经济法制同步进行，以便使上层建筑各部分协调发展，从而为经济开放提供更充分的社会条件。

二、法制建设协调发展推动经济开放的不断深入

既然经济开放本质上指的是社会生产力发展的社会性，显然就包括对外开放和对内开放两个方面。社会主义经济应该是开放型的，而不是封闭式的自然经济。

从对外开放来看，一系列配套成龙、相得益彰的涉外法规能够对经济开放起到有力的保护和促进作用。对外开放，指的是经济面向世界发展，对国际市场开放。这本来是社会化、商品化和现代化经济发展规律的内在要求。但法制建设在推动经济开放不断深入过程中也存在许多不协调之处。这些不协调之处对我国经济面向世界市场开放无疑有不良影响。例如，我们的外资管理体制，有些环节已不适应国际贸易往来的需要，应在改革中加以完善。国内企业在同外商签订合同时，法人资格是否充分的问题至今仍受怀疑。尽管新中国成立以来颁布了许多涉外经济法规，但其相互之间以及同国内法规之间有不少重复或冲突之处，远远不适应当代国际经济交往的复杂局面。涉外经济关系比较复杂，涉及社会、政治、经济、科学和文化等许多因素。所以社会主义法制在调整由此而产生的各种关系时一定要注意协调发展，切不可顾此失彼。中外合资经营企业之所以办得比较成功，重要原因之一就是有一系列合资法的统一调整。这说明法制协调对对外开放政策的贯彻执行所起的推动作用是巨大的。

从对内开放来看，更需要协调一致的法律来调整。对内开放是指社会主义社会中各个生产经营企业之间要互相开放，在一国范围内冲破地区、行业和部门的限制，按照社会主义计划商品经济规律的内在要求，最大限度地发挥各自的优势，实现社会主义的生产目的。对内开放的意义甚至比对外开放还要大。几千年来的自然经济始终自成体系，形成一个接一个的封闭式经济系统，再加上社会主义建设中长时期的高度集中管理，使各个企业总是想在有限的空间里"自我膨胀"、搞"大而全"、"小而全"，尽量自给自足，不注意或不习惯于联合和协作。

一方面社会分工日趋明显,另一方面每个企业内部又全面发展自己需要的一切东西,搞部门封锁,形成所谓“部门所有制”,等等。这也许是我国第三产业落后的一个重要原因。在这种情况下,社会主义法制必须发挥应有的协调作用,实现国家的经济职能。

首先,在国家如何组织和管理社会经济活动方面,需要从客观上协调有关组织和管理经济生活的各项法律、规章和制度。随着经济开放的不断深入,国家更需要加强和完善其经济职能,因此必须协调发展各项管理性的经济法律制度,从客观上保证对内开放的健康发展,强调企业经营管理自主权,把国家所有权和经营权适当分开行使。这反映了经济对内开放的要求。与此相应的劳动工资制度、人事管理制度以及财政税收制度等也必须进行全面改革,以此来协调关于企业法人地位的法律规定,使调整纵向经济关系的管理性法律规范内部有机配合,不致自相矛盾。

其次,在企业生产经营方面,需要在微观上互相协调、平行发展的诸企业之间因产、运、供、销而形成的种种经济关系。用来调整这些经济关系的法律,现在主要有经济合同法,但还有待于进一步完善。《中共中央关于经济体制改革的决定》指出:“要使企业真正成为相对独立的经济实体,成为自主经营、自负盈亏的社会主义商品生产者和经营者,具有自我改造和自我发展的能力,成为具有一定权利和义务的法人。”在社会横向经济联系活动中出现的主要是地位平等的权利主体(法人),这显然需要彼此开放,互相竞争,互为利用。企业暂时闲置的机器、厂房、设备也可彼此之间有偿使用,包括出租、借贷、互易等。这样一来,调整这些经济关系的法律就必须在各方面均有明确、具体的规定。国营企业对其财产所为的处分行为必须受法定范围和严格程序的限制。微观经济活力被充分调动起来后,市场经济空前活跃,迫切需要加强管理和法律指导。在这里,统一的法律要求是绝对必要的,法制协调是经济开放沿着正确道路发展的有力保障;否则,经济开放就会变成“自由经济”,导致盲目性增强,这就从根本上违背了社会主义基本经济规律的要求。

三、对社会主义经济建设进行法律调整,尤其要注意法制内部协调问题

我们应该看到,在经济开放这一客观历史条件下,实行经济领域里的法治,尤其要注意社会主义法制建设的自身的完善,即法制内部协调问题。一方面经济开放决定着法制建设必须协调发展,另一方面法制协调对经济开放起着重要

的推动作用。

社会主义现代化的开放性经济本质上不同于资本主义现代化的市场经济，这就决定了社会主义法制建设协调发展的可能性和必要性。社会主义公有制基础上的计划商品经济从宏观上看是一个有机的统一整体，国家通过指令性计划和指导性计划领导、组织和管理整个国民经济活动，因而它所制定、颁布的各种法律、条例、规定是建立在根本利益一致基础上的统一规范，具有协调发展的可能性。

认识到这一点，我们在加强社会主义法制的同时，就会有意识地把法制内部协调提上日程，注意随时克服不协调现象，完善具有中国特色的社会主义法律体系。同时，对于社会主义开放性经济而言，法制内部协调又是必要的。社会主义的生产目的决定了社会主义经济的一切主要方面和基本过程必须体现国家、集体和个人三者物质利益统一的原则。资本主义经济在本质上是私人经济，尽管进入到帝国主义阶段出现了一些“国有化”企业，也没有改变其实质。最大限度地追求剩余价值仍然是资本的唯一生命冲动。在这种情况下的资产阶级法制，当然无法解决其自身的协调问题了。

我国现阶段尤其要注意法制内部协调。据统计，我国现有经济法规已达两千多个，法规整理和法典编纂工作必须加紧进行，要集中力量搞几个突破口，抓住几个重要方面用立法手段加以解决；同时要注意在新的立法中分清轻重缓急，搞好协调工作。尤其是在当前经济开放情况下，社会主义法制本身就更需要首先搞好内部协调，这样才能推动经济开放深入发展，并在实践中逐步完善自身的科学体系。

（1985 年第 3 期）

社会主义法律的创举
——对“一国两制”的体会

何 力*

邓小平同志曾说过:中国有香港、台湾问题,解决这一问题的出路何在呢?笔者认为只有实行一个国家两种制度。这是一个从中国实际情况出发而得出的创造性见解,促使我们对社会主义法律的一些理论问题进行进一步的探索。一个国家两种制度,自然包括法律制度,那么为什么要采用这样的制度呢?社会主义法的本质又如何体现呢?其重大意义又何在呢?在这里打算谈谈笔者的体会。

一、社会主义法的多样性

社会主义没有固定的模式。同样,社会主义法也具有多样性。它表现在两个方面,即国际方面与国内方面。前者是指社会主义国家之间,其法律各有特色,而后者是指在一个国家内部不同地区的法律也可以有所不同。

马克思主义认为,历史是统一性和多样性的结合。社会主义也是如此。列宁说过:“由于开始建立社会主义时所处的条件不同,这种过渡的具体条件和形式必然而且应当是多种多样的。地方差别,经济结构的特点,生活方式,居民的觉悟程度和实现这种或那种计划的尝试等等,都一定会在国家劳动公社走向社会主义道路的特点中反映出来。”①列宁又说:“每个国家的工人运动虽然都在经过本质上相同的预备学校,以取得对资产阶级的胜利,但是都按照自己的方式来完成这一发展过程。”②社会主义法取代资本主义法,是整个社会主义事业的一部分,至于它到底怎样取代,采取什么方式或步骤,那是与该国社会主义的特点密切相关的。

社会主义国家间发展是不平衡的,这首先是因为各国建立社会主义时的基

---

* 作者单位:复旦大学法律系。

① 《列宁全集》(第27卷),第191页。

② 《列宁选集》(第4卷),第245页。

础不同，其次是因为各国文化、传统、自然环境等各不相同，而这些因素又比较持久地对各国的社会主义产生影响。把社会主义历史类型的法，理解为千篇一律是片面的，是用本质代替现象，用一般性取代特殊性。“一国两制”就是体现了中国社会主义的特点和具体情况。

一个国家内部发展也是不平衡的，这种现象在一个大国或者多民族国家表现得更加突出。我国刚解放的时候，边远的民族地区和内地沿海的社会发展程度差异很大，有的地区还处于原始、奴隶制、封建制的社会形态，所有这些情况必然会在作为上层建筑的法律领域有所反映。因此，那个时期我国的社会主义法，在一定范围内包含了一些由国家认可的与某些地区发展相适应的习惯法，它们也许带有一定的奴隶制、封建制的内容，只有在这些地区完成改革后逐步过渡到社会主义，其习惯法中的奴隶制、封建制等非社会主义的内容才逐渐消失。关于我国的经济成分直到现在都还是多种的，除了占主导地位的社会主义公有制以外，还有个体经济、外资或中外合资经营的经济成分，因此，反映并且调整这些经济关系的社会主义法律也就不得不保留一定的资本主义的内容。这些都说明，我国社会主义法在国内也是具有多样性的，它与发展不平衡的现象相一致，不但因时而异，而且因地而异，并且符合经济基础决定上层建筑这一规律。“一个国家两种制度”正是反映了社会主义的这种多样性特点，它是我国在一定时期一定地区所采取的政策，体现了原则性和灵活性的高度统一。

我们的原则性，就是坚持社会主义道路，我们的灵活性，就是为了社会主义的目的，应该尽可能利用一切积极因素。灵活性服从原则性，但没有灵活性则原则性就很难保证。“一个国家两种制度”，在法律上就是说在一定的地区可实行资本主义法，这是与该地经济情况相适应的，充分照顾了该地风俗、习惯和利益，从而有利于这些地区的稳定和发展。这种情况一方面能促进全国的社会主义向前发展，因为它有利于我国实行对外开放和对内搞活经济的政策，另一方面能实现祖国统一大业。

诚然，社会主义法与资本主义法是根本对立的，但它难道从一建立起就清而又清、纯而又纯了吗？理论上和事实上绝非如此。社会主义法与资本主义法本质和目的都截然不同，但二者之间的关系远不止这点。首先，社会主义是一历史过程，并且社会主义一般都在资本主义较薄弱的环节首先胜利，这些地方经济发展较落后，不得不具有多种经济成分，不可能从一开始就建立起彻底的、完全的公有制，社会主义法在一定时期一定程度上必然会反映这种经济状况，因此不得不暂时具有一些非社会主义的内容。其次，社会主义法要继承某些资本主义法。法律除了具有阶级性之外，还有社会性，它一方面是阶级专政的工具，另一方面还广泛执行着社会职能。从这方面看,法律是人类高度智慧的结晶,具有继承性,具体说,就是法律具有大量技术性规范和方法,这是人类宝贵的文化遗产,有值得社会主义法借鉴的东西,因此,社会主义社会在一定条件下并不排除非社会主义法存在的可能性。一句话,社会主义法是具有多样性的,不能用一个模式去套用一切。

二、社会主义法的统一性

社会主义法的统一性,在于社会主义法归根到底统一在无产阶级以及其他广大人民的意志上,这就保证了社会主义的本质。"一国两制"理论下的法律制度到底是什么样的性质呢?其法律到底反映谁的意志呢?让我们从以下几点来回答这个问题。

首先,"一国"就是指的统一性,它是"两制"的前提。"一国"就是中华人民共和国,我国宪法规定了中华人民共和国的国体是社会主义国家,在这个前提下,局部地区实行资本主义法律制度,这本身就是我国无产阶级以及其他广大人民意志的体现。因此,从局部看,特别行政区的法律反映资产阶级利益,但从整体看,我国的法律归根到底都是无产阶级及其广大人民意志的体现。

其次,看一个国家法律制度的性质不仅要看其法律反映谁的意志,还要看哪种法律制度是根本的法律制度。"一国两制"中的两种法律制度并非并驾齐驱的,它们有主要与次要、根本与非根本之别。在我国,社会主义公有制是根本的经济制度,其他经济成分只在一定程度上起补充辅助作用,特别行政区的资本主义制度并非我国根本的制度,这就决定了我国必然是以社会主义法作为根本的法律,社会主义性质的法律制度占有绝对的支配地位,它决定着我国整个法律制度的性质,资本主义法律制度的存在并不影响和改变这个性质,矛盾的主要方面决定着事物的性质。

最后,我国仍然具有统一的社会主义法制。特别行政区实行资本主义法律制度,但是它是第二个层次的制度,在它上面还有全国统一的《中华人民共和国宪法》,它是按照《宪法》第31条的规定取得合法性的。因此实行资本主义法律制度,不但不会改变我国广大地区法律制度的性质,而且也不会影响我国整个社会主义法制的性质。

由此可见,"一个国家两种制度"理论符合马克思主义原理,社会主义国家在一定程度上保留资本主义法,与社会主义法律的本质并不相矛盾,这正是社会主义法多样性与统一性相一致。多样性必须服从于统一性,社会主义法的本质是必须坚持的,否则就不能称为社会主义法。

三、“一国两制”理论的重大意义

“一个国家两种制度”的提出具有重大的意义。

它首先在于丰富和发展了马克思主义法学理论。首创“一国两制”,利用资本主义法来达到社会主义目的,不但是对无产阶级策略高度灵活的运用,而且还把马克思主义法学理论推向一个新的高度。它告诉我们,社会主义法没有什么统一的模式,它是多样性和统一性的结合,不能因强调阶级性就否认或看不到法律形式的灵活多样。它也告诉我们,不能对资本主义法采取僵化的绝对的否定态度,社会主义法与资本主义法的根本区别并不意味着没有非根本的联系,在一定历史条件下,只要不影响整体上的社会主义法的性质,只要没有对社会主义经济基础和上层建筑起阻碍破坏作用,不但可以借鉴一些资本主义法的成果,在局部地区还可暂时地从体系上利用资本主义法。这样只对人民、对社会主义有好处。“一国两制”理论是对一些理论禁区的重大突破,它使我们感觉到耳目一新。这对于其他社会主义国家的实践具有一定的参考借鉴意义。

其次,它是马克思主义与中国具体实践相结合的典范。马克思主义的精髓在于具体问题具体分析。中国有中国自己的问题,中国共产党一直面临着怎样在马克思主义原则下对这些问题取得最好效果的解决。随着“一国两制”理论的提出,并且作为指导思想圆满地解决了香港问题,这使我们找到了一条进一步解决其他问题的良好途径,从而有利于早日统一祖国。《中英关于香港问题联合公报》上规定,香港将于 1997 年回归祖国,现行制度五十年不变,根据《中华人民共和国宪法》第 31 条的规定制定《香港特别行政区基本法》,先前存在的法律只要不与《基本法》发生冲突仍然具有效力,香港特别行政区法院享有终审权,保留原有司法制度,审判时可以参考其他普通法适用地区的司法判例,并可在该地聘用法官或邀请该地法官参加审判。所有这些,使法律保持了连续性和稳定性,将有效地避免由于法律制度上的重大变动而可能引起的社会动荡,使香港特别行政区作为国际金融贸易中心的地位得到保证,有益于香港特别行政区未来的进一步繁荣和发达,从而有利于全国社会主义建设。

最后,有利于促进我国法制建设的进一步发展和完善。一方面,我国社会主义法制由于“左”的干扰破坏而尚未充分完备;另一方面,随着经济体制的改革和两个开放政策的实施,还会出现许多社会主义法制建设的新问题。一个国家实行两种法律制度,不但可以从中引进一些资本主义法中比较发达并且有利于加强我国社会主义法制的成果，而且还可把资本主义制度作为一个现实的对立面例子，从中找出对社会主义法制值得引以为戒的教训。并且，特别行政区司法实践所产生的问题，如关于特别行政区法律的地位，与国内其他法律的冲突等，都将会促使我国的社会主义法制更加完善。总之，“一国两制”有助于使社会主义法律更加客观、正确地反映经济现实，适应不断发展的经济要求。

（1985 年第 4 期）

论政治与法律的关系

谢次昌*

政治与法律的关系问题，是一个至今并未完全解决的重大理论问题。本文仅就这个问题谈点个人的看法。

一、政治与法律是两个不同而又相关的概念

政治这个概念比较复杂，过去有一种说法，政治就是阶级斗争，这种说法并非不对，但却是片面的。诚然，阶级斗争是一种极其重要的政治，革命导师对这一点是有过明确论述的，但是，政治的含义要比阶级斗争深刻得多，广泛得多，它不仅包括阶级斗争，而且包括各种阶级关系，以及统治阶级为巩固政权而进行的行政、经济、文化、教育等重大活动。

一般说来，阶级斗争是指敌对阶级之间基于根本经济利益对立而发生的一种冲突。阶级关系则既包括敌对阶级之间的关系，也包括各阶级、阶层之间的关系；既包括阶级之间的关系，也包括阶级内部的关系，还包括民族关系和国际关系。即使在敌对阶级关系上，也不仅只有斗争，而且包括联合。可见阶级关系的内容是极其广阔的，把政治说成是处理阶级关系是比较确切的。如果仅仅把阶级斗争看做政治，那就势必导致这样的结论：搞政治工作就是抓阶级斗争，政治挂帅就是以阶级斗争为纲，等等。过去我们在这个问题上犯错误，理论根源就在这里。

在现实生活中，政治的内容不仅包括处理阶级关系，还包括处理国家大事，即统治阶级为巩固政权而进行的行政、经济、文化、教育等重大活动。十月革命后，苏维埃国家面临严重的经济困难，列宁当时指出："现在我们主要的政治应该是：从事国家的经济建设，收获更多的粮食，供应更多的煤炭，解决更恰当地利用这些粮食和煤炭的问题，消除饥荒，这就是我们的政治。"①党的十一届三中全会以后，我们国家进入了一个新的历史时期，党的工作重点已经转移到四个现代

* 作者单位：中央政法管理干部学院。

① 《列宁选集》（第4卷），第370～371页。

化建设上来。在这种情况下,党中央明确指出:实现四个现代化就是当前最大的政治。这种提法,与列宁的教导是完全一致的。由此可见,对国家和社会进行管理,也是一种政治。这种管理活动的内容虽然大多涉及行政、经济、文化、教育等方面,并不直接表现为阶级关系,但是,由于它是统治阶级在取得政权以后通过国家来进行的,因此,仍然是有阶级性的。从这个意义上说,政治的本质还是一种阶级关系。

法律这个概念虽然也有不同的阐述,但是一般都认为它是统治阶级的意志,是经国家机关制定或认可,以国家强制力来保证其实施的行为规则的总和。

政治与法律有许多共同点:第一,它们都是一定经济基础的上层建筑,都是经济基础决定的,并反作用于经济基础。第二,它们都有强烈的阶级性,政治处理阶级关系和国家大事,法律调整各种阶级关系和社会关系,都是为一定阶级服务的。第三,它们都是与国家政权联系在一起的。政权问题是一切政治的核心,法律则是通过政权制定和认可、由国家强制力保证实施的。由于政治与法律有这么多共同点,因此,两者联系极为密切,在某种意义上,法律也可以说是一种政治,列宁就说过:“法律是一种政治措施。”当然,政治与法律毕竟是两个不同的概念,我们既要看到它们之间的联系,也要看到它们之间的差别,并从中研究他们之间的辩证关系。

二、法律的制定和修改必须服从政治的需要

政治与法律的关系不是谁决定谁的关系,因为它们都是社会的上层建筑,都是由经济基础决定并为经济基础服务的。恩格斯说:“政治、法律、哲学、宗教、文学、艺术等的发展是以经济发展为基础的。但是,它们又都相互影响并对经济基础发生影响。”①可见,政治与法律之间是一种“相互影响”的关系。不过,政治与法律相比,政治总是处于主导的地位,法律的制定和实施必须服从政治的需要。为什么这样说呢?

第一,政治虽不是最终起决定作用的因素,但是政治是经济的集中表现,它在整个上层建筑中处于主导的地位,对经济基础有更为直接的作用。法不是由经济直接创造的,经济也不会自发地产生出法来。一个阶级的经济要求和利益,首先集中表现在这个阶级的政治上,一般说来,经济上占统治地位的阶级必然在

① 《马克思恩格斯选集》(第4卷),第506页。

政治上占统治地位，而在政治上占统治地位的阶级必然要掌握政权，所以，在阶级社会中，一个阶级所处政治地位如何，取决于是否掌握国家政权。国家政权是统治阶级的政治组织，是法律产生和存在的前提。任何类型的法律都必须由统治阶级通过国家政权创立，依靠国家权力来实施。因此，在政治与法律的关系中，政治不能不处于主导的地位。

第二，政治虽然不是最终的目的，而是一种手段，但却是实现人们经济文化需要的最重要、最强有力的手段，其他手段包括法律手段在内，都不能不使自己的活动和政治要求协调一致。

正因为政治手段的这种极端重要性，所以，人民和社会都要求其他手段必须与这种符合人民利益的政治要求协调一致。这就像打仗一样，打仗本身不是目的，而是一种手段，可是打仗的时候，作战部队是最重要的，其他的方面都要做支援工作。如果在这个时候，企图脱离部队的作战行动，不做支援工作，那就叫做脱离政治。由此可见，法律不能离开政治，这是客观发展的必然要求。

第三，政治虽不是法律所反映的全部内容，但却是法律内容反映的实质所在。法律要不要直接反映政治？回答是肯定的。一个阶级取得统治地位以后，它首先要用法律来规定各阶级在国家中的地位，并把处理各种阶级关系的原则用法律固定下来，通过法律来确认、保证统治阶级内部的民主、平等关系，调整、解决某些内部矛盾，并反映友好阶级的利益和要求，给予这些同盟者以适当的照顾。同时，还要用强力来对敌对阶级实行专政。这一切无疑都是法律反映的重要内容。但是，法律的内容并不完全都是直接带有政治性的，有好多内容政治性并不明显，例如，经济、文化、教育等方面的法规，就其内容来说，它们都不是直接反映政治的，但是，它们都反映了统治阶级的利益和要求。以交通法规为例，谁违反了交通规则，谁就要受到行政的处罚。这种法规虽不是针对特定阶级的，但却与统治阶级的利益息息相关。由此可见，不管法律反映什么内容，它都是以统治阶级的利益和要求为出发点的。当人们的行为符合统治阶级利益和要求时，这种行为就受到法律的保障；而当人们的行为损害统治阶级的利益时，就会受到法律的追究和制裁。因此，法律虽不全都直接反映政治，但最终却离不开统治阶级的政治要求。

由于法律受到政治的制约，因此，法律的制定和修改就不能不以政治的需要为转移。统治阶级的政治需要一般是由客观的政治经济形势决定的，政治的变化首先表现为形势的变化，形势的变化又要求统治阶级制定相应的政策，政策经过实践逐步完善以后，又要求制定法律，使之具体化、固定化，这样就产生了新的法律。任何统治阶级为了适应政治的需要，总是根据社会经济情况、阶级斗争形势、阶级关系变化等情况，不断地对法律进行废、改、立，为自己的利益服务。以我国《刑法》为例，这部法律总结了我国自新中国成立以来与刑事犯罪进行斗争的实践经验，是适应十一届三中全会以后法制建设的迫切需要而制定的，也是与颁布这部法律时的情况相适应的。但是，随着我国对外开放和对内搞活经济政策的实施，严重经济犯罪和严重刑事犯罪类型与形式产生了变化，刑法中的许多规定已不能适应斗争的需要。因此，全国人大常委会先后作出的关于严惩严重破坏经济的罪犯和严惩严重危害社会治安的犯罪分子的两个决定，对《刑法》有关条款作了补充和修改，就是在这种背景下产生的。这说明了法律的制定和修改是以统治阶级的政治需要为转移的。

三、政治的稳定有赖于法制的建立和健全

法律既受政治的制约，又给予政治以重大影响。法律对政治的影响主要表现为政治的稳定有赖于法制的建立和健全。

法制是一个国家的法律以及按照法律建立起来的各种制度的总称。一般说来，法律既包括宪法这样的国家根本大法和立法机关制定的法律、法令，也包括根据法律规定由国家行政机关制定或批准的条例、章程、命令以及由立法机关或司法机关对现行法律所作的具有法律效力的解释；既包括以规定人们之间的权利和义务、罪名、刑罚等为内容的“实体法”，如刑法、民法、劳动法、婚姻法等，也包括以规定诉讼程序为内容的“程序法”，如刑事诉讼法、民事诉讼法等。根据法律规定建立起来的法律制度，包括提案、审议、生效、修改、废除等具体制度在内的“立法制度”，包括法纪监督、侦查监督、审判监督、劳改监督等具体制度在内的“检察制度”，包括公开审判、回避、合议、陪审、辩护、上诉等具体制度在内的“审判制度”，等等。

法制是一个国家统治秩序的象征。因为在国家中取得统治地位的阶级，“除了必须以国家的形式组织自己的力量以外，他们还必须给予他们自己的由这些特定关系所决定的意志以国家意志即法律的一般表现形式”①。法律是统治阶级通过国家政权制定或认可的行为规则，没有法律，没有一定的法律制度，就不能组成为国家，就不能实现国家权力，就不能确定有利于统治阶级的各种社会关系，从而也就不能维持正常社会生活所必需的统治秩序。马克思早就说过：

① 《马克思恩格斯全集》(第3卷)，第378页。

"有规则和有秩序的形式","对任何要摆脱单纯的偶然性或任意性而取得社会的固定性和独立性的生产方式来说,是一个必不可少的要素"。[①] 在一定意义上,一个国家的法制就是这种"有规则和有秩序的形式"。

法制对于政治的稳定所以具有这样重要的意义,是由于法制具有保持政治稳定的许多独特的品格。一是它具有不因人而异的客观性,法律一旦颁布,则不能因统治者个人的好恶而随意兴废;二是它具有不因时而废的稳定性,在一定时期内,较之政策、方针更加稳定,不经法定程序不得更动;三是除了国家的特殊规定外,它具有不因地区条件而变的统一性,在国家权力所及的范围内,任何地区均受其制约;四是它具有极大的权威性,依靠国家强力保证实施,任何人和任何政党、机关、团体、企业、事业单位,都必须一体遵行,不得违反。运用法制来实现统治阶级的政治统治,就能排除因人、因时、因地的变动,使之做到长治久安。

一个国家的政治是否稳定,必然表现为国家政权是否巩固。我国是人民民主专政的国家,人民民主专政有两个相互联系的方面,即对人民实行民主,对敌人实行专政。无论处理哪个方面的关系,都需要健全社会主义法制。

先从发扬人民民主这一方面来看,只有人民的民主权利得到了切实的保障,才能真正使人民当家作主,防止国家机关和工作人员由社会的公仆变为社会的主宰。而要做到这一点,就必须使民主制度化、法律化,即把人民应该享有哪些民主权利、怎样行使这些权利以及如何保障这些权利的实现,不仅明确规定为一些制度,而且用法律的形式肯定下来,使其不受任何人侵犯。我们的宪法、刑法、民法、刑事诉讼法、民事诉讼法、选举法等各种法律,都应该用不同的形式肯定人民的民主权利,并规定各种保护民主权利的措施,以便使人民能够以法律为武器,同侵犯他们民主权利的行为进行斗争;我们的法律还应该对国家机关的组织机构、工作职责、活动原则以及干部任免等做出明确规定,以便人民参加国家管理,对国家机关的活动进行有效的监督。法制健全了,人民的民主权利才不至于成为某些领导者的恩赐品,才能使官僚制和特权制没有容身之地。这一点,是衡量一个社会主义政权是否巩固的主要标志。

再从对敌专政这一方面来看,健全社会主义法制并不是削弱对敌专政,而是更好地加强对敌专政。有些人把专政与法制对立起来,认为讲法制就会束缚自己的手脚,不利于对敌专政。这种看法是片面的。解放初期,由于要扫荡国民党的残渣余孽,对旧的生产关系进行改造,我们采取了发动群众进行阶级斗争的办法。当时我们还来不及建立完善的法制,即使这样,我们还是颁布了土改法、惩

① 《马克思恩格斯全集》(第25卷),第894页。

治反革命条例等重要法律,为对敌斗争提供了有力的武器。社会主义改造基本完成以后,情况就不一样了,由于阶级斗争形势的变化,党的工作重点应该及时转移到经济建设上来,革命的任务主要已经不是去破坏旧的制度,而是要保护新的生产关系,发展生产力了。在对敌斗争上,已经没有必要也不应该去搞疾风暴雨式的群众阶级斗争了,而应该纳入正常的法制轨道,学会用新的法制的方法来制裁犯罪行为,打击阶级敌人的破坏活动。可惜的是,我们过去没有坚持这一点,这是发生一系列阶级斗争扩大化错误的重要原因之一,给人民带来了灾难和痛苦。现在,我们强调用法制的方法同阶级敌人作斗争,就是要吸取过去的教训,坚决按照法律的程序来进行。例如,对于各种反革命分子和严重刑事犯罪分子,就要按照刑事诉讼法的程序,调查犯罪事实,收集证据,并按照刑法的规定,划清罪与非罪的界限,正确运用法律,惩治一切犯罪分子,保护无罪的人不受追究。只有这样,才能防止"文化大革命"那样的偏差,准确而有效地打击敌人,保持社会的安定和正常秩序。

根据以上分析,我们可以看出,法制的作用是十分重要的,没有健全的法制,就不可能有政治的稳定。

(1985年第5期)

近年来法学界对若干重大理论问题的争议

尤俊意 *

自从20世纪50年代提出“向科学进军”以后,我国学术理论界呈现出一片欣欣向荣、百家争鸣的气氛,出现了新中国成立以来学术研究的第一个高潮。法学当不例外。例如,1956年开始的关于政策与法律、人治与法治、法律面前人人平等、法的阶级性与继承性等基本理论的探讨;关于刑法中的犯罪特征、因果关系、无罪推定、两类矛盾,民法中的两类矛盾,国际法中的现阶段国际法体系及其阶级性问题等部门法学理论的争鸣。后来由于“左”的倾向,法律虚无主义抬头,法学取消主义渐盛,学术问题成了政治问题,政治运动频繁,许多学者因为坚持自己的学术观点而被戴上种种不恰当的“帽子”,许多理论问题遂成为无人敢于问津的禁区。党的十一届三中全会以后,法学与其他社会科学一样,又出现了一派生机勃勃、春意盎然的景象,许多老问题得到进一步的讨论,对新时期一些新的理论问题开展了有意义的探索,其广度与深度都比过去大大发展了。通过争鸣,有些问题已经获得解决,有的问题虽仍有分歧,但认识更深化更深刻了。为了使大家对近年来有关法学研究的一些理论问题的讨论有所了解,特作如下简介:

一、法治与人治问题

20世纪50年代讨论这个问题时,法治观点被批判为资产阶级的“法律万能论”和“法律至上论”。1979年以来,法学界对这个问题的讨论异常活跃,讨论的结果,比较一致的是,都认为必须加强社会主义法治,已无人公开主张要人治不要法治。但在如何理解人治与法治及其相互关系、应否摒弃人治、是否可提“以法治国”等问题上存在分歧。主要有三种观点:

一、要法治,不要人治。这种观点认为,所谓法治,就是以体现统治阶级整体意志与根本利益的法律来治理国家。它的特征是重法,即以法治国,强调法的权

* 作者单位:上海社会科学院法学研究所。

威性、严肃性、稳定性、平等性。所谓人治，即以掌权者个人意志治国，其特点是人存政举、人亡政息、以言代法、以权越法，强调圣君贤臣的作用。法治与人治的分界线是，法律与执政者个人意志发生冲突时，是法高于个人意志，还是个人意志凌驾于法律之上。前者即法治，后者即人治。奴隶社会与封建社会实行的是人治，有法制而无法治，有法治论而无法治国。资本主义社会开始实行法治，其主要原则与内容是主权在民、三权分立、普选制、议会制、罪刑法定、人人平等。由于阶级与时代的局限，资产阶级不可能真正彻底地实行法治。只有社会主义才能真正实行法治，其主要原则是：有法可依、有法必依、执法必严、违法必究。发挥人的主观能动作用与人治是两回事，法治与人治互相排斥，不能结合。

二、人治与法治相结合。这种观点认为，古代的人治指君主网罗任用贤能之士、治国人才的谋略。社会主义人治指党领导人民任贤使能，由德才兼备的干部领导和管理国家与社会。人治即发挥人的作用，指运用有组织的人事手段治国的方法。法制是运用立法、执法、守法等法律手段治国的方法。自古以来没有纯粹的人治或法治，都是二者兼用、互相结合的。“左”的错误并非错在人治，而是错在不要法治。社会主义的治国，应是人治与法治相结合。

三、应该摒弃人治与法治的陈旧提法。这种观点认为，上述关于人治与法治的解释是不科学甚至超阶级的。无产阶级专政的社会主义国家，不应称为法治国或人治国，治国的方法多种多样，不能单靠法律，法治国是资产阶级法学世界观与法律至上论的一套。“以法治国”的口号不能提，因为不全面、不科学，忽视了人、阶级、经济基础与其他上层建筑领域的作用。正确的口号是：加强人民民主，健全社会主义法制；有法可依、有法必依、执法必严、违法必究。

二、政策与法律问题

20世纪50年代中期开始讨论时对于政策与法的概念表述繁多而分歧。近几年的讨论更加热烈，对政策与法的概念表述得比较清楚，但在政策与法的特征区别与相互关系上仍有较大分歧。

一、关于政策的范畴，有三种观点：(1)只有党的政策，没有另外的国家政策，国家职能部门只是在执行党的政策。(2)有党的政策也有国家的政策。(3)党的政策即国家政策，二者同一。社会各阶级、各政党、各阶层、各团体都有自己的政策，执政党的政策必然成为国家的政策。

二、关于政策与法的特征，有两种观点：(1)政策不具有国家强制性，主要靠宣传、号召、教育来执行；内容较原则、灵活。法具有国家强制力，靠强制执行，内容比较具体、稳定。(2)党的政策也有国家意志性和国家强制性;法也要靠自觉遵守;政策也要稳定,不宜多变,法也要修改,不能一成不变;政策也应是具体而明确的。

三、关于政策与法律的关系,有三种观点:(1)法高于政策。政策只对党员与国家工作人员有约束力,对公民只有号召力。法具有普遍强制力与约束力。政策与法律发生矛盾时应是政策服从法,违反法律的政策无效。(2)政策高于法。政策是制定法的依据、执行法的指导,政策应统率法,法应服从政策。(3)无产阶级政策与社会主义法属于同一经济基础之上的上层建筑领域,同为党领导人民制定,二者应是统一、协调、和谐的,不应分大小、争高低,不存在谁服从谁的问题。

三、法律面前人人平等问题

20 世纪 50 年代这方面的文章不多,1979 年以来全国法学界对此争论热烈,主要论点如下:

一、关于该口号提出的时间,有三种说法:(1)在资产阶级反封建主义斗争中提出。(2)在资产阶级革命胜利,资产阶级国家政权与法律建立之后提出。(3)早在古希腊的伯里克利斯《雅典阵亡将士国葬典礼的演说》中就提出,也有认为由古希腊的欧塔涅斯首先提出。

二、关于"人人"的含义,也有三种说法:(1)指人民。(2)指公民。(3)指每一个自然人。

三、关于该口号的确切提法,有四种:(1)公民在法律上一律平等。(2)公民在适用法律上一律平等。(3)人民在自己的法律面前人人平等。(4)法律面前人人平等。也有的认为以上四种提法实质一致,都可通用。

四、关于是否包括立法平等问题,是目前争论的主要焦点。基本上是两种意见:(1)不包括立法上的平等,只指司法或执法上的平等。这是由法的阶级性决定的,在阶级差别与阶级斗争仍然存在的条件下,不可能人人在立法上平等,而只能是人民在立法上平等。比如那些被剥夺政治权利的人显然不能享受平等的立法权。(2)应包括立法上的平等。因为法的适用以法的制定为前提,没有立法平等就谈不上司法平等;立法不平等,司法平等就失去意义。除了选举权,立法平等更重要地体现在民主权利和平等原则上。社会主义法的阶级性与平等性并不矛盾。

四、关于法律体系的讨论

随着我国社会主义法制的逐步健全，如何建立一个具有中国特色的比较完善的社会主义法律体系问题，被提到议事日程上来。上海《法学》编辑部于1982年首先发起《关于加强法学基础理论研究的倡议》，陆续发表了一系列的讨论文章，并于1984年4月与中国社科院法学所在上海联合召开了《全国首次法学理论讨论会》，着重讨论了有关社会主义法律体系与马克思主义法律体系问题。这次讨论推动了全国性的有关研究，现在已从法律体系的讨论进一步发展到法学系统工程和法制协调发展的讨论了。现把有关法律体系的讨论情况简介如下。

一、概念问题：开始讨论时概念比较混乱，有的提法系，有的提法的体系。通过讨论，比较一致地使用“法律体系”这个词。法律体系的内涵一般表述为：一国国内现行法律规范，按照一定的原则与标准，划分为若干法律部门以及这些部门法律规范之间内容和谐一致、形式完整统一的有机整体。

二、关于法律体系的内容范围：(1)有的认为不包括未制定的，有的认为应包括正在制定或即将颁行的法律规范。(2)有的认为法律体系应包括法律意识、法律制度、法律实践三部分。(3)有的认为应增添纵向的法律效力体系。(4)有的提出，还要包括乡规民约、规章制度的准法律体系（或亚法律体系），但多数人不同意把体系搞得过分庞杂。

三、关于部门法律的划分依据：(1)多数认为，划分法律部门的主要依据是一定的社会关系。同时，由于社会关系的错综复杂、相互交叉，使得法律规范调整对象也相互交叉，故还需以调整方法作为划分的扩充标准。(2)另一种意见认为，划分依据只能单一，即调整对象，不能多标准，否则互相矛盾，发生混乱。(3)还有的认为，可以从不同角度，根据不同原则与标准进行多层次划分。

四、关于经济法能否形成一个独立的法律部门：(1)一种意见是，随着经济、科学、社会生活的发展，以调整一定经济关系为内容的经济法律规范将大量出现，这是原有民法所无法替代或包括的。经济法业已从民法中划分出来，形成独立的法律部门。(2)另一种意见是，经济法只能包含在民法范畴之中，不能成为独立的法律部门。在我国现实生活中，只有属于民法或行政法的经济法规，不存在单独的经济法这个法律部门。

五、关于毛泽东思想法学理论问题

什么是毛泽东思想法学理论？大家比较一致地认为，它是马列主义法学原理同我国政法工作具体实践相结合的产物，是实践证明为正确、具有中国特色、在中国革命与建设过程中逐步形成与不断发展的法制建设经验的科学总结。

六、法的本质属性问题

关于法的阶级性、继承性，如何对待旧法，法的本质属性是什么，是否一切法都有阶级性等问题，20世纪50年代已有争论，近几年来讨论更趋热烈。为此上海法学研究所于1984年召开了华东地区的关于法的本质属性专题讨论会，今年的全国法学理论研究会庐山会议又着重对此进行了讨论，全国学术刊物发表了此类文章近百篇。主要分歧如下：

一、关于法的发展规律：(1)认为是社会性的法与阶级性的法之间的矛盾斗争发展，或者说是法的社会性与法的阶级性的互相消长过程，即社会性的法发展为阶级性与社会性兼有的法，再复归于单一社会性的法。(2)认为是阶级社会法的不同历史类型之间的演变与发展，即从奴隶制法到封建法、资本主义法，再到社会主义法，直至法的消亡。

二、关于法的消亡：(1)认为共产主义社会仍然需要法，否则就不成其为社会。(2)认为法将随国家的消亡而消亡。共产主义社会存在的是全民社会组织规范与共产主义道德规范，不存在国家强制性的法。

三、关于法的本质属性，有三种观点：(1)一种事物只能有一种本质属性，法的本质属性是它的国家意志性，即统治阶级意志的国家化与法律化，阶级性只是平等简单的说法。所谓社会性则是法的社会职能与社会作用，不能据此说成是本质属性。阶级性与社会性的统一，只能理解为法的本质与法的形式的统一，而不是两种本质的统一或者说是本质内部两种属性的统一。(2)一种事物不一定只有一种本质属性，可以有两个或两个以上的本质属性。法具有阶级性和社会性的两重性。原始社会法只有社会性而无阶级性；阶级社会中，有的法具有两重性，有的法只有社会性而无阶级性，共产主义法只有社会性而无阶级性。(3)法是阶级社会的现象，法的阶级性与社会性是完全统一的。没有脱离社会性的阶级性，也没有无阶级性的社会性。

四、关于法的继承性，也有三种看法：(1)剥削阶级法之间可以相互继承，社会主义法与旧中国法之间不存在继承问题，而只能说是批判与借鉴。(2)新旧法之间形式上可以继承，在内容上不能继承。(3)新旧法之间不仅形式上可以继承，即使内容上也有一部分可以继承。借鉴也是一种继承。继承并非全盘接受，可以对原有内容给予一定的改造，注入新的内容，然后继承使用。

(1985 年第 11 期)

1986 年

对法的三个基本概念的质疑

张宗厚*

为了振兴和改革我国的法学，使之符合客观实际和现代化建设的要求，笔者认为：第一，要鼓励人们勇于探索；第二，要尽快形成“百花齐放、百家争鸣”的气氛；第三，要坚持一切从实际出发，坚持实践是检验真理的唯一标准，逐步形成新的观念。因为真理是靠各家学派、各种观点的争论和交锋“争”出来的。百家争鸣是学术繁荣的标志，真理存在于各家学派的争鸣之中。正是基于这种认识，笔者愿意不揣愚陋，对法学理论的更新直陈管见。不当之处，欢迎批评、指正。

一、一定的法是一定物质关系的产物——“法律是阶级社会特有的现象”的质疑

1981年，笔者写过一篇题为“一定的法是一定物质生产关系的产物”的论文。在文中提出，不能认为法是阶级斗争的产物，也不能认为法是阶级社会特有的现象。有人说，这不符合马列主义的基本观点，甚至说是反马列主义的。事实如何，在这里摘引几段被公认为反映了马列主义基本原理的话。

马克思在《政治经济学批判》一书序言中说：“我的专业本来是研究法学，但我只是把它作为一门附属科目来与哲学和历史一同进行研究……我这番研究工作使得我得出结论如下：法权关系，也如国家形式一样，不可能从它们本身中得到理解。也不可能从所谓人的精神一般发展过程中得到理解；恰恰相反，它们是根源于物质生活关系。”

恩格斯在“论卡尔·马克思著政治经济学批判”一文中指出：“……‘物质生活的生产方式决定着社会生活、政治生活以及精神生活的一般过程’，所有在历史上出现的一切社会的和国家的关系，一切宗教的和法律的观点，一切理论的观点，都只是在了解了每个相应时代的物质生活条件后才能了解，而且所有这一切都是从这些物质生活条件中引导出来的。”

更直接一些，恩格斯在“论住宅问题”一文中正面回答了法律是如何产生

* 作者单位：《中国法制报》评论部。

的:“在社会发展某个很早的阶段(有的翻译为‘某种很低的阶段’——引者注),产生了这样一种需要:把每天重复着的生产、分配和交换产品的行为用一个共同规则概括起来,设法使个人服从生产和交换的一般条件。这个规则首先表现为习惯,后来便成了法律。随着法律的产生,就必然产生出以维持法律为职责的机关——公众权力,即国家。”

很显然,马列主义导师反复强调的是物质生产关系决定和产生法律,而没有讲过最早的法律是阶级斗争的产物。恩格斯明确地指出,随着法律的产生,就必然产生出以维持法律为职责的机关——公众权力,即国家。从这里丝毫也推不出法律产生于国家之后的意思。而有些同志,以导师们后来论述的法律在阶级社会里具有鲜明的阶级性为由,以法律是国家进行阶级统治的现象为依据,推断出法律是阶级斗争的产物。认定法律是阶级社会特有的现象,这不能不说是一个失误。毫无疑问,在阶级尖锐对立的社会里,法律是充当阶级斗争工具的,但我们探讨法律的起源和法律是不是阶级社会特有的现象,理应把目光放在包括阶级社会以前的无产阶级的原始社会、尖锐的阶级对立不存在的我国的社会主义社会,以及阶级消亡以后的共产主义社会的广阔领域,从宏观上概括法的一般理论。

从历史上看,在无阶级的原始共产制社会里,有没有法这种东西呢?恩格斯在他的杰出著作《家庭、私有制和国家的起源》一书中,曾多次引用或评述过原始社会的法律或法权关系。如他在分析“尚未越过野蛮阶段”的古代印第安人组成的易洛魁人的氏族联盟时,指出他们有五十个地位和权限平等的酋长组成的有权对联盟的一切事物作最后决定的联盟议事会,“凡是部落以外的,便是不受法律保护的”。

如果有人认为易洛魁人的联盟议事会还不算原始的立法机构,那么请再往下看。恩格斯在谈到史前时代的希腊人的氏族时,不仅明确指出,母权制是“整个氏族法权的基础”,还指出,在那里,已有了“相互继承权”和在一定情况下的“相互权利和义务”,而且论述了由希腊的各部落联合成的小氏族已有了“常设的权力机关”(即议事会),能对一切重要问题作出最后决定,甚至还出现了拥有“最高级的权力”的“人民大会”。

恩格斯在论述古代雅典人氏族的社会时进一步指出,由于“雅典人比美洲任何土著民族前进了一步:相邻的各部落的单纯的联盟,已经由这些部落融为统一的民族所代替了”,“于是就产生了凌驾于各个部落和氏族的法权习惯之上的一般的雅典民族法;只要是雅典的公民,即使在非自己部落的地区,也取得了确定的权利和新的法律保护”。

有的同志说，恩格斯讲的是原始社会的法，不是现代意义的法，即不是作为阶级斗争工具和统治阶级意志的法，因此不算法。这里先定一个框框，把不在这个框框之内的全排除在外，怎么能把法和法的起源探讨清楚呢？

我国原始社会有没有法？据史学界较一致的看法，我国的阶级社会，从夏朝起始，在此之前，属于原始社会。关于中国原始社会有没有法，很多人讲是没有的。有一本周密写的《中国刑法史》，虽然在总体上，作者也引用“神农无制令而民从”，“刑政不用而治”，“甲兵不起而王”等古话，说明原始社会没有法律，但书中有的看法，讲得是相当客观的，这里不妨转引如下：

人能用智、劳动和群居，力胜万物，使人类得以迅速发展，于是就渐渐出现了人民众而财货寡，事力劳而供养薄的社会变化。人群聚处，“少者使长，长者畏壮，有力者贤，暴傲者尊”（《吕氏春秋·恃君览》），“智者诈愚，强者凌弱”（《管子·君臣下》），“以强胜弱，以众暴寡”（《商君书·画策》），继之以相争而互残日烈。故黄帝（约公元前26世纪初）作礼，肇置范限，互相约束，俾勿侵逾。逮及虞舜时代（约公元前23世纪末~前22世纪中），始有“犯罪”，为予惩治，肇创原“刑”。史称“象以典刑”，或许就是原始社会的习惯“法”……随着生产力的不断发展和社会的长足进步，人与人之间的关系，也就日益紧密、复杂。为弥补公约即习惯“法”记忆上的困难，或“笔”录之，以备疑事起用，用其所记，予以判断。其公示方式，多为口头朗读，抑或揭于木铎，使民知其要义，有所趋避。

作者在讲了上面一段话后，总结道：“由是观之，上述‘笔’录习俗公约或口头宣示共同习惯，就成了以后所谓法典的原始起源。”显然，作者不仅承认原始社会有习惯法，而且认为这就是法的原始起源。既然在原始社会，即在阶级社会之前，已有了法（尽管它还不完备），怎么能说是阶级社会特有的现象，是阶级斗争的产物呢？

当前，阶级斗争在我国已不再是社会的主要矛盾，法律面临着大量的经济问题和人民内部矛盾。如果说，社会主义法律是阶级矛盾的产物，那是难以令人相信的。

对于将来阶级消亡以后的情况，谁也难以准确预料。但是，传统的法学理论认为，法律是阶级社会特有的现象，到了无阶级的社会，法律就会消亡，只靠觉悟和道德就可以了。这恐怕太武断了，法律作为维护人类共同生活的必要规范，恐怕是消亡不了的。毛泽东同志就曾讲过，一万年后还是要有法庭的。周恩来同志也说过，到了共产主义社会，也是要有章程的。最近一位长期负责理论和意识形态工作的中央领导同志，也谈到了这个问题。笔者认为，到了共产主义社会，因为社会分工更细，人与人之间的联系更密切，没有法律是不可想象的。到那时，不仅有地球上的法律，因为星际移民增多和星际交往频繁，恐怕还要有太空法呢！

据上述，笔者认为，一定的法律是一定物质生产关系的产物。最初的法，产生在人类历史很早的某个时候。促进它产生的，首先是把每天重复着的生产、分配和交换产品的行为用一个共同规则概括起来的需要，即人们物质生活的需要。到了无阶级的社会，这种需要同样存在，因此也要有相应的法律。虽然法在阶级社会里有鲜明的阶级性，成为统治阶级进行斗争的工具，但是纵观人类的全部历史，绝不能把法归为阶级斗争的工具和阶级社会特有的现象。

二、关于法的定义——“统治阶级的意志论”的质疑

现行多数教科书中关于法的定义是：法是体现统治阶级意志，由国家制定或认可，并以强制力保证施行的行为规则的总称。根据上节所述，既然法与阶级没有必然的联系，当然不能讲它是统治阶级意志的体现；既然在国家出现以前就有法，也不能单讲它是国家制定或认可的。所以，我们需要法的新的定义。

法的概念的内涵应该反映法的本质属性，但究竟什么是法的本质属性：是单单一个阶级性，还是有多个本质属性？这个问题是有分歧的，笔者将在下节探讨。现在的问题是：法的概念是不是等于本质属性？笔者认为，不能这样认定，因为概念是对本质属性的概括，它不仅要反映本质属性，而且还要表达内涵和外延。同时，概念不是永恒不变的，而是随着社会和人类认识的发展而变化的。例如，许多同志引用列宁的话：“法律就是取得胜利、掌握国家政权的阶级的意志表现。”这在当时无疑是对的，但如果用它来概括无阶级社会的情况，就不妥当了。

究竟什么是法？法的概念应有怎样的科学概括？这历来是法学中众说纷纭的问题。在苏联，长期采用的是所谓维辛斯基定义。1938 年 7 月，当时任苏联科学院法学研究所所长的维辛斯基，在苏联第一次法学工作者大会上提出了这样的定义：“法是以立法形式规定的表现统治阶级意志的行为规则和为国家政权认可的风俗习惯和公共生活规则的总和，国家为保护、巩固和发展对于统治阶级有利的和惬意的社会关系和社会秩序，以强制力量保证它的施行。”之后，苏联法学教科书关于法的定义的表述，虽然在文字上和次序与上述定义不完全相同，但基本内容是相同的，一般表述为：“法是经国家政权制定或认可的，反映统治阶级意志的，而由国家的强制力来保证其适用的行为规则（规范）的总和，其目的在于保护、巩固并发展有利于和适合于统治阶级的社会关系和社会秩序。”

我国法学界在20世纪50年代至60年代也基本上采用这个定义。

党的十一届三中全会以后,特别是经过实践是检验真理标准的讨论,人们思想活跃,一些同志主张突破传统的法的观念,从我国的实际情况出发,形成新的理论。

但是,有人强烈地作出反应。他们说:这是从马克思、恩格斯那里来的,怎么能够动呢? 不是要否定马列主义的基本观点吗?

这个问题确实要弄清楚。它究竟是不是马克思主义的基本原理呢?

长期以来,我国法学界之所以把"统治阶级的意志"奉为法的经典性定义,主要来源于马克思和恩格斯在《共产党宣言》中讲过的一段话:

"你们的观念本身正是资产阶级的生产关系和所有制关系的产物,正像你们的法不过是被奉为法律的你们这个阶级的意志一样,而这种意志的内容是由你们这个阶级的物质生活条件来决定的。"

很显然,马克思、恩格斯讲这段话是为了揭示阶级社会中法的阶级实质,而不是在给法下定义。同时,马克思、恩格斯还特别强调了"生产关系"、"所有制"、"物质生活条件"这些比意志更根本的东西。

另外,据中国人民公安大学法律系的崔敏同志的考证,《共产党宣言》中文本最初转译过来的俄文本中,上段话前面那个法字,俄文原文是 Права,是一个多义词,含有权、权力、权利、法权等意思。后边那个"法律"一词,俄文原文是ZaKOH,是规律、定律、法则、法、法律等意思。因此,崔敏同志认为,比较确切的转译,上面那段话应当译为,"正像你们的权力不过是被写进了法律中的你们这个阶级的意志一样,"或"正像你们的权利不过是用法律的形式表现出来的你们这个阶级的意志一样。"如果这样翻译,我们今天在这个问题上也许不必费这么多口舌了。

当然,我们不应苛求前人,但是,一个翻译的失误,造成一门学科陷入迷宫,这大概是始料不及的。

另外,马克思和恩格斯讲的"正像你们的权力不过是被写进了法律中的你们这个阶级的意志一样",只是为了说明他们的前面的主要观点"你们的观念本身正是资产阶级的生产关系和所有制关系的产物"的比喻性副句。即使在这一段话里,它也不是句子的主要成分,怎么能因此把它说成是马克思主义的基本观点呢?

据上所述,我们完全应该,也有可能和必要对我国的传统的法的概念来一番更新。对此,笔者个人的意见是这样的:

法是由国家或社会管理机关制定或认可,并以强制力保证其施行的、调整社会和人们相互关系的行为规则的总称。

考虑到法在阶级社会的特殊作用,还可以补充一句:在阶级对立的社会里,法具有鲜明的阶级性并体现了统治阶级的意志;在阶级对立消灭的社会里,它更多的是发挥协调经济关系和调整人们之间及相互关系的职能;在无阶级的社会里,它将失去阶级斗争工具的职能,而完全转向社会管理方面。

这里需要说明,考虑到国家和法律之间的特殊的密切关系,在定义中也用了"国家"二字。但在国家产生之前,拥有"立法权"(尽管是原始意义上的)的只能是社会管理机关,如古希腊的"议事会"。至于共产主义社会的情况,因为国家消亡是十分复杂的问题,谁也不能断言国家在哪一天将消亡,但有一点可以肯定,到那时也会有"社会管理机关"。笔者认为,上述定义既充分地吸取了传统定义的合理部分,又考虑到各方面的情况。当然,人们还肯定会提出更多更有特色的法的定义的表述,经过百家争鸣、反复比较鉴别,笔者相信,我们终会取得较一致的认识的。

三、关于法的基本属性——"阶级性是法的唯一属性"的质疑

几乎所有的法学教科书,在论述法这一社会现象时,差不多都是围绕着"阶级"二字在做文章,以至于在讨论法的基本属性时,有相当数量的同志断言:阶级性是法的唯一本质属性;而一部法制史,也几乎是阶级斗争史。

相当多数的同志虽然不同意把阶级性说成是法的唯一本质属性,但也认为它是法的重要基本属性。

以上两种意见,笔者都不同意。

笔者认为,既然法不是阶级社会的特有现象,那么,从总体上看,阶级性不仅不是法的唯一本质属性,而且也不是法的本质属性。法的本质属性是:依赖于客观存在的社会性,区别于道德的强制性,不同于一般习俗和习惯的规范性。

关于法的强制性和规范性,许多同志已论述很多,争议不大,这里不必赘述。关于社会性与阶级性的问题,有必要阐述一下。

其一,因为法不是阶级社会的特有现象,而阶级只是人类社会发展的一定历史阶段的现象,怎么能够把它在一定时期表现出来的属性当做普遍的属性呢?如果把问题提到一定范围,即特指阶级社会的法,那么说它的本质属性有阶级性,笔者是赞成的,不过,这个阶级性是可以包括在社会性之中的。

其二,社会性可以包括阶级性。我们所说的社会,是人们相互作用的产物,在共同的物质生产活动的基础上相互联系的人们的总体。人类的相互依存关系纷繁

复杂,有经济关系、政治关系、家庭关系以及由精神和文化生活结成的种种其他关系,当然也包括阶级关系,社会性即指一定社会关系的反映。法的社会性,不仅包括整个社会的经济、文化和生活需要(如维护交通安全、防止环境污染等),也包括统治阶级用来镇压敌对阶级,以便建立对统治阶级有利的社会关系和社会秩序的需要。当然,也不排斥还有被统治阶级希望用法律来维护他们的合法利益,维护生命安全和生活稳定,而反对统治阶级中个别人无法无天、为所欲为的需要。

其三,恰恰不是阶级性而是社会性、强制性、规范性这三个本质属性,揭示了法与其他社会现象相区别的特殊本质。有的同志在否定社会性而把阶级性当做法的唯一本质属性时说:社会性反映的"经济基础决定上层建筑的原理同样适用于政治、宗教、道德、哲学等各个组成部分,而不只是适用于法,因而它不是法所特有的即与其他事物相区别的特殊本质,所以不必要把这一点概括到法的概念中去"。这段论述有一个很重要的逻辑混乱。笔者要反问:社会性不只是适用于法,而普遍适用于政治、宗教、道德、哲学,那么阶级性不是同样吗?难道政治、宗教、道德、哲学等就没有阶级性么?当然,仅一个社会性,也反映不了法的全部本质。当我们用社会性、强制性、规范性去多角透视时,法就从各种事物中分离出来了!

四、简短的结语

有的同志会问:对这些法的定义概念、基本属性争来争去有什么现实意义呢?笔者认为,大有意义。

一、只有理论是彻底的,才能说服群众,从而产生巨大的物质力量。

二、为现实服务。如按有些人的理解,阶级性是法的唯一本质属性,那么在我国阶级斗争已经不是主要矛盾的情况下,为什么又要加强法制呢?而如果把它当做社会的需要,调整经济关系和人们之间关系的需要,那么随着开放、搞活、改革,横向经济联系大量增加,人们交往更加频繁,当然要大力加强社会主义法制建设。

三、为开创法制建设的新局面打开思路、开阔视野。如按法是统治阶级意志的体现去理解,资本主义国家的法律都是他们压迫老百姓的工具,我们还有什么必要去研究借鉴呢?

其他方面的好处,还可以举出不少。所以,这场涉及法学的基本理论的争论,虽然可能会出现这样或那样的失误,但它对于改革、开放、搞活,对于现代化建设,对于依法治国,实在是非常必要而且大有裨益的。

（1986年第1期）

对“质疑”的质疑
——与张宗厚同志商榷

陈浩然*

近年来,法学理论界出现了一种否定法的阶级属性、否认法的起源与消亡规律的倾向。张宗厚同志的“对法的三个基本概念的质疑”(以下简称“张文”)一文,具有一定的代表性。法的本质属性及法的起源等问题是法学理论中的重要基础课题,用什么样的方法来研究这些问题,不仅关系到结论的科学与否,更涉及在法学理论研究中是不是需要坚持马克思主义辩证唯物主义和历史唯物主义基本观点的重大原则问题。本文拟就“张文”的一些基本论点,从方法论角度加以探讨,不当之处恳请赐教。

一、语录比较的方法不是科学的方法

“张文”中的每一个结论,都是建立在经典作家、领袖人物或其他文献作者的语录比较的基础之上的。作者不惜大量篇幅,大段引用语录的目的,在于从中寻找相互之间的所谓“矛盾”,继而归纳出一个符合自己意愿的“结论”。这种用这一段语录否定那一段语录,从各种语录中“挖掘”可资证实自己预先设定的结论的材料的做法是不科学的,借此得出的结论也是不可靠的。

众所周知,法不仅是一种行为的规范,也是一种区别于其他一切规范的、需要一定强制力加以保障的特殊规范。这种强制力不但取决于社会的物质生活条件,而且还同上层建筑的基本属性密切相关,甚至同社会文化结构也有紧密的联系。因此,离开特定的社会历史条件,离开决定强制力性质的国家、阶级等因素,不用完整的历史唯物主义观点对法的特殊性进行全面的考察,是难以得出正确的结论的。“张文”引用的语录一方面脱离了经典作家论述问题的特定环境,另一方面又把不同的概念和不同使用意义中的关于法的论述汇集在一起,得出的结论当然是多意性的,同普遍意义上的法的规律当然也就不可能相互吻合。这是用错误的方法导出的褊狭的结论,但“张文”却把它用作否定法的阶级属性的

---

* 作者单位不详。

依据。显然,这种依据并不科学。

二、特定的研究首先需要对研究对象作出特定的定义

如上所述,“张文”通过语录比较之后否定了法的阶级属性,特别是否定了法是阶级社会特有现象的观点。并据此推演说,法产生在阶级社会之前,而无阶级的共产主义社会,法不仅不会消亡,甚至在一定的范围内还要不断地加强。

笔者认为,研究法的起源与消亡问题,首先需要对“法究竟是什么”作出明确的定义。按照“张文”的说法,全人类社会发展历史中,始终存在着法,既有“原始社会法”,又有“阶级社会法”,更有需要不断加强的“共产主义法”。“张文”所说的法,存在本质意义上的区别。“张文”把广泛意义上的规范,同一般意义上的法律混为一谈。我们知道,在人类社会中为了维护共同的生活,当然始终需要一定的规范。但规范不等于法律,把原始社会中的行为规范一律作为法的起源,把共产主义社会中建立在高度觉悟基础上的行为规范也一律看做法的延伸,显然,是没有对特定的研究中的对象作出特殊定义这一错误方法所形成的错误判断。

三、历史唯物主义揭示了社会发展的普遍规律,是法学研究的指导思想

“张文”认为,阶级消亡后的情况谁也难以准确预料,并据此否定了法的消亡规律。同时,“张文”又指出,当前我国社会主义社会中阶级斗争已经不是社会的主要矛盾,因此社会主义法也就不是阶级矛盾的产物了。

笔者认为,马克思主义的历史唯物主义基本观点揭示了人类社会发展的普遍规律,遵循这一规律是完全可以对原始社会、现代社会主义社会和共产主义社会的基本特征作出估计、判断和认定的。而“张文”却认为,阶级消亡后的情况是不可知的。“张文”的“法不消亡论”就是建立在这种不可知的基础上。显然,这种观点违背了历史唯物主义的基本原则。至于“张文”中引用毛泽东同志的“一万年后还是要有法庭的”和周恩来同志的“到了共产主义社会也是要有章程的”等说法来证明法的不可消亡性,则又犯了概念上的错误。而这种错误之所以产生,根本原因是作者忽视了历史唯物主义在法学研究中的指导意义。笔者认为,共产主义社会不仅是一种物质生活水平非常高的社会,更重要的是全体社

会成员的思想觉悟已经达到十分高的境界的社会。试想,一个仍然需要用强制力来维护社会秩序的社会,一个道德水平并不很高的社会能是共产主义社会吗?真正的共产主义社会当然还需要一定的章程,但法同共产主义社会是互不相容的。

当前,在我国社会中对立的两大阶级已经不再存在,但阶级斗争并未消失。国家政权的存在和人民民主专政的制度雄辩地说明法是国家的意志,是人民民主专政的工具。"张文"对于这个问题又采用了相反的做法,把狭义的社会事务(如"张文"提出的经济问题和人民内部矛盾的解决)的性质作为判断法的本质属性的依据,这不能不说又是一种研究方法上的不可原谅的错误。

总之,研究法的基本概念,首先需要一种科学的方法,需要不断坚持马克思主义的基本观点,特别是坚持历史唯物主义的基本原理。那种训诂式的钻字眼的、套换概念的方法是不足为训的。长期以来,由于过度地强调了阶级斗争,使得我们的一些同志一谈"阶级"两字就害怕,就认为是"极左"。反映在法学研究中,就出现了彻底否定法的阶级属性的观点。但是,理论上的探索是不能感情用事的,反对"左"的思想并不意味着否定已趋成熟的传统观点。当然,所有关于法的起源和本质属性的争鸣应当继续下去。在反复争论和鉴别的过程中,相信绝大部分同志是会取得较为一致的看法的。本文仅从研究方法上谈了一些粗浅的意见,同张宗厚同志一样,目的在于探索,在于争鸣,并希望在争鸣的过程中能够得到专家、学者的帮助和指导。

(1986 年第 1 期)

试论我国法学研究方法的革新

——兼谈系统方法在法学中的运用

夏 勇[*] 程燎原[**] 吴家如[***] 夏道虎[****]

当代科学的突飞猛进充分显示出科学方法的奇功异效,法学在我国已被看做一门真正的独立的科学。许多有感于中国法学落后的同志,从对某种社会历史条件的怨尤,转向了对法学自身研究方法的深刻反思,于是,法学方法的革新被提上了日程。对于这个人心所思、众说纷纭的重大问题,笔者无意(也不可能)提出某些自诩正确的方法来作答,只是就我们的认识水平,结合当前实际,略抒浅见,以就教于各位前辈和同人。

一、积弊何在?

粉碎"四人帮"以来,法制建设逐步发展健全起来,法学界经过深刻的反思,提出了一系列的命题,初步形成了法学研究领域的繁荣局面。但是,不能不看到,法学的前进仍然十分缓慢,其中原因固然很多,但法学方法论上存在的、长期形成的弊端不可不说是十分重要的一个方面。这些弊端并不简单地表现为使用了某些错误的方法,或没有使用某种正确的方法,而是表现为一些倾向性的错误。简言之:

一是消极被动性。由于长期以来我国法学界存在以教条主义为特征的观念崇拜,法学研究在很大程度上舍弃了对社会实践的直接而能动的研究,而转向对马克思主义法律学说和党的政策的解释,忽视了法学作为一门具有特殊方法论原则的独立科学所应有的积极性和能动性。翻开新中国成立以来我国的法学刊物,不难看到许多阐发"微言大义"的文章,或寻章摘句,穷于附会,或述而不作,泛泛而论。调子随需要而有高低,观点应时而为黑白。有的埋头于对经典字句的考据,有的则倾心于对某些既成事实的注释或辩护。面临实践的变异步履不

* 作者单位:西南政法学院(现西南政法大学)。
** 作者单位:西南政法学院(现西南政法大学)。
*** 作者单位:西南政法学院(现西南政法大学)。
**** 作者单位不详。

及,对于实践的挑战疲于应付,缺乏法学发展所必需的创造性思维。所谓"联系实践"也只不过是原理加例子,再贴几张标签。近年来,许多法学学科鉴于实践的需要,提出了不少颇有价值的重大理论问题,但是在积极能动地解决问题方面仍然做得很不够,这在法理学领域表现得尤为突出。

二是简单片面性。陈守一同志曾指出:中国法学在1952年"司法改革运动批判旧法观点的过程中,已开始出现了简单化、片面化的缺点"。这一缺点一直持续至今,其主要表现是以法律本质论为基础的简单肯定和简单否定。首先,将法的本质片面化,忽视了本质作为事物全面的内在联系的根本属性,只看到法的阶级性,忽视了法的社会性和历史性,机械地搬用经济决定论和阶级斗争来解决法的本质,并据此将法的分类绝对化,否定不同本质的法律存在共同性和继承性,从而影响了对历史上和现实中的各种类型的法律给予客观公正的评价;其次,还将法律的本质简单化了,把这种本质的赖以存在的客观事实基础和借以表现的各种具体法律现象看得无足轻重,并将自己的主观倾向、价值标准和理论体系(特别是法理学、宪法学体系)奠基在这种孤立化了的本质之上,从而形成一种根深蒂固的惰性观念。一国法制的好坏取决于其本质的优劣,似乎只要求某一法律具有某种先验的本质,就尽善尽美,否则,便一无是处,从而产生了一种否定癖和自誉癖:往往以对剥削阶级法律的阶级本质的简单否定来代替对它的制度、原则和体系的科学分析,以对社会主义法律的阶级本质的赞誉来取代清除封建专制主义余毒和健全民主与法制的艰巨努力。

三是单调陈旧性。马克思主义辩证唯物主义和历史唯物主义的哲学方法,对法学研究具有普遍的指导意义,但我国法学界却将其作为法学研究的唯一正确的方法,忽视了对其他科学方法的研究和应用。这种状况严重地妨碍了法学的发展。

应当特别指出,至今仍然有人对探索和采用新方法持怀疑和抵制的态度。究其原因,有的是维护马克思主义的"纯洁性",有的是思维习惯束缚了头脑,更多的则是害怕暴露自己在新领域的无知。

上述不良倾向的影响,使我国法学研究机制的内部关系也存在不同程度的弊端。在基础研究与应用研究的关系上,对法学原理的研究不能同具体法律问题的研究相配合和同步发展。以往人们往往从若干事先设定的理论前提出发,在社会主义法律的本质究竟是哪个阶级或哪几个阶级的意志的反映这类问题上争执不休,而对某个阶级的意志是如何上升为国家意志,变成法律的,怎样才能保证这一上升过程不出偏差,使其结果符合本质则研究甚少。在学术研究与法律实践的关系上,无论是基础研究,还是应用研究,都未与各级国家机关的决策活动形成经常化、多样化的信息网络,这样既无助于提高立法、司法的质量,又使法学研究流于空洞和片面。在历史研究和现实研究的关系上,在外国研究和中国研究的关系上,也都不同程度地存在脱节现象。限于篇幅,此不赘述。

二、如何变革?

科学方法孕育于科学实践,变革方法必先变革实践,因此,我国法学的革新,全赖于法学研究活动的种种艰巨努力。

首先,必须充分重视法学方法论的地位和作用,大力开展对法学学、法学史的研究。

我国法学的上述弊端与长期以来我们忽视对法学方法论上的研究密切相关,纵观人类科学发展史,不难发现科学方法始终是科学进步的强大杆杠,它能够为科学研究指明方向,说明科学和知识的内在机制并且是科学理论赖以建立的基本手段,一切学术体系都不过是某种研究方法的表现形式而已。同时,每一门科学发展到一定阶段,都要在研究客观世界的同时,从不同程度和范围研究自身,这种对科学自身方法和功能反思的科学学,曾极大地推动了科学进步。因此,从我国法学研究的现状出发,笔者认为,应当迅速着手建立起中国社会主义法学学,以开展对法学自身规律特别是法学方法论的专门研究,既吸收外国法学方法之精华,又鉴别中国法学方法之短长,从中得出法学方法论上的规律性结论,为建立我国社会主义法学方法论体系打下坚实基础。

其次,应当允许法学方法的自由使用,鼓励研究方法的多样化发展。

如前所述,方法论上的观念崇拜是法学方法的一大弊害,它将某种方法(如唯一的阶级分析法)永恒化、教条化、绝对化,是极不科学的。因为方法只是人们认识真理的工具,方法本身不是目的,任何方法都有强烈的历史性、时代性,从不存在一劳永逸的、绝对适用于一切时间一切场合的方法,唯物辩证法只能指导不能代替法学方法。因此,必须允许法学方法的自由使用。只有这样,才会出现法学繁荣所必需的创造性思维,用爱因斯坦的话说,创造性思维就是"理智的自由发明","思维的自由创造"。允许方法自由,就是鼓励方法的多样化发展,从而造成学派迭起、百家争鸣的局面。应当强调指出,我国社会主义法律实践的多面性和层次性,必然要求理论和方法具有多重时空特征。理论观念的真知灼见,存在于各学派的学说之中,任何一种方法都只能认识相对真理的一个侧面。

最后,必须大胆吸取现代科学方法的积极成果,加速法学方法的现代化。

法学方法的现代化是法学方法纠偏除弊的关键。方法的现代化,首先在于其整体化。现代科学的明显特点，是其高度分化和高度综合的同步性和一致性导致发展的整体化趋势，而边缘学科、横断学科和综合学科层出不穷，促进了各学科间相互渗透、共同发展。为此，我国法学必须打破封闭的孤立研究方法，注意吸收自然科学和其他社会科学在理论和方法上的积极成果，从而扩展研究领域，增加研究深度。其次，必须将信息论、系统论、控制论引入法学研究领域。"三论"的引入，对于我国法学克服流弊，澄清悬疑，填空补缺，乃至重建或改善整个思维结构均大有裨益。问题的关键是如何将系统科学方法运用于法学研究。

三、运用系统科学方法应当注意什么？

爱因斯坦有句名言："在一个方法背后，如果没有一种生机勃勃的精神，它们到头来不过是笨拙的工具。"系统科学方法的运用也是如此。从近年来我国对系统科学方法研究和运用的情况来看，笔者认为，应当着重注意以下几点：

其一，要用系统观看待系统方法。

将系统科学引入法学研究而形成的系统法学方法，只不过是一种法学方法，它只能代表整个法学方法系统的某个层次或部分，我们的时代是一个系统时代，绝不意味着系统方法是"超方法的方法"，可以定为一尊。固然，科学往往会因为某种先进方法的引进而顿开茅塞，全盘更新，但任何科学的存在和发展都是多种方法共同作用的结果。恩格斯指出："归纳和演绎，正如分析和综合一样，是必然相互联系着的。不应当牺牲一个而把另一个捧上天去，应该把每一个都用到该用的地方，要做到这一点，就只有注意它们的相互联系，它们的相互补充。"①

不仅如此，系统方法作为法学方法系统的一个部分或层次，既有独到之处，也有不可避免的局限性。例如，系统方法中的许多价值观念和目标选择问题就是系统论本身所无法解决的。随着系统方法的采用，我们看到，许多适用系统方法研究法学的同志，往往会对法制建设中的许多重要理论问题（如民主与自由问题，政策与法律的关系问题）作出不尽相同甚至截然相反的回答。这也并不奇怪，因为最终决定人们的价值观、目的观的并不是系统观念，而是人们的社会存在。固然可以（而且应当）运用系统方法来对人们的社会存在（利益和需要

① 《马克思恩格斯选集》（第3卷），第206页。

等)及受其决定的法律意志进行研究,但是指导人们重视这种研究的唯物辩证法和唯物史观,却是系统论所无法取代的。

其二,要从中国法学的现状出发,客观估价系统方法的实用功能和发展条件。

任何方法都是适应解决具体问题的需要而产生和运用的,"工具的转变形式并不决定工具的较大的适用性,尤其是因为历史条件的这种适用性具有决定性作用"。[①] 为此,我们必须对系统方法产生和运用的历史条件,特别是目前中国法学与西方法学发展的不同状况作分析和比较。从总体上看,人类科学方法经历了综合→分析→综合三大阶段,近代科学之所以采用分解分析法并因此取得重大成就,就是因为"自然界还被看做一个整体而从总的方面来观察"的"希腊哲学的缺陷",使"自然现象的总联系还没有在细节上得到证明"(恩格斯)。只有进行分门别类的具体研究,才能跨越仅限于论证"一切皆变"、"矛盾普遍存在"的朴素辩证法的樊篱,促进科学进步。正是这种具体的分析研究为现代科学方法的产生和运用奠定了基础。因为一切科学方法的革新都须以一定的科学知识体系为基础,没有高度分化,就没有高度综合,没有部分,就没有系统。现代科学的整体化趋势在很多方面都是具有一定发展程度的知识与方面的综合。当今中国法学的发展,固然在客观上已经脱离了诸科合一的迷离混沌阶段,但其思维方式仍受到自然哲学的严重影响,学科体系尚未充分发展起来,许多必备学科尚未建立或刚刚草创,而且知识体系的老化和残缺相当严重。这种状况使我国许多有志于建立"系统法学"、"法制系统工程"论者在很大程度上停留在"一切皆成系统"、"功能研究重要"等描述性判断的水平上。

其三,要坚持实践第一的观点来运用系统论。

任何科学方法的运用都脱离不了唯物辩证法的认识路线,一切理论思维,无论是辩证逻辑,还是系统方法,都须以一定的经验材料为基础,是经验思维发展的必然。恩格斯曾指出,经验自然科学积累了如此庞大的实证的知识材料,方使得每一个研究领域中有系统地和依据材料的内在联系加以整理成为必要。因此,我们务必脚踏实地地将系统方法运用于法律实践中的具体问题、具体矛盾,既不能像过去那样用某种一般或普遍的方法论(如阶级分析法)生搬硬套于客观现实,甚至将这种方法论作为论证的对象;也不能在新模式里重铸旧学说和旧方法的废铁,将系统论庸俗化。英国系统工程学教授P. B. 契克兰精辟指出:"为了对方法作出评价,需要的是方法论加上问题,看一看问题是否得到了解决,这

---

① [德]梅林著:《保卫马克思主义》,吉洪译,人民出版社1982年版,第200页。

是评价方法论的唯一标准。”[①]应当强调指出，运用系统方法通过假想来构造某种法学新体系，并非难事，但是，如果脱离了具体实践，就只能是一场精神领域的巨型积木游戏，像恩格斯曾批评的那样：“只好用自己的臆造来填补那无数的空白，也就是说，只好不合理地幻想、玄想。”[②]诚然，一切科学思维都是超越经验事实的，没有超前性思维，科学就难以进步。但是，这一切都必须贯穿于实践，科学永远是基于观察而始于疑问的。“在思辨终止的地方，即在现实生活面前，正是描述人们的实践活动和实际发展过程的真正实证的科学开始的地方。”[③]

（1986 年第 1 期）

① 《外国社会科学》1979 年第 6 期。
② 《马克思恩格斯全集》（第 22 卷），第 662～663 页。
③ 《马克思恩格斯选集》（第 1 卷），第 31 页。

确立适合社会主义商品经济的法律观

孙国华* 朱景文**

现在人们都在谈论我国法学的现代化问题,法学现代化包括丰富的内容,但笔者认为其中心应是确立适合社会主义商品经济的法律观。

要建立适合社会主义商品经济的法律制度,首先就得有适合社会主义商品经济的法律观。适合社会主义商品经济的法律制度,不可能自发地从社会主义商品经济中生长出来,必须加上人、法律工作者、法学家的能动活动。在这种意义上我们可以说,没有适合社会主义商品经济的法律理论,就建立不了适合社会主义商品经济的法律制度,建立了也不能正常地运转、充分发挥其职能。

法律是上层建筑,植根于经济,经济问题没搞清楚,法律问题也很难搞清楚。以前,我们对社会主义经济是不是商品经济没搞清,社会主义的法律观应是怎样的一种法律观自然也不能搞清楚。明确社会主义经济是有计划的商品经济,这是我们党对马克思主义的重大发展,这也为法学研究指明了方向,我国法学研究的中心使命应是确立社会主义商品经济的法律观。

一

要确立适合社会主义商品经济的法律观,就必须批判封建主义的、不适合商品经济的法律观。历史上资本主义生产方式代替封建的生产方式时在法律观上的伟大变革,大可借鉴。资产阶级的法律观反映了发展资本主义经济关系的需要,是资本主义的政治法律制度的先导,它是在与阻碍资本主义经济发展的神学的、特权的法律观的斗争中发展起来的世俗的、平等的法律观。法律面前的平等曾是资产阶级的决战口号。

封建的法律观首先是特权的法律观。在封建社会,封建主可以无偿地征用农民的财产和劳力,地主与农民之间、不同的封建等级之间,不存在平等的关系。不仅事实上不平等,而且法律上也是不平等的。法律上的平等只适用于同一等

* 作者单位:中国人民大学。
** 作者单位:中国人民大学。

级内部。而商品经济不但要求有能够以自己的意志支配这些物(商品)的商品监护人,即必须有平等的权利主体,而且要求按商品等价的规律进行交换。所以,商品生产必然以反对政治上的特权,而要求法律面前的平等为前提。其次,封建的生产方式是自给自足的自然经济,在整个社会调整系统中,封建的纲常伦理观念、宗法意识、宗教意识占有支配的地位,决定了封建家长制的绝对统治和封建君主权力的至高无上,而商品经济、契约关系,则要求保证权利和义务的相对应和契约的严格履行,这就要求有严格的法律调整,从而在整个社会调整系统中把法律调整推到首位,实行法治。严格依法办事,以法律约束掌权者滥用权力,提高法律的威信和地位。最后,在经济发展缓慢的封建社会,法的调整职能不可能得到充分的发挥,因为多年形成的习惯、传统,已把经济关系调整好,而推到首位的,是法的保护职能,因此往往是实现法的保护职能的刑法、行政法等部门比较发达,而实现法的调整职能的民商法,则不占主要地位。而商品经济的发展则不仅要求确认和保护经济关系的静态,而且要保证经济关系的动态,它是以充分发挥法的调整职能为前提的。没有法律的中介,商品经济就不可能存在和发展。商品经济建立在等价、互利、有偿的基础上,内在地要求横向的、平权型的法律调整。封建制的那种大多是隶属型的、纵向的法律调整,远不能适应商品经济发展的需要,必须改变。

资产阶级先进的思想家、法学家,在他们的著述中,在所谓"罗马法的复兴"运动中对罗马法这个"商品生产者社会的法律"所作的注释中,与这种不适合商品经济的法律观作斗争,从理论上充分论证了法律面前人人平等的思想,提出了严格依法办事的法治原则,充分肯定了适合商品生产的罗马法,并给它注入了新的内容、新的经验。这件工作前后经过四五百年。如众所周知,以罗马法为蓝本的著名的《拿破仑法典》就是"典型的资产阶级社会的法典"。

二

今天,我们面临着的是另一场法律观上的变革,这一变革的核心就是要批判一切不适合社会主义商品经济发展的法律观,确立适合于社会主义商品经济的法律观。为此,不仅要批判不适合商品生产的法律观,而且要批判只适合资本主义商品生产的法律观。对此,马克思、恩格斯做了大量工作,他们所创立的历史唯物主义为我们揭示资产阶级法律观的实质提供了方法。但是,由于长期以来,对社会主义经济是不是商品经济这一基本问题,没有明确的认识,社会主义的法律观往往仅从公有制、按劳分配、过渡时期的阶级斗争和政治特点上考虑多,而从商品生产特别是公有制基础上的有计划的商品生产考虑甚少。阻碍商品经济发展的法律观没能认真克服,这就必然会助长在社会主义经济体制中形成一种“僵化的经济模式”,而这种“僵化的经济模式”,又为不适合商品经济发展的法律观点提供了根据、基础。

社会主义实行生产资料公有制基础上的计划经济,可以避免资本主义社会的生产无政府状态和周期性危机。劳动者主人翁精神和积极性、创造性的发挥,可以创造出比资本主义社会更高的劳动生产率。这是社会主义经济优于资本主义经济的根本标志之一。新中国成立以来,我们在公有制和计划经济的基础上,集中大量的财力、物力、人力,进行大规模的社会主义建设,取得了举世公认的成就。与社会主义公有制相适应的社会主义法律观,也大大超出了资产阶级形式平等的法律观的狭隘眼界,由于消灭了剥削制度和实行公有制,为实现无产阶级的平等观——消灭阶级,迈出了有决定意义的一步。

但是,正如《中共中央关于经济体制改革的决定》所指出的,社会主义制度的“这种优越性还没有得到应有的发挥。其所以如此,除了历史的、政治的、思想的原因之外,就经济方面来说,一个重要的原因,就是在经济体制上形成了一种同社会生产力发展要求不相适应的僵化的模式。这种模式的主要弊端是:政企职责不分,条块分割,国家对企业统得过多过死,忽视商品生产、价值规律和市场的作用,分配中平均主义严重”。与这种“僵化的模式”相适应的法律观,在许多方面类似封建的法律观,是封建的法律观在公有制条件下的变形,其主要表现是:

第一,政企不分。国家机关直接经营企业,主要用行政手段管理经济,“一平、二调”时常发生,主要的经济关系大都是通过行政手段联结的,大量的经济纠纷也是通过行政命令解决的,企业的盈亏由国家包下来,企业不是一个平权的主体,缺乏主动性、积极性,也缺乏严格依法办事的紧迫感。

第二,忽视商品经济的发展。搞“小而全、大而全”的自给自足的经济,必然具有自然经济的痼疾,主要用行政手段管理经济,助长封建家长制作风,以言代法、以权代法成为习惯。再加上革命战争年代和解放初期,主要依靠政策,法律在社会调整系统中不占主要地位,党的政策、领导人的行政命令和言论,成为整个社会调整系统中的主干。在这种体制下,不加分析地把一切权力集中于党委,党委的权力又往往集中于几个书记,特别是集中于第一书记,什么事都要第一书记挂帅、拍板。党的一元化领导,某些地方的党政领导往往因此而变为个人领导,往往可以利用手中过分集中的权力,一言可以立法,一言可以废法,甚至司法机关的判决也得由他们点头才能算数,这固然同领导者个人的素质有关,但体制方面的原因应是更重要的原因。

第三,权力过分集中于领导者个人手中。尽管也搞所谓“条块分割”,但无论“条条”还是“块块”,主要依靠的还都是行政手段,即使谈到法律调整,也主要是对纵向的、隶属关系的调整,忽视平权的关系。人们往往只看到禁止性规范(不让人们怎样行为)和义务性规范(要求人们必须怎样行为)的作用,而忽视通过授权性规范(在一定限度内允许人们选择一定的行为方式)这个法律调整最本质、最重要的渠道所发挥的作用。人们所重视的仅仅是法的保护职能,即对违法、犯罪的制裁,而对法律调整社会经济关系,保证经济机制有秩序地运转,实现宏观管住、微观放活的作用,重视不够。

可见,不承认企业或其他主体在法律上的平权地位,权力过于集中于党政领导,主要依靠行政手段,以言代法、以政策代替法律的贬低法律在整个社会调整系统中地位的法律观,和只重视调整纵的关系而不重视调整横的关系,只重视法的保护职能而忽视法的调整职能的法律观,是与僵化的经济模式相适应的、阻碍社会主义商品经济发展的法律观。

三

关于“七五”计划的报告提出:“我们必须在理论上深入研究社会主义商品经济运动的内在规律,在实践中积极探索发展社会主义商品经济的各种途径,坚决改变一切不符合这种要求的思想观念和规章制度。”也就是说,确立适合社会主义商品经济的法律观,要从我国社会主义商品经济的实际出发,深入研究其内在规律,积极探索其各种发展途径。这是一个极为庞大的远非一两篇文章可以解决的课题,但根据已往的经验,我们仍可大致描绘这种法律观的基本特点。

首先,这种法律观是坚持法律面前人人平等的法律观。社会主义商品经济要求企业真正成为相对独立的经济实体,成为自主经营、自负盈亏的社会主义商品生产者和经营者,这在法律上就是要求承认企业是享有权利和承担义务的平等的民事权利主体。因此,必须改变政企不分、国家机关直接经营企业和用行政手段随意改变合同关系的做法,充分尊重企业的自主权。在企业与上级主管部门或行政机构之间,存在两种类型的关系,一种是行政管理中的隶属关系,另一种是商品经济中作为独立生产者的平权关系,这两种关系不容混淆。企业作为商品生产者的平等主体的地位必须保护,否则就谈不到商品生产。任何国家机关都不应凭借手中的权力任意变更或撕毁它们与企业、企业与企业之间签订的合同，都不应侵占、平调企业的财产。在农村，不尊重承包户的合法权益，随意取消或更改承包合同，就是不承认承包户是平权的民事权利主体的法律观的表现。

不仅要承认国家和企业之间在商品经济中的平等地位，而且也要承认一切商品的生产者和经营者的平等地位。无论是全民企业、集体企业、合资企业、独资企业、专业户、个体户，在商品流通的领域中，都是平等的法律关系主体。《民法通则》第9条明确规定："当事人在民事活动中的地位平等。""民事活动遵循自愿、公平、等价有偿、诚实信用的原则。"不能允许借口全民所有制企业在国民经济中的主导地位，或某一企业在某一地区经济发展中的重要作用，而不尊重价值规律，违反与其他企业订立的经济合同，侵犯其他企业和个人的利益。全民所有制企业的主导地位和重要作用，是依靠其能创造出更高的社会生产率，靠更合理、更科学的经营管理，以及国家进行合理的宏观控制实现的，而绝不是靠牺牲其他企业、个人的利益，来补偿自己的亏损实现的。

在商品经济领域，坚持法律面前人人平等，就是要排除经济外的强制，废除各种各样超经济的特权，实现等量劳动相交换。在分配方面，就是意味着要反对平均主义，实行各尽所能、按劳分配。当然，实现法律面前人人平等，只是实现了无产阶级平等观——消灭阶级的第一步，但如果连法律上的平等都不能实现，那就不是朝着无产阶级的平等观向前迈进，而是向后倒退，是封建特权法律观在社会主义条件下的表现。

其次，这种法律观是坚持依法办事的法律观，要求确立法律调整在整个社会调整系统中的主导地位。发展社会主义商品经济，无论是发展企业之间的横向联系，还是加强国家的宏观控制、间接控制，都要求建立严格依法办事的制度，确立法律调整在社会生活中的重要地位。法律调整是最适合商品经济的一种社会调整。而单纯依靠思想教育，依靠政策指导，依靠行政手段、长官命令的社会调整，虽然有时也可奏效，但却往往会为主观任意性、瞎指挥大开方便之门，不能保证商品经济的正常运转。

再次，这种法律观是重视法的调整职能、重视发挥授权性规范的积极作用的法律观，"重刑轻民"的思想必须克服。法律调整的目的在于保证适合于发展社会主义商品经济的人们的行为自由，即人们正当的权利，以便充分调动人们的积极性、创造性，是为解放人们搞活社会主义商品经济的手脚，而不是单纯地限制人们的活动。为了保证人们发挥其适合社会主义商品经济的主动性、创造性，就要使相应的主体承担一定的义务(包括作为和不作为)。对违反这种义务的主体就要实行必要惩罚和制裁，实现法的保护职能。但保护职能是为了恢复正常的法律秩序,即保证法的调整职能的正常发挥。如果调整职能本身没有发挥或充分发挥,单纯依靠法的保护职能,是不能产生适合社会主义商品经济的法律秩序的。因此,在重视刑法规范、刑法制度的完善的同时,必须大力加强民法、经济法、行政法、劳动法、财政法等部门的研究和完善,把着重点放在如何建立适合社会主义商品经济的法律秩序上,加强国家对经济发展的间接控制、宏观控制。

最后,这种法律观是有科学根据的法律观,而不是一种盲目的、自发形成的法律观。社会主义商品经济是公有制基础上的有计划的商品经济,要有计划,就得有预见,而预见必须建立在科学的基础上。经济发展的规律是反映不以人们的意志为转移的经济发展的客观过程。人们能发现这些规律,认识它们,依靠它们,利用它们造福于社会,把某些规律的破坏作用引导到另一方向,限制它们发生作用的范围。但是人们不能消灭这些规律或创造新的经济规律。价值规律是商品生产的客观规律,存在商品生产,就必然存在价值规律,不能消灭。消灭价值规律就等于消灭商品生产本身。在社会主义的法律调整中直接反映价值规律的民法的自愿、公平、等价、有偿的平权关系的调整,有重大意义。但不能因此就否定国家的宏观控制和纵向的隶属型的调整的必要性。即使是现代的资本主义商品经济,为了减少经济危机的损失,也大大加强了国家的干预。经济法的出现就是这种需要的反映。但在生产资料私有制占统治地位的资本主义条件下,这种控制毕竟是有限的、软弱无力的。而在生产资料公有制占统治地位的条件下,要发展社会主义商品经济,这种控制不仅是必要的,而且是完全可能和比较容易做到的。因为国家掌握着国民经济的命脉,只要做认真的调查研究,只要尊重客观经济规律,而不滥用权力干预商品经济的正常发展,完全可以在尊重价值规律、依靠价值规律的前提下,有预见地限制其发生作用的范围,把它的消极作用引向另一方向。也就是说,要把对平权关系的调整同对隶属关系的调整结合起来。无论对平权关系还是对隶属关系的调整,都应在尊重价值规律的基础上进行。所以,民法和经济法的协调发展是发展社会主义商品经济的必要前提。不应认为只有民法反映社会主义商品经济发展的要求,尽管民法是直接反映这种要求的,也不应认为经济法可以不顾价值规律。僵化的经济体制下法律调整的错误,不在于采用了隶属方式的法律调整本身,而在于:(1)本来是平权性的关系,都用隶属性的手段调整了;(2)在采用隶属性调整方法时,完全置价值规律于不顾。这两种调整方法都是不适合社会主义商品经济的发展的。

只要我们从我国实际出发,深入研究社会主义商品经济的内在规律,及时总结在经济体制改革的实践中探索发展社会主义商品经济的各种途径的经验,注意研究和借鉴封建的特权法律观转变为资本主义平等的法律观的历史经验,认真研究和借鉴其他国家、包括其他社会主义国家调整复杂的商品经济关系的经验，就一定能够确立起既区别于从封建的经济、僵化模式的经济中产生的法律观，也区别于适合资本主义商品经济的法律观的，适合社会主义商品经济的法律观，并在此基础上，建立、不断完善适合社会主义商品经济的法律制度，并充分发挥其职能，以推动我国国民经济稳定、健康地发展。

（1986 年第 7 期）

法学研究中的多维视野方法

张宗厚*

在当前改革时期,理论工作者必须面向实际,解放思想,大胆探索,以担负起说明实际、总结实际、指导实际的任务。我国的社会主义法制建设正在愈益显示出它是一部庞大复杂而又具有广阔前途的社会工程,法学研究必须为这个宏大社会工程提供理论服务,首先要建立法制工程的理论基础。而要完成这一艰巨任务,一要坚持一切从实际出发,"唯实"而不"唯上"、"唯书";二要运用先进的科学方法,在吸收各门科学新成就的基础上更新我们的法理学;三要吸收各学科的专家、学者参加进行多学科的论证;四要彻底摒弃"以阶级斗争为纲"的观念,对已不适应新形势或说明不了新情况的传统观念进行大胆更新。笔者在此仅就法学研究的多维视野问题略陈管见。

长期以来,法学研究之所以显得落后,在很大程度上应归于研究视野的狭窄和观察方位的局限。仅从长度上看,大象的腿和柱子也许没有多大区别。仅从政治的角度或阶级斗争的角度,就不可能对法律这种涉及社会生活各个领域的现象进行全面的概括和归纳。

如果说,法律的活动范围过去主要是政治斗争的舞台,那么现在它已大步地跨进了经济发展、科学研究、文化教育、工程建设、智力开发、经营管理、人口控制、资源保护、能源开发、生态平衡等各个领域。如果不从多角度和全方位去观察、分析法律现象,那就难免顾此失彼,或以偏赅全。这就要求我们必须运用多维视野去进行法学研究。

所谓多维视野,从研究主体来说,是一个多学科论证的问题。过去我们的法学研究,大多局限于政治学的范畴。它虽从一个方面考察了法律的结构和功能,但却舍弃了其他许多方面。例如,它过多地强调法的阶级斗争工具的职能,而忽略了它在社会学领域里的协调人际关系的职能,忽略了它在经济学领域的管理、组织、调整生产活动的职能,忽略了它在行政管理学领域的提高效率、克服官僚主义的职能,忽略了它在教育学领域的"实际号召"的职能……单学科的视野和方法,不能不使它对特定对象的研究带有很大的局限性。现代法制工程已和大

* 作者单位:《中国法制报》评论部。

经济、大工业、大农业、大科学等工程组成一个纵横交错、相互渗透、协调发展的网络。从任何一个侧面看，都可以对法律现象及其作用作出特定的概括。但是很明显，这任何一根“树木”只能是“森林”的一部分，而不能以它来代替“森林”的整体。苏联的法学家们通过近几年来的讨论，已认识到了这个问题。他们认为：“必须在更广泛的理论基础上，恢复所有法律特性（这些特性已经被分析成许多部分）的统一，用综合的方法，提出法是一个完整体，揭示出法的各个方面相互作用的实质，每个方面的地位和范围。”①

正像在实际工作中各项工作和各条战线互相影响、互相制约一样，在社会科学各门类之间，甚至在社会科学和自然科学之间，也互相渗透、互相影响。我们制定经济法，不仅要有法学专家，还必须有经济学专家参加。制定行政法，需要有行政管理学方面专家参加。制定教育法，需要有教育方面的专家。要建立涉及社会生活各个方面的法制工程理论，更离不开多方面专家的参与和多学科的论证。1979年，当著名科学家钱学森同志首次提出把系统工程的理论和方法应用于我国的法制和法治，构成法制系统工程和法治系统工程的时候，法学界有些同志不甚理解，以为法学研究是法学界的事，怎么自然科学家也搞起法学研究来了呢？殊不知，这正是建立现代法制工程系统理论和法学研究的希望和前途所在。没有多学科专家的参与，我们的法制工程理论不可能建立起来。

从研究客体上讲，多维视野还要求运用包括信息论、系统论、控制论在内的现代科学成果。但是，这些新技术革命成果绝不能代替更不能否定唯物辩证法。我们只是说，借助电子计算机等现代科技手段，能够使辩证法的认识途径和范围有相应的拓展，我们在研究现代法律现象时，需要重视运用而不能加以拒绝。

如前所述，对现代法制工程的研究，必须综合多学科的成果。这个综合过程，需要一种“黏合剂”。强调整体性和“多”的概念，强调多支路的因果网络和建立在随机过程基础上的客观统计的规律性的信息思维，正提供了这种“黏合剂”。引进信息论，必将促进法理学迈入一个更广阔的天地。信息思维中有一个开拓原则，即对信息价值的开采和运用，必须具备多方位甚至全方位的眼光，善于透过现象看本质和突破常规促变化，善于举一反三，从无中见有，从少中见多。运用这个原则，能使思维效益成几何级数的增加。例如，我们在犯罪的统计中，发现青少年犯罪占有相当大的比重。按照过去习惯的做法，“阶级斗争，一抓就灵”，对待犯罪，严厉打击就行了。可是党中央以开拓原则来对待这一犯罪信息，提出了“综合治理”的方针，即动员社会各方面的力量，组成一个协力进行

① 参见《法学译丛》1986年第1期。

预防和减少青少年犯罪的工作网络。“综合治理”的提出，已被实践证明了它的正确性，使我们看到了运用信息思维的意义和价值。当我们把信息哲学作为一个整体来考察，真正认识和理解它的包括开拓原则、析义原则、综合原则、推导原则、跃进原则等在内的意义和价值时，我们便会认识到，拒绝把它们引进法理学，是不明智的。

系统论的原理对于法学研究，也能作为一种方法加以运用。虽然马克思主义的唯物辩证法中也包含了系统分析的方法，但现代系统论仍能给我们以十分有益的启示。从系统论的角度看，社会主义法制，是一个极其庞大而又复杂的系统工程。从横向来看，它包括立法系统、司法（执法）系统、守法系统以及辅助系统等子系统。这些子系统还可分为亚子系统，如司法（执法）系统内部可分为公安系统、检察系统、法院系统、司法行政系统等。从纵向来看，它又可分为若干层次，如法院系统就可分为最高人民法院、高级人民法院、中级人民法院、基层人民法院。运用系统方法，不仅帮助我们充分利用运筹学、概率论和电子计算机等新技术手段，对法制工程建设进行系统分析、合理部署、科学规划和技术预测等，而且能帮助我们在科学论证的基础上选择最优化方案，以保证法制系统的最佳运转。

当然，也不能把“一般系统论”的方法看成唯一的研究方法，更不能以它取代唯物辩证法。如果把它绝对化了，也会走上“机械唯物论”和形而上学。我国法制建设中的许多问题，如人们十分关注的权与法的关系、文化传统与法治的关系、民族心理素质与法制的关系等，都不是靠系统方法所能解决的。

多维视野的思维和研究方法还体现在学科本身的纵向联系上。这个纵向联系，不仅包括学科自己的历史发展，还包括研究的层次和研究对象的发展层次。关于法学学科历史的发展，由于我们过去主要是研究阶级尖锐对立情况下的法律现象，专门研究阶级社会的法律的狭义法学。现在，尖锐的阶级对立在我国已不存在，而且阶级斗争愈加减弱，就迫切需要研究包括无阶级社会的法律现象的广义法学。可以说，由狭义法学向广义法学的过渡，是历史的必然。

关于研究的层次，陈守一教授提出了宏观法学、中观法学和微观法学的划分。如果说我们对当代法制工程的理论基础的研究属于宏观法学；那么对部门法的研究，如宪法学、刑法学、民法学、经济法学、行政法学等，则属于中观法学；中观法学的每一个部分又有许多分支，如刑法学中不仅包括刑法理论和刑法史，还包括刑事侦察学、犯罪心理学等，这当划归微观法学。在法学的各个层次之间以及每个层次的各个分支之间，都存在有机联系。只有使这各个层次、各个分支都得到协调发展，并浑然一体地联结在一起，我们才可能建立起社会主义的大法学体系。

关于法学研究对象，也存在许多层次。例如，我们的社会主义法制，就可分为许多层次，最基本的可划分为三个层次：第一个层次是维护社会治安，这一点封建主义法制和资本主义法制也是十分强调的；第二个层次是实现法律面前人人平等，做到有法可依、有法必依、执法必严、违法必究，这一点资产阶级法制已认识到并提了出来，但并不能使其彻底实现；第三个层次是建设与高度民主协调发展并成为有力保障的法律机制，这一点是社会主义法制的独有特色和本质特征。社会主义法制是逐步由低层次向高层次迈进的。我们的法学研究应该根据不同时期的实际需要，有侧重地对各个层次进行深入研究。如果我们只注意高层次的研究而忽略了对低层次的研究，就会使理论与实际联系不密切，缺乏实际指导作用。相反，如果只注意低层次的研究而忽略高层次的研究，就会忘记目标和方向，使理论缺乏科学预见性。

引进多维视野的思维和研究方法，必能促进法理学的更新。而法理学的更新，不仅是医治"以阶级斗争为纲"的研究方法的一根"银针"，也是建立当代法制工程理论基础的一把"金钥匙"。

（1986年第8期）

我国法学理论研究的若干转变

柏发文*

建立具有中国特色的社会主义法学体系,是我们法学工作者一项光荣的历史任务。多年来,由于"左"的指导思想的影响和照搬苏联法学,以致我国法学研究严重脱离实际。近几年来,随着经济体制改革和社会主义民主、法制建设的不断发展,我国法学研究也正在发生历史性的转变。这些转变尽管刚刚开始,但它对我国法制的改革和建设已经或正在发生深刻的影响。这些转变,大体可以概括为如下十个方面:

一、从以阶级斗争为纲转向对生产力和生产关系的矛盾运动进行综合考察研究

如果说我国整个社会科学研究称得上是长期以来存在的以阶级或阶级斗争为纲这一"左"倾思潮的重灾区的话,那么,我国法学研究就更是首当其冲了。在"文革"结束十年后的今天,我们的法学在很大一部分同志的心目中仍然是以阶级对立关系为基本模式所组成的"法与阶级和阶级斗争共存亡"的理论体系,他们认为:(1)法的起源——"法是阶级斗争不可调和的产物";(2)法的本质——"法是统治阶级意志的反映";(3)法的作用——"法是阶级统治的工具";(4)法的发展——"法将随着阶级的消亡而消亡",并进而得出"法是阶级社会特有的社会现象"的结论。

上述这种以阶级斗争为主线的法学理论体系与现实已经发生尖锐的矛盾。因为我国现实的根本特点就是尖锐的阶级对立已不存在,社会生活中存在的主要不是阶级斗争问题而是经济问题和人民内部问题,国家的主要任务是进行经济建设、精神文明建设和民主法制建设。显然,上述理论不仅已无法起到对三大建设实践的指导作用,而且即使用来说明现实本身也都已陷入自我矛盾之中。因此,必须由以阶级或阶级斗争为纲的法学研究向对生产力和生产关系矛盾运动综合考察的法学研究转变。只有这样,才能保证我国法学建立在对生产力和

* 作者单位不详。

生产关系相互作用的矛盾运动规律的综合考察基础上，从而使我国法学的发展纳入与现实相一致的轨道。

二、从拘泥于经典作家的个别结论转向对马克思主义法学原理的不断创新

整个马克思主义发展史告诉我们，马克思主义作为一个博大精深的思想体系，是一个充分开放的、随时代的发展而不断发展的科学的思想体系，它面向人类的一切实践活动，时刻倾听实践的呼声，不断概括人类所创造的一切历史经验。正像胡耀邦同志最近指出的，“马克思主义必须在实践中不断丰富和发展，而不是一成不变的僵死的教条”，它“总是在人类改造社会、改造自然的复杂、艰巨的实践中获得大的发展”。① 马克思主义法学作为马克思主义理论体系的重要部分，当然也不例外，它同样绝不能停留在原来的水平和某些结论上，必须随着社会实践的发展不断加以丰富和创新。

可是，在我国法学界，长期以来都不敢提马克思主义法学可以且必须加以创新和发展的问题，即使面对蓬勃发展的经济体制改革和剥削阶级作为阶级已经消灭的今天，仍有不少同志习惯于教条主义的思想方法，死死抱住经典作家的个别结论、个别原理或个别论述不放，甚至把经典著作中翻译不确切的个别词句也奉为至尊至上的“圣经”，并指责那些适应实践的发展而对经典作家的个别结论或个别论述的突破创新。无疑，这种态度是不利于马克思主义法学的发展的。

因此，要使马克思主义的法学永葆旺盛的生命力，我们就“必须善于做到：既能坚持基本原理，又能摒弃某些已经过时的或者被实践证明为不适合实际情况的个别原理，而代之以新的原理。”②

三、从对剥削阶级法学的批判否定向批判地分析借鉴和继承转变

马克思主义法学是以辩证法、唯物论为思想基础并代表着无产阶级和广大人民群众利益的，而剥削阶级的法学则是以形而上学、唯心论为思想基础并代表

① 参见《人民日报》1986年6月23日。
② 同上。

着剥削阶级利益的，从整体上说它们之间有着本质的区别。正因为如此，长期以来有不少同志主张对剥削阶级法学只能批判，不能借鉴和继承。这种观点曾长期占据着我国整个法学界，并一直被人们认为是真正的马克思主义的法学观点。

我们知道，马克思主义法学是从马克思主义经典作家们有关法律的科学论述开始的，也正是他们对法学的杰出贡献才使法学第一次成为真正的科学。马克思主义的法学思想和观点，充分地体现在它的三个组成部分中，而这三个组成部分就是在全面总结和吸收人类文化遗产的基础上才得以形成和发展起来的。由此可见，经典作家们对待剥削阶级法学的基本态度并不是全盘否定、一概抛弃，而是一种有批判地继承，即在分析批判的基础上的借鉴、参考、吸收和利用。因此，如果由于不同阶级的法学有原则区别，就认为马克思主义法学研究可以离开历史发展，割断它和人类文明之间的联系，那是不切实际、不可思议的；如果因为法学是代表在社会上占统治地位的阶级的利益，就认为不同社会、不同国家之间的法律不能进行比较研究，否认法律文化遗产的可继承性，而把马克思主义法学与法律文化史割裂开来，同样也是错误的。所以，笔者认为，马克思主义法学对剥削阶级法学中反映了客观规律性的东西是可以而且也必须批判继承的，特别是随着科学技术和整个社会经济的不断发展，我国法学对近代及当代西方法学研究成果的分析借鉴的意义就更加突出起来，而且也只有科学地批判、分析、借鉴当代外国法学的研究成果，才能不断丰富和发展马克思主义法学理论，建立有中国特色的社会主义法学体系。

另外，值得指出的是，不仅是不同社会和不同国家的法学理论和研究成果之间可以分析借鉴、批判继承，而且在国家立法、执法等方面的借鉴和继承也并不是不可考虑的。

四、由传统的法律观向新型的法律观转变

商品经济的充分发展，是社会经济发展不可逾越的阶段。在社会主义历史时期，特别是在像我们这样一个经济不发达的社会主义国家，要实现生产的高度社会化和现代化，迅速发展生产力，不断改善人民的物质文化生活，必须大力发展商品经济，这是不以人们的意志为转移的客观规律。这就决定了我国当前法学现代化的中心任务应是确立适合社会主义商品经济要求的新型法律观。因为要使我国社会主义有计划的商品经济得到健康而又迅速的发展，就必须建立、健全适合社会主义有计划的商品经济之要求的法律制度。而适合社会主义有计划商品经济要求的法律制度，是不可能从社会主义有计划的商品经济中自发地生

长出来的，它必须通过具有适应社会主义有计划商品经济要求的新型法律观的人们的有意识的能动活动才能建立起来。

适应社会主义有计划的商品经济要求的新型法律观，应该在批判、否定不适应社会主义有计划的商品经济要求的传统法律观的过程中逐步确立起来。传统的法律观中，首先必须否定的就是“特权观念”，因为商品经济不仅要求有能够以自己的意志支配这些物（商品）的商品监护人，即必须有平等的权利主体，而且要求按照等价交换的规律进行，所以，新型法律观必须以“法律面前人人平等”为核心；其次必须否定的就是以言代法、以言废法，“长官意志”的人治观念，因为发展社会主义有计划的商品经济，无论是发展企业之间的横向联合、横向联系，还是加强国家的宏观控制、间接控制，都要求建立严格依法办事的制度，确立法律是社会关系的调节器这一重要地位，因此，新型法律观必须包含依法治国的内容；另外，传统法律观中的“重刑轻民”思想也必须加以改变，因为阶级斗争已经不再是我国当前的主要矛盾，我国法律的职能主要已不是对敌专政，而是组织社会主义经济文化建设和保护广大人民群众的利益。不论是刑法还是其他部门法律都要服务于这一根本任务，特别是民法、经济法等部门法主要就是适应商品经济的发展而发展起来的，可以说民法和经济法的健全是发展社会主义商品经济的必要前提。因此，新型的法律观必须重视民法、经济法的建设，在完善刑法制度的同时，必须大力加强和完善民事、经济法律制度，从而建立适合社会主义有计划的商品经济要求的法律秩序。

五、从对法律条文的理论注释向立法决策的科学分析转变

马克思主义法学具有很强的实践性，它为工人阶级领导下的全体人民群众的社会实践活动服务；但从总体来看，马克思主义法学又是一门关于法律以及与此密切相关的社会现象的科学，它不同于一般的意识形态。因此，它不应该像一般的意识形态那样，简单地、直接地只是成为现行法律条文、国家政策的注释和论证的工具。可是，长期以来，我国法学理论工作者，既不能走在现行政策、现行法律规定之前，也不能落在现行政策、法律规定之后，更不能对现行政策和法律提出异议，只能像古代的训古学者解释古籍的“微言大义”一样，“注解”现行法律条文。有人在评价我国法学现状时指出，如果把我国法学作一归类，至多只能称为“注释法学”。事实证明，法学理论工作者仅仅满足于注释和论证现行的法律条文，这既不利于法学自身的发展，更会给社会主义法制建设带来巨大损失。

当然,在社会主义社会,问题不在于把法学和现行法律条文绝对地对立起来,而应该是使两者统一起来。

科学的目的在于揭示其研究对象的运动规律。法学既然是科学,它当然也就只能以揭示法律现象的运动规律、指导国家的法制建设的实践为己任。任何法律,都必须遵循科学的原则,亦即必须符合客观规律而不能违背客观规律;否则,法律的实施就会引起社会实践的错误,导致一系列社会问题的产生。由于现代社会的日见复杂,符合客观规律的法律只有依靠法学和其他科学工作者的科学研究才能研制出来。所以,在现代社会,一部法律产生的正常顺序应当是科学研究在前,法律制定在后,即首先进行科学的研究,提出决策方案,然后再制定法律,而不能相反,否则,法律规定的科学性就很难保证。因此,严格地说,真正的法学理论工作者绝不能只是"注解"现行法律条文,而必须是为制定现行法律提供各种设想和方案,不应只强求法学理论工作者必须同现行政策和法律"并行",还应允许他们根据客观事物发展的规律对各种法律事实进行全方位、多维性的研究,以起到指导实践的作用。要做到这一点,就必须在法学研究领域真正贯彻"百花齐放、百家争鸣"的方针。

值得指出的是,应把法制宣传和法学理论研究区别开来。在我国,法学理论研究和法制宣传的界限一直是非常模糊的,甚至在不少人的观念中,法制宣传和法学理论研究是一回事。笔者认为,两者虽有联系,但它们不是一回事。法制宣传是根据形势需要,向广大人民群众进行现行政策和法律知识的普及教育,目的在于提高人们懂法、守法和执法的观念。而法学研究则是对自然、社会各领域内的各种法律现象抽象地进行科学概括和总结,目的是为国家制定法律提供理论依据,是为健全社会主义法制服务的。现在的问题是我们对理论研究的重视远逊于对法制宣传的重视,应该把法学研究工作提高到应有的位置上来。

六、从单一的、定性的法学研究方法向多维的、定性定量相结合的法学研究方法转变

整个科学研究的方法,根据其普遍性程度、理论论证的性质和适用学科领域的范围不同,可以划分为哲学方法、一般科学方法和专门科学方法三个层次。一般地说,每一门科学就其方法论来说,都应该是上述科学方法体系的三个层次的有机结合,而不能割裂它们之间的内在联系,更不应把只属于科学研究方法论体系某一层次的某种科学方法视为排他的方法,或以一般取代个别,或者用个别来概括一般,看不到各种方法之间的系统性、联系性、层次性和有序性。

马克思主义法学也同样。唯物辩证法对法学理论研究,具有世界观和方法论双重的指导意义,也是各部门法学进行研究的基本哲学方法,它决定着整个法律科学的研究方向。但是,唯物辩证法在法学领域中,并不能代替解决具体方法的技术性问题,对于专门法律问题的研究和探索,还要有一般和专门的科学方法来加以具体化和补充。只有在唯物辩证法的基础上,将科学方法体系的三个层次有机地结合起来,才能使马克思主义法学研究不断进步。可是,长期以来在法学研究的方法论上,一直存在两种倾向:其一是单一性,即用唯物辩证法代替其他一切方法,将法学研究方法局限在哲学方法一个层次,忽视对其他层次的研究,特别是对以"三论"为代表的新方法重视注意不够,造成研究方法的单一化;其二是纯定性化,即把马克思主义的法学研究方法全部归结为定性的研究方法——阶级分析法,否认定量的研究方法。

第二次世界大战以来,随着科学技术的飞速发展,特别是电子计算机的广泛应用,系统论、控制论和信息论等新学科的崛起,数学科学的发展,以及生产和社会的需要,促使社会科学研究方法出现了跃进。因此,在马克思主义的法学研究中也应及时引进以系统论为代表的"三论"和数学研究的方法,以改变传统法学研究方法不能适应现实发展需要的局面。

在将"三论"等科学方法引入法学研究领域的过程中,还应当将"三论"的方法与数学方法紧密结合起来,注意加强定量化的研究,以实现定性和定量研究方法的有机结合。马克思认为,一种科学只有在成功地运用数学时,才算达到了真正精确科学的程度。因此,使用数学方法进行定量化研究将是使法学具有更完备形态的标志。例如,在将电子计算机技术引进法学研究领域后,就有可能整理以往难以想象的巨量数据并加以处理,从中检测出有用的法律信息,从而可以节省大量的时间,提高工作效率。当然,我们强调法学研究应引进数学研究方法,绝不能与定性研究方法相割裂。量的考察是认识事物的开始,是质的考察的前提,而质的考察则是对事物认识的深化。

七、从宏观和微观相脱节向宏观和微观相结合的法学研究转变

从认识论的角度出发,法学可以分为理论法学和应用法学。目前,在我国法学界,理论法学主要是指法学基础理论,而应用法学是指在社会中实际应用的法学分科,如民法学、经济法学、行政法学、刑法学、诉讼法学等。十一届三中全会以来,随着社会主义民主和法制建设的进一步加强,我国法学中,无论是理论法

学，还是应用法学，都有了较大发展。但是，多年来，在我国整个法学研究中一直存在宏观研究和微观研究相脱节的现象，如搞理论法学的同志往往是把大量的时间和精力放在法的一般理论、概念、本质以及法同其他社会现象的相互关系问题上，而忽视了对法律内在规律作深入的微观探讨；搞应用法学的同志则一般关心属于微观性质的具体法律问题的研究，而忽视了从整体上对法律作宏观研究。这种脱节现象的长期存在，导致了理论法学对应用法学起不到应有的指导作用，而应用法学的研究又不能很好地为理论法学的发展提供丰富的素材，从而影响了具有中国特色的法学体系的建立和完善。

科学的发展表明，任何一门科学体系的建立和发展，既不能只有宏观研究，也不能只有微观研究，而是需要宏观和微观研究的紧密结合。具有中国特色的马克思主义法学体系的建立和发展也不例外，亦即光有对法学理论中一些宏观问题的研究不够，光有对法学理论中一些微观问题的研究也不够，而必须求助于宏观和微观紧密结合的、系统的、纵横贯通的研究。因此，笔者认为，法学研究应该是在加强理论法学和应用法学本身研究的同时，充分注意将二者结合起来加以研究，以加速我国法学的发展。

八、法学研究由传统的范围向不断拓宽的范围转变

恩格斯指出："每一门科学都是分析某一个别的运动形式或一系列互相关联和互相转化的运动形式的。"①法学也有其特定的研究对象。关于法学研究对象的确立，在我国历时三十余年中曾经历过两次较大规模的讨论，并已形成了为我国法学界所普遍公认的观点——法学以法为研究对象。法学研究对象问题的解决，并不意味着法学研究范围问题的自然解决，而且任何人都不可能对法学研究范围问题作出固定不变的科学界说。在法律和其他社会现象的关系方面，过去人们往往局限于对法律和经济基础、法律和政治、法律和国家、法律和道德、法律和宗教等相互关系的研究上，但由于世界新技术革命的不断发展，科学技术在社会发展中的作用日益显著，因而人们除了继续研究上述社会现象和法律的相互关系外，有越来越多的人在法律和科学技术关系问题上进行研究。在法律部门的划分方面，过去人们一般把我国法律体系划分为宪法、行政法、民法、劳动法、婚姻法、刑法、诉讼法等几个主要部门，但现在，经济法、环境保护法等法律部

① ［德］恩格斯著：《自然辩证法》，于光远等译，人民出版社1984年版，第227页。

门的地位已经得到了人们的广泛承认，而且科学技术法、教育法、信息法等新兴法律部门的方兴未艾，也引起了人们的关注。与之相适应，我国法学体系中除了一些传统的法学部门外，经济法学、环境保护法学等新兴学科已初步建立起来，使传统的法学研究范围得以大大拓宽；而且科学技术法学、教育法学、信息法学等学科理论的研究业已起步。

可以说，随着“一手抓建设，一手抓法制”这一指导思想的贯彻执行，随着经济、政治、科技、教育体制改革的深入发展，受法律所调整的社会关系范围将日益扩大，因而法学研究的范围也应随之不断拓宽。

九、从以研究政策为主转向在主要研究法律的同时又重视政策的研究

在我国，党通过自己制定的正确的路线、方针、政策对国家实现领导；社会主义法律是在党领导下制定和实施的。这就决定了我们的法学在研究法的现象时，还必须研究政策。彭真同志于1984年4月初在首都新闻界人士座谈会上指出，几十年来，我们经历了两个时期：一个革命战争时期，一个建设时期。在革命战争时期，党、军队和群众，大家注意的是党的政策。那时，我们根据地的政权也有一些法，但有限，也很简单。新中国成立以后，我们有了全国性的政权，情况不同了。“情况的变化，使我们必须从依靠政策办事逐步过渡到不仅依靠政策，还必须建立、健全法制，依法办事……但是，应当承认，在长时期内，我们对法制建设有时抓得很紧，有时放松了，有时甚至丢掉了，这方面，我们有很沉痛的教训。”由于政策和法律两者的作用在不同时期存在的上述差别，再加上法律在相当长一段时间内被“丢掉”了，因此，反映在法学研究上就是把注意力完全放在政策上，即使研究法律问题，也必须首先强调政策的统帅和决定作用。这种“言必称政策”的法学研究，虽然也曾为贯彻党和国家的政策起过一定的推动作用，但从另一方面却也为“以人代法”、“以权代法”现象的长期存在提供了方便。这无疑是我们法学研究上值得深思并引为教训的。

彭真同志最近在谈到党的领导和法律关系时又明确指出：“我看还是三句话：党领导人民制定宪法和法律，党又领导人民遵守、执行宪法和法律，党自己也必须在宪法和法律的范围内活动。”如果不是这样，就谈不上社会主义民主和法制。党的十一届三中全会以来，随着情况的变化和法制的逐步健全，为了搞好包括建设高度民主和法制在内的现代化建设，我们对社会生活的管理正向由单纯靠政策向既靠政策又靠法律，并逐步过渡到主要依靠法律这个方面转变。与此

相适应，我们的法学理论研究工作者也必须来一个转变，即从以研究政策为主转向在主要研究法律的同时又重视政策的研究。

十、从轻视法学教育向重视法学教育转变

中共中央《关于建国以来党的若干历史问题的决议》指出："……长期封建专制主义在思想政治方面的遗毒仍然不是很容易肃清的，种种历史原因又使我们没有能把党内民主和国家政治社会生活的民主加以制度化、法律化或者虽然制定了法律，却没有应有的权威。"这一段论述虽然讲的是我们法制建设出现重大失误的原因问题，但我们认为它同样是对我国法学教育长期被人们所忽视的原因之科学概括。正是这种封建专制主义和法律虚无主义，使我国法学教育事业遭到了毁灭性的破坏：法律院系纷纷解散，专业教师纷纷改行。随着在我国社会主义法制建设方面的指导思想上的拨乱反正任务的完成，我国法学教育事业也出现了令人瞩目的发展：法律院系的恢复和新建如雨后的春笋，法律函授教育和广播电大教育竞相发展，法律专业教师纷纷归队和不断增加……

显然，在今天我们已没有必要再为应如何重视发展法学教育事业问题而大声疾呼了。但是，在此笔者想指出一点，法律院系的数量多少并不是衡量对法学教育事业重视与否的唯一标准，如何提高法学教育质量问题倒是其中一条重要标准。因此，在发展法学教育事业过程中一定要实事求是、一步一个脚印，不能哗众取宠；如果不顾条件，不从实际出发，一哄而起，贪多求快，不保证质量，其后果同样将是极其严重的。而提高法学教育质量的当务之急，就是对我国的法学教育在"教育要面向现代化，面向世界，面向未来"的方针指导下实行全面、系统的改革，使法律院系的课程设置、师资水平、教学方式以及教材质量等各方面都适应"三个面向"的要求，真正培养出社会科学知识和自然科学知识并备的立体型、复合型知识结构的未来法律工作者。

以上概括，未必全面精确。笔者撰写此文的目的，不过是想抛砖引玉、交流思想，以推动我国法学研究适应改革、开放和发展社会主义商品经济、加强社会主义民主法制建设的需要。

（1986 年第 9 期）

试论我国法学体系的多元性

王勇飞*

目前,法学界正在讨论具有中国特色的法律体系和法学体系问题。笔者认为,一般说来,一个国家的法律体系,只能有一个,而法学体系可以有若干个。一国同时存在若干个法学体系,可称为法学体系的多元性。本文想从法学研究的对象、范围、方法和法学发展的动力等方面,探讨我国法学体系的多元性问题。

一

法学研究的对象和范围是法学界长期争论的一个问题。新中国成立以后,我们进行了两次大的讨论,目前仍未取得完全一致的认识。笔者认为,法学研究的对象应是社会中的法和法律现象及其规律。首先,主要是法。人们现在通常认为,法是体现统治阶级意志的、由国家制定和认可并以国家强制力保证实施的规范体系。简言之,人们通常把法定义为规范体系或者规范的总和。

这样,法,作为一种规范体系,成为法学的研究对象,是以一种相对静止的形态,稳固的形态,构成其中的核心部分和主要内容。但它却不是,也不能把它当成法学研究对象的全部内容。因为法是动态的,而且只有是动态的,它才有生命力,才有价值,才能存在和发展。法学,要有生命力,要成为真正的科学,必须认识到法是动态的。必须研究运动中的法。

在法的发展过程中,社会上产生出多种多样的复杂的法律现象。概括起来主要有:法律意识、法律规范、法律关系、法律行为(包括合法行为和非法行为)和事件、法律设施、法律效果(它处于法律规范体系以外,但却是法在社会生活中得到实现的具体表现)。所以,法和法律现象不是一个概念。法律现象这一概念的外延,比法要广泛得多。法律现象中包含法律规范及其体系。法是法律现象的内核。各种法律现象都是从法中派生出来的,是法在现实社会生活中运动发展的种种表现。据此,在表述法学研究的对象时,应当把法放在首位,以表明整个法学是以它作为研究的基点的。法和法律现象在法学研究对象中这种不

---

* 作者单位:河北大学法律系。

同的地位是由法和法律现象之间的相互关系，以及各法律现象之间内在的、必然的联系所决定的。

如果把法学研究的对象，仅仅表述为法，而法又定义为是一种规范体系，这显然缩小了法学研究的范围。这种在表述、确定学科研究对象上的片面性和不完整性，通常会导致法学的片面发展。这对法学是有危害的，不仅往往使它残缺不全，支离破碎，难成体系；而且还使它内容贫乏，丧失权威性，甚至使它不能成为真正的科学，难以发挥理论的作用。

按照马克思主义观点，任何一种事物、一种现象都是有规律的。法学所以成为一门科学，而且要名副其实，必须是一种正确认识和反映法的客观规律的知识。这就必须在法学的对象中表明，它研究和揭示法和法律现象的规律。

法学研究的范围是什么？法学的研究范围包含两层意思：一是对象的范围，即哪些属于社会法律现象，应当由法学加以研究；二是法学对象以外，还有哪些领域必须由它加以研究。也就是说，为了正确地认识、说明法和法律现象及其规律性，还有哪些客观事物、社会现象，需要从与法的相互关系的角度上加以研究。马克思主义法学，认为法不是孤立的、静止的、永恒的社会现象，它要求研究运动发展中的法律现象。法和法律现象，在自身的运动发展过程中，必然同社会上的其他事物和现象发生各种各样的联系和关系，这就要求在研究法和法律现象的同时，还必须研究影响、决定它们运动发展的社会环境和社会过程。法只有处于社会环境的运动过程中，才能成为不断发展的社会机体中不可分割的组成部分，才能显示出自己的性质和内在固有的特点。所以，只有认真研究法运动发展的社会环境和社会过程，才能认识和说明法的规律，才能获得法律现象的科学的知识。

根据对法学研究的对象和范围的分析，可以得出这样一个概念：法学是关于社会中法、法律现象及其规律的知识体系。由于它的研究对象极其复杂，研究范围非常广泛，也就决定了研究方法的多样性，人们也可以从不同的角度，根据不同的目的来加以研究。据此建立的法学体系，就不是单一的，应当是多元性的。

二

法学作为一门重要的社会科学，应当是理论和方法的统一。理论是一种客观知识体系。它虽然要用经过实践检验的概念、范畴、原理来表述，但这种客观知识，总是要通过相应的认识方法，才能取得的。这里所说的方法，是指法学的研究方法和科学思维方法。任何一门科学，如果不去考察方法问题，要想解决重大的理论问题,常常是行不通的,法学也不例外。可是多年来我们只注重法学的理论内容,而不重视方法。这就把我们的法学在一定程度上,变成了死板的、贫乏的、枯竭的纯观念性的东西,变成了名词、概念、范畴的堆积物。

我们有时认为,法学研究只有一种方法,就是辩证唯物主义和历史唯物主义的方法,简称唯物辩证法。法学在其发展过程中,在唯心主义和形而上学的认识方法的影响和支配下,曾经使用过多种多样的方法,除哲学方法外,主要有:逻辑方面(注释方法)、分析方法、历史方法、比较方法、社会学方法、综合方法等。我们并没有运用唯物辩证法,对它们认真地加以改造,当然也就谈不上吸取、借鉴。现代科学技术的发展,各个学科的相互渗透,有些新的方法或自然科学方法如系统方法、数学方法、价值方法、科学预测方法等,可被应用于法学研究的领域。但我们对这一点,没有足够的重视,适时地加以研究、运用。这在一定程度上,造成法学研究方法的落后、贫乏和残缺不全,影响法学作为一种科学的发展。在我们国家,用不同的、具体的科学方法,研究社会中的法和法律现象,可否建立或形成不同的法的知识体系?对这个问题,我们缺乏全面的、正确的、清晰的认识。对西方(主要是资产阶级)学者各自运用不同的认识方法,而形成的法学体系或学说、流派,我们时常全盘否定,即使研究,也只限于作纯否定的评价;对于它们以歪曲形式表现出来的现实中的学术问题,我们不善于把它作为正面考察的对象,从马克思主义的立场、观点出发,用科学的方法给予恰如其分的阐释。因此,现在我们虽然口头上承认法学遗产可以批判继承,但行动上并未完全实现。

我们经常强调法学研究,要以社会实践经验为基础,这无疑是正确的。理论和实践的关系,也是明确的。但是,我们还没有完全清楚地认识到,法学知识体系的发展、完善、改进、充实和系统化,以及科学成果即理论在实践中的检验,都要借助于科学研究,而这种研究是一个认识法和法律现象的过程,在这个过程中,经验水平的研究和理论水平的研究,是紧密相连的。对于这一点,我们同样未能全面地、正确地掌握和运用,更不善于把经验水平的研究所采用的方法和理论水平的研究所采用的方法紧密结合起来。在理论水平研究采用的方法中,我们较重视建立理论,不十分重视借助反映对象内容的形式因素来研究法和法律现象,否定科学假说在研究过程中应当具有的重要作用和意义;在经验水平研究采用的方法中,重视观察,不十分重视社会理想实验,更不善于全面地处理研究者和被研究对象的相互关系,重直接经验研究,轻间接和模型经验研究。这既造成了我国法学研究不能提高经验水平的认识,又使理论水平的认识进展迟缓,使法学很难对实践发挥前导作用。当前我们正在进行法学体系的讨论,法学界提出关于法学体系的若干设想。① 其中绝大多数,基本上是根据历史唯物主义的一般原理,以现实存在的法律部门或法律的分类为基础,吸收传统的法学分类中的合理因素(或称科学因素)而提出的。一般说来,都体现了理论联系实际的原则和法学研究以现行法为主要内容的精神。据此而建立的法学体系,可以作为我国法学的主体系,但它不应排斥其他的法学体系。

在这里,笔者着重从方法论上论述在我国建立多种法学体系的可能性和必要性。

(一)注释方法。注释方法指的是用逻辑研究现行法规范的一种方法,故又可称为逻辑方法。用逻辑方法研究法和法律现象所建立的知识体系,称为法解释学。

法解释学是法学中一个年代久远的学科。它是在经院哲学的影响下,运用从罗马法中继承下来的逻辑方法,对法进行种种解释,而形成的一种以各个法律条文为中心的法律技术知识体系。注释法学,把法作为维持现实生活秩序的一种规范来研究。它从这一观点出发,用形式逻辑的方法,研究法律规范所具有的思想内容,具有实用的价值。它为了实现这一点,必须仔细考虑如何弄清现行法的思想内容,必须经常注意国家立法的发展,及由此而引起的现行法内容的变化,以便使自己适应新情况。这样,它就把自身同法的存在不可分割地结合在一起。因此,它的目的性比较明确,实用性和专业性很强。

在历史上,注释法学在西方国家所使用的方法主要是形式逻辑。应当承认,单纯用这种方法难以揭示法的本质及其规律。但这不能成为对它全盘否定的理由,我们也不难找到克服它的局限性的出路。

应当看到,注释方法也是我国法学研究的传统方法,《唐律疏议》就是见证。这种方法,现在实际上还被广泛地运用。同时我们还应看到法律解释学所提供的知识,对于从事必须具备现行法规范知识的专职人员,特别是审判员、检察员、律师等实际法律业务人员,更具有直接的现实意义。

逻辑方法包括形式逻辑和辩证逻辑。我们过去在法学研究中比较注重形式逻辑。我们虽然经常把唯物辩证法抬高到“最高”、“唯一”的地位,而对其重要组成部分——辩证逻辑,并未认真地研究运用。如果全面运用逻辑方法,又基于研究对象和现象的根本性质的变化,就能建立一个内容丰富的知识体系。

(二)比较方法。比较方法,是科学研究中使用比较广泛的一种方法。

它是运用唯物辩证法于法学研究的一种具体的、特殊的方式。我们运用它

① 参见张友渔等著:《法学理论文集》,群众出版社1984年版。

研究法的问题,同在法学研究中坚持用唯物辩证法并不矛盾,而且是一致的,但在我国,长期以来,否定或不敢、不善于通过比较来认识法和法律现象。

用比较方法所研究的事物和现象,必须是两个或两个以上,而且它们还必须同某种属类一致。不同历史类型、不同国家的法和法律,从属类上说,具有可比性,应当是肯定的。同一历史类型的不同国家的法和法律之间,进行比较研究也不会有太大的问题。不同社会制度的国家的法和法律之间,尤其是社会主义和资本主义国家的法和法律之间,是否可比,人们常常发生疑虑。笔者认为,比较的目的不仅是异中求同,还可以是同中求异、异中求异。以我国的法同资产阶级国家的法相比较为例,它不仅有利于吸取外国有益的经验,完善我国的法律体系,健全社会主义法制,而且还可以使我们全面地、清晰地弄清社会主义法同资本主义法的原则区别,更深刻地认识社会主义法的本质特征和优越性。

我们还应当看到,由于现代化科学技术的发展,出现了许多新的认识方法和手段,把它们运用于法学研究领域,会为有些法和法律现象的可比性带来生机。如法和法律现象中随机性因素,可以用耗散结构理论研究解决一些问题,总之用比较方法研究法和法律现象还是大有可为的,也很有现实意义。比较法学,不仅是法学研究中的一种方法,而且是一种知识体系。我们以比较方法为主,结合运用其他科学方法,完全可以在我国建立一种科学的有形有色的比较法学体系。

(三)具体社会学的方法。法学是社会科学的一种。其研究的对象,是社会现象之一;研究的目的,是如何运用法和法律维护和巩固有利于统治阶级和人们社会生活的社会关系和社会秩序。这种研究,当然可以用社会学的方法。

社会学的根本方法,正如列宁指出的那样:“马克思恩格斯称之为辩证方法的,不是别的,正是社会的科学方法。”但除此之外,社会学还有自己的具体的认识方法,主要有:社会调查的方法(个案研究、调查表等)、统计方法、询问方法(谈话、民意测验等)、文献研究方法(文件分析,情报加工等)、实验法等。在历史唯物主义的基础下用这些具体社会学方法,可以在我国建立起一种马克思主义法律社会学体系。

我们用马克思主义的观点研究法和法律现象,在探索法的起源和本质时,要求考察人类社会的物质生产过程;在把法作为社会现象时,要求研究法与社会的关系,法的社会目的、作用和效果。这些说明在我国建立马克思主义的法律社会学,是完全必要的。

(四)系统方法。所谓系统方法,就是从系统的观点出发,始终着重从整体和要素之间,从整体与外部环境的相互联系、相互作用、相互制约的关系中综合地、精确地考察对象,以达到最优的处理问题的一种方法。

用系统论的原理和方法建立起来的关于法和法律现象的知识体系，就是法律系统科学。有人可能担心在法学上运用系统论的原理和方法，将会导致否定法的阶级性，也可能有人企图证明系统论的原理和方法在法学上应用，就表明法没有阶级性，这两种观点都是不对的。

用系统论的原理和方法研究法和法律现象，不是离经叛道，是符合马克思主义的。同时我们又必须充分认识到，系统论的原理和方法，无论多么重要和先进，仍属一般科学研究方法，不能把它绝对化，也不能用它代替唯物辩证法研究社会现象时的指导作用。

以上笔者概括地分析了法学研究的主要方法，可以从中得出下列结论：(1)法学研究不是只有一种方法，也不能只用一种方法。(2)科学研究方法一般是和相应的原理结合在一起的，某些重要方法与相应的原理结合，可以形成不同的法学体系。中国的法学体系，不应是单一性的，而应是多元性的。(3)我们既然是马克思主义的法学工作者，对于任何符合客观事物发展规律的认识方法，以及运用这种方法建立起来的学科体系，都应抱着学习、研究和欢迎的态度。

三

建立具有中国特色的马克思主义法学体系，必须从中国实际出发，考虑现代科学发展的总趋势和特点。应当认识到，现有的学科的划分和结构等，有的已不适应当前的科学状况和现代化建设的需要。我们由于受法学上传统观念的影响，总是固守20世纪50年代建立的法学体系的模式，许多新学科出现了，但没有在法学研究和法学教育中及时得到反映，造成知识的陈旧；我们过分地强调法学的专业性，而不注重科学的综合性，使法学专业太专、太旧；我们总是片面强调学科之间在研究对象上的区别，而不注重同一对象可以由不同学科研究，使得本应产生的交叉学科难产，某些专业性强的学科又专不出来，造成一些学科结构零散、内容贫乏、知识面窄，非常不利于它的发展；对于自然科学、技术科学及其他社会科学，已经运用并证明有效的科学方法，不正视、不研究，当然也就谈不上根据本学科的特点创造适合自己的特殊方法。这就不能不使我们考虑，为有利于法学的发展，法学体系还是多样化些好。

法学是具有自己的内部结构和相对独立的体系的一门科学，它的发展应具有自身的动力。这种动力就是实践和理论的统一及各种理论体系的统一。实践和理论的统一，作为科学发展的动力，是显而易见的，人们比较重视。只有坚持实践和理论统一的原则，才能推动科学的发展。这是一切科学发展的一般规律，当然也是法学发展的规律。

但是，人们对于科学内的各种理论体系之间的统一对科学发展的推动作用，往往不很重视。其实，一种科学内部的各种思潮、学派，科学家之间的思想斗争，正是它发展的一个重要内部的源泉。思想斗争、意见争执，从来都是把科学推向前进的一种力量。没有意见争执和百家争鸣，科学就可能呈现一潭死水、停滞不前的局面。一种科学内部各种理论体系的对立统一，不仅可以解决实践向科学提出的任务，而且还往往导致新的概念、新的理论，甚至新学科的产生，促进科学向更高阶段发展。

从世界范围来说，或者在某一资本主义国家里，法学存在不同的理论体系或学派，人们不会提出异议。在社会主义国家，在马克思主义法学内部，可否有不同学派的理论体系，是一个值得探索和论证的问题，答案应当是肯定的。法学的发展是社会历史条件和科学内在逻辑综合作用的结果。从科学内在逻辑上说，承认法学内部不同理论体系的存在，是法学发展的动力所在，是法学内在逻辑演绎的结果。我们提出社会主义国家的法学体系应当具有多元性，是符合唯物辩证法的，是符合科学发展的规律的。

有人可能提出，一个国家几种法学体系并存，会不会破坏法制的统一？不会。因为它是理论知识体系。这些理论知识体系都是在坚持四项基本原则的前提下，贯彻理论联系实际，为实现我国法制的尊严和统一这一目标服务的。总之，笔者认为，法学有不同的学派存在，这不仅是好事，而且将成为法学发展的必然，是符合党的“双百”方针的，它必将极大地促进法学的发展，带来法学的繁荣。

（1986年第9期）

权力制约论

张宗厚*

权力，这么一个小小的字眼，却包含着难以尽述的内容。人们时而对它怀着欣敬和期待，时而对它抱着厌恶和仇视。而一部人类社会发展史，却如影随形般地伴随着一部权力斗争史。古代的皇帝、皇室，为了争夺最高权力，不惜手足相残；现代的拜权狂，为了窃取党和国家的权力，直弄得"折戟黄沙"。许多顺应历史潮流的先进政治力量和个人，运用权力为人民谋福利，推动社会的前进；一些代表腐朽没落势力的集团和个人，滥用权力，给人民带来了无尽的痛苦和灾难。权力，在政治学词典上，恐怕再没有哪一个词汇能像它那样令人炫目和颇具争议的了。

为什么呢？正在文明的阶梯上攀登的人类社会，是一个有组织的社会。社会的有组织性，必然产生权利和义务的关系。权利，包括权力和利益。而权力，无论是政治上的强制力量（如国家权力），还是职责范围内的支配力量，都是有双向发展可能的"双刃剑"。如果它的运用符合社会大多数成员的愿望和利益，那么它将成为推动社会前进的"杠杆"；若相反的话，则将成为社会发展的阻力，或妨碍社会发展的破坏力。

如何保证权力的行使和运用沿着符合社会大多数成员的愿望和利益的方向前进呢？18世纪启蒙思想家孟德斯鸠说过："一切有权力的人都容易滥用权力，这是万古不易的一条经验……从事物的性质来说，要防止滥用权力，就必须以权力制约权力。我们可以有一种政制，不强迫任何人去作法律所不强制他做的事，也不禁止任何人去作法律所许可的事。"用现在的话来说，只有运用法律的力量和制度的力量，才能有效地制止权力的滥用。

权力制约问题，不仅是个理论问题，更是一个实践问题。研究它，对于在社会主义条件下发扬民主，健全法制，防止滥用权力，减少官僚主义的祸害，都有着十分重要的现实意义。

* 作者单位：《中国法制报》评论部。

一、关于国家权力的制约

国家权力不是至高无上、丝毫不受制约的，只有将它置于一个有效的制约机制之下，才能合理地运转。这是人们从许多的痛苦经验中得到的启示。

在中国几千年漫长的封建社会里，关于国家学说，占统治地位的是“君权神授”、“法自君出”、“朕即国家”的观念，因此，以皇权为代表的国家是神圣不可侵犯的。在那种情况下，根本谈不上真正的国家权力制约问题。

在古希腊和古罗马，虽然发生过“君主制”与“民主制”之争。甚至古罗马的思想家们已经提出了立法权寓于人民的观点，但是由于君主政治和“君权法”思想居于主导地位，所以国家权力制约问题仍无从谈起。

17世纪的欧洲是资产阶级革命风起云涌的地方。一批思想家对国家的绝对权力提出了疑问。其中较杰出的代表是约翰·洛克，这位英国革命后期的资产阶级哲学家和政治思想家首先提出了分权学说。洛克的分权学说，到了18世纪法国的孟德斯鸠那里，进一步发展成完整系统的三权分立理论。孟德斯鸠说：“当立法权和行政权集中在同一个人或同一个机关之手，自由便不复存在了”，“如果司法权不同立法权和行政权分立，自由也就不存在了。如果司法权同立法权合而为一，则将对公民的生命和自由施行专断的权力，因为法官就是立法者。如果司法权同行政权合而为一，法官便将握有压迫者的力量”。孟德斯鸠的三权分立说，对后来资产阶级国家政治制度的建立起了巨大的作用。

三权分立和制衡学说，是适合当时社会发展需要的产物，并成为资产阶级反封建、反暴政的武器。虽然它有历史的阶级的局限性，但是，从历史唯物主义的观点看，三权分立的制度在一定程度上确实起到了限制权力集中、防止滥用权力的作用。

马克思主义在充分认识和揭露了孟德斯鸠的三权分立说的掩盖国家权力的阶级实质的同时，并不一般地反对国家权力的制衡原则。相反，马克思认为，国家权力由不同机关来行使，这种分工起着相互制约、相互平衡、相互监督的作用，是必要的。恩格斯指出：“社会起初用简单分工的办法为自己建立了一些特殊的机关来保护自己共同的利益。但是，后来这些机关，而其中主要是国家政权，为了追求自己的特殊的利益，从社会的公仆变成了社会的主人。这种情形不但在例如世袭的君主国内可以看到，而且在民主的共和国内也可以看到。”无产阶级掌握政权以后，仍然面临着一个防止国家权力与社会现实和人民利益脱节的问题。

社会主义国家和资本主义国家在政治体制上的一个重要区别，在于它实行的是“议行合一”制，即人民选举产生的代表机构不能像资产阶级议会那样单纯是一个立法机关，而应该是一个权力机关，不应该是一个清谈馆，而应该是一个工作机关。这种“议行合一”的政治制度，首先是由巴黎公社在1871年创立的，它一产生就得到了马克思的肯定，之后，又为各个社会主义国家所采纳，并成为各有特色的权力分工和制约机制。

社会主义国家的权力分工和制约机制的主要特色是，国家最高权力机关（在我国是全国人民代表大会，在苏联是最高苏维埃会议，在南斯拉夫是联邦议会等）不单纯是行使立法权和监督权的机关，而且拥有最高国家权力。它与实行三权分立的资本主义国家不同，立法机关、司法机关和行政机关之间不是互相平行的关系，而是把国家权力集于由人民选举的最高国家权力机关，其他机关（行政机关、审判机关、检察机关）的权力都是由国家最高权力机关赋予的，它们不拥有平行于或超出国家最高权力机关的权力。行政机关和司法机关由国家最高权力机关产生并对国家最高权力机关负责。国家最高权力机关在绝大多数场合不直接执行它通过的各项法律和关于重大问题的决定，而是通过由它产生并对它负责的国家行政机关、审判机关、检察机关和军事指挥机关分别行使国家行政管理和执行法律的权力。同时，国家行政机关作为国家最高权力机关的行政执行机关，被国家最高权力机关授予部分法规的制定权。也就是说，人民监督、制约国家权力机关，国家权力机关监督、制约行政机关、审判机关、检察机关，行政机关、审判机关、检察机关行使对人民的管理权。

经过近百年的实践，社会主义国家权力的分工和制约机制不仅逐步完善，而且显示出了巨大的优越性。但是，也要看到，目前社会主义国家的国家权力分工还是很不完善的，权力过于集中是普遍存在的现象，国家最高权力机关如我国的全国人民代表大会的优越性还没有充分发挥出来。在过去相当长的时间内，人民代表大会的活动经常流于形式。特别是“十年内乱”中，人民代表大会不能按时召开，就是召开了，也是“一举手、二鼓掌、三通过”，成了一块“橡皮图章”。惨痛的历史教训告诉我们，不要以为我们有了优越的社会主义制度和“议行合一”的人民代表大会制度，就能自然而然地解决权力过于集中和滥用权力的问题。如果我们不进一步改革和完善社会主义的政治体制，就难以避免“文化大革命”那样的悲剧。政治体制改革的关键是要建立和健全与社会主义民主政治相适应的国家权力分工与制约机制，以有效地解决权力过于集中的问题。在国家最高权力方面，最重要的是：

一、改进选举制度，保证人民能真正按自己的意志选出自己的代表。现在，人民群众对相当多的候选人不了解,一些候选人的确定不是在充分发扬民主的基础上,而是因种种因素"内定"的,这就使人民代表的产生和选举在相当程度上并不能充分反映选举者的意愿。

二、提高人民代表的素质和充分发挥他们的作用。我们的人民代表应该是一定数量的人民群众的代表者。他应该是他所代表的那个地区或那个领域里的"社会活动家"。对当选的人民代表,必须用制度保障他发挥作用。他应该经常深入选举他的人民群众中去,汇报工作,听取意见。他还应发挥对政府工作的监督作用。现在有些人民代表,心目中只想到感谢党和国家的信任,很少想到他是代表人民的,有对权力机关和政府机关及其工作人员监督的权力,这是民主意识淡薄的表现。

三、要真正发挥权力机关的作用。我们实行"议行合一"制度的优越性,在于权力机关既能议,又能行。如果只议不行,或行不起来,那么这个制度的优越性就必然要打折扣。现在有相当多的权力机关没有发挥应有的作用。例如,重大事项决定权和人事任免权难以开展,监督权和立法权的行使有限。有人把这种状况概括为:法定权力大得无边,实际权力小得可怜。主要原因在于:人大常委会委员年龄老化,多数人是兼职,没有形成一个能够施行权力的班子;机构设置与所负责任不相适应,如人事任免本是宪法赋予人大的一项十分重要的权力,但并无专门机构也无专人负责;监督权也无明确机构负责,仅在办公室下设一个小小的来信来访办公室,并无解决问题的权力和能力。对司法工作的监督,实际上多由党的政法委员会在管。过去,由于对"党领导一切"的片面理解,人民代表大会实际上被视为"二线"。这几年,虽然从理论上承认了人民代表大会是"一线"岗位,但在干部配备上,常常把人民代表大会变成了从党政机关退下来的干部的"安置所"。而且,人民代表大会各部门的干部在党委中的位置较低,使它难以对一府两院行使权力,实施监督。

人民代表大会制度是我国的根本政治制度。这个制度的完善状况和权力机关发挥作用的状况,从一定意义上反映了国家的政治民主化水平。其中要重视解决的,首先是一个党政分工的问题。其次,对于整个社会生活来说,还要运用民主法制的办法,解决个人(尤其是领导者)的权力制约问题,以防止滥用权力。

二、关于非国家权力的制约

我们讲的国家权力,主要指的是国家权力机关以及由它产生并对它负责的国家行政机关和司法机关的权力。在这些机关中工作的个人,因其权力是由其职责所带来的，所以，在总体上，它们也属于国家权力的一部分。由于国家机关工作人员的素质互有差异，必然产生一部分人把自己的权力扩大到职责之外，滥用权力，“以权谋私”的现象，即其严重表现之一，可惜这在当前还相当普遍。我们研究权力制约问题，在很大程度上正是为了消除滥用权力和以权谋私的弊端。

除上述外，非国家权力还包括执政党及其各级组织和党员的权力，社会组织和经济组织的权力，以及实际上掌握一定的人、财、物的支配权的人的权力。要形成完整的立体结构的权力制约机制，不能不对实际起作用的权力现象进行多层次的研究。

关于党的权力制约问题，从党的十一届三中全会以来，邓小平同志多次敏锐地提出了这个问题。他在题为“解放思想，实事求是，团结一致向前看”的讲话中指出：“国要有国法，党要有党规党法。党章是最根本的党规党法。没有党规党法，国法就很难保障。各级纪律检查委员会和组织部门的任务不只是处理案件，更重要的是维护党规党法，切实把我们的党风搞好。对于违反党纪的，不管是什么人，都要执行纪律，做到功过分明，赏罚分明，伸张正义，打击邪气。”1980年8月18日，邓小平同志在中央政治局扩大会议上所作的题为“党和国家领导制度的改革”的讲话中，指出了“党和国家现行的一些具体制度中，还存在不少的弊端……从党和国家的领导制度、干部制度方面来说，主要的弊端就是官僚主义现象，权力过分集中的现象，家长制现象，干部领导职务终身制现象和形形色色的特权现象”。官僚主义的直接病根，一是我们的各级领导机关，都管了很多不该管、管不好、管不了的事；二是长期缺少严格的从上而下的行政法规和个人负责制，缺少对于每个机关乃至每个人的职责权限的严格明确的规定；三是干部缺少正常的录用、奖惩、退休、退职、淘汰办法。

在谈到权力过分集中的现象的时候，邓小平同志指出：“就是在加强党的一元化领导的口号下，不适当地、不加分析地把一切权力集中于党委，党委的权力又往往集中于几个书记，特别是集中于第一书记，什么事都要第一书记挂帅、拍板。党的一元化领导，往往因此而变成了个人领导。全国各级都不同程度地存在这个问题。”权力过于集中于执政党个人或少数人手里，这同我国历史上封建专制主义的影响有关，也同共产国际时期实行的各国党的工作中领导者个人高度集权的传统有关，邓小平同志在讲到分权问题时说：“我们历史上多次过分强调党的集中统一，过分强调反对分散主义、闹独立性，很少强调必要的分权和自主权，很少反对个人过分集权。对这个问题长期没有足够的认识，成为发生‘文化大革命’的一个重要原因，使我们付出了沉重的代价。现在再也不能不解决了。”

历史经验证明,在我们社会主义国家,必须坚持共产党的领导。但是如果把所有问题都堆到党的领导机关头上,不仅妨碍了党集中精力去考虑涉及方针、路线、政策方面的大事,实际上是削弱了党的领导。十二大通过的新党章规定:"党的领导主要是政治、思想、组织的领导……党必须在宪法和法律的范围内活动。党必须保证国家的立法、司法、行政机关,经济、文化组织和人民团体积极主动地、独立负责地、协调一致地工作。"如果说,严肃党纪党法,是党运用内部的力量对党的各级组织和广大党员的权力进行制约,那么,"党必须在宪法和法律的范围内活动",则是对党的权力的外部制约。

综上所述,对党的权力制约,有以下几个方面:

(1)党领导人民,同时,党接受人民(包括民主党派)的监督。这和我们党的宗旨是一致的。

(2)党领导人民制定法律,同时,党必须在宪法和法律的范围内活动。

(3)党通过制定方针、路线、政策指导各级政府的工作,但在党政明确分工的范围内,党又服从政府部门的行政管理。

(4)党通过它的各级组织指导、监督司法部门的工作,推动司法部门严格依法办事,但又不干预司法部门独立办案。

(5)党通过制定党章、党纪和有关规定,约束它的各级组织和每个成员,使其服从党的整体利益。

(6)党在政治、思想、路线上指导各社会团体,但又尊重它们依法行使职权。

(7)党对经济组织的领导,逐步由直接干预,转变为服务、保障。在基层经济单位,党的领导作用主要通过党委的监督和广大党员的模范带头作用体现出来。

(8)党内通过严格实行民主集中制,使重大决策均由集体作出,防止权力过多地集中于个人。

(9)对以权谋私或滥用权力的党员,通过党纪、国法严肃惩处。

任何权力都必须受到制约是一个具有普遍意义的理论原则;凡是有权力行使的地方,就必须有权力制约机制,这是具有广泛适用性的实践原则。大到国家权力、政党权力,小到个人权力,莫不如是。

三、完善社会主义的权力制约机制

当我们分析了社会主义国家的权力结构(国家权力和非国家权力,尤其是执政党的权力)之后,就有可能从这个实际出发,探讨建立和完善社会主义国家的权力制约机制问题。

首先应当肯定，我国的政体——人民代表大会制度是优越的，只是因为在一些环节上不完善，影响了它的优越性的发挥。因此，我们的任务是不断完善它，而不是否定它。此外，从社会主义过渡到共产主义这一相当长的历史阶段中，面对国内的各种矛盾和国际上的阶级斗争，仍然需要一个受到马克思主义锻炼的、用民主集中制原则组织起来的、具有高度组织纪律性的政党的领导。这个领导还要加强而不能削弱。所以，我们谈权力制约问题，是在承认人民代表大会制度的优越性和加强党的领导的前提下进行的。

但是，必须实事求是地承认，在我国的社会政治生活中，存在权力过于集中和权力被滥用的弊端。如何有效地解决这些问题呢？这根本上是一个政治体制改革的问题。而政治体制改革的关键，是建立高度民主、法制完备、富有效率的社会主义政治体制。

政治体制的核心问题是政治权力的构成形式。我们目前的政治权力构成形式是与计划经济体制、高度集中的政治管理体制以及改革前的农村的平均共产主义经济体制相一致的，它已经不适应社会主义商品经济发展的要求。所以，政治体制改革的目标之一，是要建立与社会主义商品经济相一致的社会主义民主体制，其根本点是建立和健全人民群众参与国家政治决策、行使对各级权力机关及其工作人员有效监督的权力制约机制。

几千年来，古今中外权力的存在形态的基本模式是金字塔式的结构，即广大群众构成了塔的广大基座，管理他们的各级官员处在塔的中部，少数人组成的最高权力机关位于塔顶。这种权力模式是官僚主义赖以存在的土壤，也是专制主义得以存在的社会环境。

但是，因为“国家之观念，在通常的意识中万事是倒立 的”，①少数人组成的上层统治集团却拥有极大的权力，这在我国封建时代表现得尤为典型，它表现为政权、神权、族权、夫权。而构成社会的主体——人民大众，几乎没有任何权力。

资产阶级虽然承认“主权在民”和“法律面前人人平等”的原则，但因为生产资料私有制所必然产生的“金钱锁链”，以及它对民主选举的奸污，不可能把普通的老百姓推向权力结构的上层，居于上层的必然是一群拥有较多财产的达官贵人。也就是说，资产阶级承认的民主、自由、平等等口号，在观念上动摇了自古形成的权力金字塔，但私有制度和金钱的威力，仍然使人民大众处于最无权的地位。

无产阶级掌握了政权并通过对生产资料私有制的改造，消除了阶级对立之

① [德]马克思、恩格斯著：《德意志意识形态》中央编译局编译，人民出版社 1961 年版。

后，创造了最有利的条件和最大的可能，使广大人民群众参与国家管理，成为社会的主人。因此，社会主义的权力构成，是既不同于封建社会又不同于资本主义社会的崭新形态。

但是，几乎所有的社会主义国家，执政党的权力都比国家最高权力机关和政府的权力要大得多。在人民当家做主的社会主义国家，人民是国家权力的主体，他们选举出自己的代表组成最高权力机关，行使最高决策权（立法权、人事任免权、监督权等）。而作为工人阶级先锋队组织的执政党，则发挥思想、路线的领导作用。列宁曾指出，社会主义国家中执政党的地位是可以改变的。随着社会主义制度的确立，党可以由“直接执政”，变为“间接执政”，或者叫“半执政”或“监政”。《中国共产党章程》规定，党的领导主要是思想、路线、组织的领导，正体现了列宁这一思想，更多的是发挥监政作用。政治组织和人民团体既是执政党的助手，也是党发挥监政作用的助手。政府和司法机关拥有管理、组织社会的权力，经济组织是政府管理经济的助手和组织人民进行经济活动的实体。

为了保证权力结构有效地运行并向着符合历史发展规律的方向发展，很重要的一个前提是，必须在上层权力机关认真坚持民主集中制的原则，防止权力集中于个人。

保持这个权力结构有效运行的另一个前提是，必须进行适度的分权和有效的权力制约。如果党政不分、以党代政，既不利于政府职能的发挥，又不利于人民树立法制观念。目前，有的党组织和党员、干部，特别是有的党政军领导机关和领导干部，仍然自恃特殊，以言代法，以权压法，甚至徇私枉法，把自己置于法律之上或法律之外。他们当中有的习惯于个人说了算，损害法律的尊严，不尊重国家权力机关的决定和决议；有的对司法机关的正常工作横加干涉，强制司法机关按照他们的意图办事，强行更改或者拒不执行法院的裁判，任意调离秉公办事的司法干部；有的无视宪法和刑事诉讼法，任意决定拘留和搜查公民，或者强令公安、司法机关去干一些非法侵害公民人身权利和民主权利的事，甚至把政法干警作为他们搞强迫命令和以权谋私的工具，等等。这些现象的发生，有思想和习惯势力的原因，但更多地应从制度上去找原因。

关于建立和完善社会主义的权力制约机制的问题，笔者认为，它的核心和关键是在明确职责和权力分工的前提下，认真发扬民主和完备法制。这方面，需要做的事很多。但是，以下三点是至为重要、必不可少的：

（一）更新传统权力观念。这首先要确立人民是国家权力主体的观念，确立执政党、国家机关和国家工作人员均为人民公仆的观念，打破传统的“上下观”、“官民观”。当官的高人一等的思想，以及党员高人一等的思想，都是封建主义等级观念的残余。当广大人民不是眼睛向上寻找“救世主”,而是认识到自己就是主人的时候,当他们把执政党和国家不是看做高高在上的主宰,而是为自己服务、受自己监督的力量的时候,当他们把国家各级官员不是看做“官老爷”而是看成公仆的时候,便会为社会主义的权力制约机制奠定一个最广大、最坚实的思想基础。当执政党和国家的一切决策都从人民的根本利益和需要出发的时候,当执政党的广大党员和国家的各级官员都认识到自己的“公仆”身份,并自觉接受人民监督的时候,那么,社会主义的权力制约机制便获得了最有利的条件。

(二)建立和健全人民对国家政治决策的参与制度和对国家机关及其工作人员的监督制度。社会主义国家政治权力机构和领导体制,应当是根据人民的利益和意志,代表人民行使管理国家权力的组织实体。因此,一方面,要创造更多的条件和机会,使人民能更多、更好地直接或间接参与国家事务决策。另一方面,要进一步完善人民代表大会制度,使国家机关及其工作人员始终被置于人民的监督之下。

(三)健全制约权力的法律制度。法律是以整体的权力制约个人或少数人的权力的根本方式。法制不健全的国家,必然是权力制约不完善的国家。权力制约机制,有内部机制和外部机制两种。如对党来说,按照党章的规定,按期召开各级党代表大会和基层党员大会,按照真正民主选举产生各级党的领导人,按期要求领导人报告工作,重大问题要经过集体讨论,实行每人一票的表决制等,是内部制约。党必须在宪法和法律的范围内活动,接受人民的监督,是外部制约。对国家机关、社会组织和经济组织,都有一个内部制约和外部制约的问题。由于法律的极大权威性和普遍适用性,所以对整个社会来说,法律制约是最有力、最根本、最普遍的制约。当前,我们迫切需要通过制定和完善包括“国家工作人员法”在内的行政法和行政诉讼法,把各级干部的选举制、任免制、考核制、任期制、监督制、弹劾制、罢免制、轮换制等法律化、制度化。

建立完善的社会主义权力制约机制,是社会主义政治民主化的需要和标志,是政治体制改革的重要内容。当任何人手中的权力都被置于有效的制约和监督之下,从而保证使它不被滥用的时候,那么,高度民主、法制完备、富有效率的社会便会展现在我们面前。

(1986 年第 10 期)

论决策的法律化

傅兆龙*

万里同志在全国软科学研究工作座谈会上指出:“为使我国决策民主化和科学化有更大的保证,我们需要采取立法措施,使决策研究工作者能够得到法律的保护,从而使决策做到制度化、理性化。”这说明:决策的法律化,在决策民主化、科学化实现的过程中,居于保证性的重要地位。

一、决策的法律化是现代化国家管理的一项重要准则

决策是国家在确定其方针、政策或实现其方针、政策时所进行的一整套活动,古已有之。而决策的法律化则不然,它是社会化大生产的产物,是现代化国家所确立的一项管理国家的准则。

以小生产为主的社会,生产简单,科学技术落后,商品经济不发达,这种封闭性的经济无须多大的信息量和知识量,国家的决策所涉及的知识范围,比较狭窄,无须借助知识群体的智慧,只要统治阶级的个别领导人或它领导的小集体就可以应付。加之,小生产的经济基础所决定的专制政治制度,统治阶级也不可能把这一重要权力给予人民。因此决策只能是国家元首的事,所以无决策民主可言,自然也就谈不上什么决策法律化了。在我国漫长的封建社会中,国家最高层次的决策,除了极少数的开明朝代,如唐朝将“三省”、“议事堂”制度中有关国家决策程序纳入法典(《唐六典》)以外(当然不是现代意义的决策程序),大多是君主独揽决策大权,“天下事无大小,皆取决于上”,最高层次的决策靠皇帝个人一锤定音,其依据是个人主观意志,即使有贤臣良相的谏诤制约,接纳与否也决定于皇帝的爱憎,低层次的决策,也是靠长官意志,决定于长官的好恶。因此,这种封建决策带有很大的随意性,具有严重的个人感情色彩,自然也就谈不上法律化。我们现在有些决策领导人所迷恋的“拍脑袋”的习惯,追本溯源,不能说不是来自于这种封建意识。

到了近代,由于科学技术的长足发展,社会化大生产的水平迅速提高,使得

---

* 作者单位:江苏省社会科学院。

国家管理中需要决策的问题五花八门，日益繁多，迅速增加的知识、信息量，使得需要决策的问题，既面广量大又复杂困难，不仅国家最高领导人个人无法应付，而且领导集体的成员也不可能精通行行业务的规律而包揽无遗。因此，在一些资本主义国家，特别是发达的资本主义国家，为了使决策最大限度地有利于资产阶级的整体利益，就不得不借助具有各种知识、各种经验的专家群体的智慧，于是形成了各种提供咨询、研究的机构。为了保障在决策过程中资产阶级的民主，防止个人和有关机构对权力的滥用，使决策活动按照一定的轨道正常运行，势必需要确定决策活动的行为准则，所以，决策的法律化是社会化大生产的产物，是现代化国家管理活动的一项必要的准则。

二、决策的法律化是决策民主化科学化的保证

现代意义的决策法律化是以法律的形式把决策活动具体化、条文化、规范化，规定个人和有关部门在决策整套活动中的行为准则。它是由国家制定并由国家的强制力量保证其实施的。所以，它是决策活动正常运行的保证，在我国社会主义条件下，决策法律化是决策民主化和科学化的保证。

决策的民主，作为一项政治制度，有它的内容和形式，内容即阶级性，即人民做主，形式是如何实现这种阶级性。法律化是把决策的民主要求具体体现在决策的研究、制定、执行、监督、反馈等整套程序中。因此离开了法律规范，民主是无从谈起的。如果没有法律规范，随之而来的必然是主观随意性，导致滥用权力，独断专行，破坏民主，不但决策的阶级性不能保证，而且决策的科学化也会落空。因为科学化是建筑在广开思路，广开言路，全民议政，集思广益的民主化基础上的。决策离开了法律化，不仅谈不上民主化，也谈不上科学化、理性化。因此，决策的法律化对民主化、科学化的实现，有着决定的意义。对此，新中国成立以来，我们是有惨痛的经验教训的。1957 年党开展整风运动，采取发动群众向党提建议，帮助党整风的方针，但不久，在随意性支配下，这一方针却变成“引蛇出洞”，以致从此“万马齐喑”，为后来日益严重的个人崇拜，容不得半点不同意见，打开了大门。于是，1958 年在随意性的支配下，轻率地发动了“大跃进”和“农村人民公社化运动”，出现了以高指标、瞎指挥、浮夸风、“共产风”为主要标志的严重“左”的错误。1959 年 7 月中央政治局庐山会议前期的决策，是努力领导全党纠正已觉察到的“左”的错误，但是会议后期，在主观随意性的支配下，将反“左”的决策，一个晚上变成了批判彭德怀、开展“反右倾”的斗争，不仅使国家和人民在经济上遭到了极为严重的损失，而且在政治上特别是在人民的精神方

面更造成了无法估量的损失。至于因主观随意性的泛滥而导致的十年“文革”，其严重后果更是史无前例。随意性的危害，在宏观决策上是如此明显，在微观决策上，同样惊人：一个城市的建设规划，会因书记一个个更换而一次次推翻重订；农业上一条水渠会因地方领导人的调动，而挖好了填，填好了挖。尽管上述宏观、微观上决策的失误，还有其他原因，但是法制不健全，决策的民主化、科学化缺乏法律的保证，则是其重要原因之一。

党的十一届三中全会以后，经过拨乱反正，纠正了长期以来在指导思想上“左”的错误，重新确立了实事求是、从实际出发的思想路线。在决策过程中，那种随意性、唯意志论、独断专行的作风，在党和国家的最高领导层中有了显著的改善，特别是为各类决策提供科学依据的软科学有了一定的发展，在一些重大的方针、战略和一些重大经济项目的决策中，已积极注意周密分析和系统的研究论证。社会实践充分向人们证明决策民主化、科学化的重要性。

但是，值得注意的是，决策的民主化、科学化，作为上升为国家意志，形成靠国家强制力量保证其实施的法律规范来看，严格地说，还没有起步。决策的法律化尚未引起应有的重视，这是与现代化国家管理、与全面彻底的改革极不适应的。我们面临的改革，其任务的繁重程度和复杂性、困难性是过去任何历史时期都不能比拟的。在开放、搞活、国内外形势瞬息万变的形势下，新问题、新情况汹涌到我们面前，如果继续容许主观随意性、唯意志论干扰决策，就可能导致贻误子孙、危害民族的大祸。我们再不能重蹈历史的覆辙，是必须把决策法律化提到议事日程的时候了。

三、决策法律化的原则

在我国，国家的一切权力属于人民，一切国家工作人员都是人民的“公仆”，这一国家本质决定了我国的决策立法应遵循如下原则：

1. 民主、平等、协商原则

社会主义国家应该比资本主义国家有更高的民主，这一高度民主体现为广大人民行使国家管理的权利，国家意志应该是人民意志的真实反映，而决策特别是国家最高层次的决策，关系国家前途命运和经济建设成败的根本，更必须体现人民的意志。决策成功，全盘皆活；决策一错，全局失败。社会主义国家民主程度的高低，集中反映在广大人民是否有权主宰自己，在决策的制定上是否反映人民真实的意志。如果人民不能掌握自己的命运，而是由“公仆”随意摆布，那怎么能称得上社会主义民主，更怎能谈得上高于资本主义民主，就这个意义上说，决策的民主化是社会主义民主制度最主要的体现。

要实现决策民主化,首先要做到决策公开化。长期以来,国家的决策活动在集权的管理体制下,人民群众对一些重大决策和行动事前一无所知或知之甚少,决策权变成了少数人或个别人的专有权利。要真正实行决策民主化,首先就要实行决策公开化、国务活动公开化。除了一些属于国家机密的决策如军事、外交等由最高权力机关制定外,其他凡能够公开的决策都应交给群众,让人民参与国家的决策活动。代表人民的国家权力机关和为人民服务的政府机关应科学地引导人民对决策进行研究、讨论,相互取长补短,像某些国家那样,通过新闻、广播、电视等手段,及时把国家决策活动通告人民,并通过人民接待、民主信箱等方法,听取和尊重人民意见,使整个国家处于平等自由、全民议政、融洽热烈的政治气氛之中。

其次需要在决策系统中,进一步消除封建思想的影响,实行决策面前人人平等,真理第一,不能讲等级、论资历、分高下、比权威,也不能一言堂、一元化、一锤定音、一家独鸣,要讲科学、讲真理、讲规律、讲实事求是,杜绝主观随意性。特别是对决策研究系统、执行系统、评价系统、监督系统和反馈系统的意见的听取,不能有半点形式主义,必须把它作为进行决策的重要参考依据。当然对一些不符合规律的意见,也不能取迁就态度,更不能用过去"左"的一套来整人,只能采取协商讨论,以理服人的办法。

2. 制衡原则

制衡是指任何权力的行使都必须处在权力的相互制约之中,既不得亵渎权力,也不得滥用权力,以保持其责任与权力相平衡的状态,最终保障权力的正常运行和民主的不被破坏。这种制衡机制表现在国家权力各要素联系、运行的各个环节上。决策是国家权力运行的前提,当然也必须处于制衡状态,这种制衡状态应该用法律形式予以规定,使任何人、任何机关的权力在决策过程中,都不能无限大,不能不受制约。特别在以下几个问题上需要有明确的规范。

首先是党在决策中领导活动的规范化。中国共产党处于国家领导的核心地位,其领导主要是方针、政策的领导。因而产生了两个需要有明确规范的问题:(1)党制定的方针、政策,怎样才能保证其符合客观规律,符合人民利益。笔者认为,重要的是党内的最高领导层次的决策权力要置于相应的制约之中,坚决杜绝个别人或少数人的主观随意性、唯意志性,使决策活动的各个环节都处于制衡状态,任何人任何机构的决策权不能不受限制,都不能无限大。(2)党制定出的方针、政策,如何上升为国家意志的问题。党政的关系,不是一般意义的领导与被领导的关系,不是一种隶属关系,不是命令与执行的关系。党之所以成为国家领导的核心,是全国人民代表大会即国家最高权力机关赋予的权力,是人民代表大会制定的宪法中明确予以规定的。因此,党制定的方针、政策能否上升为国家意志,还需人民代表大会作出决议。全国人民代表大会作为国家最高权力机关对党制定的方针、政策,有经过讨论、运用立法程序上升为国家意志的权力,也有否决的权力。如果国家权力机关失去这种权力,就失去了国家最高权力机关的性质,这就意味着社会主义民主的落空。从长期实践来看,新中国成立以来的历次失误,其重要原因之一,就是在这个环节上缺少程序化、规范化。

其次是强化国家权力机关,充分发挥制衡作用。我国的全国人民代表大会,近几年来,地位比过去有了很大提高,作用也有了很大加强。但是,在决策权的行使中,由于代表的素质、权力意识和政治活动能力以及其他一些条件的缺乏,更主要的是,由于行使决策权的具体程序的缺乏,还存在一定的形式主义。因此,在决策立法中如何强化国家权力机关的决策权力,如何使国家权力机关决策权的行使程序化、规范化就成为一个重要问题。笔者认为,应对提案的审查、论证、讨论、审议、通过、否决以及检查、质询、监督等环节,制定科学的行为准则,使决策活动有法可依,有章可循。

最后是发挥人民群众、人民团体、民主党派的制约作用。关于人民群众、人民团体、民主党派对国家活动的监督,法律规定都很原则,缺乏具体的规范。在考虑决策立法时应有这方面的具体规定。

3. 领导责任原则

决策是领导者最基本的功能,懂得和能够掌握决策,是领导者的首要职责。由于决策是探求未来的工作,它随着主客观情况的变化,带有很大的可变性和一定的风险性。因而背离初衷的情况在所难免。一个具备领导素质的决策领导干部,遇到这种情况要勇于承担责任,实事求是地总结经验、吸取教训、纠正错误,以利再战。如果采取贪天之功、诿过于人的态度,把责任全部记在他人账上,把功劳全归自己名下,那无疑是自塞言路,自拒于人。因此,在决策立法中,关于决策失误的责任归属问题,必须从有利于实现决策民主化、科学化出发,明确领导的责任,使决策研究工作者获得法律上的保护。

4. 尊重知识、尊重人才的原则

知识是认识世界、改造世界的强大武器。从国家管理来说,缺乏现代化的科学知识,就难以胜任。陆定一同志曾说,缺少知识"就不知道啥叫民主法制,就很容易搞封建那一套。大炼钢铁恶化为大砍树木,以粮为纲又演变为副业砍光。从上面讲是瞎指挥,从下面说是盲从,两者的共同点是无知"。在进行与国家前途攸关的重大决策的活动上,是容不得半点瞎指挥和盲从的。它不仅要求决策领导者要尊重知识,不要不懂装懂,不能借助权力以谬误压直理,要吸收像1957年对待马寅初人口论那样一类错误的教训。同时也要求决策研究工作者自尊自重,须有不受决策领导者意志影响的相对独立性,只尊重知识,接受实践的检验;只服从真理,对人民和历史负责,绝不能看领导者的眼色行事,更不能背离真理向领导者阿谀逢迎。所以,尊重知识,是决策立法必须遵循的一个原则。

尊重知识、尊重人才,近几年来,由于党和国家三令五申,虽有所改善,但是就整个社会对知识和人才的看法来说,还需大大提高。在实践中,某些不尊重知识、不尊重人才的表现,时有所闻。邓小平同志把造就比资本主义国家更多、更优秀的人才,作为检验我们制度好不好、完善不完善的要求,具有十分重要的意义。要造就更多、更优秀的人才,首先就要真正懂得人才的重要性,从国家决策的活动来说,就要真正懂得人才对于决策的重要性,才能积极地培养决策研究人才,正确使用决策人才。但是"我们现在还有一些领导人,至今不懂得知识的价值,不懂得尊重知识,尊重人才的重要性。不少人还不能认真地自觉地吸取过去决策失误给国家和人民带来危害的教训",①仍然迷信自己拍脑袋,陶醉于"为民作主"。对人才或者是求全责备,或者是妒贤嫉能,小生产的思想阻挡着他们,认识不到现代知识和人才对现代决策的极度重要性,认识不到没有人才,要消除、减少决策的失误,只能是一句空话;认识不到有了人才,但不尊重人才,不充分发挥人才的积极性,也仍然等于零。所以,在立法中,亟须将这一原则条文化、规范化,用国家的强制力量克服那些在现实中还有很大能量的轻视知识、轻视人才的小生产者思想的阻碍。

改变旧的不适应现代化要求的决策方法的问题,已成为当前我国政治体制改革的重要议题之一,关于决策立法的重要意义,也日益引起大家的重视。笔者相信,在党和国家的领导下,为了保证决策的民主化、科学化,一部适宜我国情况具有中国特色的决策法,随着改革形势的发展,一定会很快地呈现在全国人民面前。

(1986年第11期)

① 参见赵紫阳《在全国软科学研究工作座谈会上的讲话》。

1987 年

没有法律的政治是危险的政治

——法学研究的反思

陈鹏生*

法学家应该通过对法制建设深刻的反思,从理论上告诉人们千万不要忘记一条历史教训:政治离不开法律,没有法律的政治,是危险的政治、灾难的政治。

改革需要反思。反思才能使人们透过深刻的感知,看到历史的凝滞,唤起改变现状的觉醒。这对法学研究,尤为重要和迫切。

党的十一届三中全会以来的八年,我国的理论研究已经揭开了崭新的一页。哲学界率先发起一次摆脱"个人崇拜"精神束缚的思想解放运动,提出"实践是检验真理的唯一标准",为人们打开了摒弃教条、崇尚真理的闸门;经济学界冲破小生产传统观念的樊篱,提出发展社会主义商品经济,给牵动全局的社会改革以强大的思想武器。相形之下,法学研究就不免逊色而自愧不如了。究其原因,主要的就在于法学战线拨乱反正不彻底。

长期以来,法学研究在"左"的思想下,一直是在"以阶级斗争为纲"的圈子里打转。本来,政治和法律都是上层建筑的组成部分,相互作用,共同为自己的基础服务,是马克思主义的常理。但是,由于高度集权思想的影响,政治被强调到可以冲击甚至代替一切的荒谬地步。政治与法律相互作用的关系,变成政治决定法律的关系。而按照"左"的一套理论的逻辑推导,政治就是阶级斗争,阶级斗争就是敌我矛盾。于是,服务于并决定于政治的法律,就只能是以阶级性作为自己唯一的质的规定性,以"阶级斗争的工具"作为自己的唯一职能了。以法作为自己研究对象的法学,当然也只能是"阶级斗争"。这种思想理论所造成的后果是:一方面,法律失去作为上层建筑组成部分的相对独立地位,以唯政治需要决定兴废存亡。政治安定时,成为民主的点缀;政治严峻时,一言可以废法。实际上是以"人治"代替"法治"。另一方面,把政治、法律与阶级斗争完全捆在一起,等同看待,使政治与法律成为学术讨论和争鸣的禁区,一旦涉及,就"以言治罪",出现"文笔贾祸"、法学家望而生畏,只好绕道而走,以唯上、唯书的法律注释和经典考证,代替探讨法制本身存在问题的法学研究。科学是必须靠理论

* 作者单位:华东政法学院(现华东政法大学)。

思维的，法学研究不对法制建设中的实际问题进行理论探讨和概括，又怎么能够有所突破呢？

时至今日，系在法学研究身上的政治死结还没有完全打开。这里涉及一个政治体制问题。如果我们的政治体制真正做到从制度上保障政治民主化，那么，对政治和法律问题的自由讨论和争鸣，本是政治民主的题中之义，就不存在禁区不禁区的问题，法学研究也用不着为了避危求安而绕道走了。解铃还须系铃人，政治总是和权力联系在一起的，要打开法学研究的死结，首先需要从各级领导做起，身体力行地讲民主。政治与法律问题不能争鸣这一存在了多少年的理论禁区，而今不就由于中央领导同志的一席话，而让人们看到开禁的曙光吗？但是，我们强调领导干部加强民主观念的重要性，绝不是像古代的政治道德化那样，寄政治于制度之外的个人道德完善。我们的民主，首先是制度，然后才是干部的思想作风。否则民主就会随领导的喜怒哀乐而变样。因此，要政治民主化，就应该依靠法律制度，保障民主不会因领导人的改变而改变，也不能因领导注意力的转移而改变。我们的法学家应该通过对法制建设深刻的历史反思，从理论上令人信服地告诉人们千万不要忘记一条历史教训：政治离不开法律，没有法律的政治，是危险的政治、灾难的政治。“十年动乱”的悲剧就是事实。那种政治重于法律，以政治冲击法律的旧思想、旧传统，必须永远摒弃。

政治重于法律，政治冲击法律，这在中国是由来已久，源远流长，以致在社会心理上造成一种稳固的潜在结构，需要我们认真反思，从深层进行爆破。统治中国长达两千多年的封建统治，其实质就是君主专制。“王者，居宸极之至尊……作兆民之父母。”普天之下，百官万民，无不一唯君主之意志定是非，论功罪，而官吏又是君主统治的基础，大大小小的官吏，都是君临一地、称霸一方的小皇帝。这些大小皇帝，上下一体，共同进行对封建国家的统治，这就是君主专制的政治。在这种君贵民轻、重义务轻权利的社会准则之下，人们在社会价值的判断上，总是政治高于法律，违反长官意志重于违反国家法律。经过漫长岁月的潜移默化，这种观念渗透在社会文化、生活的各个方面，积淀在人们思想、心理的深处，形成一种顽固的思想定式，不仅当官的不讲民主，独断专横，老百姓也往往习惯于逆来顺受，盲目屈从。遗憾的是，新中国成立三十多年来，我们对封建的思想观念，一直没有认真地当做一回事来批判过，却是忙不迭地去批判资产阶级的自由和平等，甚至以封建主义去批判资本主义，连那些对社会主义民主多少有些借鉴意义的资产阶级民主进步的成果，也是刚一露头就批倒批臭，而和社会主义民主水火不相容的封建专制的东西，则至今仍然使人习焉不察。例如，《宪法》总纲庄严宣布：“中华人民共和国的一切权力属于人民”，人民是主人，干部是公仆。然而现实生活中却常常是反仆为主，当主人的主人翁意识淡薄，“公仆”告主人的状很容易，往往一告就赢；主人告“公仆”则投诉无门，以致有人不得不赴京告“御状”。这难道是正常的吗？

看来，要从法律制度方面保障政治民主化，首先必须把注意力从研究阶级斗争的关系转移到研究人与人之间的权利义务关系上来。法律是为了调整各种社会关系、人与人之间的种种关系而存在的。而建立人与人之间权利义务一致性的法律关系，促进人民树立权利义务一致性观念，则是人民增强主人翁感的一种觉醒的心理状态，也是充分发挥人的创造性、能动性的重要条件。我们法学界需要研究的，就是法律如何保障公民权利义务一致性原则的确立和实施，如何促进权利义务一致性的法律意识的形成，并使之成为反对封建主义和资本主义法律意识的强大思想武器。当前在我们政治生活中出现的一些违背民主的现象，实际上都是对权利义务一致性的社会主义法律原则的破坏，如以言代法、以权压法、权大于法，就是封建意识的表现，而想当官却不负责任，以致产生官僚主义、贪污盗窃行为，也无一不是与权利观大于义务观的法律意识有直接的联系。

今天，现代化建设需要一个真正的现代文化观念的法治社会。对法学研究的历史反思，不但要把法学研究从“以阶级斗争为纲”的旧传统中解放出来，而且，也要使我们法学界的同志切实意识到自己为实现法治社会而斗争的一份责任。

（1987 年第 1 期）

重视法学新学科建设

何勤华*

近两年,我国法学领域的一批改革者开始致力于法学现代化的建设,对一些重大问题,如法学如何为我国的经济、政治体制改革服务,如何迎接新技术革命的挑战,法学的内容如何更新等,作了深入的探讨,但对法学新学科的建设尚缺少足够的重视。笔者认为,这恰恰是上述诸问题得以解决的关键,具有相当的紧迫性和必要性。

第一,这是深入进行经济体制改革的需要。为了使现行法律最大限度地发挥作用,并及时总结和解决其在制定和实施过程中的各种问题,引进外国的有益经验,就需要加强经济法学以及其分支学科,如合同法学、金融法学、保险法学、票据法学、乡镇企业法学、个体经济法学。我国经济体制改革的目标是要建立符合中国国情的社会主义商品经济体制。为达到这一目标,必须加强法律的宏观和微观调整,尤其是要确立适合商品经济发展的法律观。因此,需要大力加强法律与经济关系的研究,分析法律在经济活动中的三种(保护、促进和阻碍)作用,以探索最佳的法律规范和最适当的调整角度,为国家立法机构提供决策意见。这一切,只能通过建立一门新学科即法律经济学才能较为圆满地实现。此外,随着我国经济关系的日益复杂,还需要加强经济刑法的研究。

第二,是迎接新技术革命挑战的需要。首先,新技术革命的发展,需要法律来干预、调整该领域中新出现的各种问题,加强科技立法。那么,科技法规如何制定?其基本原则和主要内容应包括哪些?我国历史上和国外有否可供借鉴的经验?等等。这些,就需要创建一门新学科即科技法学来予以研究、解决。其次,新技术革命的发展,改变了传统的财产关系,使一些介于人身权与财产权之间的如著作权、专利权等知识产权取得了财产性质,对这些权利主体以及相关的社会关系的保护也显得产权十分重要。为此,就必须加强知识产权立法和知识法学研究。最后,新技术革命的发展,也产生了许多新的科学部门,如航天技术研究所、深海探测和利用委员会以及外层空间和宇宙开发部等。与此相适应,也出现了一些需要法律来调整的新的社会关系和技术关系。要提高这些领域的立

---

* 作者单位:华东政法学院(现华东政法大学)。

法水平，有效地调整该领域的法律关系，必须求助于航空法学、海洋法学、外层空间法学以及宇宙法学等新兴学科的建设。

第三，是为了适应现代化科学发展客观规律的需要。现代科学发展的客观规律是各学科的综合化和系统化。这当中，有社会科学各学科的彼此渗透，也有社会科学和自然科学间的交叉与融合。在这种形势面前，法学要想与其他学科并驾齐驱，就必须适应上述客观规律，在法学的综合学科和边缘学科建设上有所突破。如法律社会学，从社会学角度来研究各种现行的法律规范、法的起源与本质以及法律的社会功能和社会价值，等等。这样将比单纯从法学角度研究更加能够深刻地揭示法律与社会之间的内在联系，帮助人们加深对各种法律现象的认识。此外，法学伦理学、法学教育学，法律语言学、法律文献学、法律预测学、司法文书学和法医学等边缘学科的建设，也都有助于人们加深对法学与伦理学、教育学、语言学、文献学、预测学、文书学、医学等相互关系的理解，解释一些单靠某一门学科的知识所不能解释的问题，迅速取得科研成果。

第四，是为了改革研究方法，提高人们的认识能力的需要。法学现代化的发展，必须用现代科学的各项成果充实法律科学，以各种方法多层次地研究法律现象。这样，就向法律工作者提出了加强一些既是学科又是研究方法的新科学的建设的紧迫任务。如比较法学，既可以迈过对古今中外法律制度的比较研究，使我们在较短的时间内获得较为丰富的法律知识，为完善我国的社会主义法制提供有益的经验；又为法学其他分支学科提供系统的科学方法。系统法学、综合法学和信息法学的建设，有助于我们运用系统论、控制论和信息论等现代科学方法去分析法律现象，解决我们以前所不能解决的一些理论问题。司法统计学的研究，有助于将统计方法引入司法活动的各个环节，使司法工作规范化、精确化、科学化。此外，法律心理学、犯罪心理学、法律逻辑学、经济分析法学、计量法学、电脑法学等学科的创立，使心理学、逻辑学、经济分析、数量计算、电子计算机等各种方法进入法学领域，这对实现法学的现代化，具有极大的意义。

第五，是为了加强国际间交往的需要。现代社会是国际化社会，随着我国对外开放政策的贯彻实施，我国与外国的经济、政治和文化交流越来越频繁。这样，就不仅需要研究与外国交往中所发生的各种法律关系，而且还要了解外国现行的经济、政治、法律等各项制度。为此，加强国际经济法学（包括国际投资法学、国际贸易法学、国际货币法学、国际税法学、国际商法学等）、国际发展法学、国际劳工法学、国际旅游法学、国际组织法学、国际条约法学、国际刑法学以及外国法制史学、西方法律思想史学、比较宪法学、外国刑法学、外国民商法学等学科的建设，就成为一项非常紧迫的战略任务。

法学新学科建设，属于法律科学体系建设范畴，它植根于立法和司法的实践，又反过来指导、促进立法和司法工作的完善。就国外情况而言，自第二次世界大战以来，已经形成或正在形成的新学科已达160多个，占法学各分支学科总数的90%以上。而在我国，目前国家正式承认、可以授予硕士学位的法学学科才十多个，1984年出版的《中国大百科全书·法学》卷，也只列了14个分支学科，这与我国法制建设和法学研究的发展是不相称的。因此，适应我国社会发展的各种需要，转变对法学学科的传统观念，重视法学新学科建设，是摆在我国学术界面前的一项紧迫任务。

（1987年第2期）

客观性也是法的本质属性

崔　敏*

长期以来,我国法学界在论述法律的本质属性时,一般只是讲阶级性是法律的唯一本质属性。笔者认为,这种说法是片面的,主要是受了"以阶级斗争为纲"的影响,从而导致了在理论上以偏赅全,使我们不能正确地、全面地理解法律的本质、特征及其作用。

一

在阶级社会中,法律是统治阶级意志的反映,是经由一定的立法程序制定和认可的并以国家强制力保证实施的行为规范的总和。从这个意义上说,法律是人的意志,是人为地制定的,当然应属于主观的范畴。问题是:人(这里所说的人当然是指社会的统治阶级)是否能够随心所欲地制定法律?回答是:不能!

法尽管是统治阶级意志的体现,但是统治阶级却不可能随心所欲地制定法律。法律的内容,必然会受到当时生产关系的状况和生产力水平的制约,归根到底是由统治阶级的物质生活条件所决定的。因此,从这个意义上来说,法律是现实的社会关系的客观反映,它最终还应归属于客观的范畴。也就是说,法律同时具有阶级性和客观性的双重属性。

马克思曾经指出:"每种生产形式都产生出它所特有的法权关系、统治形式等等。"①事实正是如此:每一个社会的经济基础,都是产生各该社会的法律制度的终极原因。例如,在奴隶制和封建制的经济基础上,就必定会实行一夫多妻的婚姻家庭制度;与此相适应,又必然会产生出宗祧世袭的长子继承制度,以保证财产和权力可以传宗接代,而不致造成无人承嗣或财产与权力的分散。到了资本主义社会,确保私有财产的神圣不可侵犯和保证私有财产的自由转让,是经济基础本身的要求,因此伴随而来的婚姻家庭制度,就必然是承认婚姻的自由缔结和自由离异,与此相适应又必定会产生出遗嘱继承的制度。由此可见,任何一种

---

* 作者单位:中国人民公安大学。

① 《马克思恩格斯选集》(第2卷),第91页。

法律制度的出现或互相更替，都不是某一阶级凭空地想象出来的，而都是深植于经济基础之中。人类历史上曾经出现过许多极其野蛮残酷、愚昧反动的法律制度，尽管在今天看来是多么荒唐，甚至不可思议，然而在当时却带有历史的必然性。

恩格斯在《费尔巴哈论》中指出："历史上依次更替的一切社会制度都只是人类社会由低级到高级的无穷发展进程中的一些暂时阶段。每一个阶段都是必然的，因而，对它所由发生的时代和条件说来，都有它存在的理由；但是对它自己内部逐渐发展起来的新的、更高的条件来说，它就变成过时的和没有存在的理由了；它不得不让位于更高的阶段，而这个更高的阶段也同样是要走向衰落和灭亡的。"①恩格斯在这里讲的是历史的辩证法，它同样适用于法律这种人类社会中的复杂现象，用这个观点来解释法律的客观性，是最恰当不过的了。

二

从汉语的词义上来看，"法"、"律"和"法律"这些字、词，都是一些多义词。如果从词源上来考察，"法"和"律"本来都是有其特定含义的："法"的本义是"平之如水、触去不直"，以表示公平的象征、断案的准绳；"律"的本义是"均钟"，即古代乐队中的定音器，用以调节音阶使其均布和谐。后来，经过互相转注、引申，逐渐发展成具有多种含义。现在，翻开《辞海》、《辞源》或任何一部综合性的辞书、词典，一般都对它们标注了十种左右的解释。概其要者，最核心的是两方面的含义：其一，是指调整人们社会行为的规范（法规、制度）；其二，是指客观上存在的自然规律（法则、定律）。这两方面的含义，显然是有区别的：前者是人的主观意志的产物（在阶级社会，当然是由统治阶级根据自己的意志制定的，因而具有强烈的阶级性）；后者则与人的主观意志无关，是不依人的意志为转移的客观规律（规律的最根本的特征在于它的客观性，是任何人或任何阶级都无法改变的）。

现代意义上的法律概念，一般来讲，主要是指上述第一方面的含义，即法律是统治阶级制定而要求社会全体成员都必须遵守的行为规范，法律本身并不是客观规律，甚至某些法律是根本上违反客观规律的。问题是：作为人的主观意志的这种人定法，同事物发展的客观规律是否毫无关系？如果说它们有关系的话，又是一种什么关系？

---

① 《马克思恩格斯选集》（第4卷），第212～213页。

法律不同于客观规律,它有时甚至会违背客观规律,但是,法律又必定会受到客观规律的制约,它总是或多或少或者近似或者歪曲地反映着客观规律的要求,正如同价格与价值的关系一样:尽管价格有时会大幅度地偏离价值,然而价格终究是围绕着价值而上下浮动。政治经济学所概括的价值规律,是一切商品社会中的普遍规律。同样,人定法终究要受客观规律的制约,这也是被无数事实所证明了的真理。

举例来说:婚姻法同任何其他法律一样,具有强烈的阶级性,无论哪一个社会的婚姻家庭制度,都是在一定的经济基础上建立起来的社会上层建筑的极其重要的核心部分,它规定亲属的范围、结婚与离婚的条件、家庭成员之间的权利义务关系等内容,无不反映着各该社会统治阶级的意志,然而两性结合和子孙繁衍毕竟又是人类社会生存与发展的自然规律,任何社会的婚姻法归根到底还要受到这种规律的制约。例如,我国实行计划生育,提倡和鼓励青年人晚婚晚育,但是晚到什么时候,这又不是人们可以随意规定的。前几年,不少地方任意规定晚婚的年龄——有的要求男子28岁,女子25岁,有的规定男女双方合计年龄必须达到50岁以上方许登记结婚,自订了许多“土政策”,事实证明这些做法根本行不通,以为“结婚越晚越好”的认识是片面的,因为它违背了人类繁衍的自然规律。大量的临床实践表明:女子在二十七八岁以上生第一胎,由于生理机能的原因,容易出现难产,于是这些年来剖腹产增加,这对妇女的身体是不利的,同我国一向提倡的“保护妇女、儿童”的基本原则是相悖的;硬性规定不许适龄男女青年婚嫁,不仅是违情悖理,而且人为地造成许多社会问题。综观当前世界各国的婚姻法对结婚年龄的规定:女子最低婚龄为12岁(这种情况一般是热带国家),男子的最高婚龄是21岁(这一般是高寒地带的国家,如斯堪的纳维亚半岛诸国)。我国新婚姻法规定的结婚年龄是男22岁,女20岁,已超过了世界上任何一个国家,再想要提高婚龄,是办不到的。

上述有关婚姻法的事例,最为清楚地反映了法律必定要受客观规律的制约,它同时具有阶级性与客观性的两重性。

三

法律既是统治阶级意志的体现,又是客观规律在一定程度上的反映。应当说,这是一条普遍原理,古今中外的任何国家都概莫能外。

但是,法律对于客观规律的反映,不是直接的,而是通过迂回曲折的道路;其表现形式也是极不相同的。有时它能正确地、恰当地反映客观规律,有时则只是客观规律扭曲了的反映，有时甚至会完全违背客观规律，因而呈现出错综纷繁的复杂情况。这种情况主要是由于统治阶级自身的状况所决定的。

大体上来讲：代表了社会先进生产力的革命阶级，它们在建立了本阶级政治统治的初期，一般还处于上升时期，能够比较自觉地去认识和探索客观规律，并总结借鉴前人的经验，力争去开拓新的局面。在这种情况下制定的法律，相对来说能够较为近似地反映出客观规律的要求。例如，在中国封建社会的上升时期（以汉唐两朝为代表），统治者认识到决定封建政权生死存亡的关键在于人心向背，正如“水可以载舟也，亦可以覆舟也”，“天子者，有道则人推而为王，无道则人弃而不用，诚可畏也”（唐太宗语），于是这两代封建王朝在开国之初，都主张奉行“德主刑辅”的法律思想，实行“省刑约法”，颁行了一系列改革的措施，大力扶植生产力的发展，辅之以实行感化政策，务求实现社会的长治久安，终于出现了历史上著名的“文景之治”和“贞观之治”的两次百年盛世。相反，当某一种剥削制度已经衰败腐朽之时，统治者往往不顾人民的死活，横征暴敛，一意孤行，完全违背了客观规律的要求，那么其结果必定导致彻底垮台。在这种情况下，任凭统治者强制推行种种反动的严刑酷法，也终究抗不过客观的规律。古今中外的无数事例，从正面和反面都证明了：任何社会的法律始终要受到客观规律的制约。凡是违背客观规律的法律，都是不可能长久的，发展到一定的程度，必然会招致客观规律的惩罚。

因此，我们对于历史上出现过的各种法律现象，应当采取马克思主义的分析批判态度去评定其优劣。要实事求是地承认，即使各种剥削阶级的法律制度，也有过一个上升的、进步的时期。在当时，它们是代表了先进生产力的要求，在一定程度上比较近似地反映了客观规律。后来，旧的剥削制度衰落了，相应的法律制度也就日益违背了客观规律而终于被废弃，随着某一种新的生产关系出现，代表新的先进生产力的又一阶级起而代之，创立了又一新的社会制度，于是法律制度又在更高的阶段上重新经历了一个从比较符合客观规律到日益违背客观规律的过程……人类社会就这样螺旋式地上升到更高的历史阶段。反之，如果不是采取这种实事求是的分析批判态度，而将旧的剥削阶级法律全盘否定，那就是唯心史观和形而上学。过去在“左”的思想影响下曾经对旧法律一概否定，显然是反科学的。

对于我国社会主义的现行法律，也应采取实事求是的分析态度。社会主义法律是工人阶级和广大劳动人民意志的体现。我国的立法工作贯彻了党的领导和群众路线，是在广泛调查研究的基础上制定的，因而从总体上来讲，我国的法律制度比较符合于实际情况，基本上反映了客观规律的要求。但是社会主义法律也还毕竟不能等同于客观规律，只能说我们的法律比较近似于符合客观规律，而不可能完全符合客观规律。事实上，我们的法律在某些时候或者在某些问题上也可能违背客观规律，因而还有一个不断完善和适时地进行废、改、立的问题。过去在这个问题上也有片面性，往往讲得过满，似乎一旦进入了社会主义社会，法律制度就会尽善尽美了；或者认为统治阶级的意志可以任意地创立和制定各种法律。至于在“文化大革命”期间的“斗、批、改”，则更是干了许多荒唐的蠢事，这样的教训实在是太深刻了。因此那种认为对现行的法律不许提出批评意见的认识和做法，是不对的。应当说：我们从事法学研究的任务，就是要分析实际的情况，探索客观规律，以便对我国的立法和司法工作提出建设性的意见。如果只是注释现行法律，那只能算做法制宣传，严格来讲还不能算做法学研究。法学研究同法制宣传当然不可分割，但是作为法学研究的主要任务，则必须是能够从理论与实践的结合上提出具有创见性的新观点，这才是更高一个层次的工作，它需要花费更大的气力。

最后，我们应当借助于马克思主义的望远镜去预见未来。过去，法学界习惯于谈论“法律消亡”问题，并且把“法律消亡”说成是马克思主义的基本观点。实际上马克思主义的创始人和经典作家们，从未论述过什么“法律消亡”的问题。恩格斯和列宁明确地讲过到未来的共产主义社会，国家将会自行消亡，然而并未涉及“法律消亡”，这难道是偶然的疏忽吗？并非如此。恩格斯和列宁都意识到法律这种社会现象，相较国家来说，要复杂得多。他们预言国家将会自行消亡，但并未讲过法律也会同时消亡，可见在论述有关法律的未来前途时，革命导师们是采取十分谨慎的态度的。在这个问题上，毛泽东同志有重大的突破，他不是讲什么“法律消亡”，而是明确地提出：即使在一万年以后，还需要法庭，还需要用法律去制裁某些捣乱的行为和解决打架等问题。那么，我们应当如何来理解恩格斯、列宁和毛泽东同志的这些论述呢？笔者认为，如果我们破除了法律只有阶级性的一种本质属性的成见性观念，承认法律还具有社会性、客观性等更多的本质属性，这个问题就迎刃而解了。将来到了共产主义社会，阶级最后完全地消灭了，国家也就消亡了，但是作为调节人们行为的某些强制性的规范，仍将会继续存在，而且对维护公共秩序来说必不可少。那时，由于人们摆脱了阶级的偏见，人对客观规律的认识将更加深化。未来的共产主义还会有法，但它将是全民意志的体现，并且将会更为接近于正确地反映客观规律的要求。

以上是笔者对法律的客观性的粗浅认识，希望同行学者们就此问题展开进一步深入的讨论，使我国法学理论的研究更加繁荣。

（1987年第3期）

实证法学和价值法学的协调与我国法学研究

葛洪义*

一、严格意义上的法学是实证法学与价值法学的统一

法学,就其基本研究倾向,可分为实证法学与价值法学两类。实证法学侧重于用科学分析和逻辑推理的方法研究现实中的法律、法律规范和法律制度。与价值法学相比,它关心的是学科自身的逻辑关系。价值法学,广义地说,比较注重法是否符合客观规律、是否符合社会理想,以及法的社会效益,总之是法的外部联系;狭义地说,价值法学是从法学研究的主体——人出发,探讨法如何满足人的需求的法学方法论。所以,它更关心学科的"感情色彩"。我们这里所说的价值法学是它两方面含义的综合。纵观整部法学史,可以发现,实证法学与价值法学呈现出互相斗争,交替上升,继而综合发展的趋势。

从理论上说,实证法学与价值法学之间并不存在一条不可逾越的鸿沟。所谓法学的实证性或法学的价值化都不是绝对的。"法律是什么"是法学的一个实证判断命题;"法律应该是什么"则是法学的一个价值判断命题。谁又能说这两个命题是必然矛盾的呢?法学是一门科学,但它同时也是一门关于价值的学问。从这个意义上说,法学应该是实证法学与价值法学的统一。

历史上众多的法学流派,有的崇尚实证,有的追求价值,但是前者不能否认自己具有一定的法学价值观(有时尽管他们不承认);后者也不可能不搞实证研究。例如,法学史上典型的实证主义法学代表汉斯·凯尔逊认为:法学是一门科学(即知识体系),因此,它的研究对象只能是现实中的纯粹的法律规范体系。法学不应该考虑法的价值问题,他主张"恶法亦法"。以他为代表的法学流派被后人称为纯粹法学或分析实证主义法学。其实正如不选择就是一种选择一样,标榜不研究法的价值问题,这也就是他们的法学价值观。法律,就其调整对象而言,无论是人与人的关系或是人与自然的关系,都离不开"人",那么,法学家又怎么能离开人的愿望、需求和理想来研究法呢?况且,法学作为一门世界学科,它本身就应该具有一种

* 作者单位:西南政法学院(现西南政法大学)。

预见性,预见是或然判断。没有法学研究的多元化为法律调整提供更多的选择余地,岂不是自我束缚吗?又怎样制定和实施一部符合客观规律和社会理想的法律呢?

从另一方面说,也不存在只研究价值不考虑实证的法学流派。价值法学的研究成果离开实证法学是毫无意义的。但怎样使法律和法制建设符合一定社会占主导地位的价值观则是价值法学的一大基本理论问题。

实证法学与价值法学的统一还表现在两者是不可分割的。通过实证法学建立起来的法律规范体系是法律在现实社会生活中得以贯彻实施的不可缺少的条件。严密、科学的法律规范体系,明确、清晰的法律术语,为人们应用法律、遵守法律提供了一个良好的条件。但是仅仅这些并不能称为完整的法学,因为它还缺少一种对法的实证研究具有指导意义的内容,这就是价值法学。而法理学家则是这一研究任务的主要承担者。离开了实证法学,现实法律就会成为一盘散沙,离开了价值法学,法律就失去了方向,它的目的就会不明确,因此,从整个社会法学研究的总体而言,两者应该是统一的,法学研究应沿着实证法学与价值法学协调发展的道路向纵深推进。

马克思关于客观法与现实法统一的二元法观念就是从价值法学的价值出发,谈了实证法学要与价值法学协调发展的问题,深刻揭示了这一协调的本质。在马克思看来,现实法之上还存在一个客观法,前者相依于后者,否则就是非法。客观法所体现的人与人之间的交往是理性的、自由的、平等的,它是人类理性的自然规律、是不可违背的。马克思所说的客观法具有两个重要特征:首先,他的客观法与人民意志相联系。人民意志是客观法的深刻内容,同时也是衡量现实法的尺度。其次,他的客观法与客观规律相一致,而现实法则是客观规律的认识和表述。立法者的任务只是将客观法中的符合人类理性的自然规律如实地加以反映。

二、法学等于法律注释学的推导形成了法学研究发展缓慢的现状

社会主义法学与一般意义上的法学有相同之处,也有特殊地方。它的相同点表现在实证法学同样需要与价值法学协调发展;它的特殊点在于社会主义性质为价值法学的研究提供了更为广阔和真实的背景。所以,社会主义法学应该并可以是实证法学与价值法学的合理统一和协调发展。从整体意义而言,它们之间不应有孰轻孰重的问题,更不应该形成某一方片面发展的局面。

然而,我国的法学研究现状是:实证法学与价值法学相脱离。众多的法学工作者热衷于法学的实证研究,而忽略了价值法学的研究,某些领域浅尝辄止,更

谈不上推陈出新。我们不妨列举一些现象说明这个问题。

崇尚实证，回避（暂且称为回避）价值的直接表现首先是：法学等同于法律注释学。其表现为：一是注释法律条文，二是注释经典著作。理论界有这样一种倾向，似乎文中无经典根据，此文就大可怀疑。以致出现从同一句经典论述中引出许多不同解释。其次，有人把法学等同于法律考证学。大量人力、物力不是放在考证法律术语的出处、法律人物的生卒年代，就是放在对经典著作语录的证实或证伪上。最后，法学等同于法律。整个法学研究围绕现行法律这根轴运转。我国法学教育、法学研究、法学研究人员的配备和机构设置等各方面都在为现行法律和现实需要服务，理论上虽提出，但实践中仍缺乏一个多层次的长远规划。

毋庸置疑，法学的实证研究对法学来说是个永恒的课题，但是脱离价值而片面发展的实证法学不仅不会带来法学的昌盛，相反，只能导致法学和法制的危机。这一可能性已初露端倪。不少同志已敏感地认识到了。

第一，法学落后于立法。十一届三中全会后，国家立法发展很快。与此相比，法学研究则显得比较沉闷。立法的生气源于现实需要，法学的沉闷源于注释现行法律。既然众多的法学家都把精力投入到对现实法律的注释和考证中，他们就很难通过自己切实的研究成果为立法、司法等法律实践活动提供更多的理论前提和选择余地。从当前国家制定的几部重要法律来看，法学家的影响是非常有限的。

第二，法理学落后于部门法学。由于社会经济的发展迫切需要法律调整，因此，与其存在密切关系的部门法学，特别是经济法学有了长足的进步。比较而言，法理学则受到各种条件的限制，几年来一直没有突破性的进展，以致形成法理学与部门法学脱节的现象，法理学的龙头作用被削弱。

第三，法学落后于其他学科的发展。法学与其他学科相比，显得呆板和毫无生气。表现在：(1)体系的陈旧，仍是20世纪50年代从苏联搬来的现成理论，加以修修补补。(2)观点的陈旧。如果说实证法学的理论还有所发展的话，那么价值法学的一些“最新”理论问题不过是20世纪50年代争议问题的重复罢了。当然，应该承认是有所发展的，但是这种发展并不是法学理论工作者创造性劳动的成果，而是深深依赖于国家政治风云的变化。有人将这种现象的原因解释为法学的政治性太强，敏感的地区多。这的确是事实。但是，随着国家政治生活的民主化，这个问题是解决的时候了。

第四，法学落后于社会主义现代化建设的实际。虽然我国法学界一再强调法学要为现代化建设服务，但这个问题并未解决。究其原因无非：(1)从概念出发，玄而又玄，忽视中国现代化建设的实际。(2)从法学 = 法律的公式出发，认为法律是统治阶级意志的体现，那么，法学不就是阶级统治之学吗？法学家应该站在谁的立场上？(3)从实用主义原则出发，“头痛医头，脚痛医脚”，以致法学失去了应变能力和稳定发展的特性。形势一变，观点就变。变幻莫测的理论风云使法学不能真正切实地从实际出发。笔者认为，法学如果不在价值问题上高屋建瓴，取得重大突破，是无法摆脱这种被动局面的。需要不能替代规律。

第五，法学研究中的主体危机。法学的主体危机主要存在于：脱离实际（客观规律）和脱离世界法学。由于法学研究对象的单一性，人们更注重法律而轻视法的规律，致使研究主体丰富的个性特征被湮没。殊不知法律是可变的，法的规律却是永恒的；法律是国家的，法学是跨国性的。不提法学研究的多元化发展，对我国法学的现代化是极为不利的。由于法律教育的实用性，法学教育变成了普法宣传，我们目前培养的法律专业本科生，大多只停留在司法干部的水平上，很难承担社会对这一代人多层次的需求。另外，法学研究的主体危机还表现在法学界还没出现一支独立的研究群体。现有的研究群体基本在一个“统”字下研究，很难说有派别的分野，这种现象对学术活动是致命的。

我国法学研究中实证法学与价值法学的脱节现象及其危害还有不少，恕不一一列举。这种现象的出现固然有其政治（“大一统”）、经济（自然经济、产品经济）等外在原因，但是中国知识分子的群体人格因素也是不容忽视的。当今，随着改革的全面展开，法学繁荣的外在条件是空前的，法学家应该挣脱自己传统人格的束缚，在价值法学领域来个飞跃，使法学与时代同步前进。

三、更新观念是实证法学与价值法学协调发展的首要任务

如果我们承认实证法学与价值法学都是社会主义法学的有机组成部分，那么，如何克服我国法学界明显存在的偏重实证的倾向就成为一个必须正视的问题。这并不意味着否定实证法学的价值，而是要求把实证法学与价值法学合理地统一起来，使二者能够协调发展。

如前所述，价值法学的研究成果对实证法学具有指导意义，就好比在修建一个建筑物中，前者是个设计师，后者是个工程师，离开了前者，后者就是使出浑身的解数也无济于事。但是如果设计师是个蹩脚的人，高明的工程师也毫无办法。因此，价值法学要想避免成为一个“蹩脚的设计师”，就要争取拿出尽可能完美的研究成果。具体说，实证法学与价值法学的协调发展还取决于下列观念的更新：

第一，法学不等于法律科学。首先，法学的内涵不能仅用科学来定义。法学一方面是知识体系，另一方面还是“良心”的事业，包含着无法“计量”的价值内

容。其次，从实证部分讲，法学的研究对象应该是法律；从价值部分讲，法学的研究对象应该是法的规律。所以，法学应该是关于法律及其规律的科学和学问。由此出发，法学是不能与法律画等号的。

第二，法学可以并且也应该研究现行法律。既然法学以古今中外存在过的法律、法律制度及其所体现的一般规律和人们对它们的评价为自己的研究范围，那么，就应该根据自己所经验的材料对现行法律的正确性与正当性作出自己的评价。有人以为，对法律的评价只能由有权创制法律的国家机关作出，这种认识是不对的。国家机关的正确决策有赖于法学研究的成果，况且对规范自己行为的现行法律提出一些不同看法，只要属于言论范围，就是合法的。以往，由于"左"的思想影响，人们不敢对国家大事提出自己的不同认识和看法，这是国家政治生活非民主化的后果。今天，在发扬社会主义民主，广开言路，特别是在党的"双百方针"的指引下，国家政治生活都属于可以讨论的范围，宪法和法律理所当然地应成为我们的认识和判断对象。

第三，法的价值是多层次、多方面的，而不是单一的。这种价值包括在多大程度上符合和满足人的理想、愿望和需要。因此，人的理想、愿望和需要的多层次就决定了法的价值的多层次。价值法学就是通过研究人的丰富的价值观念与法的关系，使社会主义法制建设尽量符合大多数人的理想、愿望和需要，使法律从传统的制约人的工具变为"人民自由的圣经"。

第四，法学也是"人"学。人在法学研究中一身兼二任，一方面他是研究的对象，另一方面他又是研究的主体。作为研究的对象，他要求法律尽可能肯定他作为社会成员和国家成员应有的权利，这种权利就表现为作为人的人权和作为公民的公民权。因此，法学与人性有着非常密切的联系。法律与道德的关系则是价值法学的一个亘古常新的论题，作为研究的主体，并不是，也不可能是纯粹客观地反映现实需要。由于法律与人非同寻常的关系，研究主体几乎总是要把自己的感情色彩和思想观点注入他的研究内容。所谓"法律不承认良心"的断言今天已丧失其现实性。另外，法律是人的行为规范，但是，它也只有通过人的行为才有意义。许多案例都说明，人们在运用法律时是会受到自己价值观的影响的。从法学也是人学的价值判断出发，把"人"所丧失的但本应属于他的法律地位返还给人，是法学研究者义不容辞的道义责任。

综上所述，法学的进步与发展将取决于实证法学与价值法学的协调程度。当代中国法学显露出实证法学脱离价值法学而片面发展的趋势，如果不及时克服，将不利于法学和法制的现代化。

（1987年第5期）

法学应注重法律制度和法律体系的研究

张宗厚*

正像一滴水虽具有水的基本特征却不能代表江河湖海，更不能代表水在自然界中的综合效应一样，对法的研究，如果孤立地研究法和法律现象，就不能充分认识法律这种特殊行为规范在社会这个大系统中的综合效用，也不能适应自党的十一届三中全会以来我国的法制已从过去主要在政治斗争领域转向社会生活的各个方面这一新的形势。

一、应对法律现象进行综合研究

自党的十一届三中全会以来，我们党和国家的重要文件中，反复强调的是，要“发扬社会主义民主，健全社会主义法制”，或“扩大社会主义民主，加强社会主义法制”，有时也简称为加强民主法制建设，而不是加强法律工作或法的建设。可见，法制与法、法律不同。

“法律制度”这个概念，我们并不陌生。早在20世纪50年代初，董必武同志就倡导要研究法律制度问题。十一届三中全会以后，邓小平同志在强调“为了保障人民民主，必须加强法制”的同时，号召包括法学工作者在内的理论工作者“研究新情况，解决新问题”，并指出：“为了建设现代化的社会主义强国，任务很多，需要做的事情很多，各种任务之间又有相互依存的关系，如像经济与教育、科学，经济与政治、法律等等，都有相互依存的关系，不能顾此失彼。”这里，已经鲜明地表示出应把法律现象作为整体的一个部分进行综合研究的系统思想。

近几年来，随着法学研究领域的日趋活跃，运用系统的眼光研究法律现象，已经取得了一些成绩。但总的来看，距形势的要求还有很大差距。社会主义法制建设的丰富实际，以及它日益深入社会生活的各个领域并发挥着越来越大的作用，要求我们把重点放在法律制度和法律体系的研究。

---

* 作者单位：《中国法制报》评论部。

二、法与法律是两个内涵不同的概念

法学研究的重要使命是,反映实际生活进程,对迅速发展变化着的法律现象做出科学的概括和理论论证。因为事物是不断发展变化而不是一成不变的,那么,作为反映和概括这个事物的发展过程的概念、范畴也不应该是一成不变的。在马克思主义的法学研究中,引进新的概念和范畴,正是客观实际的需要。

在马克思之前,法学领域中唯心主义占据上风。马克思主义关于法的学说,拨开了前人制造的迷雾,从物质生活关系及其变动中找到了法的根源。马克思在揭露了资产阶级法律的阶级实质的同时,还注意把法和法律区分开来。在"关于林木盗窃法的辩论"一文中,他指出,法与法律的关系,从本质上讲,是内容与形式的关系。他认为,法律"是事物的法的本质的普遍和真正的表达者";因而,"事物法的本质不应该去迁就法律,恰恰相反,法律倒应该去适应法的本质";其原因是,"如果形式不是内容的形式,那么它就没有任何价值"①。马克思后来的一系列论述中,尤其是在《德意志意识形态》一书中,又进一步发展了这个思想,指出法律是一种权力化的强制规范,法是一种客观化的现实基础。从马恩的一系列论述中可以看出,法是物质生活条件决定的利益需要状态,具有整体性、客观性、现实性的特征;法律是由国家制定或认可、由国家强制力保证实施的行为规范,是法的主观表现形式,具有主观规范性、普遍适用性、国家强制性的特征。

毫无疑问,马克思主义关于法的学说的这些基本观点(包括法与法律是两个内涵不同的概念的观点,法是由物质生活关系所决定的观点,关于资产阶级法律的阶级实质的观点等),对我们当前的法学研究仍然是有指导意义的。否认马克思主义关于法的学说对我们当前的法学研究的指导作用,是极其有害的。但是,如果认为马克思、恩格斯已经解决了法学研究中的一切问题,不需要在实践中发展了,那也是十分有害的。正如恩格斯所指出的:"马克思的整个世界观不是教义,而是方法。它提供的不是现成的教条,而是进一步研究的出发点和供这种研究使用的方法。"②亦如列宁所说:"我们绝不把马克思的理论看做某种一成不变的和神圣不可侵犯的东西;恰恰相反,我们深信:它只是给一种科学奠定了基础,社会主义者如果不愿落后于实际生活,就应当在各方面把这门科学向前

① 《马克思恩格斯全集》(第1卷),第178~179页。

② 《马克思恩格斯全集》(第39卷),第406页。

推进。”①由于当时历史条件的局限，马恩只能根据阶级对抗条件下的法律现象进行概括和分析，他们没有也不可能对无产阶级夺取政权后，在阶级对立不存在情况下的社会主义法律现象进行具体地分析，这个任务应由我们后人来完成。

还须指出，马恩因当时处于阶级对立的特定历史条件，他们重在分析法的内容和法的形式的关系，以揭露资本主义法律的阶级实质。他们关于法与法律是两个具有不同内涵的概念的论述，也能给我们研究法律制度与法律体系以有力的启示。具有客观性的法和具有主观规范性的法律，在资本主义社会里，由于生产资料所有权与劳动者的分离，常常出现法的客观要求与法律的主观规定相脱离的情况，如一方面，为了保护生产力，需要扩大劳动者的民主自由权利；另一方面，掌握政权的统治阶级为了维护自己的利益，又千方百计地限制劳动者的权利。在美、英、日等国，法律规定，要想当参议院的候选人，需要交数额巨大、普通老百姓不敢问津的“保证金”，便是一个典型例子。而法律制度和法律体系，则是社会客观需要和人们的主观能动性的辩证统一。在社会主义制度下，由于劳动人民共同拥有生产资料，既是国家的主人，又是法律的主人。这样，就提供了最有利的条件和最大的可能，使社会主义的法律制度和法律体系能有效地避免资本主义条件下难以避免的在法律问题上的内容与形式的脱离。这也是我们的社会主义法学把法律制度和法律体系作为研究重点的根本前提。

三、把握法学研究的整体性和发展交叉科学

为什么社会主义法学要着重研究法律制度和法律体系呢？

第一，通过这个研究，可以综合分析所有决定法律体系功能的因素。前一阶段，我国法学界关于法的基本属性问题争论不休，有的强调阶级性，有的强调社会性，有的强调人民性。要解决这个问题，不能孤立地研究法律现象及其各个环节，而应从整体效应上去认识。在阶级社会里，法和法律当然都是有阶级性的，否认这一点，无疑是错误的。据笔者所知，在前一阶段的讨论中，没有任何一个人否定法在阶级社会里具有鲜明的阶级性。问题在于，自党的十一届三中全会以来，我们的社会主义法制是在阶级对立不存在的情况下不断加强的，阶级斗争已经不再是我国社会的主要矛盾，在这种情况下，仍然认为阶级性是法的唯一本质属性，恐怕也不符合客观实际。同样，既然法和法律都是社会现象，说它没有

① 《列宁选集》(第1卷)，第203页。

社会性，也说不通。我们的社会主义法律，是党领导下的人民利益的集中体现，说它没有人民性，恐怕也不符合事实。总的来看，这种把法和法律孤立研究的现象，不仅现实意义不大，也难以全面认识社会主义法制的性质和功能。《中共中央关于社会主义精神文明建设指导方针的决议》指出："社会主义法制，体现人民意志，保障人民的合法权利和利益，调节人们之间的关系，规范和约束人们的行动，制裁和打击各种危害社会的不法行为。"这里，既讲到了社会主义法制的人民意志性，又讲到了法制的保障功能、调节功能、规范和约束功能、制裁和打击功能。这种从总体上研究和把握事物的方法，比孤立地研究法与法律，要切合实际得多、有用得多。

第二，有助于从根本上认识社会主义法制与资本主义法制的区别。孤立地看，社会主义的一些法律或法规（如交通法规、环境保护法、食品卫生法等），与资本主义的没有多大区别。但如从法律制度和法律体系来看，就可看出它们有原则的区别。资本主义法制，是建立在生产资料私有制经济基础上的上层建筑，从根本上说，是为维护资本主义制度服务的。社会主义法制，是建立在社会主义公有制经济基础上的上层建筑，是社会主义民主的制度化、法律化。从总体上把握住了它们的根本区别，能使我们既坚持坚定的政治方向，又敢于大胆吸收和借鉴一切于我们有益的东西。

第三，有利于开阔我们的视野和进行多学科论证和交叉研究。社会主义法制，已从过去主要是政治斗争领域，迈进了包括组织经济建设、发展科学技术、协调社会关系以及保护资源、控制人口、维护生态平衡、防止环境污染等十分广阔的领域。因此，要求我们的法学打破就法律现象研究法律现象的封闭状态，既要重视研究构成法律制度和法律体系的各种成分（规范的、思想的、组织的），又要研究法律体系与其他体系（政治制度、经济制度、社会体系、文化体系、思想体系、道德体系等）的有机联系，发展交叉学科的研究，进行多学科论证，从而建立社会主义的大法学。

第四，有利于建立有中国特色的社会主义法学体系。由于我国历史上缺乏民主法制的传统，所以我国的社会主义法制建设在注重"硬件"（法律设施、法律规范等）的同时，特别要重视"软件"建设，把培养人民的法制观念、法律意识尤其是宪法观念、公民意识放在突出重要的地位。邓小平同志指出："加强法制重要的是要进行教育，根本问题是教育人。"法律制度的一个重要发展趋向，是改变对社会关系的影响办法。在适用国家强制措施的同时，更多的是采取能促进人们形成自觉行为的示范、鼓励、影响等办法。因此，迫切需要通过系统的法制教育，使全体公民包括国家工作人员把懂得法律、执行法律、运用法律作为一种习惯和理所当然的义务。在这里,法制的功能必然和思想政治工作、教育工作的功能有机地结合在一起。

我们国家尚处于社会主义的初级阶段,正像经济建设的任务十分繁重一样,法制建设的任务也十分繁重。要充分发挥社会主义法制对经济发展的保障作用和对社会关系的调节作用,不仅仅在于提高立法质量和法律规范的力量,还应十分注意使法律制度保证客观法与主观权利相一致,使规范本身反映出社会生活的实际要求和经济文化的发展水平。这必然要求我们的法学研究工作者大大扩展自己的视野,紧密地注意实际生活进程。

(1987年第6期)

中国法律文化的现代化

蒋　迅*

中国的现代化运动是一种带有方向性的特殊的社会变革过程。这种变革不仅涉及社会生活的物质层面,而且渗透到人的价值观念、态度、信念和行动之中。作为维持社会生存,促进社会发展的基本方式的法律文化,其更新理所当然就成了现代化的题中应有之义。

法律文化现代化从较为完整的意义上理解,是指法律文化整体结构的现代化,包括三个纵向层次、九个横向层面、两个时向序列同步、协调的更新和发展,尤其是对传统以积极、合理的扬弃,而不能仅仅局限于对某些法律文化因素的改造和调整。

对法律文化的含义历来众说纷纭,莫衷一是。笔者认为,其完整的定义是指一种渊源于历史的法律生活结构的体系,由赋予法律过程以程序、形式和意义的特殊取向模式所组成。其中蕴涵法律价值和法律技术两大系统,由此组合成法律文化的表层结构和深层结构。具体而言,法律文化的组织结构呈三维立体形状。一维指纵向层次,二维指横向层面,三维则指时向序列。纵向层次分为表象层次、导向层次和潜隐层次,它们各自涵括三个横向层面。表象层次内含法律体制、法律规范、法律操作层面;导向层次内含法律思想、法律教育、法律传播层面,潜隐层次内含法律心态、法律认同、法律行为层面。时向序列仅指法律传统和法律经验两大要素。在法律文化结构体中,导向层居核心地位,促进或阻碍表象层的发展,并决定其演化方向,同时,也起着诱导或窒息潜隐层进化的作用。

法律文化表象层则为法律生活提供了基本的规范、程序和样式。法律文化的潜隐层始终与表象层和导向层的发展保持一定的"时距"或"时差",呈现某种一以贯之的稳定性。也就是说,法律文化的表层结构同深层结构之间存在背离倾向,尤其在法律文化转换时期,显结构与隐结构的冲突更为显著,有些学者干脆称为法律文化的二元结构。

法律文化是历史发展和积累的产物,同过去有着千丝万缕的联系。它的各项要素无不带有某种特定的历史遗传因子。这些法律文化的遗传因子一部分具

---

* 作者单位:华东政法学院(现华东政法大学)。

有跨越时空界限的合理性,我们称为法律经验,它是人类文化中的宝贵遗产,必须相互借鉴,发扬光大。另一部分仅在某一时代的局部地域具有积极意义,我们称作法律传统。其中,有些是封闭和消极的,阻止或延缓法律文化的更新,成为法律文化现代化的包袱,对之必须坚决摒弃。有些经过转化,能够适应法律文化融合与发展的需要,对此,可以积极利用,化腐朽为神奇。

法律文化现代化的首要命题是真正和全面地实现法律至上、法律独立、法律统一、法律干预和法律参与。

衡量一个社会是否真正确立法律至上,可以从三个方面进行判断:第一,确保法律至上的各种机制是否已经健全。例如,立法和司法机构在国家制度中的地位如何,是否拥有绝对权威。第二,在意识形态领域,是否形成比较完整和系统的法律至上的思想理论。第三,一般公民的法律认同是否以法律至上为要义,他们的法律心理、法律行为是否渗透或反映法律至上观念的影响。

法律独立首先是指法学独立。法律科学摆脱传统的依附地位,从科学、哲学、政治学、伦理道德学中分离出来,形成自己特殊的研究范畴和完备的理论体系。同时,法学研究不应再为某种过时的意识形态理论摇旗呐喊。它们以独立的精神、科学的方法探索法律的奥秘。其次是指立法和司法独立。最后是指法律操作人员的独立。它包括专业化和职业化两层含义,即形成一个与众不同的、以从事法律工作为谋生之道的职业阶层。而且,这一阶层的人员必须经受严格的法律专业训练,任何外行不得操持法律工作,以确保法律职业的纯洁性和严肃性。

法律统一除指法制机构和法律规范的统一之外,主要是指现行法律秩序与潜隐法律秩序的统一,也就是法律文化的表层结构与深层结构的统一。潜隐法律秩序由传统法律心态、法律认同、法律行为所组成,它反映一种亚法律文化的内容,经常与现行法律秩序不相一致、激烈冲突。高度现代化的法律文化一般都成功地将这种二元结构整合为一元结构。法律干预是指法律全面进入现代社会,控制所有国家活动,调整一切重要的人际关系以及人与自然的关系,渗透大部分公共生活和公民私人生活领域,几乎没有什么关键的社会生活不受法律调控。而且,一个庞大无比的专业法律阶层无时无刻不在履行法律所赋予的职责。

法律文化现代化的另一项最基本的指标是公民参与法律生活的能动性或主动性如何、法律的动员性如何。法律在多大程度上提供公民广泛参加立法、司法过程的可能性,公民利用这种可能性的热情与积极性程度怎样;公民是否愿意将纠纷递送法院公断,并对法院判决严格遵守;公民对法律价值取何种态度;公民是否重视法律信息,并渴望接受某种法律启蒙,等等。这些均构成法律参与的具体内容。

上述五项综合指标主要着眼于法律文化组织结构方面的现代化。除此以外,法律文化结构中的以下诸项要素各有其内在的、微观上的现代化分类指标。简言之,它们是指法律体制的完整性,法律规范的周密性,法律操作的严谨性,法律思想的科学性,法律教育的合理性,法律传播的普及性以及法律心态、法律认同、法律行为的开放性、适应性和整合性,法律传统的弱化或转化,法律经验的借鉴或强化等方面。

中国法律文化的现代化肇始于1903年清朝设立法律修订馆。它是在源远流长、自成一体之中华法系逐渐瓦解,西方法治精神全面侵入的基础上,缓慢曲折地发展起来的。

清朝末年迫于国内外严峻形势作出调整封建法律文化的决定,其态度是消极和暧昧的,纯粹为了装饰门面。当时除沈家本等少数几位具备一些现代化法理知识的学者以外,并未形成一批较为成熟的现代法学家,以致清朝不得不重金延聘外国法律专家帮助修订法律。因此,这项调整法制的活动虽然开启了中国法律文化现代化的先河,起着承上启下的作用,但是无论就其范围还是内容而言均极其有限,丝毫没有涉及法律文化的深层结构。即使对法律文化的表象层——法律规范、法律体制等改革也是不完整的,拖着一条又粗又长的传统尾巴。因此,清廷所谓修订法律不过是利用西式法制的“新瓶”,装中式法律的“陈酒”而已。可悲的是这套斑驳混杂的法制未及施行,清朝已经一命呜呼,继之而起的是半途夭折的辛亥革命、军阀混战、北伐战争,刚刚开始的法律文化现代化过程中断了,甚至还出现复古倒退的趋势。袁世凯一面大声喧嚷宪政,另一面却复辟帝制,并恢复一部分封建刑法,再次强调行政与司法合一,让县知事掌握审判权。虽然孙中山竭力提倡和推行西式法制,无奈势单力孤,法律文化深层结构中的某些传统因素再次突现出来,获得强化。

国民党政府统治期间出现了一批比较成熟的深受西方法制观念影响的法学家,他们开创了许多法制建设理论,从各个方面推进法律文化的现代化,使法制形式日臻完善。但是,细观其法制内容,仍然保留着相当浓厚的传统色彩。例如,刑法继承历代封建刑法的衣钵,在某些罪名中规定,如果侵犯直系血亲等亲属,要比侵犯一般人的行为加重刑罚二分之一,这种规定与现代法制精神格格不入。显然,国民党政府时期的法律文化现代化充满形式与内容的矛盾,中化与西化的冲突,还远远未能涉及对法律文化深层结构的改革,公民的法律意识、法律心理和行为还是以传统为指归,依循古老的伦理习惯。

新中国成立后,我们虽然确立了社会主义制度,但忽略或轻视了法制建设。

"文化大革命"既是对现代法制的否定,又是对传统法制的蔑视和嘲弄。直至"四人帮"垮台,历经波折的法律文化现代化才重新开始步入正轨。

中国法律文化的现代化不仅是在各种外部势力的干预之下起步的,而且是在内部不断革命的震荡中展开的,具有一系列与众不同的特征。最为显著的是法律文化渊源的多样性、法律文化结构的非统一性以及法律文化内在的深刻矛盾性。

当代中国法律文化的渊源极其复杂,粗略分析,主要来自四个方面:首先是苏联法律文化的输入;其次是对西方资本主义法律文化的批判继承;再次是红色革命根据地法律传统的影响;最后是中国古代法律文化的继承。由这些渊源组合而成的当代中国法律文化隐含着深刻的分裂与矛盾。比较显著的事实是双重法律秩序非常盛行。体现在法学理论、法律规范和某些法律制度中的显法律秩序虽然在一定程度上已经现代化,但是并没有真正和全面地成为一般公民的生存方式。在现实社会里,人们往往生活在另一种由传统礼仪、习俗、道德规范、行政命令、权威意志以及政策等构成的隐法律秩序之中。我们之所以称为隐法律秩序,并不是由于这些行为准则在理论中也属于某种类型的法律规范,而是因为它们实际上已经取代法律,起到一种只有法律规范才应起到的社会调整作用。因此,当代中国法律文化缺乏系统全面的统一性。出现这种反常现象的原因,一部分导源于人治与法治、政策与法律的矛盾与冲突,这两个根本问题不在理论上、观念上、制度上获得妥善解决,消除双重法律秩序就毫无指望;另一部分归咎于法律文化结构体中的潜隐层次与表象层次之间固有的背离倾向。法律制度、法律规范和法律操作能够在较短时间内彻底更新,而凝聚着长期历史积淀的法律心态、法律认同、法律行为却不会轻易变更。它们是形成隐法律秩序的基础与温床。此外,还应归咎于传统法律文化的韧劲。这种韧劲扎根于中华古老、传统的法系。况且,近代以来,我们始终未能对法律文化遗产进行全民族的彻底大反省和大清查,较多地将法律传统与法律经验混在一起,全盘加以强化,并把这种强化提到事关民族文化存亡的高度。

双重法律秩序存在本身表明法律文化内在的深刻矛盾。在我国,一般公民至今对相当一部分法律规范和法制机构持不信任态度。他们宁愿依赖政策或某些行政部门,对正当的司法程序则表示冷漠、疏远甚至畏惧,很少主动、积极地参与诉讼,热衷于非诉讼的调解。对法官、公安人员等执法者往往敬而远之,而且轻视律师在司法过程中的作用。许多法律事务均由非专业的人操持。法学教育的内容远远不能满足法律操作过程中的实际需要……凡此种种,充分说明中国法律文化的现代化虽然历时良久,但由于不断的磨难与挫折,迄今仍然处在初始阶段,特别是法律文化的深层结构很少触动。对比法律文化现代化的基本要求,还有相当大的差距,这与经济、政治、社会现代化的要求不相一致。

中国法律文化现代化的进程是一种持续不断的以实现法律生活合理化、科学化为目标,正确扬弃和全面转变法律传统的进程。当代法制建设的主要任务便是将这一过程推进到更深更广的领域。

法律文化现代化的关键是法律文化导向层包括法律思想、法律教育、法律传播的现代化。从我国现状看,无可否认法学理论和法律队伍的发展远远落后于法制建设的需要。为此,我们必须尽快转移法学理论研究战略的重点,由过分强调法的阶级本质到注重法的社会属性;由片面理解法的刑罚、禁止和专政的作用到全面掌握法的保护、鼓励和平等调整的职能;由强调法的义务观念到重视法的权利意识等,并将科学的、定量的和实证的方法引进法学研究领域。法律教育的目标是造就大批现代化法学家和法律人,因此必须增强法律教育的理论性、实践性和广博的知识性,以及思辨能力的培养,这就需要改革陈旧的法律教育思想、内容和方法。法律传播主要在于提高公民的一般法律意识,而不在于大量灌输具体的法律制度。特别重要的是使公民树立正确的权利义务观、法制观,塑造其完整人格和自律能力,培养其自主性和自尊心。

法律文化的深层结构是一种超稳定系统,一旦形成某种模式便很难影响和变更。中国传统法律文化如耻法、畏法、厌法、远法虽经历次法律文化现代化浪潮的冲击,至今依然体现在公民的日常社会生活之中。为了转变这种传统的深层结构,唯一可行的办法是进行一场旷日持久的法律启蒙运动。

中国法律文化现代化的另一项重要任务是正确处理现代法制与法制传统、本国法制经验与他国法制经验之间的关系。法律文化的基本特征是其绵延性,其往往具有一种超越时空限制保持活力的特征。几千年来,中华法系的古老传统随着时代的更新尽管某些因素消失、变异或改头换面地粉墨登场,但是,其基本要素即法律精神却依然故我,长期留存。它已经深深地融入民族性之中,无法简单地加以否定或抛弃。日本、印度的先例告诫我们,法律文化现代化不可能通过彻底割断传统的途径得以实施。然而,法律传统必须加以改造,也是毋庸置疑的,否则谈不上任何法律文化的现代化。可行的途径是全面转换法律传统,使之融入崭新的法制结构之中。方式有二:保留传统的法制形式,转变传统法制的内容;或者变更传统法制的形式,保存传统法制的内容。例如,中国乡民历来厌恶诉讼,信仰官断不如民断,我们不仅可以继续保留非诉讼调解形式,而且可以大力发展这种解决纠纷的方式,但必须根本改变调解所凭借的原则,不能以某些不合时宜的落后风俗、道德、礼仪、乡规为准绳,应以现代法律规范、法制原则、伦理道德为调解纷争的依据。此外，对于他国的法制经验，凡是符合我国法制建设的实际需要，就应大胆借鉴与引进，当然在具体步骤上要谨慎稳妥。一般可分为这样几个阶段，即研究分析阶段、取舍决策阶段、宣传实施阶段。在所有阶段都要注意它国法制经验与本国法制经验或传统的整合。

总之，实现中国法律文化的现代化，必须通过借鉴与转换的途径，即吸取所有先进的法律经验，改造某些传统法律文化因素；采取渐进和整合的策略与方式，即分阶段有条不紊地推行变革；同时，保持法律文化结构体中潜隐层、导向层和表象层之间平衡、协调的发展。

（1987 年第 7 期）

在改革中完善社会主义民主政治

张宗厚*

自邓小平同志1980年《党和国家领导制度的改革》的讲话重新发表以后，中国的政治体制改革成为国内外舆论的重要话题。可以预料，因为政治体制改革将会比经济体制改革更厉害地冲击到某些社会固有矛盾和利益集团，因此，它是一项更困难、更艰巨因而需要更慎重和更坚韧地进行的事业。为保证这项事业的顺利进行，需要有理论准备、舆论准备和社会心理准备。

《中共中央关于社会主义精神文明建设指导方针的决议》指出："我国社会主义发展中的主要历史教训，一是没有集中力量发展经济，二是没有切实建设民主政治。"这个在实事求是总结历史经验教训基础上的深刻概括，既体现了我们党对社会主义的认识的深化和思想领域的成熟，又体现了对社会主义前途的严肃思考。现在，全党的工作重心已经转移到现代化建设上来，民主政治建设也已伴随着政治体制改革提上议事日程。

一、何谓"民主政治"

民主政治，是相对于"少数人说了算"的专制政治而言的。几千年来，从奴隶社会、封建社会到资本主义社会，不管实行什么政体，打着什么旗号，总是改变不了一个代代相沿的积习，即少数居于社会上层的人是亿万劳动人民命运的主宰。现代的民主政治观念，是新兴资产阶级和劳动人民反对封建专制制度的斗争中，逐步形成的。正如中央的会议指出的，它"是人类精神的一次大解放"。虽然这种民主意识及与其相关的民主制度，在资本主义社会里带有很强的制度烙印，即从本质上讲，它是在为资本主义制度服务的，但是从观念形态上来讲，它绝不是资本主义制度的专利品，而是人类的共同精神财富，是人类社会文明发展的要求。无产阶级夺取政权以后，绝不是简单地抛弃它，而应该运用人民政权的力量，把资本主义条件下由于理论与实际脱节而使民主政治出现的形式与实质脱节现象克服掉，把民主在深度上和广度上推向前进。但遗憾的是，新中国成立

---

* 作者单位：《中国法制报》评论部。

以后，我们没有切实建设民主政治，长期坚持"以阶级斗争为纲"和接连不断地搞运动，把反映人类共同追求的一些民主观念也当做资本主义的东西大加批判。造成的直接后果是，整个社会的民主观念淡薄，人们缺乏相应的权利和义务意识，领导干部缺乏"公仆"观念。几千年遗留下来的与民主相悖的宗法观念、特权思想、专制意识等不仅没有被有效克服，而且被贴上"社会主义"的标签，在社会生活中顽固地起作用。直到"文化大革命"中，发展到"全面专政"，把民主全部奉送给资产阶级。这种对民主的破坏，在彻底否定"文革"的过程中才逐步得到清算和纠正。但作为观念沉淀，也不可否认，长期形成的糊涂观念还在一些人的脑海里和社会生活中发挥作用。不是有的县委领导还把人民代表的发言当成"反党言论"来追查吗？不是还有的单位领导把人民群众正当的民主要求当成"资产阶级自由化"来批判吗？所以，要建设民主政治，还需我们一代又一代人付出艰苦的努力。

什么是民主政治呢？民主，词意为"多数人的统治"；政治，用"阶级对阶级的斗争"来理解显然已不适合我国当前的实际，把它理解为"人民管理国家之事"则比较易于为人们所接受。在一般意义上，政治民主指的是按照多数人的意志，通过预定的程序和决策方式，对国家和社会进行管理。在我国消灭了阶级压迫和阶级剥削的社会主义条件下，民主政治指的是人民当家作主，根据人民的意愿来管理国家，也就是宪法所明文规定的"一切权力属于人民"和"人民依照法律规定，通过各种途径和形式，管理国家事务，管理经济和文化事业，管理社会事务"。它包括人民主权原则、公民权利原则、民主集中原则、政治公开原则、权力制约原则、社会监督原则等。

建设民主政治，需要确定民主观念，健全民主制度，完善民主设施。

二、确立民主观念

中国历史上长期的封建统治，给我们遗留下来一个沉重包袱，即民主观念淡薄。相应地，封建的观念总要顽固地起作用，还常常冒充民主观念以鱼目混珠。前一段时间，社会上流行一时的大讲包公、海瑞，提倡"为民作主"等，正是旧意识在新条件下的表现。因为我国并未有过彻底的资产阶级革命，所以封建的政治观没有受到伴随着新兴资产阶级而生的潜存于商品经济之中的民主观念的冲击。现在，开始讲社会主义商品经济，这必然对旧观念形成有力的冲击。随着经济体制改革的深入，我们将会越来越多地感受到，与商品经济相适应的等价交换原则，从根本上动摇了靠血缘、门第、权力、等级、特权、地域、民族、宗教等把人们联系在一起的纽带,并由此推动了与经济平等相应的政治平等观念的产生,形成了一系列新观念,如自主观念、自立观念、自由观念、契约观念等。应当看到,伴随着商品经济的发展必然产生的这些观念,在我们这个具有几千年封建传统且商品经济长期不发达的国家里,是一种巨大的历史进步。正如过去我们讳言商品经济一样,长期以来也把与商品经济相应的这些民主观念视为资产阶级的东西。现在,随着社会主义商品经济的发展,我们不仅应正视这些观念,还应该大力宣传、提倡和强化这些观念。因为这些观念中反映出的竞争意识、开拓意识、自强意识等,相比起那种把自己的命运和希望寄托在圣君贤臣或上级的英明上的"草民意识",是有巨大的历史进步意义的。

由商品经济所确立的政治民主观,是否就等于社会主义的政治民主观呢?非也。观念是分层次的。正像没有商品经济就难以产生与之相应的平等、自由观念一样,这仅是其中一个层次,而且是基础的层次。另一个层次,是与不同的政治制度相适应的政治民主观。接着,还有第三个层次亦即最高的层次,即作为人的自由全面发展的政治民主观。后二者,一个体现了社会主义区别于资本主义的本质特征,一个体现了共产主义运动的追求目标。在资本主义条件下,由于对财产的占有不平等,所以高度发达的商品经济所产生的民主政治,虽具有民主的外壳且在本阶级内部也被认真地实行,但整个社会的民主政治却被套上了"金钱的锁链",即"商品拜物教"的桎梏。在社会主义条件下,人民当家作主的政治制度,创造了极有利的条件,能够摆脱资本主义条件下无法摆脱的"金钱的锁链"。但是,在社会主义国家,普遍地存在权力过分集中和缺乏有效制约的现象。在一定时期和一些地方,已形成了"权力的锁链"或"权力拜物教"。尤其是在像我们这样封建传统浓厚的国家,权力被滥用,能导致连起码的民主形式都不讲,如有些地方用"指定"代替"选举",官越来越离开他本来应为之服务的主人,这成了社会主义民主政治的最大隐患。从理论上讲,"权力的锁链"不是社会主义的固有物,因为人民当家作主的政治制度,能够有效地防止官僚主义和滥用权力。我们党十分强调的政治体制改革,正是为了消除政治体制上的弊端,完善社会主义政治制度,为建设民主政治创造有利的条件。进一步,在建设高度民主的过程中,人的价值和尊严,人的自由全面发展,将会越来越重要地摆在我们面前。

综上所述,民主观念作为现代化社会的范畴,它既是对封建专制意识的否定,又是对人类文明的继承和发展。社会主义制度的建立,为民主观念的产生和确立提供了最佳环境和土壤。但封建历史的包袱,商品经济和科学文化的不发达,使我们确立新观念面临着一个长期、艰巨和复杂的奋斗过程。在相当长的时期内，我们需为之奋斗的是：在全社会确立人民是国家主人的“主人观念”，在全体国家工作人员中确立“公仆观念”，在人民群众中确立不靠“清官”而靠自己的“自立观念”，以及平等观念、政治参与观念、政治权力有限观念、权利义务观念、权力机关观念、监督与制衡观念、自由与法纪统一观念，等等，让观念的变革成为民主政治建设的先导。

三、健全民主制度

民主政治，其主体是一个政治制度的问题。它包括国家的管理形式、结构形式以及选举制度、干部任免制度、公民行使政治权利制度等。按照宪法规定，我们国家的管理形式是人民代表大会制，国家机构实行民主集中制。这个制度虽不能说是完美无缺的，但如得到切实实行，我国的民主政治建设必将是一个崭新的局面。

应该看到，在我们的现实生活中还存在许多民主制度不健全的方面，尤其是政治体制上的弊端，还妨碍着民主政治建设的进行和发展。例如，正像邓小平同志指出的那样，“加强党的领导，变成了党去包办一切、干预一切；实行一元化领导，变成了党政不分、以党代政；坚持中央的统一领导，变成了‘一切统一口径’”①。在国家机关内，官僚主义现象还严重存在。以言代法、以人代法、徇情枉法、恃权变法的事不断发生。政府工作人员违法失职的行为得不到及时追究，人民的申诉、检举和揭发，常被“踢皮球”或求告无门……要从根本上改变这一切，就必须进行政治体制改革。

笔者认为，通过政治体制改革必须为民主政治建设在制度土开辟更广阔的道路。这就需要认真研究和解决几个制度上的问题：

一是搞好党政分工制度。以党代政、以党代法，不仅妨碍党集中精力抓思想路线方面的大事，而且不利于政府机关和权力机关充分发挥它们的职能作用。从历史教训和实际需要来看，应从制度上明确划分党与政府和权力机关的职责范围。党只管涉及方针政策路线的大事，政府和权力机关应在其职责范围内独立地发挥作用。同时，为了保证和带动整个社会的政治民主，必须发扬和扩大党内民主。各级领导人的一般讲话不能当做党的指示，而只能作为一种建议。在社会生活的各个具体领域，如厂矿企业、学校等，党的领导作用主要是通过监督

---

① 《邓小平文选》(第2卷)，第131页。

和党员的模范带头作用来体现。

二是健全人民主权制度。一切权力属于人民,这个宪法原则应通过一系列制度化的规定得到体现。随着全体公民的民主意识、法律意识、参政意识的增强,逐步创造条件,充分发挥他们在民主选举、民主管理、民主监督等各方面的作用。采取多种形式,使公民广泛参与国家管理。凡能够直接听取人民意见的场合,在作出重大决定的时候,都应广泛听取他们的意见。基层(包括企事业单位)单位的事务,应尽可能在广大职工的参与、讨论、协商和监督下作出与他们的利益密切相关的决策。

三是加强国家权力机关制度。应采取多种措施,充分发挥作为国家权力机关的人民代表大会在立法和在国家生活中决定重大问题的职能作用。全国人民代表大会是我国的最高权力机关,应充分发挥其最高决策作用和监督作用,提高其对国家活动方针的影响。地方各级人民代表大会绝不能成为党组织和政府的附庸,应依法独立行使其对本地区重大事项的决定权、对一府两院的监督权和法定的人事任免权等。

四是权力制约制度。①

五是社会监督制度。②

六是司法独立制度和错判救济制度。我们说的司法独立,是指根据宪法关于审判机关和检察机关对权力机关负责的规定和"任何组织或者个人都不得有超越宪法和法律的特权"的规定,实行司法机关依法独立行使司法权,不受其他任何机关或者个人的干涉(权力机关依法行使的监督权除外)。现在有些地方,打着"党的领导"的旗号,实际上由党委(或党委的有关机关)在判案子,造成了很多弊端,必须予以改变。在司法机关内部,必须建立错判救济制度。判错了的案件,一经发现必须纠正。对因错判致使公民在物质上或名誉上受到的损害,必须视情节轻重依法纪予以惩处。只有这样,才能有效地维护公民的合法权益。

四、把专政纳入法制的轨道

建设民主政治要求所有国家机关都必须真正依法为人民办事。任何国家工作人员,都是人民的公仆。他只有依照法律在自己的职责范围内行使权力和为人民服务的义务,没有丝毫超出法律约束和不受人民监督的特权。特权思想和

① 参见张宗原:"权力制约论",载《法学》1986 年第 10 期。

② 参见张宗原:"社会监督论",载《信息与决策》1986 年第 6 期。

官僚主义,都是与民主政治格格不入的。

当然,任何一种制度,都要由人来执行。人的素质在实际工作过程中,起着很重要的作用。而人的素质,很关键的因素是具有什么样的观念。笔者认为,在当前,要确保国家机关及其工作人员成为实施民主政治的得力工具,需要在观念上和实际工作中解决一个问题,即把专政纳入法制的轨道。

《中共中央关于社会主义精神文明建设指导方针的决议》把“人民民主政权和社会主义法制”列为实现社会主义现代化的基本条件之一,并指出“人民民主专政是保护人民、保护四化的强有力武器。要依法打击一切破坏我国社会主义制度的敌对分子,依法惩处经济罪犯和其他刑事罪犯,依法禁止和取缔卖淫、吸毒、赌博、传播淫秽录像书刊等危害人民的违法犯罪行为”。这3个“依法”,贯彻了一个把专政纳入法制轨道的思想。

坚持人民民主专政,这是我们进行社会主义建设必须坚持的“四项基本原则”之一。民主与专政本来是相辅相成的辩证统一的关系,是一个问题的两个方面,两者不可偏颇,即只有发扬民主,才能有效地实施专政,只有坚持专政才能保障人民民主权利。但是,在相当长的时间内,由于我们没有处理好民主与专政的辩证关系,而强调国家机器(尤其是政法机关)的专政职能,忽视保护人民民主的主要职能,不断强化对社会生活的干预与控制,甚至把许多本属于人民内部矛盾的问题当做阶级斗争去对待。由于对专政含义的曲解,把它扩大到思想意识形态范畴,错误地把矛头指向人民,不仅造成了大批冤假错案,也破坏了社会主义的民主政治建设和社会的蓬勃生机。

在粉碎“四人帮”之后,党在领导人民进行“拨乱反正”的过程中,实事求是地总结了历史教训,鲜明地提出了把专政纳入法制轨道的问题。党的十一届三中全会的公报、《中国共产党中央委员会关于建国以来党的若干历史问题的决议》、党关于精神文明建设的决议都先后阐述了这个问题。很明显,党的十一届三中全会以来所反复强调的民主法制原则,都表明了要把人民民主专政作为保护人民、保卫四化的强有力武器,要把专政纳入法制的轨道。

具体来说,把专政纳入法制轨道,需要转变下列观念:

一是不能把我们的政法机关仅仅归结为专政的职能机关。过去一讲政法机关,习惯讲它是“刀把子”。在这种思想影响下,即使对大量的人民内部矛盾问题,也使用了专政手段。应该看到,我们的政法机关虽然还有专政的职能,但更多的占第一位的是保护人民、服务“四化”的职能。如果离开了这个立足点去谈专政,就必然出岔子。所以,在处理大量人民内部矛盾问题的方法上、工作作风上,都要坚持以教育、说服、引导为主的方针,要贯彻利民、便民原则。如果在我们的主人——人民面前玩“大老爷”作风，绝不可能成为受人民欢迎的政法工作者。

二是坚持严格依法办事的原则。无论是对具有阶级斗争性质的反革命案件，还是对人民内部的犯罪，都必须严格依法办事。坚持依法办事，包括严格依照法律程序办案，严格依照法律量刑，每一个被告都享有辩护权或委托律师辩护的权利，也包括对判错的案子必须纠正等。对那些即使是被剥夺了政治权利的犯人，也只是剥夺他由《刑法》第 50 条赋予的权利，而不是剥夺他所有的公民权，如人格尊严不受侵犯，不受侮辱、诽谤和诬告陷害，以及有权申诉、控告或检举等。因此，必须严禁刑讯逼供，严禁殴打、侮辱犯人，严禁挂牌、游街、批斗等违法的做法。坚持这一切，不仅是社会主义精神文明对政法工作者的要求，也是为保证把绝大多数犯罪分子改造为新人所必须遵守的原则。

（1987 年第 9 期）

要坚持，不要“附加”
——谈传统法学理论的一个基本命题

张宗厚*

法学研究必须坚持以马克思主义为指导，这是自不待言的。但坚持马克思主义，是坚持马克思主义的普通原理和它为我们提供的科学方法，而不是固守马恩针对特定历史背景所作的一些结论，尤其是不能把不属于马恩的一些结论强加在他们头上。

构成传统法学理论基本支柱的命题之一，是“法是阶级社会的特有现象”。在我国，多年来对这个问题有争议。争议的直接现实意义是，当前正在大力加强的社会主义法制建设，究竟是源于阶级和阶级斗争的需要，还是“为了保障人民民主，必须加强法制”，“为了实现四个现代化，必须发扬社会主义民主和加强社会主义法制”。当然，在我国现阶段，阶级斗争还在一定范围内存在，法律还具有阶级性和“打击敌人”的职能，但整个社会主义法制的加强是仅仅基于此，还是有更为根本、更为远大、更为宏伟的目的？这些都是法学研究至关重要的问题。

由此联系到一种观点，认为坚持把法归结为“阶级意志”才是唯物主义，而坚持从物质生产关系的需要中去寻找法的本质倒成了“历史唯心主义”。这种逻辑关系，实在令人费解。为了支持上述论点，有人引用恩格斯的一段话：“根据唯物史观，历史过程中的决定性因素归根到底是现实生活的生产和再生产。无论马克思或我都从来没有肯定过比这更多的东西。如果有人在这里加以歪曲，说经济因素是唯一决定的因素，那么他就是把这个命题变成毫无内容的、抽象的、荒诞无稽的空话。”然而正是恩格斯在讲了这段话后，接着又着重指出：“经济状况是基础，但是对历史斗争的进程发生影响并且在许多情况下主要是决定着这一斗争的形式的，还有上层建筑的各种因素：阶级斗争的各种政治形式和这个斗争的成果——由胜利了的阶级在获胜以后建立的宪法，等等，各种法权形式以及所有这些实际斗争在参加者头脑中的反映，政治的、法律的和哲学的理论，宗教的观点以及它们向教义体系的进一步发展。这里表现出这一切因素间

---

* 作者单位：《中国法制报》评论部。

的交互作用，而这种交互作用归根到底是经济运动作为必然的东西通过无穷无尽的偶然事件（即这样一些事物，它们的内部联系是如此疏远或者如此难以确定，以致我们可以忘掉这种联系，认为这种联系并不存在）向前发展。”①

恩格斯这段话，是对他和马克思一贯思想的完整表述，即在分析法律等现象时，既强调经济基础的决定作用，又强调上层建筑的反作用。只承认前者而否定后者，那是“庸俗唯物论”；同样，只承认后者，而否认前者，必然导致唯心论。

回顾我国政治、经济发展的历史，在相当长的时期内，究竟是把经济基础的决定作用强调得过头了呢？还是片面夸大了上层建筑的反作用？对此，笔者认为全国人民和理论界是有目共睹的。在相当长时间内，我们无视生产力的决定作用，片面强调人的主观能动性，离开生产力发展水平不断变更生产关系，离开生产力抽象地讲社会主义原则，以致出现了1958年“大跃进”那样的唯意志论横行的局面，出现了长期的对所谓“唯生产力论”的批判。反映在法学理论研究中，许多教科书反复强调的是意志的作用，很少去认真研究我们的社会生产力发展水平和经济关系对法提出了怎样的要求。党的十一届三中全会以来，这种状况有了明显的改变。但是不可否认，在一些讲法学基本理论的书中，还较多地沿袭了九年前的观点。明明我国现阶段的法制建设从根本上是适应以经济建设为中心的社会主义现代化建设的需要而不断发展的，但是一些传统的理论仍千方百计地从阶级和阶级斗争的需要中去寻找依据，这难道不是一个值得深思的问题吗？

恩格斯在那一段话中，也明确指出，上层建筑（包括阶级斗争的各种形式）的各种因素，是决定历史斗争的进程的“形式”的；在另一处，他和马克思又强调，决定这种“形式”的阶级意志的内容也是由物质生活条件来决定的。在如何看待法的本质这一问题上，究竟是形式重要，还是内容是最根本的，这是一个哲学中的基本问题，无须多谈。马克思早就指出：“社会上占统治地位的那部分人的利益，总是要把现状作为法律加以神圣化，并且要把习惯和传统对现状造成的各种限制，用法律固定下来。”②在阶级对立社会里，法律必然体现统治阶级的意志，但科学绝不能在此止步。如何实现“在现代国家中，法不仅必须适应于总的经济状况，不仅必须是它的表现，而且还必须是不因内在矛盾而自己推翻自己的内部和谐一致的表现”，③那则要下许多工夫。例如，在现阶段如何使我们的法

① 《马克思恩格斯选集》（第4卷），第477页。

② 《马克思恩格斯全集》（第15卷），第894页。

③ 《马克思恩格斯选集》（第4卷），第483页。

律的制定适应社会主义初级阶段生产力发展水平的要求，适应发展商品经济的要求，绝不是讲一通“阶级意志”便可解决的，而必须深入实际，对现实生活中的经济、政治、文化进行大量的调查研究。明确了这一点，法学研究才能说得上是尽了职责的。

此外，从一定意义上说，任何一门科学，都是对其研究对象的规律性的探索。没有规律，便没有科学。法学研究也是如此。可惜，在许多法学基础理论书籍中，讲“意志”多，讲规律少，甚至把意志当成规律。我国目前的法制建设，面临着大量的、复杂的由于发展商品经济所带来的一系列新情况、新问题。对此，仅仅满足于把“统治阶级的意志”改成“领导阶级的意志”行吗？需要的是，深入研究和阐述法的关系必须适应经济发展的要求这一基本规律，帮助人们积极探索和正确认识社会主义初级阶段的法律现象，为我国的民主法制建设提供理论服务。

马克思主义关于法的学说是十分重视关于法的规律的研究的。他们不仅反复地、透彻地阐述了法与物质生活条件的必然联系，而且强调法不应去迁就法律，恰恰相反，法律倒应该去适应法的本质。马克思和恩格斯阐述了法与法律的辩证关系。从马恩的大量论述中可以看出，他们所强调的，法是社会物质生活条件决定的对人们行为规范的要求，法律是从国家为中介的具有政治性的规定。换句话说，法是“应然”，法律是“实然”，亦即法是规律的要求，法律是人们对规律的认识。如何使法律的制定（亦即人们对规律的认识）符合法的客观要求（亦即规律性），符合社会发展的实际情况，这正是法学研究的基本任务和法制建设应遵循的规律。但是，在我们的一些法学教科书中，却把法与法律混为一谈，而且笼而统之地把二者都归结为“统治阶级的意志”。这种理论是难以对实践发挥正确的指导作用的。

（1987年第10期）

试论法对经济发展的导向作用

张耀文*

"搞现代化建设要有两手,即一手抓建设,一手抓法制"。这是邓小平同志关于我国四个现代化建设的科学的概括和总结,是振兴中华、建设社会主义国家战略性的措施。我们是从法的功能和作用范围来理解小平同志所以这样重视法制的。因为,上升为国家意志的法在调整人们行为规范方面,不仅具有连续性、稳定性和权威性等方面的品格,而且还表现在广泛领域内多层次、多渠道的功能和作用上,使法制成为整个社会中一个涉及全局的制约体系。实践证明,法在"四化"建设中的作用,越来越被人们所重视。

我国开展的经济体制改革,经济理论界起了导向作用,打破了三十多年来的传统经济理论的模式,率先提出了"只有发展社会主义商品经济才能富中国"的理论。我国的改革、开放、搞活是围绕着发展社会主义商品经济这一中心展开的,若没有先进的经济理论指导,没有对商品经济规律的认识,要取得今天的繁荣和发展是难以想象的。然而我国的法制建设和法学理论还适应不了四化建设发展的需要。法制要适应经济建设的需要,不但要对经济发展起保护、促进作用,而且还要对经济运行起导向作用。因此不但要将法制从以往的传统观念束缚下解脱出来,而且还要像经济体制改革对旧的经济模式的冲击一样,对传统观念有一巨大的冲击。法学工作者应该自觉地肩负起经济振兴这一历史赋予的光荣使命。

一、法律科学可以走在经济发展的前头

强调法对经济发展的导向作用,是基于马克思主义关于上层建筑与经济基础相互关系的理论。这在体制改革蓬勃发展的今天,尤为重要。因为作为社会管理工具之一的法律规范,与其他上层建筑一样,一方面受经济基础的决定和制约,另一方面对经济基础又起积极的反作用。恩格斯指出:推动历史的发展,"说经济因素是唯一决定性的因素,那么他就把这个命题变成毫无内容的、抽象

---

* 作者单位不详。

的、荒诞无稽的空话”。因为“对历史斗争进程发生影响并且在许多情况下主要是决定着这一斗争的形式的,还有上层建筑的各种因素:阶级斗争的各种政治形式和这个斗争的成果——由胜利了的阶级在获胜以后建立的宪法等等”。历史的发展,不是经济本身自发的起作用,而是凭借包括宪法、各种法律规范和法制理论等在内的上层建筑为中介,才能发生作用。法对经济的反作用,要求立法机关和法律工作者把有利于生产力发展的客观规律,通过法律条文的形式加以规范化、法律化。过去,我们习惯于沿袭“法只注重对现存经济关系的调整”这一传统的经济决定论观念,只有当经济发展有了某种需要,且具备了条件时,才对某一经济活动方面的立法予以重视。一般说来,法律是对现存社会关系和经济关系的调整,但是我们往往忽视了法对经济的整体功能的作用,特别是法作为上层建筑对经济的导向作用。所谓法对经济的导向作用,就是指立法机关和法学工作者,根据经济运行的发展趋势和客观规律,对已经出现或必将出现的经济趋势,进行全方位、多维性的分析研究,提出科学的立法预测和司法建议的理论与方案,阐明哪种行为有利于生产力的发展,是合法的,应该受到法律保护,哪种行为是不利于生产力的发展,是违法的,应该受到法律的制裁,为社会的法律控制指明方向。概括起来,就是:(1)针对法制建设与经济建设相互关系中的现实问题,进行分析研究,从理论上加以概括,提出促使法制与经济协调发展的规律性的认识;(2)在定性和定量分析基础上,提出科学的立法预测,并进而作出与经济发展趋势相适应的法制战略的论证和思考。在经济运行中按照法的指导进行活动,就可以使已经出现和必将产生的新的经济关系从一开始就纳入法制的轨道。法对经济发展的导向作用,在当前经济体制改革深入开展的时期具有重大的现实意义,它可以起到对积极从事改革的人,感到有章可循、有法可依,消除疑虑的作用,也可以避免对改革者的活动,昨天认为是正确的、合理的,今天又认为是错误的、违法的,从而大大挫伤其积极性的现象。在经济与法制的关系上,法和法律科学不但应该,而且可以走在经济发展的前头,对经济的发展起导向作用的。例如,我国解放初期实行的土地改革这一重大的社会变革,就是党和国家根据社会发展的客观规律,将这伟大的社会变革的性质、任务、目的和执行中的政策与方法等,载入土地改革法中,作为亿万人民实践的行为规范。由此,胜利地完成了伟大的社会变革,大大解放了社会生产力,促进了国民经济的繁荣和发展。再以《拿破仑民法典》为例,该法典在欧洲资本主义商品生产兴盛之前,就用一千多条文规定契约,诸如“契约为一种合意”、“依法成立的契约在缔结契约的当事人间有相当的法律效力”,还规定租赁买卖契约,规范劳动力的取得和商品的流通。这些法律促进了资本主义工商业及农业的发展。1790年,法国只有

“珍妮”纺机900多架,1805年增加至12500多架;法典颁布后的毛纺产品骤增4倍,生铁增加两倍,出现了像里昂、阿尔萨斯和洛林等商业城市。再以日本为例,1973年10月,第四次中东战争后,发生了席卷西方的石油危机,这对资源贫乏的日本来说,无异于釜底抽薪。日本人开始从经济高速发展的自我陶醉中猛省,认真地寻求新的发展道路,以克服资源、能源严重依赖国外造成的经济极其脆弱的状况,他们制定了《能源使用合理化法》(简称“节能法”),规定对工厂、建筑物以及机器用具的能源使用,采取合理化措施。依据这个法律,各企业普遍改建设备,改变生产工艺,利用余热废气,研制节能产品,甚至连室内的冷暖温度、电影放映时间等生活用电也被严格控制。这是用立法形式导向经济运行轨道,以达到预定目标的范例。从上述事例可以看出,法律对经济的关系,不是单纯地受其决定,在某种程度上可以充分发挥法的导向作用,而要做到这一点,就应重视法的导向及功能作用的研究。我们的法学理论工作者,要打开视野,通过周密细致的调查研究,通过定性和定量的分析和预测,把法制工作置身于经济发展的坐标中,为立法机关提供扎实可靠的事实和数据,帮助立法机关制定出与经济发展相适应的法律。法对经济发展的导向作用,可通过“超前立法”来实现。“超前立法”在我国,开始被人们所重视。如已颁布的破产法,从立法建议到草拟,都是在客观上俯瞰了我们经济发展的前途而作的决策,已起到先行立法为经济发展导向的作用。根据控制论的原理,法律效能的发挥,是法律群的整体作用,从整体角度考虑,就会形成一套系列的法律、法规,如破产法制定后,明确企业责、权、利的企业法就需要相应建立和健全。基于雇佣的合同关系,企业就应有解雇职工的权利,于是过去的那种牺牲效益的“大锅饭”式的就业制度就必须被用工制所取代,而合同制的就业制度就必须由法律调整不可;还有诸如破产整顿、劳动争议等方面的法规也须跟上。这样不仅可以避免法规不配套而使法的作用不能整体发挥,而且还可更好地导向经济的运行,加速我们经济建设的步伐,同时,对健全我国社会主义的法律体系将会产生积极的影响。

二、“超前立法”促进经济目标的实现

要使法制适应经济建设的发展,充分发挥法制对经济发展的导向作用,就必须瞄准经济发展的方向与目标,解决好法律的稳定性与经济发展的可变性之间的冲突。

法律的稳定性就是指法律制定出来以后,在时间上具有一定的延续性。但是,法律的稳定不是固定不变的,而是由社会生产关系的发展要求决定的。在经

济领域内，经济计划、经济指标、经济发展速度等，也都是人们对经济发展的客观规律的认识，是人们主观见之于客观的活动。经济计划一经制定，就有相对稳定的性质，而真正活跃的是经济活动本身。经济计划的稳定性与法律的稳定性有时会一致，有时会不一致，如果经济计划与经济活动趋向一致，那么，法律的稳定性和经济活动的可变性，也就不会发生冲突。因为，法律的稳定性面对的是经济发展阶段中的稳定性。例如，我国的"七五"计划，经济发展的目标是稳定的。因为，一个时期的任务、目的和要求，也必然产生一个时期的法律事实和法律关系。然而，"一致"是相对的，"不一致"是绝对的，因为生产力是社会最革命、最活跃的发展因素。在经济与法制的关系上，不是要求法律稳定不变，而是要求法律及时更新，以适应经济发展变化的需要。不仅如此，经济的发展还要求法制对它起导向作用，这种导向作用是通过调整新的生产关系和人际关系，以推动生产力向更高阶段发展。那么，如何实现这种可能呢？

首先，得从立法着手。我们对法的制定，习惯的做法是先实践，后立法。从认识论的观点看这种立法的方式无可非议，否则，法律将是无源之水、无本之木了。但是，仅止于此，我们的认识如仍停留在对现成经济关系的认识上，缺乏对经济关系发展的科学预测，那么，我们的法制工作是适应不了现代化发展的需要，就会永远处于被动的地位，影响法律对经济发展的积极作用。因此，我们认为立法的途径，特别是经济立法的途径，至少可以有两种：一是经过一定时期的实践，取得经验，然后制定法律，以对这部分社会关系和经济关系加以调整；二是根据经济发展计划制定法律、法规，"超前立法"，以促进预期的经济目标得以实现，使在实现这一目标的过程中，可以少走弯路，将经济计划中固定下来的经济活动纳入法制的轨道，以法律作为经济运行的先导。立法走在经济活动的前面，不仅可能，而且可行。根据中央有关"七五"计划而制定的与之配套的《经济立法规划设想》，已经得到中央领导同志的赞同。该规划设想主要围绕如何实现"七五"计划这个中心议题，重点放在关于促进保障经济体制改革深入开展，促进和保障进一步对外开放，以振兴"七五"期间一些重点发展行业这两方面的法规。立法范围十分广泛，有关宏观控制和微观搞活的法规条例有《国家工作人员法》、《违反财经纪律惩处规定》，有关搞活企业、行业和市场方面的有《企业管理条例》、《企业联合管理条例》、《劳务市场管理条例》、《技术市场管理条例》，等等。同时，与经济的宏观控制相适应，还需在国民经济管理的各个层次上用法律的形式加以规定，例如，多大规模的预算内投资由哪一级负责控制，多大规模的预算外投资又由哪一级负责，其他各种渠道的投资，也应明确由谁来控制，这些没有法律规定看来是不行的。前几年，工业增长速度过快，引起固定资产投资规模过大，消费基金增长过快，信贷投放过度和外汇储备下降，以及改革中出现的经济犯罪等，这些情况的出现，不是经济运行中必然会发生的。从法制建设的角度看，这与我们缺乏法律、法规的规范引导不是没有关系的。此外，尽管经济发展的目标已经确定，在实施过程中由于缺乏经验，仍会出现偏离经济发展的客观规律的轨道。所以，根据经济发展的目标，制定相应的法律、法规，作为经济运行的导向，是必不可少的。

其次，从立法的时效看，在我国一般只规定生效时间，极少规定终效期限，除非此后又有同类法律、法规颁布，或者修改宪法，而使原有法律失去效力。加上对已立法律、法规的整理、汇编、编纂工作没有及时跟上去，致使许多法律、法规长久沿用、上下冲突、左右矛盾，这种长期株守过时的法律、法规的现象与经济发展的要求是极不相称的，是到了非改变不可的时候了。因此，笔者认为，我国的立法，特别是经济法律、法规的规定，在其效力期限上是否可采用临时法（或明确有效期限的法）的形式。临时法的形式在国外有例可援，如日本政府为对不景气产业采取措施引导其尽快转产，于 1978 年颁布了为期 5 年的《稳定特定不景气产业临时措施法》，为那些结构性亏损企业指明了出路，为那些企业处理过剩设备提供必要贷款。到 1983 年该法行将期满之际，日本政府又提出了《特定产业结构改善临时措施法》，继续对石油、化学、电子等结构性不景气产业实行调整，成效显著，我们可以借鉴。各地还可以根据有关法律制定符合各地客观实际的地方法规，地方法规也可“先行立法”和制定“临时法”，以适应经济建设的发展。

三、肃清“左”的流毒，提倡探索争鸣

法制能否适应经济发展的需要与其协调发展，能否充分发挥法功能的整体作用，这是需要认真探讨的。笔者认为，要解决好这方面的问题，应该做到：

第一，肃清“左”的流毒，端正对法功能的整体认识。长期以来，我们一直把法当做阶级斗争的工具，它的适用范围和功能的作用只限于政法部门打击敌人、保卫人民的方面，认为把社会环境搞安定了，促进了经济的发展，也就是法制工作整体功能的发挥。然而，这只能是法制工作的一部分，还不是它的全部。因为由国家政权产生的法律，其功能和作用与国家的职能一样，从来就不是单一的，而是既有暴力、“严打”的一面，又有组织经济、文化发展、管理社会公共事务等另一面。它的功能和作用是多领域、多层次、多渠道的。国家和法的这种本质属性，归根到底是由社会需要决定的。在传统观念上有所突破，在调整经济关系

时，以社会主义商品经济法律观和法律制度代替传统的产品经济观和法律制度，密切关注经济体制改革的深入开展，并结合法律学科的各门专业开展经济与法制协调发展的研究，对改革中出现的新情况、新问题，遵循商品经济规律的要求，进行定量定性的科学分析，向立法机关提出合乎规律的调整社会主义商品经济发展的理论方案和各种法律对策。

第二，法学理论研究，必须把学术理论上的自由探索、争鸣与散布资产阶级自由化严格区别开来。8年来，我国的改革、开放取得了显著的成效，有力地促进了生产力空前的大发展，究其原因，首先要归于党的十一届三中全会在理论上的拨乱反正，彻底纠正过去遗留下的“左”的影响。思想上的解放，给学术理论界开创了贯彻“双百方针”的良好环境。众所周知，经济理论的百家争鸣，社会主义商品经济的理论，打破了30多年来传统经济理论的模式，从某种意义上说，这是经济理论的先导作用。试想，如果没有理论上的突破，何来社会主义的商品机制，也就没有搞活与开放。可见，经济建设的发展，脱离了经济理论界活跃的社会环境是不可能的。笔者认为，法学理论还不适应现代化建设，其中一个重要原因是，没有像其他学科那样认认真真地搞过拨乱反正。习惯势力、传统观念的束缚，“左”的影响仍是法学理论不能创新发展的主要障碍，当然，在开展学术争鸣时，我们也要十分注意随时排除来自“左”的和“右”的干扰。不可否认，党的十一届三中全会以来，我们的民主与法制不断健全，法制建设的形势大好，是我国法制历史上前所未有的。但也要看到，法制是国家法制活动的范畴，它涉及国家对社会管理的各种法律的制定、执行和遵守等方面的重大问题，它的功能是广泛的、多边性的。而法学则是研究这一特定的社会现象的科学，它是法制发展的行为导向。处理这两者关系，我们对理论的重视远逊于对现实的看重。应该十分重视和鼓励人们对传统的法学理论和法制工作如何为经济建设服务等方面进行新的探索。理论来源于实践，法制工作的实践，必须有法学理论的指导。因此，我们不要以为重视法制就等于重视法学理论研究了，两者不是一回事。应该把法学理论研究工作，当做一件大事来抓。对比经济理论与法学理论的发展，事实上存在着法学理论研究的僵化与教条化。这种差距不消除，法制将永远落后于经济，永远尾随经济发展之后疲于奔命。因此，法学理论界也要急起直追，开拓新的研究领域，肃清“左”的影响，打破传统的陈旧观念，努力探索法制与经济关系中的客观规律，在发挥法律对发展经济起的多功能、多层次的作用上有所创新、有所突破，使法学理论跟上经济发展的节奏，担负起时代赋予我们的使命。

（1987年第11期）

1988 年

商品经济的发展促进法制深化

沈志坤*

商品经济的确立和发展,从根本上改变了社会运行方式,对我国社会主义法制产生了巨大的冲击,这种冲击的最大目标是法制观念和现行法制的内容。由冲击而引出的巨大问号是:如何消除自然经济和产品经济对法制的严重影响,使社会主义法制的发展适应商品经济的要求?寻找这一问题正确答案的唯一途径与必然结果,便是法制深化。

法制建设的深化,首先必须要求观念上得到深化,而法制观念深化必须依靠法学理论研究的深化和法学教育、普法教育的深化,只有强调法学深化,才能从根本上推动法制观念的深化。

随着改革开放的进行,我国法学理论研究开始受到重视,并逐渐兴旺起来,但是从整体上看,我国法学理论研究还远远不能满足指导法制建设实践的要求。法学理论研究由于受苏联传统理论和研究方法的影响,显得表面化、狭窄化、陈旧化,甚至人为地设立了不少禁区,以致研究难以深入与突破。另外,比较突出的是法学理论研究中存在浓度不小的"官气"、"衙门气",妨碍了法学学术研究中的"百家争鸣"。此外,形式主义、教条主义也阻碍着法学理论研究的深化,或是浮在概念上打圈子,或者就事论事,难以实现理论的升华。由于没有重视法学理论的先导作用,因而难以向人们提供与社会发展相适应的先进的理论、原则和观念,也难以澄清司法实践中存在的模糊认识,从而难以推进立法与司法的深化。

法学理论研究,首先要求研究者自身认识到深化的迫切性,具备进行深化的"临门意识",敢于深入,敢于突破。其次在遵循基本原则的前提下,应当提倡和鼓励研究的广泛化,寻求新的研究方法。最后,是注重提高研究人员业务素质和研究水平。

法学教育的深化,很大程度上是由法学理论研究的深化决定的,但立法深化与司法深化也很大地影响着法学教育的深化,而法学教育的深化则是法制深化的基础,能够持久、缓慢、间接地通过提高法律人才水平而促进法学理论研究、普法教育、立法与司法等方面的全面深化,从而实现社会主义法制的整体深化。目

* 作者单位不详。

前我国法学教育的现状如何呢？从教育内容的总体上看，没有迅速灵活地反映法学研究的新成果、立法和司法活动的新进展，内容比较陈旧而单一，没有注意多种观点的陈述与比较；在教育方法上，忽视了法学的实践性，比较重视理论教育而忽视实际操作技能的培养，教育方法枯燥而单一，八股式教育比较通行，而“填鸭式”的教育则极大地抑制了教育对象的主动性与灵活性，不利于培养其探索精神。从长远来看，勇于探索、不断进取的法律人才，是我国社会主义法制不断深化的希望所在。

因此，我们强调对法学教育进行必要的改革。首先是思想认识上的改革。法学教育为培养国家的立法与司法人才和法学研究与教育人才的这一目标不能改变。在这一前提下，应该解放思想，博采众长，向教育对象全面展示法学的最新发展变化，提高其比较与鉴别能力，再不能在法学教育中人为地设立禁区。法学教育应当与法学理论研究和立法、司法活动紧密地联系起来，及时反映这些领域的最新动态，提高教育对象对现实情况的敏感度与反应力。还应特别注意培养教育对象的实际工作能力，增加与法制建设的实际相联系的机会，这同时也有助于加强法制建设中的理论指导。

普法教育作为一项普及法律知识、培养公民法律意识的活动，与法学理论研究和法学教育这种专门的法学活动有很大的区别，但 3 者都倾力于思想意识与理论水平的加深和提高，与立法和司法这种实际可操作性的活动有很大不同。普法教育深化对于法制深化具有基础性意义，因为法制的重要目标就是实现法律的一体遵守，普法教育正是达到这一目标的重要途径。

目前普法教育中存在两个主要问题：第一，重视公民义务的教育，而忽视公民权利的宣传；第二，普法教育重视刑事法律的宣传，而忽视民事与经济法律的宣传。

社会主义法制的深化，意味着社会主义民主的深化，因为法制深化不仅包括法定义务被严格遵守，而且意味着法定权利受到切实保障，只要求履行义务而轻视行使权利的国家并不是社会主义的民主政治国家。所以在告诉公民他所应履行的法定义务的同时，也应当告诉他所拥有的法定权利及行使这些权利的条件和程序。这样做的重要意义还在于培养公民建立起正常的权利义务观，这种权利义务观建立之日，正是普法教育深化之时，也是民主与法制得到深化之时。

在大力发展社会主义有计划的商品经济的今天，刑事法律的调节已远远不能满足社会发展的要求，民事与经济法律在社会生活中起着越来越重要的调节作用。公民和法人更多地参与民事与经济法律关系，受到民事与经济法律的制约。公民与法人要求了解自己在民事与经济法律中的权利、义务的呼声越来越高。普法教育必须迅速加强民事与经济法律知识的宣传普及，使公民和法人在民事和经济活动中自觉遵法、护法，从而保证国家经济生活和社会生活活而不乱。

法制深化的另一项重要内容是法律深化。法律深化包括立法深化和司法深化。如果说法学深化是侧重于理性的、观念上的深化，那么，法律深化则主要着眼于感性的、实际操作的深化。法学深化是法律深化的先驱和基础。在法学达到一定程度的深化之前，法律深化通常难以脱离法学深化而达到大幅度深化，因为在法律深化之前常常要求具有一定提前量的法学深化，为法律深化提供理论依据，创造舆论环境。另外，法学深化必然激励和带动法律深化，当法学深化达到很大程度的时候，法律深化还处于原始程度，那么不仅法学深化只是一个短暂的瞬间，更重要的将会使法制深化成为幻影，没有实际价值。法律深化是法学深化的结果与延伸，从某种意义上看，法律深化是法学深化的价值实现，法律深化的实现又会推进法学深化，使法学深化加速前进，成为法律深化的先驱。两者如此相互作用、循环往复，清晰地勾勒出法制深化的发展轨迹。

法律深化首先是立法深化。所谓立法深化，是指对法律的制定、修改和废止等活动的水平在现有基础上获得进一步的提高。当前立法工作中还存在不少问题，最突出的是：第一，偏重于基础性立法，而忽视对非基础性法律法规的制定。在改革过程中，许多社会关系发生急剧变化，仅依靠基础性法律是难以作出直接的、有针对性的有效调节的。社会对法制的要求主要是依靠这种非基础性法律而得到切实满足。现在，许多应当由法律法规进行调整的社会关系却是由国家政策甚至社会道德在调整，虽然政策具有较大的灵活性和便捷性，但政策的灵活性与法律的稳定性之间的“时间差”不宜过大，一旦政策实施有效，就应及时将政策转化为法律，用法律来巩固改革开放的成果。第二，偏重法律的制定工作，而忽视对法律的复查、修改或废止工作，特别是在社会关系变化频繁、法律调整对象变动幅度较大的情况下，就更忌如此。第三，相对来说，对地方性法规的立法工作重视不够。一是地方性法规的立法权过于集中。尽管通过《地方组织法》的修改已将此立法权扩大至省府所在地的城市和经国务院批准的城市，但为数极少。在改革中，不少地方反映由于缺乏地方性法规的立法权，难以及时地利用法律保障改革成果。因此，将此立法权再进一步适当地下放还是有必要的，只要把握住法律和行政法规的立法权，并注意对地方性法规的审批和复查，是能够保证地方性法规的合法性、灵活性的。另一个问题是地方性法规的立法程序还比较复杂，影响了地方性法规发挥效力的及时性，因此有必要简化立法程序。第四，偏重法律的独立性，忽视法律的协调性。当前，有些相关法律之间的衔接不紧密,出现"调节真空",甚至存在相互矛盾的情况。因此,必须将法律的协调作为立法工作的目标之一:一是要重视立法预测与法规工作,通过全面规划来掌握与利用法律之间的协调和互感;二是要加强立法机构之间的信息交流,主动实现法律间的协调,避免法律矛盾和冲突的发生。

在立法技术方法上,过去我们的指导思想是法律要简朴、通俗,不搞繁琐哲学,这在法制不发达、法律尚未成为社会管理的重要手段的时期是适用的,而在当前法制有了初步发展、法律在社会管理系统中的地位大大提高的情况下,这一指导思想就不太适应了。法律是专业性很强的社会管理手段,有难以替代的名词术语和特殊的组织结构。从世界各国的法制发展史来看,法制完善与健全的一个明显标志便是法律名词术语含义的特定化与精确化、法律条文内容的全面化与法律条文结构的严密化。当前我国法律过于简陋,法律规定不够严密,法律语言缺乏精确性,过于舍弃国际通用的法律名词术语,等等,这些都给法律适用带来困难,所以应在立法的方法上加以改进。

立法深化的另一项内容就是改进立法程序,简化立法步骤。要做到这一点,必须:(1)改进立法机构的组织结构,提高工作效率,充分重视和改进各级人大常委会的立法工作;(2)加强立法中的科学决策,实行专家立法;(3)重视地方性法规的立法工作;(4)加强和改进法律试行工作,可以做到边立、边试、边改。

与立法深化具有同等重要意义的是司法深化。立法深化是法制深化的前提和基础,司法深化主要指执法深化和法律监督深化。近几年,经过执法机关的不断努力,我国法制开始真正发挥威力并已取得一定成就。但是,不可否认,当前执法工作中还存在许多问题亟待解决,最关键的还是执法观念问题。在新旧经济形态转化时期,商品经济的确立和发展对于执法观念的影响是非常大的,商品经济要求改变自然经济和产品经济社会中那种着眼于人身自由的限制,单纯追求惩罚效果的执法观念,而要求建立起着眼于经济利益的得失,侧重以契约方式保护法律关系的比较"温和"的执法观念,而经过自然经济和产品经济的长期影响,人们的思想观念具有较强的惯性,在当前的转化时期呈现出一定的滞后性,两种不同经济形态中的执法观念发生冲突,导致当前执法观念的混乱,它明显地表现为:对以法律来保障与促进改革的这一执法指导思想缺乏深刻理解;对法律规定的理解比较模糊甚至不正确;对法律责任与法律制裁的选择应用存在偏差;等等。目前轰动全国并在执法部门引起不同凡响的刘亨年案,从某种角度来说,就是执法观念混乱的产物。应当认识到,这种执法观念的混乱在新旧经济形态交替过程中是难以避免的,关键是应当尽快地消除和澄清,这是执法深化的一个重要标志。执法观念的根本转变,依赖于对商品经济的深刻认识及对商品经济社会中社会主义法制的基本任务的理解。在商品经济社会中,法律的执行过程很大程度上是国家间接地管理经济、调节社会的过程,这种管理与调节并不着重依赖那种对人身强制的刑罚方法,而是通过对人们在经济交往中经济利益的公正裁判来达到规范人们行为的目的,因而执法工作侧重的应是服务而非居高临下的制裁。

执法深化中还应解决的两个重要问题:提高执法人员的业务水平和克服官僚主义。应当把提高执法人员业务水平作为一项紧迫任务来抓,从两方面着手:(1)提高执法人员的文化水平,改善知识结构;加强业务培训,通过多种方式培养和提高业务水平。(2)必须从思想、组织、人员和工作方法等各方面采取切实措施,彻底克服官僚主义。并把消除执法中的官僚主义与政治体制改革结合起来,对执法机关进行必要的改革,从根本上消除官僚主义的孳生源。

司法深化的另一项内容是法律监督深化。法律监督是保障法律切实遵守和贯彻执行的重要步骤和手段,法律监督深化能够促进和保障执法深化。

当社会的法律意识还很薄弱的时候,法律监督无疑是保障法制良好运行的有效工具,也是强化法律意识的有效手段。目前虽然各级人民代表大会和检察部门的法律监督机构都已经初步建立,但在实际生活中尚处于疲软状态,而另一些工作部门还缺乏基本的法律监督,法律监督还没有真正成为社会运行与法律实施的制约力量。究其原因,主要还是由于我国的民主政治不发达,法律还没有成为国家管理的最重要手段之一。法律必须无条件地、不折不扣地贯彻执行的重要性还没有被普遍地认识,因而法律监督也尚未被摆到重要的位置上。法律监督的疲软,很大程度上是由于存在超越法律监督的机关,以及与社会政治体制和法制的不尽完善有关。另外,法律监督不力也与法律监督机关本身有关。从当前法律监督机关的职权与组织结构来看,法律监督的对象、范围还过于狭窄,不同法律监督机关之间的职责分工还不甚明确,从而出现权力模糊。同时,从领导力量、人员配备等方面来看,当前的法律监督机构太弱了,极需大力加强。总之,法律监督深化也就是意味着法律监督工作的进一步完善与加强,而这在很大程度上依赖于有关法律监督的思想认识与立法工作的加强。从思想上、体制上和法律上确立法律监督在法制建设中的重要地位,明确法律监督的主要任务,法律监督机关的职责与分工,做到职责专门、分工明确、监督全面,并在政治体制改革过程中,将党的监察部门与法律监督系统相分离,明确分工,相互配合,使法律监督深化到一个新的水平。

(1988 年第 2 期)

司法体制改革初探

崔跃武*

纵向反思我国司法体制的演变过程,横向剖析我国司法工作的现状,不能不历史地、逻辑地推衍出,司法体制改革能否取得成功,司法体制能否形成良性运行机制,根本在于党政(法)分开,从而加强和改善党的领导。

党的十三大把政治体制改革提上全党的日程。政治体制的改革,就是要健全社会主义民主,完善社会主义法制,建设社会主义民主政治。这就需要适时地推进司法体制改革。

司法体制与司法制度是两个既相联系又有区别的概念。我国司法制度包括审判制度、检察制度、侦查制度、执行制度、律师制度、调解制度、仲裁制度和公证制度等,构成完整的人民司法制度体系。司法体制是司法制度的外在的具体表现和实施形式,大体包含:(1)领导体制,党对司法机关的领导体制和司法机关内部领导管理体制;(2)司法机关之间的配合制约机制;(3)司法机关的机构设置和权限划分;(4)司法人员的人事管理体制等。

我国政法工作始于1927年井冈山革命政权,到1949年中华人民共和国成立,一切工作围绕和服务于人民革命战争的需要。党政军机关基本合一,各级司法机关都是各级政府的组成部分,实行高度集中统一的司法体制。

新中国成立后,逐步建立起旨在保护人民、压迫反动派的人民司法制度。新中国成立初期,阶级斗争十分尖锐复杂,完成任务的主要方法是发动群众,"依靠群众运动把这些妨碍生产力发展的障碍加以彻底扫除","而法律就没有这样大的力量"。① 司法机关直接担负着巩固和加强人民民主专政的任务,服从和服务于阶级斗争。法制不可能迅速十分完备,并逐渐形成了一套十分严格的党内审批刑事案件制度。

在大规模社会主义建设时期,社会主义司法体制的框架已经形成,但是随着"左"倾思想的发展和法律虚无主义的影响,频繁的政治运动严重冲击了司法工作,并使之退回到审判与司法行政"合一制"。在各级行政区党委设立政法工作部,强化党内审批制度和集中统一领导。大规模疾风暴雨式群众性斗争的旧经

---

* 作者单位不详。

① 《董必武政治法律文集》,第518页。

验、旧方法使司法体制被破坏殆尽。

党的十一届三中全会实现了党和国家工作重点的历史性转移,社会主义法制得到迅速恢复和发展,取消了各级党委审批案件的制度,特别是党的十二大召开和新宪法的颁布实施,为司法体制健全开辟了道路。9年来,是我国法制建设最好的历史时期。

30多年来,在我国司法体制中显现出的弊端,择其要者,大致有:

第一,权力过分集中,党政(法)不分,职责不清。各级党委不适当地直接行使对政府的管理权和司法机关的司法权,使党委对司法机关的领导权和司法机关对个别具体案件的处分权相混淆,同时也使司法人员对审理具体刑事案件的责权相脱节,严重影响了"党必须在宪法和法律范围内活动"的宪法原则的实施。

第二,党内机构包揽司法业务。在党委序列里,有政法委员会,又成立若干非常设机构,实行公、检、法"党内联合办公会议",管了许多不该管、管不好、管不了的事,把党的政治领导降低到具体司法部门的地位,使之日趋权力化、行政化、事务化,不利于在全体人民中树立法制观念。

第三,司法机关没有相应的权威,司法职权受到遏制。有的司法机关逐渐养成一种仰承党委的习惯,唯党委指示是听,唯书记之言是从,执法靠党委,工作等批示。有少数地方党委和少数领导干部,以言代法,以权压法,损害法制尊严,影响司法机关依法独立行使职权,违背有法必依、执法必严、违法必究的法制要求和法律面前人人平等的宪法原则。

第四,司法体制僵化,运行处于相对无序状态。审判机关和检察机关向国家权力机关负责,变成每年例行公事的工作报告,削弱了国家基本政治制度;政府对公安、司法行政机关的领导和管理变成每年拨付一定工作经费。司法机关之间重配合,轻制约;重司法,轻监督,不利于社会主义现代化建设。

此外,司法干部管理体制也存在管得过死,统得过严,不利于司法干部的革命化、年轻化、知识化、专业化建设。

赵紫阳同志在党的十三大报告中把加强社会主义法制建设作为政治体制改革的重要组成部分,明确指出:"法制建设必须贯穿于改革的全过程。"如果说政治体制的各项改革都离不开法制建设,那么法制建设的优化,在一定程度上取决于司法体制在政治体制改革中渐趋优化。政治体制改革是一个宏大的社会系统工程,而各项改革是整个政治体制改革的子系统,党政分开贯穿于改革的各个环节和方面。所谓党政分开,即党政职能分开,划清党组织和国家政权的职能,理顺党组织与人民代表大会、政府、司法机关、群众团体、企事业单位和其他各种社会组织之间的关系。党政不分,以党代政,就无法改革司法体制。纵向反思我国司法体制的演变过程,横向剖析我国司法工作现状,不能不历史地、逻辑地推衍出,司法体制改革能否取得成功,司法体制能否形成良性运行机制,根本在于党政(法)分开。这是党政分开在司法体制改革中的直接延伸,也是司法体制改革的关键所在。

探讨党政(法)分开,有必要研究政治和法律的相互关系。政治和法律都是社会的上层建筑,由经济基础决定,并且为经济基础服务。政治在上层建筑占有主导地位,指导法律的制定、执行和遵守,协调法律运行机制。法律服从于政治,服务于政治,体现政治的要求,保障政治的运行,维护政治的安定。政治和法律往往直接表现为政策和法律的关系。任何国家的法律从根本上说都具有政治的属性,社会主义法律是实现党的政策的一种重要的不可缺少的工具。列宁指出:"法律是一种政治措施,是一种政策。"①同时,党的政策也需要由社会主义法律充分发挥其功能来得以实现。从本质上说,从整体上说,政策和法律具有内在统一性,相辅相成。

然而,法律对政治的运行不是无能为力的,因为法律是国家政权机关创制的,是人民意志的表现,是推进并保障国家政治生活和社会生活的有力的杠杆。法律不仅是实现人民民主政治的工具、保证人民民主专政的武器,而且可以约束、制约、规范政策、政治以及政治运行。正是从这个意义上,党中央从十一届三中全会以来,一直强调"党必须在宪法和法律范围内活动"。

在社会主义条件下,法律对政治的作用,随着政治内涵的变化,呈现逐渐增强趋势,政治内涵在不同时期的不同变化,又引起司法工作的内容发生相应变化。我国在革命战争时期和新中国成立初期,社会主要矛盾表现为激烈的阶级斗争,夺取和巩固国家政权,"谁战胜谁"的问题也未从根本上解决。这个时期,"任何政治斗争都是阶级斗争",②党对国家机关实行高度集中统一的"一元化"领导体制,有利于统一指挥、集中各方面的力量,以争取革命胜利。法律和司法履行镇压反动阶级和敌对势力的破坏和反抗,巩固人民民主专政。社会主义改造基本完成后,社会主要矛盾是人民日益增长的物质文化需要同落后的社会生产之间的矛盾,政治的主要内容是集中力量进行现代化建设,发展生产力。邓小平同志指出:"社会主义现代化建设就是我国当前最大的政治。"③党和国家的中

---

① 《列宁全集》(第23卷),第40~41页。

② 《马克思恩格斯选集》(第4卷),第241页。

③ 《邓小平文选》,第149页。

心任务是抓好“经济方面的政治”、“国家建设方面的政治”(列宁)。“随着政权的基本任务已经逐渐由武力镇压转到管理工作,镇压和强迫的一般表现也会逐渐由就地枪决转到法庭审判。”①社会主义初级阶段的法律随着政治内容的变化,也必须服从和服务于“经济方面的政治”,规范职能、管理职能、服务职能成为法律的主要职能,社会管理和行政管理的法律调整日益重要和紧迫。在政治内容发生根本性变化条件下,传统司法体制已经成为阻碍司法机关依法行使职权的主要弊端。

党政(法)分开并不意味着人为地分开党和司法的密切有机联系,更不是要削减或取消党对司法工作的领导,而是要明确划分党和司法的职责,理顺党组织和司法机关的关系,做到各司其职、各负其责,并且逐步走向制度化、法制化,从而达到党对司法机关的政治领导,保障司法独立运行机制的健全与完善。笔者认为,司法领导体制改革的关键是党如何领导司法机关,怎样才能科学体现党的领导,从而加强和改善党的领导。党对司法机关的领导是政治领导,“党的任务是对所有国家机关的工作进行总的领导,而不是像目前那样进行过分频繁的、不正常的、往往是对细节的干涉”。② 早在1962年,刘少奇同志就指出:“不要提政法机关绝对服从各级党委领导。它违法,就不能服从。如果地方党委的决定同法律、同中央的政策不一致,服从哪一个?在这种情况下,应该服从法律、服从中央的政策。”③在党政(法)分开的条件下,党对司法机关的政治领导的主要职责是:(1)保证法律生效、有效,维护法制的统一和尊严,而不能干预法制;(2)冲破阻力,排除干扰,支持、保证和监督司法机关依法行使职权;(3)制定司法工作正确的方针政策,就法制建设中的重大问题提出决策;(4)向各级国家权力机关和司法机关推荐重要干部;(5)协调司法机关之间的活动。这样,才能使党真正成为具有最高决策权力,才能够把握司法机关政治方向,保证监督司法体制良性运行的执政的政治组织。党改革对司法机关的领导方式,逐步推进从行政化的工作方式向政治工作方式转变;从对具体工作(案件)的领导向对重大方针政策的领导转变;从低层次领导向高层次领导转变。应该从全局上把握分开与统一的辩证关系和正确界限,做到党和司法机关的奋斗目标统一。党和司法机关就社会治安等重大问题统一,一般工作分开;党和司法机关就社会治安综合治理等全局性工作统一,日常具体工作分开。

---

① 《列宁选集》(第3卷),第518页。
② 《列宁全集》(第33卷),第221页。
③ 《刘少奇选集》(下卷),第452页。

从党政(法)不分到党政(法)分开,是我党对司法机关领导制度的一项重大改革,正如彭真同志所指出的那样,“严格依法办事就是一项重大改革”。改革司法领导体制,有助于提高司法机关的工作效率,有助于增强司法机关的生机和活力,有助于调动司法人员的主动性、积极性和创造性。解决了司法体制诸多矛盾中的主要矛盾,也就为司法体制的其他改革提供了基础。

(1988 年第 3 期)

法律推理与法律适用

沈宗灵*

法律推理是法学家和法律工作者在各自工作中经常运用的一种思维方式。但在我国法学理论界却很少研究这个问题。本文试图结合我国法制实践从理论上就法律推理与适用法律的若干问题,加以阐述。

一、法律推理在法律适用中的作用

推理通常是指人们逻辑思维的一种活动,即从一个或几个已知的判断(前提)得出另一个未知的判断(结论)。这种思维活动在法律领域中的运用就泛称法律推理,它"大体上是对法律命题运用一般逻辑推理的过程"(《牛津法律指南》)。

法律推理在法律领域中是广泛运用的,在立法、执法、司法、对法律实施的监督以及一般公民的法律意识中,都有法律推理的活动。一个明确的例证是刑事案件的侦查活动,侦查员往往要从某种现象(前提)推论出结果。例如,从犯罪现场是否留有痕迹来推论罪犯是初犯或累犯,从一件衣服的外形推论这一衣服主人的精神状态,等等。这种思维活动就是推理。

执法和司法部门,特别是法官对具体案件做出判决或裁定的过程中,法律推理占有显著的地位。适用法律的一个基本要求是我国刑、民诉讼法中所规定的"以事实为根据,以法律为准绳"。事实和法律就是法律推理的两个已知的判断(前提),法官必须根据这两个前提才能推论出判决或裁定(结果)。适用法律要求"在法律面前人人平等",也即同样的前提应该有同样的结果,这是法律推理的基本公式。

为了正确地适用法律,必须先确定案件事实,并为此掌握确凿证据。同时又必须确定适用于该案件事实的有关法律规定。然后,从已查证属实的事实和已确定的法律规定出发推论出判决或裁定。适用法律推理的过程绝不是像2+2=4这样简单的算术。同一般推理一样,法律推理是一种理性的、严密的思维

* 作者单位:北京大学法律系。

活动,特别是在特定情况下,如法律没有明文规定或碰到疑难案件的情况下,这种推理活动就可能更为复杂。总之,法律推理在法律适用过程中是一个必不可少的组成部分。没有法律推理,就没有法律适用。

二、形式推理(分析推理)的主要形式

在法律适用过程中通常使用的,一般是形式逻辑的推理,形式推理一般有三种形式:演绎推理、归纳推理和类比推理(类推)。

与实行判例法制度国家不同,中国以制定法为主要法律渊源,判例不被认为是法律渊源之一。根据中国宪法规定审判机关仅有权适用法律,并无创制法律、法规的权力。因而"以事实为根据,以法律为准绳"这一原则中所讲的"法律"仅指制定法,而不是判例法。在中国不存在判例法。因此,在适用法律过程中运用的形式推理主要是指演绎推理,即从一个共同概念联系着的两个性质的判断(大、小前提)出发,推论出另一个性质的判断(结论)。法律规定(一般由行为模式和法律后果二者构成)是大前提,案件事实是小前提,结论就是判决或裁定。

例如,某法院审理一个重婚罪案件,如果它判决被告(甲、丙)有罪并判刑,那么这一判决所体现的三段论推理大体上是:大前提是《刑法》第 180 条规定:"有配偶而重婚的,或者明知他人有配偶而与之结婚的,处二年以下有期徒刑或者拘役。"小前提是经查证属实的案件事实,甲已有配偶乙而又与丙结婚;丙本人虽未结婚但明知甲有配偶而与之结婚,因此甲、丙 2 人均犯有重婚罪。在这里,重婚是联系大小前提的共同概念,通过这一概念的中介作用,使大小前提联系起来,即法律规定重婚罪,案件事实表明甲、丙 2 人的行为都构成重婚,因而通过从一般到特殊的推理,判决 2 人均犯重婚罪。

从以上例子可以看出,法律推理的首要作用在于为结论提供正当理由。上述重婚罪的结论(判决)的正当理由就是《刑法》第 180 条规定的重婚罪以及甲、丙二人的行为构成重婚的事实(处刑轻重的理由这里暂且不论)。

形式推理的第二种形式是归纳推理。演绎推理是从一般到特殊的推理;归纳推理则是从特殊到一般的推理。在法律适用过程中运用归纳推理的典型是判例法制度。在这种制度下,法官受理案件,要将本案事实与以前类似案件的事实加以比较(区别),从这些事实中归纳出一个比较抽象的法律原则或法律规则。

在我国,法官的判决一般以有关法条作为基础,因而在法律适用过程中,上述归纳推理的方式较少使用,但判例也有重要作用。根据《人民法院组织法》第 11 条第 1 款规定,"各级人民法院设立审判委员会,实行民主集中制。审判委员

会的任务是总结审判经验,讨论重大的或者疑难的案件和其他有关审判工作的问题"。根据宪法,最高人民法院是最高审判机关,它有权监督地方各级人民法院和专门人民法院的审判工作,上级人民法院则有权监督下级人民法院的审判工作。因此,最高人民法院审判委员会在总结审判经验时,就有权讨论(实质上是审查)下级法院的、在它认为是生大或疑难案件的判决,它所同意的判决"可供各级人民法院借鉴",也即起到判例作用。自 1985 年 5 月开始,最高人民法院正式对外出版《人民法院公报》,其中就刊载了"案例"(判例)。从 1985 ~ 1987 年共 12 期《人民法院公报》中,共刊载了 40 个案例,除个别案例外,绝大部分都是地方人民法院的案例。这些案例实际上在审判同类案件中起着范例作用。也就是说,最高人民法院对下级法院关于类似案件的判决进行比较,从中选择出个别可供其他法院"借鉴"的案例,或者从下级法院的具体案件中归纳出某种一般法律原则或规则。就这些意义上说,最高人民法院运用了归纳推理,即从特殊到一般的推理的方式。

形式推理在法律适用中运用的第三种形式是类比(法学上统称为类推适用或比照适用)。在我国法律中,类比推理在《刑法》中规定得最为明显。《刑法》第 79 条规定,"本法分则没有明文规定的犯罪,可以比照本法分则最相类似的条文定罪判刑,但是应当报请最高人民法院核准。"

类比推理在法律适用过程中的公式大体上是:甲规则适用于乙案件;丙案件在实质上都与乙案件类似;因此,甲规则也可适用于丙案件。有的著作认为类比推理的特征是既非从一般到特殊,也非从特殊到一般,而是从特殊到特殊,因为这些推理是以丙案件与乙案件类似这一前提为基础来进行的。但如果从对丙案件的判决(结论)仍需以甲规则(大前提)为基础来推理,那么类比推理的特征也是从一般到特殊。

在我国刑法中,除了上面所说的《刑法》第 79 条的司法类推外,近年来在不少经济、行政法律中还规定了立法类推,即在这些法律上明文规定对某些构成犯罪的行为,比照刑法分则特定条款追究刑事责任,从而扩大这些条款的适用范围。例如,《专利法》第 63 条规定,假冒他人专利,情节严重的,对直接责任人员比照《刑法》第 127 条规定(假冒商标罪)追究刑事责任。

以上两种类推,从法律适用而论,仅司法类推才需要受理案件的法官进行类比推理,即由他们来作出判断:这种犯罪是否是刑法分则中没有明文规定的;分则中哪一条文才是最相类似的,即可以作为定罪量刑的大前提。当然,这种判断要由最高人民法院核准。在立法类推中,由于法律上已明文规定比照的条文,因而法官在适用法律过程中并不需要作出像司法类推中的判断,而可以直接以立法上规定的、应比照的条文作为大前提，来进行演绎推理。

三、形式推理中的谬误

常见的谬误是实质内容的谬误，大体上有以下几种形式：第一，偶然的谬误，即将一个一般规则适用于不应适用该规则的特殊情况。例如，刑法规定，犯罪者应受刑罚，但如果将这一规则适用于法律上规定不负刑事责任的精神病人就是错误的。第二，与偶然谬误相反，将一个仅适用于特殊情况下的规则适用于一般情况。例如，《民法通则》第145条规定，涉外合同当事人可以选择处理合同争议所适用的法律。但如果将这一仅适用于涉外经济合同的特殊规则，适用于一般经济合同的案件，当然是错误的。第三，文不对题的谬误，即改变前提中的要点。例如，一个辩护人为被告甲所作的辩护要点是，甲是“好人”，所以他不会犯这种罪。第四，循环论证的谬误，即用以证明论题的论据本身，要靠这一论题本身来证明。例如，以甲有权利来证明乙负有义务，反过来，又以乙负有义务来证明甲有权利。第五，根据不足的谬误，如某商店有一天被窃，甲在当天曾去购物，因而认为甲是偷窃者。第六，许多问题的谬误，即对一个包含若干问题的问题或必须推定前提的问题，要求作出一个简单的回答。

形式推理中的谬误还有文字上的谬误，通常是指用词上的失误。例如，在前提和结论中使用一个多义词；使用模棱两可的词；用代表事物部分的前提，来论证事物整体的结论，等等。此外，还有通常形式逻辑中讲的三段论推理中的谬误。

四、实质推理的必要性和主要形式

形式推理（分析推理）在法律适用中具有重要作用，而且也是经常使用的推理方式。这种推理正好符合人们在心理上对法律的要求，如要求法律有确定性、稳定性和可预测性。但这种推理方式一般仅适用于简易案件。

例如，一个城市的交通法规明文规定：凡在交通管理当局明令禁止停车的地方停车，罚款5元。因而，不论是谁，也不问动机，只要违反这一规定，就应交5元罚款。有的国家可以将这类案件的处理简易到这样的程度：交通警在违章汽车驾车人不在时，在这一汽车上留下罚款通知，要求驾车人（或车主）在期限内将罚款支票寄往有关部门。

因此,人们设想:可以在禁止停车地点放一机器人来代替交通警兼收取罚款人。在一般情况下,这类案件根本无须开庭、审讯、查证、辩论、上诉等活动,罚款通知就是行政裁决。如果所有案件都像这类违章停车事件的处理那样简易,那么,法律就真仿佛是自动的、不言而喻的东西了;或者就像18世纪孟德斯鸠所说的,“国家的法官不过是宣告法律的嘴”;或者像现在流行的一种看法:可以用电子计算机来代替法官。但法院所审理的案件不可能都是简易案件,更不可能都简易到像上面所说的违章停车事件那样的程度。因此,法官的作用不可能消极到仅仅是“宣告法律的嘴”。电子计算机尽管对司法工作可以起很大作用,但至少到今天为止的实践来看,人们不能设想可以完全用机器人来代替法官。至少就法律推理而论,它并不像使用电子计算机那样的操作方式。

法律推理的复杂性,不仅在于它并不是机械的操作方式,还在于它并不限于上面所讲的形式推理(在我国主要指三段论式推理)。它在有的情况下,特别是在所谓疑难案件中,必须进行一种高层次的实质推理,这种推理并不是指思维形式是否正确,而是关系到这种思维的实质内容如何确定的问题。

我们不妨以上述违章停车事件为例,来说明形式推理和实质推理的区别。违章停车应处罚款的规定是大前提,某甲违反停车的事实是小前提,结论(裁决)是甲违章停车应处罚款5元。这是最简易的案件之一,也是一种最简易的形式推理。这里并不涉及对法律规定或事实的实质内容的评价,不涉及价值观。但假定事实是甲之所以违章停车,是由于他在驾车行驶时心肌梗塞发作,只能被迫停车。在这种情况下,执法的交通警或受理这一案件的法官又如何处理呢?假定法律上对这种意外情况既无明文规定,也无类似规定,他们显然就需要另一种高层次的推理了。他们可能作出这样结论:根据交通法规,对甲应处罚款,但他之所以违章停车是由于不可抗力的原因,因而应免予追究法律责任。这种推理已不是形式推理,而是涉及对法律规定和案件事实本身的实质内容的评价。执法和司法人员可能既要考虑法律的确定性(这当然也是一种价值),但更要考虑到诸如人道主义等价值。

一般地说,在疑难案件的情况下需要进行实质推理。但通常所说的疑难案件可以有不同情况。例如,有的仅仅有关案件事实的疑难,案件情况复杂,难以查证,难以认定事实等。有的仅仅有关法律规定的疑难,如法律中没有明文规定,法律规定本身模糊不明等。也有的是案件事实和法律规定结合在一起的疑难。就研究运用法律推理而论,我们所讲的疑难案件主要是指有关法律规定的疑难案件,或法律规定与案件事实结合在一起的疑难案件;仅仅有关案件事实的疑难案件,并不直接涉及法律适用过程中的法律推理问题。

在我们所讲的疑难案件中,有以下几种情况可能需要进行实质推理。

第一,法律规定本身意义含糊不明,而且这种含糊不明并不是文字上的含糊,文字上的含糊可以通过文字解释来解决。而法律规定本身意义含糊是指实质内容的含糊,如果要进行法律解释,这种解释已不是文字解释而是实质内容或价值观的解释,已属于实质推理的范围,例如,对法律规定中所讲的"公平"、"正当"、"公共利益"之类概念的解释,都是涉及实质内容或价值观的解释,就属于实质推理的范畴了。第二,法律中对有关主题本身并无明文规定,也就是出现了法学著作中通常所讲的"法律空隙"。出现"法律空隙"有各种原因,它可能是在制定有关法律时在客观上应作规定,但由于某种原因而未加规定;它也可能是在有关法律制定后出现了难以预料的新情况。例如,我国近年来在体制改革过程中出现的很多新情况,如股份制、私营企业等,又如由于科技的发展带来的新情况,如人工授精、安乐死等,它们都使原有的法律中出现了某种"空隙"。第三,法律规定本身可能有抵触。第四,法律中可能规定两种或两种以上可供执法者、司法者选择适用的条款。第五,出现通常所说的"合法"与"合理"之间的矛盾。即某一行为或关系,在法律上讲是"合法"的,但从经济、政治、伦理等角度讲,却是"不合理"的;或反过来,从法律上讲是"违法"的,但从其他角度讲,却是"合理"的。在我国社会主义法律制度下,总的来说,"合法"与"合理"应该是一致的,但在实际生活中,尤其在社会主义初级阶段,新旧体制并存,法制正在逐步完善的过程中,在特定情况下,会存在"合法"和"合理"之间的矛盾。

在出现以上这些情况时,执法者、司法者在适用法律时显然已不能运用形式推理。因为在这些情况下,或者是大前提含糊不明,或者是缺乏大前提,或者是有几个大前提,或者是原有大前提不合适,必须明确或另找一个大前提。这种思维活动就是实质推理,即根据一定的价值观来作出判断。

在出现以上这些情况时,对健全法制来说,主要的解决办法当然是修改原有法律或制定新的法律。但在法律适用过程中遇到这些情况又如何处理?很难设想:一个法院在受理一个在它管辖范围内的案件时,可以以它自己认为某一法律规定含糊不明为理由,而拒不作出判决。

从各国法制实践来看,在出现以上这些情况时,主要通过以下一些形式来进行实质推理:第一,通过司法机关对法律的精神进行解释(仅仅文字上解释一般不能列入实质推理范畴);第二,提出新判例,修改或推翻前判例;第三,通过衡平法来补充普通法;第四,根据正义、公平等法律、伦理意识来作出判断;第五,根据习惯、法理(权威性法学著作中所阐述的学理)来作出判断;第六,根据国家的政策或法律的一般原则来作出决定。由于各国社会制度、历史文化传统不同,采取的形式各有不同。在我国法制实践中,法律适用过程中的实质推理形式,主要是司法机关对法律的精神进行解释,以及根据国家政策或法律的一般原则来作出判断。

在我国,全国人大常委会有权解释法律。但这种立法解释实际上很少使用,使用较多的是正式的司法解释,即由最高人民法院和最高人民检察院在审判和检察工作中就具体应用法律所进行的解释。此外,国务院及其主管部门对有关法规,省级人大常委会和人民政府对有关地方性法规,也都分别有权进行解释。在我国,国家的政策和法律的一般原则,实质上是党的有关政策通过"国家意志"的体现,一般都规定在法律中,成为法律本身的组成部分。《民法通则》更明确规定:"民事活动必须遵守法律,法律没有规定的,应当遵守国家政策。"

实质推理过程中有两个值得注意的问题。第一个是关于法律推理中的非逻辑思维问题。非逻辑思维在人们思维活动中是存在的,而且在有些场合,如对文艺创作或科学研究等活动,还具有相当重要的作用,但适用法律必须以事实为根据,以法律为准绳,它主要是一种理性的、严密的逻辑思维的活动,无论对形式推理或实质推理,都是一样的。

另一个值得注意的问题是必须慎重使用实质推理。如上所述,在法律适用过程中,实质推理在有的场合下是必不可少的,如果使用得当,它可以成为推动法律发展的一个重要形式。但这种推理形式意味着赋予执法、司法工作者在运用形式推理条件下所没有的权力,因而必须慎重地使用。执法、司法工作者本身应注意自我约束,更重要的是在制度上应加强对执法和司法工作者在运用实质推理时的制约和监督,以防止他们滥用权力。

（1988 年第 5 期）

浅评维辛斯基法律理论

徐永康*

历史经常给人以似曾相识之感。近年,苏联已先后为20世纪三四十年代及50年代初造成的一批冤案进行了平反,今年2月,继布哈林之后又为"二战"前后发生的"反苏托洛茨基军事组织"案件和"列宁格勒案件"的受害者恢复了名誉,对此,人们已不再感到新奇。但作为法学工作者,却不能不注意到,苏联的这一系列判决几乎都是在"严格的"苏维埃法制下公开或秘密进行的。因此,对当时苏联居显赫地位的维辛斯基的法律理论以及在其指导下的法律实践作一番反省,就绝不是一件多余的事。

安·扬·维辛斯基(1883~1954)是苏联国务活动家和著名法学家。在担任党和国家重要职务的同时,从1937年到1941年,他还是苏联科学院法律研究所所长。他一生写了200多种著作(书籍、小册子、论文等),其思想对苏联法学界有很大的影响,这从《苏联大百科全书》第2版第9卷"维辛斯基"条认为他"创造性地将他自己在马克思列宁主义国家和法的理论方面的著作与社会主义建设的实践结合起来"的评价中就可看出来。对他的全部思想,要想在这篇短文中加以系统评论甚至是概括介绍都是不可能的,我们只能撷取一些最有代表性的观点来说明维辛斯基法律理论的创新与偏颇。

一、法的定义的提出

苏联法学界关于法的定义问题的提出,有一段发展历史。粗略地说,十月革命胜利后,针对"法律虚无主义"盛行的情况,苏联第一代法学家斯图奇卡等人一面进行了清除资产阶级法学的污秽的工作,一面提出了法是一种社会关系秩序的概念,而后便是维辛斯基试图从规范来理解法。1938年7月16日他在第一次全苏法律科学工作者会议上,给法下了这样一个定义:"法是以立法形式规定的表现统治阶级意志的行为规则和为国家政权认可的风俗习惯和公共生活规则的总和,国家为了保护、巩固和发展对于统治阶级有利的和惬意的社会关系和秩序,以强制

* 作者单位:华东政法学院(现华东政法大学)。

力量保证它的施行。"经过会议的集体讨论,最终形成了法的正式定义。至20世纪50年代末,苏联法学界又开始从多方面来理解法,出现了各种不同的新提法。

可以说,维辛斯基关于法和苏维埃社会主义法的定义给他的整个法律理论定下了基调。对这些定义,我们是丝毫不会感到陌生的,因为它不仅在苏联,而且在中国和其他一些社会主义国家都影响颇大。同时,维辛斯基也以此为基石,构筑起了自己的法律理论的框架。由于存在过分强调法的强制手段的作用,片面突出苏维埃法律作为"社会主义的无产阶级专政的工具"的"本质",而对法的整体功能的作用,以及法对教育和预防作用的意义估计过低,且未说明经济制度对法的制约性等错误,特别是维辛斯基的法律理论在客观上助长了司法实践中破坏社会主义法制的倾向,因而从20世纪50年代后期开始,他的关于法的定义受到了苏联法学界的批判。尽管如此,我们同苏联一些法学家一样,直到现在依然认为,维辛斯基对法的定义的提法,如果作为一种纯粹的学术观点,仍有其存在的价值,他在法的理论研究方面表现出来的探索和创新精神,也不可全盘抹杀。

其实,维辛斯基的最大过错并不在于提出了法的新的定义,而是根据这一定义在许多地方极度夸大了法的镇压、专政的功能。也许这并非维辛斯基在勾勒法的面目时所能预料,然而无法回避的是,苏联这一段历史正是沿着这一轨迹发展的,包括维辛斯基本人,不仅在理论上对此极力渲染,而且在实践中也身体力行。不过,这幕悲剧的出现实在不能全部归咎于某个个人。

二、关于内心确信原则的理论

除了国家与法的理论外,维辛斯基另一个著述颇多的领域恐怕是诉讼证据理论了,而他的证据学说又是与其法学理论相合拍的。

苏联在十月革命胜利以后,确立了自己的内心确信审查判断证据原则。1923年《苏俄刑事诉讼法典》第57条、第319条分别规定:法院不受任何形式证据的约束。"法院只能以本案在审判庭上所审理的资料作为判决的基础。对于案内一切证据所作的判断,是由审判员根据建立在综合考虑案件一切情况的基础上的内心确信来进行"。这样,就把内心确信原则以法典形式固定了下来。维辛斯基则从理论上对其进行了论证,他认为"审判员的社会主义法律意识和内心确信",是苏维埃证据法上"具有深刻的实际意义的最重要的诉讼原则","审判员的内心确信是根据法院所审理的由审判员单独以自己的良心所检查和衡量的事实或情况而形成的。形成审判员确信的过程,是受保障的,能够独立进行的,是受法律保护不受任何局外干涉和影响的"。

当然，在苏联并非没有人对内心确信的证据原则提出异议，但这些不同意见在维辛斯基等人扣的“资产阶级法学的实证派”的大帽子下终被一一压服。引人注目的是，在莫斯科大审判期间的1927年，维辛斯基在题为“苏维埃刑事诉讼中的判断证据问题”的论文中，坚决维护那种否认要求法院判明绝对真实的做法是适当的和可能的立场，他认为“审判活动的条件使审判员必须不是从绝对真实的观点来解决问题，而是从应归法院判断的某种因素的最大限度盖然性的观点来解决问题的”。在1941年问世、之后又一再重版的《苏维埃法律上的诉讼证据理论》一书中，他又重申了这一观点。

尽管苏联在当时采用内心确信原则有其深刻的历史原因，如为了反对沙俄18世纪初起实行的法定证据制度的旧传统，在批判继承旧法的同时需要利用其证据原则，以及用内心确信原则来弥补法律的空白等，但对不同学术观点的专横排斥和对审判员主观随意性的盲目鼓励，只会促使内心确信原则失去其积极意义，更快地走向它的反面。20世纪30年代的苏联历史已经告诉我们，在一个充满革命浪漫主义幻想同时又缺乏独立思考的年代，在思想斗争和政治斗争复杂交织的背景下，在领袖“个人崇拜”和“红色恐怖”的氛围中，倡导用“革命信念”、“革命的法律意识”和“社会主义良心”来判断证据是多么危险！

三、关于共犯理论

从1931年到1939年，维辛斯基先后担任了苏联副检察长和检察长，他以国家公诉人的身份，参加了包括“托洛茨基—季诺维也夫恐怖分子联合总部案”、“托洛茨基分子地下总部案”及“反苏维埃的右派和托洛茨基分子联盟案”在内的许多重大案件的诉讼活动。在此期间的司法实践中，维辛斯基也将自己在共同犯罪问题上的观点系统化理论化了。1938年7月他在长篇报告《苏维埃社会主义法律科学的基本任务》中谈道：“狭义的共同犯罪只是犯罪活动的联合形式，这种庸俗的概念已经过时了。在目前，特别在剥削者世界对胜利的社会主义革命实行阶级反抗的条件下，作为政治斗争形式的共犯问题更具有尖锐的性质。”维辛斯基在此提出了“广义的共同犯罪”的概念，并以“右派和托洛茨基分子联盟案件”为例，说明“如一切具体犯罪的实行系根据该集团的共同犯罪方针或共同犯罪活动的计划，则这一犯罪集团的参加者就应当被认为对这一切具体犯罪负责”。在该案审理过程中，他不顾布哈林的辩解，肯定布哈林要对他并未亲身和直接参加的“集团”的一切犯罪行为负担责任。根据维辛斯基对共同犯罪概念的解释，各共犯之间不必有旨在实施犯罪的协议，在帮助犯或教唆犯的行为和实行犯所实施的犯罪行为之间也不需要有因果关系，同时，他还否认故意对共同犯罪是必不可少的。

由于维辛斯基在苏联法学界和司法部门占据着突出地位，他的有关共同犯罪的理论给苏联社会主义法制带来了灾难性的后果。包括“右派和托洛茨基分子联盟”在内的一批“反苏的地下团体、地下罪恶活动和罪恶的反革命团体的组织”在“广义的共同犯罪”概念的网罩下被定了罪，即使布哈林在审判时申辩“我是第一次在起诉意见书中听到沙兰高维奇的名字，也是第一次在法庭上看到他。我第一次听说有马克西莫夫这个人。我从来不认识普列特涅夫，也不认识卡札科夫，我从来也没有和拉柯夫斯基谈论过反革命活动，也没有和罗森果里茨、节连斯基谈论过同样的事情，我生平没有和布兰诺夫等说过话。而且，检察长关于这些人也并没有问过我一个字”，结果他还是被作为这一集团的组织人而判处死刑。

据说，由于苏联肃反的扩大化，被捕的有数百万人，其中被处决的有数十万人。自然，我们不会在肃反扩大化与维辛斯基的共犯理论之间简单地画上等号，但他的理论在这场运动中实际上起了推波助澜的作用。对这一点，维辛斯基自己也看得很清楚，他这样说：“共同犯罪问题不仅具有深刻的理论意义，而且还具有纯粹实践方面的意义。它可以在我国司法工作人员进行审判、检察、侦查的实际工作中，把他们用必要的理论武器武装起来。”到后来，这一理论武器还武装了更多的人，因为有不少受害者是在既无审判又无审讯的情况下被判决的。一种理论的潜在力量竟有如此之大，不禁使每个搞理论的人都要惊惧万分！

四、对被告人供词的证据作用的估价

在苏联法学界后来对维辛斯基法律学说的批判中，很重要的一个内容就是他过高地估计了“反革命阴谋案件”中被告人供词的证据作用，认为被告本人承认罪过是最重要的、有决定意义的证据。

关于这一点，我们看到维辛斯基是这样论述的：“在阴谋和其他类似的案件里，关于对待被告人陈述的态度问题，无论在承认这种陈述可以作为证据的意义上说来，或在否认它可以作为证据的意义上说来，都是应当特别慎重地提出的。当完全慎重提出这一问题时，不可不承认这种证据在这一案件中的独立意义。”他一方面认为，“如果侦查结果能使被告人陈述达到通常的和普通的证据水平，即使从案件中取消这种证据，也不会使侦查上已经判明的基本事实和情况发生一点决定性的影响，只有这样侦查才能成功”，但另一方面又主张“不应当把这种原则作抽象的了解，离开某一刑事案件的具体特点，尤其是对于作为共犯互相联系的几个被告人参加的案件，更不应当曲解这种原则。在这种案件中对待被告人的辩解态度，特别是对待各被告人用以揭露共同犯罪行为的帮助犯和共犯的辩解的态度问题，在解决时应当考虑到这种案件——阴谋、犯罪集团，特别是反对苏维埃、反革命的组织和团体等案件的全部特点”。

在“托洛茨基分子总部”一案的审判中，维辛斯基以公诉人的身份详细阐发了他的观点。他提出，假如没有证明犯罪活动的文件，“我们也同样认为自己有权根据被告人和证人们的陈述和说明来告知控诉，如果愿意也可以根据间接罪证来告知控诉”，他强调“应当注意被告人的陈述，这种陈述本身就具有巨大的证据意义。在诉讼上当被告人自己的陈述成为一种证据时，我们并不限于只是听取被告人的陈述：我们可以用可能达到的一切手段对这种陈述进行审查”。尽管维辛斯基声明，这样做“是尽到全部的客观诚恳和尽到全部可能的仔细的”，但在狂热的情况下，是绝难实现的。维辛斯基所作的“法庭控诉词”中有一段话是很适合拿来做注脚的：“如果可以说本审案是有缺点的话，那我认为唯一的缺点，就是我深信本案被告人甚至没有把他们反对我们国家、反对我们伟大祖国的滔天大罪，说出一半来！”

在当时审理的许多案件中，被告们的口供如出一辙，都表示犯了罪，并叙述了他们的破坏活动和里通外国的作案细节。有些案件审判时提供的唯一证据，就是被告们的口供。所谓的大量证据均属同一类型。我们在这里不必去追究这些证据来源，但今年2月苏联最高法院在为布哈林平反时，确认布哈林等人的行动并没有犯罪成分，而当时的审判：破坏社会主义法制的恰恰是伪造证词，用不允许的方法向被告人取得口供。只需这一点，我们就可看出维辛斯基之流采取了反人道手段的实质了。

最后应当说明，我们无意对维辛斯基的法律理论作全面评价，我们也不否认维辛斯基在国际法、民法等领域的研究成果，但鉴于维辛斯基法律理论的巨大影响以及一些错误观点带来的严重危害，指出他学说中的谬误就显得尤为必要。这些谬误的产生，或是由思想的偏激所致（如证据理论中的许多论点），或是受时代及认识水平的限制（如否认经济法的概念及其存在），或者还有其他什么原因，非三言两语所能道清，也不必马上去说清它。我们所重视的，是维辛斯基法律理论的阴影也曾同样笼罩在我国法学界的上空，而且这团阴影尚未彻底消除。在以社会主义初级阶段理论为指导开辟法学研究新局面的今天，我们应该对此进行适当回顾和反省。是故笔者提出这一问题，兼向法学界前辈同人求教。

（1988年第6期）

社会主义初级阶段法制建设理论讨论观点综述

何勤华*

自去年11月党的十三大比较系统地提出社会主义初级阶段理论以来,我国法学界召开了多次学术讨论会与座谈会,发表了50余篇文章,围绕社会主义初级阶段法制建设这个课题,开展了热烈而深入的讨论。学者们提出了许多颇有见地的观点、对策与理论,现将其综述如下:

一、社会主义初级阶段理论与法制建设

许多学者认为,我国新时期的法制建设必须以社会主义初级阶段理论为立论依据和基本出发点。具体理由为:(1)从经济基础上说,发展生产力是初级阶段全部工作的中心。法律以社会经济为基础,法制建设同样必须以发展生产力为中心,并为发展生产力服务。(2)从指导思想上讲,初级阶段理论是我国在新的历史条件下对马克思主义的丰富和发展,也是新时期法制建设最为重要和具体的指导思想。(3)从社会的发展趋势看,现代社会是经济、政治、法制、文化全方位协调发展的社会,法制既要以经济为基础,又要同政治、文化相协调。法制建设必须与我国今后经济、政治、文化等各方面的发展相协调,起保障、促进作用,共同发展。(4)8年来我国法制建设的成就的取得,正是遵循了基于初级阶段理论的党的十一届三中全会的正确路线的结果。

二、关于社会主义初级阶段法制的特点

对此,我国法学界主要有四种观点。第一种观点认为,"落后性"是社会主义初级阶段法制的基本特点,体现在法制建设的各个方面。如家长制作风、执法不严、以权代法、以言代法,立法落后于形势、法律法规不健全,立法和司法队伍

* 作者单位:华东政法学院(现华东政法大学)。

业务水平低、专业素质差,公民法律意识不强,等等。第二种观点认为,“完善中的法制”是社会主义初级阶段法制的基本特征,主要表现为:(1)在立法内容上尚未能体现全民意志,法律条文粗简;在立法程序上,民主程序低。(2)部分司法人员屈从于权势,个别的甚至执法犯法。(3)法盲大量存在,人们的守法自觉性还未达一定高度,国家对法律实施的监督和保障也不健全。第三种观点认为,“人治”,“党政不分、人法不分”,是初级阶段法制的特点。他们从中国数千年法律发展史入手,揭示了我国新中国数十年法制发展的一个根本性缺陷:法治观念不强,法律的权威未能树立起来。第四种观点从法制建设之全方位入手,将初级阶段法制的特点归纳为9个方面:新的历史类型的法制;以经济建设和民主建设为中心任务的法制;以法律制度的基本建设为出发点的法制;与政策相辅助的法制;不平衡发展的法制;历史性和时代性相统一的法制;贯彻最优化建设方针的法制;不成熟的、有待完备的法制;在改革中完善的法制。

三、初级阶段法制建设的基本任务

对此,学术界大体有3种看法:有的学者认为,初级阶段法制建设的重要任务是抓紧立法,严格执法,保障司法机关依法独立行使职权;深入普法,提高公民的法律意识。也有的学者认为,初级阶段法制建设的基本任务主要是:(1)巩固改革成果,促进生产力发展;(2)借鉴国外成果,促进对外开放;(3)完善社会主义民主政治制度,努力建设精神文明。还有的学者认为,初级阶段法制建设的基本任务是,建立与健全一整套与生产力、商品经济发展相适应的法律制度,完善已经初步建立起来的社会主义法律体系,依靠法制的权威,确保社会主义初级阶段党的基本路线的实现。这3种观点,立论的角度虽有不同,但基本要点都是强调要建立和健全社会主义法制,为发展社会主义商品经济服务。

四、初级阶段法制建设的近期目标

这是这场讨论的中心议题之一。学者一致认为,初级阶段是一个相当长的历史阶段,法制建设的发展也需要有一个较长的过程。因此,可以把这个带有长远目标性质的任务进行分解,确立初级阶段法制建设的近期目标。具体说来,初级阶段法制建设的近期目标包括:(1)初步完善以宪法为核心的社会主义法律体系;(2)巩固和发展安定团结的政治局面,为经济和政治体制改革创造安定的社会环境;(3)健全执法机制,提高公民法律意识,努力使现行法律的实施能得到最佳效果;(4)进行政法体制改革,包括实行党“政(法)”分开、改革行政法制工作机构、改革律师制度3个方面;(5)创新和发展法学理论,为法制建设提供科学的理论基础。

五、初级阶段法制建设中的“补课”问题

这是一个与初级阶段法制建设的基本任务与近期目标有着密切联系的问题。有的学者认为,提出初级阶段法制建设的补课问题,既是中国社会特定国情的必然要求,有科学的理论根据和现实的政治基础。由于中国是从半殖民地半封建国家直接进入社会主义的,因此,许多本来应当由资产阶级革命予以摧毁的东西,还顽固地存在着;许多应当由资产阶级革命所建立的制度和原则未能建立起来。1979年3月30日,邓小平同志在党的理论工作务虚会上的讲话中指出:“政治学、法学、社会学以及世界政治的研究,我们过去多年忽视了,现在也需要赶快‘补课’。”党的十三大召开前夕,赵紫阳同志在一些会议上也多次指出,商品经济不能逾越,但资本主义是可以逾越的。由于我们逾越了资本主义发展阶段,因此,在社会主义建设中需要进行“补课”。十三大报告进一步指出,我国目前尚处在社会主义初级阶段,需要用一个相当的时间,去实现别的许多国家在资本主义条件下实现的工业化和生产的商品化、社会化、现代化,我们必须努力吸收世界文明成果,逐步缩小同发达国家的差距。学者指出,初级阶段法制建设补课的基本点应当是,逐步消除封建法制的残余,学习、吸收、改造数百年来资产阶级所创造的适合我国国情的法制建设成果,变革建立在“一大二公”框架上的带有空想社会主义色彩的法律体系,确立适应社会主义初级阶段的法律机制。具体包括3方面内容:第一,以建立促进商品经济发展的法律机制为目标,加强民事和经济立法;第二,加快改革、完善政治体制,加强行政立法;第三,大力建设社会主义精神文明,加强文化领域的立法。这些学者提出,为了保证初级阶段法制建设中“补课”工作的顺利进行,应注意切实解决几个问题,如变革传统思想模式,确立适合初级阶段商品经济的法律观,形成适宜“补课”的思想条件;修改宪法,创造使“补课”得以顺利进行的法律环境;活跃外国法或比较法的教学与研究,加强与外国的法律文化交流,培养能胜任法制“补课”的专业人才;等等。

六、发展初级阶段民主与法制的途径

许多学者在讨论中提出，发展初级阶段的民主与法制，是一项艰巨的系统工程，要完成这项工程，必须遵循4条途径：(1)大力发展社会生产力，这是提高初级阶段民主与法制程度的物质基础。(2)坚持四项基本原则。四项基本原则是立国之本，也是我国初级阶段民主与法制建设的指导思想。渗透着阶级意识的民主与法制，不可能超脱掌握这个统治工具的阶级意志而存在。在社会主义民主与法制循序渐进的发展进程中，它的阶级性将逐渐淡化，逐步被全民性所替代。但在初级阶段，民主和法制仍然带有较强的阶级性，而四项基本原则，是这种阶级性的集中体现。(3)逐步使民主法律化、制度化。发展民主的希望不能寄托在政治的开明或领导的宽容上，民主的法律化、制度化，才是民主建设本身的客观要求。为此，我们应做到立法要切合实际、立法要有利于推动改革、立法要粗细适当。(4)加强法制民主化建设。在立法方面，各级权力机构的人民代表要加强责任，制定出充分反映人民意志的法律；在执法方面，坚持法律面前人人平等的原则，严格各环节的执法活动；在守法方面，要教育干部自觉做守法的楷模，增强公民的民主与法律意识，使学法、懂法、守法和护法成为人们的自觉行动。

七、初级阶段理论与部门法制建设

随着对社会主义初级阶段法制建设理论研究的深入，人们开始将眼光移到对初级阶段部门法制建设理论的探讨上。如有的学者对初级阶段中宪法的执行和遵守、宪法观念的普及和提高以及宪法学的研究等问题作了探讨，提出了建设性意见。有学者对初级阶段的阶级斗争与犯罪的关系作了讨论。他们在分析社会主义初级阶段的阶级斗争状况后指出，初级阶段存在日趋消亡的阶级斗争是产生现阶段我国犯罪的根源，并强调了坚持这一观点在当前所具有的社会意义。关于这方面的讨论还刚刚开始，研究尚处在初步阶段。

八、目前应解决的几个问题

学者一致认为，对初级阶段法制建设的理论研讨虽然刚刚开始，但由于植基于法制建设的实践,符合社会要求,顺应时代潮流,因而具有光明的前景。为了使这场学术讨论继续深入下去,他们提出要继续解放思想,勇于探索创新;要研究如何形成从根本上促进生产力发展的法律机制,彻底改变"重刑轻民"的思想;要注意加强立法工作的理论研究。也有的学者提出,希望党和国家的决策机构注意吸收法学界人士进入决策领域,重视法学界人士对立法的意见和建议,使法学研究紧密地结合经济体制改革和政治体制改革的实际。还有的学者提出,要继续发展、丰富对初级阶段法制建设的理论研究,必须做好两件工作:第一,要进一步加强对初级阶段理论的研究,这是开展初级阶段法制建设理论讨论的基础。社会主义初级阶段理论自1981年提出之后,经《中共中央关于社会主义精神文明建设指导方针的决议》和党的"十三大"报告的系统阐述,已日趋完善并逐步深入人心。但是,对有些问题还有待进一步研究。这不仅是哲学和政治经济学研究者的任务,也是法学工作者的职责之一。第二,要进一步加强对初级阶段法制建设中一些基本理论问题的研究。如初级阶段法制建设的特点、原则、任务、近期目标等;对初级阶段理论与部门法制建设之关系,才刚刚触及宪法和刑法领域;对初级阶段法律的社会功能这样一个重要问题,几乎还未涉及。因此,加强对这些问题的研究,应是我国法学工作者的一项重要任务。

(1988年第6期)

社会主义初级阶段法制建设思想战略的几个问题

郭道晖*

基于我国处于社会主义初级阶段,基于长期以来轻视法制的传统习惯势力还有深厚的基础,实现社会主义建设和法制"两手抓"的战略思想,必然会遇到种种阻力,需要有相应的思想战略来抗衡,以便从思想上保证建设和改革的顺利进行,促进民主与法制的完善。

一、突破法制思想上的双重束缚

确定思想战略,首先要明确法制建设中的主要思想障碍,从而明确思想斗争的主攻方向。

在我国进入社会主义初级阶段的前20年间,由于"以阶级斗争为纲"的错误理论的指导,把社会的主要矛盾归结为工人阶级与资产阶级的矛盾。在政治思想领域,进行所谓"两个阶级、两条道路的斗争",着重是反对资产阶级思想、资本主义道路。在法制建设领域,思想斗争的锋芒,也是针对资产阶级法律思想与资本主义国家的法制。例如,在"反右派斗争"中把"法律面前人人平等"、"独立审判"等法制民主原则,都当做资产阶级法律思想加以鞭挞,结果使正在兴起的法制建设中途夭折。"文革"中"批资产阶级",否定社会主义民主和法制,结果造成严重后果。

为什么那些年批资产阶级的历次政治运动都是不成功的呢?仅仅是方法不对吗?这是值得人们反思的。

从理论上说,社会主义的直接对立面是资本主义,在社会主义阶段以反对资产阶级和资产阶级思想为主,是合乎逻辑的。但合乎逻辑的事,并不一定都合乎中国国情。我国最基本的国情是还处在社会主义初级阶段。它的一个基本特点是:它不是脱胎于资本主义,而是脱胎于半殖民地半封建社会。从意识形态上来说,在它身上留下的胎记主要不姓"资",而是姓"封"。中国没有经历过资产阶

* 作者单位:中国法学会研究部。

级民主阶段,也没有经历过资产阶级法治阶段。资产阶级民主与法治思想在中国只是舶来品,不是土生土长的,也没有能在中国生长。资产阶级民主政治思想与法制思想在我国知识界有一定影响,但比之有着几千年根基的封建思想在各阶层中的深厚影响来说,是小巫见大巫。

我国社会主义初级阶段的另一个基本特点是,它又是由新民主主义革命时期和进行社会主义改造的过渡时期转变过来的。那个历史阶段中以阶级斗争为主要矛盾的思想和搞阶级斗争的习惯,在社会主义初级阶段不可能一个早上就转变过来,加上过去在指导思想上的失误,这种思想习惯已成为一种"左"的积习,阻碍着社会主义法制建设的发展。因此,初级阶段法制建设的思想战略,就其发展的方向来说,应当是以突破这两重旧思想、旧观念的束缚为重点。尤其要对中国传统的封建法律思想文化的消极面在当代的种种表现与影响,作一番认真的清理和扫除。

众所周知,封建的法律思想流毒最深、对我国民主与法制建设阻碍最大的,主要是人治思想。其表现主要有以下几种形式:

一是"替民作主"——封建人治的"一人作主"的现代版:把代表人民行使权力,变成代替人民行使权力。把民主基础上的集中变成"你民主,我集中"。把所谓"党的一元化领导",变成书记一个人领导,一人拍板,一言安邦。替民作主,包办代替,至少是侵犯了人民享有的程序性的民主权利,有些地方则是侵犯了人民实质性的民主权利,成了"作民之主"。

二是"权大于法"——封建社会是王权大于国法,现在是党委和政府的权力大于国家法律。这里"权"是指被滥用、被僭越的国家权力和党的领导权。"你有法,我有权!"以言代法,以权压法,乃至以权抗法。

三是"仰仗青天"——把国家的强盛,完全寄托在英明的领袖和贤明的干部身上。重干部的素质甚于重制度的完善。较多地着眼于组织一个好的"领导班子",而不大重视建立一套好的领导制度。没有一套完善的法律制度指引和约束干部权力的正当行使,仅依靠为政者个人的智慧与仁慈。一个案件长期得不到公正的解决,最后是仰仗高级领导人垂察,一个批示迎刃而解,说是"法律的胜利",实则只是"批示的胜利"。

四是"等级特权"——凡事喜欢排座次,讲等级。人情大于国法。法律面前享有特权,"党票当罪"、"职务抵刑"。

如此等等,不一而足,说明封建人治思想是民主与法制建设的大敌。

法制建设上"左"的思想习惯势力同样不可低估。影响最深、危害最大的就是"以阶级斗争为纲"的错误理论,迄今仍不时地纠缠着人们的头脑。其中一个主要表现形式是“恐资病”。进入社会主义初级阶段后的历次政治运动，差不多都是批资产阶级，虽屡屡失误而积习不改。党的十一届三中全会以后拨乱反正，这种传统风气有了明显的转变，但思维惯性一时难以完全刹住，什么风一来，就有这样的习惯动作：从法学学术观点中去搜寻资产阶级思想的蛛丝马迹，把“无罪推定”、“有利被告”以及“法的社会性”等属于学术争鸣的问题，当“精神污染”或“资产阶级自由化”思想批，结果引起不良的效应。

资本主义的腐朽思想必须坚决抵制，资产阶级法学思想与法制中唯心主义的、单纯维护资产阶级利益的东西应当予以批判、否定，这是毫无疑问的。但是，对资本主义国家的法制和资产阶级法治思想则应具体分析，其中有许多东西是反封建的历史产物，比封建的人治思想和专制的法制要进步得多。作为一种法律文化，其中也有不少是属于人类共同创造的精神财富。随着资本主义国家近二三十年中科学技术和生产的较大发展，资本主义国家的法制也得到进一步的发展与完善。其中有不少是反映社会化大生产和商品经济的要求的，它超越了不同社会制度国家的时空界限，要求马克思主义的法学家和法律工作者有勇气和善于辨识其中合理的东西，“拿来”或“俘来”为我所用。这里思想上应当明确几点：

(1)资本主义社会中的东西不都是资产阶级的东西，资本主义国家的法制不能完全等同于资产阶级法制，其中民主性精华，有些也是人民斗争的产物，不是资产阶级的专利品，是可以有选择地继承的。

(2)资本主义国家采用过的东西不都是资产阶级的东西。不能因为资产阶级用过某些法制手段、法律形式，我们就一概当做资产阶级的东西加以反对，拒绝采用。

(3)即使是资产阶级的东西，只要对我们发展生产、发展民主政治和健全法制有用，就可以加以改造，使之适合我国的情况，加以采用。不要一见到有阶级性的东西就退避三舍。恩格斯曾经指出：“人们可以把旧的封建法权形式的很大一部分保存下来，并且赋予这种形式以资产阶级的内容，甚至直接给封建名称加上资产阶级的含义。”人们也可以“以同一个罗马法为基础，创造像法兰西民法典这样典型的资产阶级社会的法典”。[①] 资产阶级可以赋予封建的法权形式以资产阶级内容与含义而加以利用，无产阶级难道就不可以赋予资产阶级的法权形式以社会主义内容与含义，而加以利用吗？当然这两种利用，会因其阶级实质不同而有重要区别，但并不排斥这种利用。事实上，我们已经把“民主”、“法治”、“法律面前人人平等”等“资产阶级的”法权形式和名称，赋予了社会主义的

---

① 《马克思恩格斯选集》(第4卷)，第248页。

内容和含义,为我所用了。

二、克服僵化的思维惰性,树立法制新思维

法制思想战略的另一个重要任务是,在法制领域要进一步解放思想,克服僵化的思维惰性,树立法制新思维。法制新思维的灵魂,是要把社会主义民主的精神贯穿于法制建设的各个环节,贯穿于法律调整的各个范围。为此,要转变建立在小生产和产品经济基础上的法律观,树立适应有计划的商品经济的法律观;转变重人治轻法治,重义务轻权利,重公民守法、轻政府守法,重政治手段和行政手段、轻法律手段,重刑事制裁、轻民事调整等传统观念;要改变广大人民对法律的蒙昧状态,提高全民的法律意识;等等。这些方面很多文章已有所论列。本文下面仅就与法制思想战略有关的几个基本理论与观念问题谈一点不成熟的看法。

(一)发展“两类矛盾”论,树立多元利益群体观。

关于正确区分和处理敌我与人民内部这两种不同性质的矛盾的理论,一直是作为我国政治生活的指导原则。在社会主义初级阶段,特别是现在处在改革时期,新旧体制交替,出现了多元利益群体,亟待用法律手段加以调整。“两类矛盾”的理论面对日益多元化复杂的社会矛盾的挑战,需要有所发展。

“两类矛盾”的理论核心,本来是把正确处理人民内部矛盾作为社会主义国家政治生活的主题。这是在剥削阶级作为一个阶级已经消灭之后,适应由革命的阶级斗争到社会主义建设的转变时期,而提出的重要的理论指导。但是在我国进入社会主义初级阶段的前20年间(也是这个理论提出后的20年间),在实践上却并没有把它作为主题,而是把重点放在划分“两类矛盾”上,仍然是立足于“以阶级斗争为纲”的基点上去划分敌我,以致不断地在人民中甚至在党内去划界限、“挖”敌人(如“资产阶级右派”、“党内资产阶级”、“反革命修正主义分子”等)。为什么刚刚提出“两类矛盾”的理论,却恰恰在实践上混淆了“两类矛盾”呢?这有种种原因,其中有对这个理论的理解和运用上的偏差(如不以正确处理人民内部矛盾为主,而以划分敌我为主),同时这个理论本身也有它的不尽完善之处。

第一,“两类矛盾”理论作为一种政治哲学,对从整体上估量阶级斗争的形势,把握社会政治动向有重要指导意义,但不能作为具体划分敌我的依据。

在革命战争和激烈的阶级斗争中,敌我阵线分明,“两类矛盾”界限清楚好划。而在阶级斗争已不是主要矛盾的社会主义初级阶段,在和平建设时期,除了明目张胆的敌对分子外,仅凭“六条政治标准”这样弹性很大的模糊规范,是很难准确无误地划清的。所谓“推一推就过去了,拉一拉就过来了”。敌我界限决

定于一推一拉之间,具有很大的随意性和不确定性,这就很难避免扩大化。那时强调从政治上划清敌我,一方面是由于阶级斗争需要,另一方面也是由于法制不健全,不重视法制手段,而主要是依靠政策与其他政治手段来规范和调整各种社会关系和社会矛盾。现在我们有了刑法、民事法律、经济和行政方面的法律,对各种社会行为的性质,已经有了远比政治上的"两类矛盾"要具体、明确和多样性的细致划分和处理办法。只要严格依法(包括依程序法)办理,是什么罪,违什么法,依法制裁,一清二楚,不必也不宜于只作"两类矛盾"的简单划分。

第二,"两类矛盾"只是从政治上对社会矛盾的划分。社会矛盾是多样复杂的,如果把社会矛盾仅归结为政治上这两类,非此即彼,就容易导致简单化,出现混乱。事实上,社会生活中有些矛盾既非敌对性质,也不好归入人民范畴。如民事法律关系是公民之间、法人之间、公民与法人之间的财产关系和人身关系,而无须涉及政治上的敌我关系或人民内部关系。现在有的教科书上把民法、民事诉讼法归结为处理人民内部矛盾的法律,是不全面的。中外合资企业中双方的民事纠纷是人民内部还是敌我矛盾?都说不上。即使是反革命罪犯,只要没有剥夺他的民事权利,他与他人之间也可以有民事权益上的纠纷,这种民事权益的矛盾性质就不能机械地归入政治上的"两类矛盾"。

又如有些犯罪现象也是如此。强奸犯就是强奸犯,不能硬去划分"反革命强奸犯"和"人民内部的强奸犯"。基于个人恩怨的仇杀或情杀,其动机并非出自要推翻人民民主专政的政权和社会主义制度,就不属于政治上的敌我矛盾;但也不好说他把别人杀了还是"人民内部的杀人犯"。有的同志套用"两类矛盾"的理论,提出"两类矛盾的犯罪"的命题,由于实难划清,而去规定什么"凡判十年以上徒刑的都是敌我矛盾",其实,论罪科刑的理论基础是犯罪构成理论,而不是"两类矛盾"的理论。政治上的矛盾性质不能用刑罚尺度来衡量,在1979年制订刑法时,原稿总则第1条曾有"依照严格区分敌我和人民内部矛盾的原则"一语,后来删去了,理由就是"两类矛盾"的这一政治原则不好简单地套用在刑法的立法和刑法的适用上,也没有必要这样做。

第三,政治上敌我这二元的对立,已不能完全覆盖社会矛盾多元化发展的局面,也是最重要的。法制的任务不仅是打击敌人,更要注意对多元利益群体的关系的调整。

社会主义初级阶段已不像阶级斗争激烈的年代,人民作为一个在对敌斗争中利益比较一致的整体存在着,而是分解为各种不同利益的群体。社会矛盾已不只是敌我这二元,而出现了多元的矛盾群。特别是随着经济体制改革和对外开放政策的推行,在经济上出现了多层次的所有制、多种类的经营方式和多种类的分配方式并存的局面，这是多元利益群体存在的经济基础。例如，就所有制形式来说，就有全民所有制、集体所有制、联合企业、私营企业等不同职工群体和农民群体以及个体工商户群。在经营方式上，有承包企业中的经营者与生产者的不同群体，有租赁企业中租赁者与生产者的不同群体，私人企业中有雇主和雇工的不同群体，还有乡镇企业亦工亦农的群体以及家庭承包群体，等等。在分配形式上，有按劳分配的群体和非劳动收入的群体，又可细分为个体经济、合作股份经济、家庭联产承包、租赁经营、承包经营、劳动合同制、雇工经营等不同分配的群体。此外，还有公务员、科教人员等工资分配群体。总之，社会矛盾日益多元化的发展，使得不同利益群体之间的矛盾十分错综复杂。在社会主义初级阶段，特别是在改革与开放时期，各种群体之间的利益分配，处于不断变化和调整过程中，出现较大的不平衡，群体之间的矛盾也越来越突出。只讲他们在根本利益上的一致性已经不够了。只从政治上划分为敌我矛盾这两大类，是敌人就专政，是人民就用“民主的、说服的办法”，已不足以应付如此矛盾纷呈、利益多元、调整方法各异的局面了。

因此，在现阶段，法制思想战略不能还停留在划清“两类矛盾”的观念上，而应大大发展关于“把正确处理人民内部矛盾作为政治生活的主题”的思想，把注意力集中到利益群体多元化发展的大趋势上。立法、司法和执法的重点，要由调整对立阶级间的政治关系为主，转到调整社会多元利益群体间的政治关系、经济关系、财产关系和人身关系为主。党的十三大报告强调要使我国社会主义民主政治一步一步走向制度化法律化，要加强保障公民权利和自由的立法，要抓紧建立完备的经济法规体系和加强行政立法，其目的都在正确处理这越来越突出的多元化矛盾。

（二）转变“重政权轻民权”思想，强化人民权力观念。

政权与民权（人民的权力），在剥削阶级统治的国家里，二者是对立的。社会主义国家的政权是人民的政权，政权与民权本应是一致的，我们也经常强调它们的一致性。但更多的是只突出了政权的作用，讲“革命的基本问题是政权问题”，“有了人民的政权，就有了人民的一切”，等等。在我们的法学教科书上，讲到国家与法律的关系时，都要引用列宁这句话：“如果没有政权，无论什么法律，无论什么选出的机关都等于零。”①以此来说明法律对国家政权的依赖关系。但我们较少强调政权的核心——人民的权力，即民权对法律的作用，讳言我们的政权与民权在一定条件下也可能产生不协调、矛盾乃至对立的现象，这就失之片面。

① 《列宁全集》（第11卷），第98页。

其实，列宁的上述这句话的本来含义，并不是一般地讲政权对法律的作用，而是强调人民的权力对人民代表机关及其所制定的法律的决定性作用。他是针对旧俄时代人民尚未取得政权的情况下说的。那时（1906年）沙皇在人民革命运动的压力下，虽然允许通过选举建立了第一届国家杜马（议会），但正如列宁所说的，这个“人民代表机关”是没有权力的，如果认为通过它来修宪、立法，就可以使人民从专制制度下解放出来，那只是一种幻想。事实上不出几个月，沙皇御笔一挥，就把杜马解散了。列宁因此指出：“如果人民代表机关没有充分的权力，如果它是由旧政权召集的，如果同它并存的旧政权还是完整的，那么人民代表机关就等于零。事变的客观进程提到日程上来的，已经不是这样或那样地修订法律和宪法的问题，而是政权问题，实际权力问题。”下面紧接着才是前面引的那句话。

可见，列宁在这里强调的不是一般的国家政权强制力与法律的关系（这种关系当然是存在的）；而是特指有权力的旧政权与没有权力的人民代表机关及其立法的矛盾冲突。解决矛盾的办法不是靠立法，而是靠通过革命斗争建立人民的政权，使人民代表机关真正掌握权力。

长期以来，列宁这段语录的这个本来含义被忽略了，而对于已经建立了人民的政权并已进入了社会主义初级阶段的我国情况来说，这段语录的这一含义仍然在一定情况下有重要意义。当然，这不是说我国现政权与我国人民代表大会及其立法，有像列宁所指出的那个时代那样不可调和的矛盾，相反，它们在总体上是一致的；而且根据我国的基本政治制度，全国人民代表大会是最高国家权力机关，理论上人民代表机关与人民政权本是一个概念。但是，社会主义国家几十年的实践表明，有了人民政权，并不一定意味着人民和人民代表机关享有充分的权力。长期以来，各级人民代表大会的权力不受尊重，国家的权力实际上是掌握在各级党委和政府手中，一向是党权、政（政府）权大于人民代表机关的权力，以致各级人民代表大会被称为“橡皮图章”。“十年内乱”中，全国人民代表大会被搁置一边，长达9年不开会、不立法，人民代表机关不也是等于零吗？至于林彪鼓吹的“政权就是镇压之权”、“领导班子就是政权”、“有了权就有了一切”等谬论，更是把政权变成了少数人私有的权力，同民权完全对立了起来。这种思想的流毒，至今也还不能说已完全肃清。这些事实说明，在人民夺取政权以后，政权与民权也还会产生脱节乃至对立的现象。

这种现象的产生，还有其深刻的社会根源。这就是列宁曾经指出的，由于文化水平等历史条件的限制，社会主义国家政权机关现在实际上还只是“通过无产阶级先进阶层来为劳动群众实行管理,而不是通过劳动群众来实行管理的机关"。[①] 也就是说,社会主义国家,特别是像我国这样还处在社会主义初级阶段的国家,又是人口众多的大国,"人民政权"还只能是由"先进阶层"来"代表人民"、"为了人民"的政权,而不是由人民群众直接管理、实行自治的政权。如果人民不能通过人民代表大会及其他途径对党和政府实行有效的监督,如果人民代表大会不能成为真正代表民意和代表人民行使权力的机关,就容易产生代行管理职权的"先进阶层"脱离人民群众的现象,有时甚至还可能发生国家机关与人民利益对立的现象。所以列宁提出社会主义国家的工人群众也要保护自己的物质利益与精神利益"免受自己国家的侵犯"。[②]

可见,不能因为政权已是"人民的政权"而只看到它与人民权力的一致性,而忽视它们之间的矛盾性。有了人民的政权,搞不好人民及人民代表机关仍可能处于无权的地位。即使立了不少法,由于政府(行政机关、审判机关、检察机关)执法的懈怠,或者受到党权、政(行政)权的干扰,人民代表机关又不能有效行使监督权,法律也还会等于零。如果人民代表机关不能充分反映民意,而受制于当地的其他权势,其立法还可能产生负值——侵犯人民的权益。

因此,我们不能只笼统地强调政权而轻视民权,而应当强化人民权力观念,突出人民代表大会的权力主体地位,切实完善人民代表大会的制度,并充分发挥其职能,使之能成为真正的民意机关和人民行使权力的机关。近年来人民代表大会工作有了一些改进,人民代表大会的权力地位在逐步提高,议政、立法和监督的权力有所加强,七届全国人大一次会议有了明显的进步,西方记者也声称中国人民代表大会的"橡皮图章变硬了",这是可喜的现象。我们应当继续朝这个方向努力。

(三)转变"防民"的法律思想,强化对民主的承受力。

中国古代法律思想上有一个根深蒂固的观念,即法律是用来"防民"的。《礼记》一书中有"坊记"一章,专讲"以礼防民":"夫礼,所以章明别微,以为民防者也。"即用奴隶主的"礼"(其中也包括行政法律规范内容),来区分是非善恶,以之作为堤防,防范臣民百姓。此外还有所谓"防民之口甚于防川",都无非是要用礼、法来防范老百姓,把老百姓当成犯上作乱、违法犯罪的根苗,是必须时刻提防的对象。中国古法以刑为中心,都是禁止性规范,就是为了"防民"。这种"防民"的法律思想,流传至今仍在起着很大的消极作用,阻碍着民主政治的发展和法治观念的树立。

---

① 《列宁全集》(第29卷),第156页。
② 《列宁全集》(第32卷),第7页。

例如，在我们的普及法律常识的宣传教育中，习惯于强调对公民进行"守法"教育。在宣传提高人民群众的"公民意识"时，也只重在公民的守法义务意识，而不是强调公民的权利意识。有的地方在进行了普法宣传后，干部反映："老百姓听话多了"，"工作好做了"。这样，守法教育成了"听话教育"，充分反映出它是以"防民"为思想指导，普法的目的只在防范人民群众违法犯罪。

法制教育固然要进行守法教育，但第一，守法不应该只强调公民守法（公民守法中还包括政府官员个人带头守法），更重要的是政府守法。严重违反甚至破坏法制的行为，往往不是来自公民而是来自政府及其工作人员。政府必须依法行使权力，不得滥用权力，侵犯公民的权利，否则可以成为被告，须受法院审判并应服从法院的判决。这种"政府守法"原则是民主的法治原则，是对"法律约民不约官"的否定，与以"防民"为目的的封建人治原则是对立的。第二，守法不单是遵守法律义务，遵守法律中命令性禁止性规范，如果仅仅如此，那不过是消极的守法。积极的守法还应包括依法遵守授权性规范，享有并维护法定的权利或行使法定的权力。第三，更重要的是法制教育不应当只是消极的守法教育，而应是积极的法治教育。不应是训练公民成为法律的"顺民"，而应是培养公民作为法律的主人的意识。人民在社会主义法律中应当是处于法律的主体地位，不像剥削阶级的法律那样，劳动人民只是法律制裁的客体，是统治阶级防范的对象。

在立法工作中，也要注意克服"防民"思想的影响。如有的主管部门在起草法律稿时，总力图把自己部门的权力扩得大大的，而对公民的权利与自由则卡得死死的。较多注重如何使国家机关及其工作人员更方便地行使权力，对此详加规定；而忽视了公民的权利的保障与对国家机关权力的制约。一些属于保护公民民主权利的立法，比较难以出台。如新闻法草稿在拟订过程之中对立法宗旨就有"保护新闻自由为主"还是"加强新闻管理为主"的争论，迟迟未能取得一致。其他如出版法、结社法、游行示威法等立法长期落后于其他立法，也不无类似原因在起作用。

立法不应是处处设防去限制人民的权利与自由，而应是处处利民、便民。必要的合理的限制当然不可少，但总要有一定的宽松度。

过去在"阶级斗争"这根弦绷得很紧的时候，总强调敌我之分、内外之别。立法也好，为政也好，缺少宽容度和透明度，在防范敌人的同时，有时连带对人民也防着点，担心他们"越轨"、"失密"，搞"极端民主化"或"自由化"，而卡得过多过死，公民的权利受到较多的限制。在阶级斗争是主要矛盾的年代，这种想法和做法有一定的历史理由，那时人民在对敌斗争中作为一个整体来行动，强调个人服从国家和集体利益，服从和服务于阶级斗争这个中心任务，个人的权利与自由融化在集体中，有的甚至被湮没。那时正如列宁所赞赏的普列汉诺夫的一句名言所说的，“革命的利益是最高的法律”，为了革命的利益，可以暂时限制某些权利的行使。人民为了革命的利益，也能容忍某些权利暂时受到限制。

但是，在进入社会主义初级阶段以后，阶级斗争已不占主导位置，发展生产力是中心任务。发展有计划的商品经济在呼唤着更多的自由和平等权利。发展社会主义民主政治，扩大公民的民主权利，是必然的趋势。

当然，发展生产需要有安定的政治社会环境，每一个扩大民主的措施与步骤，都应当有利于社会的安定团结。但总的说来，发展社会主义民主与安定团结并不矛盾。恰恰相反，只有切实地发展民主政治，才能更促进安定团结。过去大讲“安定团结不是不要阶级斗争”，把人民群众正当的民主要求和正常的（或看去稍有偏激的）民主活动，当成“阶级斗争新动向”或其他什么倾向，加以批判斗争，其结果不是增强而是削弱了安定团结的政治局面。“十年动乱”的根源不是因为过去民主搞过了头，而恰恰是长期以来党内缺乏民主，国家也没有切实建设社会主义民主政治和社会主义法制所致。“文革”中无政府主义泛滥（搞“大民主”），是对不民主、无法治的惩罚。

近年来，特别是党的十三大以来，党和政府采取了一些对内开放的扩大民主的措施，如搞差额选举，搞协商对话，扩大全国人大会议的透明度，等等，并没有出什么乱子，相反，效果很好，受到人民群众热烈欢迎，增强了人民对党和政府的信任感与凝集力。这说明扩大民主不会妨碍而只会进一步增强安定团结。

应当看到，经过新中国成立以来30多年政治锻炼的我国人民是成熟的人民，人民的政治素质已大有提高。只要有健全的法制，发展民主政治，无须担心、防范人民群众“出轨”，倒是应当强化领导干部对民主的心理承受力。例如，被差额选举“差”掉了的落选干部，受到人民代表大会代表质询的政府官员，就都需要习惯于承受这种正常的民主压力。特别是不要因为听到一点不同的声音，看到一点异样的举动，就以为“大事不好了”。我们应当习惯于人民行使宪法和法律规定的自由和权利，把这看做民主政治生活应有之义和正常之事。最不正常、最可怕的、最应该“防”着的倒是鸦雀无声，一潭死水。

总之，我们在民主与法制的建设上必须转变“防民”的法律思想，树立彻底相信和依靠人民的思想，强化对正在逐步扩大的民主的心理承受力。这是法制思想战略中的一项重要任务。

（1988年第8期）

法学理论更新的进一步思索

张宗厚*

自两年前笔者提出法学理论要更新问题(参见《法学》1986年第1期的“对法的三个基本概念的质疑”和1986年3月31日《人民日报》刊载的“法学理论要更新——记张友渔和张宗厚的一席谈”)以后,法学界对此众说不一。笔者认为,这并非坏事。任何探索,一开始都不会是完美无缺的。对于笔者来说,需要不断深入思考,以社会实践(因为社会科学不可能像自然科学那样有模拟性的实验室,只能以社会实践为实验室)和所有不同意见为老师,不断坚持真理和修正错误。因此,近两年来,笔者对法学理论更新问题进行了进一步的思索,包括补充、修正了自己原先的一些观点。在此,我把这些新思考概述于后。

一、法学理论更新的现实意义

有的同志有意无意地把法学理论更新的讨论归结为定义、属性之类的概念之争,或归结为前几年进行过的现已没有多少分歧的阶级性、社会性之争,或归结为无阶级社会有无法律之争,等等,笔者认为这样是不确切的。

关于法学理论要不要更新的讨论,固然涉及上述问题,但从根本上说是针对传统法学理论把法说成是阶级社会的特有现象,并由此以阶级斗争为纲、为轴线,把法的产生、存在与发展归结为“阶级斗争的产物”和“阶级斗争的需要”的问题。

党的十三大提出了社会主义初级阶段的理论和“生产力是一切社会发展的最终决定力量”,给了我们有力的理论指导。党的十三大提出的“民主和专政的各个环节,都应做到有法可依,有法必依,执法必严,违法必究”,说明专政要受法律制约,而不能简单地把法律说成是阶级斗争和专政的工具。离开以民主为前提的法制谈专政,会导致以阶级斗争代替民主法制。从苏联20世纪30年代的大清洗到中国的“文化大革命”,从某种意义上说,都是以抓阶级斗争代替民

* 作者单位:《中国法制报》评论部。

主法制的结果。任何重大的历史失误，都有理论的原因。国际共产主义运动中的两场大灾难和各社会主义国家长期不重视法制建设，都与发端于维辛斯基的"以阶级斗争为轴线"的传统法学理论有关。

正像石头可以被用来作为打人的凶器，但不能把石头定义为打人的工具一样，法律在阶级对立社会里常被用来作为阶级统治的工具，并不意味着可以把法律归结为阶级统治的工具。笔者认为，现代法制，是商品经济的内在要求，是民主政治赖以存身的必然表现。或者说，法的产生、存在与发展，是基于商品经济和民主政治的需要。虽然我们现实的法还有阶级性，但其原动力不是阶级斗争的需要。

二、权利是法学的细胞，意志只是法与法律之间的中介

传统法学理论把法与法律混为一谈，并都归结为统治阶级的意志，并把它作为本质，认定"只有统治阶级的意志，才能成为法"。

笔者认为，这种思维模式有两大弊端：

其一，它离开了以生产力为基本要素的社会物质生活条件对包括法律在内的上层建筑的决定作用，以一种精神现象解释另一种精神现象，有悖于马克思主义的一元论的唯物史观。

其二，按照过去通常理解的关于群众、政党、领袖的理论，把法归结为统治阶级的意志，实际上等于承认了居于领导中心位置的领袖人物对法的决定作用。这不仅背离了现代决策必须遵循的民主化、科学化原则，而且是一种崇尚人治而不是导向法治的理论。

这种理论的错误根子是以阶级斗争为分析单元。实际上，无论是马克思主义的法学基本观点，还是世界各国的法制建设实践，都明白地显示，正像商品是政治经济学的细胞和分析单元，权力是政治学的细胞和分析单元一样，权利是法学的细胞和分析单元。

马克思、恩格斯在其著作中把法与法律分开是有巨大的科学意义的。在马克思那里，在分析法律现象时，一般是把法律同规则、秩序联系起来，而谈到法时，多指一定社会经济条件的法权要求。马克思从一定社会经济过程中考察权利和法现象的权利学说，不仅是对人类文明社会权利观念历史变迁的科学总结，而且在以权利作为分析单元衡量真正的法律和虚假的法律以及非法的法律的意义上，是法哲学变革的重要内容。

在法科学中，法作为一种观念形态，它是由一定社会物质生产方式的利益和

需要所决定的权利要求,具有客观性;而法律,是以立法程序和立法机关为中介的对这种权利要求的承认和规定,它有主观性(或国家意志性)。法学研究的基本任务,正是研究如何使法律的制定符合法的客观要求。可以说,一部法学,只能围绕着“权利”二字,才会演化出波澜壮阔的史诗。而围绕阶级斗争,把法与法律混为一谈并都归结为统治阶级的意志,则必然把法科学变成法律注释学,正像在苏联和中国曾经出现过的那样。

那么,法律不总是通过人制定的吗,意志的地位如何呢?笔者想用下图来表示意志的地位和作用:

权利要求→法→中介(政治中介、思想中介)→法律

其中,政治中介(阶级社会里的国家或无阶级社会里的拥有公共权力的社会管理机关);思想中介(阶级对立社会的统治阶级意志,或阶级对立不存在情况下的广大人民意志,或阶级消灭后的绝大多数社会成员的意志)。

有人断言说,我们持更新观点的学者不过是要否定“统治阶级的意志”,事实是,我们只不过是把它放到一个恰当的位置而已。马克思和恩格斯在反复强调社会物质生活关系对法的根本制约的同时,也指出意志是法律的“内在基础”,笔者认为正是这个意思。

三、破除“三个本位”,推翻“城墙文化”,建设崭新的法文化场

在七届人大会议上,有位代表指出了“法学的幼稚”。笔者认为,在经过了十一届三中全会以来的拨乱反正和实践标准的讨论,我们还需要花那么大的力气去清除“以阶级斗争为纲”的影响,还需要去弄清一些基本概念,说“幼稚”也不假。但十年来法学界为繁荣基础理论所做的大量工作和各部门法研究取得的大量成果,成绩是不可否定的。

我们面临一个迫切的形势,“四个现代化”要求法制现代化,商品经济和民主政治要求法制提供有力的服务和保障。但一些旧观念、旧理论还在起着阻挠作用。要实现由人治向法治的转变,实行依法治国,实现法制现代化,有赖于一系列的观念更新,有赖于形成一个崭新的法文化场。在向此目标前进的道路上,我们必须克服“三座大山”:一座是维辛斯基的“左”的法学教条;一座是中国历史上以“天、王、命”为表征的“城墙文化”;一座是上述两者结合在现实生活中反映出的“三个本位”,即国家本位、官本位和义务本位。相应地,确立公民是依法治国的主体,维护社会主体的权利要求是法制建设的中心的

认识。

改革的实践呼唤着理论的更新，法制建设的新形势要求我们的法学研究拓展新视野，进入新天地。几千年来饱受封建专制之苦，近几十年又受到“左”的毒害的中华民族，亟须要现代民主法制观念的启蒙。只有符合实际的科学法理论和法文化，才能承担起这一历史使命。

（1988 年第 8 期）

提倡法学理论的论战

夏　之*

近年来,法学理论虽然有了较大发展,但同其他社会科学学科相比,仍然显得贫困、落后。其中,最为令人难堪的是,党的十一届三中全会以后,我国理论界的若干重大突破,没有一项是法学界的。究其原因,当然是多方面的。从理论本身来说,笔者认为,法学理论不繁荣的一个重要原因,在于法学界长期以来缺乏一种理论上的论战意识。

可以这样说,没有对实践的深入研究和在这种研究的基础上提出新颖、独到、系统的观点的理论之间的论战,就没有理论的发展和繁荣。唯物主义认为,事物的演变和发展,总是需要通过不断地比较、鉴别,从而最终达到优胜劣汰和质变飞跃的目的。社会科学的理论研究,也是如此。早年,马克思、恩格斯就是在同各种唯心主义、机会主义的理论较量和革命实践中,创建了科学的马克思主义思想体系。10年前的真理标准大讨论,实际上也是一场理论的“大论战”:传统的和非传统的,以偶像为标准的和以实践为标准的。这场讨论最后成为一场思想解放运动,大大地促进了中国建设事业的发展。令人遗憾的是,这种景象在法学界几乎从来没有出现过。

回顾新中国成立后法学理论的发展史,几乎是一种声音、一种模式和一种流派,即一种所谓的马克思主义法学的声音和一种苏联20世纪50年代法学理论体系的模式,以及一种唯上、唯书的注释法学派。这种单一型的法学理论,最终导致了理论本身的僵化和贫困。如果说在1979年以前这种单一型的法学理论的存在还情有可原的话,那么,当历史推进到20世纪80年代以后,它的存在则无任何托词可循。在国外,从20世纪50年代后期开始,西方法哲学开始振兴,经过10多年的发展,达到了历史上前所未有的繁荣局面。导致西方法哲学在战后由萧条走向繁荣的一个直接原因,是法哲学界连续不断的论战。其中,比较重大的有哈特、富勒论战,德富林、哈特论战和德沃金、哈特论战。通过论战,一方面使法学家更加注重法律实践和社会政治生活中的重大法律理论问题;另一方面吸引了众多的哲学家、政治学家、社会学家、法官和律师加入到法哲学家队伍;

* 作者单位不详。

同时,使老一辈法哲学家富勒、哈特等人的理论趋向成熟,年轻一代的法哲学家罗尔斯、德沃金、拉茨等人脱颖而出。总之,论战推动了法哲学研究的深入。这是值得我们借鉴和思考的。因此,为了法学理论的创新和繁荣,我们应该积极地倡导法学理论的论战。

倡导法学理论的论战,首先必须坚持平等原则,减少政治干预。马克思主义是不承认绝对真理的,在真理发展的“长河”中,任何一种理论都只是对一个“真理”的局部表述,即使马克思主义也不例外,否则,我们就没有必要讲“马克思主义需要大发展”。所以,在以法制实践为基础,构筑各种新的法学理论体系并展开论战时,彼此之间应该平等相待,特别是对论战中的不同观点不要戴帽子、打棍子,更不要同什么“化”联系在一起。在法学界,前两年研究民法和经济法的一些学者,曾就各自的调整对象、学科体系等有过一场较大的争论,但是民法通则一颁布,有关方面的权威人士出来讲话,一锤定音,中止了这场有益的学术讨论,也扼杀了本可以形成的民法学派和经济法学派。关于法的本质问题的讨论,更是有那么一点令人忧心忡忡之感。本来,提出更新、发展法的传统概念的观点是很正常的举动,但有些坚持传统观点的学者却非要把它同什么“污染”、“自由化”之类联系在一起,而不是去共同深入地研究中国的国情和法制的现实,从而得出科学的结论。此外,关于无罪推定、法的专政功能等,都存在此类不平等、干预过多的问题。其结果是,法学理论上的论战当然无法正常展开,新的、更富有生命力的学术理论也就完全难以建树。言及于此,笔者认为有一个问题是需要弄明白的,即在理论的思想解放运动过程中,首先是那些号召“思想解放”的领导者,自己要思想解放。实际的状况是,当理论界真正思想解放了,某些领导者却又怕“出格”,甚至以所谓“国情”为借口,不让谈或不让公开谈,特别是一有风吹草动,有时连需要领导“撑腰”的都找不到。此种状况,法学界尤甚。

另一个重要问题是,如果需要多一点法学理论的论战,那么,倘若出现非马克思主义的法学观点,是不是可以允许存在?笔者认为,是可以的。马克思主义需要大发展,但是马克思主义的发展不可能把自己封闭在一个“真空”中,它需要有参照物,需要在风风雨雨的大千世界里,通过比较、借鉴,吸取各方有益的东西。因此,有一种相反的观点比没有这种相反的观点更易于比较、借鉴。现代许多资本主义国家都允许有马克思主义的观点存在,而且有的还允许自由讨论,如英国学者凯恩等人翻阅了马克思、恩格斯全集,从他们的100多篇著作中,摘选了这两位经典作家在法学问题上的观点,以《马克思恩格斯论法律》为书名公开出版。相比之下,难道在我们这个应该比资本主义民主更充分、法制更健全的国度里,还能怕非马克思主义的法学观点?实际上,“怕”是一种没有气魄和胆量的表现,也不利于法学理论的繁荣和发展。当然,说允许一些非马克思主义的法学观点存在,并不等于主张任其发展和泛滥,而是作为发展马克思主义法学的论战的对立面而存在。更何况,在马克思主义的理论宝库中,他们的法学思想、法学观点只占据其中很小的一部分,而且,其中有些并不完全适合我国现阶段的国情,例如,关于法的作用,经典作家总是把它同阶级统治、专政、剥夺剥削者等联系在一起。在特定的历史阶段,面对特定的对象,这样论述当然是正确的,但随着社会的发展,法的作用并不局限在此,或者说在许多方面已经发生了深刻的变化。这种变化,正是我们现在需要探讨并作出科学回答的。事实上,在目前的法学理论研究中,也客观存在着某些与马克思主义方法论不同的观点,例如,近年来在我国崛起的法制系统工程理论、系统法学等。道理很简单,因为系统论、控制论、信息论等是资产阶级理论家提出来的科学研究方法,并不是经典作家和那些追随者创造和发展的产物。因此,应该允许那些非马克思主义的法学观点存在,并通过学术观点上的争论和理论体系上的论战,提出更多的新理论,形成更多的新学派,从而促使法学理论的繁荣和法制建设的发展。

(1988 年第 8 期)

建立与商品经济和民主政治相适应的权利观

——兼论社会主义初级阶段的政治法律文化

杨春堂* 李 敏**

一、权利是商品经济和民主政治的内在要求和实现形式

商品经济和民主政治作为近代社会推动历史进步的两个巨轮,不仅推动了西方文明,而且也在我们这个有着悠久文化传统的大国产生了划时代的影响,使建立在不同经济、政治基础上的政治法律文化发生了严重的冲突和对立。而其表现之一就是各种不同的权利观。现代意义上的权利具有以下特征:

第一,权利是在多元化的利益主体处于平等的地位,彼此之间存在差别和利益冲突的情况下产生的。

第二,权利是一种现实的、实有的权利,即法律规定的权利。

第三,权利的内容有其质与量的限定。任何权利都是有限的、相对的,不存在无限的、绝对的权利。在权利所界定的范围内,权利是一种自由,但一旦超越权利的边界,权利就不再是自由,而是被毁坏和滥用。

第四,权利是以保护权利主体为出发点和归宿点。权利的确定并不是为了显示国家权力的威严,而是为了保护权利主体的利益和价值的实现。个体权利是整个权利结构中的基石,公共权利是个体权利的集合,并服务于个体权利。任何抹杀个体权利的公共权利都是本末倒置。

权利意识根源于主体意识,主体意识根源于主体的平等和独立。而只有在商品经济和民主政治社会中才会锻造出这样的主体。权利既是商品生产者维护自身合法权益的武器,又是打败竞争者的手段。权利在这里并不被哪个商品生产者所独有,而是普遍化于每一个角落。在商品经济社会中,每一个商品生产者在市场价值面前都是平等的,凡要取得社会的承认,都要受到价值规律的调节。而要获取对方的商品,必须实行等价交换原则,权利要求的基本特点在商品经济

* 作者单位:吉林省社会科学院。

** 作者单位不详。

中得到了最充分的体现。

在民主的政治社会中，权利是政治生活的基本元素，因为民主政治是一种民意政治、开放政治、高效政治、法治政治。政府的施政，应视民意之向背，自身存在的价值就是保护公民的权利，使各政治主体的政见和建议能够自由平等地表述，保证公民对政治民主和廉洁的监督。而高效的民主政治体制的有规则和有秩序地运行，也需要各国家机构和政治组织要有明确的职能规定和责权界限，做到政治体制内部、上下、左右的职能划分及相应的权利义务的配置科学化。法律不过是公民和政府自身以及相互之间的权利义务的制度化。一个有序、高效的民主政治体制，实际上就是各类政治角色的政治行为都以法定权利为其行为内容和行为界限，表现为法定权利的充分运用和行使。

确认一个社会的价值选择是以权利为本位，表明了这个社会是人的价值受到尊重，人的主动性、创造性受到尊重，实际上是建立一种发挥人的创造力保障机制。因此，以权利为核心构筑社会主义初级阶段的政治法律文化，是现阶段商品经济和民主政治发展的自身要求。

二、传统的政治经济文化不可能产生现代化意义上的权利观

由传统的儒家文化和自给自足的小农经济这两支笔书写的封建专制的历史，在我国延续了两千多年。这中间尽管经历了一次次历史的震荡，然而由这两者孕育出来的高度中央集权的政治历史格局实质上没有丝毫改变。在这种社会结构中，形成了中国特有的政治文化和政治伦理；形成了一种自上而下的封建愚忠思想以及习惯于由一个大脑支配亿万双手的政治文化，而法律在众多人的心目中不过是使人循规蹈矩的威慑力量。历史推进到了近代，特别是辛亥革命以后，社会结构和政治文化仍然是“官贵民贱”、“等级森严的金字塔”和“官本位”，老百姓唯一的政治要求是盼望能出现包公式的“清官”来“为民作主”。

由于我国的历史传统太古老，封建的政治文化以及封建专制的社会结构的惯性太大，所以封建专制的社会结构以及传统的政治文化已深深积淀于人们的意识之中，渗透到社会的各个领域，并且像影子一样伴随着我国的社会主义进程，特别是政治民主化的进程。这是中国新的政治文化的一大悲剧。一定的政治文化是政治体系成员的一种政治意识，是民主政治制度得以建立的氛围。资产阶级民主政治的发展过程既是反封建的过程，又是为民主政治大造舆论，努力创造与民主政治制度相适应的社会文化的过程。法国资产阶级大革命之所以成

为历史发展的重要里程碑，其主要标志正在于此。

落后生产力和极不发达的商品经济也不可能产生现代意义上的权利观。民主的产生、发展及其实现程度，根本取决于社会的经济基础即生产力的发展水平。我国缺乏一个商品经济和社会化大生产发展的历史过程。旧中国生产力落后是以自然经济、小农经济和商品经济不发达为主要特征的，自然经济、小生产经济只能产生专制，这也是封建专制在我国两千年久而不衰的根本基础。在这种基地上起步（诞生）的我国政治和文化所面临的困难是：第一，难以产生与商品经济相适应的主体意识观念和权利观念。第二，难以形成独立的政治人格。正是资本主义商品经济的发展，形成了各个不同的经济利益集团，才在政治上产生了议会制、普选制、分权制衡制以及两党制或多党制。而自然经济只要求有一个至高无上权威的统治，这样就难以形成由商品经济所产生的物质利益关系和政治参与的联系，在经济上消极无为，在政治上不感兴趣等。第三，难以形成合理的权力运行机制。商品经济是以完善的市场机制为特征的，由市场机制所形成的经济平等必然为政治平等开辟道路。而自然经济难以形成市场机制，使得国家不得不按“金字塔”式的权力结构逐级下达指令计划，控制整个社会的经济活动，因此，必然使权力高度集中于某个或某几个人之手。

在这种传统的政治经济基础上产生的政治法律文化，实质上是维护特权为核心的政治文化。它的主要特征就是宣扬奴化、顺从，诋毁人的个体价值，以义务本位代替权利本位，宣扬个人要服从大一统的“君”与“父”。中国的传统政治法律文化虽然也非常重“民”，但这里的“民”不是具体的权利主体，而是被动的受治者。而封建的伦理道德宣扬的“德政”，既是维护统治机器运转的软件，又是统治愚者的工具。

三、现实中的权利观的不同选择

历史的沉思使我们不得不从虚幻的空间回到坚实的大地上来，思考我们的立足点。既不能超越历史发展阶段，又不能再用过时的或根本不存在的观念束缚我们的手脚。这也许是社会主义初级阶段理论提出的初衷。

按马克思的设计，未来的社会主义是生产资料归社会占有的社会，人既是所有者又是劳动者，每个人都为社会贡献自己的全部才智，又从社会领回自己所需要的一切。新型民主的基本要求是全体人民直接或间接地参与国家政治管理，控制和制约国家的各种权力及其活动。在这样的理念的支配下，人们曾经把国有制当做经济上的社会主义所有制的巅峰（如我们的国有化），把国家权利是人民利益的根本代表当做一个既定的价值标准（如个人利益必须服从国家利益）。但这种选择的结果一方面是强化了国家的权力，使国家成了人们生活的主宰，另一方面造成了经济上的停滞（即商品经济不发达）和政治上的异化（公仆和主人关系颠倒）。这就不能不使人深省，在这样一个人民权利已在理论上和法律上得以确认的国家里，权利问题是否应该重新加以研究，与现实社会结构相适应的权利观应是什么样的权利观。

首先，应该承认，革命导师的设计对我国这样的落后国家只具有应然性。社会主义社会应该是真正实现大多数人的统治，人民应当成为社会的主人，从事对国家事务和社会事务的管理，应该实现国家权利回归社会的历史过程。但社会主义在落后国家变成现实以后，一方面几乎所有社会主义国家在意识形态上都接受了这种理论，把社会主义的建立直接等同于人民经济权利和政治权利的彻底实现；另一方面由于这些国家缺少商品经济的充分发展阶段和民主传统，因而这种美妙的充满理想主义色彩的理论，一旦从高贵的应然性领域落到社会实际的舞台上，人们就会发现，支撑这种观念所需要的事实陈述，都或多或少地存在着不可补救的缺点。

其次，传统政治法律文化的积淀是不可能在一个早上清除的，它像幽灵一样伴随着我们。尽管我们已经在共和国的旗帜上写上了“一切权力属于人民”，并在这方面进行了努力，但是我们稍加注意就会发现，社会弊端恰恰是对人民主权的否定。建立在高度集中的产品经济基础之上的高度集权政治体制，被一些骗子（林彪、“四人帮”）所操纵，导演了一幕幕封建主义的丑剧，而人们却在相当长的一个时期内也把这种对历史的反动看成是社会主义，面对自己的法定权利被剥夺而无所适从，这正是传统的政治文化积淀在人们心里的反映和佐证。几千年来人们的义务本位价值观被虚幻的国家主义取代之后，人们心里的权利意识只剩下国家权利或抽象的人民权利。人们把希望寄托在国家的强盛上，而国家的强盛又取决于当权者是否贤明，个人权利的确认和维护再一次被忽视。

最后，忽视个人权利是近代革命成功所付出的一种代价，但后来却形成了习惯和固定的思维定式。在近代中国的志士仁人的奋斗中，尽管着眼于个体自由、个性解放的启蒙，一直是思想家们选定的不可动摇的前提，但民族的危亡的现实，使中国社会改造者们只能作出救亡的现实选择，而适应这种现实选择并能指导这种现实选择的理论，只能是代表被压迫阶级整体要求的并能以暴力推翻导致民族危亡的政权的理论，于是中国社会的改造者们找到了马克思主义中的阶级斗争学说，并同中国的实际相结合，取得了胜利。这就是中国革命的实际过程。客观地说，为了民族的整体利益和阶级的整体利益，无数先烈为之献出了宝贵的生命。他们个人价值的实现就是中国得以拯救,没有他们的牺牲,新中国的成立是不可能的。在那民族危亡的特殊时代,离开民族的利益、国家的命运来谈论个人权利和利益是不应该的,也是不可能的。但是,当已经取得了政权以后,如果继续忽视人的基本权利,并一味地让个人权利服从社会权利、服从国家意志和阶级意志,并在所谓加强一元化领导的下面得以强化,那就是另外一回事了。我们恰恰在这一点上,把一个特殊时期的对个人权利的让渡和牺牲,当做整个社会主义时期的楷模加以宣扬。于是国家和人民的关系发生错位,个人权利和国家权利发生倒置,似乎人民革命的成功只是为了建立一个凌驾于自身之上的国家(或抽象的人民权利),而不是为了自己的个性解放和价值实现。这种思维定式只能导演出历史的悲剧。

由于以上各种原因,我们社会中的权利意识偏重于人民权利的抽象论证,轻视公民具体权利的研究;注重国家权利,轻视人民的权利;注重公共权利,轻视个体权利。这种以国家和社会为本位的权利观,是建立在这样一个命题之上的,即生产资料的国家所有制必然代表全体人民,而它的法权要求必然是整体权利、国家权利,而不是个体权利。这种权利观的特征就是强调主体的同一性而不是多样性;是利益的统一性而不是主体的独立性;是权利的抽象,而不是具体的权利;是义务下的权利,而不是权利下的义务。这个不能成立但又被我们信奉的国家权利,是虚幻的全民所有权的一种折射。因此,我们不能不怀疑,人民主权在剥除了个人权利之后还有什么存在的价值。

从一定意义上说,国家本位权利观,是宣扬统治阶级意志至上的国家权力至上。它的一个危险就是可能为某些特权人利用国家名义任意侵犯公民的基本权利提供理论依据。而商品经济和民主政治则要求一个权力有限的政府,非经正常法律程序并据正当理由,任何人都不能以统治阶级或国家的名义,剥夺公民的基本权利。

国家(政府)与公民的关系,公民的权利是第一位的,国家(政府)的权利是第二位的,并且后者是为前者服务的。如果一味为了国家的权利而牺牲个人权利,那实际就意味着国家已异化为人民的对立物。因此,我们必须破除以国家为本位的权利观,建立以公民为本位的权利观。

四、新的权利观的重构

重构现代意义上的权利观,表现为商品经济、民主政治、人的价值实现三位一体地向前推进的过程,表现为对传统的政治法律文化进行清理的过程。

首先，必须创造出使主体的利益独立的机制，使之能够自发地生出独立的权利要求。国家所有制的资产占有形式，之所以出现无人负责、浪费惊人、效率低下的现象，根本原因是企业没有独立的企业利益，因而不可能产生权利要求。实践证明，最能体现平等的利益关系以及相应的权利要求的是商品经济。因此，大力发展商品经济，推进我国经济的市场化过程，本身就是一个不断促进权利要求产生的过程。

其次，要在限制政府权力的同时，努力提高公民的权利意识。限制政府的权力，并不是削弱政府在现代社会中的权威，而是说政府应该在法律的范围内活动，不能侵害公民权利。而公民的权利意识对于现代民主政治来说，是其存在和运行的思想基础。

最后，要不断清除传统政治法律文化中义务本位的倾向，克服僵化地理解马克思关于国家、社会、集体、个人的关系的片面性，还原个人权利在社会权利体系中的基础地位。

（1988年第10期）

当代西方马克思主义法学“热”评析

张乃根*

20世纪50年代从苏联传入的马克思主义法学理论,实质上是维辛斯基的法学理论。马克思主义创始人的法学思想,也有一定的历史局限性。马克思主义法学内容并不仅仅是法的起源、本质和历史类型三部曲。研究马克思主义法学须有多元思维模式,当代西方马克思主义法学即是这多元的一部分。

也许是历史的巧合,经过20世纪60年代社会大动荡的西方各国和饱尝“十年动乱”之苦的东方中国,正在从不同视角重新认识马克思主义。其中,当代西方马克思主义法学“热”颇引人注目。本文仅对20世纪70年代以来,西方理论界研究马克思主义法学的若干“热”点的分析中,寻求某些有益的启示。

一、对马克思主义法学的重新评价

马克思主义有无法学理论? 以往,西方理论界持否定态度。他们认为,作为一种社会进化的一般理论,马克思主义并不重视法律制度;马克思、恩格斯生前都没有将法律当做研究的直接对象。20世纪70年代以来,随着西方马克思主义思潮的兴起,西方不少学者开始系统地研究马克思主义经典作家关于法律问题的原著,逐渐改变了对马克思主义法学的基本评价。如今,西方理论界普遍认为:

第一,马克思主义有独特的法学理论。英国著名学者M. 凯恩和阿伦·亨特在查阅马克思、恩格斯全集的基础上,编著了《马克思、恩格斯论法》(1979年版),在西方产生广泛影响。该书令人信服地表明:马克思、恩格斯的著作中既有间接,也有直接与理解法律有关的内容。另一位英国学者休·柯林斯在《马克思主义与法》(1982年版)中指出,诚然,马克思主义的中心不是法律问题,但是马克思主义仍对法律很感兴趣,因为法律在不同的社会形态中起着不同的作用,在社会演变的过程中,法律的作用并不能低估。他还指出,马克思主义法学不同于其他现代化法学流派。典型的法学理论是分析法律的概念,论述法律的

* 作者单位:复旦大学法律系。

种类,研究正义的要求以及如何通过现代法律制度合法地行使权力,等等,因此,它对法律制度的研究有其独特性。

第二,马克思主义法学的重要性。西方理论界认为,马克思主义是19世纪中打破传统政治哲学的社会理论之一。马克思主义理论统治着二分之一的世界。在这些国家,马克思主义是包括法律制度在内的所有社会制度的理论基石。在世界其他地方,人们也或多或少受到马克思主义的影响,这些事实足以说明马克思主义法学的重要性。基于此认识,当代西方不少法哲学著作都专门介绍、分析马克思主义法学理论。

第三,马克思主义法学的非系统性。西方理论界在充分肯定马克思主义法学的存在及其重要性的同时,一致认为马克思主义法学不具有完整的理论体系;马克思、恩格斯没有写过有关法律问题的专著;在马克思主义的理论大厦中,法学理论所占比例显然很小。因此,既不能忽视或否定马克思主义法学,但也不能过分估价之。

西方对马克思主义法学的研究,本身正在形成一种具有倾向性的法学理论,即"对法律的马克思主义分析"(类似于对法律的社会学分析、人类学分析、经济学分析)。西方理论界是一个多元的世界。在思想十分活跃、令人眼花缭乱的当代西方法哲学领域,马克思主义法学正日益引起人们的瞩目。

二、对马克思主义法学基本内容的理解

马克思主义法学包括哪些基本内容?西方理论界众说纷纭,莫衷一是,其中,较有代表性的有:

第一,E. 博登海默认为,马克思的法律理论一般可归纳为3大基本假定:(1)法律是逐渐发展的经济力量的产物;(2)法律是统治阶级的统治工具;(3)在未来共产主义社会,法律作为社会控制的工具将"逐步消亡"。但他同时对这些假定提出质疑。与博登海默观点相似的有J. W. 哈里斯。他将马克思主义法学中最重要的3点归纳为:(1)经济主义,即视经济关系为法律的经济基础;(2)对资本主义社会(包括法律制度)的批判,这在马克思的法律理论中占有相当比重;(3)历史主义,即无产阶级革命后,法律将随国家一起消亡。这两位法哲学家的论述都是粗线条的,在英美法哲学界有一定影响。

第二,皮尔斯·贝尔尼和理查德·昆内在据称"旨在为读者提供广泛而统一的,有关当代马克思主义法学理论研究的论文集"——《马克思主义与法》(1982年版)中,从社会理论与法、法与阶级、法与国家、法与意识形态、法与社会

主义者的解释5个侧面编纂有关论文。值得注意的是，这两位学者将马克思主义法学视作一种法社会学的理论，这在西方理论界颇有共鸣。

第三，凯恩和亨特分青年马克思与恩格斯，“历史唯物主义”中的法律，法律与经济关系，意识形态，国家、法律与犯罪，法律与政治学六个专题摘录马克思、恩格斯有关法律问题的论述。他们强调：“历史唯物主义”中的法律、法律与经济关系是马克思主义论法的最重要部分，这一真知灼见是他们系统研究马克思主义创始人的大量原著后得出的。休·科林斯的分类法和观点近似于凯恩和亨特。

第四，汉普斯特德和弗里曼主编的《劳埃德法哲学导论》(1985年版)对马克思主义法学的分析包括14个方面：辩证法、黑格尔与马克思；马克思与黑格尔的政治哲学；唯物主义的历史观；经济基础与上层建筑；阶级问题；马克思与意识形态；马克思与正义、道德、人权；国家的消亡；列宁的贡献；其他马克思主义者；法兰克福学派；苏联的经历；苏联法学的3个关键概念；当代西方马克思主义法理学。

上述粗略介绍可能只勾画出当代西方马克思主义法学研究的几个横断面，但是，由此可见，西方理论界对马克思主义法学的研究，视野非常开阔。他们绝不局限于某几点，更不像我国现有法学基础理论将马克思主义法学描述为“教科书”式的理论。

三、对马克思主义法社会学的探讨

法，作为一种复杂的社会现象，是法社会学的研究对象；马克思，作为一位伟大的社会学家，早已得到西方理论界的公认。英国的M. 凯恩在“马克思、恩格斯法社会学的主题”(1974年)一文中明确提出从法社会学角度研究马克思主义法学理论，在西方引起热烈的反响。

法社会学研究有理论性与经验性之分。马克思主义法社会学无疑属于前者。凯恩认为，马克思、恩格斯论法都离不开他们对社会制度，尤其是生产力和生产关系的总体理解，一般都包含在他们的国家理论与社会学理论中，因而呈现高度的复杂性。人们不能根据马克思、恩格斯的只言片语，贸然作出结论，而应系统研究马克思、恩格斯的全部著作，“让他们的著作讲话”。这是凯恩与亨特编著《马克思、恩格斯论法》的指导思想。凯恩根据马克思、恩格斯的原著思想，将马克思主义法社会学的主题归纳为：

其一，作为意识形态的法。凯恩说，对马克思、恩格斯来说，法——他们从未对此下过明确的定义——首先是作为一种意识形态、思想观念的机制发生作用。例如,法告诉人们,在法律面前人人平等,每个人有权投票,都可以自由缔结契约,等等。西方理论界十分赞同这一观点,认为这是理解马克思主义法学的"钥匙",因为马克思主义首先是从意识形态角度研究法律问题,在马克思一生中,最能体现他法律思想的著作莫过于《德意志意识形态》。

其二,法的功能。凯恩在引用恩格斯在《家庭、私有制和国家的起源》中一段名言——"……为了使这些对立面,这些经济利益互相冲突的阶级,不致在无谓的斗争中把自己和社会消灭,就需要有一种表面上凌驾于社会之上的力量。这种力量应当缓和冲突,把冲突保持在'秩序'的范围以内;这种从社会中产生但又自居于社会之上,并且日益同社会脱离的力量,就是国家"后指出,在国家管理社会、维持一定秩序的活动中,法发挥着两个功能:(1)使实际的权力关系模糊化;(2)使实际的权力行使合法化。她还以《德意志意识形态》等著作为例,说明法的第三个功能:反映一定社会统治阶级的"整体利益",但法还要反映社会其他阶级、集团的利益。

其三,法与社会变化。凯恩认为马克思主义论法与社会变化可以分成四个次主题:私有制的发展;社会变化与法律变化的关系;法律在阶级斗争中的作用;作为社会变革工具的法律。

四、对马克思主义正义观的讨论

正义观是西方法律文化传统中最深层、最有活力的观念。两千多年来,西方文明史上的大思想家在谈到法律问题时无不论及正义,马克思也不例外。近十多年来,西方理论界对马克思主义的正义观展开了热烈的争论,尤其是20世纪70年代初,罗尔斯的名著《正义论》问世,西方迅即掀起一股"罗尔斯热"。不少学者将马克思与罗尔斯进行比较,从而进一步推进了人们对马克思主义正义观的讨论。在这方面,艾伦·E.布坎南的《马克思与正义》(1982年版)值得一读。布坎南认为,马克思的正义观包括:

第一,分配正义观。马克思坚持分配正义取决于社会主要的生产方式。分配正义的前提是物资的相对匮乏。在资本主义社会乃至所有存在阶级划分的社会里,分配制度都建立在有缺陷的生产方式上,因而需要正义、权利的观念。到了共产主义社会,生产力高度发展,物资极为丰富。人们各尽所能,按需分配。分配正义观就失去了其存在价值。

第二,政治正义(权利)观。布坎南认为,《论犹太人问题》是马克思政治正义观最重要的渊源。该文还区分了人类的权利、个人的权利和公民的权利。人类的权利是最一般的范畴,包括其他两种权利。公民的权利是政治参与权。个人的权利包括:表达自由、思想和信仰自由权;法律面前人人平等的权利;私有财产权;人身自由权等。马克思所说的个人权利都是法律权利,是政治正义的体现。按照马克思的观点,到了共产主义社会,阶级消亡了,法律意义上的权利不复存在,个人依然享有一系列权利,但无须政治正义的保障。

第三,刑事正义观。马克思"论死刑"一文似乎赞同刑罚的报应论,即使刑罚成为一种恢复社会成员间负担和收益适当平衡的手段。罪犯必须受到惩罚,因为他已经自由地选择了破坏法律限制,获取不当得利的行动。布坎南说,马克思论犯罪和刑罚的论述很分散,人们应该将这些论述放到马克思的阶级统治理论的大框架中去理解。

布坎南在该书结论中指出,马克思激进的正义观认为在资本主义转向社会主义和未来的共产主义社会,正义观都不起主要作用,产生正义或权利观需求的环境恰恰是这些观念无法满足的环境。这一判断正确与否,暂且不论。从布坎南的著作中,可以看出西方学者研究马克思主义正义观的严肃态度。

五、对苏联法学理论的研究

苏联是第一个社会主义国家。70 年来,苏联的法学理论大致经历了 3 个时期:(1)从战时共产主义转向新经济政策时期,以帕苏凯尼斯为代表的"商品交换学派"占主导地位;(2)斯大林时期,以维辛斯基为代表的"统治阶级意志论"主宰苏联法学界;(3)斯大林之后,当代苏联法学理论。西方理论界认为,苏联的法学理论在很大程度上代表社会主义国家的马克思主义法学理论。因此,西方学者一直很注意苏联的法学理论研究,而且近年来,他们的兴趣首先集中在帕苏凯尼斯身上,这是耐人寻味的。

帕苏凯尼斯(1891~1937 年)是唯一在当代西方理论界享有很高学术声誉的苏联马克思主义法哲学家。他的代表作《法的一般理论与马克思主义》(1924 年初版)已译成英、法、德、日文。英国伦敦学术出版社还出版《帕苏凯尼斯·论马克思主义与法选集》(1980 年版)。该书主编皮尔斯·贝尔尼和罗伯特·沙莱特认为帕氏的理论贡献,在于揭示商品经济的形式与法律形式之间的关系。帕氏提出,商品形式的逻辑与法律形式的逻辑存在相应的关系,有什么商品经济形式就有什么法律形式。他从研究商品交换着手,分析法律形式的产生,强调契约是所有法律的中心概念。没有商品交换就没有法律。劳工法、家庭婚姻法都离不开契约形式,甚至刑法也依赖于国家与公民之间的某种讨价还价形式,刑罚是要求罪犯偿还他欠社会的债务。资本主义是典型的商品经济,资本主义的法律制度最完备。他还以马克思的《哥达纲领批判》为理论依据,说明在共产主义社会高级阶段,无须商品交换,因此也不存在法律形式。在新经济政策时期,因暂时还需商品交换,所以还存在法律,但这些法律实际上还是资产阶级的。他坚决反对当时苏联另一位法学家斯图切科有关法体现统治阶级意志的观点,而这种观点在20世纪30年代末为维辛斯基所极力推崇。因此,1937年在血腥的"大清洗"中,帕氏被当做"人民的敌人"处死。直至斯大林去世后,帕氏才平反昭雪。1961年,苏共二十一大后,维辛斯基的"统治阶级意志论"遭到彻底否定,帕苏凯尼斯的"商品交换"理论又开始受到人们重视。由于帕氏理论所具有的价值,因此理所当然成了当代西方马克思主义法学研究的重点。

六、启示:如何推进我国的马克思主义法学研究

我国对马克思主义法学理论的系统研究始于20世纪50年代初,当时从苏联传入的一套马克思主义法学理论实质上是维辛斯基的法学理论。1957年后,我国的法学理论研究处于"冬眠"状态。时隔20年,当我国法学理论研究"复苏"时,苏联早已抛弃了维辛斯基的理论,西方马克思主义法学热方兴未艾,而我们却一头扎进维辛斯基的"传统"理论中,这不能不说是我们长期闭关自守的必然结果。如今,改革开放的形势要求我们对原有的法学理论进行深刻的反思,尽快创立新的法学理论。在这方面,了解西方马克思主义法学研究成果,是很有启发意义的。

笔者认为,从当代西方马克思主义法学"热"中可以汲取如下启示:

第一,客观估价马克思主义法学。所谓马克思主义法学,狭义指马克思、恩格斯本人的法律思想,广义则包括后人对马克思、恩格斯法律思想的理解、阐发及在马克思主义一般原理指导下提出的各种法学理论。我们首先要花大力气系统地研究马克思主义创始人的原著。马克思、恩格斯著作中蕴涵着丰富的法律思想,但这些思想的分散性极大地增加了后人研究的难度。我们要从马克思、恩格斯的原著中探究这些法律思想与他们哲学、政治经济学、科学社会主义理论的联系与区别,把握这些思想的实质。即使我们比较准确地掌握了马克思主义创始人的法学理论,也绝不能视之为一成不变的教条,因为马克思主义的全部理论都有一定的历史局限性。我们不能简单地照搬马克思主义法学理论,而应该实事求是地理论联系实际。

第二,全面拓宽马克思主义法学的研究领域。对比当代西方马克思主义法学的研究成果,我们原有的视野太狭窄了,似乎马克思主义法学的内容只有法的起源、本质和历史类型三部曲。其实深入研究马克思、恩格斯的原著,我们就会发现,他们的法律思想广泛,涉及法与经济、法与政治、法与社会、法与正义等大量问题。从拓宽角度看,我们对马克思主义法学的研究尚处在"起步"阶段。

第三,打破历史的隔阂,历史地研究苏联的法学理论。我国法学理论研究的落后现状,在一定程度上与我们片面地接受苏联某个历史时期的法学理论密切相关。如果要在法学理论中来一番"正本清源",那么我们不仅要认真研究马克思主义创始人的法学理论,而且要历史地了解苏联70年来法学理论发展的全过程,尤其要研究帕苏凯尼斯的法学理论与当代苏联法学理论,从中分析维辛斯基法学理论在苏联的"土壤"中产生、发展和被抛弃的历史原因,看看中国的"土壤"与苏联的"土壤"有何异同,怎样避免重蹈覆辙。

第四,提倡法学理论研究的多元化。马克思主义法学理论是我们分析法律问题的有力思想工具,但它绝不是唯一的工具。从方法论角度看,马克思主义法学偏重于哲理思辨。法是极其复杂的社会现象,光从哲理上分析它,显然是不够的。西方理论界一向注意从各个方面研究法,从而形成各种法学流派,如自然法学派、分析法学派、法社会学、法人类学、法经济学、法政治学,等等。当代西方马克思主义法学可以说是这多元世界的一部分。长期以来,我们习惯于要么马克思主义、要么反马克思主义这种单元思维模式,这可能是我们传统文化中独尊一家的心理反映。在当前深入研究马克思主义法学理论时,特别要摒弃这种单元化思维模式,真正做到"百家争鸣,百花齐放"。唯有这样,我们的法学理论才能有所创新。

(1988年第10期)

是立足现实，还是从理性出发
——谈谈关于新闻立法原则的若干分歧

胡绩伟[*]　常大林[**]

言论只要未触犯法律，尽管被某些人认为是不利于安定团结，也不能因此剥夺言论者的言论出版自由，更不能因此对宪法规定的言论出版自由任意加以限制。制定一部切实保障新闻自由的新闻法，必须强调理性地对待现实的原则。

尽快立法保障新闻自由，正成为日渐增多的人们的民主要求。然而，新闻法却迟迟制定不出来。重要原因之一是，在制定新闻法的基本目的和原则等问题上，有不同意见，尚未取得某种程度的科学的共识。

分歧的焦点，是对新闻自由的认识。一种意见认为，现时的新闻自由还很不充分，新闻法应成为新闻自由的保护法，根据宪法规定的公民享有言论出版自由和学术自由等原则，鲜明而具体地确认和界定新闻自由，使之能够更充分的实现，并得到切实的法律保障。另一种意见则认为，现在的新闻已经相当自由了，严重的问题是新闻自由的滥用。因而新闻法应以管理、限制为主旨，着重制止新闻自由的滥用。某些强调保护和限制并重的主张，因强调以限制为主，往往也属此类意见。

在新闻立法过程中存在不同意见，是正常的，无法避免的。表现为条文和制度的法律，不是自然形成的，不是对现实的被动的直接反映，而是人的理性的创造物。不论人们是否完全自觉，事实上都是为达到一定目的，根据一定原则来制定法律的。我们的法律应该建立在多数人共识的基础上，通过服从多数的民主程序产生出来。正如马克思所说，应该“使法律成为人民意志的自觉表现，也就是说，它应该同人民的意志一起产生并由人民的意志所创立”。① 为了形成多数人的共同认识和共同意志，就需要理性地对待客观存在的意见分歧。将分歧束之高阁，不闻不问甚至限制对分歧的探究，或者避开分歧，都无助于共识的形成。正确的态度是，承认和正视分歧，研究和讨论分歧。应该努力造成一种民主、自

---

* 作者单位：全国人民代表大会教育科学文化卫生委员会。

** 作者单位：全国人民代表大会教育科学文化卫生委员会。

① 《马克思恩格斯全集》（第1卷），第184页。

由、平等的研讨环境:各自无所顾忌地摆出自己的真实观点,找出产生不同认识的原因,使自己的主张更切合实际,更适应社会改革和发展的需要,更能为多数人所接受。经过这样的研讨,或者某种观点被一些人放弃,或者某种观点被多数人接受,或者由于不同观点在争论中相互纠正和补充而趋于一致,才有可能真正形成科学的共识,促成新闻立法的实现。

应该指出,认为现在新闻已经相当自由了,是一种误解。这种误解由来已久。新中国成立初期,一种占统治地位的意见,误解了列宁的某些论断,认为人民既然成为国家的主人,也就实现了高度民主;理所当然,新闻自由也就是很充分的了。然而,这种看法被后来的许多事实所否定,特别是“文化大革命”的悲剧,使许多人认识到,对新闻自由状况的误解,不仅与实际不符,而且危害颇大。可惜,有些同志对此缺乏科学的研究和实事求是的精神,仍然作如是观。

于是,这种看法转化为:如果对现时的新闻自由的状况还不满意,要求更充分的自由,就是要搞资产阶级那一套;甚至认定谁要求新闻自由,谁就是追求资产阶级自由化。这实际上还是“以阶级斗争为纲”的极“左”观点的反映。随着改革开放政策的贯彻实行,对资产阶级、资本主义和所谓“资产阶级那一套”,采取比较客观和全面认识的人也多起来。这样,将上述说法挂在口边的人也越来越少了。

近来,这种看法又变为:新闻自由妨害安定团结。具体说法不一,较明确的一种是,新闻法在新闻自由问题上如果口子开得太大,不利于安定团结。显然,这又是一个很大的误解。在有些人看来,公民对新闻自由的享有,似乎不是由法律严格界定和确认的权利,而是个人可以随意使用、随意对待的手段。既然有人借口新闻自由有可能造成一种想登什么就登什么、想说什么就说什么的无法无天的状态,他们也就有权根据自己认为的理由,而不是根据法律规定,将新闻自由的口子随意开大开小。新闻自由是宪法规定的言论出版自由在新闻领域里的具体实施,是受宪法确认和保障的。如果新闻自由的范围可以随某些人的意愿扩大或缩小,宪法的规定还有什么意义呢?公民享有的自由和权利是有其确定含义的,是不能随意解释的。正如不能把婚姻自由硬说成淫乱放荡,不能因为反对淫乱而反对或限制婚姻自由一样,也不能把新闻自由和胡说八道等同起来,而对其加以限制。言论妨害了安定团结,当然不好,如已触犯法律,自然应依法惩处。但是,只要未触犯法律,尽管言论被某些人认为是不利于安定团结的,也不能因此剥夺言论者的言论出版自由,更不能因此对宪法规定的言论出版自由任意加以限制。

有的同志认为新闻自由会妨害安定团结，是因为他们还未从“舆论一律”的传统影响中解放出来。高度集中统一、家长制和一言堂在意识形态领域长期存在，某些领导人已经习以为常。他们总以为，意见一致、一致拥护、歌功颂德、报喜不报忧是好事，是正常；而勇于批评建议，报道错误缺点或者各抒己见、热烈争论就不是好事，是不正常，因为这样就会影响甚至妨害安定团结。还有一些同志沾染了官僚主义的毛病，甚至出现了不同程度的腐化，他们怕新闻自由的实现和舆论监督的施行，会揭发批评他们的错误思想或者坏事丑闻，因此，就以妨害安定团结为借口来反对新闻自由。尽管上述想法的出发点不同，结论却是一致的，即新闻自由的口子不能开得太大，都主张把新闻媒介管严、管紧，连报刊该登什么、不该登什么的权力，也不能放给总编辑。显然，这与宪法确认的言论出版自由的原则是不一致的。所谓言论出版自由应该是指在法律许可的范围内，人们有自由表达自己的思想和意见的权利，而不论其思想和意见是否正确。否则，只许对某些问题发表某些人认可的意见，还有什么自由而言？无疑，我们应该努力保持一种安定团结的局面。但是，如果这一局面的保持是以限制甚至否定公民的言论出版自由为前提，是以否认民主为前提，那么，这样的安定团结，是否符合宪法的精神，是否于人民有利、为人民所需要？这是大可研究的。

对于宪法所规定的言论出版自由是否应再加以法律以外的限制，也是一个需要研究的问题。有人也许会认为，如果不对言论出版自由加以限制，岂不就成了想说什么就说什么的无政府状态？这里也有一些误解。首先，凡是宪法和法律所规定的公民的自由和权利都是有明确界定的。没有这种界定，也就没有任何自由可言。最基本的，也是最明确的界定，就是《宪法》第 51 条的规定：“中华人民共和国公民在行使自由和权利的时候，不得损害国家的、社会的、集体的利益和其他公民的合法的自由和权利。”这一规定当然是属于限制性的条文。但是，它限制的不是公民的自由和权利，而是损害公民自由和权利的违法行为。具体到保障新闻自由的新闻法中，也应有类似的限制性条文，例如，不得发表仇视、反对或旨在颠覆国家的言论，不得泄露国家机密，不得煽动民族分裂，不得发表色情、淫秽的文字，不得扰乱社会治安，不得发表不真实的材料、诽谤他人，不得发表有关个人隐私的材料，不得损害司法尊严，等等。从这种意义上说，正是由于对这些违法行为的限制和惩处，才有了对新闻自由的界定，也才造成了新闻自由充分实现的条件。也就是说，在法律界定范围内的新闻自由，就应该是充分的，而不应再加以任何限制。问题在于，如何对待宪法和有关法律中的限制性条款的提出。笔者认为，它的提出，只能以界定和保障公民的自由和权利为前提和目的，否则，这些限制的根据和目的又是什么呢？中国曾经长期处于封建专制制度下，人民只有绝对服从皇权的义务，而无任何法定的权利。专制制度下的法律，所做的种种规定，都是为了恐吓和惩戒人民，以维持封建统治。这就使中国社会既缺乏公民的权利意识，又缺乏以立法保障公民权利的意识。因此，在制定旨在进一步确认和保障公民自由和权利的法律时，有人受传统思想的影响，首先想到的仍然是限制。像某些法规那样，把限制性条文作为主体，主要是“不准做什么”，这个不准，那个不准，而公民究竟该做什么，究竟应享有哪些权利和自由，就写得很抽象、笼统和含混。

另外，因为有些人限制的目的和根据不明确，可能限制的就不是违法行为，而是法定的公民自由和权利。例如，所谓“对滥用新闻自由的限制”，就可能造成这种结果。因为，人们在施行新闻自由时，只要没有违反法律，即使被指控为“滥用”，也仍然有权照“说”不误，不受限制；而如果因言论出版触犯了法律，如构成诽谤、诬陷、泄密等行为，也就不是对其新闻自由的限制问题，而是对其违法行为依法惩处的问题了。

还需指出的是，对于新闻自由是保护还是限制的分歧，表面上是由对当前新闻自由实现状况的估计不同引起的。实际上，分歧的实质在于，是否把言论出版自由视为公民的一项神圣不可侵犯的宝贵权利。当前新闻自由尚不充分，我们固然要强调新闻法的保障作用。即使新闻自由在今后普遍充分实现了，我们也要继续保障它。如果认为新闻自由太充分了，就会产生消极影响，就该加以限制，那还是因为对言论出版自由的重要性和必要性缺乏认识，对宪法所规定的公民的自由和权利缺乏应有的尊重。

最近，又有一个新的说法：制定中的新闻法究竟应该立足于我国现实，把已有的新闻工作经验和已取得的新闻改革成果用法律形式肯定下来，还是应该按照理性的要求，制定一个理想化的“超前”的新闻法？他们认为，当然是前者。这里，同以上各种对新闻自由的误解相比，有一个很大的进步，即没有把新闻自由当成“资产阶级自由化”或者想说什么就说什么的“胡说八道”等坏事，而是把它作为一种好的理想，只不过认为太理想化了，“超前”了，当前办不到，不切合中国当前的实际。

其实，立法本身就是一种理性活动，不能不出于某种理性要求。制定一个保护新闻自由的法，是出于一种理性要求；制定一个限制新闻自由的法，也是出于另一种理性要求。问题是这种理性要求合不合乎人的本质发展需要，合不合乎社会进步和发展的需要，能不能形成多数人的共同要求；是现阶段应该具有的、经过努力能够达到目的的理性要求，还是经过努力也不可能达到目的的理性要求。所谓“超前”,如果是指超越现阶段的实际,幻想做那些明明不该办,也办不到的事情,当然是不可取的,如果勉强去办就会产生很严重的后果。然而,如果是根据中国社会改革和发展的需要,根据初级阶段社会的发展规律,提出创造新的更适合人的需要和发展的思想、途径和目标,这种“超前”则是十分必要的。如果不努力去办,也会产生严重后果。无论是就立法本身而言,还是就社会进步而言,都已表明,没有“超前”,就没有立法,就没有社会的进步。

这里实际上提出了新闻立法原则的问题,是“立足现实”,还是“按理性要求”来制定新闻法?笔者认为,这是一个触到争论的实质的问题,值得认真加以研究和探讨。

笔者认为,只有正确认识理性和现实及其相互关系,坚持以理性对待现实,才能促成新闻法的完成和新闻自由的充分实现。下面,就这一重要问题陈述笔者的管见,供大家参考。

将现实和理性对立起来,甚至以此来排斥和否定理性的作用,是不妥当的。所谓理性的要求,首先是指人们为实现自己的愿望和利益,对现实进行自觉认识和改造的要求。理性本身要求人们承认现实,从现实出发;然而这绝非是要人们盲目、被动地适应现实,以求生存,而正是要人们自觉地能动地改造现实,以创造适合自身生存和发展的新条件。对这一理性要求的否定,是对人的自主性和自觉性的否定,对人认识和改造世界的愿望和能力的否定,也就是对人自身的否定。无视或排斥理性要求的所谓“立足现实”,不是要人们盲目地安于某种现实,就是要人们盲目地接受另一种现实。应该说,这种盲目性在中国的长期存在,曾经并仍然严重阻碍中国的进步和发展。新中国成立几十年来,当然不会有什么人再公然宣扬“不识不知,顺帝之则”、“民可使由之,不可使知之”的封建专制货色了。但是,人们摆脱传统思想的束缚要有一个过程,何况某些人在某些时候,仍然要群众盲目地服从,一切照办。直到今天,许多人对人民应享有的自由和权利仍然不甚了解,就是参与立法的一些人也感到,对于什么是言论出版自由,什么是新闻自由,不过是刚刚开始研究。应该说,这恰恰是长期以来,忽视和贬低以至排斥理性要求的结果。

因此,“立足现实”和“按照理性要求”,不是非此即彼、相互排斥的。正确的态度应该是理性地对待现实,具体到新闻法的制定,则需要从如何有利于人的本质的全面发展出发,从如何有利于我国社会的改革和进步出发,搞清楚:中国为什么需要更加充分的新闻自由?需要的是什么样的新闻自由?如何实现新闻自由?只有在对这些问题深入研究和广泛讨论的基础上,才可能制定出一个切实保障新闻自由的新闻法。

近代以来，中国的言论出版自由、新闻自由的产生和发展，与是否坚持以理性的态度对待现实是密切相关的。众所周知，中国封建时代无言论出版自由可言，有的是封建礼教和专制权力对思想和言论的禁锢和钳制所造成的“万马齐喑究可哀”的境况。最早向近代西方学习先进思想的中国人，很快认识到不改变这一情况，中国人无以自救，中国社会无以进步。于是，言论出版自由被作为救世良方从西方引进中国。事情似乎马上变得势不可当：打倒皇权专制，就只能是民主共和；要共和就得有宪法，宪法中就非规定公民的言论出版自由不可。显然，言论出版自由在中国最先是作为理性认识和理性要求的结果产生的。而后来的事实表明，这种认识和要求是切合中国现实的需要的，是为大多数人所接受的。新中国的成立仅仅是为人民享有言论出版自由打通了道路，开创了某种可能性；而要使这种可能性变为现实性还需长期的努力。尽管如此，人民的代表早在宪法的雏形——人民政治协商会议制定的共同纲领中就确认了言论出版自由的原则。应该说，作出这一规定，主要是基于对言论出版自由的必然性和必要性的进一步认识。事实无可置疑地摆在人们面前：资产阶级固然是言论出版自由的鼓吹者，马列主义者不也在为人民争取和捍卫这一基本权利吗？资产阶级的宪法标榜言论出版自由，苏维埃宪法不也作了类似规定吗？只有专制制度不允许言论出版自由，而在推翻反动专制统治的人民革命中，人民中的先进分子，从来都是把争取言论出版自由的实现，作为奋斗的目的和手段。是否主张建立民主政体，实现言论出版自由，已成为近代以来判别一个人、一个政党、一个国家是进步还是反动的试金石，言论出版自由在各个国家的实现，已成为不可阻挡的世界潮流。

然而三四十年过去了，在我国言论出版自由和新闻自由，还没有充分地实现，我们仍然在争取，通过新闻法的制定来进一步保障公民的言论出版自由。新闻自由长期以来难以充分实现的重要原因，并非是由于当年宪法的规定，仅仅是从理性的要求出发，而没有从中国的现实出发，而恰恰是由于我们在很多时候放弃了对言论出版自由的理性的研究和宣传，而代之以新的盲目性的提倡和维持。近代以来，言论出版自由在中国的进展是坎坷崎岖的。一方面，言论出版自由的充分实现，是社会进步和发展的客观要求；另一方面又存在着许多阻碍言论出版自由实现的主客观因素。尽管人民政权的建立，宪法又作了有关规定，为言论出版自由的实现奠定了坚实的基础，创造了根本的条件，然而，由于中国传统文化和封建意识的束缚，相当多的人难以自觉地认识到，言论出版自由的实现对于人的本质和利益的实现，对于社会的进步和发展所具有的不可缺少的重大作用，从而积极地行使和维护这一权利。因此，尽管宪法作了有关规定，人们还往往不能自觉地、积极地去行使和维护自己的权利。面对这种状况，理应对言论出版自由进行广泛的研究、宣传和教育，从理论上、制度上和法律上大力推进言论出版自由的充分实现。但是，某些领导人或者只着眼于自己所认为的实行言论出版自由可能带来的所谓消极因素，或者从未认真思考过什么是言论出版自由。他们往往将那些法律已赋予人们的权利要求，说成是要“搞西方的那一套”，认定“这种主张缺乏马克思主义观点，缺乏阶级观点，是错误的”。① 结果，言论出版自由、新闻自由的研究成为禁区；什么是宪法规定的、“正确”的言论出版自由，却缺乏解释。而在历次政治运动中，依法行使言论出版自由的权利，往往被打成反革命行为，而违反宪法、公然侵犯以至剥夺公民言论出版自由的行为，却被视为合理合法，视为最革命的行为。当时实际存在的所谓言论出版自由无非是：你说出的话只有被认为是“正确”的，才有说的自由，因说了所谓错话而受到惩罚是合情合理的。而判断正确与否的标准，又与法律无涉，只是代表人民掌握国家权力的某些人的看法，或者是一个领导集团的看法。这样，人们怎么可能在宪法允许的范围内，无所畏惧地、自由地说出他的思想和意见呢？直至“文化大革命”的后期，当人们连喜怒哀乐的表示，甚至对死者悼念的表示，都要受到“批准”的时候，直至“十年浩劫”结束之后，当人们确认任何人，哪怕是伟大领袖都是会犯错误的时候，人们才感到，以少数人自己的是非标准来划定全体公民言论出版自由的范围，实在是要不得的，甚至是荒谬的，这无异于取消言论出版自由，无异于封建法西斯的思想专政。在党的十一届三中全会以后，人们又重新确认宪法对言论出版自由的规定，“依据宪法”才成为理所当然，许多人也不能不把它当成口头禅。立法保障新闻自由的原则，开始被越来越多的人理性地承认。新闻法的制定就是在这种情况下提出的。

新闻法的制定，无疑将有利于我国新闻自由的充分实现。这不仅因为没有法律的具体界定就难以保障新闻自由，而且因为新闻法的制定，要求人们对新闻自由采取更加理性的态度。新闻法制定过程中所遇到的种种障碍和分歧，使人们不能不承认，有关新闻自由的许多基本问题至今仍未认真研究和广泛讨论过。然而，人们如果不自主地、自觉地搞清楚这些问题，并形成某种程度的共识，无法理性地界定新闻自由，形成人们所应遵循的规范，立法保障新闻自由也就只是一句空话而已。因此，我们不应该贬低以至否定人们对新闻自由的理性的要求和认识，而应该通过对新闻自由的理性的研究、讨论和宣传，使越来越多的人将实现新闻自由的愿望变成自觉的要求。

---

① 《毛泽东选集》(第5卷)，第323页。

新闻立法要立足于我国现实，而且不能仅仅从新闻工作的角度出发，而应首先从保障全体公民的新闻自由出发。新闻法并不仅仅是与新闻工作者相关的法律，而且是与全体公民相关的法律，它应是经过全国人民代表大会通过的重要法律。说到限制，新闻法也不只是限制新闻工作者的违法行为，也要限制其他公民包括领导人的违法行为，其中包括利用强力或职权非法干预记者的合法的采访活动，对于合法的批评进行打击报复，等等。因此，我们既不能把新闻法的内容仅仅局限于肯定"新闻工作经验和已取得的新闻改革的成果"，更不能以一个《记者管理条例》来代替新闻法。根据需要，当然也可以在制定新闻法的同时，制定一个管理条例，但是，绝不能把管理条例写成限制记者行使新闻自由的权利的条例。如果这样，就将违背新闻自由的精神，违背宪法的规定；实质上还是认为当前新闻已经相当自由，主要倾向是新闻工作者"滥用新闻自由"，因此要赶快把记者管一管，让他们能处处听话、样样照办才是。如果是搞这样一个条例，难道能够得到新闻界和全国人民的拥护吗？

总之，对于把已有的新闻工作经验和已取得的新闻改革的成果用法律形式肯定下来，也要作全面的分析。多年来无数事实证明，我们已有的经验，既有成功的正面经验，还有惨痛的反面经验，如果只肯定正面的经验，而舍去反面的经验，或者像我们多年来所作的把错误的经验当成正确的经验来肯定、来推行；在这种"理性要求"下制定出来的法律将会是一个什么性质的法律？所谓"新闻改革的成果"，具体包括什么内容？新闻改革刚刚开始，并没有认真开展，究竟有多少成功的结果？倒是我们多年来的新闻工作，的确取得丰富的成果，有着丰富的经验。但是对什么是成果，也应作全面考察。成功的经验，加以总结，是成果；失败的教训，加以总结，也是很宝贵的成果。三四十年的事实证明，我们成功的经验和失败的教训，都是培养我们和锻炼我们继续前进的宝贵财富，也都是我们制定法律时必须同时肯定下来的。试想，如果我们只肯定成功的经验，不吸取失败的教训；只把成绩当做成果，不把认识失败、吸取失败教训、从失败中得到的觉醒，也当成十分宝贵的一种成果肯定下来，这样的法律对于推动社会进步和变革又有多大作用呢？因此，制定新闻法所要肯定的新闻工作的经验和成果，只能是有利于新闻自由实现的内容，而不能将适应仍然很不充分的新闻自由的现状的所谓经验和成果肯定下来。如果"立足现实"，就是要把这种亟须改变的实际肯定下来，而把要求立法保障新闻自由，以便实现充分的新闻自由，说成是要制定一个"超前"的"理想化"的新闻法，那么，我们的宪法是否也因"超前"了三四十年而应该加以修改呢？是否需要把公民享有言论出版自由的条文，改为享有"一定的言论出版自由"呢？恐怕不好这样“立足现实”吧？

总之，为了制定出一部切实保障新闻自由的新闻法，必须强调理性地对待现实的原则。据此，首先必须实现研究、讨论新闻自由的自由，在理性认识新闻自由的基础上，按照民主的原则和程序，以法律的形式，确认人们在讨论中形成的共识，最终完成新闻法。

（1988年第11期）

建立社会主义的法治国家

张正德*

法治国建设的关键在于对高层次权力结构的调整,其焦点还在于处理好党与人民代表大会(以下简称人大)的关系。我们在研究法治国的建设时,首先就遇到了这样一个法律与现实、理论与实践的尖锐矛盾:封建专制的旧权力意识使我们缺乏主动改变的觉悟,社会民主政治意识和公民权利意识的淡薄又使具有法定政治权力能力的两大主体——公民和国家政权机关的权力行为能力不足。这种矛盾正是我们在新中国成立后未按马克思主义的民主理论转变党的领导方式的结果。

在纪念党的十一届三中全会的日子里,笔者拟循着三中全会关于发扬社会主义民主和加强社会主义法制的思路,探讨通向法治国的途径。

一、三中全会关于建立社会主义法治国的纲领

《全会》文件中和《公报》上没有"法治"一词,根据什么断定《全会》提出了建立社会主义法治国的纲领?回答是:从内容和精神实质上看,全会及其《公报》贯穿了法治思想。

法治即"法治国"、"以法治国"。这是一种主张严格依据法律治理国家的政治思想。现代法治有4点基本要求:一是完备法律;二是普遍守法、依法办事;三是适用法律一律平等;四是强调法律在国家生活中的最高权威。以此对照,党的十一届三中全会《公报》用自己的语言,完整地表述了法治思想。第一,《公报》指出:"为了保障人民民主,必须加强社会主义法制,使民主制度化、法律化","从现在起,应当把立法工作摆到全国人大及其常委会的重要议程上来"、"做到有法可依"——这不就是"完备法律"的要求吗?第二,《公报》强调"有法必依,执法必严,违法必究",正是"依法办事"的引申和发挥。第三,《公报》不仅突出了"法律面前人人平等",而且指出了达到这个目标的组织和思想保证:"检察机关和司法机关要保持应有的独立性,要忠实于法律和制度,忠实于人民利益,忠

* 作者单位:中共四川省委第二党校法学教研部。

实于事实真相”。第四,《公报》在我们党的历史上第一次以明确的语言宣告了法律的崇高地位,“必须……使这种制度和法律具有稳定性、连续性和极大的权威……不允许任何人有超于法律之上的特权。”上述四点,尤其是最后一点,说明了全会贯穿着法治思想。

为什么一定要用“法治”去概括三中全会“使民主制度化、法律化”的精神呢?理由有二:其一,法治具有更深刻的政治含义。法治作为一种治理国家的理论和原则,是相对于“人治”而言的,侧重于“动态”意义。它的要害在于主张法律的权威高于国家最高领导人的权威。“法制”则没有这一层意义,因为:法律作为调节社会关系的工具,任何掌权的阶级都需要它。所以有法制不等于有法治,是民主的法制还是专制的法制,区别点正在于有无法治。其二,法治更能突出社会主义民主。社会主义民主要求真正实现“主权在民”。民主政治过程由以下主要环节构成:人民选举代表;代表组成权力机关;权力机关制定法律,组织“一府两院”,“决定国家工作的重大事项”;“一府两院”执行法律和权力机关的决定,对人民实施管辖权并接受人民的监督。然而这个过程本身就要求由法律界定各政治主体的权限和权力运行的规则、程序。法律界定的内容则必须注重各政治主体的地位和制衡关系,以保证政治机器的协调运转,这正是法治的精义。所以民主离不开法治,法治是民主制的实现形式。

二、党组织权力化是实现法治国的障碍

在我国的政治体系中,能够进入政治过程的实体包括:中国共产党、各民主党派、人民政协、群团组织、公民、人大、政府、司法机关和军队。从法律上看,前4种都不是法定授权的主体,它们除在各级人代会上的选举中享有代表候选人的推荐权外,这些政治组织并无法定的国家权力能力。然而在实际上,中国共产党不仅具有范围最广的权力能力,而且具有大于任何国家机关的最强有力的权力行为能力。党的组织机构控制着国家政治生活和社会问题最重要的信息;具有处理社会利益的表达和综合、政治关系的决策和实施等最关紧要的功能;决定着国家公务员的升迁荣辱。党组织的干部数量之大虽然不及行政机构,却远远胜过其他国家机关。毋庸讳言,我们党已经在事实上成了国家机构的一个最重要的部分——一个领导、组织、指挥和监督其他国家机关的“国家机关”。

这种现实的政治权力关系与法治国的要求大相径庭,与现行宪法所设计的政治机制不相符合。正因为如此,党在十一届三中全会以后便着力改革党的领导体制:十一届五中全会设立了中央书记处;党的十二大改主席制为总书记制,

并自上而下地逐步改变党政领导干部兼职、副职过多的状况；党的十三大决定各级党委不再设立不在政府任职但又分管政府工作的专职书记、党委，并撤销与政府机构重叠对口的部门，企业党组织不再对本单位实行“一元化”领导；等等。这些着眼于防止权力过分集中的措施已经和正在取得成效。但是以党代政的权力关系格局并没有质的改变。宪法规定：全国人大和它的常委会是“最高国家权力机关”，然而实际上，中共中央和它的政治局才是“最高国家权力机关”；宪法规定：“地方各级人大是地方国家权力机关”，事实上中共各级地方党委才是真正的地方国家权力中心；如此等等。也就是说，我们在研究法治国的建设时，首先就遇到了这样一个法律与现实、理论与实践的尖锐矛盾。这种矛盾是因为在新中国成立以后我们没有按照马克思主义的民主理论转变党的领导方式的结果。封建专制的旧权力意识使我们缺乏主动转变的觉悟，社会民主政治意识和公民权利意识的淡薄，又使具有法定政治权力能力的两大主体——公民和国家政权机关的权力行为能力不足，政治的空间当然由政治权力去占领。于是，在革命根据地形成的、对于夺得战争的胜利起了重要作用的权力关系格局被移植到了全国政权，适应战争环境而权力化了的党的一元化领导体制因此得以沿袭。然而，宪法是民主政治制度化的基本形式，它并不能将以党代政的权力关系加以法律化。因为以党代政不符合民主制政体的要求，但实际起作用的权力关系，绝不会因宪法的颁布而自动地按照法定的权力结构改变。矛盾因此不可避免。从理论上说，认定党组织权力化是实现法治国的障碍，根本原因在于，它有悖于社会主义民主。下面两个机制是社会主义民主必须具备的：一是行使国家统治权的少数人的权力和权威来自人民的授权；二是人民能够实现对被授权者——政府和公职人员的制约。很显然，党组织权力化则使民主机制很难实现。

世界共运的实践证明，党组织权力化，必然削弱民主，必然是一种容易发生权力异化的脆弱的领导体制。斯大林的“肃反”、毛泽东的“文革”便是明证。当时党和领袖的“领导一切”与掌握着真理的共产党人和人民群众的软弱无力形成了强烈的对照。苏共和中共都用血写的事实说明：党政不分、以党代政最后会导致权力在运行过程中发生可怕的异变，会使人民、政权和全党都丧失对领袖的约束力。

三、建设法治国要求对高层次权力结构作出调整

这种调整的基本途径是：一方面要强化共产党作为工人阶级先锋队的领导职能，同时弱化共产党直接以国家强制力为后盾的权力职能，即逐步取消党因行

政化而增添的许多不属于党的职能。另一方面则是增强国家机关、社会团体和人民群众的政治行为能力。对于人民政协、群团组织来说,还有一个赋予某些法定权力能力的问题,如赋予群团组织、人民政协在相应的各级人代会上的提案权,赋予人民政协某些法律监督权,等等。不过,调整我国权力结构的焦点还在于处理好党和人大的关系。所谓高层次的权力结构调整,一层意思当然是指中央的权力结构调整,另一层意思就是指在各个政治平面上的最重要的两个政治实体——党和人大相互关系的调整。面对人大作为名义上的权力中心、党委作为实际上的权力中心的矛盾,理论界提出了3种最有代表性的观点:

一是"表层调整"说。这种观点认为现存政治权力的基本政治结构和运行的基本方式是不能动摇和不可改变的。在当前这个历史时期内所能改变的,只能是随着经济和文化的发展而进行政治结构的表层的或局部的调整。

二是"最高层次党政合一"说。这种观点认为:不同层次的党政关系应该有不同的政治设计。最高层次的党政在某种程度上应该"合一",即党的最高领导成员(中央政治局成员)通过党的提名,经全国人大选举,全部或绝大部分成为全国人大常委会的领导成员。在第二、三层次,即党与政府行政、基层单位党组织与基层单位管理的关系上,应该实行严格的党政分开。

三是"党员参政"说。这种观点认为:让党的各级领导人经过选举站在国家各级政权机构中来领导,即以党员个人身份代表党的权益参政。这种方式能使党组织的职能和党的领导方式发生深刻变化。

笔者认为,上述3种观点反映了两种不同的思路,第一种思路强调人大还没有条件实际上掌握和运用最高权力,后两种观点虽然有相互冲突的一面,但对于理顺党政关系有共同的思路,都主张党的主要领导人经过选举成为人大的主要领导人,使党的领导通过国家政权的形式得以实现。党的十三大报告提出了实现党政分开的具体目标,但是途径何在呢?什么是可供操作的杠杆以保证它的实现呢?按照目前的状况,在法定的国家最高权力机关的常设机构——全国人大常委会内,没有党中央政治局的常委,除委员长外,全国人大常委会中的中共党员都不是中共中央政治局的成员(地方人大常委会中的党员在党内的地位更低,人大常委会主任只能列席同级党委常委会)。因此,笔者糅合第二、三种观点,提出使党和人大主要领导核心交叉重叠的设想。要点如下:

其一,改变党和人大两套领导班子在人事上完全分开的现状,中央政治局成员、县以上地方党委常委,除在政府、政协、司法机关担任领导职务的以外,统统通过选举程序进入各级人大常委会。

其二,党和人大最主要领导职位重叠,即由一人兼任县以上各级党的第一书记和人大常委会主任,中央总书记兼任全国人大委员长。

其三,精简党的办事机构,充实人大的办公机关。

这个设想并不完全等同于"最高层次党政合一"说。因为无论是领导班子还是办事机构,党和人大都不可能"合一",合一即完全重合,完全重合既无必要也不可能。例如,担任政府领导职务的党委常委和个别经差额选举落选的党委常委就不能进入人大常委会;人大常委会除集中了党的领导核心的多数成员外,还聚集着各民主党派和无党派民主人士的政治精英,甚至还包括有非党委常委的中共党员以及其他有关界别的优秀分子。

这个设想也不完全等同于"党员参政"说。因为它强调党的各级领导核心成员要大批地进入人大常委会,并且要求党的第一书记兼任人大常委会主任。目的是要从能力、智慧、权威和代表性方面保证人大常委会成为名副其实的常设权力机关。如果党的第一书记未当选为人大常委会主任怎么办?既然这个书记还没有取得人民代表足够的信任,党适当调整一下他在党内的位置未必就是不可行的。

"这个设想不是与党政分开背道而驰吗?"回答是否定的。人民代表大会制是我国根本政治制度,各级人大和它的常委会是人民当家作主的实现形式。因此,它理所当然地应当成为法治国的权力中心,而法治并不排斥党的领导。中共处于中国社会主义事业领导核心的地位是历史的选择。党的领导权源于她的历史功绩、人民的信任、组织的力量和领袖的权威。因此,任何政治设计都不能脱离这个国情。因此,党和人大主要领导核心的交叉重叠恰恰有利于处理好"领导核心"与"权力中心"的关系。这种设计使党能够通过其核心成员在人大的活动,将党的方针、政策作为议案提出,使之在人大获得通过,变成国家法律或人大的决定,然后监督主要由共产党员组成的政府贯彻实施。这种沟通渠道,既保证了党的领导,又使这种领导具有合法的程序。

"这个设想会使权力再度集中于党?"回答仍然是否定的。首先,党的领导核心进入人大常委会,目的是利用党的权威加强人大的权力,比较以党代政的旧体制,新机制加强了对党的制约。因为在人大常委会内部的非党政治精英和其他权益群体的代表,能够对决策实施更大和更直接的影响。其次,党的领袖和县以上地方党委的主要负责人一身二任,似乎权力更大了,但人大常委会实行委员制,一人一票,有严格的法律程序,并有人民代表的直接监督,制约手段很多,难以实现"一人领导"。最后,党的领导核心成员进入人大常委会,必须经过民主程序,差额选举是一个重要内容,能使党的各级领导经受一种政治锻炼,从而增强民主意识。

"这个设想未必就能够改善党的领导?"回答是:这种方式创造了一种使党的领导符合法治国要求的必要条件。从参与政治过程的政治实体的相互关系看,党仍然是国家的领导核心,但她将自己的作用限于政治领导的范围所需要的条件已经成熟——主要指人大具备了足够的权力行为能力,党不必再越俎代庖了。从理论上说,这种方式表现了从"党执政"到"法治"的飞跃。"党执政"和"执政党"是大有区别的两个概念,"执政党"指在政党政治中夺得了政权、能够控制政权的党。执政党在国家政权机构中占有的领导职位,其法律关系的主体是党员个人而不是党。因为某种权力职位的占有者,是以个人的身份被授权,又是以个人的身份向授权者负责的(当然他在党内还要向党负责),从而表现了执政党居于国家之中的法律地位。"党执政"则是指党凌驾于国家之上,以党的名义直接执政,以党作为法定的或实质上的国家最高权力机关行使政治权力。所以,"党执政"的实质是"党治","党治"则非常容易滑向"人治",因为"党治"要求党组织权力化、行政化。与此相适应,党内政治平等的组织结构就必然由内部的等级划分取代。在"党执政"的体制下,国家公职人员的权力实质上是授权于党,并且首先是向党负责,然后才是接受人民或人民代表机构的监督。而在党和人大主要领导核心交叉重叠的体制下,国家公职人员的权力——包括党的各级最主要领导人在国家机构中的权力,都直接来源于人民代表的授权。在这种情况下,党组织权力化现象就会终止,党就能够真正成为一个政治领导机关而不再是一个国家权力实体。

(1988 年第 11 期)

论民主建设中权力的法律控制

王人博*

“民主政治就是法治政治”,在我国目前的政治理论和法学理论中已开始成为一个重要命题。深化这个命题,进一步探讨形成中的我国民主政治的组织方式和运行机制,是当前一个紧迫的理论课题。

一、民主政治的核心问题:权力的法律控制

民主政治的实质就在于权力的合法实现。法律是民主政治得以充分实现的杠杆和基础。民主政治的权力组织和实现自始至终受法律的约束、制约、规范,“权力合法”是实现民主政治的核心问题。

从政治的一般特性来讲,权力本身也具有自我控制的功能。权力是推进政治效率、实现社会行政不可缺少的国家强制力量。但作为一种支配力量,权力的自身控制具有不可克服的痼疾。在政治关系中,权力表现出来的是一种自上而下的控制特征,它是通过自上而下的层层支配而实现控制的,表现为一种等级性的控制方式。即单纯表现为一种支配与服从的关系。由于权力的下向性质,其控制往往是从权力行使者的人格上得到认同的,这就容易使权力的控制异变为一种人格上的支配与服从,这是导致权力欲膨胀、权力滥用、奴役化等腐败现象的催生剂。因此,若只靠权力控制权力,在实际中就会放任权力,权力的支配性、强制性就会变为侵犯性,就会导致权力的滥用,侵犯人民的权利或自由。“绝对的权力,绝对的腐败”,这是一条真理。

在我国的政治生活中,《宪法》规定,“一切权力属于人民”,这既是我国社会主义民主政治的最高原则,也是我国民主政治建立与发展的基础。从根本上讲,我国社会主义民主政治就是保证人民的主权者地位和权力主体地位。在现实的政治中,人民作为权力的主体,不可能直接行使权力,而是经由最高权力机关授权于政府或其他机关来代理行使的。这在实际上就形成了一种权力主体与权力代行者之间的分离状态。在这种状态中,要保证人民权力主体者地位的真正实

* 作者单位:西南政法学院(现西南政法大学)。

在，就必须用法律对代行者及其权力本身实行制约。法律与权力的根本不同处就在于它是一种非人格的、普遍的支配力量，它不仅是权力组织的合法性来源，而且是保障和推进民主政治的有力杠杆。

第一，法律是民主政治的组织方式。

在民主政治生活中，不管有多少种权力，不管有多少个权力机关，其权力的来源与组织都必须具有合法性。在我国政治生活中，法律的这种组织功能有3个方面：

（1）党作为国家生活的领导力量，应通过宪法和法律组织，实现其领导。这除了贯彻“党在宪法内活动”这一基本宪法原则之外，还须通过创造其他法律使之具体化，从而使人民的一般监督，主要依靠宪法、法律进行。

（2）政府机构间的权力组织、组织方式、分配由法律进行调节。例如，立法、行政、司法的权力的隶属关系、平行关系、交叉关系的范围以及政府机构的增减，政府官员的来源、任期、任免、政绩评价都须由法律作出具体规定。

（3）党与政府的权限、职能由法律进行明确分立。我国民主政治的发展模式决定了中国共产党在政治、国家生活中的领导地位。若不用宪法或法律确立党与政府的权限范围，党政分工就会成为一句空话。我国民主政治成败的关键在于宪法和法律的控制功能的实现程度。这一切又决定于一个根本因素：共产党内部的自我调整、制约机制的完善。

第二，法律是民主政治的行为模式。

在行为的规范中，权力行为的合法性控制是民主的最基本的表现形式。

（1）决策行为的法律控制。我国的宪法和法律不但具有广泛的人民性，而且作为党和人民智慧的结晶，它也是我国长治久安的大策，具有稳定的“长期效应”性。因而它能够约束、制约、规范政策以及整个决策过程。但在目前，政策仍在很大程度上发挥着重要的法律作用，不但决策行为很少受法律的控制，而且政策本身往往具有比法律更大的权威性。为了从根本上保证决策的优化或尽量地少犯错误，依法决策已成为我国政治的民主建设的一个突出的问题。

（2）立法行为的法律控制。我国民主政治以全国人民代表大会制度为其主要表现形式。依据宪法和法律，完善全国人大，使其真正行使最高的立法权限，这是当前的主要任务。但是，这并不意味着就已实现了民主政治。民主政治的核心在于没有不受法律控制的权力。要保证代表的意见与人民的意志相符合，一方面，固然首先必须确保人民代表机构的立法职能，另一方面也必须依据宪法和法律对立法行为实行法律控制，使其行为及立法合乎宪法和法律。特别要对那些有关命令性和禁止性的立法，实行严格控制。立法机关有时为了维护国家和人民的利益,对宪法和法律中的自由和权利作某些适当的限制是必要的,但绝不能由此直接或间接地剥夺其他自由和权利。“依法立法”是我国民主政治形成发展的基础。

(3)行政行为的法律控制。我国的政治历来就具有“行政政治”的特征。随着我国经济体制改革不断深入,政府的行政职能日趋扩大化,行政权力广泛化,行政行为多样化。在这种趋向下,委任立法的出现是不可避免的。委任立法的实质就在于用法律的形式扩大行政权力,这对于加强国家的行政管理,提高政治效率是必要的。但为了避免因“委任立法”和行政权力的扩大而侵越立法和个人的权利和自由,必须把其限定在宪法和法律允许的合法范围内。对这一行为的控制可通过规范效力体系的建立,确定宪法、法律以及行政命令、规范的效力层次和范围,使行政行为自觉地受制于宪法和法律。条件成熟可通过建立违宪审查制度(如创设宪法法院,确立司法审查制度等),制定立法标准法或立法程序法,使行政权力的运行及其扩张制度化、规范化。

二、法律控制的实现——法治原则的张扬与内部机制的完善

实现权力的法律控制是一项巨大的社会工程,它有赖于我国商品经济的发达程度,民族文化、国民教育的发展水准。经济与文化是实现权力的法律控制的物质基础和后续潜能。与之相联系的最直接、最突出的问题是政治与法律的运行机制。在我国的民主政治中,权力的法律控制的关键并不在于法律数量的多少,关键在于法律内涵的法治精神以及法治内部的运行机制。

第一,张扬宪法至上的价值理念是实现法律控制的心理前提。

民主政治就是宪法之下的法律政治,在现代民主政治的发展中已被奉为一条不可动摇的法治原则。这一原则作为民主政治所奉行的基本价值观念已成为现代民主政治的根本原理和各种权力的最高限制。在美国,宪法被看成是人民与政府的一种社会契约,政府所代行的任何权力都必须合宪,法律同样受宪法的限制。我国的宪法也明确规定了“必须在宪法范围内活动”的原则。宪法的这种最高的限制性并不来源于立法机关的权力,而是最终来源于人民的主权者性质。从本质上讲,宪法不是由人民授权立法机关制定的一种规范形式,而是由人民组织并通过其代表创制并后经人民同意而形成的一种最高协议的文件。宪法之所以能够对国家权力实现最高限制,就在于它不是由国家某一机关制定,而是由人民所创制。因此,宪法是人民的,而不是国家的。实践证明,一个权力机关

通过自己制定一个文件来限制自己权力，这在实际中是很难做到的。在我国，宪法的最高效力没得到很好实现，固然有其复杂的社会原因和政治原因，但宪法本身缺乏宪法的固有属性也是其中一个重要条件。从我国新中国成立以来的几个宪法的创制来看，它都是由党协同国家机关制定出来的。由于党在我国政治生活中所处的特别地位，实际上其制定自始至终都是由党的某一最高领导人领导下完成的。因而立宪的过程往往受到某一个人的左右，宪法本身也就失去了它应有的价值和稳定。要从根本上消除这种不正常现象，宪法的创制应在党的领导下，由人民自己选择代表组成特别的立宪会议进行。为了充分保障人民的主权者地位，还应由人民举行宪法投票，进行宪法公决。只有这样，人民才能自觉、自由地选择真正能够代表自己意志的宪法；只有这样，宪法才能真正实现权力的控制功能，才能从基本前提上保障宪法不因某一领导人的变动、更替而发生效力上的变异。

第二，完善政府组织间的权力制约机制是实现法律控制的主要途径。

政府组织间的权力制约原则是现代民主政治中的一项基本的法治原则。我国的宪法和法律对此也作过概略的规定。如宪法关于我国立法、行政、司法三大部分的主要权限的划分，组织法、诉讼法中所规定的公、检、法三机关的制约、审查监督程序，等等。在目前，对这些规定应从宪法和法律上加以完善，使其上升为一项基本的法治原则。在国家立法、行政、司法的权力分配中，司法权是最弱的：立法机关可以通过立法驾驭司法，行政机关可以通过行政行为左右司法。相反，司法对这两者的合法性制约却是软弱无力的。为此，国家机关的权力相互关联应从引入和完善制约机制入手，建立一种权力相互制约的政治结构，如除宪法和法律对立法权、行政权的权限作出明确规定之外，司法机关可以通过对立法机关的立法和行政机关的行政规范进行合宪性审查，用审查权制约立法和行政。在我国，这种审查权是由最高立法机关行使的。这种做法，在理论上是成立的，但在实践中难以行得通：一个机关自己审查自己的立法并宣布无效的可能性受到多方面限制。实际上，在我国也从未出现过这方面的先例。在宪法和法律的规范下，完善政府组织间的制约机制，是实现法律控制的主要途径。

第三，确立和完善法律的正当程序原则是实现法律控制的重要技术工具。

在特殊情况下，国家要限制个人的权利和自由，必须有法律上的根据并依据法定程序进行。其内容有二：一是个人权利和自由的法律保留，即权力的行使必须以法律明文规定者为限。法律没作规定者，应理解为个人的权利和自由，权力不得进行活动。二是法律优先，划分规范层次，把法律的效力置于行政规范之上，内容包括：

(1)行政权的作用与法律抵触者无效。

(2)行政权非有法律根据,不得使个人负担义务,或侵害权利。

(3)行政权非有法律根据,不得免除特定人在法律上所应承担的义务。

(4)政府的自由裁量权的权限,受法律和基本原则的限制。自由裁量权是指法律授权执法机关(包括行政机关)在一定条件下是否采取行动或如何采取行动,可由主管机关或人员自己根据法律原则决定,法律不作具体规定。自由裁量权是在立法不周全和一般性的情况下以应付特殊情况的一项法律救济。其实质就是法定范围内的专断。为了防止法定范围内的自由裁量变为任意裁量,法律应从前提、条件、范围、程序作出严格规定,以保障自由裁量符合法律的正当程序。

第四,建立和完善责任政治制度是实现法律控制的后续保障。

国家机关的权力行使不得违背人民的利益和要求,不得违背法律,否则应承担相应的责任,国家应采取一系列的措施对其进行补救。这包括两方面内容:一是指对于违背人民利益、要求,违背法律的权力行为必须承担相应的行政责任和法律责任。二是指对于由这种行为所造成的侵害和损失必须实行法律救济。

在现代的民主政治中,宪法一般都从议会的质询、审查、预算、决议以及不信任投票等方面对行政责任制度作出具体规定。我国《宪法》第73条规定了全国人大对行政机关的质询权,规定受质询机关必须负责答复的责任和义务。目前的突出问题是,对于行政责任应从具体的制度创设着眼,使其具体化、制度化。有关行政的法律责任,对于负有直接责任的国家机关和人员,除了规定和实施一般定型的民事、刑事责任以外,还应规定国家公务员的惩戒制度,完善国家官员的罢免和弹劾制度。

我国《宪法》第41条规定,公民对于任何国家机关和国家工作人员有提出批评建议的权利,对其违法失职行为有向国家机关提出申诉、控告或检举的权利。同时还规定,由于国家机关和国家工作人员侵犯公民权利而受到损失的人,有依照法律规定取得赔偿的权利。把这一原则法律化就是制定关于公民批评、建议、申诉、控告、检举的申诉法,以及关于国家赔偿的法律,以实现权利的法律救济。

(1988年第11期)

价值追求和经验实证：中国法学理论发展的取向

张志铭*

注释法学本身并不存在缺憾，相反，对法学繁荣和法律实践来说，注释法学有其不可替代的作用。因此，假如把中国法学理论研究的幼稚、贫乏、落后等，归于注释法学，那么这里的注释法学只是中国的注释法学。

中国的注释法学要想在今后的法学理论占一席之地，就必须克服自己对被注释对象的脱离实际的教条主义，就要求注释者树立起科学自主的学术品格。

中国的法学理论研究今后取向于经验实证和价值追求是不容置疑的。这就要求在大力开展法学社会研究的同时，正视法价值论的研究。

一、中国注释法学的缺憾

考察中国法学理论研究的发展取向，是不能不首先分析注释法学问题的。因为人们普遍认为，中国以往的法学研究，特别是法学理论研究，主要是一种注释法学。而且，有不少人提出或者接受了这样一种观点，即中国的法学理论研究之所以幼稚、贫乏、落后，在很大程度上应该归咎于注释法学，以至于使"注释法学"一词逐渐变成一种与保守、僵化、落伍等同义的恶词，被冠之以"注释法学"，成为一种不幸。

笔者认为，像这样简单地对待注释法学，并把它与中国法学理论研究的浅陋状况联系起来，是失之偏颇的。

首先，自从有了法律规范，就产生了对法律规范进行注释、诠解的要求，只有通过对法律规范及设立法律规范的背景材料（如有关概念的含义、被作为经典作家的先辈的有关著述以及立法者自身的有关阐述等），从文字和逻辑上进行具有一定技术要求的注释，才能使从事法律职业的人准确地把握法律规范中所体现的意图和思想，了解各种法律规范间的内在联系，准确有效地运用法律。特别是在一个法治的社会里，如果不对众多的法律规范及其内在联系进行系统全

* 作者单位：中国社会科学院《中国社会科学》杂志社。

面的注释,那么人们精心创制法律规范的结果,就只能是一个异在于人们自身的法律世界,不仅无益,反而有害。因此,注释法学从来就是必不可少的,其存在的客观依据,就是其具有与法律规范本身的存在不可分割的实用性和技术性。

其次,检索一下人类法律文明发展的历史就会发现,注释法学除了在人类法律文明发展的各个阶段表现其应有的功用外,还有其极为辉煌的时刻。例如,在欧洲中世纪后期,随着资本主义经济在封建社会内部的萌芽和发展,诞生了与中世纪神学法学相对抗的注释法学派。他们通过罗马法的注释和宣传,使法学从神学中解放出来,带来了罗马法的复兴,造就了一个世俗的、独立的法学家阶层,不仅为近代资本主义私法的形成打下了基础,而且也为资产阶级的整个法学世界观的形成和法律体系的建立奠定了基础。因此,注释法学对于法学研究的繁荣来说,至少并不一定就是消极因素。

最后,"注释"作为一种方法,它同任何一种方法一样,也有自己的长处和不足。运用"注释",人们可以指望获得与其实用性和技术性相关的好处,但如果人们在"包医百病"的指导思想下不适当地运用"注释"方法,则难免会陷入困境。

基于以上几点理由,我们应该很容易地作出以下推断,即注释法学本身并不存在什么缺憾,相反,对法学繁荣和法律实践来说,注释法学有其不可替代的作用。因此,假如把中国以往法学理论研究的幼稚、贫乏、落后等种种不尽如人意,主要归咎于注释法学,那么,这里的注释法学只能是中国的注释法学。正是这种特定意义上的注释法学,失落了作为法学理论繁荣和法律实践指导所必备的注释法学的基本要求,变成了阻碍中国法学理论发展的障碍。

缺憾之一:中国的注释法学奉被注释的对象为完美无瑕,抱定教条主义的态度,不敢越雷池一步。而事实上,由于现实生活的丰富多样和不断发展变化,既存的法律规范、政策、论断等经常表现为一种相对性或不充分性,特别是处在一个全面改革的时期,就更是如此。这就使得教条主义的注释法学,不仅沦为一种脱离法律存在实际的"概念法学",而且还经常陷入一种与现实生活直接对抗的窘境。更为不堪的是,由于中国注释法学只能在既成的东西之后亦步亦趋,就使它很容易脱离现实中人们所奋力追求的民主政治和法治社会的目标的轨道。很显然,注释法学虽然是对既成规范、政策、论断等的注释,但是它首先应该是作为科学的法学,不能丧失自己所应有的科学精神,不能不正视客观现实的发展。欧洲中世纪后期的注释法学派之所以给人类历史和法律发展以如此大的推动,不仅是因为罗马法最详尽地规定了简单商品生产下的各种法律关系,适合于资本主义商品生产的发展要求,而且更是因为他们把自己的注释活动,与推动和发展资本主义商品经济的实际紧密结合起来,符合历史发展的客观必然。与此形成鲜明对比的例子是,当19世纪法学家把法国民法典和德国民法典作为“成文的理性”,以为它们完美无缺时,他们所倾注全力进行的注释活动,最终只是构筑了一个脱离法律生活的现实和理想,阻碍法律适用的“概念法学”(耶林语),并受到了否定和批判。

缺憾之二:中国从事注释法学的注释者往往缺乏主体意识,没有独立的学术品格,在价值判断和追求方面可以说是低能甚至无能的。为什么以往的法学理论研究,一直似乎处于注释法学的“金鸡独立”状态?这是一个很值得思索的问题。如果说在那个一切以阶级斗争为纲,人人自危、朝不保夕的年代里,迫于政治氛围,基于生存需要,人们不得不借助于注释法学的依附性,找到一个保护壳的话,那么,在改革开放的年代,当现实生活中对法学理论提出那么多的问题时,还有那么多的人自得于注释法学的状况,又说明了什么呢?是一种意识形态的惯性,是基于政治上稳妥的考虑。除此之外,是否还应该由研究者自身好好反省一下呢?当经济学等学科在最敏感的问题上都形成了聚焦的热点时,法学理论研究者是不能再通过强调客观原因来迁就自己的懦弱态度的。也许有人会认为,中国目前还不具备建立全面的法律秩序,形成具有独立学术品格的法学家阶层和使法学昌盛的条件,但笔者认为,中国法学理论研究者首先真正普遍缺少的则是一种自信。

缺憾之三:中国以往的注释法学由于奉被注释对象为绝对完美,由于注释者本身往往缺乏独立的科学品格,因而就导致了在注释过程中不得不经常违背语义规则和逻辑规律,进行粉饰的非客观状况。注释的结果,往往是说明所注释对象的圆满、周正,特别是涉及马克思主义经典作家和当今国家领袖的表述时,更是如此。按理说,客观的注释应该是为进一步的深入研究奠定基础,是人们迈向真理的一步,而中国的注释法学向人们展示的,却经常是不容置疑的真理,是一个大大的句号。

由此看来,中国的注释法学要想在中国今后的法学理论中占有一席之地,就必须克服自己对被注释对象的脱离实际的教条主义迷信,就要求注释者树立起科学自主的学术品格。从更广泛的意义上说,中国的法学理论要想取得长足的进步,就必须克服以往注释法学的弊端,在更深刻、更广泛的程度上,立足于现实及其发展,从实际需要和价值追求这两个主要方面进行努力。

二、经验实证和价值追求

当开展法社会学研究的倡议在法学理论界迅速引起反响,并形成众所关注的焦点的时候，这种以经验考察为特征的实证研究取向，所表现出来的务实品格是很清楚的。法社会学立足于各种现实的社会问题，着力于研究分析法律的实际运行和客观效果，因此，不仅能一扫以往注释法学脱离实际、委靡不振的风气，使人耳目一新，而且还与中国正在进行的改革开放实践对法律调整所提出的全新要求正相切合。很明显，人们指望通过开展法社会学研究，把法学理论研究与客观实际需要紧密结合起来，以便证明法学理论研究的效用，消除人们对法学理论研究的各种成见，从而为法学理论的不断发展奠定基础。

与此同时，当科学性、民主、权利、法治、自由等价值目标在法学理论研究中，越来越多地被人们强调时，我们可以欣喜地作出判断：中国的法学理论界已经在法学理论研究的价值追求方面，迈出了自己的步子。从历史上和现实中看，人们在价值方面的追求，总是与对既存的各种不合理东西的批判、否定紧密相伴的，而一旦法学理论界树立了"现实的并不都是合理的"这一信念的时候，就意味着法学理论研究者具有了一种新的品格，这种品格就是作为一门科学的法学所必备的怀疑和批判精神，或叫理论研究者的主体品格。

中国的法学理论研究在今后将取向于经验实证和价值追求，是可想而知的。由此而来的发展，无疑会使中国的法学理论有一个很大的改观。现在的问题是，在现实生活中，经验实证和价值追求这两种取向，似乎是两个互不相关的"兴奋点"，对于它们两者间的沟通或联系，特别是从事经验实证研究与从事价值论研究的联系，并没有引起人们的重视。对此，不能不使人感到一丝忧虑。

在中国今后的法学理论研究中必须大力开展法社会学研究，这是不容置疑的，但与此同步的要求是，对法律中价值问题的研究也不容忽视，并亟待加强。其主要理由是：

第一，由于法社会学是从经验实证的角度研究法律现象，因此它并不着力于法律现象的价值方面，而在事实上，对法律实际运行和客观社会效果的经验实证研究，却根本离不开价值问题。经验考察不仅只有凭借一定的理论和价值评判标准，在形成一定的假设之后，才能得以进行，而且，也只有依靠一定的价值评判标准，才能对考察取得的经验材料，作出分析和归纳，得出有关法律实际运行效果的正确结论，并进一步提出克服弊端、改进法律实际运行效果的措施。

第二，从中国的历史和现状看，法学理论研究中的价值问题，并没有得到比较圆满的解决。一方面，由于几千年封建专制主义传统的影响，由于1949年新中国成立后曾长期盛行"法律虚无主义"，一切以阶级斗争为纲，使得人们至今在法律价值方面的认识仍然存在很多谬误。诸如法律功能、法律秩序、民主、法治、自由、平等、权利、正义等一系列有关法律价值方面的范畴，虽然人们多有谈论，但就理解的准确程度和深度、广度而言，是很难令人满意的。特别应该强调指出的是，由于中国以往注释法学的缺憾，法学理论工作者在法律价值追求方面似乎完全丧失了独立判断的个性，因此，对长期以来逐渐接受或顺应的一些价值观念和价值标准，是完全有清理和反思的必要的。另一方面，由于中国正处在一个全面改革的时期，与社会主义商品经济和民主政治建设的需要相适应，我们不得不面临并进行价值观念方面的一系列更新。

第三，从近代法律思想发展史上看，法社会学作为一种学术流派，它是在自然法学充分发展之后产生出来的实证法学流派之一。换言之，虽然法社会学在研究的方法、侧重点等方面不同于自然法学，甚至还对其进行了批判，但对自然法学所构筑的一整套与资本主义政治经济和社会状况相适应的价值体系而言，却基本是坚信不移。近代法社会学正是在自然法学所创造的价值体系的基础上，迈出了自己的步伐，并通过研究法律的实际运行，研究如何在现实生活中更好地实现法律的价值，形成了自己的鲜明特色，满足了当时社会对法律价值所提出的操作上的要求，近代法律思想发展的这段历史，对我们应该有所启发。

所以，中国的法社会学研究要想得以发展，并真正达到促进中国法学理论繁荣昌盛的目的，就必须正视法价值论的研究。另外，如果中国的法学理论界对以往注释法学的缺憾没有一个真正的认识或反省，不树立起科学独立的主体意识，在价值追求方面仍然软弱无能，那么，所进行的法社会学研究就难免以往注释法学的覆辙，就只能沦为一种没有个性的新的注释法学。

从事法价值论研究，同样应该十分关注法社会学研究，并应该力求使自己与法社会学研究有一个较好的配合和默契。因为，法社会学研究向我们展示法律的实际运行状况和客观效果，而在法价值论的研究中，当我们提出或强调一种新的法律价值追求时，我们是不能不考虑其现实可行性和客观实际效果的，一种新的法律价值要求如果超越实际生活太远，完全不具有可行性，或者实际效果较差，那么不管它是多么美妙、诱人，也根本无法立足于世，并取代旧有的法律价值标准。进而言之，即使我们坚信对法律的某一新的价值要求是社会发展的必然，我们也不能就此驻足，相反，我们应该从现实中找到这一价值目标的生长点，关心或直接去探索通往目标的途径。批判，否定，树立科学精神，这只是中国法学理论得以繁荣昌盛的基本前提，务实，求真，革除清谈之风，则是中国法学理论得以繁荣兴盛的时代要求。偏执无益于中国法学理论的发展。

（1988年第12期）

1989 年

对法学乃是权利学的进一步思考

张宗厚*

当代的中国人,在经历了诸如“文化大革命”那样的无法无天的历史大悲剧之后,面对着改革开放过程中出现的令人忧虑的“权大于法”、“官倒”、“以权谋私”等现象,上至最高决策层下至普通老百姓都在思考着一个问题:如何建立一个具有长期稳定性的政治机制,使“文革”那样的悲剧不再重演,使国家政局安定,生产持续发展,人民的幸福不断增进?这个路恐怕只有一条,即伴随着经济体制改革不失时机地进行政治体制改革,在开放中吸取各国于我们有益的经验,尽快实现由人治向法治的转变,实行以法治国,建立一个富于民主精神和高效率的法治社会。

但是,当我们认定改革和开放、民主和法制是10亿中国人唯一可能的选择和生路的时候,不能不看到真正深刻的改革与开放绝不可能仅仅停留在某些政策的改变和体制变更的层面上,而必须以观念的改革和思想的解放为先导。然而,我们过去长期流行的且至今未有多大改变的一套观念和理论,还在顽固的起着作用。具体在国家与法的问题上,我们仍未根本摆脱“离开民主讲法制”的阶级斗争模式。即使是现在,我们的一些教科书在讲到法时,仍然在“统治阶级意志”、“国家意志”那里止步,似乎在那里已找到了法的精神本源。从理论上讲,马克思曾设想,在人民掌握政权的情况下,国家只是人民的公仆。如果法只是公仆的意志,那么作为主人的人民当放在何种位置呢?从实践中讲,神化国家的理论,不仅无助于甩掉中国历史上行政权力至上的包袱,而且它和高度集权的政治经济模式相结合,便产生出诸如“官本位制”这样的怪胎。当我们的一些教授感叹“脑体倒挂”和教授的工资不及司局级(且不说那不同人手中的钱的不同“含金量”)时,不知可曾想过,他们笔下的理论是有助于这种现象呢还是能提供克服这种错误的思想武器。诚如一位教授所说,从我国现实看,人们的权利意识非常薄弱。所以,加强权利问题的研究有重要的意义。尤其在商品经济条件下,不抓住权利这个最基本的环节,法律就无从谈起。翻开马克思的著作,我们也会看到,他在分析法律现象时,始终采用抽象二分的思维方法,将法与法律作为两个

* 作者单位:《中国法制报》评论部。

概念。他在讲到法时，多指权利、规律；讲到法律时，多指规则和秩序。无论是从现实生活的实际出发，还是从马克思主义的基本原理来看，一部现代法学均应以权利为轴心去展现广阔的天地。

美国法律哲学家博登海默在《法理学——法哲学及其方法》一书中是把权利作为法的价值目标提出来的。他说："任何值得被称之为法律制度的制度，必须关注某些超越特定社会结构和经济结构相对性的基本价值。在这些价值中，较为重要的有自由、安全和平等。"

值得注意的是，该书的作者通过严肃的比较研究，得出了和我国一些学者相类似的认识，即把法律视为"是统治阶级用以维护其政权的工具"的观点"是人们在后来对马克思理论所作的教条性增改"。该书指出，一些人经常引用马克思的《共产党宣言》中的一段话（即"你们的法不过是被奉为法律的你们这个阶级的意志，而这种意志的内容是由你们这个阶级的物质生活来决定的"），"只是表明资产阶级社会的法律是阶级意志的体现而已，它并不是对法律性质所作的一般性评价。就其本身而言，这段话也没有包含用损害非统治阶级权益的方法去行使统治阶级意志这样的指示"。作者并引用恩格斯 1890 年致 C. 施米特信中的一段话作据："很少有一个法规率直地、十足地、纯粹地表示阶级的统治。"

那么，把法律归结为阶级统治工具的法律观是如何形成的，并怎样加在马克思的头上呢？许多人都以为起源于苏联的维辛斯基。维辛斯基起了集大成的作用，并在"大清洗"中将那种理论模式发挥得淋漓尽致，确是一个代表人物。但是，作为一种思潮，维辛斯基并不具有发明权。早在维辛斯基肯定这个定义的 20 年前，即俄国十月革命不久，司法人民委员斯图奇卡便试图把法律定义为"符合统治阶级利益，并由统治阶级有组织的力量保护的社会关系的制度（或秩序）"。出现这种理论有一个特定的历史背景，即当时的苏联机械照搬马克思对未来社会的一些设想，加上当时国际和国内的阶级斗争异常激烈复杂，苏联政府认识到在相当长的时间内不可能没有作为社会控制工具的法律，于是便出现了阶级统治工具的法律观。

不讲民主、自由、平等、正义而一味强调阶级统治的法律观，和高度集权的政治相结合。对苏联后来历史的影响，特别是 20 世纪 30 年代的大规模镇压，其严重后果是众所周知的。

我国现在处在商品经济大发展时期，存在着不同的利益群体，难免出现利益冲突或矛盾，但这种不同利益在基本成分上已不是阶级矛盾而是人民内部的差异，而法律的存在恰恰能调整各种不同利益（表现为权利要求）的需要。目前出现的通货膨胀、物价上涨、分配不公、以权谋私等问题，用开展阶级斗争的方法是不可能解决的,只有靠以民主为灵魂的法治,这正是我们今天可以理直气壮地讲传统法学理论要更新的现实环境。

有人说,我们主张法学理论更新的学者是“批判派”、“拆庙派”。姑且不论科学的生命力正在于它充盈着对现存一切不合理因素的批判精神,我们何尝不想尽早离开拆迁时的尘土飞扬而去经历建设的欢欣?然而,历史惯性的惰力以及它掀起的一阵风又一阵雨,使我们不得不把相当多的精力去应付不该成问题的笔墨官司。现在我们提出以权利为本位进行法学的重构,正是努力把精力转到建设上来。

法哲学的权利观,与道德哲学的是非观和政治哲学的权力观,既有联系又有区别。鉴于我们过去的文化传统讲究“德主刑辅”,总是强调内心反省而扼杀利益追求,反映在政治观上又是重权力轻权利,以及后来过分强调社会责任而无视个体利益,以至于出现了“国家本位”、“官本位”和“义务本位”,把公民权利视为国家赐予的,所以,在以权利为分析单元重构法哲学时,必须鲜明地强调公民(在经济生活中是经济人,即企业法人)是权利主体,国家作为公仆,只是从应有权利到法定权利之间的中介。法哲学应重在研究应有权利,而不能把权利仅视为法定权利。在应然和实然之间,不仅提出了立法质量和执法公正的问题,也是法哲学可以大有作为的天地。如果讲权利,不是从客观的主观(主观法)到主观的客观(实在法),而只是以为法律规定了的才是权利,这样便会将立法者的权力绝对化,甚至会提供违背广大人民意愿和利益进行立法的借口,本体意义上的民主便被腰斩了。在研究上,这样仍摆脱不了注释学的窠臼,如果仍把权利视为“统治阶级的意志”,把新构思纳入传统模式,那就更堪忧虑了。

笔者之所以主张以权利为核心进行法学的重构,主要是基于以下几点思考:

其一,在法学中贯穿权利这个轴心,可以使我们从维辛斯基体系和封建法文化的魔影中解脱出来。

任何重大的历史错误,都有它的理论原因。苏联的“大清洗”和中国的“文革”,有一个共同的祸根,就是以阶级斗争代替民主法制。在苏联的理论失误中,最典型的代表人物就是20世纪30年代“大清洗”时期担任全苏最高检察官的维辛斯基。他主张依据口供即可定罪的刑法理论,是许多无辜遭冤的陷阱,他把法归结为阶级统治的需要,把法学变成了一门专政学、镇压学。

为什么维辛斯基的一套东西到了中国,马上就被人们毫无保留地接受下来了呢?关键是中国传统文化中有其生长的深厚土壤,这就是几千年以来的封建专制主义孕育出来的“天、王、命”观念的影响。维辛斯基的理论和封建的法文化搅和在一起,其结果可想而知。

其二,权利法学找到了商品经济这个坚实的基地,可以使我们把传统法学从阶级斗争的泥潭中拯救出来。

传统法学把法的产生、存在与发展归结为阶级斗争的需要。这也难怪,因为我们过去长期认为,社会主义与商品经济无缘,所以只好从阶级斗争中去寻求法的动力。实际上,马克思、恩格斯在着眼于分析法律现象时,早就指出最早的法律产生于生产、交换、分配的需要。中国历史上为什么缺乏与民主相联系的法治传统?关键是从来没有出现形成主导规模的商品经济。从历史上看,现代法制最初萌芽在欧洲,因为那里正是商品经济的发祥地,古代的“罗马法”,现代的《拿破仑法典》,都是如影随形般地随着商品经济的发展而演进的。在我国现实条件下,人们也可以看到:哪里的商品经济越发达,哪里对法律的需求也越迫切。

其三,民主政治的演练场将使法学迈进广阔天地。

一个社会没有民主的机制,便没有现代法制的存身之地。我国古代社会也讲法,但那是皇帝作主的“一人之法”,与以民主为前提的现代之法水火不容。在现代社会,没有民主,就谈不上法制;没有法制,也谈不上民主。因为现代法制,正是民主政治的法律化、制度化。

在法治社会中,公民是权利的主体,而不是国家的奴隶或“官”的草民。公民的权利要求,不是国家赐予的,而是必然要通过国家这个中介去实现。一部宪法,实质上是公民与国家之间的一种“契约”:国家必须满足和保证公民的权利要求,同时公民要承担相应的义务。是否满足了由社会物质文化条件制约的公民权利要求,是衡量法律优劣的标尺。所以,笔者主张现代法学要以法上法——社会主体的权利要求——为出发点,即科学地判定已定法(或草案)是否在物质文化条件许可的情况下,最大限度地满足了社会主体的权利要求。

其四,权利,作为现代法学的细胞,是以权代法的克星。

马克思以商品为细胞,研究了政治经济学中的一系列运动规律。我们的传统法学把阶级斗争作为细胞,却陷入一个又一个的迷宫。实际上,现代法制作为商品经济的内在要求,它首先着眼的是如何在商品竞争中处于独立、平等地位的自然人和法人“自由交往”的权利提供某些可能,保护它们实现自己的合法权益。这种经济上的平等竞争权利,又必然反映为政治上的平等参与权利要求。一部法制史,正是以公民为主体的社会参与者的权利要求和以国家为中介的实际“法定权利”之间不断调整的演进史。苏联和中国的许多法学家都用马克思在当时批判资本主义法律时讲的“不过是”(即“你们的法不过是被奉为法律的你们那个阶级的意志”)代替了马克思在讲法律时的“应该是”(即“法律应该是共同的、由一定的物质生产方式所产生的利益和需要的表现”),把法归结为“统治阶级的意志”。这样一来,岔路就出现了。因为按列宁的观点,统治阶级的意志总是通过政党和领袖集中体现出来的,费劲去搞法治显然是不必要的了,于是就出现了“要人治,不要法治”,用抓阶级斗争代替民主法制。历史的大灾大难应该使我们大彻大悟,如果我们不是从一定的物质生产方式所产生的利益和需要所决定的权利要求,去寻找法学的出发点,仍把法视为阶级斗争的工具和统治阶级的意志,那么不仅不能为现代化建设创造需要的法制环境,不能为解决以人代法、以权代法现象提供理论依据,还难以避免“文革”之类的悲剧重演。政府的行政权力只是社会主体为实现其权利而赋予或委托的管理权,如果权力被滥用,“主人”们就可干预。所以,只有靠权利才可制约权力。

其五,不是义务产生权利,而是权利的行使必然要求履行相应的义务。

我们在强调法学中的“权利本位”观时,并不排斥义务。权利和义务作为法学的基本范畴,二者有密不可分的关系。但不是义务产生权利,否则,权利也会变成一句空话。我们在强调法的权利本位时,并不排斥法在阶级对立条件下所具有的鲜明阶级性和体现统治阶级意志。在任何社会形态中,经济上居统治地位、政治上处于掌权地位的阶级和集团,在制定法律的过程中,总要把他们的权利要求摆在优先的地位。但即使如此,他们也不能随心所欲地制定法律,因为他们的意志也要受他们所处的经济结构和社会物质生活条件的制约。

在人民掌握政权,阶级矛盾已不是社会主要矛盾的情况下,法不再是体现统治阶级的意志,而是体现广大人民的意志。如何体现?这就看他们的权利要求是否能上升为法律。他们有了权利感,才能有很强的义务心。现在一些地方埋怨公民不尽义务,很大限度上是因为他们没有相应的权利。在一切都由当“官”的说了算的地方,公民怎么可能自觉地尽义务呢?所以,从根本上解决义务观念差的问题,只有从实现权利入手。

（1989年第1期）

法学领域十年来的重大论争和教训

——对若干问题的思考和观点

于浩成*

党的十一届三中全会以后,我国广大法学工作者在马克思主义指引下,解放思想,破除迷信,实事求是,以实践作为检验真理的唯一标准,不搞“两个凡是”,不唯上、不唯书,联系实际,独立思考,提出了许多重大问题,并通过讨论和争辩使一些问题得到解决或初步解决,从而推动了我国法学的进步和发展。现在仅就笔者曾常参与的,主要是法理学和宪法学方面的一些争论问题综述如下。

一、关于要法治还是要人治,能否提“以法治国”的争论

由于毛泽东同志在1958年讲过“要人治不要法治,《人民日报》一篇社论全国实行,还要什么法律?”以致法律虚无主义盛行,政策大于法律、高于法律,法律成了可有可无的东西。正是如此,到了“文化大革命”时期,社会主义法制遭到严重破坏,庄严的宪法竟被践踏成一张废纸,连国家主席的人权也得不到任何保障,人治实际上已经成为个人专断、一言堂、家长制的同义语。邓小平同志曾指出:“必须使民主制度化、法律化,使这种制度和法律不因领导人的改变而改变,不因领导人的看法和注意力的改变而改变。”这里说的正是应以法治代替人治,实行以法治国。但政法部门和法学界有一部分人一直有不同意见。笔者认为,“以法治国”的提法与坚持党的领导是一致的,并不矛盾,因为宪法、法律,正是党的纲领、路线、方针、政策的法律化和定型化;“以法治国”也不是主张“法律至上”和“法律万能”(其实,即使主张“法律至上”也没有什么不好,苏共总书记戈尔巴乔夫不是提出法律应是至高无上的吗?),因为“以法治国”并非“唯法治国”,并不否认道德、教育、思想政治工作等在治国安邦中的巨大作用。至于有些同志主张法治应与人治相结合,认为只讲法治、不讲人治似乎是轻视了人的因素和人的作用,其实是一种误解,因

* 作者单位:南开大学法学所。

为主张法治并非单纯依靠法律条文,而轻视人的因素和作用,"徒法不能自行",道理是不言自明的。

这一场讨论意义重大,因为要法治还是要人治是关系到能否正确接受"文化大革命"这场巨大灾难的教训的重大问题。党的十一届六中全会通过的《关于建国以来党的若干历史问题的决议》已经指出:"中国是一个封建历史很长的国家……长期封建专制主义在思想政治方面的遗毒仍然不是很容易肃清的,种种历史原因又使我们没有能把党内民主和国家政治社会生活的民主加以制度化、法律化,或者虽然制定了法律,却没有应有的权威,这就提供了一种条件,使党的权力过分集中于个人,党内个人专断和个人崇拜现象滋长起来,也就使党和国家难于防止和制止'文化大革命'的发动和发展。"①因此,为了防止"文化大革命"这场悲剧的重演,以法治代替人治,实行以法治国是绝对必要的。

二、关于法的阶级性和社会性问题即法的本质属性问题

这是近几年来法学界讨论得十分热烈的问题,最初提出这个问题的是周凤举同志,他在《法学研究》1980年第1期发表了"法单纯是阶级斗争工具吗?"一文,对传统的关于法的定义提出了质疑。新中国成立以来,在我国出版的《法学概论》书籍以及大专院系、专业所用的讲义、教科书中,对于法的定义一直是沿用苏联维辛斯基的公式,可以说是几十年"一贯制"固定不变。根据这个定义,法被认为是阶级社会特有的现象,是阶级统治和阶级压迫的工具,没有阶级就没有法。但是,党的十一届三中全会公报明确宣告:在我国,剥削阶级已经基本消灭,阶级斗争已不是当前我国社会中的主要矛盾。在这种情况下,人们自然会考虑到,如果我们仍然把法仅仅看成阶级斗争的工具,那么就不好解释为什么在被统治阶级已经不存在的情况下,我们还要进一步加强法制建设。在这里,理论同现实之间的不协调情况显然可见。周凤举不早不晚,恰恰在党的十一届三中全会以后不久提出了这个问题,这绝不是偶然的,可惜的是当时未能引起人们的注意。

1983年夏天,中国政治学会召开了关于政治学定义和体系问题的讨论会。笔者提出了在阶级社会中国家具有两种职能,即阶级压迫的职能和公众事务管

① 《三中全会以来重要文献选编》(下册),人民出版社1982年版,第819页。

理的职能的意见,随后又提出了与国家两种职能相适应,法也具有阶级性和社会性这两重性的观点。

三、关于政与法、政策与法律的关系的争论

长期以来,我们把政与法合在一起并提,如政法机关、政法工作、政法院校等,其实政治与法律并不完全是一回事。从理论上说,用政治来统率法律是必要的,因为政治应该统率一切,列宁就说过一个阶级如果不首先从政治上考虑问题,就不能维持其统治。但是,政治不能代替其他的一切,政治既不能代替文艺,文艺创作有其自己的特点和自身的规律性,政治宣传品与文艺作品不能相互代替,同样,政治也不能代替法律,法律也有自己的特点和自身的规律性,如公正性、稳定性、统一性。我们多年来习惯于根据形势变化和一时政治需要来实施法律,这就使法律同政策一样,灵活性过大。我们的法律本来就制定得过于灵活,不够严密,并在实施中运用更加灵活。例如,量刑,就发生畸轻畸重的情况,哄抢西瓜一案为首的二人竟判无期徒刑,故宫盗宝未遂也竟判了死刑,未免过重,但江西省前省长倪献策贪赃枉法,使国家蒙受六百万美元的重大损失,仅仅判刑两年,又未免太轻。这就使法律失去了公正性和统一性,不利于维护法律的尊严。新中国成立以来我们基本上是依靠政策,依靠发动群众性政治运动来推行政策,而不是依靠法制,实行以法治国,一切工作纳入法制的轨道。不久前有的领导干部仍然说,现在应从依靠政策过渡到既依靠法律又依靠政策。事实上,新中国成立已近40年,完全应该做到以法治国,厉行法治。政策必须通过法定程序,由权力机关通过变成法律,才能成为国家意志,具有强制性,政策如果不经过这样的程序,只能由民众自觉执行。当前,我们在"先改革,后立法",还是"先立法,后改革"的问题上也是有争论的。在1988年七届全国人大通过《宪法》两条修正案以前,土地转让和私营经济早已既成事实,法律只不过来个"追认",这种做法是不利于提高宪法和法律的尊严和权威的。

四、关于四项基本原则与宪法之间关系问题的争论

1982年制定新《宪法》以后,对于四项基本原则与宪法之间的关系问题,笔者提出过如下的观点:四项基本原则是宪法的指导思想,但是,要注意宪法对于四项基本原则的写法是不一样的。宪法是规定我们国家的根本制度的,因此,宪

法要把人民民主专政和社会主义道路这两个条文写进去，明确规定我们国家是人民民主专政的国家，社会主义是我们国家的根本制度，而且有法律的强制性、规范性，用法律来保障它，任何人不得违反。我们的刑法也明确规定，凡是破坏社会主义、破坏人民民主专政的反革命活动，要加以惩办。但是，党的领导和马列主义、毛泽东思想这两项就不同了，因为它不属于国家制度的问题，所以只能在宪法的序言里提到，作为历史经验的叙述和政治方向的宣告写在里面。中国共产党的领导，主要是靠党的政治主张、理论、纲领、路线、方针、政策的正确和广大党员的模范行动来吸引人民群众，使人民自觉自愿地服从党的领导，所以不能作为一个法律条文来强迫所有的公民听党的话。我们不是靠下命令让人民都来服从，不是说每个公民都有服从共产党领导的义务。马列主义、毛泽东思想是科学，是真理，主要是靠它的正确性让人信服，使人心悦诚服地来信仰它，不能下命令强迫人信仰它。“七五”《宪法》把党的领导和马列主义、毛泽东思想放在条文里，这样做是很不通的。

对于《宪法》序言有没有法律效力问题也有争论。笔者是主张宪法序言没有法律效力的，理由是它不是用法律规范性语言写出的，内容主要是革命历史经验的叙述和政治方向的宣告。一位有权威的老法学家也主张序言没有法律效力，但是序言的最后一段应除外，即最后一段应有法律效力，这最后一段说的是：“本宪法以法律的形式确认了中国各族人民奋斗的成果，规定了国家的根本制度和根本任务，是国家的根本法，具有最高的法律效力。全国各族人民、一切国家机关和武装力量、各政党和各社会团体、各企业事业组织，都必须以宪法为根本的活动准则，并且负有维护宪法尊严、保证宪法实施的职责。”笔者则认为序言的这段话也没有法律效力，因为《宪法》总纲的第5条几乎重复了这段话的内容：“国家维护社会主义法制的统一和尊严，一切法律、行政法规和地方性法规都不得同宪法相抵触，一切国家机关和武装力量，各政党和各社会团体，各企业事业组织都必须遵守宪法和法律，一切违反宪法和法律的行为，必须予以追究，任何组织或者个人都不得有超越宪法和法律的特权。”既然在宪法条文中有必要重申这些内容，可见宪法序言最后一段话同整个序言一样也没有法律效力。本来宪法序言有无法律效力是宪法学界的争论问题，完全是一个学术问题，但在1987年年初反对资产阶级自由化以后，笔者竟在一些内部会议上被扣上“反对四项基本原则”的帽子遭到点名批评，这是很难令人理解的，也让人对百家争鸣感到失望。

五、关于分权制衡与议行合一的争论

根据我国国情,我们不搞三权分立,但分权制衡的原则应该采纳并应作为民主集中制原则的必要补充。我国和其他社会主义国家过去的痛苦教训已经证明,没有制约的权力必然会走向腐化,连斯大林、毛泽东这样的大人物也不例外。我国1982年宪法实际上已经抛弃了“议行合一”而采纳了“分权制衡”的原则。过去国家主席、军委主席和政府总理均由一人担任,现由几个人分别担任;人大常委会委员不得兼任“一府两院”的工作,这已不是“议行合一”,而是分权制衡了。“议行合一”是马克思总结巴黎公社的经验后提出来的,但巴黎公社只是一个城市的政权,且当时又处在激烈的斗争环境中,其经验未必有普遍意义。我国在“文革”中建立的“革命委员会”恐怕是最接近巴黎公社的了,但我们不是把它作为坏样板而取消了吗? 对马克思主义创始人的个别论断,我们似乎也不必搞什么“凡是”,目前对这一问题的讨论尚在进行中。

六、关于无罪推定论

“无罪推定”指的是在调查清楚、判定有罪以前先按无罪来对待。这一原则在1957年“反右派斗争”中曾被认定为资产阶级法律观点受到批判。党的十一届三中全会以来,所有在1957年受到批判的法学论点几乎都得到了平反,无罪推定论却至今未被正式平反,成为唯一的例外。在反对和清除精神污染的斗争中,无罪推定又再一次被列为资产阶级法学观点准备进行批判,使得持有这一观点并发表过论文的同志一时感到惶惶不安。其实无罪推定几乎是世界各国在刑事诉讼中普遍采用的原则。例如,日本前首相田中角荣曾被告发在“洛克希德航空公司一案”中犯有贪污受贿罪,但因终审尚未判决,田中角荣仍能当选国会议员。有人说“无罪推定”是舶来品,是外国资产阶级提倡的,实际上,这一原则,同民主、自由、“法律上人人平等”等一样,都是资产阶级联合无产阶级和人民大众反对封建主义的民主革命的产物。封建主阶级是主张和奉行“有罪推定”原则,凡被告都是犯人,一旦被提到公堂不管有理没理都先打四十大板。因此,实行“无罪推定”原则是全人类一个巨大的进步。有人说,“我们既不是有罪推定,也不是无罪推定,而是以事实为根据,以法律为准绳”。这话貌似有理,其实却解决不了任何问题,因为问题的焦点在于,在事实未判明、法律未判决以前，被告究竟处在哪一种法律地位、算不算罪犯。我们主张继续开展这一问题的研讨，因为这一问题的正确解决将有助于保障人权，大大减少冤假错案发生的可能性。

以上六个问题当然只是法学界10年来争论的问题的一部分，但是这些问题应该说是比较重大而有代表性的，当我们今天回顾过去10年中这些争论的经过时，不能不认真总结一下经验教训。笔者认为下面几点是值得我们严重注意的：

第一，我们必须在实际上，而不只是在口头上实行"百花齐放、百家争鸣"和"不戴帽子、不抓辫子、不打棍子"的"双百"和"三不"方针。党的这一方针早已写入宪法，从我国第一部宪法即"五四"宪法起直到现行的"八二"《宪法》，几部宪法都把言论、出版自由和从事文艺创作、学术研究的自由规定为公民的基本民主权利。宪法中并没有禁止公民讨论政治问题的规定，因此，把学术理论问题上的不同观点当做政治上的错误加以批判，甚至给予行政上的处分，这种做法本身就是违反宪法的。所以，我们10年来所做的不叫"大批判"的大批判或不叫"政治运动"的政治运动还是不断的，如"清除精神污染"和"反对资产阶级自由化"的某些做法，与其说是执行不执行党的"双百"方针问题或者在执行这一方针中有时宽松、有时紧严的问题，不如说是有法必依还是有法不依、依法办事还是以权凌法的问题，也就是究竟是搞人治还是搞法治的大问题。"法之不行、自上犯之"，如果公民从事学术研究的自由这一不可剥夺的民主权利得不到法律的有效保障，那么，理论学术的进步和繁荣显然是不可能的。你再提繁荣理论也是骗人的。

第二，我们必须继续解放思想，敢于实事求是，敢于冲破禁区，不唯上，不唯书，只唯实，检验真理的唯一标准只能是实践。只有发展马克思主义才能坚持马克思主义。邓小平同志说得好："一个党，一个国家，一个民族，如果一切从本本出发，思想僵化，迷信盛行，那它就不能前进，它的生机就停止了，就要亡党亡国。"举例说，我国法学界一部分同志之所以一直讳言法治，用"法制"一词代之，主要原因就在于毛泽东同志讲过"要人治不要法治"，正是由于在这个法学重大理论和实践问题上搞"凡是"，以致阻碍和延缓了理论的进步和发展，这一重大教训我们必须认真记取。

第三，有人批评我国法学幼稚，有些同志表示不大服气。笔者认为我们应该清醒地正视现实，而不应再继续盲目乐观，自欺欺人。从上面讲过的"无罪推定论"为例，国际法学界200年前早已解决的问题，在我国还是悬而未决。这岂不是明显地落后于现实吗？这种局面之造成，同我们党内一些人一直处于封闭状态、思想僵化而又主观武断，从长官意志处理学术问题，压制人们的独立思考是分不开的。

综如上述，在回顾过去的10年时，笔者认为有必要重温党的十三大报告中以下一段话："必须在实际工作中鼓励探索和开拓，在理论研究上坚持'百花齐放、百家争鸣'。生活、实践的观点，是认识论的第一和基本的观点。没有探索，没有创新，没有不同试验的比较和不同意见的讨论，我们的事业就没有生气。努力发扬马克思主义的科学精神和创造活力，振奋起全民族探索创新的勇气，是我们的理论和事业不断发展的希望所在。"

（1989年第3期）

论法制模式的转换

——建立民主—商品经济的法制模式

张光博* 李中圣**

传统体制下的社会经济低效运行被表面上的沉寂和平静所掩饰,似乎一切都在有序中行进。经过10年改革,我国已开始从传统体制向新的目标模式转换,但在这一转换过程中,貌似安定有序的旧有状态逐步被打破,新的社会经济运行机制则尚未根本形成,于是出现约束真空,继而进入断乳期的紊乱时期。经济环境紧张、经济秩序混乱已制约和影响了我国的体制改革。建立适合商品经济运行的社会经济秩序不仅是改革的组成部分,而且是进一步深化改革的客观需要。

自从法律产生以后,法律作用的范围即覆盖了全社会,一般社会秩序总是表现为法律秩序,经济秩序也不例外。按照法的原理,法律秩序是法律规范调整社会关系的结果,亦即法律规范调整社会关系产生法律秩序。法律存在的目的,正是在于通过约束单个社会活动主体的行为符合预先设定的一般行为模式的共同活动准则,以期实现保证社会发展之最低极限的社会安定;通过权利(力)、义务和责任等规范要素将社会关系衍生为法律关系,将社会秩序转换为法律秩序。法律规范与法律秩序的因果联系已充分表明健全法制对建立社会秩序的重要作用。

法制是社会经济关系的制度化、规范化和程序化,并表现为法律的制定和执行的一个过程。它以社会经济活动作为表现的内容,是对社会经济关系的记载和认可。但是,法律并不记载全部社会经济关系,其记载哪些关系,最终由立法者加以取舍。法律对社会经济关系的记载主要借助适用条件、行为模式、假定行为和法律后果等规范要素表明立法者的价值取向,其权力(利)义务具有明确、肯定的特征,针对主体或行为,要么鼓励,要么抑制,要么积极扶植,要么严格禁止,一般很少灰色区域。

那么,立法者以法取舍社会经济关系的标准,以权力(利)义务评价主体、行

---

* 作者单位:吉林大学法学院。
** 作者单位:吉林大学法学院。

为的价值取向是什么？马克思对此有一个著名的论断："法的关系正像国家形式一样，既不能从它们本身来理解，也不能从所谓人类精神的一般发展来理解，相反，它们根源于物质的生活关系。"①虽然物质的生活关系从本质上看，决定了法制的内容和取向，但是物质的生活关系同法制联系起来，通常要通过借助社会的经济体制和政治体制作为中介环节才能实现，这就形成了物质的生活关系决定经济体制和政治体制，经济体制和政治体制决定社会的法制模式的一个链条。

考察体制与法制的互相关系，从政治体制上看，法制可以分为吏治的法制和民主的法制两种，前者以确认纵向的政府权力为核心，其基本特征是行政权力的法律化，突出对政府权力的规定和政府尊严的维护，法律成为规范化的行政手段。后者则以非政府的一般社会主体的权利为核心，其基本特征是民主权利、民主政治、民主程序法律化，法律重视对一般社会主体权利的保护。从经济体制上看，法制可以分为产品经济的法制和商品经济的法制两种，前者偏好以超经济的行政权力集中统一管理社会经济运行和社会生产要素，以外在的非经济力量伸入经济领域内部，干预微观经济的日常生产经营活动，法制则是将这种直接管理方式规范化、合法化的工具。后者则突出市场机制的基础地位，重视价值规律的调节功能和市场信号的导向作用，法制基本特征是重视技术规程、市场规则和经济调节手段的法律化，权利义务的设定力求给主体意志以更大的选择余地。以上四种类型的法制相互之间既各自独立又密切联系，它们的不同结合形成了不同的法制模式：(1)吏治—产品经济的法制模式；(2)吏治—商品经济的法制模式；(3)民主—产品经济的法制模式；(4)民主—商品经济的法制模式。

苏联、东欧等公有制各国和我国在改革以前，都属于第一种模式，其弊病早已广为人知。第二种模式虽然从体制上看，法制已有了商品经济的基础，但由于政治体制方面的关系尚未根本理顺，致使商品经济的法制必然存在明显的缺陷，我国目前的某些实践或许能够证明这一点。第三种模式从理论上看是最为理想的，但是由于其缺少坚实的物质基础和思想基础，只能作为遥远的追求和奋斗的目标。第四种模式具备现实性，看来我们只能选择第四种模式，即建立民主—商品经济的法制模式。

需要指出的是，相比较而言，吏治的法制与产品经济的法制相适应，民主的法制则同商品经济的法制相适应，它们之间往往是相互促进、互为因果的，这反映了政治体制同经济体制的内在联系，同时也说明推进政治体制与经济体制同步配套改革的必要性和必然性。另外，吏治的法制与商品经济的法制相矛盾，商

---

① 《马克思恩格斯选集》(第2卷)，第81页。

品经济的法制与产品经济的法制相对立，它们互相之间存在此消彼长的关系，这也表明尽可能地减少双重体制摩擦，以法制加速推进新旧两种体制转换的重要性。当然，在社会经济发展中，吏治与民主、产品经济与商品经济等各种类型法制总是相互渗透的。这主要是因为社会经济发展的不平衡性、政治历史的继承性。不过总是其中的某两种互相结合（如吏治的法制与产品经济的法制结合）占据社会的统治地位，并形成一个社会的法制模式。

按照上面昭示的思路，我国正在从吏治—产品经济的法制模式向民主—商品经济的法制模式转换。反思10年的改革实践，我国的法制建设虽然为推进经济体制改革起到了积极作用，也同时推进了法制模式自身的转换，但是必须充分认识到，也同时存在政治体制和经济体制的某些改革业已出台，而相应的法制模式转换却严重滞后的问题。

迄今为止，我国的某些立法实践，仍然在事实上以吏治—产品经济的法制模式为导向。这充分表现在，法律在设定法律权利义务时，往往不是根据主体的行为，而是根据主体本身。

首先，在经济立法中，法律依据主体的所有制性质（全民、集体、个体、合资）、生产规模（大、中、小型）、产品行业（农、轻、重、原材料或交通能源）等分别制定法律，分别设定权利义务，以法律的形式确定从事同一行为的各个法律主体的不同的内部生产条件、外部经营环境（包括价格、税率、贷款），在对生产要素（人、财、物）所拥有的权利方面也不平等。这种立法从实质上看不过是一种规范化的行政手段，其缺陷是明显的：第一，它以规范的形式公开确认从事同一行为的主体拥有不同的权利义务，这实际是在通过法律否定法律面前人人平等的原则，既为吏治留下缺口，也同推进民主政治改革的方向相悖。第二，法律根据主体设定权利义务，必然导致从事同一内容生产经营活动的企业竞争起点、竞争条件不一，而使主体之间失去衡量实绩的公平尺度，法律环境恶劣的企业不仅必然缺少活力，而且也必然丧失积极性，这也背离商品经济内含的平等竞争的改革走向。第三，法律境遇优越的主体，其优势地位不是通过公平竞争获得，也会扭曲主体行为，助长非经济性竞争或不正当竞争，软化预算约束，诱发或牵动宏观控制紊乱。

其次，在行政立法中，不是根据客观上需要管理的对象和管理的内容设定权力，而是根据机构是权力的载体的理论，实行先设置机构后确认权力。而法律确认的义务和法律责任则往往同已确认的权力不相配称，法律自身未能形成使权力正当行使、权力主体行为保持端正的约束力量。这种立法的缺陷是：第一，因人（主体）设事必然导致政府机构膨胀，十羊九牧。我国机构改革压缩、膨胀的历史就是佐证。第二,在缺少监督与制约的吏治意识下,政府机构不会给自己(在行政立法中)设置同权力相对等的义务。没有相对应的义务作为权力的尺度和责任作为权力的约束,权力运行也就在事实上失去法度,这是导致政府机构滥用权力而随机干预的直接原因。

冷静地分析我国法制建设的实际,我们可以发现很多问题:第一,政治、经济的新体制取代旧体制,但建立在传统体制上的法律却未能及时废除而与新体制发生冲突,成为深化改革的障碍。第二,新的社会经济关系业已建立,却未能够及时得到代表新的法制模式的法律的确认,而受到各方面的冲击。第三,虽然适应新的政治经济关系的建立,制定了相应的法律制度,但这些法律制度带有明显的传统法制模式的痕迹,而使法律的积极意义被大大削弱,以致某些立法产生了负效应。上述表明,法制对经济体制改革和政治体制改革的巨大能动作用不但未得到充分发挥,而且有些已成为消极因素。

充分发挥法制对改革的巨大积极作用,必须按照民主—商品经济的法制模式去健全和完善我国的法制。

首先,必须转换法律的内容体系。在经济立法中,应当针对主体的行为立法,凡是从事同一种行为(生产经营)的法律主体,都应当确认其平等一致的权力义务,不允许法律主体在经营条件、原料供给、产品销售、商品价格、税种税率、贷款条件及利率方面或处于优势地位或处于劣势地位,为此才能使所有主体起点均衡、公平竞争。具体对策是,在加速消除双轨制并存同时,清理和废除行政化的法律制度,在未来的立法中努力加强经济调节手段的法制化,尽量减少以致完全杜绝行政手段的法律化。目前可考虑加速统一税法、合同法、企业法(法人立法)等。唯此才能建立起商品经济的法制。

在行政立法中,必须建立完备的权力、义务、责任体系。在吏治意识的长期支配之下,人们有一种误解,好像政府行使权力本来不存在相对等的义务,也不意味法律责任,以致一些行政立法往往只规定被管对象的义务、责任,而很少规定管理主体的义务和责任。这是吏治法制的典型表现。从理论上看,政府权力是国家权力(即阶级统治权力)由政府机构的代位行使,它依社会经济运行的分工和协调的需要设立。政府权力的运行,在本质上反映了以政府机构(社会经济调节者)为中介,而连接国家(即统治阶级整体)和具体的被管对象的三元主体间的双重法律关系。按照权力义务不可分离的民主原则,政府权力在逻辑上必然同样存在其对国家和被管对象应负有的义务,以及因为不适当行使权力或履行义务所应承担的法律责任。因而为了建立民主的法制,必须在确认政府权力时,限定权力操作的特定主体和权力的时空效力,并根据权力的内容、范围,确定相对应的法律义务和法律责任。

其次,应当调整法律规范的结构体系。建立在传统法制模式基础上的我国法制建设实践,在行政立法中,为了适应于吏治而广泛采取自由裁量的行政措施,偏好于使用任意性法律规范、授权性法律规范和委任性法律规范。而在经济立法中,适应于维护产品经济的运行机制,对法律关系主体则偏好运用强制性(包括命令性、禁止性)法律规范和义务性法律规范。

按照新的法制模式的要求,必须加快调整法律规范的结构体系。对于纵向的政府权力必须运用强制性法律规范、禁止性法律规范,以避免政府权力的滥用和僭越,破坏民主的法制,尽量缩小自由裁量的行政措施,使官吏的权力运行符合改革的走向。应当运用义务性法律规范的形式约束政府行为,以避免必须行使的权力或必须履行的义务被放弃、转让和肢解。另外,充分考虑到政治民主和商品经济的双重要求,对非政府的一般社会主体则应注重采取任意性法律规范、授权性法律规范及委任性法律规范,以给当事人尽可能大的意志选择余地、活动范围或生产经营空间。这既有利于在经济上培植真正自主经营、人格完善的市场主体,也有利于在政治上弘扬民主。概言之,法律规范的结构体系的调整,要遵循以易官权(权力)为本位为以民权(权利)为本位,以易义务为本位为以权利为本位的精神。

最后,按照新的法制模式建立法律体系。长期以来,我国的立法实践,过分强调法制的作用在于确认和记载现存的社会经济关系,而忽视了超前立法对改革的导向和促进作用,改革措施大都依靠政策操作和行政措施推行,由于政策的巨大弹性和行政手段的随机性,使社会政治经济关系未能够得到有效的调整。将本来作为国家决策的基本形式的立法,当做推行政府政策和实施行政行为的手段,这是传统法制模式的典型表现。结果使法制在制定和适用中涉及体制问题往往无能为力,只好在原有的体制和政策内委曲求全。鉴于以上情况,在实现新旧法制模式转换中,笔者认为有必要通过超前立法的形式,建立适合民主—商品经济的法制模式的法律体系,以此加快推进改革步伐。民法、商法是建立在商品经济基础之上,反映商品经济需求而产生并发展起来的法律制度,因而当前亟须建立独立完备的民商法子系,包括物权制度、法人制度、合同法、公司法、票据法、证券交易法等。同时,也要制定同调整商品经济关系的民商法相适应的、约束政府行为的法律子系,包括行政法、行政诉讼法、国家赔偿法、为政清廉法等。在建立新的法制模式和法律体系中,西方发达国家的一些成功的立法经验和法制经验可资借鉴。

(1989年第4期)

1990 年

把廉政建设纳入法制的轨道

陈鹏生*

社会主义商品经济和民主政治深入发展的大趋势,已把我国推上法治社会的历史走向,这是不以人们意志为转移的社会发展现实的内在要求。而法治社会的基本标志,就是把经济、政治和社会生活的主要方面纳入法制的轨道,依靠法律进行调控和治理。因此,把作为民主政治的一个重要方面的廉政建设纳入法制的轨道,既是法治社会的客观要求,也是社会发展的历史必然。但是,揭示廉政建设制度化、法律化的体系结构,则是一个亟待深入研究的课题。由于历史的原因,我们在这方面还有不少知之不多,甚至是未知的领域,需要从理论和实践两方面进行艰苦的探索。

一

社会主义法制导源于社会主义实践,它总是以社会现实的挑战作为自己发展的契机。当我们对10年改革进行历史的反思时,我们深切地感到,把廉政建设纳入法制的轨道,这已是摆在我们面前刻不容缓的任务。

社会主义有计划的商品经济的发展,对法律的需求不论在量的方面还是在质的方面,都大大地超过自然经济和产品经济,客观上提出更为广泛和复杂的权利义务关系。在商品经济的价值规律和平等交换原则决定下的主体之间的权利义务关系,必然是对等的权利义务关系。而这种对等的权利义务关系准则的维护,无不与国家权力执行机关的工作直接有关。因此,人们从保障社会主体的合法权益出发,客观上对反对贪污腐败、建设廉洁政府的法律要求就日益迫切。毋庸讳言,在新旧体制转换中,由无序到有序是一个相当长的过程,国家宏观控制和调节的机制一时还不健全,一些不合新体制需要的管理方法连同形形色色的资产阶级思想,纷纷乘机寻找自己的"载体"而保存下来,对新旧体制的转换产生种种干扰和破坏作用。利用商品流通领域中制度不健全和存在的弊端而兴起

* 作者单位:华东政法学院(现华东政法大学)。

的“官倒”现象,就是一个明显的例子。“官倒”所“倒”的无非是一些掌权在手中的商品分配权,其结果是直接破坏了商品流通中主体之间的对等的权利义务关系,使社会分配极不合理地朝着以权谋私者的一方严重倾斜,从而激起了举国上下的公愤。历史事实无情地说明,对于权力没有严密的制衡和严格的监督,权力就会“异化”,使本来体现人民整体意志和利益的权力,“异化”为贪腐者图谋私利的权力。有人把“官倒”的出现,说成是由于发展商品经济要搞“活”而造成的“乱”。其实这是张冠李戴。我们要搞的“活”是指符合社会主义商品经济发展规律内在要求的生机与活力,这种“活”同破坏商品经济的“乱”并无内在的必然联系。只是因为缺乏严格的法律监督和制衡,“活”才会被利用来作“乱”。从这个意义上讲,也说明把廉政建设纳入法制轨道有其必要性和迫切性。

我们还应该看到,把廉政建设纳入法制的轨道,这是民主政治发展的必然趋势,现在要转变党风、政风,树立干部的良好形象,人们至为关切的是个廉政问题。廉政要公开化,就必需实现廉政的制度化、法律化,使人们了解,便于监督。因此,廉政一旦纳入法制的轨道,有关廉政的法律措施其实就是把人民的整体意志物化为权力制衡和监督的实际力量,其本身对反贪倡廉起了重要的社会动员作用和强大的催化效应。历史已经证明:权力不加制约和监督,就会导致滥用和专断;制约和监督不制度化、法律化,就会流于形式,没有实效。综观其他国家,尽管社会制度不同,但他们对国家公务员的依法行政、廉洁从政都作了严格的法律规定。如美国有《从政道德法》、英国有《荣誉法典》、《防止腐化法》,联邦德国有《联邦公务员法》,法国还在各部、委建立了《惩戒委员会》。这些律之以严、求之以廉的法律规定,对我们无疑是有借鉴作用的。

把廉政建设纳入法制的轨道,就认识上讲,还涉及人与制度的关系问题。历史唯物主义的观点认为,人与制度相比,制度更为重要。制度健全,好人会进一步成长,坏人会受到制约,有的还可以变好。反之,制度不健全,不但坏人肆虐,好人也可能变坏。我们提倡廉政,反对腐败,并不是自今日始,早在革命战争时期建设人民民主政权的时候就提出了。解放四十年来,我们也一直是提倡廉政的。但是,问题在于紧一阵,松一阵,抓抓放放,带有浓厚的人治色彩,没有从制度上、法律上健全廉政的措施。加上在不断搞群众运动的基础上强化集权制,使权力的滥用和专断日益严重,以权谋私,乃至贪赃枉法就禁而不止,堵而不绝。这是十分深刻的历史教训。

二

廉政建设的制度化、法律化，是一个多层次的体系结构，有极丰富的内容。就其实质来说，在于通过廉政的法律规定，监督国家机关和国家干部依法行政，保障国家权力运行的合法性。这里面涉及惩贪、考核、监督、选任以及有关程序、机构等多方面的内容。当然，廉政法律措施因时代、国家的不同而各具特色，但大凡励精图治的统治者，都十分重视建立比较健全的法制以推动廉政的实施，即使像我国古代的封建王朝，历代帝王从确立君主专制秩序的需要出发，也都把以法治吏作为首要的政纲来考虑，整肃吏治的法律规定相当严密，从重刑惩贪到任选以廉、监督以廉、考核以廉，都有一套制度。这些都是值得我们深入研究的。我们今天要把廉政建设纳入法制的轨道，无疑应该从现实的情况出发，在总结已有经验教训的基础上，逐步发展和不断完备。

廉政法制的逻辑前提是反对贪污腐败，因此惩贪历来是廉政法律规定的重要内容，古今中外莫不如此。一个国家采取什么样的惩贪措施，这是有其深刻的社会根源的。例如，我国古代历来是重刑惩贪，被称为封建法典之楷模的唐律就规定监临官受贿布十五匹而枉法者，要处绞刑。采取这种重刑惩贪的措施，是由于封建社会阶级矛盾十分尖锐，而贪官污吏的横征暴敛往往成为农民起义爆发的催化剂，统治者为封建统治的长治久安便以重典治吏。我们惩贪措施当然应该从国情出发，考虑实效。在这方面特别值得注意的是法律规定的可操作性。我们有些廉政法规往往失之笼统，缺乏明确的标准、条件和程序，随意性很大，如条文上写“不得”怎样、“禁止”怎样，但对于“禁”而不“止”又如何却无明文规定了。许多案子查来查去，水不落石不出，或查有实据罚无明文，只好不了了之，这些都和法律规定得不明确、缺乏可操作性有关。

惩贪固然是廉政的重要内容，但并不是廉政的根本目的。作为社会主义国家的公务人员，为政清廉，克己奉公，本属分内之义。我们建设廉政，更重要的着眼于激发干部励精图治、勤奋向上的精神，不断提高思想素质和办事能力，从而加强国家机关整体的工作效能。因此，讲廉政必须同时抓勤政。事实上，勤政是廉政的基础，一个松松垮垮、不负责任、无所用心的工作班子，是绝不可能成为廉政的班子的。惩贪是涉及罪与非罪的问题，勤政则涉及办事效率高低、有无官僚主义作风等问题。后者关系到行政体制、干部素质、工作考核等多方面，实际上比肃贪惩贪更为复杂。从民主政治的要求来看，勤政是公民发挥其主体价值判断能力，以选贤任能的重要依据，无疑应该是廉政建设的重要内容。

抓勤政，核心是建立严格的考绩制度。我国古代督察官吏的勤惰有一套相当完备的法律规定和专门机构，这对选拔人才、黜革庸吏贪官起了重要作用。明初所定《为官责任条例》，就明确要求布政使严察官吏时“辩其廉能”。唐朝对流内官行“四善二十七最考课法”，对源外之官行“四等第考课法”，四等第之首就是“清谨勤公”，宋代也是以“公勤廉干”为《卅县三课》之首。可见，当时的吏治是既察廉又考勤，廉与勤并重。而这种考课制度的特点在于责任明确、要求具体、规定详备，做到受事有程式、办事有依据、下级工作有准绳、上级检查有尺度，使定性考核与定量考核结合起来。如唐代考核流外官员，一方面以“四善”标准考核其对朝廷是否忠诚、效力，这是定性考核；另一方面又对其所管辖区域的户口、垦田、钱粮出入、盗贼多少等情况进行定量考核，以衡量其实际办事能力。这种制度有其合理因素，对我们是有启发的。

把廉政建设纳入法制轨道，既要重视制度、法规的详备，更要注意法的实际运行。实施廉政的主体是人，因此选任官员，历来被看做廉政建设的重要环节。我国古代的廉政措施，都有任选以廉的具体规定。为了确保荐贤选廉的标准，唐代法律还明确规定荐举者的责任，贡举非人，“一人徒一年，二人加一等，罪止徒三年”。“法之不行，自上犯之”，建设廉政的法律规定能否真正贯彻实行，关键在于领导干部，这对居于执政党地位的党员领导干部尤为重要。我们看到，我国古代关于廉政的制度化、法律化经历漫长的发展过程，产生了像《唐六典》这样集封建行政法之大成的典籍。但是，在这一发展过程中却存在两种截然相反的趋势，一方面是廉政制度的内容日益详备，另一方面是廉政制度的实际效能却日趋减退。即使像盛唐具有一套相当完备的督察为官奸非的监察制度，也仍然无法坚持“励精图治”于始终。这个中的原因，很重要的一点就是统治者不能以身作则，身体力行，导致法律规定几成具文。明代神宗万历年代出任首辅、主持军国大政的张居正就是一个明显的例子。他在任内一再提倡廉政，严惩贪污受贿，连万历皇帝的外祖父李伟受贿，也不予宽贷，真可谓在廉政问题上信赏必罚、雷厉风行。但后来由于他有封建特权思想，自己不能克己奉公、律之以严，花了巨额国库资财建造私宅，出门骄奢浪费等，终于使其提倡的廉政在永乐年间成为泡影。这些历史的教训，至今仍然值得我们反思。

当然，对廉政建设的法律思考，除了廉政法律本身的体系结构外，还应该联系社会主义法制总体的纵横关系。例如，商法的制定，对防止商品流通领域中的贪污腐败现象有重要意义。行政法规的健全，对以法制权、限制行政权力的滥用，也是至关重要的。从法制体系的整体效能来看，这些都同把廉政建设纳入法制轨道密切相关。现在,党中央和国务院把廉政提到国家民主政治建设的重要日程上来,廉政建设已有了新的起点,促使廉政的制度化、法律化,已具备一定的条件,当务之急是如何集思广益,借鉴古今中外,把意见反馈于立法,使廉政真正摆脱传统的人治的影响而开始走向法治。

（1990 年第 1 期）

法律是廉政建设的重要保证

朱华荣*

廉政建设是一项庞大的社会系统工程，牵涉社会的各个方面，必须从经济、政治、法律、道德、思想等各个方面进行综合思考，进行综合治理。这里笔者只限于从法律的角度，提出几点看法。

一、廉政建设要有物质基础和政治保障

提到廉政，人们往往强调要严厉惩罚一切贪污腐败行为，并把希望主要寄托于司法部门。诚然，严厉打击和惩办一切贪污腐化行为，这是十分重要的也是非常必要的。但是，这绝不是主要的因素，而只是辅助的因素。列宁曾经指出："在同犯罪作斗争中，社会政治制度的变更较之个别刑罚的适用，有着不可比拟的巨大意义。"这是完全符合社会发展规律的历史唯物主义的科学论断。斯大林在1930年总结苏联建设经验时也明确指出："惩办在社会主义建设方面是进攻的一种必要因素，但它是辅助因素，而不是主要因素。"这个论点是符合马克思、列宁主义原则的。从这个观点出发，应该把廉政建设放到社会政治制度的背景上作更深层次的思考。应该认识到，廉政建设在我国现今条件下，其主要因素是决定于我国社会主义商品经济的发展和与其相适应的社会主义民主制度的进一步完善。这是我国廉政建设的物质基础和政治保障。

据历史记载，明代开国皇帝朱元璋是非常重视廉政的。他规定对官吏除了俸禄之外还另给付"养廉金"，使官吏们有足够金钱而不至于去贪污。同时对贪官施行极为严酷的刑罚。凡官吏贪污除处以死刑外还将其人皮剥下，塞入稻草，吊在公堂上示众。并使下一任官吏坐堂时一眼就可看见，以兹警戒。但是，效果却不大。因此公堂上吊了好几个贪官人皮，而继任官吏仍然大肆贪污，这反映了封建制度的腐朽没落。因为，在封建私有的剥削经济基础上建立起来的封建专制政体，人民群众处于被剥削、被压迫的地位，毫无民主权利可言，根本无法对官吏进行群众性监督，只任官吏骑在人民头上作威作福。在私有制的自私自利的

* 作者单位：华东政法学院（现华东政法大学）。

社会心理影响下,形成无官不贪的社会风气。对官吏只靠少数上司监督是远远不够的。何况官官相护,勾结包庇,贪官也多存侥幸之心,敢于以身试法。所以,只靠严刑峻法,偶尔将发现的几个贪官抓来杀掉,就想建立廉政,真是谈何容易。

二、在社会主义民主的保障下,法律在廉政建设上则可起到重要的辅助作用

在我国社会主义制度下,建立在以公有制为主的经济基础之上的人民民主政治制度,人民成为国家真正的主人,从而为消灭贪污腐败以及一切消极的、犯罪的现象提供了现实的可能。新中国成立初期,为了清除社会遗留下的污泥浊水,我们曾经开展过历史上空前的全国大规模的反对贪污、浪费和官僚主义的“三反”运动。颁布了《惩治贪污条例》,成功地推动了廉政建设。但是,40 年来,贪污腐败现象并未绝迹,有时还很严重。除了众所周知的旧社会、旧思想的影响和国外资本主义腐朽思想的侵蚀等原因外,从我国社会主义制度本身来看,还存在一些不健全、不完善的地方,以致我国社会主义制度尚未完全充分显示出其优越性,还未能发挥出社会主义制度固有的清除旧思想残余和抵制国外资本主义思想侵袭的巨大效力。

改革带来了新的活力。当前,我国正在深入进行经济体制改革,就是要将过去束缚生产力进一步发展的产品经济转变为社会主义有计划商品经济。党中央指出:商品经济的充分发展,是社会经济发展不可逾越的阶段,是实现我国经济现代化的必要条件。我国社会主义商品经济,经过目前的整顿、治理和深化改革,必然会走向更加顺利发展的道路,也必然会相应地促进我国社会主义民主制度的进一步健全和完善,从而为我国进一步消灭贪污腐败现象、加快廉政建设提供坚实的物质基础和政治保障。

但是,就在这改革转轨时期,随着商品经济的发展,却滋长了贪污腐败现象,甚至愈演愈烈,达到新中国成立以来从未出现过的严重程度。这根子究竟在什么地方?笔者很赞成有些同志在仔细解剖了当前一些贪污受贿案件,应用历史唯物主义的观点去分析腐败现象原因时所提出的意见,认为:初始形态的商品经济与原有的权力集中的旧体制并存是产生腐败的重要根源。例如,新旧体制并存形成的经济上双轨局面和两种价格的存在,将计划调拨物资转化为自由市场商品,利用两者之间差价,转手之间就可获得暴利。由于政府部门还保留有产品经济所形成的集中权力,控制着相当大部分物资分配权、资金控制权、产品定价权等。另外,在改革开放的政策鼓舞下,城乡新兴企业和各种类型的经营主体如

雨后春笋出现，自负盈亏，自产自销，以致原料奇缺，企业都在忙于找米下锅。刚形成的自由市场上，商品往往供不应求。因此，大批供销人员四处乱窜，走后门，开条子，拼命挖掘计划物资使之成为生财之道。权钱交易、以钱买权、以权换钱的现象大量出现。许多弄权勒索、以权倒买、行贿受贿、贪污腐化等行为应运而生。据某些地区调查，万元以上的经济犯罪案件，有一大半都以权钱交易为特征。

权钱交易愈演愈烈的主要因素是对权力缺乏足够的民主监督。权力缺乏民主监督必然走向腐化，历史反复证明这一政治学上的规律。因此，少数国家工作人员，在商品经济繁荣、社会消费水平提高的情况下，经受不住金钱、物质的种种诱惑，趁着转轨时期新的管理体制尚未跟上的空隙，在缺乏群众监督情况下，大肆利用职权，从事贪污受贿等违法犯罪活动，破坏政府形象和信誉，损害国家和人民利益。

商品经济的发展呼唤着民主。从廉政建设来看，随着商品经济的发展，要制止权钱交易的腐败现象，最可靠的保证就是加快实行与商品经济发展相适应的政治体制改革，进一步健全和完善社会主义民主制度，提高人民群众的监督作用。建立“两公开一监督”制度，即公开办事制度，公开办事结果，提高透明度，在人民群众充分知情下进行有效的民主监督。只有在这一前提下，法律在促进廉政建设上才能起到必要的和十分重要的辅助作用。

三、如何发挥法律对廉政建设的辅助作用

首先，要重视预防方面。廉政建设，惩治腐败，应以预防为主。如禁止党政干部经商，国家工作人员财产申报制度，国家工作人员任用的回避制度，不准大摆筵席，请客送礼等规定，对于割断权钱交易关系，加强对国家工作人员的监督，避免亲亲相隐、官官相护弊端，培养国家工作人员廉洁，预防腐化变质均能起到重要作用。

其次，要重视惩治方面。对国家工作人员腐败行为，构成违法犯罪的必须依法严惩，以儆效尤。绝不能有法不依，执法不严，徇私包庇。但对于违法犯罪的惩处，必须以事实为根据，以法律为准绳，稳、准、狠地打击违法犯罪分子。做到定罪准确、量刑适当，才能使犯罪分子认罪服法，有利于消灭腐败现象，促进廉政建设。

最后，要重视监督方面。人大、政协、各民主党派和群众团体、报刊、电视、广播，以及纪检、监察、检察部门，都有权进行法律监督，依法同一切徇私舞弊、以权

谋利、贪赃枉法等行为作斗争。目前，建立举报中心制是在不搞群众运动的情况下依靠群众揭露腐败现象的有效形式，应该加以法律化和制度化，使之进一步完善，方便群众，避免流于形式。

另外，为了更好地发挥法律的积极作用，根据实践的反映，在立法上、法律的适用和解释上、组织法上还存在一些问题，有待于进一步研究和改进。

(1)某些廉政规定比较原则，弹性较大，容易形成“上有政策、下有对策”。例如，规定工作餐只许四菜一汤，由于没有价格限制，四菜一汤的内容大为走样。

(2)某些法律监督制度尚需研究改进。例如，为了使检察机关摆脱地方干扰，有人主张实行垂直领导，改革双重领导情况。究竟何者有利于检察机关实行法律监督，这是值得认真探讨的问题。

(3)舆论对于廉政的监督必须加强。要实行立法，从法律上、制度上加以保证。世界瞩目的日本“利库路特贿赂案”，就全仗《朝日新闻》的揭露，可见舆论监督的作用。应该看到，加强舆论监督是廉政建设成功的关键。

(4)有关廉政的法律需要统一协调。对于同样的行为，在甲地认为是违法犯罪的腐败行为，而在乙地却认为是应受表扬的行为是不可行的。要坚决反对地方保护主义和不顾大局的思想，要根据实际情况研究法律的正确适用和解释，力求法制的统一与协调，以利于推进廉政建设。

(1990年第1期)

民主:廉政建设的政治保障

郭道晖*

古今中外各个国家,不论其政治经济制度如何,政府都存在一个防止贪污腐化、建立廉洁政府的问题。这是因为,任何政府都是权力的化身;任何社会(除原始社会和共产主义社会以外)都有货币流通。权可谋私,钱能通神。权钱交易,就可以成为颠倒黑白的力量,使政府腐化,进而使国家衰败灭亡。

权与钱既是保证国家机器正常运转的两大能源,又是具有腐蚀性的两大祸根。社会主义国家也离不开权与钱,因而导致腐败的可能性也仍然存在。黄炎培先生认为这是一个不可抗拒的周期律,在访问延安时曾请教毛泽东,如何使共产党避免这个周期律?毛泽东回答是两个字:民主!

民主是腐化的天敌。社会越民主,权与钱的运用就越清正,腐败现象就难以滋生和易于抑止。这是因为,不受制约的权力是导致贪污腐败的病根,而民主则是制约与监督权力的良药。民主的精义在于广泛分配权力与权利,并以权利制约权力,以公民权利监督公共权力。封建社会是专制的统治,虽然一些开明的君主也力图肃贪治腐,但他们讲廉政而不讲民主,只能是局限于封建的吏治,靠严刑峻法来威慑一时,不可能依靠人民来根治。资本主义国家是讲资产阶级民主的,他们讲究"分权"和"权力制衡",在一定程度上能抑制贪污腐败现象。但由于他们的分权制衡只限于统治机器内部各个权力部件之间的相互平衡与制约,形成一个权力封闭的回路系统,人民则处在这架密封的权力机器之外,没有权力,也不能运用权利对统治权力进行监督与制约,因而也就不可能彻底地揭露贪污、根治腐败。虽然统治集团为了某种政治斗争的需要,也可以运用资产阶级民主,揭露出像洛克希德和利库路特等大贿赂案,但普遍存在的政府官员的贪污腐败现象,则往往被掩盖、庇护下来。

社会主义国家的廉政,是建立在社会主义民主政治的基础上的,这是区别于封建国家、资本主义国家的根本标志,也是它的优势所在。下面试就当前促进廉政建设必须进行的几项民主建设,略陈管见,以供讨论研究。

---

* 作者单位:《中国法学》杂志社。

一、加强人民权力对政府权力的监督

我国不实行“三权分立”制度,而是人民权力(集中由人民代表大会行使)高于政府(行政机关、审判机关、检察机关、军事机关等)的权力,后者向前者负责。这对于防范政府权力的滥用和腐化,本应是最强有力的,但迄今人民代表大会作为最高的国家权力机关和权力监督机关的权威和职能尚未充分发挥出来。搞好廉政建设必须首先加强国家权力机关的监督。

第一,廉政立法要立足于治本。现有立法多限事后的消极制裁,如制定了一些惩治贪污贿赂的有关法律,这方面的立法固然尚待完善;但从廉政建设的长远战略考虑,应注意事前的积极防范和树立清正廉明的政风的立法。全国人民代表大会除应制定廉政法、监察法、公务人员财产申报和登记条例等与廉政直接相关的法律外,还应抓紧制定公务员法、行政程序法,这是治本的法律。在公务员法中明确规定公务员的权利义务、公务员的素质及其保障制度,对公务员的监督、考核、奖励制度等,将有助于树立国家工作人员清正廉明的风纪。行政程序法按照民主原则、公正原则、基本人权原则、效率原则等,规范实现行政行为的方式、步骤、顺序与时限,规定相应的程序与制度。如规定事前的听证与听讯制度,使主要行政程序都有相对人的参与。又如,规定明确的时效限制,就可使掌握审批权的人难以故意拖延审批时限而向权利申请人索贿。实行回避的制度、辩论或辨明制度、通知告示制度,以及事后申诉、赔偿等制度,就可保证行政行为公正无私和防范行政人员失职以权谋私。因此,制定和严格执行行政程序法,是从制度上防止和制止官僚主义和腐败现象产生和滋长的重要的保证。

第二,在国家权力机关中设立国家监察委员会,加强对政府机关及其工作人员的监督。现有的行政监察机关对行政人员实行监督有一定的成效,但它的权力限于对行政部门的监察,而无权监察审判机关、检察机关和军事机关,而且行政监察的对象也只限于同级政府的各部门负责人以下的人员,而不监察政府主要领导人(如监察部不监察国管委员以上的领导人)。这就使我国监察体制留下了空白。解决的办法应是将现有的行政监察机关改属人民代表大会,或在人民代表大会中另设一个国家监察委员会,作为它的一个专门委员会,其下设相应的工作委员会,以提高国家监察的权威,加强权力机关对政府的全面监察。监察委员会还可设立廉政监察专员和组织巡视小组,对政府进行巡回监察。

第三,在权力机关中设立国家审计委员会,加强对政府的财政监督。在资本主义国家,财政权力是议会的权力中心,被称为“钱包权力”。我国权力机关对政府的财政监督往往重视不够，这对廉政建设也是不利的。今后人大应加强对政府的财政预算与决策的审议监督，并且政府举办重大工程、事业的专项拨款，也应由人大审议通过，其使用情况与效果应向人大作出报告。为了加强人大对政府的财政监督，除应加强人大现有的财经委员会的工作外，还可考虑将现属行政部门的审计机关改隶人大，或在人大另设审计委员会作为它的一个专门委员会，下设审计局，以扩大其权力。（理由同上述国家监察委员会）

第四，完善人大行使调查权、质询权、罢免权的程序，重视运用这些权力来加强对政府的监督。如组织对政府有关部门及其官员的廉政情况专题调查委员会，进行专项调查、质询。对失职、渎职、以权谋私者及时按法定程序予以罢免。还可考虑建立弹劾制度，对由人大选出的政府官员的违法失职和腐化行为进行审理。

二、加强公民权利对政府权力的监督

我国宪法和其他法律赋予公民广泛的权利。公民权利是政府权力不得侵犯的界限，也是对政府权力的制约与监督力量。其中与廉政监督有关的是：

第一，运用言论自由权利、批评建议权利，充分发挥舆论监督作用。舆论监督在国外被称为“第四种权力”。美国的水门事件、伊朗门事件和日本的洛克希德案、利库路特案，都是首先经由传播媒介的揭发与舆论的压力而得到追究的。在我国，有些干部“不怕控告，就怕上报”的心态也说明舆论的威力。应当在新闻法中规定保障公民运用新闻媒介对政府廉政建设的批评建议权，保障新闻媒介依法揭露贪污腐化现象的言论自由权，同时也注意对舆论进行正确引导，加强廉政建设的正面宣传。

第二，健全群众举报制度。近年检察院和行政部门设立的举报中心、反腐败热线电话，是依靠群众揭露贪污受贿等犯罪行为的有效形式。专门机关与群众斗争相结合，形成反贪污腐败的群众声势，对打击这类犯罪行为起了很好的作用。据最高人民检察院统计，1988 年全国通过举报渠道立案的大案数，占检察机关立案侦查的全部贪污受贿大案 2900 多件的 50%，其中还涉及 19 名省、部级干部。建议总结这方面的经验，制定《公民举报条例》，使之有法律的保障。

第三，抓紧制定有关公民民主权利的法律，如新闻法、出版法、申诉法、请愿法（公民向国家机关提出有关国家政策、公共利益和公民权益的批评建议的程序与办法）、信访条例（信访是一种信息机构，是党和政府同人民群众保持信息往来，了解社情、民情的重要渠道，也是公民对国家行使批评、建议、检举、控告和申诉权利的重要方式，应确认其法律地位与程序）、国家赔偿法（不只使公民因行政侵权所受损失得到补偿，而且可借以加强对国家机关及其工作人员的监督与鞭策，树立廉洁奉公、依法办事的政风）等。所有这些法律都是动员、激励和保障人民群众参与反腐败斗争的政治积极性的手段，并可使群众斗争纳入法制轨道。

第四，廉政决策民主化，尊重人民的民主参政权。“六中”全会决定中第一项任务就是要“建立健全民主的、科学的决策和决策执行程序，保证决策和决策的执行符合人民的利益”。这也完全适用于廉政建设的决策。国家在制定有关廉政的法律、政策、制度时，应当广泛征求、听取有关专家、群众的意见，使之更切合实际需要和人民的利益，并得到人民群众的积极支持。

第五，发挥民主党派和人民团体的廉政监督功能。在强化公民的监督权利的同时，还应切实保障人民政协、各民主党派和工会、共青团、妇联等群众团体的参政议政权利，发挥它们对廉政建设的支持与监督作用。

第六，认真实施行政诉讼法。行政诉讼法是保障“民告官”的权利的一个十分重要的民主的法律，对监督政府及公务人员，促其清廉将起极大的作用。它将于今年10月起实施。建议在政府工作人员和广大群众中广泛宣传这个法律，并为其实施做好一切组织上与心理上的准备。

三、实行民主的公开性，把政务活动置于阳光之下

列宁曾经指出：“‘广泛民主原则’，要包含两个必要条件：第一，完全的公开性；第二，一切职务经过选举。没有公开性而来谈民主是很可笑的。”[①]强调公开性就在于使群众对国家的政务活动有可能了解和便于监督。由于政府及其官员拥有相当广泛的自由裁量权，如果政务活动不公开，以权谋私者就可将它变为任意裁量而不受控制与监督。1976年美国联邦政府制定了一个名叫《在阳光下的政府法》，顾名思义，是把政府的活动暴露于阳光之下（这个法只限于公开政府会议与政府制作决定过程的情报资料）。不论这个法的内容的真实性与开放程度如何，其名称是很有借鉴意义的。引申开来，廉政建设也要求把政务活动置于

① 《列宁全集》（第5卷），第448页。

阳光之下，这是尊重人民的了解权与监督权，克服官僚主义和其他腐败现象的必要条件。为此：

一要积极推广"两公开一监督"的制度。具体来说，就是要"公开办事章程，公开办事结果，加强群众监督"。特别是为群众切身利益所强烈关注的评职称、分住房、建私房、装电话、用人用车等有关制度、方案和作出决定的理由、决定的结果，都公布让群众知道。在众目睽睽之下，以权谋私的现象就可得到抑制。公布政府领导人的个人收入与各种待遇情况，也可澄清一些误传，接受群众监督。

二要坚持实行协商对话制度。这是沟通政府与人民的关系，进行政情与民情的双向交流的群众性的监督制度。对话可以有多层次、多形式，包括决策性的对话（为有利害关系的当事人提供参与决策的机会），裁决性对话（在涉及公民权利义务的裁决时，听取当事人的陈述、意见、要求或证明，以便作出更公正合理的裁决），答复请愿的对话，接受申诉的对话等。政府官员经常与群众对话或恳谈，使政府经常受人民群众的阳光的照耀，是政府防腐的一种有效激素。对话的方式简便灵活，座谈、个别谈、电话谈、电视谈话，以及召开记者招待会等都可以，不受法律程序约束，一定程度上可以弥补行政诉讼和行政复议制度的不足，也可作为行政监察的重要组成部分起作用。1966 年日本制定了《行政对话委员法》，任命德高望重、富有学识与经验的人士为各级行政对话委员，开设行政对话窗口，听取公民对改善行政工作的意见和要求，尽可能地解决当事人所申诉的问题，补偿他们因行政失误而受的损失。它成了行政机关与公民联系、发挥公民对政府的监督作用的纽带。这种做法也是有借鉴意义的。

三要坚持廉政监督本身的公开。即经常公布有关廉政监督制度与措施，公布对政府人员实行监察的结果，这可以使被监察者明确今后改进工作的方向；有利于群众了解和评议，为形成新的监督政策措施提供条件；也可使相应的案例产生连锁反应，有利于督促其他部门解决类似问题。

（1990 年第 6 期）

法律应当为世界和平与发展服务

蔡 诚*

[**编者按**] 今年4月,在北京召开的第14届世界法律大会上,来自世界各大洲的知名法官、检察官、法学家、律师和其他法律界人士,共同探讨了法律为世界和平与发展服务的重大课题。本文作者司法部长蔡诚系本届大会中方副主席,他根据大会精神,特为本刊撰写了"法律应当为世界和平与发展服务"一文,现予发表,以飨读者。

和平与发展是世界各国人民的共同愿望,也是世界历史发展不可逆转的潮流。第14届世界法律大会通过的《北京宣言》反映了当今时代的要求,符合全国人民的根本利益,必将对世界和平与发展事业产生深远的影响。

维护世界持久和平,推动世界各国的共同发展,解决这一历史提出的重大课题,要依靠爱好和平的国家和人民在各个领域作出不懈的努力,其中重要的是,要依靠各国人民运用公正、合理的法律手段进行有效的斗争。法律应当保障和促进世界和平与发展的进程,而不应当阻碍这一发展进程。世界人民经历了一次又一次的侵略战争的劫难之后,越来越认识到各国之间只有建立一种和平共处、共同发展的法律关系,才能制止侵略战争,消除贫困,促进各国的经济繁荣、社会进步和人民安居乐业。我们高兴地看到,联合国宪章颁布以来,尽管世界上局部的侵略战争仍然此起彼伏、连绵不断,但是,维护宪章,遵守宪章,依照宪章的准则处理国与国之间的关系,已经得到越来越多的主持正义的国家和人民的拥护和支持。当前,国际形势正在发生重大变化,世界各种力量在错综复杂的利害矛盾中重新分化和组合,世界更加动荡不安。面对急剧变化的国际形势,我们应当居安思危,警钟长鸣,和世界各国人民一道,制止军备竞赛,敦促所有国家通过和平方式解决国际争端,争取世界和平。同时,努力消除国际经济关系中的不平等,缩小富国与穷国之间的差距,使许多发展中国家摆脱饥饿、贫困、失业、沉重外债和环境条件恶化的困扰,实现世界各国的共同发展,以建立稳固的国际政治新秩序和国际经济新秩序。

---

* 作者单位:司法部。

通过法律为和平与发展服务，在中国受到了格外的重视。中华人民共和国成立以来，我国一贯恪守联合国宪章，坚持不懈地通过法律创造和平的国际环境。早在20世纪50年代，我国率先与印度和缅甸倡导的互相尊重主权和领土完整、互不侵犯、互不干扰内政、平等互利、和平共处五项原则，是对联合国宪章的宗旨和原则的创造性发展，已经得到了绝大多数国家的赞同和支持。几十年来，我国始终不渝地坚持以这一原则处理国与国之间的关系，不断发展同各国的友好与合作，为世界和平与发展作出了重大的贡献，赢得了国际社会的普遍赞誉。同时，我国高度重视通过法律，实现国家的安定团结和社会的普遍平等，保障国民经济的稳步发展和人民群众的共同富裕。特别是1979年以来，我国把健全法制作为治国安邦的基本国策来实施，极大地加快了社会主义法制建设的步伐，取得了举世瞩目的成就。我国已经初步形成了以宪法为核心的法律体系，在国家政治生活、经济生活和社会生活的基本方面，实现了有法可依；建立了一套比较完整的互相配合又互相制约的执法机构，培训了一大批有较高素质的执法人员，从而有效地改善了执法活动，加强了法律实施的监督，保证了法律的严格执行。

我国宪法和法律是人民通过自己的代表制定的，充分体现了人民的意志和利益，保障国家的一切权力属于人民。事实上，我国人民享有最广泛的民主权利，人民通过全国人民代表大会和地方各级人民代表大会以及其他方式管理国家、管理社会、管理经济和文化等各项事业，增强了人民群众当家作主的社会责任感，调动了他们建设美好生活的积极性，形成了一种在法制范围内的极大的民主和自由。特别需要指出的是，为了使宪法和法律的各项规定变成社会的现实，我国从1984年开始，在全国范围内开展有组织、有计划的普及法律常识活动，提高了人民群众的法制观念，使越来越多的人民知法、守法、护法，自觉地运用法律手段来保护自己的民主权利、人身权利和其他权利，对于我国民主法制建设起到了巨大的推动作用。

为了加速经济发展，我国实行了经济体制改革和对外开放，并逐步把改革开放纳入了法制轨道。我国特别重视涉外经济法制工作，制定了中外合资经营企业法、外资企业法、涉外经济合同法等一系列法律、法规，改善了外国合作者在华投资的法律环境，确保了外商合理的经济利益，因而，10年来我国对外开放工作获得了蓬蓬勃勃的发展。

我国为改变经济文化比较落后的状况，正在大规模地进行现代化建设。我们奋斗的目标是，到20世纪末，实现国民生产总值再翻一番，人民生活达到小康水平。到21世纪中叶，人均国民生产总值达到中等发达国家水平，人民生活比较富裕，基本实现现代化。然后，在这个基础上继续发展。实现这一目标，外部需要一个和平的国际环境，内部需要一个稳定的政治局面，没有这样的外部和内部的条件，什么事情也办不成。在我国，坚持共产党领导，坚持社会主义道路，坚持人民民主专政，坚持马列主义、毛泽东思想，这是中国人民的历史性的抉择，是我国宪法所确立的基本原则，是社会稳定和经济发展的根本保证。我国法律界人士将和全国人民一起，高举宪法的旗帜，坚定不移地在中国共产党的领导下，奋发图强，英勇斗争，把我国建设成为富强、民主、文明的社会主义现代化国家，并努力为世界和平与发展事业作出应有的贡献。

（1990年第7期）

权利价值的二重性

魏再龙*

权利是个人利益发生对立的产物，是个人意志在社会活动中的行为界限。权利的基础是私有制的生产关系。权利的个体价值是个人利益和个人意志的直接表现；权利的社会价值在于个人利益和个人意志通过商品经济的中介，间接表现出来的价值。以权利为核心的法律制度和法意识同商品经济相结合，即把个人利益和意志同社会活动相结合，就能充分地实现权利的社会价值。由民主法制所体现和保障的权利关系，是促进社会发展的精神动力和力量源泉。

一、权利价值二重性的一般论述

权利作为一种社会关系的体现，是社会分工和私有制的产物。当我们单独考察权利关系时，就会发现权利关系与商品经济有着直接的联系。没有社会分工和私有制，就不会有交换产品的事实发生，产品就不会变成商品。商品是物，它本身没有意志。商品所有者占有和支配商品，就把人的意志与物的自然形体结合起来，构成了人对物的占有和支配的权利；将物拿到市场上去进行交换，就构成了人对物的转让和取舍的权利。商品交换就是通过物的交换形式，体现人对该物享有占有和支配的权利。这也是人与人之间，通过商品即物的中介来实现权利（即意志）的交换。但是，商品的交换形式，体现的仅仅是权利的社会表现，即社会承认了个人对所有物具有占有和支配的权利，它还没有体现权利的来源，也没有揭示出权利的实质。权利的来源和实质必须到生产商品的劳动过程中，即生产关系中去寻找。在那里，我们可以看到，权利者由于占有了生产条件（人和物），从而能够在生产关系中发挥意志的能动作用，指挥和支配劳动者生产出劳动产品，并获得占有和支配产品的权利。同时，义务者由于丧失了生产条件（自身自主活动的自由和生产资料），从而只能在权利者意志的指挥和支配下进行生产劳动，并创造出产品供给权利者体现占有权和支配权的意志。所以，权利的来源，是占有生产条件的权利者赖以发挥指挥和支配劳动过程的意志，权利

* 作者单位：武汉大学法律系。

的实质则是占有和支配他人的劳动。

在私有制的生产关系中,劳动者的生产活动是按照所有者的意志进行的,正是因如此,所有者才有权占有和支配劳动生产出来的产品。所以,若把劳动生产的产品与权利者的关系联系起来考察,就可以发现,产品不仅是物化了的劳动,而且也是物化了的指挥劳动的意志。也就是说,在产品中不仅凝结了劳动者的劳动,也凝结了权利者指挥劳动活动的意志。过去,马克思从商品与劳动的关系中,分析出劳动二重性,揭开了商品二重性的秘密。现在,我们在考察权利这一意志关系时,能否运用马克思在考察劳动二重性的思想方法,考察指挥劳动过程的意志,从而找到权利在它的表现物——商品中所隐藏的秘密呢?笔者认为是可以的。如同商品经济具有二重性,权利作为所有者对商品的占有和支配的意志,也具有二重性。指挥生产关系中具体劳动的意志,即占有和支配具体劳动的权利,决定着权利者的个体价值;统治和影响交换关系中抽象劳动的意志,也就是占有和支配抽象劳动的权利,决定着权利的社会价值。

马克思主义认为,人对外界的任何关系,都是人具有意识活动的外在表现。在原始社会或者野蛮时代的人,为了满足需要而从事的共同劳动,意志与人们的劳动是在一个不可分割的整体关系中统一体现的。因此,人就是一个生产和生活关系的整体,没有权利和义务的划分和观念。由于生产力的发展,社会分工与私有制的出现,不仅使社会分裂为利益对抗的阶级,而且,也出现了精神劳动与物质劳动的分离。原来,在原始社会或野蛮人中,意志与劳动是本能结合的同一生产活动,现在,竟分裂成由利益对立的两部分人来分担其活动。精神劳动者既是占有生产条件,从而能够指挥和支配劳动过程的意志指挥者,又是有权占有和支配产品的权利者;物质活动即体力劳动者(当时就是奴隶)既是执行占有生产条件者的意志、从事生产活动的劳动者,又是创造产品以体现权利者的占有权和支配权的义务者。

二、权利的个体价值

当人类发展到野蛮时代的高级阶段,由于生产效率的提高,社会出现了剩余的产品,这样就刺激了人们追求财富的贪欲。然而,因为"他们是野蛮人,进行掠夺在他们看来,是比进行创造的劳动更为容易和更为荣誉的事"。[①] 因此,掠

① 《马克思恩格斯选集》(第4卷),人民出版社1972年版,第160页。

夺财物和奴隶成了人们向往和追求的生活目标。人们认为,“用劳动获取生存资料是只有奴隶才配做的、比掠夺更可能的活动。”①这种掠夺财物和奴隶的意志,就是当时促进社会发展的动力,是它创立了奴隶制的生产方式;是它把能够生产剩余产品的劳动力组织起来,创造出像埃及金字塔那样的伟大奇迹。但是,意志的精神力量如果不同物质活动相结合,就不能创造出物质成果。奴隶制的生产关系,就是奴隶主的意志同奴隶劳动相结合的生产方式,它也是社会的基本权利和义务关系。通过这一生产关系所创造的产品,就是奴隶主指挥和支配奴隶劳动的意志,同奴隶无条件服从其意志的劳动相结合的产物。用法律语言来说,产品中蕴涵的奴隶主意志,就是体现为占有和支配产品的权利。凝结在产品中奴隶的劳动,则成了提供产品占有权和支配权的义务。因此,在奴隶制生产方式中的产品,既是物化了的奴隶劳动,又是物化了的奴隶主的意志,它体现的是一种社会关系。它既是劳动者创造的产品,又蕴涵着一定生产关系中指挥生产活动的意志。当我们说某产品的所有权时,指的就是这种占有和支配产品的意志;当我们说某产品是某物时,指的则是体现一定生产关系的产品。因此,产品的使用价值既是一定生产关系中具体劳动创造出来的,也是一定生产关系中指挥劳动的意志所决定的。

必须看到,意志和意识是一种精神力量,它来自人们的社会实践活动的力量,没有生产的需要和目的(即意志)就没有创造满足需要的活动。需要,首先是个人的物质需要。在蒙昧和野蛮时代的个人,为了生存,又由于生产条件的制约,相互之间通过合作和交往,形成了生产关系,是一种本能的需要。在那里,人的精神活动和物质活动也是本能地交织在一起的。分工和私有制把社会分裂为阶级关系,精神活动和物质活动才分裂为两部分人的活动。占有生产条件者的意志,变成了占有他人劳动的权利;丧失生产条件者的劳动,变成了执行他人意志、提供权利者实现其权利的义务。在整个文明社会的发展史中,不同历史类型生产关系的更替和发展,始终贯穿着统治阶级意志同劳动者实践活动相结合的矛盾。调整他们之间矛盾的对立统一,就是社会发展的动力。过去,在劳动人民是历史的创造者这一传统观念中,剥削阶级成了永世的历史罪人。为了激发起被剥削阶级反抗剥削的激情,并把这种激情变成推翻阶级统治的行为,人们往往注重对剥削阶级那些残酷的暴行和卑劣的剥削的揭露,而忽视了对之作全面认识的资料和论述。因此,在不同历史条件下,不同剥削阶级的统治意志,在推动历史前进中的能动作用就被忽略了,意志和个人意识的能动力量也被冲淡了。

---

① 《马克思恩格斯选集》(第4卷),人民出版社1972年版,第161页。

而马克思主义则认为，统治阶级的意志，是由占统治地位的生产关系决定的，它以法律和制度的形式成为统治和控制社会的力量。在一个具体的生产关系中，占有生产优势条件的个人，他的意志同样具有指挥生产活动的权力和享受占有和支配产品的权利。劳动者在生产活动中，只能从事执行他人意志的劳动。具体劳动创造出产品的使用价值，只能成为满足权利者需要的个体价值。正因为劳动者丧失了自主活动的意志，从而失去了占有和支配劳动产品的权利，所以，他们并不关心生产活动，所关心的只是如何摆脱剥削关系或者减轻其剥削。例如，在奴隶制生产关系中，奴隶毫无自主活动的意志，劳动纪律只能靠棍棒和残酷镇压的威慑恐怖手段来维持。在封建制生产关系中，劳动者有了一定程度的人格权，个人自主活动的意志依附于被封建地主所控制的土地之上，农奴（农民）的生产积极性略有提高。劳动纪律靠封建等级意识、宗教迷信和严刑峻法的法律义务等手段来维持。只有在资本主义生产关系中，资产阶级把生产资料和劳动者，均变成可以体现意志自由的抽象物（资本和劳动力）。自主活动的意志，同人的实践活动在抽象的个人（或者个体）中结合起来。马克思恩格斯在《共产党宣言》中指出："资产阶级在它的不到一百年的阶级统治中所创造的生产力，比过去一切世代创造的全部生产力还要多，还要大。"[①]这里的秘密就在于意志以权利形式结合，在社会劳动中起了作用。虽然这种结合是形式的、虚伪的，甚至是欺骗性的，但是，人人追求个人利益和幸福的权利，受到国家和法律的保障，把个人意志同社会劳动的实践活动结合起来，就能开拓出巨大的生产潜力，推动社会进步。这一点在资本主义生产方式的实践活动中，已得到了充分的证明。

由此可见，意识与劳动的最初结合是一种本能的自然结合的关系，后来一分为二，成了统治阶级意志，强制地见之于劳动群众的生产实践之中，成为剥削和被剥削生产关系的结合，最后又巧妙地、虚伪地结合于抽象个人的社会关系之中。这一切都是随着社会生产条件的发展而展开的。今天，我们生活在社会主义有计划的商品经济的条件下，不是要消灭商品经济，也不是要消灭个人意志与社会物质活动的结合，而是要消灭资本主义生产方式的结合形式，消灭它的虚伪和欺骗的本质。也就是说，要为这种结合创造真实的社会条件。权利始终是维护个人（或者个体）利益的意志表现。它通过生产关系和法律确认的形式，同物质活动相结合，创造出产品的使用价值，同时，也体现出意志者的个体价值。权利保障个人（或个体）利益，个人利益刺激个人意志在生产活动中发挥积极的能

① 《马克思恩格斯选集》（第1卷），人民出版社1972年版，第256页。

动作用，创造出更多更好的产品，成为权利者满足个人（或者个体）的需要，就实现了权利的个体价值。

三、权利的社会价值

从微观上看，生产关系中意志与劳动的结合是权利实现其个体价值的过程。从宏观上看，商品关系中权利与权利的交换，即意志与劳动相结合的物化体之间的交换，是权利实现其社会价值的过程。在生产关系中，权利者由于占有生产条件才能发挥出个人意志去组织和支配他人的劳动，并获得占有和处理产品的权利。在商品关系中，双方都是权利者，他们进行的商品交换实质是权利与权利的交换。这种交换只有在双方均具备如下条件时才能进行：

第一，商品必须是具有使用价值的物；

第二，商品必须是对别人有使用价值的物；

第三，商品必须是已经被所有者占有的产品；

第四，商品必须是可以同其他商品相比较的产品。

这 4 个前提，不是四个不同的前提，而是同一商品体所体现出来的四个方面的前提。1、2 两个前提是商品体的自然属性及其发展。它是个人为了满足物质需要，有目的地通过具体劳动创造出来的使用价值。由于分工使它发展为社会的需要。3、4 两个前提是商品体作为一种交往关系即社会属性及其发展。由于私有制而变为权利关系和权利观念的发展过程。它也是在私有制条件下，个人占有和支配他人劳动和产品的权利被社会逐步承认和体现的过程。这四个方面的前提在商品交换过程中，对于交换双方并不都是以同样的内容表现出来的。商品交换固然是权利与权利的交换，但这两个权利的含义对交换者双方而言具有不同的内容。根据马克思对商品价值形态的分析，商品与商品的交换一个是作为等价物，另一个是作为相对价值的体现而进行交换的。商品所有者对自己所持有的商品只是作为一种权利看待，即可以用它来换取自己需要的使用价值（后来它发展为一般等价物，即货币）。因此，商品所有者关心的只是自己商品是否被社会承认，有可供交换的价值。反之，别人所持的商品才是自己需要的使用价值，只是它需要与自己所持商品的价值相等才能进行交换而已。所以，马克思认为，自己持有的商品作为等价物是一个一般的商品。别人所持的商品才是为自己需要的一个特殊商品。这样，商品交换就是商品的社会属性同商品的自然属性相交换。

权利作为商品的社会属性是人的意志见之于社会关系的体现。商品持有者为了要提高自己商品的价值,就需要回到生产领域中去,提高生产效率(即调整人与自然的关系)和完善生产关系(即调整人与人的关系),使他的产品具有较高的交换价值。这样,权利的能动作用就从个体价值发展为社会价值。因为:

第一,权利是由个人利益引起的个人意志活动同外界的物质活动相结合的一种社会关系。权利是随着社会分工和私有制而发展起来的。由于社会分裂为利益对立的集团,从这时起,个人意志活动才以权利的形式独立地发挥其能动作用。在生产关系中,占有生产资料的个人为了实现个人利益而发挥个人意志的能动性。指挥和支配他人劳动以满足需要。在商品关系中,由于交换是以等价原则进行的,只有提高个人占有的商品价值,才可能换回个人需要的更多更好的使用价值。因此,只有在生产中提高生产效率和调整生产关系,减少自己商品中社会必要劳动的消耗,才能满足个人不断提高利益的需要。由于商品的社会价值,也是个人精神力量同劳动实践相结合的产物,所以,权利的社会价值的基础也蕴藏于权利的个体价值之中。

第二,权利是个人利益同社会公共利益相矛盾的产物。个人生存和发展的物质生活资料在任何社会和时代,都需要由社会合作和依存关系来提供。由于社会分工和私有制的产生,个人或者个体(如单个家庭、民族、集团)的利益同社会共同利益开始发生了矛盾。为了把这种矛盾维持在秩序的范围内使社会生产得以进行,国家作为一种超社会的政治力量便应运而生了。它名义上代表全社会公共利益,实质上维护的是一种利益对立的生产关系。它确认生产关系中统治阶级的利益为合法权利。因此,国家作为统治社会的一种政治组织既不代表社会成员的个人利益,也不代表社会的公共利益。它是一种超社会的"虚幻共同体",①代表着统治阶级的利益和意志,并以法的形式把这种意志通过统治阶级的每个个人表现出来,成为占有和享受社会财富的基本权利。因此,国家和法是调动统治阶级个人意志力量的政治权威和物质后盾。在奴隶制、封建制的社会里,统治阶级发挥个人意志的能动作用,是直接运用压迫和慑服的手段在生产关系中实现的。在那里,商品经济只能在社会的缝隙中起补充作用。到了资本主义社会,国家以法的形式公开提倡和发展商品交换的平等权利,并与政治平等的资产阶级民主形式相配合,使个人意志的能动力量在不平等的生产关系下得到了充分发展。也就是说,权利作为个人意志的能动性的发挥,在利益尚存在对立的社会里需要一种超社会的力量,即国家权力的确认和保障才能实现。这就是以法确认和维护权利的精神力量,从实现个体价值到社会价值的全部过程。

---

① 《马克思恩格斯选集》(第1卷),人民出版社1972年版,第38页。

第三,权利是个人利益和个人意志相结合而产生能动力量的。个人利益是满足个人需要的物质条件,个人意志是实现这些条件的思想活动。在个人利益尚有差别的社会里,个人利益的追求,在很大程度上总是体现个人意志力量的标志。权利的产生是私有制关系的产物。它的最初表现是个人占有和支配他人劳动和产品。所在,权利总是同个人利益分不开的。没有个人利益的差别,权利就没有存在的必要。追求个人利益正是挖掘个人意志潜在力量的源泉。商品交换把竞争引入经济领域之中,使个人利益同个人意志结合起来,成为提高社会生产效率的精神力量。这种精神力量一旦同社会生产的物质活动有机地结合起来,就会创造出社会物质财富和精神财富的客观效果。所以,商品经济是在利益存在差别的社会中,调动个人意志积极性的最佳经济方式。法律以权利的形式把个人追求利益的意志所表现的行为加以确认和保障,就充分调动起了商品社会中的精神力量和物质力量。马克思指出,“商品是天生的平等派”。商品以等价交换为原则,以竞争机制为动力。个人的意志和才能(即精神力量),只有在竞争中才能得到充分的体现和发展。但是,用竞争调动个人乃至社会精神力量的积极性,尚需要严格遵守两个前提:其一是健全法制,把各种利益界限均以法律形式公布于社会,使人的活动有法可依、依法办事。因为商品交换的平等关系是以生产关系的不平等条件为前提的,没有国家和法来加以确认和保障,并严格依法办事,个人意志的能动作用就不可能得到发挥。其二是随着生产力的发展,国家要及时地改革生产关系的结构体制,使生产力的社会形式同生产内容相适应。因为商品经济的活力,是以生产领域的活力为基础的。个人意志同社会经济条件的关系,是一定社会中生产关系同生产力相结合的关系。不及时地按照生产力发展的要求改革生产关系的体制结构,就不能及时有效地调动个人意志力量的积极性。必须认识到,个人意志在生产活动中积极而有效地发挥,是社会其他一切活动的基础。商品经济中体现的个人意志,不过是生产关系中占统治地位的个人意志发挥作用的一面镜子。这样,权利的个体价值通过商品经济的中介,就得到了社会的承认、普及和实现。

第四,商品的权利交换可以促进个人意志向社会化的社会关系方面扩展。权利既是社会确认个人意志活动的行为表现,又是一种特殊的社会关系。在生产关系中,由于生产的局限性制约着社会关系的局限性,因而个人意志的发挥也是受局限的。在商品经济中,商品交换的社会关系是开拓型的社会关系,它把个人意志随同产品的交换,渗透到社会的各个领域,乃至超越国界,联系着世界经济的市场。因此,随着商品经济的向前发展,以权利为表现形式的个人意志活动的能量也将得到相应的发展,使权利的个体价值通过商品交换的中介,渗透到社会化的领域之中,发挥其更大、更深、更全面的社会价值。

通过以上分析可以发现:

(1)商品的经济关系是以物与物交换的形式,掩盖着人与人之间相互依存的本质关系。人的意志活动是这一关系的内在因素,只有充分调动这一因素,才能真正实现人的社会本质。

(2)权利是一种特殊的社会关系。它是个人利益发生对立的产物,是个人意志在社会活动中的行为界限。这种行为界限,最初表现为习惯,后来发展为法律。因此,权利永远是以个人利益为内容的个人意志的社会表现。

(3)权利的基础是私有制的生产关系。由于生产关系中生产条件与生产活动相脱离,个人意志取得了支配劳动活动和占有劳动产品的权利。商品交换是权利的社会承认和体现,国家和法是权利的政治保障。

(4)权利的个体价值是个人利益和个人意志的直接表现;权利的社会价值是个人利益和个人意志通过商品经济的中介,间接表现出来的价值。权利通过商品经济的发展,个人意志的能量将渗透到社会的各个领域和社会化的人类社会之中。

(5)商品经济是社会经济发展不可逾越的阶段,权利关系及其发展、完善的过程,也是社会发展的必然。由民主法制所体现和保障的权利关系,是促进社会发展的精神动力和力量源泉。在民主和法制的国家,公民的权利意识越明确,个人意志能动力量的发挥就会越大。

(6)以权利为核心的法律制度和法意识同商品经济相结合,即把个人利益和意志同社会活动相结合,就能充分地实现权利的社会价值。社会主义初级阶段的商品经济不是要消灭个人利益和意志同社会活动的结合,而是要改革和不断完善这种结合的形式,并以法律制度和法意识来调动它的积极性,直至个人之间利益差别的最终消失。

(1990 年第 10 期)

1991 年

权利与义务关系之争
——当代中国法理学热门话题评介(上)

林　喆*

[**编者按**]权利与义务关系之争,已成为法理学界最为热门的话题,争论历时3年之久,并有对其所涉之理论与实践问题进行具体研究而使讨论进一步继续深化的趋势。本期刊载林喆同志就讨论而做的综述和评价,可以看见其问题提出的初衷和各自的观点。本文作者自始便参加了这一问题的争论,故对这一讨论所作之评价,不乏独到的见地,值得一读。本文分上、下两篇连载。

一、问题的提出

确切地说,权利和义务关系的讨论早在1988年6月于长春召开的全国法学基本范畴研讨会上便已拉开帷幕。当时与会者在这一思路上达成共识:以权利和义务范畴重构法学理论体系。人们指出,我国法学理论自新中国成立以来的两大缺陷为,“一是以阶级斗争为纲,阶级斗争的理论被极不适当地贯彻到法的一切方面和全部过程;二是以规则为核心范畴,把复杂的活生生的法现象归结为没有活性的规则”。克服这种弊端的最有效的方法就是“引入权利论”。①

然而随之而来的问题是:在这一对范畴中,何者居矛盾的主导方面?一些中青年学者明确提出,“权利是本位”,“法学应该是权利之学”。会后就此题发表了一些笔谈和一系列论文,这些文章初步涉及权利的渊源、类别、内在矛盾、权利和义务及其与其他社会现象的关系,其观点新颖、明快且富有深度。其中主要论点有:

(1)权利观念与商品经济。

权利意识的树立适应着商品经济、民主政治和法制发展的需要,唯有认真对

* 作者单位:上海社会科学院法学研究所。

① 张文显:“关于权利和义务的思考”,载《当代法学》1988年第3期。

待公民权利的政府才能唤起人民对法的信任、依赖、尊重和遵守。商品经济和民主政治要求一套既定的规则和一个权力有限的政府，非经正当法律程序并根据正当理由，任何人都不能以统治阶级或国家名义剥夺和限制公民的基本权利。在商品经济的基础上，人与人之间关系的基本准则应该是平等的和自由的，国家要平等尊重每个人的要求，协调各种要求的冲突，将公民"应有"权利法律化、规范化。没有经过商品经济充分发展的阶段，不可能有个人权利的观念和平等、民主、法治等观念的普遍建立。

(2)权利与利益等价值观念。

权利的产生以利益的差别和冲突的普遍化为背景，只有当普遍的利已行为引起利益冲突时，权利才成为一种必要。权利产生于对利益的斤斤计较，它所反映的是人们的利益关系。如何确定权利主体的利益是以社会上占统治地位的人们的整体利益为标准(其价值取向根源于现实社会的经济关系，通过国家意志的形式认可)。社会的价值判断应当是一种通过民主机制而形成的公共选择。认真看待权利必然促使法学理论对价值问题作郑重考虑。权利问题的研究应该与正义、法律价值等问题联系起来。

(3)权利的类别。

应该重视应有权利的研究，它是实有权利的前提和基础。应该注意习惯权利义务对于法定权利义务的影响，确定法定权利义务合理界限的最根本的客观标准和依据是看它们是否有利于生产力的发展。

(4)权利与义务。

法定权利突破了天赋权利的个体性、内在性和非手段性，突出了权利和义务的关系。权利和义务是同一事物的两个方面，其统一性由它们的界限所规定，一旦超越界限便将走向反面。权利和义务相互关联，互为依存，它们在社会中的总量是相等的。其中权利居矛盾的主要方面。从实践上看，法律调整整个结构的义务本位是法律失去人民信赖的重要原因。法律观是权利本位主义还是义务本位主义，是个人本位主义还是国家或社会本位主义，有其一定社会历史条件下的社会价值选择的背景。

(5)权利与法。

法创制的首要任务是把被一定物质生活条件决定的人们行为的可能性转化为法律上的行为的可能性，即把社会学意义上的权利转为法律上的权利。权利是国家创制规范的客观界限和进行分配的客体。法的真谛在于对权利的认可和保护。法是权利的外化或客观的权利，权利是法的内容或主观的法。权利是法的本质，国家意志是法律的本质。

（6）对传统权利观的批评。

国家主义的权利观建立在这一命题上：生产资料的国家所有制必然代表全体人民，而它的法权要求必然是国家权利而非个体权利。权利问题的研究应该重视对公民具体权利或个体权利的研究，而坚持以权利为本位意味着一个社会对于人的价值的主动性和创造性的尊重。现代法学，应该是以商品经济为基地的，构成民主政治骨干软件的，以权利为分析单元的，以多维视野为方法的权利学。①

只要细细阅读这些文章便不难发现，它们有两个明显的特点：其一，形成后来法本位问题争论的基本倾向已蕴涵于其中，之间的分歧初显端倪；其二，几乎每一位学者在谈及权利问题时都将它置于与义务的统一体中加以分析。严格地说，在这一阶段尽管一些文章中不时显露"权利本位"之词，并且大多数学者将论述重点置于权利概念方面；但并未形成系统的本位说。这种偏重于以权利观的变革来重构法学体系的倾向，后来被人们笼统地概括为"权利本位"说（以下简称"本位说"）。

对于这一主要发生于法理学界的青年学者中的理论倾向，有学者提出质疑：从人类社会的发展史看，法的侧重点并不是权利而是义务约束，任何无序状态转为有序状态的系统都要依靠一定的约束条件即社会个体成员承担义务来实现，故而法的重心在于义务。② "义务重心"说（以下简称"重心说"）的提出富有挑战性，它与"本位说"在思路上的明显差异立即引起了人们的注意。于是，一场讨论便由此而展开。一些针锋相对的文章从不同的角度解说了权利观念，并进一步阐明了"权利本位"的前提、内涵和研究价值。与以往观点的不同之处在于，"权利本位"的内涵和讨论范围被较为系统地阐述和限定。③

1990年年初，国内法理学界反资产阶级自由化时，部分学者公开批评了"本位说"，将它归于自由化思潮在法学界的表现形式之一。他们认为"本位说"的倡导可能为制造某种动乱和为暴乱者所利用，从而导致严重的政治后果，因此，"不管'权利本位说'的倡导者的主观意愿如何，这种错误观点的出现与传播在客观上确实适应了极少数搞资产阶级自由化的人的政治需要，也可以说这种观点为资产阶级自由化思潮从法学方面提供了理论上的依据"而这正是"本位说"

① 详见《当代法学》1988年第3期。

② 参见张恒山："法的重心何在——评'权利本位说'"，载《政治与法律》1989年第1期。

③ 详见《政治与法律》1989年第1～4期。

的要害，正因如此，对它就“绝不能听之任之，必须旗帜鲜明地捍卫马克思主义法学基本原理，澄清在这一重大问题上的理论是非”。①

上述观点与在合肥召开的全国法学理论学术研讨会的气氛形成鲜明对照，在那次会议中，“本位说”与“重心说”和“权利义务本位或无本位说”（以下简称“无本位说”）展开了公开的论战，同年10月在大连召开的民主法制权利义务研讨会上，“本位说”的呼声更见明显优势。会后，《当代法学》以“以权利和义务为思路，深入开展法学研究——法学家论权利和义务”为题，刊登了一组笔谈，较为客观详细地反映了此会的倾向性观点。与这些学术会议的气氛相吻合，《中国法学》杂志连续四期展开法本位问题的争鸣，并报道了一系列相关会议的内容，将这场讨论推向高潮。

不久，《求是》杂志在“理论动态”栏目中刊登了“法学界关于权利和义务的关系的争论”一文，介绍了这场讨论的缘起、概况和3种不同的观点，并在结尾明确指出：“目前，这三种基本观点的争论还在继续。这是法学界贯彻‘百家争鸣’方针，进行法学理论探索的体现。”至此，讨论历时3年之久，而“权利本位”说作为权利和义务关系研究中的一种学术观点而得到承认。

二、批评与反批评

权利和义务关系之争始终围绕着对“权利本位说”的批评展开。这一批评主要来自两方面——“义务重心说”和“权利义务无本位说”。

（一）“重心说”的批评及“本位说”的反批评

“义务重心说”论者认为，“权利本位说”有种种，较典型的是两类：“泛权利本位说”（即主张“法就是权利”）和“限权利本位说”。其批评主要是针对后一种。“重心说”认为，关于法本位的讨论应该严格地局限在实在法效用的实现借助于何种规范手段的范围内。当法的价值目标已经确立而实际的法律规范体系却背离它时，对于法学家来讲，就必须考虑如何改造法律规范体系使之与已设立的价值目标相一致，而不是去提出“法律权利应该是什么”和解决以什么为法的本位的观念问题。法律只有实际上被遵守才具有实效。因此法的重心在于义务，义务比之权利具有决定意义和更大的实用价值。

面对这一批评，“本位说”认为，“权利本位”是一个体现平向利益关系和有

① 参见乔伟：“评‘权利本位说’”，载《求是》1990年第13期。

价值定向的概念,它所回答的是“应该是什么”,而不是或主要不是回答“是什么”的问题。它解说了一种法律上的原则或理想体系。它既不是要将权利和义务的关系作为涵盖一切法律现象和法学问题的解释和命题,也没有否定义务在法定权利实现过程中的重要的保障作用和意义。它认为,立法者在设定义务时不可以随心所欲,而应该从这一基点出发,即在权利和义务的关系中,权利是目的,义务是手段,法律设定义务的目的应当在于保障权利的实现,义务应当来源于、服务于并从属于权利。义务的履行只是在围绕着保障权利的前提下才成为必要、合理和具有价值。在法无明文规定的行为领域可以作出权利推定,即承认相应的行为方式作为一种权利已经存在了。

显然,两种观点各有其前提,它们都承认了权利和义务的统一或不可分割,但“本位说”强调的是法的社会价值目标的取向或立法原则问题,而“重心说”关注的是总的价值目标取向确定后,即有了权利宣告之后的权利保障或法实效问题。这样一来,两种论点之间似乎又没有什么本质的分歧。从某种意义上讲,“重心说”只不过是从另一个角度(法实践方面)说明了“本位说”。

“义务重心说”否认所谓一致性的评价,它进一步提出,“权利本位说”作为一种严格的理论,其疑点颇多,其中最为关键的问题是:

(1)“本位说”对以权利为本位的法的主要特征的描述(即“权利是目的,义务是手段”)是有漏洞的:如果这是法的一般特征,那么它应该适用于历史上任何时代的法律,而依据“本位说”的“前资本主义的法为义务本位,资本主义的法为权利本位,社会主义的法为新型的权利本位”的论断,这一推论便成为荒谬,在前资本主义社会中,“法律赋予奴隶主、封建主的权利是为了保障奴隶、农奴的义务的实现!”与此论断相适应,“本位说”提出了人人平等分配权利义务的理想分配方式,并以它来论证“前资本主义的法是义务本位的法”,这样,划分法本位的根本标准便撇开了以权利和义务的关系,而转向以权利和义务的分配方式。这是两种不同的划分标准,即在断定权利本位法时以“目的和手段”为标准,而在断定义务本位法时则以“平等分配”为标准。从法的发展历史看,只存在权利义务分配不平等的法,并不存在义务本位法。依“权利本位说”无法得出反对权利义务分配不平等状况的结论。

(2)“本位说”关于“权利的自由推定”不能令人信服。当“本位说”宣称法律的主要作用是通过授权给予人们自由时,它的前提便是:人是不自由的,不授权就无自由。而实际情况是:“人是自由的,只是在特定情况和条件下才需要法律的义务约束。”在既定的社会关系中,人们总是遵循着习惯的权利和义务,如果不想对它们作法律上的修改,那么,“从纯理论的意义上说,法律就用不着再就权利加以规定”。这样在法无明文规定之处，依“权利本位说”所推定出的并不是权利，而恰恰是义务。可见“权利的自由推定”与法的特征作用的基本命题毫无逻辑联系，撇开这种权利推定，“‘权利本位说’给我们带来的不是自由，而是真正的不自由”。

(3)“重心说”认为，法律作为社会控制、规范手段在技术方面有两种规范方式：赋予权利或权力；施加义务约束。相比之下，后者是更为有效的方式。单纯地宣告公民权利不足以防止国家公职人员的腐败及各级机关重大的决策错误，而对于公职人员必为或禁为的义务规范和决策程序的义务设定则有利于社会有效地实现对管理组织反控的目标。①

对此，“权利本位说”论者反驳。

(1)权利义务的平等分配方式与权利和义务的关系有着内在的联系。法律的制定过程是权利义务与特定的法定地位联结的过程。在现代社会中法定地位与社会成员及权利义务之间有着一种普遍的联系，现代法制在分配权利和义务方面形式上的共同之处是“都把公民视为一种具有普遍意义的法律角色”，即使法律角色在主体和权利义务方面普遍化，并“使权利和义务的安排在立法形式上保持了这样一种逻辑联系：普遍的义务约束来源于，服务于并从属于普遍的权利”。据此，“权利本位说”对以往法的历史类型的识别标志便是：是否存在与普遍的主体和普遍的权利义务相联系的法律角色。“权利本位说”既然是一种价值陈述，那么对于马克思主义法学家来讲，“本位说”的价值主体就只能是从立足于人民大众的立场和无产阶级的价值观的角度观察，评价法的历史类型。它注意到，现代社会的这种普遍性的特征的权利本位法在以往社会中是不存在的。前资本主义社会没有普遍意义的法律角色，立法的目的在权利和义务的分配方面依阶级等级的高低显现出如此差异：特权的赋予或义务的约束。

(2)“权利本位”推导出的恰恰是自由，而不是不自由。立法家不可能将一切实际存在的习惯权利都加以明文规定，而只能确定其中基本的或重大的权利。由于人生来自由，因此现代社会的立法在对未曾列举的权利作明文宣告时不必说明理由，而对明文取消了某种未予列举的权利或设定某项义务时则需要作出解释。权利本位的“自由推定”隐含着这样的前提：无权利规定不可作义务推定，因为人是自由的，而无义务规定之处则可以作权利推定，也因为人是自由的。

---

① 以上论点均参见张恒山：“论法以义务为中心——兼评‘权利本位说’”，载《中国法学》1990年第5期。

法律规定权利的目的不是修改它们，而是使之不受侵害，故而应这种权利要求设立了相应的义务作为保障。

(3)权利和义务作为社会控制手段的两种规范方式缺一不可，权利的实现必须借助于义务的保证，但义务又必须以权利为其合理存在的前提。在现代社会中，社会成员制约国家公职人员的行为实施反控的前提是，社会多数成员主人地位的确立，即他们有权利参与立法、参与或监督司法、利用法律达到反控的目标，其最终目的也不是国家管理人员必为或禁为义务的履行或防止各级机关重大的决策错误，而是为了保障全体公民权利的有效实现。单纯的权利宣告自然不足以遏止国家公职人员的腐败行为和决策错误，但是缺乏权利的宣告，义务的来源和目的是不清晰的。(未完待续)

(1991 年第 4 期)

权利与义务关系之争
——当代中国法理学热门话题评介(下)

林　喆[*]

(二)"无本位说"的批评及"本位说"的反批评

权利义务无本位论者认为,权利和义务是法的核心问题,两者之间不存在以谁为本位的问题,撇开法律赋予谁以权利和加给谁以义务这一本质问题,讨论法以谁为本位是没有意义的。"本位说"的根本缺陷在于:

(1)它把权利和义务之间的关系绝对化,将权利的主导地位固定化,"以所谓重点论否定了两点论"。① 事实上不存在固定的和普遍的权利本位或义务本位,作为矛盾统一体的各方的地位依条件变化着。"从法规范的构成上看,权利和义务是保护和约束人们一种行为的两个方面",其质的规定性由具体行为的主导方面是保护还是约束所决定。由于任何一方都不可能单独存在,故而无固定的权利或义务本位;"从法关系的构成要素来看,权利和义务是人们一定关系的定型化。在同一种法关系中法对统治者是权利本位,而对被统治者则是义务本位。"②

(2)权利本位观是资产阶级反封建专制的产物,它与权利义务一致性原则在"产生的基础、思想体系和法律制度上是难以相容的"。后者优越于前者。反对特权和无政府主义是社会主义法制和民主政治建设的必然要求,强调一致性原则有助于反对或者只讲义务不讲权利,或者只讲权利不讲义务这两种错误倾向,而"本位说"在纠正后一种倾向时其作用和价值"值得商榷"。③

对这一批评,"权利本位说"论者做了反批评:

(1)"本位说"从未将"法以权利为本位"视为一种永恒的历史现象,它一直在重复着权利和义务之间的这种辩证关系:从总体上看,法由义务本位向权利本位的转变是历史的进步,是商品经济发展的必然要求,从一个国家的法律制度来看,法的价值目标确立之后需要有对应的义务负担为权利的保证,此时法以义务

---

* 作者单位:上海社会科学院法学研究所。

① 参见马新福:"权利与义务是统一的"(笔谈),载《当代法学》1990年第4期。

② 张光博:"权利和义务的社会价值",载《当代法学》1990年第2期。

③ 封曰贤:"'权利本位说'质疑",载《中国法学》1990年第6期。

为重心;从具体的法关系看,义务也常常可能居于矛盾的主导地位,如亲属关系中赡养的义务可以引发出继承的权利,债权关系中清偿义务的履行在使债权实现的同时又使讨还债务的权利消亡。“权利本位说”从不否定这类法现象。“权利本位”作为一种关系性概念必然强调权利和义务统一前提下的重点,其“目的和手段”是就权利和义务互为参照系的条件而言,参照系发生变化,目的和手段便随之发生变化。作为一种价值陈述,它表明,社会主义法律制度中的权利义务结构应该有其侧重,“义务的设立以保障和实现人民当家作主的权利为宗旨”。这一法的性质由生产资料公有制和人民民主专政的性质所决定,只要其基本性质不变,这种结构就不会向其相反方向转化。

(2)社会主义的“权利本位”与资本主义的“权利本位”在结构、主体和内容方面有着本质的区别。后者实质上是个人与社会关系中的个人权利本位,而前者则强调劳动人民是国家和社会的主人,是基本权利的享有者,它坚持反对特权和奴役,认为基于特权设立的义务或基于奴役设定的权利都是不合理的,而“只有以确认和保障平等的权利为宗旨去设定义务,才谈得上权利和义务的一致性”。

应该承认,批评与反批评各具特色,均有其立足点和学术分量。

三、评　　价

任何理论问题的探讨应该具有某种理论意义和实践意义。在辨别一些争执不休、莫衷一是的论点的实际意义时,一个行之有效的方法是,首先找出双方的相异点,随后再看它们有何共同点。基于这种比较学的方法,综观法本位问题的讨论,有几个问题令人思索——

第一,究竟有几种观点?

围绕着法本位问题,形式上表现为三种不同的观点:权利本位说、义务重心说,权利义务无本位说。但细加分析,却可分为不同组合的两种类型。

(1)从哲学重点论来看,可分为“重点论”(即认为权利和义务之间有其重点)与“并重论”(即认为权利和义务之间无法区别何者为重点)两种不同形式,前者又可分为两种形式对立的观点:权利本位说与义务重心说。由于法本位问题是在权利和义务的关系中谈及重点,就是在承认二者统一性的前提下来论及究竟是权利还是义务居于法的主导地位,这便使无本位说最关键的批评武器(权利本位说割裂了二者的统一)变得软弱无力,并反而因此遭至这一批评:这是一种由“否认重点非重点之区分”而否定了“两点论”的并重论。因此随着讨论的深入，无本位论者由一般的反对“本位”状况，转而强调法的“本位”状态的不定性，甚至明确表示不是反对有重点论，而是反对将重点固定化为权利或义务的某一方，权利或义务在一定条件下可以成为矛盾的主导方面。这样一来，它便朝“本位说”迈进了一步。

(2)从研究的重点看，可以分为应有或理想法学的本位说(即以“应该是什么”为研究重点的权利本位说)和实有或实在法学的本位说(即以“实际是什么”为研究重点的义务重心说和权利义务本位说)。或许正是对实在法的共同关注，使后两种观点彼此间始终未曾直接交锋，相反，它们在对权利本位说的批评中具有一种默契。这确实是一种极为有趣的法文化现象：独树一帜的“义务重心说”几乎未曾遭到任何直接的批评或支持。尽管时常有人误将它与历史上的“义务本位说”混为一谈而泛泛否定，但各种观点几乎都承认自己与“重心说”在理论上有某种相容之处。当“重心说”阐述义务优于权利的作用时，“本位说”并不否定义务对于法实效的重要意义，但将这种作用视为权利本位之后，而一直担心对权利的明确强调可能导致某种不利的政治后果的“无本位说”则保持沉默，仿佛没有领悟到其中所蕴涵着的极为深刻的理论意义和实践意义。

第二，理论的根本分歧何在？

首先，本位说与重心说的冲突表现为应有法学与现行法学之间的这一冲突：对于一个合格的法学家来讲，引起他最为关注的问题究竟应该是立法原则的确立，还是法律的实效？或者说是建构一种理想的法律模式，告诉立法家什么是应该的，什么是不应该的；还是分析法实现过程中的可操作性，使现有的法律规范体系与已设立的价值目标(无论其优劣与否)相一致？诚然，这是一个问题的两个方面，但是如果需要对法的价值取向——自由与秩序——进行某种选择，那么作为一个独立人格的主体的法学家，他该作出何种选择呢？这确实是一个涉及法的本质和功能的重大且敏感的两难命题。

其次，法本位问题的讨论究竟应该局限在什么范围内至今尚未统一，这是导致该问题争执不休的重要原因之一。“本位说”强调的是两个互相联系的问题：其一，“根据现代的价值准则和社会主义原则，在权利和义务关系中，合乎理想的法律应当以权利而不是以义务作为其本位”；其二，“因而，现代法制应当以对权利的确认和保护为宗旨去设定和分配义务。”[①]其根据是：自由应该成为现实秩序的首要标准。而“重心说”强调的是，“法作为社会控制、规范手段，主要通过义务性规范来实现自己试图达到的目的”。即“当法的价值目标确定之后”，

① 郑成良：“权利本位说”，载《中国法学》1991年第1期。

立法者应将侧重点置于义务规范及违反它们所要遭致的不利后果的精心设定上,以使法具有可操作性。其根据是,“法律的首要作用在于固定化一种秩序,使社会显得有序、稳定。”①至于“无本位说”则强调在法的形态中,权利和义务的主导地位依一定条件不断转化,其理由是,矛盾双方“互为条件,互相依存,都不能孤立地存在”,“它们如影随形、形影不离”。这里,3种观点各自限定的法本位的讨论范围是不同的,它们分别是:立法导向,法的操作过程,法的构成要素。由于观察角度的不同所引发出的结论也不相同,所以谁也说服不了谁。这种不在同一方向上的争论犹如一个站在三面镜前的人,当他面朝任何一方时,都坚信他可以从所对的这块镜面中找到一个完整的自我。

最后,由于讨论范围的差异,一方面,争执双方的观点有忽略对方理论前提的倾向,它使被商榷者常常不得不一再重述某些早已论述过的观点,以消除“误会”。这种情况在对“本位说”的质疑时表现得尤为突出。另一方面,各种观点又往往在某一点上不谋而合,互相补充。例如,本位说对权利和义务在法运行的不同时期的不同作用的肯定,加强了“重心说”和“无本位说”的某些观点。而当“重心说”举出这类例子——在有法宣布了公民有言论、出版自由,但未规定公民个人不得侵犯他人的言论、出版自由时,义务规范的设立具有不可缺少的重要意义——时,实际上已明确地承认了权利的先前存在,承认了义务来源于和服务于权利。当“无本位说”开始强调权利和义务主导地位的转化时,便从宏观上论证了它所要否定的“本位说”关于法本位的历史类型的演变的观点。诸如此类的争论令人难以评判,它使人想起西方学者长达两千年之久而至今答案无望的法律与道德之争。

第三,法本位讨论意味着什么?

这场讨论激发了法学家们对权利和义务范畴深入研究的兴趣。就理论贡献而言,权利概念本身的研究尚未突破1988年长春会议上所提出的基本理论思路和观点。“权利本位说”虽然开始明晰、完善和系统化,但在一些理论问题上仍踌躇不前。例如,关于“权利本位”的主体即为个体的观点,“权利产生于对利益的斤斤计较”之类的提法在遭至多次的批评之后变得异常的小心,本位论者不得不以温和及谨慎的态度反复论证“个体”与“个人”两种概念之间的区别,个体权利与国家利益之间的内在联系,说明“本位说”不可能导致个人主义。有的甚至干脆将个体权利的范围扩大到国家权利那里,以至于人们不得不再次提出,“中国法制建设需要认真看待权利,实际上就是需要认真看待权利的个体性”。

① 张恒山:“论法以义务为重心”,载《中国法学》1990年第5期。

"权利本位应该思索商品经济——个体权利——权力制约之间的内在联系,否则将失去它的理论价值和现实意义"。与这种"步履维艰"的状况不同,对义务概念(尤其是义务在法关系中的作用)的研究有了很大的进展,"义务重心说"作为一种较为深刻的理论正在建构和完善之中。

值得一提的是,如果我们将"本位说"、"重心说"和"无本位说"这三种似乎对立的观点连接在一起,便可看到一种形式的"统一":在法规范要素中的权利和义务的统一——在确定立法原则中的权利本位——在法实效中的义务重心。这自然是一种外在的"沟通",但是至少它们在这一点上达成共识:权利和义务范畴是法的核心范畴,以权利和义务重构法学体系是当代中国法理学变革的途径之一。

权利和义务关系之争从一个侧面反映出国内法理学界生气勃勃的学术争鸣景象,它与正在成为另一热点的人权问题、民主法制问题的讨论密切地联系在一起,标志着当代中国法理学的研究正在逐步摆脱它的"幼稚"形象,而转向对于社会现实和理想模式的思考,转向具有现代法制意义的法学基本范畴的探讨。这场讨论的不可避免性隐含着社会主义商品经济和民主政治发展的深刻的时代背景。商品经济的发展必然提出商品生产者、交换者的平等地位和平等权利的要求,必然要求法律对社会政治、经济、文化生活进行有效的干涉、调整和引导,必然要求依据法的手段建立稳定的政治秩序和经济秩序。在讨论中,法学家和法学工作者们努力运用马克思主义的历史唯物主义和辩证唯物主义的立场、观点和方法,剖析权利和义务这一特殊的法现象,逐步深入法体系的内核之中,力图揭示立法及法的操作运行过程的一般规律,以使法学研究更接近法的运行的客观性。从某种意义上可以说,法本位研究热点的形成是中国法理学界人士坚持"双百"方针,欲求宽松的学术环境,突破传统法学的理论禁区而作出的一种努力。

作为一种时代的产物,权利和义务关系研究的深入有赖于以下一些条件的成熟:商品经济的充分发展,政治体制改革的卓有成效,对中国法制现状的实证调查和分析研究。正是这样,当大连会议摆脱了法本位问题的争论而重新思索和审度权利义务范畴的主体、结构、类别、渊源及与其他范畴的关系,并提出了今后的研究方向时,《中国法学》不失时机地表明了自己的看法:"我们认为,对此问题的探讨不应停留在法的本位的概念之争,而应对权利和义务本身各自丰富的内容及其所涉及的广泛理论和实践问题,分别进行专题研究,使之进一步深化和落到实处。"

可以说,这是目前最为明智的提醒和最佳的选择。

(1991年第5期)

中国社会主义立法的权利原则

郭道晖*

对人民权利的确认和保障是一国法治之本。中国立法者认为,社会主义的法律是人民意志和利益的体现。社会主义法律的公平性正义性,就在于它是以维护占人口绝大多数的人民的权力和权利为宗旨,在各项立法中要求处处以人民权力和公民的权利为重,这是社会主义立法的一个重要特色。中国立法者和立法学者在有关权利的立法中,遵循或者主张如下一些原则。

一、人民权力至上原则

中国立法学者认为,权利不是天赋的,而是人民在一定政治、经济和社会物质生活条件下历史地形成,并由掌握了政权的人民通过国家权力机关从立法上予以确认的。人民的权力是人民获得权利的前提和根本保障。在旧中国,中国人民处于无权(权力)的地位,人民的权利也受到压抑。1949年中华人民共和国建立以后,国家一切权力属于人民,人民行使国家权力的机关是由人民选举产生的全国人民代表大会和地方各级人民代表大会。与西方议会不同,全国人民代表大会既是最高国家立法机关,也是集中了人民的一切权力的最高国家权力机关,其他行政机关、司法机关都是由它选举产生,对它负责、受它监督。公民的权利也是由它确认并最终由它保障的。没有人民的国家和人民的权力,公民个人的权利也会落空。因此,中国立法者在谈到权利问题时,首先强调的是人民的权力的至上性,强调维护公民个人权益必须首先在立法上维护和加强作为整体的人民的权力及其主要体现者——人民代表大会制度。这也是当前中国进行政治体制改革的中心环节。在1982年修订的《宪法》中,不但明列了全国人民代表大会的14项权力,而且还特别另规定一项“应当由最高国家权力机关行使的其他职权”,从而以应有的“剩余权力”的形式,为今后根据需要扩大全国人民代表大会的权力留下了广阔的解释余地。近年来,中国还不断为完善人民代表大会制度进行了一些立法,如几次修改选举法和地方各级人民代表大会组织法,制定

* 作者单位:《中国法学》杂志社。

完善全国人民代表大会有关行使立法权、国家计划与预算。审查批准权、调查权、质询权、罢免权等程序的法律,和研究制定加强人大的监督权和人民申诉权等方面的法律,这些都旨在使人民作为权力主体的地位得到加强,人民权力得到有效行使,从而使人民的权利得到可靠的保障。

二、人民政治参与原则

人民的国家由人民来管理。对国家事务的管理权是中国人民的最重要的基本权利。它不仅体现在上述的人民代表大会制度上,而且也体现在各政党、各社会团体和广大人民群众行使集体权利,积极参与管理国家和社会事务的制度上。

在中国,与人民代表大会制度相辅而行的一个基本政治制度是中国共产党领导的多党合作与政治协商制度。中国宪法确认了由中国共产党、各民主党派、各人民团体和爱国民主人士组成的"中国人民政治协商会议"在国家政治生活中的重要地位。它不属于政权机关,而是一个有广泛代表性的统一战线组织。它在中国革命的历史进程中发挥过重要作用,现在则是通过这一组织,使作为执政党的中国共产党,同作为参政党的 8 个拥护社会主义的民主政党,以及工会、青年团、妇女联合会等人民团体,就国家的大政方针和政策共同进行政治协商,实现国家决策民主化,同时对政府进行民主监督。他们共同行使集体参政议政的权利,发挥了重要作用。

中国宪法还规定人民有管理经济文化事业和社会事务的权利,有实行基层民主自治的权利。近年制定的《全民所有制工业企业法》、《城市居民委员会组织法》、《村民委员会组织法》等法律,使企业职工、城市居民、乡村村民能够分别通过职工代表大会和作为基层群众自治组织的居民、村民委员会,行使民主管理企业和自治管理本居民区、本村的事务等集体权利。

三、个体权利为重点的原则

把人民权力和集体权利放在立法的首位,并不意味着对个体权利加以忽视。相反,个体权利是集体权利的基本构成要素。随着中国实行改革开放和发展有计划的商品经济,保障公民、社会组织和各种利益群体的合法权益,已日益成为中国立法的重点。中国《宪法》把"公民的基本权利和义务"作为第二章放在"国家组织机构"这一章的前面,就表明了中国制宪者对公民个体权利在宪法中的重要地位的重视。《宪法》规定中国公民享有广泛的权利和自由，如选举权，言论、出版、集会、结社、游行示威自由，人身自由，宗教信仰自由，通信秘密权利与自由，住宅不受侵犯，人格尊严不受侵犯，对国家机关及其工作人员的批评建议权，申诉、控告、检举权，取得国家赔偿权，公民在法律面前一律平等权，科学研究、文艺创作等文化活动自由，劳动权，受教育权，休息权以及获得国家和社会的物质帮助权，等等；此外，中国的《民法通则》主要是规定个体（公民和法人组织）的权利，包括各种人身权、财产权、知识产权等权利。在民事、刑事和行政诉讼法中规定了公民和社会组织各种诉讼权利等。

中国立法机关近年还十分重视制定保障社会各种利益群体的权益的法律，如已制定《残疾人保障法》、《归侨侨眷权益保护法》、《未成年人保护法》以及正在分别拟制的妇女、老年人保护法和消费者权益保护法以及宗教法等。

四、权利推定原则

中国立法学者认为，权利立法不可能穷尽一切潜在的权利。除在立法中已予确认的明示的权利外，客观地还存在为法律所"默示的权利"和其他为法律所"漏列的权利"，或者立法未能预测到的"新生的权利"和为法律所保留的"剩余权利"、"空白权利"，以及种种为法律所默认或不予干预的"习惯权利"。它们作为应有权利或隐含于法律之中，或潜在于法律之外，可以通过"权利推定"明示出来，并确认其法律效力。"权利推定"主要是以法律上的明示权利，或与之相关的法律原则、立法精神为依据，推定出它所"默示的权利"及其他应有权利的存在，并确认其合法性，从而扩大人民的权利领域和保护范围。这有利于法律的民主化，有助于完善权利立法与正确适用法律。例如，中国各项立法中有关权利的规定，除直接来自宪法的明文规定者外，大都是根据宪法的明示权利或宪法的基本原则与精神推定出来的。中国立法者还常常在立法中明列一些权利之后，又补充"以及其他权利"一语，以概括地默示各种有关的剩余权利。另外，"法不禁止即自由"的原则，也是为中国立法学者所重视的一个极富弹性的权利推定。①

① 关于"权利推定原则"，请参见郭道晖："论权利推定"，载《中国社会科学》1991年第4期。

五、权利义务统一的原则

任何权利都不是绝对的,而是要受一定限制的。中国立法者信守马克思的一句名言:“没有无义务的权利,也没有无权利的义务”。权利的实现以义务的履行为保证。中国《宪法》第33条规定:“任何公民享有宪法和法律规定的权利,同时必须履行宪法和法律规定的义务。”在立法中,权利与义务在总体上应当取平衡态。每设置一项权利,也就为相对人设定不得侵犯其权利的义务或必须履行的相应义务,同时对权利享有者也规定了必须遵守不得滥用其权利的义务。如《宪法》在列举了公民的许多权利与自由之后,又在第51条规定:“公民在行使自由与权利的时候,不得损坏国家的、社会的、集体的利益和其他公民的合法自由和权利。”宪法中还将教育权、劳动权同时规定一种义务,即不得放弃而必须行使这一权利的义务。

六、最大多数人的最大利益原则

这里,“最大多数人的最大利益”是指立法中设置个体权利时,应符合国家与人民的长远的和根本的利益,至少不与之冲突。中国立法者认为,权利永远不能超出社会的经济结构及由它所制约的文化发展状况。例如,中国是一个人口极其众多(占全世界人口总数的22%)的国家,为了控制人口过度增长和人口大量流动,中国宪法没有规定生育自由和迁徙自由,而规定要实行计划生育,就是根据最大多数人生存与发展的最大利益来决定的。现在绝大多数省市人民代表大会已制定了计划生育的地方性法规。据国务院计划生育委员会测算,自20世纪70年代中国实行计划生育以来,中国人口从1970~1990年年底这20年内少生了2.4亿人,这不仅对中国也是对人类的一大贡献。

“最大多数人最大利益原则”还要以“照顾少数”的原则做补充。中国汉族人口占全国总人口的92%,其他55个少数民族人口只占8%。中国立法者认为,不能因为汉族是“最大多数”就忽视少数民族的权益。在宪法和有关立法中,都有照顾少数民族特殊利益的变通规定,并制定了《民族区域自治法》,赋予少数民族地区实行区域自治权,和其他许多优惠的特权。例如,1952~1990年间,中央国家财政给西藏自治区补贴累计达145亿元;基建投资32.4亿元。西藏也不实行控制生育,西藏人口由1951年的105万人,增至1990年的219.6万人，其中藏族209.6万人，占95.46%，增长1.1倍。相反，在西藏的汉族人口则由1980年的12万人减至1990年的8万多人。①

七、权利救济原则

没有救济就没有权利。中国立法机关在授予权利的同时，也注意设置各种救济的手段，使公民的权利受到侵害时能凭借这些手段消除侵害，获得赔偿或补偿。其中，在行政救济方面，已由国务院制定了《行政复议条例》和《行政监察条例》，公民可行使诉愿权，有关行政机关必须受理公民因不服行政裁决或处罚的决定而提出的申诉，进行复议或调查处理。同时立法机关也正在研究拟订申诉法和国家赔偿法。在司法救济方面，现在中国除制定了刑事诉讼法和民事诉讼法外，还制定了行政诉讼法，使公民和社会组织能以平等的身份控告政府及其工作人员违法的具体行政行为。这是中国立法民主化的一个重要步骤与重要标志。据统计，近年来经法院审判，有大约15%的行政案件是政府败诉。

八、权利制衡权力原则

自孟德斯鸠提出"以权力制约权力"的理论以来，对国家权力的制约主要在于立法、司法、行政这3类国家统治权内部的相互制衡。如果国家的统治者是脱离人民或与人民对立的，则人民处于这架密封的统治机器之外，既没有权力，也没有权利来对它进行制约。

在社会主义中国，人民是国家的主人，人民不但可以通过人民代表大会这个权力机关对立法、司法、行政3种权力进行制约，而且也有可能充分依靠人民运用人民的权利来制衡政府权力，监督政府，防止政府权力的腐化和对人民权利的侵犯（据统计，在中国检察机关侦查的贪污受贿大案中，有50%左右是由人民群众举报而立案的）。

实行权利制衡权力的主要立法手段，一是在立法上广泛设置与分配权利，即扩大权利的广度，以制衡政府权力的强度。11亿人民的权利所蕴藏的巨大"动能"释放出来，足以抗衡处于优势地位的政府权力的"势能"，以防范其权力的滥用，使公民"免受自己国家的侵犯"（列宁语）。二是优化权利结构，建立与健全

---

① 参见《人民日报》1991年5月22日。

同权力结构相平衡的权利体系。立法授出权力的同时,就要设置相应的权力与权利与之平衡;把有关人民权力和公民权利的立法放在立法体系的优先和主导地位;根据需要与可能条件,及时增加权利新品种。①

九、人道主义原则

在立法上对罪犯实行"给出路"的政策,除了罪大恶极、非杀不足以平民愤者外,都给予生路和改过自新机会。如中国在立法上设置"判处死刑,缓期二年执行"的制度,经过劳动改造,对有悔罪和立功表现的,一般不再执行死刑;罪犯享有各种法定诉讼权利;尊重罪犯的人格,禁止虐待,对罪犯实行劳动改造制度,等等。中国把许多战犯以及末代皇帝改造成自食其力的新人,就是中国人道主义法制原则的生动体现。

当然,社会主义立法的权利原则不限于上述9项,其中有的仅是立法学者的主张,要完全地、完善地实现这些原则,还有待于中国立法者和立法学者进一步的不懈努力。

(1991年第12期)

① 关于"权利制衡权力"原则,请参见郭道晖:"试论权利与权力的对立统一",载《法学研究》1990年第4期。

1992 年

价值与权利:九十年代中国法学理论的重心

陈友清*

今天,在中国法学界,有两个热点格外引人注目:一个关于法的价值的研究热和一场关于权利问题的争论,正在吸引着法学界越来越多的关注和热情。笔者以为,法学界的这种“价值热”和“权利热”不是偶然的,其理论意义和给人的启示也已远远超出了这两个法学基本范畴,对我国法学的理论构建和发展走向将产生深远的影响。

可以说,经过了10多年改革开放洗礼的中国法学,在经过了历时10年的法的本质的大讨论,法学面临改革和法学必须更新之呼吁,“法学幼稚”之叹息和指责,以及这其中的风风雨雨、曲曲折折之后,把法学的视野投向价值和权利,是新时期中国法学重构和发展的重要契机,也是一种必然和归宿。可以预计,价值与权利必将也应该成为20世纪90年代中国法学理论的重心。

一、法的价值研究是法的本质讨论的继续和深化

党的十一届三中全会以后,对外开放和对内改革,不但使国家的经济进入了国际大环境,也将中国法学推向了世界。如何构建新时期的中国法学大厦?对历史的深刻反思和检讨,引发了法的本质问题的大讨论。在这场大讨论中,经典的注解、现实的诠释、“洋货”的舶来以及理论与现实的反差,招致了“法学幼稚”的责难,甚或出现了照搬资产阶级法学和全盘西化的偏向。然而,这场讨论的更深层意义不仅在于统一了思想,澄清了是非,而且在于它触及和提出了过去法学或者忽视,或者不能正视的一系列理论和现实课题。法学对价值和权利的关注便是这场讨论的产物之一。

诚然,法的本质问题是任何法学和法学家所无法回避而必须作出回答的。如果说从功能和结构的角度探求法的本质,主要涉及的是这样一些问题:作为人类社会特定历史时期社会物质生活条件产物的法和法律为什么人服务?体现了

---

* 作者单位:浙江省军区司令部办公室。

什么人的意志？法通过什么样的功能，以什么样的运行机制来实现这种意志和服务等。那么，从价值论的角度考察，也即法的本质问题回答的主要是法和法律对什么人有价值，有什么价值，这些价值怎样从社会主体的需要上升为国家意志，并通过法律机制的运行物化为立法者所追求的社会生活状态的（也即主体追求），法加以确认和保护的价值是怎样实现的。然而，这主要涉及的还只是法的价值的层次之一，即价值实然层。对法的价值应然层，即法应该确认和保护哪些价值？现实法所确认和保护的价值是否皆为合理？则基本不在法的本质问题的讨论范围内。而对法的价值的更高层——价值理想和法的评价，即对以共产主义社会、法的消亡为理想和归宿的社会主义法，是怎样和应该如何在实现广大人民利益这一价值实然的同时，通过对社会发展规律的反映来体现社会主义法的价值应然，并在这种体现中昭示社会主义法的价值理想，以及如何确立社会主义法的价值评价体系，则是法的本质问题之讨论所力不能及的。

更重要的是，探讨法的价值，并不仅仅在于方法论和视角的变换，其意义则较为深刻。历史唯物主义告诉我们，社会发展是一个自然历史过程，人类社会的历史实际上是一个不能割断的人追求自身解放的历史长链，每一社会形态都是其中的一节，后一社会形态是前一社会形态的继续，人因而也获得更多的解放，社会主义和共产主义则是这一长链中的最后一节。因此，一定意义上可以说，社会发展的历史也同时就是人类自身摆脱必然（包括法和法律）的奴役不断走向自由的过程，共产主义就是“以个人的全面自由发展为基本原则的社会形态”，[①]“在那里，人终于成为自己和社会结合的主人，从而也就成为自然界的主人，成为自己本身的主人——自由的人”，[②]也即人的价值的彻底实现。那么，是否可以说，在人类发展的历史长河中，人（人们，阶级、集团）通过法和法律在追求自身价值的同时，应该存在并始终追求着、共享着、实现着一定的共同价值？假如回答是肯定的，那这些最高价值应该是什么。以共产主义这一人类社会的最高目标为认识的出发点和归宿，这一最高价值就应该是促进人的全面自由发展。并且，这一最高价值也应该成为评价人类社会历史上一切法和法律的最高标准。从这一评价标准出发，考察人类从无法社会进入有法社会，从法的低级形态到法的高级形态，最后从有法社会重又进入无法社会的发展过程，所揭示的就不仅仅是人类的法制文明史，而且更深刻地揭示了隐含于其中的人的自由史。[③] 显然，

---

① 《马克思恩格斯全集》（第23卷），第649页。

② 《马克思恩格斯全集》（第19卷），第247页。

③ 关于法的最高价值及其评价标准，参见陈友清：“如何评价法的最高价值”，载《现代法学》1990年第1期。

法的价值问题研究的这种必然结果，其理论的广度、深度及其历史意义，要比法的本质问题深远得多，也深刻得多。

二、权利是反映和实现法的价值的核心和中介

综观法学界关于权利的争论，无论是“权利本位论”者，还是“义务重心论”者，抑或是“权利义务本位（权利义务无本位）论”者，对以下几个问题的看法应该是一致的，否则，这场争论就会失去其应有的理论和实践价值。

第一，作为一种价值的权利，体现的是社会主体的法律需要，它表明了权利与主体的生活密不可分。主体对权利的主张和要求反映了主体的价值追求和价值目标，主体对权利的选择，体现了主体的价值取向；主体对权利的行使，是主体价值目标的实现和对价值成果的享有。

第二，作为一种价值的权利，并不能自动实现，而必须通过主体的实践活动这一中介，才能成为主体实际享有的价值成果。因此，法律设定的权利，只是代表了主体的价值取向或价值追求，并不是价值现实，换句话说，权利在价值体系中只是居于应然层面，一如康德所指出的，权利只是一种“全部条件”，一种按照自由法则享有价值的条件。①

第三，作为一种价值的权利，并不能单独存在，更不能单独运行和实现，必须以权利不受侵犯为保证，其手段是通过设定权利主体以外的主体法律义务。也即康德所称的“权利的法则”。②

第四，更重要的是法律的权利，并不是主体追求的价值本源，而只是一种“形式要件”。隐含于权利之后并操纵着权利设定、权利范围和程度、权利运行的是主体的利益需要。利益才是主体通过法律追求的价值本源。正如马克思、恩格斯在《德意志意识形态》中所指出的，统治阶级的“共同利益所决定的这种意志的表现，就是法律”。③ 从上述四个命题出发，便不难描绘出主体利益，法的价值，作为价值的权利3者的相互关系和运行机制了。主体的利益需要和追求，是法的价值渊源和目标，也可视为主体潜在的权利主张；这一目标通过立法的确认，并以授予主体法定权利为确认的标志，从而构成了法（客体）的属性满足主

---

① ［德］康德著：《法的形而上学原理——权利的科学》，沈叔平译，商务印书馆1991年版，第40～48页。

② 同上。

③ 《马克思恩格斯全集》（第3卷），第378页。

体需要这一法律价值关系。法的运行（通过主体的实践）推动这一价值关系运动，运动的结果是主体的利益实现，也即享有价值成果。这同时也是法和法律自身价值的实现。

这种描绘尽管可能是极肤浅和不缜密的，但起码可以说明两点：首先，法的价值问题和作为一种价值的权利，是两个相互联系、密不可分、相互渗透也相互包容的法学基本范畴，控制价值和权利的共同杠杆是利益。因此，探讨法的价值，必然涉及作为一种价值的权利；讨论权利必须建立在深刻认识法的价值的基础之上。任何试图将两者割裂开来"分而论之"的尝试，都不可能取得成功。其次，既然法是统治阶级意志的体现，所确认和保护的主要是统治阶级的价值，那么，在保护方式上，总是也只能是通过权利和义务的分配，并总是或主要是授予本阶级的主体以较多的权利，赋予不属于本阶级的主体较多的义务，以排除实现权利的阻力。当然，这并不排除法也同时授予非统治阶级主体一定的权利，赋予统治阶级主体一定的义务。但是，后者是以前者为前提并以保证前者的实现为目的的。换句话说，被统治阶级的权利是手段，属于"权利的义务"；统治阶级的权利才是目的，属于"义务的权利"。

三、法学对价值和权利的关注，是中国社会政治经济发展的必然

以党的十三大为主要标志，推进政治体制改革，建设社会主义民主政治，正式登上了我国改革和社会政治生活的舞台。以什么力量来推动和保护这种改革？"加强社会主义民主和法制"，已作为党的新一代领导集体的施政纲领载入了江泽民同志《在庆祝中国共产党成立70周年大会上的讲话》。因而，法学对价值与权利的关注，就具有一种现实的必然。

首先，改革国家的政治体制，面临的首要问题就是改革的价值选择。理论和现实都已证明，社会主义政治体制改革唯一正确的价值取向只能是加强人民的国家主人翁地位，弘扬人民管理国家的权利，使国家真正成为人民的国家。社会主义法的现实价值就在于以自己独特的功能推进和保护这种改革。

其次，社会主义是为共产主义创造条件，共产主义则是"以个人的全面自由发展为基本原则的社会形态"，[1]"在那里，每个人的自由发展是一切人自由发展

① 《马克思恩格斯全集》（第3卷），第378页。

的条件。”①其基本途径，也即社会主义法的价值趋向之一，就是为把现阶段反映主体利益需要的法的权利逐步转化成普遍的社会权利。或者说，社会主义法的价值趋向，就是逐步使权利失去其法律意义，成为一种社会生活的基本条件或准则，也可称为“不是权利的权利”。

再次，诚然，社会主义法不可能排斥义务设定，但从社会主义法的发展方向看，其价值趋势应该是权利的弘扬和扩大，义务限制的弱化，并逐步使义务内化为社会主体的自我抑制、自我约束，成为一种道德的力量，主体自为的行为准则。也即逐步使义务失去法律意义，或可称为“非义务的义务”。

最后，从权利的起源看，权利之成为法的权利和主体的价值，并不是人的自然属性的表征，而是根源于社会物质生活条件。权利的根本是主体的社会地位和由此获得的利益。主体的权利要求、权利设定和权利行使，无不寄托了主体对社会生活的价值理想和追求。权利之争导源于社会的利益分配。对于原始人，只有相对于大自然的生存权（假如这也可称为原始权利的话），而无相互间的权利多寡。阶级利益的对立产生了掩盖利益分配的法的权利和义务设定，而主体权利意识的真正觉醒，则是以平等、自由交换为主题的商品经济的产物。商品经济使权利几乎成为主体投入和立足于社会生活的首要价值目标。由此看来，在我国大力发展商品经济、商品经济意识正逐步深入人心的今天，权利之引人注目就不难理解了。

总之，正如有的学者指出，“只要认真地看待法律，就必须认真地看待权利；只有认真地看待权利，才能认真地看待法律。”②同样，只要认真地看待权利，就必须认真地研究价值，只有认真地研究价值，才能真正理解权利。

四、法的阶级利益价值和权利的学说，是马克思主义法学思想的精髓

我们相信，中国法学经过了10年的艰苦探索和跋涉，汇聚成今天的法的价值和权利这两个热点，记述了中国法学的执著追求：以马克思主义法学为指导，构建顺应历史发展潮流，具有中国特色的社会主义法学体系。那么，一旦将目光重新投向马克思深邃而丰富的法学宝库，我们便会发现，关于法的阶级利益价值和权利的学说，是马克思法学思想的精髓。或许，价值和权利之成为法学的热点

① 《马克思恩格斯全集》（第3卷），第378页。

② 葛洪义：“法律·权利·权利本位”，载《社会科学》1991年第3期。

和重心，最重要的正是在于激励着法学家对马克思主义法学思想的深入挖掘和深刻把握，从而昭示了中国法学的希望和方向。

马克思毕生致力于人类的解放事业，把探求人的自由解放之路作为崇高的理想，并把最初的热情倾注于构建自己宏大的法学体系上。在法的价值取向上，他曾寄希望于以自由为核心的理性和建立于理性基础上的民主制，并认为国家和法的价值就在于反映和实现理性。“不实现理性的国家就是坏的国家”。① 以理性为价值本质，构成了马克思早期著名的法学理性价值观。这种理性价值观充满了理想、科学的闪光，但由于他尚未深入社会物质生活条件这一法的价值的决定领域中去探求法的价值真谛，使这种理性价值观难以面对严酷的法的现实。历史唯物主义的伟大发现，使马克思找到了揭示法的价值奥秘的物质力量，这就是阶级利益需要，从而形成了科学的法的阶级利益价值观。“很清楚，在这里，并且到处都一样，社会上占统治地位的那部分人，总是把现状作为法律神圣化”②，“由他们的共同利益所决定的这种意志的表现就是法律”③。马克思法的阶级利益价值观，第一次科学揭示了这一社会现象的价值本质，是马克思法学思想最精彩的篇章。然而，历史唯物主义的发现，法的阶级利益价值本质的科学揭示，并没有使马克思放弃对人的自由、解放理想的追求。他否定了早期的“理性”，使这一理想建立于科学社会主义基石之上，从而昭示了他法律价值观的更高层，即人的全面自由发展法律价值观。④

同样，在马克思法学思想中，对作为主体的价值目标，以自由为核心的权利的探究和追求，也占据了相当重要的地位。在他看来，人作为社会生活的主体，总是按照一定的利益需要来改造客体，这种利益需要在法律上便反映为权利要求。权利成为主体追求的价值目标，主体把获得权利当做对自身价值、尊严、地位的证明和追求，主体获得权利的目的是创造自己自由发展的条件。因此，自由居于权利的核心。早在青年时代，马克思就指出“自由确实是人所固有的东西”⑤，“没有自由对人来说是一种真正的致命危险”。⑥ 历史唯物主义法学创立以后，马克思更深刻地认识到，支配自己权利的是利益，尤其是统治阶级的私人

---

① 《马克思恩格斯全集》(第7卷)，第127页。

② 《资本论》(第1卷)，第293页。

③ 《马克思恩格斯全集》(第3卷)，第378页。

④ 关于马克思的法律价值观体系，参见陈友清：“马克思主义法律价值观初探”，载《法律科学》1990年第6期。

⑤ 《马克思恩格斯全集》(第1卷)，第63、74页；(第3卷)，第84、370页。

⑥ 同上。

利益。统治阶级对自身利益的追求和满足，使自由权利带有强烈的阶级色彩。“个人自由只是对那些在统治阶级范围内发展的个人来说是存在的，他们之所以有个人自由，只是因为他们是这个阶级的人”。① 因而，马克思便将建立一个尊重并实现人的自由、价值、尊严的社会制度，作为无产阶级革命的最终目标，并把争取人的“普遍权利”视为无产阶级革命的重要内容。因为，在无产阶级的斗争中，“对自己权利的呼吁也起了一定作用，而且对自己权利的这种呼吁正是使他们成为‘他们’，即成为革命的群众的一种手段”。② 因此，有的学者把以自由为核心的权利归结为马克思法学思想的价值论真谛，也是不无道理的。③

由此可见，以主体利益需要为渊源，以法的阶级利益价值观为基本内容，以作为价值目标的权利为实现法的价值的中介，以自由为权利的核心，以促进人的全面自由发展为价值理想，构成了马克思法的价值与权利学说的主旋律，从而汇成了马克思法学思想最为耀眼的光华。对这一理论宝库深入挖掘，以此为基石构建我国当代的马克思主义的法的价值和权利理论，进而构建我国法学理论体系，是中国法学义不容辞的责任。因而，法的价值和权利之成为20世纪90年代中国法学理论的重心，就似又是一种理论发展的必然了。

（1992年第4期）

① 《马克思恩格斯全集》（第1卷），第63、74页；（第3卷），第84、370页。

② 同上。

③ 参见公丕祥：“马克思法哲学思想论要”，载《中国社会科学》1990年第2期。

借鉴资本主义法律的理论问题

韩　旭*

在社会主义法制建设过程中借鉴资本主义法律，不再仅仅是个理论问题，而首先是个事实。但是，这并不意味着我们不必再对这个问题做出理论上的阐述。对资本主义法律的借鉴，涉及法学基本理论中的一般性问题，"如果不先解决一般的问题，就去解决个别的问题，那么随时随地都必然会不自觉地碰上这些一般的问题。而在某一个场合盲目地碰上这些问题的话，就必然会使自己的政策发生恶劣的动摇和丧失原则性"。① 同样地，对于既成的事实做理论上的阐述，也正是为了在以后的实践中，防止可能出现的盲目性和动摇性。

对资本主义法律的借鉴，在法理学上就是法的继承性问题。这个问题我国法学界早在20世纪50年代后期就曾有过一场争论。随着当前改革开放政策的不断深入，新的历史条件赋予了这个问题以新的意义。从理论上认清借鉴资本主义法律所涉及的一般性问题，可以使我们在法律实践和理论研究领域中一如既往地贯彻改革开放的精神。

按照马克思主义法学的基本原理，法律就其本质而言是统治阶级意志的体现，当然，这种意志的产生不是任意的，而是决定于该阶级所赖以存在的物质生活条件。换言之，法律以及整个社会上层建筑都决定于以生产资料所有制为核心的生产关系所构成的经济基础。资本主义法律和社会主义法律属于两个不同的法的历史类型：前者是建立在生产资料私有制的经济基础之上，反映资产阶级意志，后者是建立在生产资料公有制的经济基础之上，反映工人阶级以及广大劳动人民的共同意志。可见，二者在本质上是根本对立的。但如果我们夸大这种"对立性"，进而否定社会主义法律和资本主义法律之间有继承性，这不仅在实践中是非常有害的，而且在理论上也是完全错误的。

法律作为上层建筑的有机组成部分，受制于社会的经济基础。但同时，作为一种独立存在的社会政治现象，法律对于其经济基础而言，又有其相对独立的一面。这种"相对独立性"的一个突出表现，就是建立在不同的经济基础之上的法律体系之间存在继承性，可以相互借鉴。对于这种看似矛盾的现象，我们可以首

* 作者单位：中国人民大学法律系。

① 《列宁全集》（第12卷），第476页。

先从法的本质与形式的关系问题上着手分析。

按照马克思主义法学的基本原理,法的本质可以在不同的层次上加以考察。作为阶级社会特有的一种社会政治现象,法必然是一定阶级意志的体现,因此法的本质首先应归结为统治阶级意志。但这种意志的内容不是随意产生的,而是受制于该阶级赖以存在的物质生活条件,因此客观的经济基础构成了法的更深层次的本质。马克思在《资本论》中曾经指出:"这种具有契约形式的……法权关系是一种反映着经济关系的意志关系。这种法权关系或意志关系的内容是由这种经济关系本身决定的。"①这里清楚地表明:经济关系通过以法律关系为形式得到表现;而契约本身又是法律关系的形式而已,它的内容是另外一种社会关系。据此,我们可以把社会关系相应地划分为3个层次:经济关系、它的一般法律形式以及这种法律形式的具体形态(也即各种具体的法律制度,如合同)。

按照法理学原理,法作为一种特殊的社会现象,表现为其他社会关系的形式。这种"社会内容—法的形式"的关系,可以按照黑格尔关于形式与内容关系的原理进行分析。黑格尔从形式决定于内容并与内容相统一的观点出发,区分出对内容而言可谓"基本的"形式和"无关紧要的"形式。所谓"基本的"形式,即与内容有必然的联系,而"无关紧要的"形式则与内容无关,对于事物的本质而言是偶然的形式。根据这一原理,我们可以认为,对于经济关系即统治阶级赖以存在的物质生活条件而言,与其相适应的一般法律形式,即法律体系本身,是"基本的"形式。因为这种体现为统治阶级的意志的一般的法律形式,正是由这种经济关系所决定的,与这种经济关系之间存在必然的联系。而这种一般的法律形式的各种具体形态(具体的法律制度),对于体现统治阶级意志的法律所赖以建立的物质生活条件而言,却是偶然的、"无关紧要的"形式,这些具体的法律制度只是人们在解决实际问题时所采用的法律技术和手段。

毋庸讳言,无论资本主义制度,还是社会主义制度,都经常面临一些相同或相似的社会问题,尤其是在现阶段,我国社会主义经济也处于商品经济发展阶段,尽管就所有制结构而言,我国的商品经济与资本主义商品经济有根本性的区别,但价值规律等一系列商品经济特有的经济规律仍然起作用。这就决定了我们将面临大量与资本主义相同或相近的社会问题,尤其是在经济领域,如在财产权利、人身权利、劳动保护、环境保护、交通运输规则,国际经济联系等方面,资本主义法律对我国社会主义法律都有很大的借鉴意义。因为我国并没有把传统的商品和劳务分配制度变为非现金划拨的直接分配制度;无论是在资本主义社会,

① 《马克思恩格斯全集》(第23卷),第102页。

还是在社会主义社会,支付房租或签订合同都是用同一种方式进行,并产生相同的法律问题。

而且,正是由于与资本主义同处于商品经济阶段,存在某些共同的经济规律,使我们借鉴资本主义法律的某些制度不仅成为可能,而且在一定意义上讲也是必要的。昔日资本主义商品经济发展之初,曾大量借鉴了"商品生产者社会的第一个世界性法律"——罗马法,把它"以及它对简单商品所有者的一切本质的法律关系(如买主和卖主、债权人和债务人、契约、债务等)所作的无比明确的规定"作为资本主义法律的基础。恩格斯在《社会主义从空想到科学的发展》一书的英文版导言中曾作过这样的描述:"在法国,革命……扫清了封建制度的最后遗迹,并且在民法典中把古代罗马法——它差不多完满地表现了马克思称为商品生产的那个经济发展阶段的法律关系——巧妙地适用于现代资本主义条件;它运用得如此巧妙,以致这部法国的革命的法典,直到现在还是包括英国在内的所有其他国家在财产法方面实行改革时所依据的范本。"①罗马法是以奴隶制生产关系为其经济基础,反映奴隶主阶级的意志;但同时也体现了简单商品经济发展的客观要求。正是由于这一点,使资本主义法律大量继承了罗马法的传统,摒弃了封建制度——它是以自然经济的生产方式为基础的"最后遗迹"。即使是在英国,虽然革命不彻底的资产阶级保留了大量封建遗迹,而且受罗马法影响很小,但在财产法,尤其是有关动产的法律制度方面,也大量借鉴了罗马法的传统。这种对罗马法的借鉴和继承,未必是一个自觉的过程;但在商品经济的客观规律作用下,这种继承性又注定是一种必然的结果。我国现阶段也在大力发展商品经济,因此也必然要大量借鉴资本主义法律体系中符合商品经济发展规律要求的内容。

这一点非但没有推翻马克思主义法学的基本原理,相反地,却是一个更有力的佐证。按照马克思主义法学的基本原理,法律应该是一种反映经济关系的意志关系;立法者应把自己看做一个自然科学家,他不是在制造法律,不是在发明法律,而仅仅是在表述法律,因此,尽管是那些权势很大的君主们也不能对经济条件发号施令。毋庸讳言,西方发达资本主义国家早于我们进入商品经济阶段,在解决商品经济中出现的社会问题方面,已经积累了大量成功的经验。借鉴这些经验,对于我们来讲不仅仅是一种主观愿望,而且也是商品经济规律的客观要求。

况且,借鉴和继承是在这样的限度内进行的,即借鉴的对象只是资本主义法

① 《马克思恩格斯全集》(第3卷),第395页。

律的某些具体法律制度，是资本主义国家运用这些法律技术的合理的成功经验。另外，借鉴和继承本身又必然是通过统治阶级意志而进行的，是将这些脱离了旧的意志属性的法律技术注入新的阶级意志内容和社会政治内容的过程，使之为新社会关系服务。

这个问题我们还可以从具体的法律制度在社会中的作用这个角度来加以考察。具体的法律制度在社会中的作用可以划分为两个层次：直接的或具体的作用和最终的作用。前者是指法律制度能够满足一定的社会需要，解决一定的社会问题，后者实质上是包括这个制度在内的整个法律体系的目的和职能。我们以合同为例来说明这个问题：合同的直接作用是让渡财产权；即用物品或劳务交换一定数量的货币，不论合同所属的法律体系是社会主义类型还是资本主义类型，都是如此。但在资本主义条件下合同是资本主义法律体系的一部分，其最终作用是为了资本主义法的最终目的服务；而在社会主义制度下合同则是社会主义法的一部分，体现社会主义法的目的和意义。合同在最终作用上的这种根本性区别，是由于两种社会制度的基本经济规律是对立的，而在直接作用方面的相同之处，则是由于在两种社会制度下，价值规律都仍在起作用，无论是资本主义社会还是社会主义社会，都利用货币作为交换手段。对资本主义法律的继承和借鉴的过程，实际上就是把这些具体法律制度重新纳入社会主义法律体系的过程，使其为社会主义法的最终目的服务。这样一来，法律的具体形态或制度虽然仍保持原有的直接作用，但其最终作用已经发生了质的变化。可见，法的继承性与法的阶级性并不矛盾。

而且，就社会主义法律本身的性质而言，也要求我们借鉴包括资本主义法律在内的一切人类历史上有益的文化成果。按照马克思主义法学所独有的法的历史类型的学说，法的发展规律是社会基本矛盾运动规律的体现，社会基本矛盾的运动规律是法的历史类型更替的根本原因。据此，迄今为止存在过的法可以划分为四个历史类型：奴隶制法、封建制法、资本主义法和社会主义法。社会主义法这一新的历史类型，是最后也是最高类型的法，它体现了法在当代条件下的最高原则，即世界上唯一的劳动者社会组织的经济、政治和精神生活的社会主义原则，同时，也体现了人类最高的法律价值和法律文化成就。这种人类最高的法律价值和法律文化成就，不可能是凭空产生的，而必然是在吸收了前人有益的文化成果的基础之上，不断丰富和发展起来的。列宁曾经指出："无产阶级文化并不是从天上掉下来的，也不是那些自命为无产阶级专家的人杜撰出来的……无产阶级文化应当是人类在资本主义社会，地主社会和官僚社会压迫下创造出来的全部知识合乎规律的发展。""马克思主义这一革命无产阶级的思想体系赢得了世界历史性的意义，是因为它并没有抛弃资产阶级时代最宝贵的成就，相反地却吸收和改造了两千年来人类思想和文化发展中一切有价值的东西。”①毛泽东也曾指出：“我们绝不可拒绝继承和借鉴古人和外国人，哪怕是封建阶级和资产阶级的东西。”②这些论断虽然不是针对社会主义法律而言的，但同样适用于社会主义法律与资本主义法律以及其他社会制度下的法律文化的关系问题。

而且，就社会主义制度本身而言，从根本上讲，它的生产目的是满足广大人民日益增长的物质和文化需要。这就决定了社会主义法律也应当把最大限度地维护人民的利益作为其根本目的之一。因此，在对待资本主义法律的态度问题上，就应当如列宁在起草民法典时给德·伊·库尔斯基的信中指出的那样：“凡是西欧各国文献和经验中所有保护劳动人民利益的东西，都一定要吸收。”③从另一方面来讲，社会主义制度就其根本性质而言，较之资本主义制度更加符合生产力发展的客观要求。因此，凡是能够促进生产发展的各种措施、制度、手段等，都应当纳入社会主义制度之中，相应地，社会主义法律也应当是保证并促进生产力发展的最为有效的法律体系。因此，对于一切有利于解放和发展生产力的各种法律技术和手段，都应当把它们纳入社会主义法律体系之中。

（1992 年第 6 期）

① 《列宁选集》（第 4 卷），第 348、362 页。
② 《毛泽东选集》（第 2 卷），第 817 页。
③ 《列宁全集》（第 33 卷），第 173 页。

正确看待法学领域中姓“社”姓“资”问题

郭道晖*

邓小平同志年初在南方的重要谈话中，提出了许多使人耳目一新的思想和理论观点。学习和贯彻这个谈话的精神，是继“实践是真理的标准”的那次思想解放的大讨论之后，又一次思想再解放的讨论。两次都是用辩证唯物主义的实践论为武器，上一次以之破两个“凡是”，这一次可以说是以之衡量“两姓”——正确看待“姓‘社’姓‘资’”的问题。

一

后面这个问题，几乎自新中国成立以来就一直困扰着我国思想界和理论界（包括法学界）。在已经完成社会主义改造以后，长期仍以“阶级斗争为纲”，大搞“兴无灭资”、“两条道路”的斗争，批“资产阶级右派”，批资产阶级的同路人（“右倾分子”），批走资派，批党内资产阶级，步步升级，到处树敌，曾经导致禁区林立，草木皆兵。那时，对一些本来正确的政策措施和理论观点，不是先从实践出发，从“是否有利于发展社会主义社会的生产力，是否有利于增强社会主义国家的综合国力，是否有利于提高人民生活水平”出发，来判断其是非得失，而是从抽象概念出发，从“本本”出发，先问“姓‘社’姓‘资’”。20世纪50年代经已提出的农村“包产到户”的政策（实即现在的家庭联产承包责任制），长期被扣上姓“资”的帽子，打入冷宫。以致后来连经营一点自留地、多养几只老母鸡，也被当做“资本主义尾巴”割掉，使我国农村长期处于贫困状况。对知识分子，不是先问他们在发展我国科技文化、发展生产上的实际贡献，而是追究其“资产阶级世界观”，长期扣上“资产阶级知识分子”的帽子。虽也曾几度举行过“脱帽典礼”，但运动一来，依然如故，总摆脱不了受批、挨整、清理、检讨的阴影，严重挫伤了知识分子的积极性创造性。

这种政治上思想上“左”的积习，或多或少延续至今，还在一定程度上影响着改革开放和社会主义建设事业的大踏步前进。例如，对“三资”企业，关注的

---

* 作者单位：《中国法学》杂志社。

是对它们的所有制性质的认定,得出“多一份三资企业就多一份资本主义”的结论,对向外商转让土地使用权,把它同旧中国的“租界”相提并论,说成是“出卖主权”,而不问这些举措对搞活经济、发展社会主义社会的生产力的实际效益。对西方发达国家的发展生产、治理国家的某些经验,多从阶级性上论是非,而不从实践的功利性上加以借鉴,把吸收人类文明成果等同于“全盘西化”,等等。

这种思维定式,在法学界、法律界也有表现。20世纪50年代后期,把“公民在法律上一律平等”、独立审判、法有继承性等法律原则和法学观点,都当做资产阶级法律思想加以鞭挞,使刚刚兴起的法制建设中途夭折。党的十一届三中全会后拨乱反正,法学界从“重灾区”里走出来,呼吸了“真理标准”大讨论的新鲜空气,一度思想活跃,百废初举。法学界初步批判了“以阶级斗争为纲”的“左”的指导思想,使10年来法学研究进展显著,方兴未艾。其间遇到了波及于法学界的资产阶级自由化思潮的某些干扰,法学界在正确地批判了否定马克思主义的指导地位和否定新宪法的四项基本原则等错误思想的同时,对防止“左”的思想的回潮,没有给予足够的注意。“一种倾向掩盖着另一种倾向”,有的报刊言论把某些本属于不同学术观点的分歧,误作资产阶级自由化观点同四项基本原则的对立。把诸如法的阶级性与共同性问题,原始社会与共产主义社会是否有“法”的问题,“分权制衡”问题,“权利本位”问题,“争人权”问题,以及对“传统法学”的评估问题,当做资产阶级自由化或“自由化”的理论基础来批。某些本来可以探讨或可资借鉴的理论与法制经验,如党与法的关系问题,权力监督与制约问题,违宪审查问题,市场经济问题,股份制问题,无罪推定,有利被告等问题,或被视为禁区,或欲言又止,举步维艰。有的甚至把“学术研究无禁区”的原则也列入批判对象,把讲授西方法律思想史、制度史课程作为“设置对立面”,规定必须事事有批判地讲,否则宁可不开、不讲。

凡此种种,虽非主流,却也造成法学界颇为压抑的舆论环境,束缚了人们思想的活跃与创新,使近年法学界学术气氛较沉闷,探索争鸣难开展。一些人视某些敏感的理论与实际问题为畏途,不敢涉足,甚至抱定“同政治、同政治家保持距离”的处世哲学,不敢说“本本”上没有说过的新见解新观点,怕被当做背离了马克思主义原理,不敢大胆借鉴外来的有益的理论与经验,怕被说成是“照搬”资本主义的东西。

毫无疑问,确实是属于反对四项基本原则的言行必须坚决批判,确实是资本主义的反动腐朽的思想必须严加抵制,资产阶级学者学术思想中的唯心主义糟粕也必须认真辨析,对于“右”的、资产阶级自由化的观点,今后仍然必须保持警惕。但正如邓小平同志指出的“右可以葬送社会主义,‘左’也可以葬送社会主义”。在法学界,“左”的思想也可以葬送繁荣马克思主义法学的大好时光。“要警惕右,但主要是防‘左’”。

二

法学界“左”的思想,从政治上看,仍然是根源于“阶级斗争为纲”的余波未尽。从思想认识根源上看,则主要是形而上学和唯心史观的思维方式与思维惯性,还在相当程度上纠缠着人们的头脑。二者的集中体现,主要在如何看待“姓‘社’姓‘资’”的问题上。小平同志的重要谈话,为我们正确认识和处理这个问题,提供了有力的理论武器。初步学习,感到以下几点是需要予以明确的。

第一,明确姓“社”姓“资”问题存在的范围。

世间的事物是极其复杂多样的,并非都是非此即彼,更不都是非“社”即“资”。不能凡事都要从政治上、从阶级性上问个“姓什么?”在事物的此彼之间,还存在广阔的中间地带:

一是存在“非此非彼”的第三者。如在“资”“社”之间,还有姓“封(建)”的。大量的则是无姓或中姓的,即不属于政治范畴、阶级范畴的事物。例如,法律中的语言,某些反映社会化大生产规律的技术性规范,法学中某些反映客观真理的观点,就不能一概贴上姓“社”姓“资”的标签。

二是存在“亦此亦彼”的中间事物、过渡状态。例如,鸭嘴兽是哺乳动物,却会下蛋。社会主义社会是由资本主义到共产主义社会的过渡时期,还不能全部消除资产阶级法权和资本主义痕迹,却又正在生长着某些共产主义因素。社会主义的法既具有阶级社会的某些基本特性(如阶级性、国家强制性),又有某些过渡的新特点(如由作为阶级斗争工具为主,转到调整人民内部矛盾为主和以经济建设为中心)。

三是存在整体与部分的本质区别。马克思、恩格斯早就指出:“许多力量融合成一个总的力量……这种力量和它的一个个力量的总和有本质的差别。”整体由各部分构成,但整体的性质不一定都等同于具有相对独立性的部分的性质。中华人民共和国作为一个整体是社会主义国家,但并不排斥而是容纳其某个部分(如 1997 年后的香港特别行政区)实行资本主义制度。法在整体上有阶级性,并不排除个别法律规范与法律条文的非阶级性。①

① 参见郭道晖:“关于法的本质的几个问题的哲学思考”,载群众出版社 1987 年出版的《法的阶级性与社会性问题讨论集》和《政治与法律》1985 年第 5 期。

四是存在本质与现象、内容与形式、目的与手段等的区别。其中某些现象、形式、手段就不一定都有姓“社”、“资”的区别。如计划经济与市场经济是“资”、“社”皆可为用的手段。某些经营管理方法和法治形式,也是如此。就本质与现象这对范畴而言,现象一般是体现本质的,但也可以出现某些变异。由于“现象比规律丰富”,[①]法与国家在本质上都有阶级性,但如马克思所说,它们“可以由无数不同的经验的事实、自然条件、种族关系,各种从外部发生作用的历史影响等,而在现象上显示无穷无尽的变异和程度差别”。[②] 资本主义国家的法律在整体上当然姓“资”,但资产阶级议会所通过的个别具体法律或法律条文,有的是人民斗争的产物,可能出现偏离统治阶级意志与利益而对劳动人民有利的“变异”。如马克思所指出的:“资产阶级懂得,即使个别的法律条文对他们不便,但整个立法必定是用来保护他们的利益的。”[③]这里所说的“不便”,正是偏离整体性质的个别变异。否认资本主义国家的法在整体上在本质上姓“资”是错误的,忽视其个别部分和某些法律现象的变异,也不利于我们借鉴、吸收对我们有用的东西。

再就法的本质而言,也是多层次的,不能一概以姓“社”姓“资”来划分。如列宁所说“人对事物、现象、过程等的认识从现象到本质、从不甚深刻的本质到更深刻的本质的深化的无限运动”[④],是“由所谓初级的本质到二级的本质,这样不断地加深下去乃至无穷”[⑤]。而且,本质也有“本质内容”和“本质形式”(即内在结构)的区分。“形式是本质的。本质是具有形式的”。[⑥] 不能把阶级性说成是法的唯一本质。法的本质内容包括它的阶级性(统治阶级意志的体现),也包括决定它的社会物质生活条件、客观物质规律性(法也是这些客观存在的体现);后者就不完全属于“姓‘社’姓‘资’”范畴。至于法的本质形式,主要是指它的规范性、国家强制性等内在结构形式。法同政策、道德的区别,正在于这种本质形式的不同,而非本质内容不同(都是统治阶级意志的体现)。对这类本质形式,就不能简单地加以姓“社”姓“资”的划分。

再就法的阶级本质而言,也是有多层次的。它包括阶级压迫性(作为阶级斗争与专政的工具)、阶级利益倾向性(主要体现在经济法民法等法律中)和意

---

① 《列宁全集》(中文第1版)(下同),第134页。
② 《马克思恩格斯全集》(第25卷),第892页。
③ 《马克思恩格斯全集》(第2卷),第515页。
④ 《列宁全集》(第38卷),第239页。
⑤ 同上,第278页。
⑥ 同上,第151页。

识形态性(世界观、道德观与方法论)。其阶级性或“姓‘社’姓‘资’”就有强弱浓淡不同,也要加以区别对待。

此外,就社会制度而言,也有基本制度与具体体制、机制、措施、方法等的区别。基本制度姓“资”,并不因而其所有具体的政治、经济、法律、文化体制、机制也都姓“资”。资产阶级的整个法律与法学体系姓“资”,也并不见得其每一个具体理论观点“无不打上阶级烙印”,其中有些反映客观真理的东西,应视为人类共同的文化成果,可以为各阶级所利用。

总之,我们应当摆脱看事物非此即彼、非“社”即“资”的形而上学思想方法,不要把自己禁锢在极为狭小的视野和活动范围之中。

第二,明确判断姓“社”姓“资”的标准。

在具有阶级属性的事物当中,如何判断其姓“社”姓“资”,不能从本本出发,从抽象概念出发,而必须从实践出发,以小平同志所讲的3个“有利于”作为衡量的尺度。发展社会主义社会的生产力。这里需要明确以下几点;

其一,姓“社”姓“资”的结论,应当产生于实践检验之后,而不是凡事先按“本本”来定性,贴上标签,决定取舍。像分权制衡、无罪推定、有利被告等法律原则,以及市场经济、股份制等,就不能因为马克思主义“本本”上没有讲过它们姓“社”,或者因为这些是资产阶级理论家创造的,资本主义国家运用过的,就说它们姓“资”,而不看它在我国经济与法制建设实践中是否有用,是否有利于搞活经济,有利于加强对权力的监督与制约,有利于保护被告人的合法权利和保证审判的公正性、准确性。

其二,“三有利”作为衡量姓“社”姓“资”的标准,主要是就整体(或总体)而言,就宏观而言,就社会基本制度而言,就改革开放的基本国策而言。至于衡量某个具体的经济成分,某个具体的或局部的法律制度,就不尽然。因为,凡是姓“社”的,必须是符合“三有利”的;但凡是符合“三有利”的,并非都是姓“社”的。逆定理不真。例如,我国在社会主义初级阶段,容许并且鼓励私营经济和“三资”企业的存在与发展,因为它们符合“三有利”的标准。但它们并不因而姓“社”而是姓“资”。它们只是作为社会主义公有制经济的“有益补充”。由于它们是在我国公有制为主体的前提下的“补充”,比例很小,且受我国政权和社会主义经济所制约,从总体上说不会改变我们国家的社会主义性质,因此,就允许和鼓励其存在与发展这一改革开放的政策而言,这种政策是姓“社”的。基于同样的理由,我国保留未来香港特别行政区的资本主义制度(包括资本主义法律制度)五十年不变,是符合“三有利”原则的,但香港作为一个局部地区却是姓“资”的;至于“一国两制”的国策和包括未来香港特别行政区在内的中华人民共和国作为一个整体,又都是姓"社"的。

其三,"三有利"的标准是就其最终结果而言,而不是就其"立竿见影"的直接效应而言。这特别是对于法学理论这类具有相对独立性的意识形态,尤其如此。"三有利"是政治实践标准、经济实践标准,不能简单地把它作为直接衡量某个法学观点的真理性的标准。因为作为一个学术观点,它不单有姓"社"姓"资"的区分,还有真理与谬误、唯心与唯物以及不同学术派别之分。社会科学理论的真理,有时还需要长期、反复的社会实践才能得到验证。当然,法学理论、观点最终必须有利于解放和发展生产力,"三有利"可以作为衡量它的社会意义的价值标准。也只有这种理论才是先进的、符合社会发展需要的理论。这种理论也才能落地生根,永葆其勃勃生机。

第三,明确对待姓"社"姓"资"的态度。

对社会主义国家来说,姓"社"的东西,一般说来,是好的、进步的,是我们需要采用和坚持的;姓"资"的东西,一般说来,是坏的、倒退的,是我们需要舍弃或排斥的。但这个公式只能限于就总体而言,就主流而言,就基本制度而言,不能把它绝对化。在某些具体制度、环节上,就不能一概而论,不能完全以姓"社"姓"资"作为区分好坏优劣的标准。有些东西虽则是姓"社"的,如果它是过时的(如"供给制"、"大锅饭"、"铁饭碗"),或者是超前的(如"大跃进"的共产风、"一大二公"的人民公社),就对解放和发展生产力不利,就该舍弃、打破。而某些东西,即使是姓"资"的(如前述的私营经济、外资企业、香港的资本主义制度),在社会主义初级阶段对发展生产力有利,就可以利用。资产阶级的法权形式、法治经验,只要对完善我国社会主义民主与法制有用,就可以"拿来"或"移植"过来,加以改造,为我所用。这里,笔者想重复引用四年前在本刊发表的一篇文章中的一段话,作为论证:

"不要一见到有阶级性的东西就退避三舍。恩格斯曾经指出:'人们可以把旧的封建法权形式的很大一部分保存下来,并且赋予这种形式以资产阶级的内容,甚至直接给封建名称加上资产阶级的含义。'人们也可以'以同一个罗马法为基础,创造像法兰西民法典这样典型的资产阶级社会的法典'。资产阶级可以赋予封建的(或奴隶制的)法权形式以资产阶级内容与含义而加以利用,无产阶级难道就不可以赋予资产阶级法权形式的社会主义内容与含义,而加以利用吗? 当然这两种利用,会因其阶级实质不同而有重要区别,但并不排斥这种利用。事实上,我们已经把'民主'、'法治'、'法律面前人人平等'等'资产阶级的'法权形式和名称,赋予了社会主义的内容和含义,为我所用了。"

"总之,我们应当抛弃以阶级斗争为纲的旧观念,坚持以发展生产力为中心、为标准的思想。只要是对发展生产力有用的,即使是资产阶级用过的,或者是资产阶级的,我们都可以利用……社会主义民主与法制也不是从天上降下来的,需要吸收前人的成果。而这方面,资本主义国家积累了正反两方面的丰富经验。正如列宁所说:'不利用大资本主义所达到的技术上和文化上的成就,社会主义便不可能实现。'(这里讲的'文化'当然也包括法律文化)'全盘西化'是错误的,'恐资病'也是不可取的。"①

我们的"恐资病"有两种症候:一是杯弓蛇影,把非资本主义的东西当成是姓"资"的,庸人自扰:二是但凡姓"资"的,一概视为洪水猛兽,惧而远之。殊不知资产阶级的东西,既有糟粕,也有精华,有的在历史上起过非常革命的作用,有的至今也还值得借鉴、吸收。正如现代资本主义国家也在借鉴和移植社会主义国家某些行之有效的具体做法一样。

"恐资病"产生的政治根源是"阶级斗争为纲"的理论与实践,其认识论的根源则是唯心史观和形而上学的思维方式。表现为在坚持对事物做阶级分析时,没有同时坚持做唯物史观的历史分析。揭示事物的阶级性只是指出了阶级社会中的基本事实,对这种事实的评价则应以是否有利于社会生产力的发展为准绳。人们可以用诗人般的"高尚的义愤"去斥责奴隶制、封建制以及资本主义的剥削,但马克思、恩格斯则指出了它们在一定历史阶段的历史必然性和历史正当性,②指出没有古代的奴隶制,就没有古代的希腊文明,也没有现代的社会主义。③"总之,科学的思维方式不能局限于'朴素的阶级感情',而要以唯物主义的历史感为基础。否定阶级观,是违反历史事实的,抽掉了历史观的阶级观,也会变成抽象的道德观。这种'阶级分析'有违历史唯物论的方法论,在实践上也会妨碍我们正确理解为什么我国现在实行改革开放,要把具有资本主义剥削性质的私营企业和外资企业作为社会主义公有制的'有益补充',以及为什么要实行'一国两制',在香港继续保留资本主义制度"。④"恐资病"的另一个心理根源,就是缺乏民族自信力。鲁迅对此有过极为深刻的论述:

"汉唐虽然也有边患,但魄力究竟雄大,人民具有不至于为异族奴隶的自信力,或者竟毫未想到,凡取用外来的事物的时候,就如将彼俘来一样,自由驱使,绝不介怀。一到衰敝陵夷之际,神经可就衰弱、过敏了,每遇外国的东西,便觉得

① 郭道晖:"社会主义初级阶段法制建设思想战略的几个问题",载《法学》1988年第8期。
② 《马克思恩格斯全集》(第21卷),第557~558页。
③ 《马克思恩格斯选集》(第3卷),第221页。
④ 请参见郭道晖:"用马克思主义哲学研究法学",载《中外法学》1992年第2期。

仿佛彼来俘我一样，推拒，惶恐，退缩，逃避，抖成一团，又必然想一篇道理来掩饰……”①

这段话真是一针见血，入木三分。可叹的是，鲁迅讲的后一种心态，至今犹有余荫。这实在是同我们强大的社会主义祖国不相称的。我们有选择地吸取某些姓“资”的东西，并不就自己也姓“资”了。还是鲁迅说得好：“虽是西洋文明罢，我们能吸收时，就是西洋文明也变成我们自己的了。好像吃牛肉一样，绝不会吃了牛肉自己也即变成牛肉的。要是如此胆小，那真是衰弱的知识阶级了。”“有力量，有自信力的人是不至于此的。”②

邓小平同志的南方谈话，正是体现了中华民族这种伟大的自信力。外国人不怕利用中国的孔子论语、孔子兵法，乃至《三国演义》中的谋略；笔者认为，真正的马克思主义者也没有理由害怕洛克、卢梭和孟德斯鸠。

（1992年第6期）

① 鲁迅：“看镜有感”，载《坟》。

② 鲁迅：“关于知识阶级”，载《集外集拾遗》。

论法—经济学研究

张乃根*

在“以经济建设为中心”这一时代呼声面前,法学理论工作者怎么办?以笔者之见,我们应深入、系统地研究改革中的法—经济现象、法—经济制度及其变迁、法—经济与法—政治、法—文化等社会现象和制度之间宏观或微观、静态或动态的关系,创立以中国法—经济为研究对象的法—经济学。本文就法—经济学研究的若干理论问题,略述已见。

一、法—经济学研究与马克思主义法哲学

法—经济学研究的理论前提是,法的关系取决于经济关系这一马克思主义法哲学的根本观点。马克思在对黑格尔法哲学进行批判性研究时就曾指出:“我的研究得出这样一个结果:法的关系正像国家的形式一样,既不能从它们本身来理解,也不能从所谓人类精神的一般发展来理解,相反,它们根源于物质的生活关系。这种物质的生活关系的总和,黑格尔按照18世纪英国人和法国人的先例,称之为‘市民社会’,而对市民社会的解剖应该到政治经济学中去寻找。”①这既表明了马克思整个世界观的根本转变,又奠定了马克思主义法哲学的理论基石。在以后众所周知的一系列论著中,尤其是《资本论》中,上述理论基石扩展为一个内容非常丰富的法—经济学理论。② 其最主要的观点就是马克思在剖析商品变换中的权利关系时所强调的:“这种权利关系,不问是不是依法成立的,总归是在契约的形式上,是一种意志关系,在其中,有经济关系反映出来。这种权利关系或意志关系的内容,也就是由这种经济关系规定。”③马克思主义法律观的精髓是着重研究法与经济的关系,在此仍然有必要针对中国法哲学理论动态,进一步阐述这一观点。

首先,需扼要讨论的是:马克思主义法哲学着重强调的,究竟是法的阶级性,

---

* 作者单位:复旦大学法律系。

① 《马克思恩格斯全集》(第13卷),第8页。

② 参见“试探《资本论》中的法律思想”,载《上海市青年法学论文选》,第1~16页。

③ 《马克思恩格斯全集》(第16卷),第244页。

还是法与经济关系？马克思主义创始人的法哲学理论贯穿3个相互联系的观点:(1)经济和经济关系决定法和法的关系;(2)法和法的关系是由国家制定或确定,并由国家强制力保障实施的社会制度和社会关系;(3)由于国家是一定统治阶级或集团掌握的政权组织,因此法或法的关系具有一定的阶级性。显然,这三个观点前后具有一定的逻辑递进关系。离开了第一个,也是最根本的观点,后两个观点就很难说是马克思主义法哲学的观点。无论是在《德意志意识形态》中,还是在《共产党员宣言》中,马克思主义创始人始终着重强调,法和法的关系所体现的阶级性归根结底是由一定的经济和经济关系所决定的。这是马克思主义法哲学的精髓所在。马恩在谈到统治阶级通过国家将自己意志制定为法律时,特意指出:“由此便产生一种错觉,好像法律是以意志为基础的,而且是以脱离现实基础的自由意志为基础。”①其实,人们探求法的本质不应在主观意志的范畴里兜圈子,而必须到法所赖以存在的经济关系中寻找根源。这种经济关系就是“那些不依个人‘意见’为转移的个人物质生活,即他们的相互制约的生产方式和交往形式。”②这才是法哲学中的历史唯物论。纵观马克思主义法哲学思想的提出以及马恩在世时,他们法哲学的发展过程,不难回答上述要讨论的问题。

其次,需稍加详细分析的是,权利与义务之间关系的探讨是否应成为当代中国马克思主义法哲学研究的主要方向？自1988年6月全国法学基本范畴研讨会以来,权利与义务的关系成了中国法哲学领域的热门话题。这场讨论的意义,自有人评价。需留意的是,该讨论的已有成果所具有的局限性:第一,作为当年研讨会的参加者,笔者深感当时与会者提出权利本位的论题,与其说是对法学基本范畴本身的探索,不如说是对传统法学基础理论的深刻反思。笔者在会上赞同权利本位的观点,并指出,重视权利,尤其是公民“应有”权利的研究是中国法哲学的发展趋势之一。这一发展的理论前提是“克服以义务为本位,以国家为本位的法律观”。③ 这种反思实际上已超出范畴意义上的法哲学研究,触及一定的社会意识形态。或许,正是由于这一点,1988年研讨会以及会后的一些论文受到了某些方面的猛烈抨击,引起了继“法的阶级性”讨论之后中国法哲学界的又一场热烈争论。然而,令人纳闷的是,有的学者在争论中提出,“权利本位”首先是一个“语义概念”,将具有深刻反思意义的论题

---

① 《马克思恩格斯全集》(第3卷),第70页。

② 同上,第377页。

③ 《当代法学》1998年第3期。

纳入了语义分析的思路。这也许是政治因素所致,但这正是近两年这方面研究的局限性之一。第二,就法律规范的研究而言,“权利本位”、“义务本位”,抑或“权利义务一致论”,都有其真理性认识一面。在中国法哲学领域,对法律规范本身的分析是大有可为的。我们应对这一问题作历史或现实的、宏观或微观的、形式或实际的分析。但是,这种研究并不是当代中国马克思主义法哲学研究的主要方向,因为马克思主义法哲学的理论意义在于引导人们从历史唯物主义的角度去探索法和法的关系所依赖的经济和经济关系,这是本体论意义上的法哲学。而法律规范的研究是范畴意义上的法哲学。在范畴意义上提出的权利与义务关系中诸命题必然带有范畴性研究的局限性。第三,对近两年来有关争论理论意义的过高评价,似乎掩盖了这样一个令人焦虑的事实:中国的法哲学至今没有对中国复杂而生动的法—经济关系作出有一定水平的研究。一种既不敢直言论及社会意识形态,又缺乏法—经济关系内容的法哲学,其理论意义的局限性,不言而喻。

从分析法—经济关系着手,推进当代中国马克思主义法哲学研究,并非囿于马克思主义创始人的研究范围,而是以其理论为指导,以中国法—经济为研究对象,在法—经济学的一般理论和具体分析两方面进行相辅相成、超越前人的研究。按照历史唯物主义的观点,任何理论都有一定的历史局限性。马、恩关于法—经济关系的法哲学思考是以 19 世纪末以前英、法等国资本主义制度为研究对象。尽管他们的法哲学具有超时空的普遍意义,但是由于历史的局限,他们不可能对社会主义制度下的法—经济关系作具体分析。而且,由于分析角度的缘故,他们的理论主要是宏观性的。因此,本文所说的法—经济学研究要更多地侧重于对当代中国法—经济关系的微观分析。这就需要法哲学家与经济学家、法哲学研究与具体的法—经济问题分析的有机结合。马克思是人类思想史上无与伦比的伟人。他以法学为理论起点,集哲学家、经济学家、政治学家和无产阶级革命家于一身,令后人望尘莫及。我们不敢奢求在个人思想水平上超过马克思,而只期望依靠群体的智慧,深入法—经济生活的现实,作出具有时代特色的理论贡献。

二、法—经济学研究与新制度经济学

新制度经济学是现代经济学前沿领域。1991 年诺贝尔经济学奖授予新制度经济学奠基人、美国芝加哥大学法学院教授罗纳德·科斯和最近“中国社会主义公有制结构理论研讨会”就是最好的例证。新制度经济学的本意是从制度分析角度对法—经济关系进行微观经济学的研究。它起源于20世纪30年代。科斯“企业的性质”(1937)一文和著名经济学家亨利·西蒙斯在芝加哥法学院开设《经济分析与公共政策》(1939),揭开了制度(法)—经济学研究的历史篇章。20世纪60年代初以来,随着科斯《社会成本问题》(1960)的发表,这种研究逐渐成为一种思潮。最近10多年,在经济学家威廉森的倡导下,新制度经济学的提法逐渐被人们普遍接受。其实,所谓“制度”与广义的“法”并无实质差别。科斯与威廉森分别在芝加哥和耶鲁法学院任职这一事实,直感地说明了新制度经济学与法—经济学之间息息相关的联系。

新制度经济学的核心思想如科斯所说:“在零交易成本的条件下,法律规定无关紧要,因为人们可以在没有交易成本的条件下就如何取得、划分和组合各种权利进行谈判,其结果总是能够使产值增加。在这样的世界里,构成经济制度的体制既无实质内容也无目的……似乎,没有必要花费那么多时间来研究这样的世界。我的论证要揭示的是:我们应该明确地将实在的交易成本引入经济分析领域,以便研究实在的世界。”①这一思想的理论意义至少有两点:第一,它揭示了制度(法)与社会资源配置效益最大化的直接联系。在现实世界中,由于交易成本的经济作用,不同的制度(法)会带来不同的经济效益。新古典经济学忽视了交易成本的这种经济作用,将制度(法)—经济关系人为地割裂,形成了科斯所说的“黑板经济学”。第二,它引导人们在微观层次上具体分析各种制度(法)—经济关系,如不同的财产权规定、合同制度、侵权责任、立法或诉讼程序,乃至生产组织形式所产生的经济效应,从而使交易成本的分析进入了社会制度和人的行为的各个侧面。宽泛的产权经济学、全面的经济学分析法学、系统的法律—经济组织学说,都是这种分析的产物。正如科斯在接受诺贝尔奖的演说中指出:“在谈到(新古典经济学向新制度经济学)这一转变时,我并不认为这是单枪匹马的结果。”②这是包括威廉森在内的许多经济学家和法学家持之以恒、共同努力的成果。

人们不禁要问:以制度(法)—经济关系为研究对象的新制度经济学与马克思主义创始人的经济学和法哲学有无联系之处?国内外学术界似乎没有人作出过正面解答。诚然,这是一言难尽的问题。不过,略加分析,可以看到,尽管前者不可能像后者那样,以历史唯物论为理论基础,但是,就法—经济关系本身的分

---

① [美]罗纳德·哈里·科斯著:《企业、市场和法律》,盛洪等译,上海三联书店1990年版,第14~15页。

② [美]罗纳德·哈里·科斯:“生产的制度结构”。

析而言,两者具有互补性。马克思主义创始人的经济学和法哲学侧重于对资本主义经济规律和法—经济关系的宏观分析,强调经济和经济关系对法和法的关系之决定作用。当然,马、恩在世时,尤其是恩格斯晚年特别提醒人们不要忽视法的反作用以及在历史发展中诸因素的交互作用。新制度经济学侧重于对在有交易成本的条件下,制度(法)对资源配置效益最大化的微观分析,虽然这种观点蕴涵着交易成本的经济作用决定制度(法)选择这一理论前提。可见,撇开新制度经济学的理论基础暂且不论,它对法—经济关系的微观分析法是很有借鉴意义。任何法—经济关系都有宏观和微观因素。宏观分析使人如登高山之巅,高瞻远瞩,微观分析则使人如入麻雀之脏,细微之至。从某种意义上说,以往中国法哲学界对法—经济关系的研究,更多的是缺少微观分析。本文所说的法—经济学研究就是在马克思主义基本原理为指导,充分借鉴新制度经济学的理论与方法,着重对中国的法—经济关系作微观分析。

在借鉴新制度经济学时,须以比较不同社会、不同国家的制度为前提。例如,在新制度经济学的发源地,法制比较完备,法治观念根深蒂固。人们在谈到法律规定对资源配置效益最大化的作用时,好像没有必要提及“有法可依,有法必依”的法治前提。但在法制尚欠完备、法治观念淡薄的国度里,如不设法确立“有法可依,有法必依”的法治前提,法律规定往往成了纸上谈兵,哪里还谈得上经济效应呢?虽然法—经济学研究不限于狭义的法,即国家立法机关制定的法律,而是涉及广义的法,尤其是制度性政策,但是,政策与法律相辅相成。历史已证明:单靠政策治国是行不通的,某些基本政策或迟或早地要以法律这一最普遍的行为规范形式予以体现。假如没有法治观念,到头来,连一些基本政策也难以落实。然而,这一“假如”恰恰是当代中国社会中有待解决的现实问题。

又如,在新制度经济学的流行地,市场经济为主,政府调控为辅。几乎所有的新制度经济学的分析都离不开这一经济体制前提。而在中国,改革中的经济体制,无论从现状还是从理想目标来说,都与上述前提相反。按照马克思主义观点,不同的经济基础决定不同的上层建筑。因此,我们在对中国的法—经济关系进行法—经济学研究,无法照搬新制度经济学的现成理论模式,而要做大量艰苦的探索性工作。

再如,在新制度经济学的大本营,政党是一个松散的组织。在某种意义上,它只是一个竞选组织形式。与其说执政党控制政权,不如说最有影响的利益集团支配着国家的命运。因此,新制度经济学的法—经济分析很少论及政党制度与法—经济的关系,而是较多涉及投票、利益集团问题。在中国,执政党的领导作用和制度结构无处不在、无时不在地影响着整个中国法—经济关系。这就要求中国的法—经济学研究必须在一定程度上进行法—经济学与法—政治以及法—文化之间的关联分析,以求比较透彻地认清一些错综复杂的法—经济现象和法经济制度。

总之,以中国法—经济为研究对象的法—经济学是在前人理论基础和研究成果之上所做的开创性工作,任重而道远。

三、法—经济学研究与系统(制度)论

中国法—经济的特殊性,要求我们在进行法—经济学研究时,有必要汲取系统论的方法,即将各种制度视为整个社会系统的结构性组成部分,分层次地研究一制度与它制度之间互相渗透、互相作用的关系。这种系统(制度)论也可以说是泛制度经济学。

严格意义上的新制度经济学,如科斯的理论并非宽泛地论及各种制度,经济学分析法学的代表人物波斯纳甚至明确排除法—经济分析中的价值判断因素。笔者认为,作为法哲学意义上的法—经济学研究不可能局限于单纯的法—经济现象、法—经济制度的分析,而应该在适当层次上进行系统(制度)的分析。恩格斯晚年曾告诫人们:法—经济关系不是简单的,似乎同历史过程中其他因素隔开的单线性关系,而是同经济基础、上层建筑其他组成部分以及社会各种关系均有联系的复线性关系。“在现代国家中,法不仅必须适应于总的经济状况,不仅必须是它的表现,而且还必须是不因内在矛盾而自己推翻自己的内部和谐一致的表现。而要达到这一点,经济关系的忠实便日益受到破坏,法典越是很少把一个阶级的统治鲜明地、不加缓和地、不加歪曲地表现出来,这种现象就越是常见:这或许已经违反了‘法观念’”。① 因为按照纯粹、彻底的法观念,法应该忠实反映一定的经济关系,不折不扣地体现统治阶级的意志。然而,现实生活中,法在反映经济关系和体现统治阶级的意志时,往往并非直线式而是曲线式。因此,我们不能将法—经济关系简单化,尤其是在当代中国的特定历史条件下,为了比较透彻地研究改革中的中国的法—经济现象、法—经济制度及其变革,就须进行必要的系统(制度)论分析。

系统(制度)论的分析不仅要区分制度的层次及其递进关系,而且要在侧

① 《马克思恩格斯全集》(第4卷),第483页。

重进行微规分析时，兼顾宏观分析以及法—经济关系的静态或动态分析。与任何国家的法—经济一样，当代中国的法—经济同样是微观与宏观、静态与动态的有机统一体。既然是进行泛制度经济学的研究，势必要进行宏观分析和某种价值判断。至于动态分析对于改革中的中国法—经济分析之必要性，无须赘言。

（1992年第9期）

论法律规范的结构

庞　凌*

法律规范是统治阶级从自己的阶级利益出发,通过国家强制力调整人们的社会关系的比较定型的、基本的行为规则,它一般通过成文法律文件或国家认可的习惯来表现,以设定一定的权利、义务为内容,规定了人们应该怎样行为、可以怎样行为、不可以怎样行为,从而为人们的行为确定一种模式、标准或提供方向。法律规范是法律的最主要内容,法律规范的结构是一个十分重要的问题,它对于立法的科学性、司法的准确性以及法律责任的理论都有重要意义。目前,对于这个问题,各种观点不一,各主要教材或各持己见,或避而不谈,本文拟就此问题作一些探讨。

第一种观点,也就是传统的观点认为,法律规范由3个要素组成:假定、处理和制裁。"假定"指该规范适用的条件和情况,"处理"指行为规则本身(要求怎么做、不能怎么做、允许怎么做),"制裁"指违反规范的法律后果。① 这种观点实际上是20世纪50年代从苏联法学理论中搬来的,有其可取之处,如简明、逻辑性较强等。但这种脱胎于刑事法律规范的观点,并不具有普遍意义,它把"制裁"作为法律规范的必要组成部分,甚至认为缺少了制裁就不能称为法律规范。这种理解似乎过于狭窄了,它限制了法律后果的丰富内涵,仅仅注重于否定性的法律后果,而未考虑到肯定性的、积极的法律后果,具有较大的片面性。目前我国已经出现的一系列法律、法规中大量地存在一些赋予人们权利或奖励的规范。这类规范仅仅给人们设定权利,并无制裁。至于对于别人侵犯其权利而给予的制裁已不是该规范的内容,而属于另一类规范了。而且"三要素"观点容易使人们对法本身产生错误认识,认为法律仅仅用于惩罚人们,限制人们的自由,实际上,法律规范是指导人们依法行为,给人们确定、提供行为模式或方向,保障人们更好地享受权利、自由,特别是随着人类社会的发展,法律本身已从剥削阶级维持其统治、镇压人民反抗的工具逐渐转变成统治阶级维持其社会正常运行,给人们设定权利义务、提供行为模式的工具。在我国,逐步出现的许多奖励性规范正是通过法给人们行为提供方向。这也是法发展的一般规律。再者,"三要素"观

---

* 作者单位:南京大学法律系。

① 引自《中华法学大辞典》。

点只谈到了法律规范的表面特征,注重形式而忽视了这种形式下的实质内容,因而这种观点尚有待于进一步完善。

第二种观点认为,法律规范由两个要素构成,即假定、处理或假定、制裁,认为宪法规范只有假定、处理,无制裁,刑事规范只有假定、制裁,无处理。① 笔者认为这种观点不具有普遍意义;如果按这种观点,每个法律都要分别研究其构成,实际上不可能也无意义,不易于立法技术上的统一,不易于执法。而且这种观点本身还有值得推敲的地方,认为宪法规范没有制裁,是值得商榷的。没有制裁则宪法规范的效力如何得以保障?我国现行宪法第5条第2款规定,"一切国家机关和武装力量,各政党和各社会团体、各企业事业组织都必须遵守宪法和法律,一切违反宪法和法律的行为,必须予以追究",这里"必须予以追究"就是要追究这种违宪行为的法律责任。至于法律责任的具体内容及其形式(制裁)则分别规定在各有关部门法中,但不能因此而认为宪法规范无制裁。

第三种观点认为,法律规范分为制裁性规范和奖励性规范两种。制裁性规范由假定、处理、制裁三部分组成。奖励性规范由假定、处理、奖励三部分组成。② 这种观点注意到了法律规范不仅仅是制裁,还包括肯定式的后果如奖励,因而将法律规范分为制裁性规范、奖励性规范两种。但这两种规范是否包括全部的法律规范呢?似乎不是。有的规范既不是制裁又不是奖励,如赋予人们权利的规范,很难将其纳入奖励性规范中(当然更不可能是制裁性规范)。因而将奖励与制裁作为一对范畴来划分整个法律规范是值得探讨的,它注意到肯定式法律后果的同时,又把肯定式法律后果仅仅限于奖励,同样限制了法律后果的丰富内涵。因而这种划分没有抓住法律规范的主要内容——权利、义务这对法学基本范畴。但这种观点试图将法律规范分类加以研究,这种思考方法是可取的。

第四种观点认为,法律规范在逻辑上一般由两部分组成,即行为模式、相应的法律后果。其认为行为模式有三种类型:可以、应该、不应该这样行为的模式;法律后果一般有两类:一类是肯定式的法律后果,另一类是否定式的法律后果。③ 这种观点突破了传统的法律规范结构理论,也较为符合法律规范的特征,是比较科学的。但它否定了法律规范构成中"假定"部分的存在,而"行为模式"本身是不可能包括"假定"的内容的。如《民法通则》第20条规定:"公民下落不明满二年的,利害关系人,可以向人民法院申请宣告他为失踪人。"这里,"公民

---

① 转引自孙国华主编:《法学基础理论》,中国人民大学出版社1982年版。
② 杨万明:"论奖励性规范",载《法学研究》1985年第4期。
③ 转引自沈宗灵主编:《法学基础理论》,北京大学出版社1985年版。

下落不明满二年"无疑是一种假定,即规范的适用条件,缺少了这部分内容法律规范便不可能完整,而且如果把假定的内容理解为行为模式的一部分,也显牵强,不甚合理。再者,这种观点把"法律后果"作为法律规范构成的要素也值得商榷。法律后果是一个较为笼统,内涵、外延不甚明确的概念,将其作为法律规范的一个要素,实际上回避了肯定式、否定式后果的不同,将复杂的问题简单化、笼统化了。而且法律后果这一概念不仅仅包括责任、制裁、奖励等,还可能指某种法定义务或权利,而这种权利、义务并不是指法律责任或奖励。另外,依这种观点,如果行为违反了法定行为模式,则产成相应法律后果,这也不能体现国家法律对这种行为的一种否定评价,更不能体现出法的国家强制保护性。因为法律后果本身不含褒贬。此外,如果是否定式的法律后果则导致制裁,那么法律责任置于何处?而只有有了法律责任才能依法追究其责任,对其制裁。

第五种观点主张法律规范的结构由以下两部分组成:(1)权利、义务的规定;(2)法律后果的归结[①]。这种观点用法学中一对最基本、最重要的范畴权利、义务来分析结构问题,无疑是对法律规范结构理论的重大突破。但它同样对假定采取了否定态度。如果假定是指该规范中适用的条件和情况,它就不是法律规范的内在构成要素。如果假定是指法律规范中规定权利之行使条件,义务之履行条件和限度,则包含在权利义务规定中。

法律规范作为法律的主要内容,总是以法律条文的方式表现出来的,但是,法律规范不同于法律条文。法律条文是法律规范的文字表述。一个规范可以表述在几个条文中,甚至不同法律文件中,因此研究法律规范的结构不能局限于逐条研究条文,而要抓住其内容:权利、义务。另外,法律规范也不能同法律原则、概念、术语方面的解释等规定混为一谈。这些规定有的帮助人们理解,有的是立法宗旨、精神等,它们不是为人们设定权利义务的,因而它们不是法律规范。再者,以往的有关法律规范结构的理论不少只注意到了形式,而不注重其内容。如用"三要素说"来分析这样一条文,"故意杀人的,处死刑、无期徒刑或者十年以上有期徒刑。"在这里:假设为"故意杀人的(主体)",处理为"禁止杀人"(省略了),制裁则是"处死刑……"显然这只是一些表面现象,至于为什么杀人必须如此制裁则丝毫未涉及。实质上,因为杀人等行为超越了现实社会统治阶级的统治秩序的界限,侵犯了他人的法定权利或拒绝履行自己的法定义务,因而必须承担相应的带有国家强制力保证的、具有否定评价性质的法律责任。还要指出,研究法律规范的构成更要适应现实需要,更多地注重民法、行政法、经济法等,不能

① 张文显:"对于法律规范的再认识",载《吉林大学社会科学学报》1987年第6期。

局限于刑法,用脱胎于刑事法律规范的理论是不能适应新的需要的。

法律规范结构的研究是与其分类紧密相连的,企图不将法律规范作分类而得出一个普遍适用的结构是较为困难的,或只能是统一,因为每一法律规范的后果是不同的。为研究结构而进行分类,应从本质上来分,要以权利、义务这对法学基本范畴来加以思考。因为一个法律规范或赋予人们一定权利或为人们设定某种义务,并相应规定法律责任。当然还有一种既赋予人们某种权利又将正确及时行使这种权利规定为义务,但这样一种规范仍可视为权利、义务规范的结合,具有两重性。因而应将法律规范先分为权利性规范、义务性规范来加以研究。必须指出这种划分绝不是把两种性质的规范割裂开,相反,两者相辅相成,他们的关系与权利、义务之间的关系是一样的。

结合以上观点和对以往观点的吸收,笔者认为:为解决法律规范结构问题,先将法律规范分为权利性和义务性规范。权利性规范由适用条件、权利的规定两部分构成。义务性规范由适用条件、义务的规定和法律责任3部分构成。具体地说:

权利性规范由适用条件、权利的规定构成。如我国《宪法》第35条规定:"中华人民共和国公民有言论、出版、集会、游行、示威的自由。"在这里,适用条件是"中华人民共和国公民",权利的规定是"有言论、出版、集会、结社、游行、示威的自由"。这种权利性规范的特点在于,它赋予一定主体以一定的权利,因而它在结构上强调的是权利的规定,这是核心内容。国家正是通过这种权利的规定来赋予人们一定权能为一定行为,维持正常的社会活动、社会关系和秩序。这里的适用条件包括主体的条件时空等,这是享受权利的必要前提(后文要论述),至于对行使权利的限制和保障,则不是适用条件的内容也不是权利性规范的内容,而是义务性规范的内容了。权利性规范对于权利主体是积极充分享受权利还是消极放弃权利则并不加以规定(至于超越行使权利、滥用权利则由义务性规范调整),法律本身也不追究,因而这种规范在构成上、内容上不强调后果。

那么,带有奖励性质的一些规范是否属于权利性规范呢?笔者认为,从结构上讲,从性质上看,它仍可以视为一种权利性规范。国家设定一些奖励(有条件的),主体符合条件的有享受奖励的权利,从这个意义上讲,奖励本身对于符合条件的公民来说是一种权利,获得奖励的权利,只是这种权利带有某些特殊点。这种权利本身带有国家对于主体行为的赞许、肯定和褒奖,而一般的权利仅仅是国家赋予人们某种权能,一般不含褒奖之意,仅表明主体为某行为是合法的、允许的。奖励性规范结构与权利性规范相同(可以认为它是一种特殊的权利性规范),由适用条件、权利的规定构成。如《中华人民共和国科学技术进步奖励条例》中第5条规定国家科学技术进步奖分为3等:奖励等级一等奖、荣誉奖证书、奖章,奖金15000元。这里,适用条件是一等奖获得者,权利的规定是获得国家级科学技术进步奖证书、奖章和奖金15000元。奖励性规范与一般权利性规范的另一点不同就是适用条件。它的适用条件往往是国家积极鼓励的某种行为(同时要符合一般适用条件),而一般权利性规范仅要求满足一般条件如主体时空等。总之,奖励性规范结构上与权利性规范是一致的。

权利性规范是赋予人们一定权能的,有权利则必然有义务,而且权利受到侵犯时,法律要追究侵权人。这些都是由义务性规范来加以规定的。因而义务性规范又是权利性规范的保障(两者关系后文再述)。义务性规范是国家通过强制力来保证执行的、要求人们必须为或不为一定行为的规范。义务性规范的构成有适用条件、义务的规定、法律责任3部分。它的特点在于国家强制性,要求人们必须履行法定义务(作为或不作为的义务),违反之,不履行义务就要被追究相应产生的法律责任。因而这种规范的核心是义务的规定,而且这种义务的规定又有法律责任的内容作为保障,突出违反义务后的法律责任,以达到要求人们履行的目的。这里的法律责任的内容也可以看做一种第二性义务。[①] 这种义务较前面的第一性义务而言,具有处罚性或惩罚性,是一种否定评价的后果。第一性义务是法定义务,具有强制性,必须履行,但这种强制性正是由第二性义务来得以体现的,而且第一性义务不具有政治、道德否定评价的内容,不具有惩罚、处罚性。如果行为人履行了第一性义务,则法律予以肯定,不会导致追究什么法律责任。只有违反了第一性义务,该为而不为,不该为而为之,才会产生带有否定评价、强制执行内容的第二性义务,即法律责任。因而这种法律责任并非法定义务(第一性义务)本身,而是违反第一性义务的必然结果。现行法律法规中有的条文中规定了一个义务的内容,后面却分别规定了几种法律责任的内容。如《全民所有制工业企业法》第60条第1款之规定:"企业因生产、销售质量不合格的产品,给用户和消费者造成财产、人身损害的,应当承担赔偿责任;构成犯罪的,对直接责任人员依法追究刑事责任。"类似的规定很多,是否可以认为违反同一义务可能导致多种性质不一的法律责任呢?笔者认为不能这样理解,违反民事义务要追究相应的民事责任,同时规定如果情节严重或构成犯罪的,依法追究刑事责任,这种规定不是违反同一性质义务产生不同性质法律责任。而应理解为,对其追究刑事责任是基于其行为已经构成违反刑事规范的义务,已不仅仅

① 张文显:"法律责任论纲",载《吉林大学社会科学学报》1991年第1期。

是对民事义务的违反了。这里违反义务的性质已经发生了变化,已不是同一义务了。因而违反单一性质义务,只能追究相应的法律责任,而如果追究了多种性质的法律责任,必然是同一行为违反了多种性质的法定义务。

义务性规范中的法律责任不同于法律制裁,二者有联系,但不同。法律制裁是一种手段、形式,即法院或有关有权机关追究并强制负担义务的当事人承担法律责任,因而制裁本身不是法律规范的构成要件、组成部分,而法律责任才是构成内容。如"故意杀人的处死刑、无期徒刑,或十年以上有期徒刑",这里,法定义务"不能杀人"这一内容法律省略规定了,如果行为人违反了这一第一义务则要依法被判处10年以上有期徒刑、无期徒刑或死刑,这是法律责任内容,而强制执行追究这种责任则是刑事制裁,制裁的直接依据是法律责任。它们之间是内容与形式的关系,法律责任是内容,法律制裁是形式。法律制裁是由法律责任所决定、所导致的。法律规范中规定的法律责任的内容的实现,则是通过法律制裁来体现的,而且各种不同性质、各种程度不同的法律责任也是通过不同的法律制裁、不同的轻重来得以反映和实现的。义务性规范中法律责任的内容是极其重要的组成部分,它是以国家强制力为保证的,也是国家强制力在法律规范中的体现,是义务性规范得以实现的必然要求,而且这也正是法律规范区别于其他社会、技术规范的极其重要的特征,以往的一些看法往往不重视法律责任这一法学重要概念,或混淆了责任与制裁,或用法律后果这一内涵外延不甚明确的模糊概念。现行的法规中,大量出现"罚则"、"处罚"、"惩处"等章节规定,并将其与"法律责任"这一概念混同使用,有的用前者,有的用后者,之所以出现这种情况,是因为有的同志主张法律责任这一概念一般要包括刑事责任,对于一些仅仅涉及民事或行政责任的法规,则不宜采用法律责任这一概念。从现行法规中看,不管其用哪种概念术语,其实质内容都是法律责任的内容,仅仅为了区别不同性质的责任,而采用"法律责任"或"罚则"等,但这却将法律责任与法律制裁,内容与形式、手段混为一谈了(罚则、处罚等都是制裁的意思)。而且这种区分是不必要的,因为法律责任本身就包括了刑事、民事、行政等责任。法律责任是义务性规范中极为重要、不可缺少的组成部分。至于有的涉及法院、检察院等国家司法机关的义务性规范中一般不规定相应的法律责任(如《民法通则》第22条"被宣告失踪的人重新出现或知道他的下落经本人或利害关系人申请,人民法院应当撤销对他的失踪宣告规定的,"另外,诉讼法中也有很多这种规范),这是有其特殊性的,因为法院、检察院等本身是国家的司法机关,对于他们的法律责任规定了也难以确定(这是由它们的地位决定的),而往往是法律通过提供某种解决的途径来处理其本身的违法情况,如通过上级机关或人民代表大会进行追究等。

一般来说,义务性规范中3要素是缺一不可的。当然这不等于说每一义务性规范必须详尽严格地将3要素现于文字表述。实际中有的可省略,如刑事规范中义务的规定往往不直接表述,而从否定的角度通过规定违反义务后的责任来体现。

法律规范中职权性规范的构成是如何的呢?笔者认为,职权性规范的结构与义务性规范是相似的,职权是国家赋予国家机关及其工作人员职务上的权利和义务,它具有权利性规范和义务性规范的两重性。职权是一种权利,即相对于一般主体是一种权利;职权又是一种义务,即相对于国家,权利的正确、及时履行是一种义务,也即这种权利不可放弃,不可转让。这里义务产生的前提是国家赋予权利。因为从这个角度看,把职权性规范纳入义务性规范研究其结构是可以的,其结构仍由适用条件、义务的规定、法律责任三部分构成。只是适用条件复杂一点,丰富一点,其中必须包含国家赋予主体一定的权利这一必要条件。而且这种义务性规范的核心不仅仅是义务的规定,权利的赋予同样是其核心组成部分。在某种程度上讲,国家赋予主体一定权利比相应规定其一定义务更为关注。因为这种相应义务的规定往往是为了促使主体及时、正确、合法地行使赋予其的权利。

不论是权利性规范还是义务性规范,它们都有一个共同的组成部分,即适用条件(也可以说是假定)。其是指法律规范中所规定的有关适用该规范的主体范围、时间、空间、关系、目的、手段等那部分内容,也就是说,什么公民或组织在什么情况或条件下适用该规范。适用条件是法律规范的必要组成部分。一定的权利或义务对什么人在什么情况下适用,只有立法上加以明确规定,才能使人们享受或履行,执法者才能真正保证其实施,才能达到立法的意图。缺少这一部分的规范,是不完整的,也是难以真正贯彻实施的。但这并不等于说每一法律条文都必须包含(具体规定)适用条件。法律规范不同于法律条文。在法律条文中一些普遍适用的规定如主体、责任能力等一般不都写明,因为在其他有关条文或法律中作了普遍性的明确规定,如刑法第3条规定,"凡在中华人民共和国领域内犯罪的,除法律有特别规定以外,都适用本法。"这就明确了刑法规范的适用地域。这类普遍性的适用条件无须在每一条文中都详细加以列举规定,以避免法条的重复,但不能因此认为适用条件不是法律规范的必要组成部分。

以上谈了一下法律规范的构成问题,这里我们把法律规范分成权利性规范和义务性规范加以研究,并不是简单地把权利义务割裂。相反,两者相辅相成,互为保障,共同构成法律规范,共同起着作用,赋予人们权利,规定义务,调整一定社会关系;权利性规范、义务性规范不是单独分裂地起作用的,而是互相配合共同发挥作用。权利性规范为履行义务性规范创造前提条件,义务性规范是权利性规范得以实现的保障。国家通过强制执行义务性规范来保障权利性规范得以实现执行。两者是一个问题的互相联系的两个方面。享受权利和履行义务成为对人们提出的统一要求。而且一定情况下权利性规范和义务性规范两者还可以互相转化,如享受权利超过法定限度、滥用权利,便会由享受权利转化为对义务的违反从而被追究相应法律责任,如防卫过当等。总之,权利性规范和义务性规范互相联系、互为保证,它们交织在一起共同构成了法律的内容。

(1992 年第 10 期)

价值观念与法律规范

严存生*

每一个社会都有着一套与之相适应的价值观念,也都有着一套与之相适应的法律规范。显然,法律规范与价值观念之间有着某种内在关系,值得研究。这对于我们深刻地认识法律的本质和作用,对于正确指导我国的法制建设,都有着重要的意义。

一

要弄清法律规范与价值观念的关系,首先必须对价值观念的本质和特点有一个正确的认识。应该承认,我们在这一方面的研究还是很不够的,不过也已经确立了一些基本观点,它们是:

第一,价值观念与价值既有联系又有区别。

我们知道,价值是在主体与客体的关系中客体及其属性对人(主体)的需要的效用或意义。而价值观念是存在于人们内心的评定价值的尺度。价值观念的产生和确立虽然离不开价值,要以客观事物的价值为前提或者基础,但它并不是人们对某一特定事物价值的直接反映,而是人们在对种种事物的价值的不断认识和享用的、在内心逐渐形成的衡量价值的主观标准。它是人们在认识和享用这些价值中逐渐形成的一种稳定的心理定式,是日益积淀和升华的一种理性观念。由此看来,价值观念不同于价值,也不是价值的一般映象。二者的区别是:(1)价值是客观的,价值观念是主观的,只存在于人们的内心;(2)价值是实然的,价值观念是应然的,包含着人们对价值的追求和理想;(3)侧重点不同,在主体与客体的关系中,价值侧重于客体及其属性,价值观念侧重于主体及其需要。

第二,价值观念直接根源于人的需要,是人的需要的观念化和意志化。

我们知道,人的需要是在特定的历史条件下和社会环境中赖以生存和发展的物质条件和精神条件的总和,是已被人们所感知并欲以扩大的利益,需要包括

* 作者单位:西北政法学院(现西北政法大学)。

利益、欲望和要求等多种主客观因素。这些因素尤其是其中的利益对价值观念的产生和形成关系极大。法国的启蒙思想家爱尔维修在谈到这一点时说,“利益支配着我们的一切判断”,“只能拿自己的利益来当做判断的准绳”。[①] 马克思和恩格斯也明确指出,利益是一切政治观念、道德观念的基础。而我们知道,它们是价值观念的主要形式。由此看来,人的需要与价值观念关系密切,它决定着价值观念体系的内容和结构。从一定意义上也可以说,有什么样的需要体系,就有什么样的价值观念体系。从这个意义上可以说,价值观念是被人所认识的并转化为主观评价标准的需要。当然,这不是说价值观念只是人的需要的直接反映,这是不可能的。因为各种人有不同的需要,各种需要也经常处于对立和冲突之中,在利益中有个人利益与社会利益之分,有正当利益与不正当利益之别。价值观念,特别是作为整个社会所公认的价值观念,不可能把它们一一反映出来,它反映的只能是社会的共同利益和正当利益。而这必须经过人们头脑的不断认识、整理和归纳,使之互相矛盾的需要统一起来,使个人的需要社会化,从而在人们的头脑中变为一个协调的观念体系。

第三,价值观念是存在于人们内心深处的评价标准,是一种评价的思想框架,是人们头脑中关于“应该如何”的观念结构,也是一种价值追求、价值理想和价值取向。

正因如此,价值观念具有以下属性:(1)评价性。也就是它有评价的功能,能为人们判断是非和辨别善恶提供一个标准。(2)稳定性。价值观念一经形成之后,就会变为一种文化传统、一种内心的意念,它具有极大的独立性,不会轻易变更或消失。(3)历史性、阶级性和民族性。所谓历史性,指的是不同的社会历史阶段有不同的价值观念,因而价值观念会随着社会制度的变更而变更;所谓阶级性,指的是在同一社会的不同阶级之间,往往在价值观念上存在差异和对立。因而会出现对同一事物的评价截然相反,一个阶级认为是好的事物,另一个阶级却认为是恶;所谓民族性,指的是价值观念受民族文化传统影响很大,因而表现为同一时代和同一社会制度的不同国家之间、同一国家的不同民族之间,人们在价值观念上存在很大差异,而在不同国家的同一民族却有着许多相同的价值观念,造成这一差异的原因很多,从根本上说是因为它们有着不同的政治体制和经济结构,有着不同的生活方式和文化传统。从价值观念本身来说,是因为有不同的观念体系结构和价值取向,如有的社会以个人权利为本位,而有的社会以社会利益为本位,有的“不患寡而患不均”,崇

① 葛力著:《十八世纪法国哲学》,社会科学文献出版社1991年版,第457～458页。

尚平等和平均，有的却鼓励冒尖，提倡最大限度地实现个人的价值。正因如此，新到另一国度的人们，往往会感到价值观念上的阻隔，都要进行价值观念上的某种变更。

第四，价值观念作为一个观念体系，有着复杂的结构，这表现为：其一，种类繁多：大的可分为社会的价值观念和个人的价值观念两类。社会的价值观念有政治的、经济的和道德的等。个人的即人生的价值观，它是个人衡量人生意义的标准，其中有工作观念、消费观念等。其二，层次丰富：有核心观念和外周观念等，各种观念呈从属关系。例如，在西欧资产阶级启蒙时代，理性是价值观念的核心，那时"一切都必须在理性的法庭面前为自己的存在做辩护或者放弃存在的权利，思维着的悟性成了衡量一切的唯一尺度"。[①] 其次是自由、平等、人权等。因此，价值观念的变更，不仅指产生新的观念或变更观念的内涵，而且指各个观念在体系中位置的"跃迁"。

二

由于价值观念各人而异，又深藏在内心，很难为别人感知，也难以达到统一，而作为社会的价值观念如果不能明确地表达出来，并以社会的强力为后盾，是很难发挥其作用和对全体社会成员具有约束力的。因此，它必须找到一种表现形式。这种形式找到了，它就是行为规范。行为规范是人们在一定范围内公认的明确的和具有约束力的行为评价准则。它使深藏于内心的分散的个人的价值观念集中和统一起来，并转化为能衡量人们行为价值的评价标准。行为规范的种类很多，有技术规范、道德规范、宗教规范和法律规范等。法律规范是一种特殊的行为规范，它不与其他行为规范并列，而是由其他行为规范转化而成的。转化的办法就是由国家这种公共权力机关对之加以认可、制定并予以实施，使之更加具体明确，更具有普遍性和约束力。正因如此，在当今社会里法律规范已成为一种最经常使用和最具有权威性的行为规范，从而也是最能体现一个国家的价值观念的行为规范。也正因如此，一个国家的法律必然深深打上该国特有的价值观念的烙印，也是该国实现价值观念的最有力的武器，也就是说，一个国家的法律的制定和实施，一刻也离不开该国价值观念的指导，它也必然按照这个国家所要求的价值取向运转，并实现这个国家人

① 《马克思恩格斯选集》(第3卷)，第56页。

民所要求的价值。这就是为什么一个国家的法律制度不能简单地移植到别国的原因所在,也是形式上相同的法律规定在各国有不同的社会效果的原因所在。西方的分析法学不懂得这个道理;他们把法律规范说成是与价值毫无关系的东西,一种不负载任何价值的纯中性的技术,并拒绝对其价值作任何评价,这显然是非常荒唐的。

价值观念与法律规范的关系,实际上是观念与技术、内容与形式、目的与手段的关系。其中,法律规范是技术、形式和手段,而价值观念是观念、内容和目的。二者互相依赖、相辅相成。法律规范对价值观念的依赖表现在两个方面:第一,价值观念决定着法律规范的性质、内容和发展变化,也就是说,有什么性质的价值观念,就有什么性质的法律规范,价值观念的变更也必然导致法律规范的相应变化。法律规范的内容是与之相适应的价值观念相一致的,甚至是由价值观念转化而成的,是变为文字和成为准则的价值观念。例如,自由资本主义社会初期,西欧各国所制定的法律,就是以当时占主导地位的价值观念即自然法观念为指导的,其中充满着自由、平等、人权等自然法学家的概念,甚至很多法律条文是原封不动地从自然法学家的著作中摘录的。我国解放前后法律规范内容的重大变化,特别是宪法的变化,也清楚地显示着价值观的变更对法律规范的决定作用。第二,每一种法律规范的制定和实施,都离不开价值观念的指导,都不能背离最基本的价值观念,如我国宪法的制定和修改就不能违背四项基本原则。而我们知道,四项基本原则是我国最基本的价值观念。总之,离开价值观念的法律规范是不可思议的,那只能是一种没有内容的形式,没有灵魂的肉体,不仅无从产生,也无法发展变化和正常运转。

法律规范离不开价值观念,价值观念也离不开法律规范。前面已经指出,在现代社会里,法律规范已经成为价值观念的一种最主要表现形式和实现手段,这就意味着价值观念对法律规范的依赖性,它具体表现以下3个方面。第一,法律规范使分散的和隐藏的个人价值观念集中与统一起来,使之公开化和明确化,变为一种能为大家所知道的行为准则。第二,法律规范凭借国家的权力统一和约束人们的行动,使之按照价值观念所指明的方向运动,从而使价值观念得以真正实现,完成由观念到行动、由内在到外在的转化。第三,法律规范的好坏也影响着价值观念表达的准确程度。一般来说,好的法律能清楚而明确地表达价值观念的含义,增大其效力;不好的法律则歪曲或隐晦其含义,并减弱其效力。

由此看来,价值观念和法律规范是相互依赖和相辅相成的。当然这不是说二者间就没有什么区别。很明显它们之间的区别很多。例如,一个是主观的、内在的，不能为别人直接感知；另一个是客观的、外在的，能为大家共同知晓。再如，二者适用的范围也不同：价值观念的范围宽，适用于一切事物；法律的范围窄，主要用于评价人们的外部行为。西方的自然法学与分析法学犯了一个同一性质的错误，即没有正确认识二者的关系，走向另一个极端；他们只看到二者的联系，未注意到二者的区别。因此常常把二者混为一谈，把价值观念特别是其中的政治道德观念也视为一种法律，称为自然法，显然也是片面的。

三

既然法律规范与价值观念之间有着内在关系，既然二者之间有联系又有区别，那么，我们在研究法律、进行社会主义的法制建设时，就既不能把二者割裂开来，也不能把它们混淆起来，而必须全面地思考问题和展开工作。值得思考的很多，这里谈一些初步想到的几点；

第一，在认识和研究法律，特别是某一国家的法律制度时，我们不仅要注意研究其外在形式，即研究该国法律规范的体系及其结构，而且更要注意研究深藏于其中的价值观念。因为我们只有弄清其中的价值观念，才能真正了解其精神。否则我们对该国法律的认识将是肤浅的和表层的，将会犯西方分析法学已犯过的同样错误。之所以如此，是因为法律是一种文化现象，而任何文化现象总包含着技术和观念两个方面，并且，观念的方面处于决定的地位。法律的技术方面主要是指法律规范以及实施这些规范的组织制度等。法律的观念方面则主要是指制定和实施法律规范的指导思想和原则以及人们的法律意识。显然，如果我们在研究一国的法律时，只注意到前一方面，而忽视了后一个方面，那将是非常片面的，它意味着我们只抓住了枝叶，而丢掉了根本。它将使我们无法解释在形式上基本相同的两国的某一法律，却产生了差别极大的社会效果这一历史现象。因此，在从事法律的比较研究时，不仅要注意其形式即规范条文的比较研究，而且更要注意其法律观念的比较研究，也就是说，比较法律文化这一研究课题，应该包括法律制度的比较研究和法律观念的比较研究这两大方面。

认识和研究一国的法律是如此，认识和研究整体上的法律更应如此。它要求我们，在认识法律时，不仅应该把它作为一种规范来对待，而且应该把它作为一种观念来理解。要注意研究法律的观念层次的内容和结构。而对于这一点，西方现代的一些法学家已有认识，并已有清楚的论述。他们在批判了分析法学派把法律仅仅归结为一种规范或规则的片面观点时，明白地指出了法律中观念因素的存在及其内容。例如，著名的社会法学家庞德就说："法律比之于许多法规的集合体，有更多的东西。这使法律成为正义的活工具。"①又说："法律的功能在于纠正各方面的人群关系，而一切人群，关系又错综百出，在势，国家必不能预先制定一部法规，使法院，以之御繁应变于无穷。故法律的本身必不是单纯的一部规则……在任何法系中、法律，本体实为原理。必有原理，法吏乃能有所依据，复由类方法来求出新例。然后可以御繁，虽以应变。由此观之，法律的界说，与其称之为一部规则，毋宁称之为一部规则及原理。"②当代著名自然法学家德沃金（R. Dworkin）进一步发展了这一思想，他指出："法律不仅指规则，而且包括原则，政策。"他解释说，所谓原则就是为社会秩序所承认的正义和公平的普遍原理，所谓政策就是有关社会的政治、经济或社会发展和改革的目标的政治决定。③ 从以上论述中可以看出，法律的观念层次有着丰富的内容和复杂的结构，应该认真研究之。

第二，在制定某一种法律时，当我们需要借鉴和吸收其他国家的有关法律制度时，必须充分考虑本国与外国在价值观念上的差异，不要把与本国的价值观念毫不相容的东西移植进来，否则就可能扰乱自己的价值观念和造成不良的社会效果。这是因为外国的有关法律是依据其价值观念制定的，是服务于其价值观念的，也包含着其观念的。所以，我们不可能只引进其形式而不引进其内容，这就像我们在引进外资和外国技术中难免会带入一些对我国人民有害的文化影响一样，所以，对外国的法律的吸收和借鉴，我们要持慎重的态度，反对盲目性。当然这并不是说我们不要借鉴外国的法律制度，这是不可能的，因为法律制度也要在改革开放中才能迅速发展，所以我们必须大胆吸收和借鉴国外一切对我们有用的法律制度。我们这里只是说，在引进时要仔细挑选和认真消化，要使之中国化，融入我国的社会主义价值观念体系之中。

第三，在我国社会主义法制建设中，不仅要注意制度建设，还要注意观念建设或思想建设。也就是说，我们不仅仅注意改进和完善我国现有的各种法律制度，即不仅要不断地制定新的法律，废止旧的法律，而且要注意到法律观念的更新和宣传教育。要使我国的广大干部和群众不仅了解法律的内容，而且懂得法律的精神，能忠实地实施法律，准确地理解和灵活掌握法律。这就要求我们要不

---

① ［美］庞德著：《法律、道德与正义》，张文伯译，台湾台北监狱印刷厂1959年印，第154页。

② ［美］庞德著：《法学肄言》，雷沛鸿译，商务印书馆1934年版，第16页。

③ 张文显："战后西方法哲学的发展和一般特征"，载《法学研究》1987年第3期。

断地批判封建社会和资本主义社会的价值观念和法律观念，宣传社会主义的价值观念和马克思主义的法律观，与各种法律虚无主义和人治思想作斗争。只有这样，才能使我国的社会主义法制建设有正确的导向和可靠的思想基础，迅速而健康地向前发展。

（1992年第10期）

对“法律应该以社会为基础”之我见

——兼论改革与法制不矛盾

孙国华[*] 朱景文[**]

改革与法治、与坚持依法办事的制度并不矛盾,但人们对这个问题的认识并不一致。有些做法和想法阻挠人们认识这一问题,大有辨别清楚之必要。

一、从马克思的一段话谈起

“法律应该以社会为基础”,这是马克思针对资产阶级“社会是以法律为基础”的法律观提出的著名论述,马克思把“社会是以法律为基础”的观点称做“法学家的幻想”①,“法学家以为他是凭借先验的原理来活动,然而这只不过是经济的反映而已。”②马克思的这一思想是唯物论的反映论在法律观上的体现,它正确回答了在法律与社会的关系上谁是本源、谁决定谁的问题。马克思的论断在以下几点的意义上是完全正确的:首先,对法的认识,不能从自身来理解,它根源于社会的物质生活关系。其次,法的制定必须符合社会的需要,“君主们在任何时候都不得不服从经济条件,并且从来不能向经济条件发号施令。无论是政治的立法或市民的立法,都只是表明和记载经济关系的要求而已”。③ 最后,新的社会关系的建立不能以旧的法律为基础,“不能使旧法律成为新社会发展的基础”。④

但是,马克思所提出的这一原理由于种种原因后来被不适当地夸大了。笔者认为,在法律与社会关系问题上,“法律以社会为基础”只是问题的一个方面,虽然是主要的方面,但并不是二者关系的全部。“法律应以社会为基础”的公式,没有强调法对社会的能动作用这一面。因此,笔者认为在承认“法律应以社

---

* 作者单位:中国人民大学法律系。

** 作者单位:中国人民大学法律系。

① 《马克思恩格斯全集》(第6卷),第292页。

② 《马克思恩格斯全集》(第4卷),第121~122页。

③ 同上,第484页。

④ 《马克思恩格斯全集》(第6卷),第292页。

会为基础”的前提下还必须承认“社会也应以法律为基础”。只强调“法律应以社会为基础”,实际上只解决了从物质到精神的转变,只解决了法的根源问题,对法的认识问题,而并没有解决从精神到物质的转变,没有解决把人们的认识转化为现实的问题,没有解决法的实施问题。问题很清楚:既然建设一座楼应根据有科学根据的、事先设计的蓝图进行,那么在原则上讲,建设一个社会也应该根据有科学根据的事先设计好的行为方案进行,而法律恰好是这种行为方案的最基本的、最主要的模式。所以有计划、有秩序的社会改革和建设,必须不断巩固国家生活和社会生活的法律基础。这已为各国特别是社会主义各国的经验所证明。因此,在承认“法律以社会为基础”、使我们制定的法律能正确反映社会生活的客观需要的前提下,必须同时承认:“一般说,在正常状态下,社会也应以法律为基础”。这样才能充分发挥人的、上层建筑观象(法律)的积极能动作用。马克思的那段话恰恰对此没有强调。这是我们理解这句至理名言时必须注意的问题。恩格斯晚年在回顾马克思和他创立历史唯物论的过程时,曾多次谈到这个问题,认为“我们在反驳我们的论敌时,常常不得不强调被他们否认的主要原则,并且不是始终都有时间、地点和机会给其他参与交互作用的因素以应有的重视”。① 并为此作了重要的补充:“如果政治权力在经济上是无能为力的,那么我们为什么要为无产阶级的政治专政而斗争呢? 暴力(即国家权力)也是一种经济力量。”

二、“社会也应以法律为基础”的含义

“社会也应以法律为基础”包括这样几层含义:

第一,它是在承认“法律以社会为基础”的前提下提出的补充,即首先承认认识法律不能脱离开社会,制定法律必须符合社会生活的需要、反映社会发展的趋势。而这样制定了的法律,应坚决贯彻执行,使之成为社会生活的基础。

第二,树立法律的权威。任何一种社会都需要一定的规则和秩序,这种规则和秩序并不是人们从外部强加于社会的,而是社会本身固有的属性。体现这种规则与秩序的法律可以使社会生活既有自由又有秩序,充分调动和发挥该社会成员的主动性、创造性,而使社会摆脱单纯的偶然性和任意性。因此“社会也应以法律为基础”的命题是现代社会本身的要求,它首先意味着不能使社会建立

① 《马克思恩格斯选集》(第4卷),第479页。

在人们任意行为的基础上,而必须有规则、有秩序地运作。树立法律的权威是正确行使国家权力,根据集思广益、深思熟虑的立法过程形成的统一意志来行使,既保证应有的自由,又保证必要的秩序,做到“管而不死,活而不乱”,以反作用于社会关系的重要手段。

在不同社会里树立法律的权威具有不同的含义,在我国当前的深化改革开放中它具有特别重要的意义。社会主义商品经济以承认社会上存在不同利益为前提,社会主义法的权威不应该建立在抹杀不同社会集团、个人之间的利益差别的基础上,而应承认这种利益差别,正确地调整这些利益关系,用公平竞争等一系列的制度调整这些利益的冲突,使之与集体利益,国家利益、长远利益协调发展。置商品经济所必需的法律规定于不顾,放任个别社会集团、个人不择手段地追求自己的私利,这样做,建立社会主义商品经济只能是一句空话。遵守法律,使法律凌驾于相互竞争的各种利益之上,而不使任何社会集团或个人的利益超越于法律,搞特权,是社会主义商品经济发展的内在要求和基本保证。法律应该反映权利主体的不同利益,确定与之相适应的权利与义务,但法律所确认和保护的利益、总是同整体利益、国家利益、长远利益相协调的利益。因此,要避免重新回到权力过分集中的旧体制,就必须使国家管理工作中的民主集中制原则和商品经济中的自愿、等价、有偿原则贯彻到法律中,落实到树立法律的权威的基础上。

第三,坚持依法办事。制定法律,使社会生活的各个重要领域有法可依,这还只是实现“依法办事”的前提,只是完成了从社会关系上升到法的过程,重要的是必须使从社会中来的有科学根据的法律在实际的社会生活中得到实现,切实建立起社会主义商品经济的法律秩序。如果法律不能在生活中实现,不能转化为人们的实际行为,转化为现实的社会关系,再好的法律也只不过是“毫无意义的空气震动”。因此制定法律要慎重,要从实际出发,正确反映社会的需要,而执行法律要坚决严肃,不能有半点犹疑。制定了法律不去执行或不坚决执行,只能削弱法律的权威给人们留下法律是一纸空文,说一套、做一套,还有一套比法律更有效、更高的东西在起作用的印象。这样做的结果,既破坏了法律的权威,也动摇政权的基础。经常听到一种议论,说“改革可以违法”,似乎认为依法办事会阻碍改革的发展。这是一种误解。笔者认为当前我国社会主义法是否与改革相适应可分3种情况:(1)从总的方面看,我国社会主义法不是也不应该是改革的阻力,从宪法到各个部门法在总的方向和基本原则上都支持和保证着改革,随着改革的深入已经颁布了一大批反映改革成果的法律文件,它们所规定的合法与非法、罪与非罪的界限适合改革的要求。同时,改革是社会主义制度本身的完善,并不是要推倒一切重来,总有一些基本的社会生活准则是必须遵守的。再者,一般说来我国的现行法都是我们已经认识到了的应予坚持的东西,而且往往是原则的规定,也就是说,在法律的限度内还有很大的活动余地。一般说,我们的法律并不与发挥人们的主动性、创造性相矛盾,如果实践证明有矛盾的,应该自觉地修改,而不应允许任意破坏,我们只能允许在法律的限度内发挥主动性、创造性,法外的主动性、创造性,实际上就会造成盲目性、任意性。主张发挥法外的主动性、创造性,不管人们意识到没意识到,实际上就是想搞法外的特权。法律大都是一些基本的行为规范,并不妨害人们主动性的发挥。如果连这些我们已经认识到的基本的行为标准都不要,而允许一些人任意违反,只能使改革陷入混乱。应该指出,事实上不依法办事的突出问题大都不是出在合法与违法的法律界限不清楚的疑难案件中,而恰恰是出在有明确的法律标准(甚至违法者本人也知道是非法的)而不执行的案件中。(2)个别过时了的法律不适应社会主义商品经济的要求,必须在改革的过程中加以修改,这就要求各主管部门不断地进行现有法规的清理工作,废旧立新,同时加强法律解释和类推,弥补法律的不足。但在法律没有废止或没有新的法律代替旧的之前,不得擅自借口法律过时而弃置不用,以“长官意志”取而代之。明智的“长官”有许多明智的方法解决这类问题,但公然违法,公然主张可以置法律于不顾,绝不是明智的做法。(3)对于合法与非法的标准一时还划不清的案件,不宜轻率决定,要注意总结审判实践,也要注意借鉴其他国家处理该问题的法律规定和法律手段,尽快制定法律,做到有法可依。应该看到,我国长期以来由于法制观念薄弱,习惯于靠行政命令和长官意志办事,而不习惯依法办事。欲治“官倒”先治“官批”。倒爷们之所以有“货”可倒,大多是靠手中有权的“官”不顾国家的明文规定而批的“条子”,现在许多案子也常常因为某些领导的一句话、一张条子办不下去。这已成为当前有法不依、执法不严的一个重要原因。因此,改革必须建立在坚决依法办事的基础上。

第四,重视法的创造作用。法对社会的作用不仅表现在消极地确认已成熟的社会关系,而且表现为可以创立新的社会关系。尤其是现代社会,要求科学的管理,法的这种积极创立新社会关系的作用更为明显。众所周知,法的发展有一个从自发到自觉的过程。与此相伴随的是从习惯法到制定法的进化。习惯法只适应于社会发展缓慢、社会分工简单、国家很少对社会生活采取积极的干预的状况;而制定法的发展则与社会迅速的发展、社会分工的复杂化和国家对社会的积极干预相联系。在当代,法是建立新的社会关系的根据已是世界各国法律调整中的普遍观象。现在有一种看法认为改革不能在旧法的基础上进行,而新法只能在改革以后才能制定。预先制定法律会阻碍改革。似乎法律只能起到巩固改革的成果的作用,而不可能起到指引改革的方向、贯彻改革的措施、保护改革顺利进行的创建作用。笔者认为,这种认识恰恰根源于只片面强调"法律以社会为基础",而忽视"社会也应以法律为基础"的思想。不错,社会主义法是人民群众实践的武器。要求预先颁布一整套完备的法律,然后按图索骥进行改革,是法学家的幻想。但是,主张只有改革以后才能制定法律,否认法律在改革中的积极能动作用,也不符合实际,而会大大阻碍人的自觉能动性的发挥,看不到实践在认识中的意义。改革是一个不断地由实践到认识,再有认识到实践的过程,把认识与实践割裂开来,认为人们在某一阶段上只实践不认识或者只认识不实践是形而上学的。我们所说的法在改革中的创建作用,是在承认"法律以社会为基础"的前提下进行的,即并不是说人们可以闭门造车地想出一套完善的法律指引改革,而是在已有实践的基础上借助国外经验,把已经认识到的东西用法律的形式固定下来指导改革的进行,贯彻改革的措施,保证改革的正常发展,而且随着改革的发展、认识的深化,法律也在改革的过程中不断完善。实际上,全国人民代表大会《关于授权国务院在经济体制改革的对外开放方面可以制定暂行规定或者条例的决定》正是考虑到这种情况制定的。授权立法的措施一方面可以保证在改革中基本做到有法可依,指导改革有条不紊地发展;另一方面也为全国人民代表大会及其常委会在将来条件成熟时把它们上升为法律(狭义的)做好准备。现在的问题是,要更充分地发挥法的创建作用,把它贯彻到改革的各个环节中去,在改革中逐步学会使用法律武器。

三、社会实践是检验法律正确与否的试金石

社会与法律之间毕竟是两种不相等的力量的相互作用。如前所述,"社会以法律为基础"归根结底是以"法律以社会为基础"为前提的。这不仅因为树立法律的权威、依法办事、发挥法的创建作用都以法对社会关系及其发展趋势的正确反映为前提,而且由于人的主观能动性要受客观规律的制约,法对社会的作用最终要受法反映社会需要程度的限制。如果某项法律的制定不符合社会的需要,必定在其实施的社会效果上反映出来。在这方面,小平同志的南巡讲话,给我们提出了明确的标准,"应该主要看是否有利于发展社会主义社会的生产力,是否有利于增强社会主义国家的综合国力,是否有利于提高全民的生活水平"。做到"三个有利",就是正确反映了我国社会主义社会发展的客观需要,就是对的,就要坚持,不符合"三个有利"的,就是不对的,就要赶快改,新问题出来也要

注意运用法律手段,抓紧解决。在实践—认识—再实践的过程中,在制定法律又严格依法办事的过程中不断完善我们的法制。正如小平同志指出的:“恐怕有30年的时间,我们才会在各方面形成一整套更加成熟、更加定型的制度。在这个制度下的方针,政策也将更加定型化。”当然这个制度的到来也是实践的结果,我们必须认真制定法律,严格依法办事,注意总结经验,才能保证改革和建设的顺利进行,才能逐步形成一套更加成熟、更加定型的制度(包括法律制度)。恐怕这就是具有中国特色的社会主义,包括其法律制度前进发展的一个模式。因此,在我们强调树立法律的权威的时候,时刻也不忘记“法律以社会为基础”,不要以为制定了法律就完事大吉了,要注意研究法律实施的社会效果,要在改革的实践中不断地修改和完善法律,使法律更加适合社会发展的需要;要不断巩固国家生活和社会生活的法律基础,把改革和建设真正纳入法治的轨道,这是保证社会主义社会正常发展的唯一途径。

(1992 年第 11 期)

试论制裁与法律规范的逻辑推理

施荣根*

在法律规范中,其具体的制裁形式、轻重程度是随案件的不同而各不相同的,但就思维形式来说,它们又都具有共同的逻辑形式。本文拟就制裁与法律规范的逻辑推理作一点粗略探索与分析。

一、制裁的一般逻辑结构

根据相应的法律规范的要求,可以把法律规范分为3类:第一类是义务性规范,它要求必须如此做的积极的行为模式;第二类是禁止性规范,它要求必须不如此做的消极的不行为模式;第三类是授权性规范,这是一种表示可以这样做的行为模式。例如:

①"订立经济合同,必须贯彻平等互利,协商一致、等价有偿的原则。"

②"严禁非法拘禁他人,或以其他方法非法剥夺他人人身自由。"

③"债权人有权要求债务人按照合同的约定或者依照法律的规定履行义务。"以上3个实例,都是我国在相应的法律制度下,对人们某种行为的规范要求和规定内容,表述这类命题在逻辑上称为法律规范命题。上述命题①称为义务性规范命题,用符号 O_P 表示;上述命题②称为禁止性规范命题,用符号 F_P 表示;上述命题③称为授权性规范命题,用符号 $P_P(P-p)$ 表示。任何法律规范不同于一般社会规范,就在于包括规定对违背法律规范行为所应承担的法律后果,即制裁。正因为法律规范具有这样的规定性特征,人们就得以从法律规范命题中概括出相应的制裁结构。从上述3个实例中,就制裁结构来说可作如下表述。

如果我们用"S"符号表示制裁,那么制裁的结构就为:

相对于义务性规范来说,其制裁公式为:$O(-P\rightarrow S)$。

读为"如果不具有P行为,那么必须实行制裁"。

相对于禁止性规范来说,其制裁公式为 $2O(P\rightarrow S)$。

读为"如果具有P行为,那么必须实行制裁"。

---

* 作者单位:华东政法学院(现华东政法大学)。

相对于授权性规范来说，其制裁公式为 $-O[P(-p)\to S]$。

读为“如果具有 P(或非 P)行为，那么并非必须制裁”。

上述制裁的一般结构，它明确表述了该法律规范中所规定的内容和要求，也就是说，它所阐述的是法律规范中要求必须做什么、禁止做什么和允许做什么的那一部分的规定内容，而制裁的一般结构，正是对法律规范内容、要求的概括。具体说来，如果具有某行为是 $-P$，那么就应承担法律后果，即必须实行制裁(S)。这一制裁结构，正是相对于义务性规范规定的内容，要求的正确表述。例如，如果“某子女不赡养，扶助父母”，那么“就应该承担法律后果”，这一制裁结构正是对“子女应该赡养、扶助父母”的规定内容的正确阐述。再说，如果某行为具有 P，那么就应承担法律后果，即必须实行制裁(S)。这一制裁结构，正是相对于禁止性规范规定内容、要求的正确表述。例如，如果“某人非法拘禁”这一行为存在，那么“就应该承担法律后果”，这一制裁结构正是对“禁止非法拘禁”的规定内容的正确阐述。又如，如果“某公民信教”这一行为存在，那么“并非必须承担法律后果”，这一制裁结构，正是相对于“允许公民信教”这一授权性规范而言，因而它也是对这一规范规定内容，要求的正确表述，即正确表达了“允许公民信教”这一法律规范。

从上述分析中，我们得知逻辑上所讲的制裁结构，不是指某条具体的法律制裁规定，而是从各个具有“应当”、“禁止”、“允许”等规范模态词的命题中，从各类规范的内容、要求中概括出来的，所以，它称为制裁的一般逻辑结构，这一制裁结构所表述的内容正是法律规范的规定内容。正因为制裁结构具有这样的规定内容，因此，如果某个法律规范被人们视为应当的，人人必须遵守的，并且对人们具有普遍约束力的，那么制裁结构所表述的规定内容也同样如此，它能使人们自觉或被迫地遵守法律规范的规定内容要求。例如，既然“O_p”这一法律规范的规定内容是人人必须遵守的，那么 $O(-P\to S)$ 这一结构所概括的也正是这一规定内容，只不过它是从另一侧表述而已，即指出如果违反这规定，就必须制裁。

二、常见的几种制裁与法律规范的推理形式

制裁的结构与某类法律规范的规定内容、要求是相对应的，并且它所表述也正是某类法律规范的内容和要求。例如，我国《刑法》第 123 条规定：“伪造支票、股票或其他有价证券的，处七年以下有期徒刑，可以并处罚金。”这一条文所陈述的是禁止性法律规范命题，它所表述的是禁止“伪造支票、股票或其他有价证券”的行为，与这一规定内容、要求相应的制裁结构：如果有上述行为，就必须

制裁，即如果有该行为，应“处七年以下有期徒刑，可以并处罚金”。就逻辑来说，上述条文的内容与制裁，两者具有等值关系。我们以P符号表示有某行为，S符号表示制裁，上述条文所表述法律规范内容与制裁的关系是：用公式表示为：$F_P \longleftrightarrow O(P \to S)$。当我们陈述“禁止某行为”，就等于说，“如果有某行为，就必须制裁”，反过来说，也是同样的。

由于制裁与法律规范的内容是对应的，并且两者在逻辑上又具有等值关系，因此，两者的推理形式是等值关系推理。当然，如同普通逻辑一样，我们在研究制裁与法律规范的推理时，也是撇开各个具体的制裁与法律规范的内容、要求，它只是从逻辑形式研究两者的等值推理的是否有效性，为司法实践提供必要的工具。

现在我们就从常见的几种制裁与法律规范的推理形式进行考察：

一是制裁与义务性规范推理形式。

①原告起诉必须提出起诉的事实根据。

②知道案件情况的人应有作证的义务。我们用符号P表示行为是一种义务，S表示制裁。把上述①②两例概括起来，就制裁与义务性规范来说，其推理形式可表述为，$O(-P \to S) \longleftrightarrow O_P$。这一推理形式表明，P是一种义务，当且仅当，如果行为是非P，则应当制裁。

上述①②两例，明确陈述了原告起诉必须履行“提出起诉的事实根据”的规定性质，又明确陈述了知情人应当履行“作证的义务”的规定性质。既然这种规定内容是必须履行的，即P行为是一种义务，这就等于说，如果不履行，根据情节轻重，就必须承担法律后果，即对其实行制裁。用上述两例来说，出现了不提出起诉事实根据，知道案件情况的人不履行作证。这种行为就是非P行为，对其就必须制裁。

如果原告起诉“不提出起诉的事实根据”，就必须实行制裁。［记为$O(-P \to S)$］。这就等于说，原告起诉禁止不“提出起诉的事实根据”（记为$F-P$）S，也就是说，原告起诉“必须提出起诉的事实根据”（记为Op）。所以，如果原告起诉“不提出起诉的事实根据”，就必须实行制裁，即“原告起诉必须提出起诉的事实根据”，这样，$O(-P \to S) \longleftrightarrow O_P$这一推理就得到证实。

二是制裁与禁止性规范推理形式。

③禁止刑讯逼供。

④必须不虐待老人。

我们用符号“F_P”表示某行为是禁止的，$O(P \to S)$表示，如果某人有P行为，那么就必须制裁。这样根据上述③④两例，我们就概括出制裁与禁止性规范推理形式，用公式表示：

$O(P \to S) \longleftrightarrow F_P$。

上述③④两例，表示“刑讯逼供”行为、“虐待老人”行为是禁止的，它要求不允许任何人违反这种规范的规定。由于③④两例的规范内容，都是强硬性的规定，这就等于说，如果有人违反这要求，国家就必须对违法者给予一定制裁。

三是制裁与授权性规范的推理形式。

⑤允许公民集资兴办企业。

⑥允许被告人不向法院申诉。

⑦选举人对于代表候选人可以投赞成票。

⑧有些调解和好的离婚案件可以不制作调解书。

从上述4个实例中，根据法律规范的性质，就制裁来说，我们就可概括出制裁与授权性规范的推理形式，其公式如下：

$O(p \to S) \longleftrightarrow$或$-O(-P \to S) \longleftrightarrow P-p$这公式中的“Pp”表示某行为是允许的，$-O(P \to S)$表示，如果某人有P行为，则并非必须制裁，这公式中的“$-p$”表示非P行为是允许的，$-O(-P \to S)$表示，如果某人行为是非P，则并非必须制裁。以上常见的几种制裁与法律规范推理形式，就其规范的规定性质来说，该推理形式对人们行为具有普遍指导性和约束性，就逻辑来说，常见的几种推理形式是有效的，因而，在逻辑上具有可满足性。

三、制裁与法律规范推理在司法实践中的作用

任何法律规范都是用来调整一定社会关系的行为规则，都必须有明确的规定和要求。在司法实践中，如何准确理解法律规范的规定内容，怎样才能正确适用法律，以惩罚犯罪、保护人民，一个必须注意的问题，就是要开展和加强制裁与法律规范逻辑推理的研究，以便从逻辑上帮助人达到准确理解和正确适用法律规范的要求。

研究制裁与法律规范推理，能有助于准确理解法律规范的规定内容。法律规范不同于一般的社会规范，它是通过对违法者采取国家强制力惩罚方法来实现的。正因如此，人们就能通过对制裁问题的研究，从制裁与法律规范的推理形式上，使人们有效地准确理解某法律规范的规定内容。就常见的几种制裁与法律规范推理来说，当我们说有无P行为，就必须制裁，其逻辑结构为$O(P \to S)$，这就等于说，该法律规范内容是禁止性规范，其逻辑结构为F_P，这一推理形式为：O

$(P \to S)F \longleftrightarrow F_P$。当我们说有P行为,并非必须制裁,其逻辑结构为 $-O(P \to S)$,这就等于说,该法律规范内容是授权性规范,其逻辑结构为 P_P,这一推理形式为:$-O(P \to S) \longleftrightarrow P_P$。当我们说无P行为,就必须制裁,其逻辑结构为 $O(-P \to S)$,这就等于说,该法律规范内容是义务性规范,其逻辑结构为Op,这一推理形式为:$O(-P \to S) \longleftrightarrow O_P$。当我们说无P行为,并非必须制裁,其逻辑结构为,$-O(-P \to S)$,这就等于说,该法律规范内容是授权性规范,其逻辑结构为:$P-P$,这一推理形式为:$-P(-P \to S) \longleftrightarrow P-P$。

例如,我国《经济合同法》第5条规定,"订立经济合同,必须贯彻平等互利、协商一致、等价有偿的原则",这就等于说,人们在经济活动过程中,在订立经济合同时,不是贯彻上述原则,即出现非P行为,在行为上是以大欺小、以上压下,或内容显失公平的不等价交换等,那么国家对违反这一原则的行为,必须予以惩罚,宣布上述行为订立的经济合同为无法律效力。也就是说,对义务性法律规范的规定和要求是必须履行的,这等于说,如果行为不履行规定,某行为就应承担法律后果。

又如,我国《刑法》规定"禁止重婚",指出如果"有配偶而重婚的,或者明知他人有配偶而与之结婚的"行为,就必须承担法律后果。有这样一个案例。被告郑××,男,31岁,工人。郑在服役期间就结婚了,之后郑结识了女青年章××,并采取欺骗手段,隐瞒自己的已婚事实,与章登记结婚。据此,被告郑××已构成重婚罪,人民法院对其行为实行制裁,并解冻其与章的非法婚姻关系。这一案例告诉我们,如果某人有重婚行为,就必须制裁,这就等于说,重婚是禁止性法律规范的规定内容。值得注意的是,这种"禁止"规范词,在法律条文的形式中,常常是被省略的。

其他如授权性规范问题,这里就从略。

根据上述分析,研究制裁与法律规范推理形式,有助于准确理解法律条文内容。这表现为:如果有某行为就必须制裁,这种行为在司法实践中是禁止的,运用这种推理形式能帮助我们正确适用法律。应当指出,正确适用法律有许多必要条件,其中一个方面就是要有严密的逻辑思维。因此,要正确适用法律,在逻辑上就要求所运用的推理系统是合乎逻辑,符合正确思维的规律和规则。就现代逻辑是否为合式公式,或某一合式公式是否为一公理都无法判定,那么就很难想象人们能运用这一推理系统去计划制裁与法律规范推理的有效性。

(1992年第11期)

1993 年

市场经济与民主政治

师　棠*

社会主义市场经济体制的确立,为法制建设和法学研究开辟了一个崭新的领域。无论是市场上"看不见的手"的作用,还是市场失效下的"看得见的手"的干预,都表明需要法律的规范和调整。为此,法学界喊出的、振奋人心的口号就是"市场经济是一种法治经济"。当然,如果"市场经济是一种法治经济"仅仅是表明市场经济对法律的需求较之在计划经济模式下对法律的需求而言的矫枉过正,无疑是有着积极的意义的,但是,如果据此认为市场经济就是一种法治经济,那么,在对市场的认识上有简单化之嫌,至少是忽略了市场经济中最为本质的东西。

我们知道,在市场经济中,稀缺资源的配置不是按照国家的统一计划进行分配的,而是主要通过市场机制和价格机制来完成的。市场的功能在于通过市场上的商品、劳务要素的需求和供给的变化决定价格,从而使价格反映资源的稀缺性,进而由于价格的变动引导着资源在各产业部门之间的流动,达到把稀缺的资源配置到效益较好的环节中去。这当中,究竟是什么东西促使市场发挥这种功能的呢?很显然,主要就是价格和竞争。在市场经济中,市场的主体受到利益的激励和约束,它们对自身的经济利益的考虑是市场发挥这种功能的契机。市场的主体按照市场上的供求价格在市场上交易,同时,价格的变动又决定、调节着他们的利益和生产的需求,价格反映了利益的大小,对利益的获得驱使市场主体大利大干、小利小干、无利不干,在这里,价格便成了市场主体生产营销的导航信号。同时,竞争使市场在运作过程中,起着择优汰劣的作用。在由竞争形成的市场价格下,一些商品或劳务的成本低、质量好,将获得更多的收益,与之相反,一些质次价高的商品,就市场主体而言,其获利就甚少,甚至破产。因此,价格和竞争的机制推动着资源配置的优化(当然,这么说,并不是否定市场中其他因素或机制——供求关系、利率机制等的作用)。由此可见,市场运作中规则的制定和设立是必要的,但前提条件必须是市场机制本身在发挥作用,就像计划代替不了市场的作用一样,单靠法律、法规是不能使稀缺资源配置的问题达到一种优化的

---

* 作者单位:华东政法学院(现华东政法大学)。

境地。

然而,市场并非能解决所有的问题,正如江泽民同志在党的“十四大”报告中指出的那样,“要看到市场有其自身的弱点和消极方面,必须加强和改善国家对经济的宏观调控”。市场经济的缺陷,经济学家称为“市场的失效或失灵”。它主要是指市场中的垄断造成某一主体对其商品或劳务价格的绝对控制,以致通过提高价格高于边际成本的办法来获取高额利润,又如,市场造成的“外部不经济”或“不利的外溢效应”等,它障碍市场对资源配置的优化,还有诸如市场的追求效率而忽视公平,在市场机制的作用下,造成一部分人特别富有,一部分人连最基本的需求都无法满足等,这些缺陷或失灵就需要通过国家或政府这只“看得见的手”发挥作用,其中,包括制定各种法律、法规,以制止垄断,维护公平竞争,保护消费者利益,实施税收,调节收入、保持收入的公平分配等。概言之,市场经济对法律的需求是两方面的:一是需要用法律保证市场这只“看不见的手”发挥作用;二是需要制定法律、法规、政策直接以“看得见的手”介入、干预市场。仅此而言,也不是几部法律、法规就可以解决问题的,这当中,还有大量的行政干预和国家计划的宏观调控。也就是说,问题的关键不在于市场经济与法治的这种天然联系的程度和发挥作用的范围,也不在于市场对法律依赖和需求的程度,而在于市场经济需要的这种法治不只是单纯的“规则”的需求和对“规则”驾驭运用的熟练程度,在于如何保证这些“规则”在市场运作的“游戏”中真正地发挥作用。

这种忧虑不是没有根据的。我们是在近一百年未曾变动的理论体系指导下,几十年一贯制的高度集中的政治、经济体制的实践中转换到市场经济体制上来的,根深蒂固的旧体制具有极大的惯性和同化作用,倘使在市场尚未真正发育、真实地显示其“看不见的手”的作用时,片面地加大“看得见的手”的作用,那么,很有可能会回到那种控制有余、搞活不足的状态,如果为防止这种状态的出现而寄希望于开明的立法者对市场宽容的程度和对市场机制的恰如其分地把握,又难免不会回归到“人治”的老路上去,而这一切与市场经济的运作又是格格不入的。因此,唯一的希望就在于建立一种新型的民主政治体制,使我们的民主政治、科学决策在更广阔的领域里体现民众的智慧和遵循市场的法则,惟其如此,市场才会真正地为我们所用。这就涉及政治体制改革的根本目的的问题。

江泽民同志在党的“十四大”报告中指出,“同经济体制改革和经济发展相适应,必须按照民主化和法制化紧密结合的要求,积极推进政治体制改革。我们政治体制改革,目标是建设有中国特色的社会主义民主政治”。笔者认为,市场经济不是社会主义的目的,它仅仅是一种手段,是使社会主义经济制度得以自我完善的一个有效的途径,它仅仅是满足人们物质文化的需求,是完善社会主义制度的物质基础,而社会主义的根本目的就是追求人们的物质文明与精神文明的双重目标,没有民主,就没有任何意义上的人的发展,而离开了人的全面发展,经济现代化是不能实现的。另外,法治也不是目的,它只是表明人类社会历史发展阶段上的一种状态,唯有民主才是其追求的根本目的。虽然市场经济不是社会主义的根本目的,但它对政治、法律领域的意义,已远远超出了经济学的范畴,这一点,已经逐渐引起人们的关注。

最后,值得指出的是中国的社会主义市场经济体制的确立,是邓小平同志对社会主义理论的一大贡献。建设有中国特色的社会主义理论,不是照搬某种模式,也不是拘泥于"西方"或"东方"的道路,而是根据中国的实际。从世界经济与政治的发展趋向看,自由的经济与民主的政治并不是水火不容的。我们承认市场经济与民主政治之间没有天然的联系,像东南亚的韩国、新加坡、日本以及我国台湾地区,这些国家或地区在经济上的成功与在政治上的民主并不是并驾齐驱的,但是我们相信,民主政治是与社会主义必然联系的,我们的国情和责任决定了我们必须选择自由的经济与民主的政治之路,理由很简单,因为我们是搞社会主义,而社会主义不仅仅是一种生产资料公有制为基础的新型的经济制度,它又是一种广大人民当家作主的新型民主政治制度,二者相辅相成,互相作用,构成了完整的社会主义社会的统一体,没有民主就不是社会主义。因此,在社会主义的经济制度通过寻求市场来完善自身的同时,它也在呼唤着社会主义的民主政治。

(1993年第1期)

市场经济与法律现代化

师　棠*

社会主义的现代化,包括经济现代化,政治、法律、文化的现代化和人的现代化在内的社会转变过程,而市场经济是社会主义在经济上寻求摆脱贫困、迈向现代化的重要进程,也是实现法律现代化的一个重要契机。市场经济体制的确立,无疑为法律的现代化展示了其丰富的内涵。从计划与市场对法律的需求比较来看,市场经济对法律的需求量远甚于计划经济对法律的需求量。仅此而言,可以断定,经济的现代化离不开法治的现代化,而从计划与市场对法律控制的质的比较看,我们又可以断言:法律的现代化更离不开经济的现代化。

一

法律的现代化是从传统的法律到现代化法律的一种运动。这种运动意味着传统的法律观念、价值体系和行为方式的转变过程,从某种意义上看,这种转变的过程较之结果要更富有意义。因为现代化要解决的是从传统到现代化的一种运动机制,它是可复制的,而不是寻求达到一种定量描述的状态;因为现代化状态的可变性,所以它是不可复制的。或许是基于它的这种不可复制性,因此,倘若要给现代化一个什么定义的话,显然是徒劳的(或许也臻于此,《简明不列颠百科全书》也未给现代化予定量的描述)。也就是说,传统到现代化是一种动态的转变,是结构性的变化,它有量的积累更有质的飞跃,它不是形式上的变化,更不是表面因素的更换。可以这么说,传统与现代化的关系是两个变量正方向的"间断"(所谓正方向的"间断",是指顺应社会历史发展的前进而非背离社会历史发展的倒退)。就像有些学者认为的那样,"现代性首先意味着对传统性的突破和否定,由此表现了历史发展中的间断性或阶段性"。[①] C. E. 布莱克所说"'传统'与'现代'是两个相对概念"。[②] 传统不仅是过去的概念,而且是现时的

---

* 作者单位:华东政法学院(现华东政法大学)。

① 李秀林等主编:《中国现代化哲学探讨》,人民出版社1990年版,第5页。

② [美]D. E. 布莱克著:《现代化的动力》,景跃进、张静译,浙江人民出版社1989年版,第12～13页。

概念,甚至是未来的概念[①]。笔者认为,这里所言的“间断”(或是转变)就是传统到现代化的特质。现代化因其与传统的“间断”而蕴涵着人们或社会对这种“间断”的承受力。承受住这种“间断”的冲击,就完成了传统到现代化的转换,承受不了或部分承受不了这种“间断”,就影响了传统向现代化转换的进程。

清末的修订法律,是清政府鉴于国力凋敝、列强拥入、“治外法权沦丧的情况下”,倘再“法令不更、锢习不破、欲求振作,须议更张”,[②]于是命修律大臣们“参酌诸国法律,重修法律”,这样,在外人的协助下,依照西方法律制成了大清新刑律;这一点,正是中国刑律近代化的开端。然而,近代化也罢,现代化也罢,都面临着价值观念的重新选择或价值取向的转换问题,这里有发展的“间断”性。面对数千年立国之本之礼教的“间断”,知识阶层的一部分人也承受不了,要求将新律草案中与礼教相抵牾的条文“概行删除净尽,不准稍有存留,悉本中国礼敦民性,妥为修正……”,并且“如仍阳奉阴违者,即重治以违旨之罪”。[③] 清政府也为此重申“凡我旧律、义关伦常诸条,不可率行变革,庶以维天理民彝于不敝”[④]的宗旨。近代化的结果是在新律之后附加《暂行章程》五条,主要是将犯十恶、亲属容隐、干名犯义,存留养亲等中国法律礼教核心的内容保存下来,这就是传统对现代化造成的对连续性“间断”的一种抵抗。

因此,由“间断”带来的对价值观念和行为方式变革的冲击,并非是任何个人或社会都能够容忍和承受得了的。立足于传统或受传统价值观念、思维方式和行为方式的浸润,对社会连续性期待极强的人或社会,因承受不了这种连续性的“间断”,总是以这样或那样的方式或行为力图使这种“间断”弥合,或使传统的观念和行为得以继续延续,这就是为什么现代化进程总是伴之以传统的抵抗而进展缓慢的原因之一,它使现代化变相扭曲——“间断”以近似零。

从另一角度看,现代化又追求一种状态,追求和期待一种虽是动态的但符合“间断”后的追求和期待的状态。在这一点上,接受传统的价值观念、行为方式同放弃传统的价值观念与行为方式,同样随着心理的失落与行为的不平衡,这种状态就表现为冲突和对冲突选择的态度上。清末的领事裁判权,是帝国主义对

---

① 公丕祥主编:《中国法制现代化的进程》(上卷),中国人民公安大学出版社1991年版,第387页。

② 同上。

③ 刘廷琛:“奏新刑律不合礼教条文请严饬删尽折”,载《清末筹备立宪档案史料》(下册),中华书局1979年版,第888~889页。

④ “修改新刑律不可变革义关伦常各谕”,载《清末筹备立宪档案史料》(下册),中华书局1979年版,第858页。

中国内政的干涉,用强权攫取了在中国领土上的治外法权,构成了对中国司法主权的侵犯,这一点是确证无疑的。但是,因"间断"而引起的两种不同法律文化的冲突是不是就没有了呢?或者说,它至少利用了冲突这个借口而攫取了"治外法权"呢?笔者认为,这种"间断"和借口是存在的;从某种意义上看,这种选择反映这种"间断"的不能逆向性。我们知道,受自然法思想浸润和新教洗礼的西方人,随着船坚炮利一起涌向紧闭了数千年的文明古国,当他们在词讼交涉上必须同中国人一样,原被告皆需跪拜在法庭上时,他们那种作为独立主体的平等的人的价值观念与行为方式与之的冲突便凸显在"间断"的表层上。从历史文献的记载来看,当时的殖民主义者确实利用了"间断"这个借口,他们承诺"一俟查悉中国律例情形及其审判方法及一切相关事宜皆臻妥善,即允弃其治外法权",①就是说要等到中国改良法律和司法现状后,才放弃领事裁判权。对此,也有学者认为,正是收回领事裁判权的努力,成为清末采纳西方模式进行变法修律的动机之一,②这个看法不是没有道理的。前不久的中美知识产权"特殊301条款"的争议实际上也就反映了在国际贸易中中国的法律与外国的法律之间的冲突,这种冲突的结果只能是对方采取提高关税、削减进口配额,撤销某项优惠协议等报复措施,倘使我们再偏执,我们付出的代价将使刚刚开启的国门再次封闭。因此,谈判中,中方作了一些让步,承诺了保护对方知识产权的具体措施,包括答应修改《专利法》、《著作权法》和《计算机软件保护条例》的有关内容,③这种对由冲突引起的"间断"的承受,谁能说,不是中国法律现代化的一种转变呢?

以上所述足以证明,在传统向现代化运动的过程中,有一个心理情结必须解开,那就是正确看待道德评价与历史评价的问题。用道法规范和原则去评价现代化中的"间断",无异于对这种"间断"的一种弥合,因为,其据以评价的基点在于消弭传统向现代转换的"间断",而"间断"正是传统向现代化转换的契机,历史的评价则从社会历史发展规律和历史发展的阶段性看传统与现代化的一种正向的"间断",因其是正向"间断"的转换,故顺应了历史发展的规律。现代化进程中合乎道德性与合乎历史性常常是大相径庭的。就像资本主义原始积累时期的"圈地运动",迫使大量农民离开土地,背井离乡,大量剩余劳力的涌入城市,加速了工业革命的进程。从道德评价的"羊吃人运动"到历史评价的加速了工业革命的进程,其间的差异是显而易见的。问题不在于对以往的既成事实的评

---

① 王铁崖主编:《中外旧约章汇编》(第2册),三联书店1957年版,第109页。

② 公丕祥主编:《中国法制现代化的进程》(上卷),中国人民公安大学出版社1991年版,第384页。

③ 阙波:"中美知识产权争议的解决对我国的影响",载《法学》1992年第6期。

价认定上,问题的关键在于改革的现代化的决策上,如果由于从道德体系的考虑而影响改革和现代化的进程,那是值到深思的。事实上,中国经济体制改革从计划到市场的转变,就是一种“间断”,就是一种对固有道德体系的舍弃(或冲击),将企业从政府父爱主义的怀抱中推向市场,自主经营,自负盈亏,在市场竞争中求得生存和发展,使原有的社会主义经济的道德原则受到了冲击,从社会历史的发展和传统到现代化的“间断”看,无疑是一个历史的进步。因此,在中国由传统向现代化的进程中,应该有能力去承受道德原则与规范的失落,只要符合历史的发展规律,符合现代化进程的需要,必要的“间断”,不仅是必需的,而且是必然的,这就是传统向现代化转变的社会心理机制的复制机制。

二

在市场经济与法律现代化的问题上,法律的现代化有着如下的需求或内容:

其一是法律的开放性。在这里,法律的开放性是相对经济开放性的需要而言的。就法律的开放性而言,包含两方面的内容:一是影响法律何以如此的观念的开放性;二是法律内容应该如此的开放性。前者讲的是人们对法律观念和价值的转变,只有在转变了传统对法律的认识的基础上,才能制定出具有现代性的法律,这也就是意识层次上的领先性,它要求人们在对法律的共同性认识的基础上达成一种共识(这个问题留待下文探讨),除了它服务于某阶段的特性之外,它们都是作为人类用以自治的武器或社会控制的一种状态;后者是要求依附于人们社会、经济、文化而存在的法律在横向上具有一种可沟通性,这种可沟通性的基础不仅在于该社会对外来法律的容忍性,更重要的在于该社会的开放性。开放性的直接要求主要源于外部经济交往的外向性。我们知道,世界经济的一体化趋势,较之前半个世纪有了更大的变化和新的内容,欧共体共同市场的建立,北美自由贸易区的谈判,拉丁美洲经济体系的发展,马斯特里赫特条约的签订,东南亚经济的各自走向经济的联合,以及中国的恢复关贸总协定缔约国的地位使世界变得越来越小,世界经济一体化的趋势使人们对法律规则标准化和可沟通性的要求越来越急迫,如前所述的中国在中美知识产权关于“特殊301条款”的争论中所承诺修改中国的一些法律的行为,就是这种开放性地走国际法律规则标准化的前奏。只有自身具有开放的机制,具有承受“间断”的能力,才能容纳、接受开放的内容,这一点的突破与变化,除了由中国恢复关贸总协定缔约国地位所呈现出的法律上的歧视性差别的刺激外,对中国现有法律、法治思想的深刻反思,是使我们的法律真正走向世界、走向现代化的深沉的驱动力。可以这么说，在我们传统的对法律的功能效用的问题上，存在片面的认识，以为法律尽政治控制以达至社会稳定的手段，走的是"法律—政治—秩序"的模式，政治稳定了，社会才能稳定，才能创造出一种秩序，这有一定的合理性，这种模式在垂直封闭的社会里，确能达到一种秩序，但这种秩序的建立是以牺牲横向开放性社会的效率为代价的，它不但抽掉了社会稳定、秩序和发展的物质基础，更容易形成政治上的高度集权，因此，中国社会的法律甚至经济中从最基本的理论争论到纯技术问题的倡导，都被蒙上一层政治的色彩，在法学界，人们记忆犹新的对法的阶级性问题的争论，最终被冠之以自由化而予以批判；有关纯技术性的立法超前的问题的讨论，虽然仅就立法改变滞后的状况，更好地适应社会、经济发展的需要进行立法的研究，也被讥之为用以否定马克思主义的"法律是对事实的公认"的基本原理，笔者认为在这个问题上之所以会有这样的认识上的差异，最根本的就在于将法直接与某种政治目的相联系，对法的任何超出经典范围的界说与"间断"，都会被视为危害政治统治秩序的做法，而危害政治统治的行为，无疑就是使社会产生动乱、无序的罪魁，这种模式的法律，如前所述，可以在垂直封闭的社会里自成一体，但是，当其要与世界交往时就会发现，这是多么落后而又偏执。笔者认为，世界范围内的成功范例给我们以启示，走"法律—经济—秩序"的模式，使我们的法律直接与人们的经济生活和国家的经济建设相联系，它同样可以达到一种稳定的秩序的结果，而且较之"法律—政治—秩序"的模式有了更为扎实的物质基础。只有这一思路的改变，可以使我们的法律和社会以更为宽阔的胸怀去面对复杂多变的世界。

总而言之，开放性的法律之所以不同于封闭性的法律，就在于它抽掉了人为地黏附在它上面的政治的色彩，而代以法律的公平和自由的特质，而正是这一点的改变，是开放性的法律最为基本的特点。

其二是法律的平衡性。传统社会，传统的价值观念，追求的是对社会与自然连续性的期待和认识，它深深埋藏的信念是以政治、社会的稳定来完成这种期待与认识的。这样基础上产生的法律之所以能够存在，因为有国家强制力的后盾，另外就是源于法律内在的对公正的追求。当然，处于不同发展模式与价值体系下的法律对公正有着各自不同的理解，但有一点都是肯定的，那就是不考虑"利益—成本分析"或者说是以牺牲效率来追求的公正，是更大范围、更宽阔背景上的不公正，倘使将这样的"公正"置于效率与公正的天平上去衡量，肯定是倾斜的，而任何的倾斜，都不是现代化法律或市场的法律所追求的。现代化法律是在效率与公正这震荡的两极中寻找平衡的支点，使这个支点能转动并维持社会的效率与公正。这就是笔者所说的现代化法律的平衡性。

我们知道,经济的现代化是与各国充分利用市场机制、充分地利用稀缺资源以达到合理配置分不开的。市场机制的一个明显的功效就在于它的趋利性,价格之所以能成为自主经营、自负盈亏、自我约束、自为发展的独立法人一企业生产的导航信号,就在于它给利益明码标价;于是,市场主体皆为利而“战”,促使市场功效的实现并充分地利用社会的稀缺资源。市场的这一运转过程,在很大范围内与程度上需要法律将这种有利社会发展的状态保持下来,因此,现代的法律具有的一个显著特点就是它的显露于趋利性之外的保护效益性。然而,由于市场趋利的特性,它极可能造成一部人相当富有和另一部分人又连最基本的需求都无法保证,即人们所说的两极分化,甚至趋利的特性驱使某些市场主体为获得对他销售的商品或劳务的价格实行绝对的控制,从而通过提高价格高于边际成本和限制产量的办法来获取额外的利润,这就是垄断。垄断必然阻碍技术进步,必然会约束市场功能的实现,障碍资源配置的优化,因此,法律就又需要制止垄断、保护公平的竞争,以此促成公正的实现。其中,一个不可回避的问题便是:促成公正必然会影响到对效率的追求,也有可能影响社会稀缺资源的配置,这一点已被经济思想史和市场发展的历史所证明了。但是,人们忽视了这样的一个事实,那就是在反对垄断与两极分化上,法律对公正的追求的代价小于对效率的牺牲。因此,现代化法律在这震荡的两极中寻求平衡支点的努力不是不可能的。据此,可以得出这样的结论,那种片面追求效益因而忽视公正的法律不是现代的法律,而忽视效率单纯追求公正的法律,又因其以牺牲效率为前提而走到它们对立面,即制造真正不公正的一边去了。

现代化法律追求的效益与公平的平衡的支点,表明这个法律无论从哪一个方面已经“间断”了人们对传统连续性的期待,保护效率是为了追求更大的公平,促使公平是为了追求更大的效率,二者的一致性是在“间断”实现以后保持平衡的,其联结点就是“秩序”:一种可获得更大利益的秩序,另一种可寻求更高公正的秩序;不是以牺牲任何一方而获得的效率与公正,牺牲的是阻碍获取更大利益的公正和阻碍追求更高公正的效益。

其三是法律的共同性。法律的开放性与法律的平衡性都是朝着同一方向和目标运动着的,它们要解决的是法律规则和社会经济与政治发展的融洽程度,并为这种融洽选择一种良好的秩序的现代化过程,而对法律的共同性的认识则是基于这种运动和秩序的现代化过程而产生的对法律的一般价值观念的认同趋向。法律的基本的价值观念如民主、自由、平等等,是人类所共同追求的目标,所不同的是不同的民族、不同的历史、不同的文化和意识形态以及不同的制度对此都有不同的解说,之所以有这样不同的认识或解说,笔者认为并不在于民主、自由、平等本身的不同,而恰恰在于主体所处的时代、历史文化背景和制度、意识形态的不同。人们对它们的认识显然受到他们各自生活的条件和文化不同的影响。在封闭的社会里,需要改变的是对象本身,而开放的社会里,需要改变的是认识主体自己。因此,“需要”与“改变”的动力则来源于“间断”后的差异,修正或弥合这种差异,就形成了“改变”的“需要”。我们如果是辩证唯物主义和历史唯物主义,就不应该否定人类精神文明的成果,事实上我们并没有如此。中国政府在《中国的人权状况》白皮书中对人权的问题就这样认为:“享有充分的人权,是长期以来人类追求的理想……各国人民为争取人权作出了不懈的努力。”其表明了人权所具有的共通性,至于因一国的历史文化传统、社会经济发展状况和社会制度与意识形态的差异而产生的对人权的差异性认识,是认识阶段上的差异性,而目标或对象是确定的,要改变的只是该国的社会、经济与文化的状态,而不是改变人权目标的内涵,当然,随着人类社会经济、文化的发展,人权目标会不断地充实进新的内容,但基本的价值目标是确定的。因而,在我们的法律现代化的进程中,在对民主、自由、平等的价值追求上,不应因追求的阶段性和进程的差异性而改变对目标共同性和永恒性的追求。

基于这样的前提,市场经济为我们提供了缩小这种阶段性和差异性的可能,随着世界市场一体化的进程的不断发展,各国市场间的相互衔接,首先要求的是各国法律之间的衔接,而法律的衔接是以这些规则的价值与观念的衔接为前提的,或者是由于法律的衔接而要求其内在的价值与观念的衔接,总之,世界范围内的经济交往,促使人们进行文化交往,文化的交往中显然包容了法律文化的交往,如果我们再将其予以延伸,我们就会发现,法律文化交往的结果,不是我们去认同对象,就是我们同化对象(逆向的“间断”不包括在内),而文化的这种交往若要想创造出独具特色的法律来,是不能设想的。

市场经济给我们的法律振兴提供了机遇,然而市场经济又不是包治百病的药方,但是,它至少给我们开阔了眼界,至少它超出了传统经济模式下的对法律的需求和这种需求内容的变化,它使人们把经济、法律置于更为广阔的背景中去思索,使人们勇于用批判的观点去追求,也为观念和行为方式的转变提供了契机,我们法学工作者应该充分利用这个机会,加快我国法律现代化的进程。

(1993 年第 2 期)

建立社会主义市场经济的法律体系

俞梅荪*

把实行社会主义市场经济作为我国经济体制改革的目标模式用宪法确立下来，打破了传统的高度集中的计划体制的束缚，指导和激励人们大胆致力于社会主义市场经济体制的建立和完善，必将极大地推动我国改革开放和经济建设的发展。《宪法》新条款规定，“国家加强经济立法，完善宏观调控”，“国家依法禁止任何组织或者个人扰乱社会经济秩序”，这强调了我国依法治国的决心。市场经济的运行主要靠法治来运作，也就是一种法治经济，这与计划经济主要靠行政手段管理是根本不同的。因此，在建立社会主义市场经济的过程中，必须要有法律的引导、规范、保障和约束，即“依法改制”，加强法制建设。

一、市场经济对传统法律理论、观念的挑战

改革开放14年来，原有高度集中的计划经济体制逐渐萎缩，市场机制逐渐进入了社会经济生活，推动了社会生产力发展。但在这一过程中，不断出现各种社会经济问题，严重影响和干扰了经济的顺利发展。其主要原因是缺乏完善的经济立法、司法、执法，特别是缺乏保障和规范市场正常运行的法律、法规体系。加上“立法是对现行行为的规范和对经验的总结和固定”的传统立法观，致使我国的法制建设长期以来滞后于经济生活和改革开放发展的需要，这在过去以计划经济为主的经济体制下，主要靠行政命令。在市场经济条件下，如果立法没有预见性、超前性，还是按先实验，等出了问题再总结经验，再立法，那将对市场经济造成很大的破坏。因此，改革开放和发展市场经济必须与法制建设特别是经济立法同步进行、同上台阶、不能脱节、滞后，不然就会拖住改革开放和发展市场经济的进程，延缓现代化建设的速度。

10多年来，随着改革开放的深入进行，市场经济不断活跃及其在国民经济中的比例不断增加，市场机制作用于经济活动中的空间范围的不断扩大，市场调节在资源配置中的作用不断增强，从沿海到内地正在形成包括生产资料市场、资

* 作者单位：国务院办公厅。

金市场、劳动力市场、人才市场、房地产市场,技术市场,信息市场等在内的生产要素市场,正在形成证券交易市场、期货市场、拍卖市场、保税区、保税生产资料市场,社会保障体系、市场服务体系已开始萌芽。市场体系正在发育,市场经济以其不可阻挡之势蓬勃发展,大大促进了从微观经济到宏观经济、从区域经济到全国经济以致进入世界经济的发展,从而为我国社会主义市场经济运行机制的确立,作了有益的尝试。

任何一个现代市场经济的主要基本要素是:建立在明确界定的产权基础上,独立自主地进行决策,并负完全经济责任的企业(包括各种所有制);企业有权自由进入彼此间平等竞争;能提供正确价格参数的市场;政府的宏观管理和调控。因此,我国市场经济的基本结构应该是:(1)以自主企业制度为基础的各种所有制的独立主体(法人和自然人),在市场上平等竞争;(2)他们在竞争性的市场上活动和联结,并使其活动彼此协调;(3)政府通过经济的、法律的、行政的乃至道德的手段,其中经济的和行政的手段也必须通过法律形式发挥作用,对市场活动进行规范和调控。这是一个彼此联系、相互制约的有机整体,组成一个有互动关系,实现资源有效配置的功能,在现代社会化大生产和企业之间有着错综复杂的分工协作关系,在企业都是独立自主、自负盈亏的利益主体的条件下,要使他们各自独立作出的决策符合有效配置社会资源的要求,就必须通过市场关系,即靠价格涨落和由此带来的利益变动来引导他们作出有利于社会资源有效利用的决策。与此相适应,要建立权利为本位的法律机制和观念,就是要把赋予市场经济主体的充分权利放在首位,保障其独立行使权利,还要保障在他们的权利受到侵犯时,得到充分的法律保护。

二、市场经济的现实生活对法律的呼唤

市场经济必然带来人、财、物的大流动。有商品的生产和交换就有竞争,就会伴随不正当竞争。经济越发展,市场越活跃,竞争就越激烈,同时不正当竞争乃至经济犯罪就越广泛,这是市场经济的一般规律。

近年来经济搞活以后,经济进一步活跃,发展加快,同时假冒伪劣商品进一步增加,仅以1992年1~7月,全国检察机关共受理假冒商标案件1911件,比上年同期的547件上升了232.9%,其中万元以上重大案件747件,比上年同期的157件上升了375.8%,劣质产品、假冒商品和虚假广告已被称为当今经济生活中的3大公害;股票市场建立以后,连续发生1992年年初在上海几十万人、6月在厦门几十万人、8月在深圳上百万人抢购股票认购证的狂潮,造成了社会秩序

的严重混乱，影响社会安定；全国现有房地产企业3500家、交易管理机构1500家，还设了100个交易场所，一些地区竞相建开发区，到1992年年底已有2700多个，比上年的115个增长了20多倍，占地面积已达1.5万平方公里，使大量国有土地的收益流入房地产经营者和房产所有者手中，国家没有合理收回，巨大的得益率使炒地皮、倒房屋等违法活动逐渐增多，还使人量耕地开而不发，土地荒弃，造成农民没田可种，人口外流；制造贩卖假人民币犯罪增多，1984年全国发观和查获的假币案只有十几起，1991年已增加到3000起，收缴假币2000多万元和假国库券40多万元，共发现30多种假人民币印版、4种假国库券印版、13种假美元印版；1990年全国查处假药案13650件，1991年上升到15000件，全国从事药品批发的企业多达33857家，比20世纪80年代初增长了1.5倍，其中至少有50%以上属非法经营，靠高额回扣拉拢顾客；近年来，画地为牢、占路为王、雁过拔毛的乱罚款盛行，仅河北全省就有26个部门在公路上建站设卡1796个，数千名罚款大军涌向公路，拦车就查，每查必罚，乱设卡、乱收费、乱罚款，仅1991年一部门票据记载的公路罚款就达4000多万元。这一切都严重扰乱了经济秩序，造成了各方面的损失。由于立法不及时，造成国家调控无法可依。

在充分肯定市场经济作用的同时，更应该看到市场经济内在的缺陷及其可能带来的弊端和消极作用，实行市场经济以后，还可能出现市场垄断，地区保护，公共消费品生产下降，假冒伪劣产品和坑蒙拐骗经营继续增多，公共资源浪费甚至损害，环境污染和生态破坏加剧，人们收入差距扩大，等等。市场经济绝不是无政府的自由经济，国家必须进行宏观管理和调控。发展市场经济仅仅靠“放开”、“给政策”和解除行政管理还很不够，更重要的是培育良好的市场关系。这就必须通过加强法制建设，建立市场秩序。在两种经济体制转换过程中，必须及时用新的规则取代旧的规则，在新体制下，旧的规则已不适用了，新的规则要立即跟上，不然就会发生混乱。要以法律的规范性、强制性、统一性、稳定性的特定功能，保障市场机制的正常运行。

三、加快法制建设，促进市场经济体制的建立

14年来，全国人民代表大会及其常委会平均每年制定法律、条例8件，其中经济法仅4件，这是远远无法适应改革开放新形势的客观需要的，一些经济生活急需的法律多年来一直迟迟未能出台，从而在一定程度上制约了经济建设和改革开放的进程。当前，经济立法的欠账很多，今后的立法工作十分艰巨而繁重，必须采取措施，从几个方面加快立法速度。

一是市场主体方面。在以往的计划经济体制下,政府是经济主体,企业不是主体。要使企业真正自主经营、自负盈亏,必须从法律上真正确定企业的主体地位,确立企业与国家的产权关系、财务关系,以及各种所有制之间的企业的平等关系。要进一步制定和完善各种所有制的企业的企业法、公司法、破产法等一系列法律制度。

二是市场秩序方面。规范不同的经济主体之间的相互交易的活动,使任何一方不受他方的侵权,保障参与经济活动的各经济主体各自的利益,建立开放、公平、统一的市场体系。要尽快制定反不正当竞争法,要制止违反诚实信用的行为,如在经济活动中的欺诈、行贿受贿、投机、虚假;要制止限制性商业活动,即反垄断,要打破行政性垄断、部门和行业垄断、地区经济封锁和分割市场、地方贸易保护主义、行业保护主义等。要尽快制定证券交易法、房地产交易法、产品责任法、保护消费者利益法,等等。

三是宏观调控方面。一方面,通过法律规范政府的行为,明确哪些方面属于政府应当管理,以及政府通过何种手段进行管理;另一方面,政府的宏观调控要通过一定的法律形式加以保障,如制定预算法、信贷法、投资法等。

四是社会保障方面。为使人们在激烈的市场竞争中有所保障,要建立和完善包括养老保险、待业保险、医疗保险和社会保险等在内的社会保障的法律制度。

五是建立和完善企业和政府之间的法律服务中介机构,如律师事务所、审计事务所、会计事务所、证券事务所、专利事务所、资产评估事务所、企业或证券评价协会或公司等,以及各行业协会组织的法律制度,这些民间法律服务机构自发地规范和调整人们的经济行为,从而对市场经济产生"自律"作用,这是市场经济运作的一个重要环节。与此同时,大力加强相应的司法、执法工作,用法律手段规范、引导人们的市场经济行为,保障社会的生产、流通、分配、消费各个环节的正常循环运转,从而保障市场机制发挥作用,促进市场经济良性循环,高速发展。

四、结　　论

总之,不以法制建设为基础的市场经济,即缺乏竞争规则和秩序的市场,必将造成市场经济乃至整个社会经济生活的混乱,这要比没有市场经济更糟糕。法制建设的目标和任务是健全和保护各种市场经济关系,防止市场经济的缺陷和弊端发生作用,创建良好的社会经济环境,促进市场经济的繁荣和发展。

法制建设必须贯穿于建立市场经济体制的全过程,市场经济体制必须建立在法制建设的基础上,两者相辅相成,缺一不可。法制建设与经济建设必须同步进行、同上台阶,不能脱节、滞后,不然就会拖住改革开放的进程,延缓社会主义现代化建设的速度。

为完成建立社会主义市场经济体制的艰巨任务,不但是对经济学家提出了挑战,更是对法学家提出的机遇和挑战,这将使法学界、法律界的传统理论、观念、方法受到强大冲击,并进行根本性的修正和变革,进而得到新的飞跃。

(1993年第6期)

宽容的干预和中立的法律

——中国的市场经济社会需要怎样的法律

孙笑侠*

国家权力对经济生活的介入和干预是一条亘古的规律,而介入的方式与干预的程度问题同样是一个永恒的经济学与政治学问题。它之所以又成为一个法学课题,是因为权力与法律有着密切的关系。法从产生开始就成为权力介入的一种方式,也成为权力干预程度的一种表征。但是,通过法律方式所进行的干预是否必定是合理有效的?回答是否定的。这还得考虑法律本身的优劣问题。我们不应把"法律的干预"同"怎样的法律干预"两个问题混为一谈。所以,法律形式的权力介入不是我们研究的全部内容,重要的是要研究"它应当是怎样的法律"这一前提问题。解决干预的"定位"以及法的品格问题,实际上也就为解决权力干预程度的问题提供了前提。我国的市场经济迫切需要优良的法制,但我们不能因这种迫切感而不对现行法律进行筛选、重构和优化。社会主义市场经济不允许我们在法制建设上存在这种"饥不择食"的盲目现象。

一、市场和国家的关系中形成法律双重职能的矛盾

作为商品交换关系总和的"市场",对法律的最初始、最本能、最基本的要求便是自由、平等和权利的保障。市场是资源配置的有效的自发性调节机制,其主要功能有经济利益的调节、信息传递,激励以及竞争,因此它被亚当·斯密称为"看不见的手"。这只"手"的自发性和有效性都依赖于自由、平等和权利。市场对自由、平等和权利的"情感"既"痴情"又"敏感",一旦有来自非平等关系的干预,它就会有极灵敏的反应。就拿竞争来说,当市场主体不平等、没有自主权时,就不可能有真正的竞争。马克思说过,"我在分析商品流通时就指出,还在不发达的物物交换情况下,参加交换的个人就已经默认彼此是平等的个人……"①商

* 作者单位:杭州大学法律系。

① 《马克思恩格斯全集》(第19卷),人民出版社1964年版,第422~423页。

品交换是"自愿的交易,任何一方都不使用暴力",[①]商品交换的特性决定了交换主体对"意志自由"和对权利平等的要求。市场对自由、平等和权利总是积极要求的,正像人对权利的态度是积极的一样;相反,市场对权力的介入和干预却总是本能地表现出消极态度,甚至是排斥,这又恰如人对义务的态度。"私法自治"原则也就是这种要求在法律上的典型体观。

市场中自发形成的交换习惯或交换规则对市场是必不可少的。虽然这种习惯或规则客观上起到了约束自由、保证秩序的作用,但不能否认交换主体的主观愿望是为了更多的自由、平等和权利,为此它们才使自己"服从生产和交换的一般条件"。因为市场主体所关心的首先是自己的效益问题而并非秩序问题,这是任何社会的市场所具有的共性。

对自由的追求由此又成了市场固有的弱点——这只"看不见的手"无法克服这样一些问题:经济周期性波动,社会总体运行失衡,垄断,社会经济活动中的"外部性"问题(如企业给社会造成公害,无偿使用公共设施等)以及社会分配不公,等等。市场机制的这种缺陷也就成了国家管理经济生活的主要动因。不管国家或政府的职能问题被怎样理解,权力这只"看得见的手"实际上早已介入并干预了经济生活。它一般表现为两种形式:一是权力直接介入和干预,如命令;二是权力间接介入和干预,如运用一般性规则。权力运用的规律告诉我们,当权力不受限制时,它会变得放荡无度。而另一方面,市场对自由、平等和权利的本质要求显然是排斥国家权力这种来自不平等关系的干预。市场受国家权力的干预是被动的,它对此无可奈何也无能为力,除非以市场的不景气乃至毁损作为消极对抗的极端方式。因此国家的干预必须是谨慎的、节制的,因而提出了这样一个问题:国家权力干预达到何种程度是最合理、最有效的?

解决这个问题的前提是权力介入的最佳方式问题。在现代社会,法律被视为"社会控制"的主要手段,"社会控制首先是国家的职能,并通过法律来行使"[②]。法律固有的特点是规范性、稳定性、强制性,因为它具有了其他社会控制手段所不具备的"两全"的特点:自由与干预的矛盾在法律上被相对最大限度地缓和了。同时,既保持强制性,又与市场规则最相类似的社会控制手段,也只有法律了。行政命令抑制了自由,而道德规则又过于依赖自由意志。正因如此,市场经济才会被称为"法制经济"。

---

① 《马克思恩格斯全集》(第46卷),人民出版社1964年版,第196页。

② [美]庞德著:《通过法律的社会控制/法律的任务》,沈宗灵等译,商务印书馆1984年版,第13页。

法律在“自由”和“干预”的矛盾中被作为一种连接市场与国家的中介和媒体并被赋予了双重职能:一是保障商品经济自由;二是保障国家权力干预。但这又显然是一对互为矛盾的职能。在实现这对矛盾的职能时,法律应当保持怎样的立场呢?换言之,法律应当拥有怎样的品格呢?通过法律形式的“介入”和“干预”绝不是没有任何瑕疵的。这迫使我们来考虑法律品格的优化问题。在近现代西方经济发展过程中,这对矛盾表现为“自由放任主义”与“积极干预主义”经济政策的矛盾,即国家与法扮演“守夜人”角色还是“警察”角色的两难问题。第二次世界大战后,“福利国家”①思潮流行于一些西方国家,在法理学领域出现了“福利国家”与个人自由以及保障个人自由的法治之间是否存在矛盾的问题。西方国家在社会制度和意识形态上同中国有区别。这对矛盾固然有其一定的特殊性,但是,我们不能否认这矛盾又带有规律的普遍性。采用何种品格的法律来协调这对矛盾?在这个问题上,中西方同样存在某些共性。法律既不能过分倾向于市场和市场主体的自由要求,又不能过分地倾向于国家的秩序要求,分寸和程度的问题也就由此产生,法律的品格问题也就必须加以考虑。

二、“宽容的干预”之必要性

我国现阶段市场经济条件下,权力“干预”作用的基本定位应当是:“宽容的干预”。也就是在肯定“权力干预”必要性的前提下,要强调“经济自由”;国家有必要对市场经济中出观的问题给予一定的宽容,不能像以往那样过分强调“秩序”、强调“公平”,而“自由”与“效益”却被忽视。

首先从法律之外的因素方面,至少应当考虑这样几个问题;(1)计划经济模式的传统给法律干预所带来的消极影响;如果我们不顾及这一因素,那么法律将继续成为行政干预的工具。(2)我国的市场经济建设是自上而下进行的,也就是在中央政府的主导下展开的。这与西方市场经济一开始就在自由放任政策下进行存在较大差异。因而过多强调干预是不符合中国国情下的市场经济要求的。(3)从市场尚未成熟发育情况来看,也不宜过分干预,应当正确处理经济自由与经济秩序、经济效益与经济公平两对矛盾;在中国市场经济尚未发育的现阶段,强调自由与效益的价值高于秩序与公平的价值,是现实的、必要的。(4)市

① “福利国家”思潮主张扩大国家的经济职能,使国家承担推动经济增长,实现充分就业,提供社会福利等任务。“福利国家意味国家经济职能,也即国家关于社会经济活动的规划和调控职能的普遍增加”。引自沈宗灵著:《现代西方法理学》,北京大学出版社1992年版,第478页。

场经济下的行政权力应当是节制的,但是我国行政的权力历来是强大的。而且在这一点上还有漫长的历史传统。假如不考虑这个因素,只考虑权力干预的必要性,那么这种干预有可能沦为集权式的干预。而这一点又依赖于社会主义政治的民主机制;只有民主化的政治体制,才能从根本上保证权力受到有效的制约。

如前所述,法律的干预是否必然合理有效,还得考察法律的优良程度。从法律的角度来看,我们的干预还应当考虑我国现行法律以及传统法文化中的某些不适应市场经济的成分。首先看我国现行法律的状况。法律对经济的干预作用主要包括两个方面:一是法律本身被作为经济的宏观控制的手段所起的作用;二是法律被作为行政权力干预的依据所起的作用。倘若按部门法所起的主要作用来划分,包括:以民商法为主的"私法"体系的作用,以行政法为主的"公法"体系的作用,以及以经济法为主的"社会法"的作用。换言之,法律干预市场的问题主要涉及民商法、经济法和行政法这3个部门法以及与它们相关的程序法或诉讼法。我国现行法律与市场经济不适应就表现在这3大块:第一,以民商法为核心的市场主体与行为法尚未体现自由、平等和权利的原则。例如,每个主体尚未对自己的财产拥有产权,现行法律仍存在重身份轻契约的倾向,主要依主体身份而不是依主体行为不同来确定法律调整的方法,等等。第二,以经济法为核心的市场经济竞争与管理尚未完备。例如,经济法的计划法性质仍未消除,国家宏观调控与主体竞争自主权的关系尚未处理好,经济管理关系仍被统一视为"内在管理",社会公共性的管理却没有被引起重视,等等。第三,以行政法为核心的权力控制法还不健全。例如,政府垄断资源配置权,行政主体与市场主体的"错位",行政权人为设置商品流通的篱笆,行政程序不经济和不民主,等等。当然,除以上3大块法律外,还有其他的被称为"经济性调节"的法律,[①]如经济刑法、审判法等也有不少制度上的不完备之处。

再对照市场经济的客观要求,看中国法文化中缺乏什么。显然,我们的法制"肌体"中尚缺乏"法治"的灵魂。建立完整、系统并有效运行的法律体系并不只是当代法律家在做的,早在古代社会,中国封建法律家也已作出了不朽的成就。但问题在于法制健全或完善不等于具备了法治的精神。中国封建法制也是很健全、很完善的。法治是民主的产物。现代法治是以古典民法的精神为核心,以古典民法的结构为模式的,因此它们在深层的精神上具有天然的联系,例如,作为古典民法三大支柱的所有权绝对、契约自由、过错责任3大原则,与现代法治的

① 详见[日]金泽良雄著:《经济法概论》,满达人译,甘肃人民出版社1985年版,第27页。

权利、自由、平等的精神是那么相似。因此法治精神与市场经济有着表里一致的和谐关系，也绝非偶然。然而，或许就是因为中国古代缺少民法传统，而以刑法为核心的公法体系却成为中国法传统的根基；我们的法制传统中恰恰缺乏的就是法治的精神。表现为法的“国家本位”和“义务本位”，由此引起法律天平的倾斜，也就不足为奇了。再则，法的运行实效往往有赖于一定的法文化，这种“软件”因素可以使实在法上所规定的优良的内容在实际运行中变质。所以我国法律在对经济实行干预政策的时候，还应当注意现行法律以及传统法文化中“国家本位”、“义务本位”给法律实施效果带来的影响。基于我国法的自身条件，我们应当不难看到中国法律与市场经济不协调的实际情况，也不难看到“宽容的干预”的必要性。

三、法律应当保持功能上的中立品格

那么，为了保证“宽容的干预”，我们法律的品格应当是怎样的？这首先迫切要求我们的法律转变一个观念：从法的阶级观、国家观转变为法的社会观，或称法的中立观。现代法律应当在功能上保持超然中立，即在国家与个人以及社会各利益诸多矛盾之间，法律只站在社会公共利益的立场上进行公正的调节。它是以法的社会性为基础的，以市场经济下的社会关系为条件的。法律功能上的中立首先要求法律在形式上保持中立的姿态。对于“形式”这个东西，我们不应当抱有偏见，它在法律上总是具有非常特殊的意义。主张法律中立是基于以下理由：

第一，法律的中立是现代社会的必然要求，是法律社会化的必然结果，也是法的现代化的一大标志。鉴于现代社会（尤其是在现代市场经济社会）利益主体呈多元化趋势，现代法律实际上已成为社会各利益集团或阶层意志妥协的产物，它的精神实质是协调社会冲突，其目标是在个人与国家以及社会各利益的矛盾之间形成一种平衡。“法律的立场，犹如一位公正的调解人，评判所有互相竞争的需要及主张”。[①] 出于某种恻隐之心，我们的理论总是不重视甚至不敢正面承认，在社会主义社会同样存在各种利益阶层和不同利益的矛盾与冲突，却总是以“根本利益的一致性”来回避这个现实的问题。事实上，建立市场经济是对这一理论问题的挑战。因为在市场经济条件下，各种经济主体都有自己独立的利

① 德国法学家耶林的思想。引自［英］丹尼斯·罗伊德著：《法律的理念》，张茂柏译，台湾联经出版事业公司1984年版，第1965页。

益,因而也就有不同利益的矛盾和冲突,法的中立也正是适应了这种社会的客观需要。

第二,法律保持中立,本质上意味着无差别对待,也意味着对相同的实体规则和公正的程序的高度尊重。其优点在于:能冷静地而不是冲动地、公正地而不是偏袒地处理社会关系中所出现的各种矛盾,诸如公民与国家之间的利益矛盾,它们往往表现为自由同秩序、权利同权力、效益同公平等各方面的矛盾。尤其在我们这个有着专制传统的国家,法的中立有助于我们克服一切从国家本位出发的老毛病:"仁政"观指导下的父母官们从"管得越多越好",到"管得越严越好",直至把法律当成管制人的工具,从而造成法律功能严重失衡,非程序化的权力行为也就随时泛滥,一旦实效不佳,则像个粗暴的、方式简单的家长——只会在权力干预程度上加码,而不懂得如何优化权力干预的形式。

第三,法律保持中立,与社会主义法的本质不仅是一致的,而且正是社会主义法所要求并提倡的。社会主义法的道德价值准则是集体主义原则,即社会利益原则。但是值得我们注意的是,绝不能把"社会"概念偷换成"国家"概念,这个社会是指公共社会,国家的许多方面的行为也应当以社会公共利益为出发点和归宿。事实上,社会利益很容易与国家利益相混同。因此,我们过去总是有这么一种错觉,即把我国法律的"国家本位"等同于"社会本位",由此推出要否定法的"社会本位"的结论。这显然是不对的。

第四,法律的中立同法的阶级性、国家性并不相互矛盾。法的阶级性、国家性固然毋庸置疑,我们也用不着对法的阶级性提出疑问甚至企图推翻它。因为我们试图说明的是法的形式或功能上的中立性。在市场经济建设的今天,强调法的阶级性对于法的功能的发挥,并无太大的实际意义。"法律是为实用而制定的,应根据目的而不是根据起源来理解法律"①,社会法理学派的这种主张还是有一定道理的。社会主义现阶段的社会性日趋显著,随着市场经济建设的开展,执行社会公共事务管理职能的法律越来越多,而执行阶级统治职能的法律则只占次要地位。如果法律再以政治的本质与政治的形式出现在社会面前,来调整社会经济关系,已显得不合时宜,也没有实际效果。相反,在立法以及法制运行中有意识地把法的国家性加以人为地调整和设置(法律常常需要进行人为的调整和设置,以消除或减少实际存在的不公正或不合理),使之在功能上带有中立性,却对国家权力的制约、对社会权益的平衡和对社会冲突的缓解起到实际可见的效果。事实上,我们的法学对此已经有所意识,如现代行政法被理解为"控

① [美]H. S. 康马杰著:《美国精神》,南木等译,光明日报出版社1988年版,第559页。

权法”或“平衡法”,[①]无论哪一种,它们的意义是一致的:在政府与相对人之间,法律至少是不“偏袒”国家或政府一方,因为国家或政府总是“强者”。

第五,当代西方国家法律的“社会化”是对国家与个人关系的一种合理的调整。“私法公法化”以及“公法私法化”倾向,实际上就是对传统法律的“立场”所做的修正。因为私法的主要立场是个人本位,而公法的立场则是国家本位。另外,西方法学把经济法看成是“社会法”(尽管它明显具有行政法的特征),从社会的中立角度,[②]而不是从国家或政府的立场,来调节国家权力与市场经济之间、市场各主体之间的各种关系,也无非是为了使经济法更好地发挥公法与私法所不具有的功能,既保证国家权力介入并干预市场,又保证市场有一定的自由,从而有效地为市场经济服务。由此可见,我们对西方国家“法的社会化”的认识也应当做重新认识:它是在国家利益与个人利益之间找到一个新的、妥协的结合点——社会利益,这是颇值得我们研究和借鉴的。当然西方国家中的社会与个人之间,也并不是没有矛盾的,但我们不能因此而否定了法律中立的优良品格和实际功效。过去我们总是对西方法学宣扬法的公意性、中立性、社会性持有偏见,一概认为这与资产阶级掩盖法的本质有关。其实这样分析问题是片面的。

第六,法律中立作为一种观念并不会缺乏实际可操作性。有这种担心是难免的,但又是不必要的。法律中立的实际操作问题是一个很复杂、很具体的问题。它涉及对法律体系结构的优化、各法律部门功能的配置以及国家审判权的具体运用等问题。为了实现法律的中立,我们在3大块法律部门上,应当确立这样的观念:民商法及其诉讼法以确保经济主体的权利、自由和平等为本位,并适当地从社会公共利益角度加以干预,行政法(含行政实体法和行政程序法)及其诉讼法以制约行政权为基本职能,经济法以社会公共利益为出发点,对国家和其他经济主体之间的关系进行平衡。这种职能也往往可以通过具体的法律机制来实现,如法律对“非权力从属”的经济关系的管理,不应当按“内部管理”的方式直接干预,而应当从社会公共性的利益出发,在企业外部进行干预。它既不是从企业的利益出发也不是从国家的利益出发,而是从社会整体利益出发来进行调整。[③] 这就是法律中立观在法律中的具体贯彻。另外,国家审判权的运用也要

---

① 罗豪才等:“现代行政法的理论基础”,载《中国法学》1993年第1期。

② 西方法学理论认为私法所保障的形式的平等与自由,在现实经济生活中会给社会的弱者带来不平等和不自由,而经济法则具有纠正这种不平等和不自由的一面。所以经济法具有社会法的性质。参见[日]丹宗昭信、厚谷襄儿编:《现代经济法入门》,谢次昌译,群众出版社1985年版,第50页。

③ 王保树:“市场经济与经济法的发展机遇”,载《法学研究》1993年第2期。

始终贯彻上述观念,从而保持法院的公正立场。法的中立可以通过许多具体的制度和原则来体现,如法官中立,诉讼的对抗制,民事诉讼减少职权干预实行民事当事人诉讼自治,设立真正的质证制度,法律在国家3大权力之间从事平衡,对行政权的司法审查制度,等等,都体现了法的中立性。

综上所述,对于市场经济来说,法律品格的优劣比起法律数量的多少,要来得更为重要。中国社会主义市场经济需要国家干预,但这必须是一种宽容的干预。法律作为干预的主要方式之一,它必须是保持中立的。

(1993年第7期)

市场经济与私法文化

付子堂*

法律文化是历史积淀的结果,不同的历史传统形成了不同的法律文化模式。中国几千年风云变幻,法律历史类型屡经更迭,但法律文化至今仍未摆脱公法文化的模式。法律文化的内在特质决定着它的积极作用的限度。公法文化曾给中国历史增添过光辉,然而更阻滞了中国法律近代化和现代化的进程。它的历史性体现在:形成是合理的,存在是合理的,更新仍然是合理的。市场经济体制的建立必然伴随着私法文化的生成,从这个意义上说,中国法律文化正面临着一场革命。

一

经济对文化有决定性作用。自然经济基础上成长起来的必然是公法文化,产品经济是对自然经济的否定之否定,因而必然继承自然经济的基因,发育出公法文化。在我国,由于传统的社会主义理论忽视了商品经济这一不可逾越的经济发展阶段,所以造成了实际上的法律文化倒退,而没有通过扬弃达到对原有公法文化的升华。结果导致社会主义法制生活中时常隐现出封建文化的痕迹。进入20世纪,尽管不断有人一遍又一遍提出改造传统文化的口号,一次又一次掀起文化变革的热潮,但终究摆脱不开旧文化的阴影。这在很大程度上不能不归因于经济基础,而对于法律文化顽固惰性的改造除了依靠基本经济制度的革命外,历史证明,更重要的还取决于经济体制的彻底改革。经济决定法律的原理可以确切地具体化为,经济体制塑造着法律文化模式。

公法文化是指在法体系、法设施、法运行中贯穿着公法精神,这种内在的公法精神影响和决定着有关法的群体性心理状态和行为模式。它可能以奴隶制或封建制的法律类型出现,也可能显露在资本主义或社会主义社会的法律外在样式中。甚而至于,在公认的传统私法法律部门中内涵的却是公法精神。这一点最突出的例证是1992年《苏俄民法典》。当时,列宁对制定这部民法典的指导

* 作者单位:西南政法学院(现西南政法大学)。

思想是："我们不承认任何'私法'，在我们看来，经济领域中的一切都属于公法范围，而不属于私法范围。我们容许的……只是扩大国家干预'私法'关系的范围，扩大国家废除'私人'合同的权力，不是把罗马法典，而是把我们的革命法律意识运用到'公民法律关系'上去。"①

显然，从公法文化移向私法文化，必须首先变更某些传统的法律理论，包括重新审视传统的马克思主义法学原理，恢复私法的名誉。正如计划经济与市场经济并非社会主义与资本主义的分野，公法文化和私法文化也并非直接导源于公有制和私有制。认为社会主义制度取消了公私法划分根据的观点是大可质疑的。私法并不姓"资"。

公法文化具有如下 4 个特点：

第一，国家利益本位。国家乃是大"公"。大公无私历来被中国人奉为美德之极。作为协调利益冲突产物的法律自然把国家利益始终置于首位。韩非子曰："能去私曲就公法者，则民安而国治。"国民党早期领导人之一胡汉民曾说，孙中山三民主义立法精意为"以全国社会的公益为本位"。② 现行我国司法保护的顺序是"先国家，后集体，再个人"。利益一元化是自然经济和计划经济的共性，也是公法文化的首要特征。

第二，强调权力服从。梁漱溟曾把中国文化归结为"孝文化"。家国一体必然导致宗法等级盛行，由此造成了古代中国行政法的特别发达。计划经济是通过中央计划直接调节资源的经济组织方式，企业所看重的"计划"只能来源于上级，企业因而成了政府的附属物，有学者喻之为婆媳关系，父子关系，其中自然不可避免地灌注进"官本位"精神。

第三，规范体系封闭。自给自足的自然经济和上下贯一的计划经济都本能地排拒对外交往。表现在法律规范上自成一体，从形式到内容自我封闭。公法的强烈政治性促使各国都千方百计保持尽可能多的特色。因此，公法文化往往是保守文化。

第四，稳态秩序价值取向。在任何社会中，秩序都是法律的永恒价值，但是，通过什么途径以求得秩序的建立，在不同的社会中却存在差异。自然经济是一种自给自足的经济，缺乏同外部世界的竞争，因而就缺乏一种向前的动力机制，计划经济所追求的主要是宏观的直接控制，因而在价值取向上更强调稳态的有

① 《列宁全集》(第 1 版)(第 36 卷)，第 587 页；并见《列宁全集》(第 2 版)(第 42 卷)，第 427 页。

② 转引自赵震江主编：《中国法制四十年》，北京大学出版社 1990 年版，第 10 页。

序，强调静态的安定。虽然稳态秩序价值很容易实现，某些特殊情况下确也利于有限经济资源的迅速集中和调配，但同时往往呈现出结构失调、资源浪费的弊病，在表面的稳定背后掩盖着社会的不安因素。强压下的秩序经常必须以牺牲效益和公平为代价。

公法文化的形成根源于中国的历史，它是中国传统文化的一个有机组成部分。公法文化并非一无是处。它曾经铸造了中华法系，曾经给中国的历史带来过辉煌。即使在现代，公法文化的惯性冲动对巩固政权，增强民族凝聚力，促进社会主义经济原始积累的顺利完成，加快落后国度工业化步伐，无疑都起到了积极作用，应当说功不可没。然而，利益一元化的公法文化，确确实实地阻滞了中国法制转型，阻碍着法制近代化和现代化的进程。

二

20世纪90年代，市场经济在中国终于逐渐远离了资产阶级自由化的骂名，登入宪法殿堂，取得了它早就应得的地位。由计划经济到市场经济，两字之差，引发的却是无尽的难题。许多法学家的答卷上写着：市场经济是法制经济。① 然而，难道就到此而止了吗？法理学研究表明，法制一词有广义和狭义之分。广义的法制是法律制度的简称，也叫做静态意义的法制。这种法制真的是"古已有之"，自然经济也可以说是法制经济。狭义的法制是动态的法制，不仅要有法，更重要的是要依法办事。这一意义上的法制，就词意而言，相当于"法治"②。于是，又有学者提出，市场经济是法治经济。可是，深究起来仍有问题。姑且不论"法治"本为中国古代法家所首倡，仅就社会主义历史而言，苏联很长一段时间就曾经企图建设"社会主义法治国"，20世纪80年代以后，我国法学界尽管有所争论，但"法治论"是占了上风的。总之，在计划经济基础上，也存在法制或法治建立的可能。法治并非市场经济所独有。笔者无意否认"市场经济是法制经济"论断的正确性，而只是想请法理学界进一步注意和研究：社会主义经济应该是什么样的法制经济？经济有多种体制，法制或法治同样有各类模式。我们不仅要研究走什么样的市场经济道路，而且要探讨构建什么样的法治模式。而构建法治模式又必须上升到文化的高度。

---

① 中国法学会就贯彻十四大精神提出的十项措施中第三项说明："市场经济必须是法制经济。"另参见《法人权益报》创刊号上韩天森先生撰文："社会主义市场经济就是法治经济"。

② 沈宗灵："'法制'、'法治'、'人治'的词义分析"，载《法学研究》1989年第4期。

经济是一种文化,法治更是一种文化。近年来,文化问题在我国一直是一个热点问题,法制现代化早已被正确地上升到了法律文化现代化的境界。这一视角冲出了单纯的制度层面,对于研究者转换思路、开阔眼界大有帮助。关于中国文化现代化的模式,人们见仁见智,议论纷纷。笔者认为,市场经济体制目标的确定为我们给这道难题作出结论提供了良好契机。市场经济应是私法经济,中国法律文化的目标模式是私法文化。关于市场经济与商品经济的关系问题,目前学术界主要有三种认识:第一种,认为市场经济是商品经济发展的高级阶段,是发达的商品经济。第二种,认为商品经济分为有计划的商品经济和市场调节的商品经济,因此,市场经济是与计划经济相对的商品经济。第三种,认为二者是同义词,只不过商品经济是对相对于产品经济而论,市场经济是对于计划经济而言,因此,产品经济就是计划经济,商品经济就是市场经济,都是从不同角度为同一经济模式命名。由于本文主题所限,笔者不拟就此过多涉足。但无论何种观点,大家都会同意,市场经济就是商品经济。因为既是商品,就离不开市场,既有市场,就有商品。而商品经济正是私法赋以孕育和生长的沃土。

私法观念的兴起是在古罗马时代。著名的罗马5大法学家之一乌尔比安在世界历史上破天荒第一次提出:“公法是关于罗马国家的法律,私法是天于个人利益的法律”,[①]这是公法和私法的最经典性定义。罗马法学家之所以要划分公法和私法,目的不是致力于公法,恰恰相反,是为了尽量避开公法而研究和发展私法。私法文化的最初萌芽正是由于古罗马简单商品经济高度发展的结果。恩格斯指出:罗马法是“商品生产社会的第一个世界性法律”,它无比明确地规定了“简单商品所有者的一切本质的法律关系(如买主和卖主、债权人和债务人、契约、债务等)。”[②]就内容而言,古罗马法的代表,从公元前451~前450年的《十二表法》到公元534年的《查士丁尼法典》,主要都是私法性的内容。到16世纪,市民等级在封建社会的母体内发育成长,资本主义经济因素逐渐增多,为了维护市民等级的利益,罗马法复兴运动先后在西欧各国掀起。罗马法的复兴其实只是罗马私法得到恢复并重新取得威信。资产阶级革命胜利后,欧洲大陆各国开始进行法典编纂运动,其中以19世纪最初10年的“拿破仑六法”最为著名。需要强调的是,“拿破仑六法”的基础正是民法典,而蓝本则是罗马法。由此,私法文化成了商品经济比较发达的西方传统法律文化。直至今日,尽管在有些国

---

① 《马克思恩格斯选集》(第4卷),第248页。

② 亚当·斯密的《国富论》精辟地指出:在市场经济中,每个人追求的仅仅是个人的利益,但当他这样时,有一只无形之手引导他促进了社会的利益,而且其效果要比他真正想促进社会利益所得到的效果还大。

家出现了私法公法化的趋势，但从总体上考察，主导市场经济世界的仍是私法文化。商品经济与私法存在内在的必然联系，这是为历史所证明的结论。

上述推论并非意味着，构建私法文化一定等于走“西化”之路。文化的实质是“人类化”。笔者之所以从文化角度切入市场经济法制建设的研究，是想力图指出，既然属于“文化”，那么就可以完全抛开其阶级性的“主义”成分，大胆而又合理地吸收乃至移植发达国家的法律文化先进成果。正如，党的十四大所告诫的那样，“不要被一些姓‘社’姓‘资’的抽象争论束缚自己的思想和手脚。社会主义要赢得同资本主义相比较的优势，必须大胆吸收和借鉴世界各国包括资本主义发达国家的一切反映现代社会化生产和商品经济一般规律的先进经营方式和管理方法”。法律文化不同于法的历史类型，它与社会基本制度无关，而同经济体制模式相关联。市场经济作为一种经济体制模式是从西方引进来的，那么，我们又何惧从西方“拿来”私法文化呢？

三

私法文化的构建肯定不是朝夕之功。作为理论准备，我们可以初步探讨一下私法文化的特质及其可能对我国现有法制体系所带来的冲击。“特质”一词首先是一个文化学概念，它不同于阶级本质，而主要是指文化生命形态质的规定性。私法文化具有区别于公法文化的特质。其次，作为文化，既有器物层面，又有制度层面，而核心乃是观念（精神）层面。文化观念（精神）造就了社会人群的心理定式，作用于制度的制定及运用和器物的掌握及驾驭。所以，变革文化关键在于更新观念。私法观念可概括为：

第一，利益主体多元化。市场经济理论认为，追求个人利益是人们从事经济活动的基本动力，商品交换是为了满足个体需求。市场经济大舞台，人人可以任主角。市场经济仍要维护国家利益，但是，计划经济体制下的那种国家为唯一的所有权和经营主体的局面不复存在。现在，我国法律肯定的经济成分计有国有国营经济、国有私营经济、私有私营经济、集体经济、个体经济、联营经济、中外合资经济、中外合作经济，外资经济等。在市场中，各种不同的经济成分必然也应该一视同仁处于公平竞争的状态。“商品是天生的平等派”，没有私法上的利益主体独立性，便不可能有这种平等的真正实现。

第二，重视权利平等。公法以权力关系为调整对象，权力之间存在身份依附，私法则具有非人格特征，以权利为本位，权利之间是平等的契约关系。在私法活动领域，实行严格的意思自治原则，当事人分别对自己的行为自由地加以选择,相互之间平等、自由地协商各方的权利义务内容。即使国家参与私法关系,作为市场交易活动中的一方,也应处于同对方平等的地位,享受一定权利的同时必须履行相应的义务。决策结构分散是市场经济的特征之一,主体的权利平等正是市场经济得以建立起来并正常运行的保证。在这个意义上,不妨说,从公法文化到私法文化即是从身份文化到契约文化。

第三,规范国际统一化。现代市场经济是面向全球开放的市场经济。市场经济对于物质资源和劳动资源的配置必须在尽可能辽阔的领域范围内进行,这样方可求得效益的最优化,国民经济也才能在国际竞争中得到生存和发展。国际市场需要有统一的国际规则。如果说在产品经济下尚能做到法制的局部统一,计划体制正是对国内经济的高度集权控制,那么,市场经济则不仅要杜绝国内的狭隘的地方保护主义,而且要促使国内市场纳入国际市场大流通体系。目前我们所面临的"入关"挑战便提出了逐步减少本国法制特色而与世界通行的国际法律惯例、国际法律规范相衔接的问题。这一问题主要涉及私法。私法文化是开放性文化。

第四,效益,公平、秩序价值的互补性。私法的宗旨是维护私利。对私利的追逐是人的本性。① 市场经济首先需要运用这种利益动力机制,在激励私利的基础上提高社会效益。有私利,就有矛盾,矛盾往往产生于人们的不公感。市场经济是有秩序的经济,活而不乱的秩序只能通过公平和效益不断地平衡—打破平衡—再平衡而在运动中建立起来。

法律观念的更新势必推动法律制度的变革。时下,如何构建社会主义市场经济的法律体系已引起普遍关注。笔者认为,在研究思路上应当特别注意两点:一是要防止把这个问题仅仅局限于经济立法,似乎市场经济只同经济法有关;二是似乎并无太大的必要把原有的法律部门体系推倒重来,理想化地构建出一个崭新的法律体系,甚至创造出许许多多新的法律部门。拙以为,与其作外延的扩充,不如进行内涵的改造。现代化的法部门我国已基本具备,问题是,这些法部门内涵的精神和规范已不适应新的经济体制的需要。以下,笔者只以法学者的眼光就主要法律部门的改造略抒管见,请部门法学大家批评。

宪法是民主政治的产物,历来被视为法治的主要标志。在公法文化氛围中制定的我国现代宪法首当其冲必须作适应市场经济和私法文化的改造。中国的形式宪政已有近百年的历史。然而,西方的宪法之橘移植到中国,经常却会变成苦涩的枳。宪法的本义是杜绝权力的腐败,宪法是制权之法。在市场经济条件

---

① 沈宗灵著:《比较法总论》,北京大学出版社1987年版,第94、114页。

下，不仅要继续通过规范国家制度、国家机构之间权力的合理分配、使用及监督，以权力制约权力，还要通过对利益多元化主体权利的充分赋予，调节和保障以权利制约权力。保障平等权利的实现应成为市场经济法治的根本目的，成为宪政建设的最终价值取向。

民法是传统的一般私法。[①] 列宁在指导制定1992年《苏俄民法典》时，把民法视为公法。新中国成立后，长期执行高度集中的计划经济体制，直到20世纪80年代中期才真正感觉到民法的重要性而通过了简单的《民法通则》，但在具体民事规范中仍渗进了大量的不适当的公法成分。现在需要恢复民法的私法属性。前文提出，私法的特质之一是规范的国际统一性。如果说公法更强调阶级本质，强调"特色"，那么以民商法为主体的私法则更应强调合乎经济规律的科学性，强调合理的法律移植。

现有的中国经济法从精神到体系都亟须完善。中国经济法是在计划体制的基础上建立的，计划法在经济法律体系中占有主导地位。经济合同法第1条开宗明义，把立法目的规定为"保证国家计划的执行"，详尽的计划在实际经济生活中超越了法律。今后，一方面需要修订已有的经济法规；另一方面需要及时创制新法以调整市场经济中涌现的新社会关系，如公司法、雇工法、票据法等。市场经济越发展，私法容量就越庞大。

刑法和行政法属于传统的公法部门。正如市场经济并不排斥计划，私法文化的构建并不意味着私法单一化。公法仍然不可或缺，但将朝着公法私法化的方向发展。在刑法领域，必须肯定"凡未禁止都是允许"的原则，强化经济功能，强化对公民个人权利及市场竞争机制的保护，强化经济的刑法保护，保障社会主义市场经济健康发展。在行政法领域，应当切实贯彻政府职能向服务型转变的改革方针，健全行政法人制度，减少对经济生活不适当的直接干预，提高宏观间接调控，抑制市场经济的负面效应，弥补私法的不足。

诉讼文化是法律文化的子系统。诉讼文化是中国法律文化现代化的题中应有之义。诉讼制度纳入私法文化的轨道要求改造现有的诉讼法律规范。随着市场经济发展的深入，公诉范围会缩小，自诉范围将扩大，行政经济仲裁迟早要代之以民间经济仲裁，人们将日益重视诉讼成本的降低和诉讼效益的增加。

（1993年第8期）

① 《马克思恩格斯选集》（第4卷），第248页。

中国法制现代化与移植西方法律

郝铁川*

众所周知,中国法制现代化面临着两个无法回避的选择:一是对西方法律的接受、移植;二是对传统法律的继承、创新。如何处理这两个方面的关系?通常的说法是“古为今用、洋为中用”,“取其精华,弃其糟粕”。此话并未错,但却无法解决当前的难题,即眼下的中国法制观代化,究竟是以移植西方法律为主,还是以继承传统为主?辩证法认为,事物的性质是由其内部矛盾的主要方面所决定的。因此,我们必须认清中国法制现代化中移植与继承的主次关系。任何笼统的折中调和、半斤八两式的回答貌似公允,实则无济于事。最近,有3件事促使笔者对这一问题再度思考。

第一件事是中美知识产权争议的解决。保护知识产权是近年来中美贸易中争议颇大的问题,1989年、1990年和1991年美国贸易代表署就曾依据其贸易法“特殊301条款”的规定,3次宣布中国为拒绝充分有效保护美国知识产权的“重点国家”。1990年4月以后,中美就知识产权问题进行了一系列谈判、磋商。整个谈判进程如履薄冰,险因分歧过大而导致破裂,最后是以中方作了许多让步而达成了协议,在谈判达成的备忘录中,中方承诺了一些保护美国知识产权的具体措施,如答应修改《专利法》、《著作权法》和《计算机软件保护条例》的有关内容,对药品、农业化学品提供全面的保护,并将发明专利的保护期限提高到20年,还同意对计算机软件给予50年的保护期,以及加入两个国际版权保护公约。中方的这些让步却使我国的知识产权法律水平进入世界先进行列,与国际接了轨。

第二件事是我国的《公司法》迟迟未能出台,原因之一据说是制定者总想避免搬用西方公司法之嫌,但又无法设计出与西方公司法有天壤之别的公司法,以抚慰国人的“自豪感”,因而使中国的公司法迄今仍然处在“苦苦追求”之中。

第三件事是学术界许多学者对《民法通则》的批评。市场经济要有规则,民法无疑就是其最基本的规则。然而,当年我国制定民法时,几易其稿,执意要搞出一部与西方民法不同的民法,结果最后搞出了一个既非总则亦非分则的《民

* 作者单位:华东政法学院(现华东政法大学)。

法通则》,正如学术界有人批评的那样,它给市场经济提供的不是规则,而仅仅是一个不具操作意义或操作意义较差的原则,因而使中国司法界常常叫苦不迭。

这3件事情告诉我们,如何处理中国法制现代化与移植西方法律的关系,已不仅仅是一个坐而论道的认识问题,而是一个即在脚下的实践问题,对此进行理智的探讨,已非"务虚",而属"务实"。

一、中国法制现代化的主要内容是移植西方法律

何谓法制现代化?笔者认为,所谓法制现代化,就是要建立起一套与现代化市场经济相适应的法律制度,以取代过去建立在自然经济和计划经济基础上的传统法律制度。市场经济是法制现代化的根本动力,是我们研究法制现代化的逻辑起点。历史早已表明,市场经济是世界各个国家、各个民族进入现代化社会的必由之路,因而建立与市场经济相适应的现代化法制也就成为一种不可抗拒的历史潮流。

市场经济首先是从西方经济发展起来的。在古代,希腊和罗马的商品经济是世界上最为发达的,唯有在这里发生了畜牧业与农业,手工业与农业、商业与手工业3次社会大分工,产生了独立的、大规模的商人阶层,而当时其他地区和国家都不能与之媲美。在中世纪,西方首先发生了"商业革命",产生了城市,孕育了市场经济,在近代,又是西方首先发展了市场经济,建立了市民社会。在发展市场经济方面,西方既有悠久的历史传统,又有丰富的实际经验。

市场经济是有秩序、有规则的经济,而现代民法则是这种秩序和规则的集中体观,其核心是人权、所有权和平等权。人权、所有权和平等权则构成了当代法律权利体系的基础、主干,是现代公民权利的原型。民法的基本原则是权利神圣、身份平等,意思自治、等价有偿、契约自由、诚实信用等。这些基本原则确保了市场主体的人身自由权,占有、使用和让渡财产的权利和契约自由(经济上的行为一概依照当事人的自由意志才能成立);确保了市场主体的人格平等、机会均等、权利和义务均等,使所有的人享有同样的权利能力,经济资源和市场对所有的人开放,每个人都能够根据其能力获得提高和发展,根据自己的才能和条件自由竞争,市场交换关系中,每个人享有的权利和承担的义务是相互一致的,承认过错是归责的基本依据。

毫无疑问,现代民法的这些基本原则构成了现代化法制的基础。现代宪法中公民基本权利和义务平等的规定,婚姻法中夫妻平等、男女平等、家长子女人格权平等的规定,刑法中罪刑法定、罪刑相适应的规定,行政诉讼法中公民与政

府平起平坐的原则，政府不得在不予"公正补偿"的条件下征用私人财产的规定，等等，可以说都是民法自由平等原则的升华。正如恩格斯所说，诸如平等、权利之类原则，起初是在私法（民法）方面得到承认，后来才逐渐在公法方面得到承认。不仅民法的基本原则构成了其他部门法的基础，而且民法中的许多制度也成为现代法治的依据或参照。例如，作为现代民主和法制重要结构的代议制或代表制，显然是参照或照搬了民法中的委托代理制度的原理。因而法国法学家勒内·达维德说，法的其他部门只是从民法出发而发展起来的。①

因此，法制现代化的基础是现代化民法的问世和完备。然而，正如市场经济首先在西方产生和发展一样，民法也首先是在西方产生和发展起来的。民法作为一种法律文化现象，导源在古代西方的罗马私法。罗马私法以权利为核心，以私人平等和自治为基本理念，基本原则体现为保护私人利益。它对简单商品经济的一切重要关系，如买卖、借贷、雇佣、合伙、共有等都有非常详细而明确的规定。因此它全面地促进了商品经济的发展。

西欧中世纪初期，尽管日耳曼法占据统治地位，但罗马人中间和一些残存下来的城市法中仍然保留了罗马法。一些"蛮族"国家的首脑，考虑到客观的要求，也编纂简明罗马法典在本国内加以执行。在整个中世纪占重要地位的教会法中也不乏罗马法的影响，中期以后西欧许多国家掀起了罗马法复兴运动，罗马法几乎被欧洲各国所接受，发生了很大影响。

进入资本主义社会以后，罗马法的影响超出了欧洲，遍及亚、非、南北美各国，形成具有世界影响的罗马—日耳曼法系。法国 1804 年制定的《法国民法典》即是一部融罗马法、地方习惯法、法国大革命的启蒙思想为一体的法典。19 世纪的欧洲大陆是《法国民法典》的世界，受它影响或模仿它而制定的民法典纷纷出观。约过一个世纪以后，欧洲大陆又诞生了一部可与它媲美的《德国民法典》。《法国民法典》是以罗马《法学阶梯》为蓝本，从结构、体系、内容、基本原则到法律术语均继承了罗马法。《德国民法典》同样渊源于罗马法：它更多地接受了《学说汇纂》的影响，故有"现代罗马法"之称。英美法系也同样是在罗马私法的基础上发展自己的民法的，英国普通法中的契约原则、遗嘱制度和信托规则均来源于罗马法，英美法系国家自成一体的合同法、侵权行为法、财产法、公司法、证据法、继承法及家庭法等，同样贯彻了主体平等、权利神圣、契约自由、意思自治等民法原则，发挥着与大陆民法典相同的功效。

① ［日］勒内·达维德著：《当代主要法律体系》，漆竹生译，上海译文出版社 1984 年版，第 25 页。

市场经济必然要求民法的产生,而民法的产生与实施又必然要求相应的民法价值观念来做保障。如果观念跟不上,即使制定了民法,也会有法不依,形同虚设。当我们审视西方民法历史时,不难发现,与西方民法制度源远流长一样,西方的民法价值观念也是根深蒂固,不绝若线。

民法调整公民生活的基本方法,就是肯定他们的正当利益,并且使之权利化、法律化。权利这个概念就凝结了民法对于个人价值的尊崇、对于市场制度的信心。惟其如此,权利概念成为民法的核心概念,民法同时也就表现为权利的庞大体系。与西方悠久的民法传统相对应,以权利、平等为核心的自然法的思想和观点几乎贯串在西方历史的各个发展时期。

关于自然法,《在不列颠百科全书》是这样解释的:“就一般意义而言,它指全人类共同维护的一整套权利或正义。作为普遍承认的正当行为的原则来说,它通常是‘实在法’即经国家正式颁布并以一定的制裁来强制执行的法规的对称。”早在古代希腊哲学中,就萌发了自然法的观念。从此这种观念相沿不衰。尽管历史上不同流派的思想家对自然法的理解各有千秋,但有一点则为共识,即它是自然存在的、人类共有的、永恒不变的权利或者正义,是实证法的自然渊源或理性渊源。这就是说,自然法并非实证意义上的法律,而是一种正义论,一套价值体系。在西方历史上,这套价值体系先是同自然——理性相连,继而与上帝——理性相接,最后与人——理性相合,它始终高于实在法,被看做实在法的根据。自然法蕴涵着5个基本概念:一是自然;二是理性;三是正义;四是平等;五是法,其中自然、理性、正义含义相同。自然法的精髓就在于强调平等、权利。

关于自然法在历史上所起的作用,英国学者沃克曾作过一个简洁明了的概括。他说:“自然法理论在不同时期所起的作用不同,它帮助把严格的罗马市民法发展成适用范围较广泛的、更加公平的法律制度,它是中世纪教皇和皇帝冲突的理论武器,它奠定了现代国际法的基础,它构成了美国宪法解释的基石,这种解释的目的在于抵制制定法限制个人经济自由的企图,它孕育了自然权利的概念,这种自然权利后来演化为基本权利。今天,人们称之为人权。”①

根源于商品经济的自然法思想不仅在客观上指导着西方国家的立法和司法,而且在微观上还直接成为具体法律条文和司法判决的依据,限于篇幅,不再引证。

综上所述,西方市场经济历史悠久,民法制度较为完备,民法观念(自然法)深入人心。这三者紧密结合,构成了法制现代化的核心内容,任何后起的现代化

① 《牛津法律大辞典》,第630~631页。

国家都无法避免地要借鉴、学习这些人类文明财富。西方民族在这方面起步早，我们大胆地把它拿过来，为我所用，即使将此视为“西化”，也没有什么可以惧怕的。

君不见，人类历史上一个民族引进另一个民族的法律制度乃常有之事。在中国封建社会，唐朝是当时亚洲政治、经济、文化的中心，《唐律》作为一部具有代表性的封建法典，纷纷被周边国家钦羡，以至于搬用。公元701年，日本文武天皇制定了日本历史上划时代的法典——《大宝律令》，它的12篇篇目和次序不仅与《唐律》一模一样，而且内容甚至连文句也都同于《唐律》。朝鲜的法制从公元918年王建建立的高丽王朝开始，基本上是沿袭唐朝的。《高丽史·刑唐志》载：“高丽一代之大抵皆仿于唐，至于：刑法，亦采《唐律》，参酌时宜而用之。”高丽王朝的法律共71条，其中69条来自《唐律》，其余两条摘自唐《狱器令》。公元1042年，越南素减尊颁布的《刑书》3卷，公元1230年，陈太尊制定的《国朝刑律》，其内容均基本同于《唐律》。

可以说，在封建社会，亚洲曾发生过法律制度“唐化”的现象，那时的唐朝在法制建设上居于领先地位，使得周边国家竞相“唐化”，人们对此从来没有什么异常感觉。鲁迅先生说得好：“汉唐虽然也有边患，但魄力究竟雄大，人民具有不至于为异族为隶的自信力，或者竟毫未想到，凡取用外来的事物的时候，就如将被俘来一样，自由驱使，绝不介怀。一到衰敝陵夷之际，神经可就衰弱、过敏了，每遇外国的东西，便觉得仿佛彼来俘我一样，推拒，惶恐、退缩、逃避、抖成一团，又必然想一篇道理来掩饰。”①

我们不必过分惧怕移植西方的法律，马克思主义就是从西方引进，迄今已成为大多数中国人的政治信仰。还是鲁迅先生说得好：“虽是西洋文明罢，我们能吸收时，就是西洋文明也变成我们自己的了。好像吃牛肉一样，决不会吃了牛肉，自己也变成牛肉的。要是如此胆小，那真是衰弱的知识阶级了”，“有力量，有自信力的人是不至于此的。”②

二、中国法制现代化不等于全盘西化

笔者不讳言法制现代化的主要内容就是移植西方法律，但并不意味着主张全盘西化。因为不论历史还是现实都表明，任何民族和国家都不可能彻头彻尾

① 鲁迅：“看镜有感”，载《坟》。
② 鲁迅：“关于知识阶级”，载《集外集拾遗》。

地西化。各国的现代化之间既有共性,亦有个性,否定共性和个性都是错误的。

发展市场经济是各国法制现代化的共同基础,各国的市场经济在本质上都具有相同之处,如主体平等、等价有偿,但同时又因各国自身经济、政治、社会、文化、传统等条件的不同,因而在表现形式上不尽相同。

市场经济是各国法制现代化的共同基础。然而,各国的市场经济因为各国自身经济、政治、文化等条件的差异而表现出不同的模式。例如,英美模式信奉价值规律这只“看不见的手”,政府对经济生活的干预较少。其基本特征是最大限度地发挥市场机制的资源配置作用,倡导自由竞争,实行自由放手,政府主要以政策形式对经济生活进行调控。东亚模式是一种政府主导型的市场经济,即在市场竞争的基础上,由政府出面,积极主动而又强烈地干预经济,这种干预不等于直接管制和行政强制,政府的计划是导向性的,主要通过产业政策有目标、有步骤地引导资源配置,推动经济发展。北欧模式是一种福利国家市场经济模式,其特征是:在市场经济的基础上,政府着重调节收入分配,即在国民收入的分配与再分配领域中,有计划地协调公平与效率之间的关系,以促进经济的发展。由此可见,即便是本质相同的市场经济,各国亦因国情不同而采用不同的模式。

西方各国的民法,在基本原理和观念上并无二致,但亦因历史传统的不同而表现有别。例如,《法国民法典》(1804 年)和《德国民法典》(1900 年)在私权神圣、契约自由、过失责任等基本原则方面都是相同的,但因国情、时代的差异,两者亦有部分区别:第一,在私权神圣方面,《法国民法典》从个人本位出发,完全肯定私权神圣,而《德国民法典》则从社会本位出发,在维护私权神圣的同时又作了部分限制。第二,在契约自由方面,《法国民法典》注重保护当事人本意,而非意思的外部表现,而《德国民法典》则只承认意思表示的外部效力。第三,在侵权责任方面,《法国民法典》完全采取过错责任原则,而《德国民法典》一般采取过错责任原则,但在第 829 条和第 833 条中则采取了无过错责任原则。由此可见,《德国民法典》虽然吸收了《法国民法典》的核心内容,但并没有全部照搬,两者既有共性,亦有个性。当然,共性大于个性。

美国法律是从英国移植过来的,但美国法律仍有许多自身的特点。例如,美国的遵循判例原则较之英国具有更大的伸缩性和灵活性,英国没有成文宪法和违宪审查制度,而美国则有成文宪法和司法审查制度。

综上所述,世界各国的法制现代化都必定包含市场经济、民法、民法价值观念(自由、平等、权利神圣)3 大要素,它们是由西方民族率先确立的,是西方人民奉献给整个人类的文明成果。所以,后起的现代化国家和民族都无法拒绝这一文明成果,法制现代化的主要内容为移植西方法律也应势所必然。但是,由于各个民族都有自己独特的国情,因而虽然在主要方面学习西方,却不可能是全盘西化,有损有益亦属情理之中。多样性寓于统一性,统一性寄于多样性。西方法制现代化和其他民族的法制现代化之间,共性多于个性,所以我们说后起现代化国家的法制现代化在主要方面是移植西方法律,但共性并不能否定个性,所以我们又说后起现代化国家的法制现代化又不是全盘西化。

（1993 年第 9 期）

1994 年

关于义务与权利的随想（上）

北　岳*

我国法学界的许多学者都认为义务来自于权利，笔者不揣冒昧，做以下关于义务与权利关系的随想，以求教于法学界的老师、同人。

第一，义务与权利的区别何在？

有人认为，权利是利益，义务是负担和不利。

笔者认为，另一种看法似乎更有道理。有的学者在指出权利构成的五个要素时指出："作为权利本质属性或构成要素的自由，指的是权利主体可以按个人意志去行使或放弃该项权利，不受外来的干预或胁迫。如果某人被强迫去主张或放弃某种利益、要求，那么，这种主张或放弃本身就不是权利，而是义务。"①这里说得很清楚，权利与义务的基本区别点在于主体对于某种利益或主张是否有自主选择的可能：有自主选择的可能，为权利；无选择的可能，则为义务。即使某主体被强迫要求、主张的是某种利益，由于这种强迫使主体人无自我选择的可能，以致它依然是义务。

反过来看，义务的强制，可能使主体失去对某种利益自主选择的可能，但它不一定就是对主体人的不利、负担。相反，可能恰恰是这种义务限定，才更坚实地保护着义务承担者的利益。道德义务问题，我们暂且不说，仅以法律而言，其中以义务的形式来确保主体人的利益的情况并非罕见。例如，民法上被监护人因法律规定而负有受监护的义务，被监护人不能主张被监护身份是一种权利以致宣布放弃被监护身份。但是，这种接受监护的义务并非对被监护人不利，而恰恰是为了其利益得到充分保护。再如，义务教育法使儿童承担受教育的义务，儿童及其家长不能主张受教育是自我的权利而放弃它。但这种义务限定并非使儿童不利，相反，倒是确保儿童获得享有知识的利益。

因此，不能一般地说权利与义务的区分在于权利赋予主体人以利益，而义务使主体人承受负担或不利。权利与义务的主要区别点只是也只能是：主体人对于某种利益、某种要求、某种行为是否有自主选择的可能。是，则为权利；否，则

* 作者单位：中国人民大学法学院，博士研究生。

① 夏勇著：《人权概念起源》，中国政法大学出版社1992年版，第44页。

为义务。

第二,权利的主要构成要素是什么?

尽管出于不同的研究角度、不同的论证需要,我们可以将“权利”的构成要素作多样化的分解,但笔者认为总括道德权利、习惯权利、法律权利等,权利的基本构成要素只有两个:一是利益;二是“正当”、“应得的”。其他如资格、主张,甚至权威,都是可由“正当”这一基本要素派生出来或推演出来的。法律权利还有自身的某种特殊性,后面再详说。

第三,个人适应权利要求而承担义务的理由何在?

法学界的许多学者都认为,义务是由权利派生出来的,个人是适应他人的权利要求而承担义务的。笔者所感到困惑的是:究竟他人权利的哪一种要素可以使我限制、约束我的行为、使我承担义务?

难道他人仅根据自己的利益就可以向我要求作出某种行为或不行为吗?利益是以主体的需要为依据的,是对主体需要的满足。如果他人根据自己的利益向我提出要求、要我负担某种不利,显然这种要求与我自我主张的利益有某种冲突,此时,我难道不可以根据我自我主张的利益去对抗他的利益要求吗?只要我们假定人与人之间处于相互平等状态,那么,任何人仅根据自我的利益主张向他人提出要求时,都会与他人同样的自我利益主张发生对抗。在不存在约束规则的情况下,这种利益主张的冲突最终只能诉诸武力,这就犹如自然法学派描述的战争状态。

既然他人自我主张的利益不足以构成要我承担义务的理由,那么,他人依据权利要我承担某种负担或不利时,只能是依据其权利中所包含的正当这一要素。事实上也恰恰是,当我应他人的权利要求而承担某种负担或不利时,正是因为我认识到:对方的这种利益要求具有正当性这一在道德上不可对抗的性质。

第四,权利的正当性何来?

他人的权利中这种正当性要素是从哪儿来的?

宗教神学家把它归于上帝的规定。

自然法学派认为是自然赋予的。

分析法学派则顶礼于国家意志。

作为无神论者,笔者否认上帝的存在,笔者当然不可能承认权利的正当性来自冥冥之中的不存在体。

我承认我是一个自然生物。但是,我作为自然体,我以及我的需要、我的利益等都只不过是客观的自然事实。无论是我要生存,还是我要杀人,都是基于自然赋予我的需要、欲望、冲动。它们作为自在的自然事实与正当、应当之类的人类理性伦理价值判断无关。因此，自然不可能在我的利益上织上正当性花边。

分析法学派的主张则根本不能引起笔者在心底的共鸣。作为思考对象的“权利”，是具有道德权利、习惯权利、法律权利的共性特征的权利。仅仅提出由国家意志确认的法律权利的“正当性”来源，则不足以说明笔者所思考的具有共性特征的权利的正当性来源。何况，作为马克思主义的信徒，笔者相信，表现为国家意志的法，主要是由国家在实际社会生活中“发现的”、“找到的”。它必须基本上与已有的、调节实际社会生活的道德规则、习惯规则等相吻合。于是，表现为国家意志的法定权利也必须与已有的道德权利、习惯权利基本吻合。既然国家只不过是基本上依照道德权利、习惯权利来确认法定权利，那么，法定权利的正当性要素就必然是继承自道德权利、习惯权利，而不是来自于国家意志。国家可以在被确认为法定权利的道德权利、习惯权利上铸就一层以其强制力为基础的不可侵犯性的外壳，却无论如何也不能增添分毫它们原先就具有的正当性之灵光。出于强制的不可侵犯性与出于道德理性的正当性二者间有着犹如铸铁与黄金般的区别。更何况，笔者担忧，如果笔者同意了“权利是国家赋予的”、“权利的正当性来自于国家意志”之类的说法后，便失去了面对专制与暴政的法定特权与法律强制进行道德反抗的正当依据。

笔者相信，“正当”一词代表着一种社会性认识，表达着一种社会性共识，是社会成员们对人的某种要求所处的性质、状态；人的行为所处的性质、状态，人际关系所处的性质、状态的赞赏性、认可性判断。当一个人主张其某种权利时，意味着他的某种利益要求所得到的社会其他成员的评价、判断是赞赏性的、认可性的。换言之，权利，作为一种正当的利益，其正当性来自于社会其他成员的一致赞赏、同意、认可。所以，权利的正当性是他评的。

这样，可以说，权利所包含的两种要素具有二重性质：作为利益，它是主体人自求的；作为正当，却是他评的。这二重性质，自求与他评，相互一致、相互统一，才构成权利。

第五，同意他人利益要求，对同意者而言意味着什么？

当我们谈论、解释、赞美权利的时候，如果我们只强调其中主体对利益的自求性，而撇开其中正当这一要素的他评性，我们所谈论、解释、赞美的就不是“权利”，而只是个人的主观任性。任何人根据其主观任性的利益要求都不能对我形成约束、负担，我都没有必要承受这种约束、负担，因为，他的利益要求没有得到我以及社会其他成员的同意、认可。只有在我和社会其他成员对他的利益要求表示过同意、认可，从而使其获得“正当的”这种伦理价值评判的时候，他才能依据这种符合于“正当的”评判的利益要求，使我承受约束、负担。这样，我承受的约束、负担就并不是“权利人”强加给我的，而是我因同意、认可“权利人”的利益要求而同意、认可的。所以，我承担的表现为约束、负担的义务并非他律，而是我的自律。所以说，当我以及社会其他成员对他人的利益要求进行评判、表示同意、认可的时候，同时，也就意味着我以及社会其他成员给自己设定了一个自律性的义务负担。

第六，人为什么要自我设定义务负担？

既然我和其他任何一个自然人一样，都是重视自己利益的人，那么，为什么当他人向我提出某种利益要求时，我会同意、认可他的这种要求，以致同时给我自己设定义务负担？

换一种提问方式：我既然是和他人一样的重视自己利益的人，那么，我根据什么理由或原因限定我自己的利益要求、承受义务负担，而却同意、认可他人的利益要求？

在回答这一问题之前，必须撇开上帝的意志、圣贤的启示、首领的裁定、君主的命令、国家的强制之类的外在设定义务负担的解释——所有这些外在性的义务设定的方式，无论其设定义务负担如何妥当，都仅具有他律性，而与要讨论的自律性义务风马牛不相及。

在回答这一问题之前，也必须撇开人性善或人性恶之类的极易引起学界同人争执的人性估计。虽然从性善或性恶论出发，有可能较容易地给人的自律提供一种原因性说明，但这种说明所依据的人性估计却极不可靠。无论持哪一种人性估计，都只能以经验观察的事实、事件为依据，而不能进行理证。于是，无论持哪一种人性观，反对者都可以同样地依据经验观察到的相反的事实、事件进行反驳。因此，我只能以我预计我们大家都能同意的人性估计作思考依据，即每个人作为自然人都有自己的多种需要，这些需要的内驱力使每个人都重视自己的利益。

为了回答笔者所提出的问题，笔者认为必须明确设定下述背景条件——缺少这些条件中的任何一条都可能导致：要么使提出的问题不能存在；要么无法回答这些提问。

这些背景条件是：

（1）在我们假设的人的群集中，每一个个人都是独立的，他们相互之间不存在隶属关系，也不存在亲朋之类的血缘关系或感情联系。

（2）每个个人与他人相比，在智力上、体力上都是大致平等的。

（3）每个个人都存在多种自然需要。

（4）这个群集所能利用的资源是有限的，与群集的每个个人的自然需要所要求的满足的总和相比，这些资源处于匮乏状态。

（5）每个个人在自然需要的内驱下都重视自己需要的满足，即重视自我利益。

（6）每个个人都具有理性潜能——当自己的满足多种需要的多种利益因资源匮乏而相互冲突时，每个个人都有辨别这些利益的价值重轻次序、进行利益平衡并调整自我行为的能力。①

在上述背景条件下，我们来讨论：我适应他人的利益要求、自愿承受义务负担的原因。

既然我是一个重视自我利益的人，那么，当我同意承担某种负担，以致使我的某种利益（A 种利益）受到限制，甚至于损害或否定时，一定是由于我认为这样做对于保护我的另一种更为重大利益（B 种利益）是必要的。如果我同时具有 A 种利益要求和 B 种利益要求，那么，他人也同样具有 A、B 两种利益要求。在我追求自身利益实现的时候，我发现，他人的 A 种利益追求会对我的 B 种利益造成损害，于是，出于对自我利益的重视，我要求他人限制或不得追求 A 种利益的实现。与此同时，他人也发现，我的 A 种利益追求会对他的 B 种利益造成损害，因此，他也要求我限制或不得追求我的 A 种利益的实现。并且，他还提出：如果我限制或不追求 A 种利益的实现，那么，他也就限制或不追求自己的 A 种利益的实现；如果我追求 A 种利益的实现，那么，他也要追求 A 种利益的实现。这样，我就面临一种选择：要么，我放弃追求实现 A 种利益的行为，换取他人同样地放弃追求实现 A 种利益，从而使我的 B 种利益得到保护和实现；要么，我继续追求实现 A 种利益，但他人也同样地追求实现 A 种利益，以致使我的 B 种利益遭到损失。于是，我的理性指导我进行思考、权衡：我的 A、B 两种利益不可兼得；我的 B 种利益对于我来说比 A 种利益更重要；因此，我必须限制或放弃 A 种利益的追求。同时，我提出，我限制或放弃对 A 种利益的追求，是出于对自我的 B 种利益的更大重视；而我的 B 种利益的保护、实现又与他人与我同样地限制、放弃对 A 种利益的追求为条件，因此，他人必须与我同样地限制或放弃对他的 A 种利益的追求。如果他人不限制或放弃对他的 A 种利益的追求，我的 B 种利益就得不到保护和实现，这就使我失去限制或放弃对我的 A 种利益追求的理由。因此，限制或放弃对 A 种利益的追求必须是对等的、同时的、共同的。根

① 笔者在这里提出的假设条件都是出于简化理论证明过程的需要。正如同理想的抛物线是假设真空条件下物体抛落的运动曲线一样，这是一种理论抽象，笔者在上述假设条件下说明的道德自律的原因，也是对道德自律的理论抽象。这种依据假设条件来说明问题的方法，只不过是一种理论论证、考察的方法，而并不等于说笔者承认有一种自然状态存在。

据同样的思考过程,他人和我得出同样的结论,作出同样的选择、提出同样的要求。这样,我和他人便达成协议、形成一条规则:限制或禁止追求A种利益的实现。由于A种利益的实现同时意味着对B种利益的损害。因此,这条规则可以更明确地规定为:不得损害他人的B种利益。这样。我们就得到一条禁止性的义务规则。

尽管这条义务规则在语义表述上是"不得损害他人的B种利益",但如果说,我仅仅是适应他人的B种利益要求而同意承担此项义务,笔者不同意。他人的B种利益要求限定或禁止着我的A种利益要求,作为重视自我利益的人,我不会也不能仅因他人的利益要求而放弃我的利益要求。各自从单一的某种利益要求出发,我不能同意、他人也无法证明:他人的B种利益高于我的A种利益。如果说我适应他人的利益要求而同意承担义务,那就是否定了我是一个重视自己利益的人这种特性。因此,尽管义务规则说:"不得损害他人的B种利益",但是,我绝不是出于对他人利益的关心而同意承担此项义务。同样,他人也不会出于对我的利益的关心而同意承担此项义务。

我之所以同意承担不损害他人B种利益的义务,只能是出于对自我B种利益的重视。并且,我之所以同意承担此义务,乃是为了换取他人同样地承担不损害我的B种利益的义务。只有在他人限制或放弃对自身A种利益追求、承担不侵害我B种利益的义务时,我的B种利益才能得到保护。因此,我同意承担义务,并不是出于对他人B种利益的关心,而是出于对自我B种利益的关心和对要求他人承担义务的关心。换言之,我同意承担义务有两方面的原因:对我而言,是为了使我更为重视的B种利益得到保护;对他人而言,是为了换取他人同样地同意承担义务、限定他的A种利益。如果他人不同意承担和我一样的义务限定,那么,他若以他的B种利益的实现为依据,要我承担义务,我是不会答应、不会同意的。显然,他人也是依照同样的思维方式、在我承诺承担限制或放弃我的A种利益的义务条件下,以他的B种利益得到保护和实现为目的,才同意承担限制或放弃他的A种利益的义务的。

以"不得杀人"这一基本义务规则为例,我们来重述上面讨论的问题。

我作为自然人,因自然赋予我的野性,使我有时、在某种情况下会产生杀人的冲动或需要,因此,我有时会将追求杀人作为我的利益。同时,我作为自然人有生存的需要、有生命的利益。同样地,他人也有这两种需要,及满足这两种需要的利益。当我追求杀人这种利益时,会损害他人的生命利益,因此,他人反对我的杀人利益,并以武力反抗我的杀人行为,以致反过来危及我的生命利益。同样地,他人追求杀人利益也遭到我的反对和武力反抗。自然赋予我们的理性,使我们各自认识到自己的生命利益重于杀人利益。于是，我们各自决定，放弃自己的杀人利益，以换取他人同样地放弃杀人利益，从而使自己的生命安全得到保障。这样，我们就协议形成一条义务规则："不得杀人"。我们各自承诺遵守这一义务规则，并不是认识到他人的生命利益比自己的杀人利益更重要，而是认识到自己的生命利益比自己的杀人利益更重要。同时，由于自己的生命利益只有在他人放弃杀人利益时才能得到保证，而他人只有在我也同样放弃杀人利益时才同意放弃杀人利益，因此，为了我自己的生命利益，我必须放弃杀人利益，即承担不得杀人这一义务。这样，我承担不得杀人这一义务是出于对自我生命利益的保护。因此，我的自律，并不是为了他人，而是为了我自己的利益。

笔者再次重复，如果有人说我承担不杀人这一义务是由于认识到他人的生命利益比我的杀人利益有更高价值，或者直接认识到他人的生命是不可侵犯的"权利"，笔者不同意。

当一个人主张自己的生命利益时，我无法直接对他的这种利益作出同意或允许的评判，我只能根据我的生命利益作出评判。而我的生命利益以他承担不杀人这一义务为保障条件的，因此，我只能根据他是否承担并履行了不杀人这一义务来作评判。当我确认，他在提出生命利益的主张时，他同时已履行着不杀人这一义务限定，我就同意、认可他的生命利益主张。如果他拒绝履行不杀人这一义务，那么，他作为生命体的存在，对于我的生命利益就是一种威胁。出于对我的生命利益的考虑，笔者绝不能同意一个不承担不杀人的义务的人的生命是不可侵犯的权利。因此，我赞成、同意、认可他人的生命利益主张或要求，评价它为"正当的"，乃是以他履行不杀人这一义务为先行条件的。

总之，我同意、认可他人的利益主张和要求，以致限定我自己的利益要求、承受义务负担，是因为，他人已承诺或履行了与我相同的义务负担，使我的其他利益得到保障；同时，我为了使我的其他利益得到保障，我必须承诺并履行与他相同的义务。

（1994年第8期）

关于义务与权利的随想(下)

北　岳*

第七,利益的正当性来自于义务的承诺与履行。

根据以上所述,一个人的利益是自求的。就利益的自求性而言,它无所谓正当或不正当,因为它是出于自然需要。满足这种需要的追求只不过是一种事实、一种存在。

但利益的正当性,却是指的利益的性质状态。这是他评的,是社会其他成员对某人的某种利益作出的同意、认可的评价。

如前所述,只是当一个人承诺并履行着他和社会其他成员一致确认的义务,从而表现了他对自己的某种利益更为重视时,他主张此种利益要求,才能得到社会其他成员的同意、认可。因此,社会其他成员是根据某人是否承诺并履行社会一致确认的义务规则来作出对他主张的利益是同意、认可还是反对、否定的决定的。当社会其他成员同意、认可某人主张的利益时,他的利益就处于"正当"这种性状。但社会其他成员是根据他已承诺并履行着与社会其他成员相同的义务这种情况,才表示同意、认可他的利益的,因此,他的利益的正当性来自于他对普遍义务的承诺并履行。

如前所述,权利包括利益与正当这两个要素。权利包括利益,但并非是利益都可称为权利。只有正当的利益才构成权利,而不正当的利益却不能成为权利。这样,当某人主张他具有某种权利时,实际上是主张:(1)他有某种利益要求;(2)他要求的这种利益是正当的。由于他的利益是自求的,当他主张他的权利时,本身就意味着他在追求自己的利益,因此,这一事实的存在是无须证明的。他在主张他的权利时,他要证明的只是,他的这种利益是正当的。由于他的利益的正当性来自他对普遍义务的承诺并履行,因此,他要证明的只是:他已承诺并履行了普遍义务。所以,当某人主张他具有某种权利时,他实际上是主张,由于我已承诺并履行了普遍义务,因此,我的某种利益是不应被侵犯或损害、不应被阻碍实现的。可见,所谓权利主张,并不是利益主张,并不是主体人有某种利益要求便可以作出的主张,而是一种对自身利益的正当性的主张,是一种在承诺并

* 作者单位:中国人民大学法学院,博士研究生。

履行普遍义务的前提下才能提出的主张。

由于单纯的利益还不足以构成权利,只有具有正当性的利益才能成为权利,而利益的正当性又来自于对普遍的社会义务规范的承诺并履行,就这一意义而言,权利来自于义务。

在我们所设定的条件下,在不存在神、圣贤、首领、国家等外在权威强制的情况下,利益、义务、权利的关系序列如下:

(1)利益是基于主体的自然需要而先在的,是主体自求的;

(2)义务是在资源匮乏的条件下对多种利益衡平、取舍而产生的;

(3)义务是先在的,权利是由承诺并履行义务而派生的。

第八,说"义务产生权利"是否导致否定人的自由?

法学界的许多学者认为权利赋予主体人以自由,而义务使主体人不自由;由于赞赏自由价值,故而青睐权利,冷淡甚至贬低义务。当笔者说"义务产生权利"时,恐怕有些朋友认为笔者是否定自由价值。

笔者认为,"义务产生权利说",恰恰是肯定自由价值。

当我们说权利赋予主体人以自由时,是指主体为实现某种利益、欲从事某种行为,不受社会其他成员的干扰、阻碍、妨害。这种不干扰、不阻碍、不妨害,默示地表现了社会其他成员对该权利主体的某种利益追求、某种行为的赞同。而这种赞同又是以该主体承诺并履行社会一致协议确认的义务规则为先决条件的。没有主体对义务的承诺、履行,就没有社会其他成员的赞同,就没有社会其他成员的不干扰、不阻碍、不妨害,就没有该主体的自由。因此,不是权利自身赋予主体人以自由,而是承诺并履行社会一致确认的义务规则才使主体人获得自由。

那么,单纯就承担义务这一面而言,是不是使主体不自由?

笔者认为,即使就承担义务而言,也是主体人自由的表现。

本文中所说的义务,并不是各种形式的外在权威强加给社会成员们的义务,而是指在前面讨论中设定的条件下,人们在各自独立、互不统属、相互平等的状态下,经过经验体会和理性分析思考而自发地找到、共同确认的义务。这主要是一种道德义务。由于这种道德义务是每个人独立地、经自己的理性思考而形成的,是每个人都表示同意的,是每个人自主意志的表现,因此,这种义务是每个人为自己立定的"法律"。当一个人基于理性的思考、自己为自己立法时,他遵守这种"法律"(义务),就不是受到外在强制而感到不自由,而是基于自主意志的自由。简言之,承诺并履行义务是自由,其理由是:(1)这种义务表现了自己的理性自律;(2)对这种义务的承诺并履行是出于主体的自主意志。

对于承诺并履行义务表现为自由这种说法还可以作更进一步的思考和解

释。自由是对必然性的遵从。义务作为人们的理性自律并不是一种随意性的规定。它是将具有道德理性的人与仅具有感情、需要、欲望、冲动等的感性人相区别开来的标志。一个纯受感性支配的人不懂得在资源匮乏的情况下权衡选择自己的需要的价值重轻次序,仅根据自己的一时的好恶、暂时的欲望、冲动来采取行动。他采取的这些行动表面上看来是自由的,但是,在资源匮乏的情况下,他追求自己需要的满足的行动处处与他人的追求需要满足的行动发生冲突,处处受到阻碍、处处感到不自由。当他理性地思考、权衡自己的感性需要的价值重轻次序,在资源匮乏的条件下,抑制、限定自己的那些重要性较次的需要的满足,保证那些较重要的需要先行得到满足时,他的行为就能得到其他那些与他同样地进行理性思考的人的赞同,他的行为就处于自由状态。所以,在资源匮乏的情况下,人的感性的多方面或多种需要之中必然存在一个客观的、自在的价值重轻次序规律。他在理性地思考中自设的义务,实际上是他认识到的这种价值重轻次序规律的表现。他自设义务、理性自律,表明他遵循着客观的价值重轻次序规律行事。所以,作为遵循道德义务的人、进行理性自律的人,是依照必然性而行事的人,他是自由的。

简而言之,义务赋予人自由。

第九,“义务产生权利说”是有利于专制还是有利于民主?

根据“义务产生权利说”的逻辑推演,这种论断只能是为民主提供理论依据,而不可能为专制或国家任性提供帮助。

如果有人认为“义务产生权利说”有利于专制,笔者相信,他所说的“义务”与笔者所说的义务根本不同。他们所说的“义务”是指由国家这种外在权威强加给社会成员的约束、负担。而笔者所说的义务首先是指在没有外在权威的情况下,社会成员各自依据自己的理性思考而一致同意的义务。

国家给社会成员确定的约束、负担是法定义务或法律义务。社会成员基于理性自律而确定的义务是道德义务。法定义务与道德义务在理论上应当相互吻合、相互一致,或基本上吻合、一致。这种吻合、一致是指法定义务一般地应该与道德义务吻合一致。最起码,法定义务必须与道德义务体系中一些最基本的义务规则相一致。所以,道德义务是法定义务的基本参照系,而永远不能相反。

如果法定义务与道德义务一致或基本一致,那么,同样意味着,法定权利与道德权利亦一致或基本一致。既然道德权利来自于道德义务,那么,依照这种道德义务与道德权利而确定的法定义务与法定权利之间的关系也只能是:法定权利来自于法定义务。在这种情况下,国家没有表现出任性,而是表现为对社会成员们理性认识的、客观的价值重轻次序规律的尊重与服从。因此,在这里,说法定权利来自法定义务不可能证明国家的任性和专制。

如果有人认为"义务产生权利"或"权利来自于义务"的说法有利于国家专制,只能是指这种情况,国家以立法的方式确定的法定义务和法定权利与社会成员基于理性而一致同意的道德义务和道德权利完全相悖或基本相悖,社会成员所承担的法定义务完全不是像道德义务那样出于社会成员们的自主意志支配下的承诺与同意。在这种情况下,法定义务表现为社会成员的负担、约束、不利,表现为国家对社会成员的理性的蔑视,表现为国家对社会成员的自由的扼杀,总之,表现为国家的专制与任性。但是,这种情况,恰恰是国家确定的法律义务违背道德义务造成的。它只能说明国家违背道德义务,而不能作为"义务产生权利"这种说法有利于专制的证明。

笔者所说的"义务产生权利"这一断言是对个人而言。如果用于国家,这一断言就应表述为"义务产生权力"、"权力来自于对义务的承诺与履行"。我们现在一致同意,国家的权力来自于人民。即使历史事实并非如此,即使现代世界的许多事实亦并非如此,我们仍然坚信,国家的权力应当来自人民的授予。人民授予国家权力,意味着人民同意接受国家管理。但是,如果不是国家承诺并履行义务——保护每个社会成员基于履行道德义务而享有的道德权利的话,那么,社会成员们为什么要授予国家权力并服从其管理呢?既然国家以承诺并履行自己的义务为获得权力的前提,那么,国家就应当在自己立法的过程中,充分依照社会成员们在自己的社会生活中已形成的道德义务规则——道德法——去确定社会成员们的法律义务与权利,并以自己获得的权力去保证义务得到遵守、权利得到保护。如果国家违背自己承诺的道德义务,在立法中违反社会成员们已形成的道德义务规则,以自己的专横、任性来立法,那么,它就不应当享有权力,社会成员们就有反抗的道德权利。因此,由"义务产生权利"与"义务产生权力"的断言,不可能推论出有利于国家专制的结论。

相反,由"义务产生权利"、"义务产生权力"的断言,只能推演出国家必须民主化的结论。国家既承诺要维护社会成员们由于履行道德义务而享有的道德权利,就应当力求在立法中体现这些义务和权利,并且通过监督这些义务的履行,来使社会成员的正当利益得到保护。国家要在立法中履行自己的义务,就要排除任性和专横的可能,依照一种民主的程序来立法。这种民主的程序或者表现为国家公民的直接投票决定法案,或者表现为人民代表议定法案,等等。从理论上而言,它们都是为保证公民的意志在国家法律中得到尽可能充分的体现而设计的制度。只有在这种民主的立法程序下,国家立法才能或尽可能地与社会成员们在实际社会生活中基于理性而形成的道德义务与权利相一致。此外,还要有一套为执行这样的法律所必需的民主制度,来规范监督国家的行政、司法行为,防止行政、司法的任性或专横。

总之,“义务产生权利”、“义务产生权力”的断言意指,社会成员因履行道德义务而享有道德权利;国家因承诺承担保护这种道德权利的义务才获得权力;国家行使权力是为了履行自己的义务,国家只有在履行自己的义务的情况下,其权力才是正当的,才是必须被服从的。

第十,为什么难以赞同“权利先定,义务后生”的论断?

有些学者在权利与义务的关系问题上持“权利先定、义务后生”的看法,并且认为一个人享有权利,与之对应地他人便负有义务。笔者认为这种看法在理论上大可商榷。

“权利先定、义务后生”说,如果指的是道德权利与道德义务的关系,那么,如笔者在前面所分析的,其关系恰恰相反,应当是“义务先定、权利后生”。

“权利先定、义务后生”如果是指法律上的权利、义务关系的话,它在一定意义上可能是正确的。

从理论上讲,笔者认为,国家的立法应当与人们在无国家的情况下自发形成的道德义务、道德权利相一致。但是,在国家这种公共权力机关立法的实际情形中,立法人确定权利、义务的思维方式可能与人们在道德上确定义务、权利的思维方式相反。

人们在无外在权威的情况下,通过对多种利益的权衡取舍,自发形成义务,并将这种义务作为评判他人利益正当性的标准。这是一种义务先定、权利后生的思维方式。

当出现国家这种外在权威的时候,由于国家机关有凌驾于社会之上的独立性、有大于社会每一个体以及这些个体简单相加的力量,有要求并强迫每一个体服从的先定的权威,并且,它常常由一群具有维护自己所属的阶级的利益,或自己的利益的偏见的人所组成或掌握,因此,国家立法可能,并且常常是直接将自己阶级的某些利益或自己的某些利益先行规定为“权利”,与之相应地再确定其他阶级的义务或社会其他成员的义务。这是一种权利先定、义务后生的思维方式。

撇开道德义务这一国家立法的参照系,任意地将自己阶级的利益或自己的利益先行规定为“权利”的“权利先定”或立法,可能使法律上的权利、义务分配严重不平等。当法律权利并非基于社会成员们的同意、认可,而是基于统治阶级、统治者的任性和国家暴力的强制服从的时候,这种法律权利并不具有“正当性”这一要素,而只有“不可侵犯性”这一要素。这种权利因与道德义务无关或相悖,它并不代表公正、正义,而只代表压迫和奴役。奴隶主国家的法、封建国家的法或现代专制国家——如希特勒统治下法西斯德国——的法,都在不同程度上体现了这种“权利先定”的立法思路。

因此,“权利先定”说作为对现实法律的某些现象的说明可能是正确的,但如果作为一种“应当如此”的立法普遍原则来提倡则是难以被接受的。

第十一,再谈为什么难以接受“权利先定、义务后生”的论断?

“权利先定”说在法律实践上也会带来许多麻烦。仅以刑法为例,我们来讨论这一问题。

按照“权利先定、义务后生”、“一个人的义务是对应于他人的权利”的论断的逻辑推论,一个人的权利是先在的、自在的,而一个人的义务仅与他人的权利要求相关,与自己的权利却并无关联。在法律实践中,按这种逻辑推论,国家或社会没有任何理由惩治犯罪。

文明社会的任何国家都是以剥夺罪犯的某些权利来作为惩罚犯罪的手段的。如果我们一致同意“权利先定”、一个人的生命是不可剥夺的权利,甚至是人权,那么,面对一个杀人犯,我们就仅能指控他犯罪,却不能判处他死刑。因为杀人犯可能辩称:根据“权利先定”的原则,我的生命权是先在的、不可剥夺的;尽管我杀了人、侵犯了他人的生命权,但我并不因此就丧失我的生命权,因为我的义务仅是对应于他人权利的,而不是对应或相关于我的权利;尽管我杀人是犯罪,但如果社会或国家对我处以死刑,那么,这也是犯罪;这种犯罪充其量是在法律的名义下被合法化罢了。

如果有人为了避免“权利先定”说面临的这种麻烦,而证明,当代确实有许多国家废除了死刑,笔者也不认为这是“权利先定”说可以被接受的有力证明。因为,即使在一些国家废除了对杀人犯的死刑,但这并没有妨碍这些国家实行剥夺杀人犯的自由的刑罚。按照“权利先定”说,一个人的自由权也是先在的、不可剥夺的,并且是最基本的人权之一。杀人犯同样可以辩称,他虽杀了人,但他依据“权利先定”说并不因此而丧失他作为人而应当享有的自由权,剥夺其自由仍可被指责为无理、犯罪。

面对杀人犯的这种辩解,迫使我们思考,要么国家代表社会以剥夺罪犯的某些权利的方式来惩治罪犯本身确是无理;要么是“权利先定”这一论断自身有误。

笔者相信,如果由社会公众来对这一问题加以评判的话,人们一定认为国家以剥夺罪犯某些权利的方式来惩治罪犯是必要的,也是合理的。问题在于,如何说明以剥夺权利的方式来惩治罪犯的合理性。如果我们给不出这一理由,如果我们舍不得放弃“权利先定”说，那么，我们就等于承认国家每天进行的惩治罪犯、维护治安的行为都是犯罪。根据我们对秩序的重视，根据我们对犯罪的厌恶，我们很难接受这种依据“权利先定”说推导出来的结论。

第十二，国家为什么可以剥夺罪犯的权利？

刑法学是我国各部门法学理论研究最为深入的一门学科。不过，在我国刑法学理论中，基本上是把国家剥夺罪犯的权利当做一个既定的事实来看待，而不去深究国家为什么可以这样做。

与国家为什么可以剥夺罪犯的权利这一问题有一定的相关性的是刑罚目的论。刑事古典学派勉强用“威吓说”、“报应说”来解释国家施行刑罚的目的，从而也多多少少地解说了国家施刑的理由。但是，有关刑罚的目的几种说法本身都未能尽如人意。“威吓说”被黑格尔以嘲弄的口吻评论为：不过是威胁地对狗举起棍子。按黑格尔的看法，法律，包括刑罚应是人的自由意志的体现和对人的自由意志的尊重，而不能把人当狗一样对待。黑格尔对刑罚目的这一问题的解说是“报应说”。令人遗憾的是，“报应”本身是一种恶，它不是对刑罚的道德性辩解，而是证明它是一种恶的选择，充其量说明它是一种必要的恶。但是，笔者有理由怀疑：人类能够出于一种不道德的目的去促成道德的进化？至于“预防说”，“一般预防与个别预防相结合”的学说，总使笔者疑惑地感到其中有“威吓说”与“报应说”相结合的影子。总而言之，且不说“刑罚目的论”的几种解说本身不完美，即使它们或它们中的一种解说很完美，它也不是对“国家为什么可以剥夺罪犯的权利”这一问题的正面回答。

要给出国家对犯罪施刑的道德理由，应当以“义务先定”、“权利相对”等观念作为思考的逻辑起点。

首先，每个人所享有的权利都是相对的，是因其承诺并履行义务而获得的，因此，当他违背义务时，其权利也就因失去正当性这一内涵要素而丧失。一个人无论如何重视自己的生命，但他的生命作为“权利”却是因其承诺并履行“不杀人”这一义务而获得的。如果他背弃“不杀人”这一义务戒律，确实杀了人，社会其他成员对他继续享有生存利益便不会表示赞同、认可。因为，他作为有生命的生物体存在对他人的生命构成威胁。因此，对于以实际杀人行为向社会表明已背弃“不杀人”这一义务的杀人犯，社会成员不再承认他有生命权利，因此也不再向他承担不侵害他生命利益的义务。国家对杀人犯处以死刑是国家代表社会表明的对杀人犯的生命利益的否定性认识。它符合社会公众的道德观念。同样地，国家对其他种类的罪犯的惩处，也表达了社会公众的共同性认识。

其次，国家对罪犯施加刑罚的道德性的另一表现是：这是对犯罪人的自由意志的尊重。因为,当一个人承诺并遵守某种义务戒律时,这表明,他自我理性地衡平着两种利益的追求,从而使自己在资源匮乏的情况下,抑制自己对A种利益的追求,保护自己更为重视的B种利益的追求。但他若破坏、违反该义务戒律,这表明,他自我意志选择了A种利益的追求,而抛弃了对B种利益的追求。如此,社会将他的B种利益加以剥夺,就可以说是他本人选择的结果。杀人犯违背不得杀人这一戒律,选择了杀人这种利益追求,从而表明他不重视或抛弃了自我生命的利益。他以杀人来反对"不得杀人"这一戒律,实际上是表明,人,包括他本人是可杀的。因此,对他施以死刑是他同意的,并没有违反他的自我意志。在这一意义上,笔者认为,对杀人犯处以死刑是对其本人的自由意志的尊重,是符合道德的。如果有人主张对杀人犯废除死刑,那么,这种主张的理由不能建立在"权利先定"这种看法上,而应当另外解释理由。

依据同样的思维逻辑可以说明,对刑事犯罪施加剥夺自由刑或其他刑种手段,也是合乎理性、合乎道德的,是尊重罪犯的自由意志行为。

(1994年第9期)

社会主义自由

——当代社会主义法的精神

郭道晖*

两个半世纪以前,伟大的启蒙思想家孟德斯鸠写了一本《论法的精神》的世界名著,启迪着一代又一代政治家、法学家,至今仍在闪光。在行将跨入21世纪的今天,研究当代法的精神,进而探讨当代中国社会主义的法应有的时代精神,是具有重要的现实意义和前瞻意义的课题。

一、"法的精神"的科学含义

何谓"法的精神"? 1902年最早的孟著中译本(何礼之、张相文、程炳熙合译)将书名译为《万法精理》。① 随后严复的著名中译本取名为《法意》。这两部著作可说是我国学者对"法的精神"的最早诠释。至于孟氏本人,在该书中并未直接给"法的精神"下定义。但据考证,该书最初几版的书名,是用纲目性的题名法,如《论法的精神——法律同各种政制、风俗、气候、宗教、商业等等应有的关系》。② 这是概括其书的主要内容,亦可视为对"法的精神"的注释,即指法与其他事物之间"应有的关系"。而最能表达孟氏对"法的精神"的观点的,笔者认为还是该书开宗名义的第一名言:"从最广泛的意义来说。法是由事物的性质产生出来的必然关系。"③孟氏认为,世上一切事物都"是有一个根本理性存在着的。法就是这个根本理性和各种存在物之间的关系,同时也是存在物彼此之间的关系",④如"公道关系"。他认为:"在人为法建立了公道的关系之先。就已经有了公道关系的存在。"⑤像所有古典自然法学家一样,孟氏也是把法(自然

* 作者单位:《中国法学》杂志社。

① 张雁深:"关于译本的简单说明",载[法]孟德斯鸠著:《论法的精神》,张雁深译,商务印书馆1961年版。

② 同上。

③ 同上,第1～2页。

④ 同上。

⑤ 同上。

法)与法律(人为法)相区别的,认为法是先于并且高于法律而独立存在的、事物的自然理性关系。他讲的“法”同“法的本质”、“法的精神”实际上是无甚区别的。

对法(或法的本质、法的精神)与法律(人为法)的区分进一步加以理论界定的是19世纪的德国古典哲学家康德和黑格尔。康德认为,法是“普遍的自由法则”;而“法律就是那些使任何人的有意识的行为相协调的全部条件的综合”。[①]黑格尔则指出:“法就是作为理念的自由”,这种自由的理念要成为普遍的、现实的、有效的东西,“就必须获得它的普遍形式,这就是法律。所以,法与法律是内容与形式的关系,客观理念(绝对精神)与主观意志的关系”。[②] 可见,在康德和黑格尔那里,作为与“法律”(形式)相区别的“法”,也是指作为理念的自由,这亦即法的精神。

马克思早期汲取了自然法和理性法的某些观点,指出“法”是“自由的无意识的自然规律”;[③]而“法律”则是“法的表现”,[④]“是这种无意识的自由的自然规律的有意识的表现”,[⑤]“是事物的法的本质的普遍的和真正的表达者。因此事物的法的本质不应该去迁就法律,恰恰相反,法律倒应该去适应事物的法的本质”。[⑥] 而那些不反映法的本质(自由)的法律(如19世纪中叶德国的书报检查法“把自由看成一种滥用而加以惩罚”[⑦]),“即使它千百次地具有法律形式,也永远不能成为合法的”。[⑧] “法律只是在自由的无意识的自然规律变成有意识的国家法律时,才起真正法律的作用”。[⑨] 反映法的本质(自由)的法律之间的差别,“就是形式上的法律和真正的法律间的差别”。[⑩]

可见,马克思也是把法和法律加以区别。而法的本质(自由),亦即是法的精神,它是一种“无意识的自然规律”,亦即是一种宏观存在,而非主观意志。当然,马克思这时对法的本质或法的精神的理解,还只是指“精神关系的内在规

① [德]康德著:《法律哲学》,转引自《西方法律思想史资料选编》,北京大学出版社1983年版,第399页。

② [德]黑格尔:《法哲学原理》,范扬、张企泰译,商务印书馆1979年版,第10、28页。

③ 《马克思恩格斯全集》(第1卷),第71~72、139页。

④ 同上,第71~72、139页。

⑤ 同上,第71~72、139页。

⑥ 同上,第71~72、139页。

⑦ 同上,第71、72、75页。

⑧ 同上,第71、72、75页。

⑨ 同上,第71、72、75页。

⑩ 同上,第71、72、75页。

律"[①],还带有黑格尔理性法的"绝对精神"的痕迹。后来作为历史唯物主义的创立者的马克思,否定了对法的本质的唯心主义理解,指出"它们根源于物质生活关系"[②]。在《资本论》第1卷第2章,一开头就指出在交换过程中所自然形成的"这种具有契约形式的(不管这种契约是不是用法律固定下来的)法权关系,是一种反映着经济关系的意志关系",是交换者的共同意志行为,"这里边已有人的法律因素以及其中包含的自由因素"。[③] 这种由经济关系所决定的共同意志关系,即客观存在的法权关系。亦即体现法的本质的自由,是同法律(形式)相区别,而为"真正的法律"所应表达的法的本质、法的精神之所在。

综上所述,我们可以得出,"法的精神"的科学含义,是指由一定历史时代社会物质生活条件所决定的客观法权关系所体现的社会共同意志关系的本质的概括。它区别于只体现统治阶级意志的"法律的精神"。前者是独立于法律(立法)之外的一种客观存在的"社会规律"(马克思早期称为"自然规律");后者是统治阶级主观意志的产物,且只是由这个阶级的物质生活条件所决定的(即由这个阶级在社会物质生产方式中所处的地位与利益所决定的),其"精神"浸透了阶级性;而"法的精神"则是由某一时代的社会共同的物质生活条件所形成的"共同意识关系"(共同利益与需要)的反映(共同性)。因此,法的精神主要是指法的时代精神(由一定历史时代社会物质生产方式所决定的法的本质、法的理念),而不是指法律的阶级精神(当然,顺应社会发展的进步的阶级精神能与时代精神相一致)。

"法的精神"的科学含义也区别于自然法、理性法所主张的超越历史和社会物质生活条件的先验的、永恒的法的"绝对精神",如人权与自由、平等、公平、正义等,虽然都是属于法的精神的范畴,但它们都不是超历史的,而只能是在一定历史条件下可能有、从而应该有的权利与自由。

正如马克思所说,人们归根结底"还是在现有的生产力所决定和容许的范围内取得自由"。[④] 自由权随着各个历史时代社会经济基础的不同,而有不同的时代特征与时代内容和社会广度。奴隶制社会生产力低下,只能容许社会少数人——奴隶主享有自由(剥削奴隶的自由与政治自由),而不可能使人人都有人身自由(更不要说免于剥削的自由和政治自由)。否则,让那时的奴隶都有了自由,促使人类进步的分工就会泯灭,生产力就会倒退,人类物质与精神文明就不

① 《马克思恩格斯全集》(第1卷),第183页。

② 《马克思恩格斯全集》(第13卷),第8页。

③ 《马克思恩格斯全集》(第4卷),第472页。

④ 《马克思恩格斯全集》(第3卷),第507页。

能发展。正如恩格斯指出的:“马克思了解古代奴隶主、中世纪封建主等等的历史必然性,因而了解他们的历史正当性,承认他们在一定限度内的历史时期是人类发展的杠杆。”①当奴隶制的生产方式还足以促进生产力的解放(如俘虏获得当奴隶的“自由”的生存权而不被全部杀掉)和生产力的发展(如奴隶制下分工的发展和大规模奴隶集体劳动所产生的巨大协作力)的时期,体现这种生产方式中的法权关系的法和法的精神,就是承认奴隶制剥削的正当性,亦即其剥削自由有其一定历史限度的正义性(只有那种超过当时生产方式所要求的必要限度而对奴隶进行任意虐待、宰杀,恣意压迫等,在当时才是非正义的)。而奴隶制国家所制定的法律,如果能符合当时生产方式的要求,有利于发展生产力。即使是维护奴隶制的剥削制度和奴隶主的自由的,也应当视为属于符合那个时代的正义,符合法的时代精神的“真正的法律”(它至少给予了奴隶作为一个阶级的生存权利,即最低限度的人权。例如,罗马法不仅在私权方面反映了当时商品经济的客观法则与法权关系,而且规定主人过度折磨奴隶致死者,应承担一定的法律责任)。当然,奴隶主统治者为了维护与扩大其阶级利益,其立法往往不以符合“历史的正当性”为满足,而是力图加强对奴隶阶级的超经济的残酷剥削与压迫。这样的奴隶制法律,特别是其公法(如刑法)中的许多酷刑的规定,就是不符合那时的法的精神,而只是体现奴隶主统治集团贪婪的阶级本性的法律,即马克思所说的只是“形式的法律”,而非“真正的法律”。

对封建社会、资本主义社会的法与法律,也应作如是观。资本主义社会初期,从土地束缚下解放出来的农民,变成“像鸟一样自由”(马克思语)的无产者,也宁愿得到资本家的雇佣(即受其剥削)而避免失业成“流浪汉”。这也是符合无产者当时的意愿的。他们同资本家在劳动力市场上的契约关系,正是这种平等的具有共同意志的法权关系。因此,反映交换中的平等的法权关系和生产与分配中不平等的剥削关系的资本主义法律,在一定限度的历史时期内,也是符合资本主义上升时期的法的精神的。正如马克思所说:“生产当事人之间进行的交易的正义性在于:这种交易是从生产关系中作为自然结果产生出来的。这种经济交易作为当事人的意志行为,作为他们的共同意志的表示……表现在法律形式上……只要与生产方式相适应,相一致,就是正义的;只要与生产方式相矛盾,就是非正义的。”②也正如恩格斯所说:“甚至在这种生产方式相适应的分配

---

① 《马克思恩格斯全集》(第21卷),第557页。
② 《马克思恩格斯全集》(第25卷),第379页。

方式里吃了亏的那些人也会热烈地欢迎这种生产方式。”①

每个历史时代，剥削阶级的统治者都有其“良法”与“恶法”（均指法律），良法即符合法的时代精神的法律（亦即马克思所说的“真正的法律”）；恶法则反是（亦是“形式上的法律”而实质上是“非法之法”），其恶性不在其维护有利于生产力发展、为现存生产方式所容许的剥削制度，而在于超出“历史正当性”（或“历史必然性”）的超经济的剥削与政治压迫，如对当时历史条件所能提供从而为人人应当享有的某些人权的侵犯。而“良法”再良，也不可能超出社会经济与文化条件所容许的限度，而赋予被统治阶级以更多的法定权利与自由。否则也会是“超前”的，违反法的客观法则。

可见，“法的精神”主要是反映一定历史时期客观法权关系的时代精神，其时代性是比阶级性更具有决定意义的。而“法律”（立法）则以体现阶级性为主，其能符合法的社会共同意志、体现一定时代法的客观法则的，则与“法的精神”相一致。判断法律是否符合法的精神，最终的标准是看其是否符合生产力不断发展的要求，符合一定历史历史时代所能提供的人权要求。历史唯物主义者可以承认在一定时期与限度内，有超阶级的正义或法的精神，却不承认有超历史的永恒的正义或先验的、绝对的法的精神。

二、当代世界的法的精神

“法的精神”既如上述，接着，让我们从抽象上升到具体，进一步探讨一下什么是当代世界的法的精神，什么是当代中国社会主义法的精神。

法的精神既然是事物的客观法权关系、法的本质的概括，它就是“一个具有许多规定和关系的丰富的总体”，②而不是某一个概念、某一种规定性所能完全涵盖的。诸如民主、人权、自由、平等、公平、正义、安全、效率、人的主体性、人的解放等，都可以归入法的精神范畴。但这些“理念”中，在一定时代总有某个是突出的核心的东西，这是主要矛盾。

就世界范围来说，当代国际社会的主题是“和平与发展”。从法的眼光看，就是人权，其核心是和平权与发展权等集体人权。维护和平，是从反对战争对人权，特别是对人类生存权与发展权的破坏；争取民族、国家与社会的发展，更直接是实现人权的前提与基础。“二战”后，基于对纳粹德国残暴蹂躏人权的反思，

---

① 《马克思恩格斯选集》（第3卷），第188页。

② 《马克思恩格斯全集》（第2卷），第102页。

自然法学再度复兴,也标志着人权的复兴。现代自然法学家所讲的"自然权利"与"人权"是同义语。当今世界,人权理论有较大的发展;人权法制有较大的加强(表现在一系列国际人权宣言与公约的制定);人权的要求日益扩展(从个人的生命权、自由权、财产权、发展到民族的生存发展权,到人类的生态环境权和人类共同继承财产权,等等);人权的态势日益强劲(发达国家人民对人权的要求日渐强烈与深化,发展中国家对人权由蒙昧而日渐觉醒)。可见,人权确是不可抗拒的历史潮流,是法的时代精神。

三、当代中国社会主义的精神

作为法的时代精神的人权,在不同国家有各自的特点与不同内涵。

当代中国的法的时代精神是什么?

如果回答说是"人权",而且其核心是自由,那么,只要历史退回去5年,这个回答还会认为是离经叛道。当然,即使在今天,这样简单的回答也会引起争议,需要作些具体说明。

前已述及,18世纪启蒙学者和康德、黑格尔,以及马克思,都把法的理念、法的本质、法的精神概括为自由。法律本性就是要给自由划定许可的范围,从而保障自由不受侵犯。当然,对"自由"的概念与自由所赖以支撑的基础以及自由的时代内容各有不同。资产阶级革命时期的思想家法学家强调法的精神是自由,是因为当时的社会生产方式已有可能和必要给资本主义以发展自由,以反对封建专制的统治。马克思讲法的本质是自由,则是要求无产阶级取得政治统治,首先获得政治自由,进而为未来建立"自由人的联合体",实现共产主义社会人类的彻底解放。在当代社会主义的中国,既不同于资本主义初期,也未进入共产主义时期,对自由的历史要求与它在法与法律上的体现,也有所不同。但自由也仍应是社会主义法的基本精神。特别是为了打破旧的计划经济的体制,实行社会主义市场经济体制,更是如此。

市场经济本质上是一种自由经济。中国社会主义市场经济既不同于自然经济,自给自足,闭关自守,听命于从上面赐予的雨露阳光;也不同于产品经济或计划经济,一切由国家行政垄断和统制;还不同于资本主义市场经济那样是从旧社会内部长期自发地形成的,而是由政府领导的,经由经济体制改革,由旧体制转化而来的。它既不能像资本主义初期(自由资本主义时期)那样,要求完全摆脱国家的干预而取得绝对自由,所谓"最小国家,最大自由",或"最好政府,最少管理",而是需要保持和加强国家对市场经济的宏观调控;但也不能再像计划经济时代那样，完全由政府包办一切，而要求自主经营，自由竞争，自担风险，自负盈亏，自主发展，自动调节。这也就是当代中国的自由在市场经济上的体现。自由，无非是要求自主而已。也可以说即是我们所常说的“人民当家作主”的重要组成部分，这是在社会主义民主前提下的社会主义自由。① 它绝不是自由放任主义，更不是具有“反对四项基本原则”这一特定内涵的所谓“资产阶级自由化”。所以不用害怕，而应该张开双手欢迎它。

法（或法权关系）是由经济关系决定的社会共同意志关系，社会主义法律（立法）应当是这种关系的表现。特别是在剥削阶级作为阶级已经消灭，阶级对抗已不是社会的主要矛盾的新时期，社会主义法和法律就应当是社会共同意志（或人民的意志）的反映。因此，在市场经济条件下，社会共同意志所要求的社会主义自由，就是体现当代中国经济生活与社会生活的法的精神。

过去，我们较多地讨论过社会主义民主与社会主义法制的关系。现在，似乎应当进一步研究社会主义自由与社会主义法制的关系。社会主义的自由要法制化；社会主义法也要充分体现社会主义的自由。

自由总是针对某种不自由而言。自由要求从某种妨害生产力发展的桎梏下解放出来。所以，社会主义的自由，也就是要求进行经济体制与政治体制的改革，以求得社会生产力的解放和发展。而人是生产力中最活跃、最革命的因素，因此，自由也就是要求人的解放，从一切束缚人的自主性、主动性、创造性的发挥的某些旧的生产关系、社会关系、政治关系、习惯与传统中解放出来。

事实上，中国人民从旧社会到新社会以来，经过了几次真正的解放：一是从国民党反动统治下和“三座大山”压迫下解放出来；二是从林彪、“四人帮”在“文化大革命”中的压制下解放出来。这两次解放，主要是政治上的“翻身”而获得政治自由；而党的十一届三中全会以后所不断深入的改革开放，则不只是政治上，而且是经济上、生产力上的大解放，以及人的精神力量的解放，集中到一点，也就是从长期以来“左”的思想路线的束缚下解放出来。而所有这些解放，都是摆脱了阻碍生产力和人的发展的桎梏（旧制度或旧体制），而获得了社会主义民主与社会主义自由。相反，新中国成立以来自20世纪50年代末期起到70年代末期止这20多年间，中国经济未能得到应有的长足的发展，也无不是因为人的自主性受到“左”的路线的束缚乃至压制，缺少或者几乎被抹杀了某些经济上的自由、自主发展，以致农民到市场上去卖几只鸡的自由也被视为“资本主义尾

① 本文提出“社会主义自由”的概念，旨在以之区别资本主义的自由与共产主义的“自由王国”。

巴”遭割。而现今农村改革的成功，在很大程度上也主要是由于农民摆脱了人民公社“一大二公”、“一平二调”的束缚，而获得一定限度的经济自由（如联产承包、搞商品经济、办乡镇企业等）。城市的经济改革，也是着重在确认和保障企业的自主权，使企业从政府的包办和严密控制、过多干预下解放出来，而获得一定的经营自主权与发展的自由。有关经济体制改革的立法，也无不要求体现这种社会主义自由的法的精神。

强调当代中国社会主义法的精神以社会主义自由为核心，并不排斥其他元素。自由必然要求平等（包括立法与适用法律平等），否则自由只是某些人的特权，就不会有大多数人的自由，社会主义自由自然必须有社会主义民主为基础，有民主制度才能保障和促进个人的自由。政治自由本身也是一种民主权利，契约自由也必须遵循公平原则。人的自由解放与自主性的发挥，是发展生产力的条件，当然也就产生效率。社会主义自由本身也是一项基本人权，它必然也符合社会主义条件下的正义要求，等等。上述这些法的精神元素，对社会主义自由来说，既可以说是一种体用关系①（自由为体、其他为用，相互促进），又在一定意义上是对自由的诸种限制，即社会主义自由不能超出社会主义制度本身所应具有的民主、平等、效率、人权、正义以及“三有利”等原则，而放纵个人或某个群体恣意妄为。那不是社会主义自由，而是无政府主义。社会主义自由也不能超越社会主义社会物质生活条件所能提供的权利的限度（如只能按劳分配，甚至少部分要按资分配，而不能超前地按需分配；只能一部分人先富起来，逐步实现共同富裕，而不能一律拉平，一步登天）。

当代中国这种社会主义自由最深刻的发展，是从国家与社会高度一体化的体制下，逐步向国家（政府）与社会二元相辅并列的格局转化。由国家控制与支配社会的一切资源，无微不至地“计划”安排与干预、包办社会生活，转向确认城乡经济与社会生活一定程度的自主、自治权与相对自由，市场经济的实行，更为契约自由开辟了广阔的天地。如马克思指出的国家不再是“靠社会供养而又阻碍社会自由发展的寄生赘瘤”，而是将“‘国家’迄今所吞食的一切力量归还给社会机体”，②从而使社会生产力、使生产力中最革命的活跃因素——人，得到相应的解放，从而释放出巨大的社会能量。这种还归于社会的社会主义自由，正是社会主义进步发展的激素，也正是当代中国社会主义法的时代精神所在。

---

① 近代中国著名思想家严复曾主张“自由为体，民主为用”。自由确具有本体意义。按马克思主义观点，民主（制）是要消亡的，而自由则是人类彻底解放所追求的永恒目标。

② 《马克思恩格斯选集》（第2卷），第377页。

恩格斯曾经批判过“自由的人民国家”的口号的非科学性，认为有国家就不可能有自由，因为国家是阶级压迫的工具；而压迫别人的人，自己也是不自由的（时时要担心被压迫者的反抗）。这在阶级对立尚未消灭的社会，确是如此。但像我们这样已经消灭了剥削阶级的社会主义国家，已经不是“原来意义的国家”了（镇压敌对势力的国家专政职能仍要坚持，但已不是国家的中心任务）。要求国家适度“还权”于社会，实现适应社会主义改革所需要的一定历史限度的社会主义自由，不但是可能的，也是十分必要的，对建立和发展社会主义市场经济更是迫切的。一切社会主义法都应当体现这样的法的时代精神。

按照马克思主义观点。作为国家意志的体现的法律最终是要随国家一起消亡的，而法（社会生活的客观法则、规则）和法的精神——自由，是不会消亡的。相反，社会主义自由将发展为共产主义的自由。到那时，每个人的自由发展是一切人的自由发展的条件。社会成为“自由人的联合体”，由必然王国向自由王国飞跃，这也就是人类的彻底解放。当然，这是遥远将来的事。但为了实现这一伟大目标，现在就必须牢牢把握社会主义法的精神——社会主义自由，为其逐步落实和不断发展而努力。

（1994年第10期）

1995 年

秩序·公平·效率

——市场法律价值目标模式定位

谢邦宇* 朱科敏**

社会主义市场经济改革模式在中国的正式确立,体现了中国在现代化进程中迈出了关键的一步,也表明了中国正在进行一场前所未有的秩序大变革。"中国已经明显地进入了社会变革的惯性加速过程。"①毋庸置疑,旧秩序的变革,新秩序的建立,必然会触及人们社会利益再分配这一深层次问题,必然会引起社会价值观念、心理、社会行为的变化,从而诱发不稳定因素。同时,市场经济模式的确立,必然要求我们重估秩序、公平与效率之间的关系。本文拟对这一问题做一理论探讨。笔者认为"以秩序为本,以机会公平和效率为主,兼顾结果公平",应该是市场经济转轨过程中我国法律的价值目标模式。

一、以秩序为本

稳定的社会秩序是人类社会生存和发展的基本条件。特别是对正处在现代化进程中的国家来说,秩序的稳定更是至关重要的。美国著名政治家塞缪尔·P. 亨廷顿精辟地指出:"高度传统的社会和高度现代化的社会都是十分安定的,恰恰是那种处于现代化的过程中的社会最容易发生动乱……现代性产生稳定,而现代化却会引起不稳定。"②"经济发展不能促进政治安定,却容易造成政治动乱。"③为了说明现代化与政治不稳定之间的关系,亨廷顿给出了3个公式:"(1)社会动员/经济发展=社会挫折感;(2)社会挫折感/社会流动机会=政治参与;(3)政治参与/政治制度化=政治不稳定。"④首先,现代化必然造成社会动

---

* 作者单位:中共中央党校。

** 作者单位:中共中央党校。

① [德]洛伊宁格尔著:《第三只眼睛看中国》,王山译,山西人民出版社1994年版,第179页。

② [美]塞缪尔·P. 亨廷顿著:《变化社会中的政治秩序》,王冠华译,三联书店1989年版,第5页。

③ 同上,第5页。

④ 同上,第51页。

员和经济发展，但社会动员往往会提高人们的期望，而经济发展则会提高满足人们期望的能力。如果经济发展不能比社会动员速度快，那么人们就会产生"社会挫折感"。其次，如果社会存在纵向和横向流动的机会和可能，这种"社会挫折感"也许会得到缓解。否则，它就会促使人们通过政治参与向政治体系施加压力。最后，如果在这种政治参与迅速扩大的同时，该社会政治制度化的水平未相应提高，就会造成政治动乱。

目前，我国正处在现代化的进程中，如何在社会变革中保持社会稳定，是我国现代化事业成败的关键。党的"十四大"确立我国政治体制改革的目的是调动群众的积极性，提高效率，克服官僚主义，经济体制改革的目标是在政企分开，以经济效益为中心，大力发展生产力。这种社会动员的提高和政治参与的扩大必然会造成一定程度的"社会挫折感"，必然会产生一些负效益：(1)实行精简机构，瓦解原来的官僚体制会增加政治失意者对社会不满。(2)产生暴发户，而他们会要求与其经济地位相应的政治地位。(3)增加人口流动，特别是农村人口到城市打工，而打工族会对城市居民产生嫉妒心理。一旦他们感到自己受到了不公平待遇，很可能分产生报复心理。并且不可避免会带有政治离异情绪。据报载，近年来北京市70%以上的犯罪案件属来京打工人员所为。(4)现代化在短期内使人们贫富差距更大。[①] 目前，脑力劳动者与体力劳动者工资倒挂；城乡差别呈"U"型发展(从1978～1984年，城乡差距从6.08倍缩减到3.58倍，而从1984～1991年，城乡差距又从3.58倍增加到4.14倍，目前，差距仍在扩大，到2000年可能达6.12倍)[②]；地区与地区间、沿海与内地的差距也在扩大。这必然造成一部分农民、知识分子、贫困地区的人员存在消极心理。(5)工资改革增加了一些人收入的绝对数量，却不能保证人们收入增长幅度的一致性，也会引起一部分人对现存体制的不满。(6)政府实行的倾斜政策和按资分配不均引起地区间不满。(7)宏观调控、分税制造成一些部门及地区投资的减少，引发了不满。(8)失业现象严重。乡镇企业从1988～1991年减少工人145万[③]。(9)通货膨胀，物价飞涨。1994年10月的物价指数为去年同期126%[④]。(10)随着教育水平的提高，广播、电视的普及，提高了民众对外部发达国家、地区的了解，从而产生了攀比心理，构成了虚幻追求。以上现象再加上腐败行为不能得到很好的解

---

① "国内收入阶层的走势"，载《中国青年报》1994年11月17日。

② 国家计委经济研究所课题组："二元结构矛盾与90年代的经济发展"，载《经济研究》1993年第7期。

③ 同上。

④ 参见《经济参考报》1994年11月17日。

决,便不免会发生政治不稳定。正像兹比格涅夫·布热津斯基所说:"对于人类来说,提高了的期望值和实际能力之间的差距再没有像目前这么大了。"①

"改革、发展和稳定"一直都是我国进行现代化建设必须处理好的首要问题。邓小平同志一再强调:"中国不能乱哄哄,只有在安定团结的局面下搞建设才有出路。"②"中国的问题,压倒一切是需要稳定。"③在向市场经济转轨过程中的中国,稳定的秩序关系到改革的成果、人民的生活、公平的实现、效率的提高,甚至国家的安危,所以在向市场经济转轨过程中必须运用法律这一社会控制手段以确保社会的稳定。

由此看来,"秩序"对于处在向市场经济转轨过程的中国来说应是法律所追求的首要目标。在追求公平与效率时,不能没有稳定的秩序作保证。我国"渐进式"的改革正是贯彻以"秩序"为主线的模式。

二、以机会公平与效率为主

约翰·罗尔斯在《正义论》中提出了两个著名的公平原则,其中第二个就是:社会和经济的不平等应该这样安排,使它们:一为适合于最小受惠者的最大利益;二为依系于在机会公平平等的条件下职务和地位向所有人开放。④ 在这里一是差别原则,二是机会平等原则,二优先于一,即机会平等优先于福利的原则,也就是说,机会公平优于结果公平。美国经济学家阿瑟·奥肯在《平等与效率》中写道:"在平等与效率之间,社会面临着一种抉择。"在这里奥肯所指的平等即为结果公平。奥肯把平等与效率之间的关系比做鱼和熊掌不可兼得的关系,是经济学的一个重要理论,即资源的稀缺性,在有限的资源被用来分配时,如果生产者的资本被分割一部分进行社会福利,即满足结果公平,就会使生产者失去再投入资金,使社会生产失去效率。但是,我们应该注意机会公平与效率非但不相互排斥而且还紧密联系在一起。可以说没有机会公平的竞争活动、竞争规则以及透明度就不会产生效率。

在传统计划经济体制下,企业是行政机关的附庸。企业没有生产自主权、产品定价权,签约自主权、产品销售权,指令性计划已经把企业完全束缚起来了。

---

① [美]布热津斯基著:《大失控与大动乱》,潘嘉玲、刘瑞祥译,中国社会科学出版社1994年版,第88页。

② 《邓小平文选》(第3卷),第210、284页。

③ 同上。

④ [美]罗尔斯著:《正义论》,谢延光译,上海译文出版社1991年版,第79页。

企业的资源(人、财、物)配置由政府直接划拨,而不能使资源在市场上依价格信息流向合理的产业。这样,企业之间既不存在争取资源的竞争,也不需要这种竞争。加之,企业分为国营、集体、私营、外资等不同类型并给予不同法律权利和地位,使各企业也无法在同一地位上竞争。当前,我们应尽量使政府少干预企业微观经济活动,如果以政府权威、权力组织市场,何言机会平等的自由竞争呢?市场经济的最大优点在于它能创造一种相对机会公平的竞争环境,能使资源得到合理分流、配置。它以市场价格信息、供求状况的反馈为引导,企业生产什么、生产多少、如何生产、如何分配都由市场机制来决定。这样,势必会增加生产者的主动性、积极性和创造性。

机会公平是市场经济自由竞争的先决条件,效率才是市场机制设立的核心目的。市场经济的设立基于两个假设:第一,在市场经济中人是理性的,理性意味着每个人都会在给定的约束下争取自身最大的利益,即每个人为"经济人"。第二,市场经济条件下,交易者在市场交换中对他们买卖的商品或劳务有完全的选择自由。可以说,公平主要关心"饼"如何分配,而效率主要关心"饼"如何生产。对于发展中国家来说最为迫切的莫过于把"饼"做大。我国在《中共中央关于建立社会主义市场经济体制若干问题的决定》中明文规定个人收入体现效率为主,兼顾公平的原则。①

当前,法律在实现机会公平与效率优先的目标上能做什么呢?法律主要应完成的功能在于:第一,界定和维护产权,防止国有资产流失,建立现代企业制度。这主要在于《公司法》、《企业法》的切实执行。第二,防止垄断、维护可操作性竞争。主要要防止行业垄断、地区垄断。这主要凭借《反不正当竞争法》。第三,规划政府权限。政府的职能主要在于确保宏观经济的稳定。这主要凭借设立《政府投资法》,并切实实行《审计法》、《统计法》等。

三、兼顾结果公平

"社会主义的本质,是解放生产力,发展生产力,消灭剥削,消除两极分化,最终达到共同富裕。"②建立市场经济体制是为了提高效率,发展生产力,而不是为了抛弃社会主义追求的目的,即公平。我们建立社会主义市场经济的目的是最终达到共同富裕,可以说效率是手段,公平是目的。

---

① 《中共中央关于建立社会主义市场经济体制若干问题的决定》,第19页。

② 《邓小平文选》(第3卷),第373页。

基于对资本主义为追求效率而实行“血与火”的剥削与压迫的愤恨，社会主义经典作家把社会主义设想为公平、正义制度的体现，也基于资本主义社会的不公是资本主义市场经济所致的认识，社会主义经济体制被创设为计划经济。将市场经济连同资本主义一起否定，而将计划经济与社会主义等同是传统社会主义理论的一大失误。传统理论没考虑市场经济与社会主义的相容性，没考虑效率与公平的不可分离性，没考虑在高度集权的计划经济条件下，由于不能充分调动劳动者的积极性，不能使社会生产按市场信息来调节，从而造成大量资源浪费，效率低下。这样，没有效率的高速发展，社会公平也就成了无源之水、无本之水。以绝对平均主义为追求目标是不切实际的，是“乌托邦”式的分配模式，这已为社会主义的实践和历史所证明。

在现实的经济生活中，收入分配的不公正有两种表现形态：其一是由机会的不平等带来的分配上的不平等；其二是在市场关系的范围内出现的收入分配的不平等。后一种不平等有两种可能来源：一是由于财产初始分配的不平等；二是在经济运行过程中出现的差别。因此，社会迫切需要我们运用法律的手段兼顾结果公平。具体表现在，政府可以通过征收遗赠、遗产税来防止初始的财产差距过大。政府可制定《就业保障法》、《失业救济法》等，努力减少失业人数，尽快切实征收累进收入所得税、资本利税，以抑制富裕阶层财富的无限膨胀，并切实实行《最低工资法》保障职工最低生活标准。

在我国，科学的社会保障体系的建立已是迫在眉睫的问题。切实可行的社会保障体系是使企业彻底摆脱沉重枷锁，专心致力于效率提高的关键，也是社会秩序稳定、人民生活安定的最重要保证。我们所追求的目标是以法律保证效率，从而实现社会的稳定，即法律——效率——稳定的模式。但是，这可以说是一个长期而艰巨的任务，不可能一蹴而就。在向市场经济转轨过程中，我们也必须兼顾另一条路，即以法律保证社会稳定，再促进经济效率的提高，也就是法律——稳定秩序——效率的道路。

四、秩序、公平、效率相互关系“度”的把握

从前面的论述中，我们可以看出秩序、公平和效率之间的关系：从总的趋势来说秩序、公平、效率是相互作用、对立统一的关系，秩序是实现公平、效率的前提，公平与效率的实现又能促进稳定的秩序。而从单一的转轨过程来看，秩序的稳定应为目标，以机会平等与效率并重，并兼顾结果公平。

为了社会秩序的稳定，我们应如何把握效率和公平之间的度呢？首先，要先

搞清楚两个问题,即(1)人们为什么会感到不公平?(2)人的对制度的不公平感承受的度有多大?正如魏因贝格尔所说的那样,尽管没有人能够客观地和确定地知道什么是公正,公正也得不到证明,然而,有可能表明有些事情是不公正的。那么什么是不公平的事情呢?用佩雷尔曼的话来说,属于同一基本范畴的人没受到同等的对待就是不公平的,即所谓的形式正义。E. 博登海默和亚当·斯密从心理学的角度来解释了为什么会产生不公平,他们认为人类平等感的心理根源是人类希望得到尊重的欲望。当那些认为自己同他人是平等的人却在法律上得到了不平等的待遇时,他们就会产生一种卑微感,亦即产生一种他们的人格与共同的人性遭到侵损的感觉。[①] 所以,从以上观点,我们可以给公平观下一个定义:公平观 = 相当地位的人;他们所受的待遇的差异大小,即公平观的产生基于相同的人得到相同的对待。当然,公平观不是一成不变的:当一种现存的不平等待遇,由于条件的变化或科学知识与人类认识的发展而被认为不再必要、不再正当或不再可以接受的时候,正义感就产生了。例如,以前我们认为绝对平均主义是公平的,但现在人们对遵纪守法发了财的人也能理解,而不认为不公平。那么人们认为什么样的制度是公平的呢?E. 博登海默说:“只要一个现存的法律制度满足了人们基本需要和要求,社会就会认为该制度是正义的,或至今是合理得能让人的容忍。”[②]所以,我们在进行追求效率为主的经济活动时,必须保证制度上确认“对同样的人同样对待”,即机会平等,然后必须确保社会成员的基本生存要求,哪怕牺牲一部分生产资金。另外,要切实重视保护人们特别是失业者、打工族的人身安全和人格尊严。社会要视其为正常的一员,不能把他们当做社会边缘的异己分子对待。

在向市场经济转轨过程中,经济生活要以效率为主,兼顾公平,但是更重要的是要以秩序为“晴雨表”,只有秩序的基本稳定,才能实现效率与公平,也只有效率的发展才能实现公平与稳定的社会秩序。江泽民主席在亚太经济非正式会议上的发言也许最能表达法律价值的目标模式:“保持稳定:到达新世纪彼岸的首要前提;经济优先:时代进步和历史发展的必然。”[③]

(1995 年第 4 期)

---

① [美]E. 博登海默著:《法理学:法哲学及其方法》,邓正来、姬敬武译,华夏出版社 1987 年版,第 284 页。

② 同上。第 309 页。

③ 参见《人民日报》1994 年 11 月 16 日。

司法现代化:法治化的必然要求

蒋集耀*

社会主义市场经济体制的确立,使我们这个社会甚于历史上任何一个时期对法制的需求,大规模的立法活动,为法制现代化拓展了无比宽阔的领域。法制的现代化是法治赖于建立的依托,法治化的内在要求使得法律现代化与司法现代化成为法制现代化的圭臬。从我国立法十几年的发展来看,立法理论的建构伴随着对立法模式、立法技术和立法内容的借鉴、移植、创新,改变了我国长期以来无法可依的状态,使我们的社会逐步走上有法可依的轨道。不仅如此,“再经过一年的努力,我国适应社会主义市场经济体制需要的法律体系的基本的主要的法律都将出台”。[①] 这是一个非常令人振奋的大事,它标志着我国法律现代化进程中的一个重要里程。

然而,法治化“不仅要求有良好的法律,也要有能被确实执行的法律”。[②] 诚如美国著名法理学家博登海默所言,法律体系建立的全部意义并不仅在于制定颁布法律规则或其他结构性的规范,法律体系就其整体而言“乃是普遍化的规范和个别化的适用和实施行为的混合”。[③] 可以这么认为,没有司法的现代化,法制现代化仅仅是理论家们的臆想,而法制现代化的底蕴又是在司法现代化的进程中逐次实现的。因此,要实现法制现代化,司法也必须现代化。

一

司法的现代化就是体现当代世界范围内法治国家实现法律设定之权利、自由、平等价值目标所依据的精神、原则,并用以保证法律被独立、平等、公正地适

---

* 作者单位:华东政法学院(现华东政法大学)。

① 参见乔石委员长在八届全国人大常委会上的讲话,“建立社会主义市场经济基本法律今年都将出台”,载《法制日报》1995年3月9日。

② 师棠:“严格执法:法治化的必由之路”,载《法学》1995年第4期。

③ [美]E. 博登海默著:《法理学:法律哲学和方法》,张智仁译,上海人民出版社1992年版,第220页。

用的全部过程。从法制现代化的结构来看不可能是传统的司法与现代化法律的耦合,它必须是法律现代化浸润下的司法现代化与之的统一,司法现代化较之传统的司法而言,具体表现在程序领域理论与操作方式的某种“间断”,①而这种“间断”的选择的标准是基于一定的价值观念和理论模式为旨趣的。由此可见,司法现代化最关键的方面可以归纳为:职能的独立性,主体的公正性,程序平等性。

司法现代化的第一个特征——司法职能的独立性有两层含义:第一层含义是审判权的独立。依照我国宪法和法律的规定,人民法院独立行使审判权,只服从法律,不受行政机关、社会团体和个人的干涉。这种独立即我们通常所述之审委会、合议庭集体讨论案件的独立。或许因为过分强调这种集体职权行使的独立性,长期以来,忽略了法官在审判过程中的作用,往往造成诉讼中的“审而不判”和“判而不审”的现象,使审判脱节。虽然人民法院的这种独立性表明了司法审判权的行使不以其他机关、社会组织的意志为转移,事实上在个案的审理中,法官是独立审判得以进行和实现的最为关键的因素。对个案证据、事实的认定以及最终判决裁定的结果,都与法官的直接体验和心证有关。在这里,我们无意以去改变法律规定的法院独立审判为法官的独立审判,但值得指出的是,当人们在判定某种行为模式或方法的孰优孰劣的过程中,总是以某种期望或背景作为其判断选择的参数,在独立审判的选择中,公平与效率当是至关重要的参数。法官的独立与法院的独立,在保证案件公平与有效率的处理之间倘使存在非常明显的差距,那么选择的结论必定是显而易见的,如果面对这种差异性,就因某种观念的障碍或情绪的偏执而对这种差异视而不见,那么,必定以牺牲公平与效率作为一种代价,最终必定以牺牲人类法律文明的进程为代价。新近颁布的《法官法》在第 8 条“法官享有下列权利”的第 2 款中就明确规定法官享有“依法审判案件不受行政机关、社会团体和个人的干涉”。而这一条从宪法到组织法,主体均为“人民法院”。当然,这种细微的变化不足以说明独立审判的职权在主体间的悄然易位,但是,整个审判机制的运作,促使我们去认真地面对并思考这些问题,特别是在今天为改变刑事诉讼结构中以职权主义对控、辩、诉方力量均衡的失调,进行庭审方式的改革中,法官与审判的关系问题是维系这种改革能否深入并随之带来观念变革的重要

① 笔者认为,法制的现代化是从传统到现代的一种运动。这种运动意味着传统的法律观念、价值体系和行为方式的转变。因此,赞同“现代性首先意味着对传统性的突破和否定,由此表现了历史发展中的间断性或阶段性”的观点。参见师棠:“市场经济与法律现代化”,载《法学》1993 年第 2 期。

环节。从理论上看，人民法院独立行使审判权，表明了它只遵循司法特有的规则行事，并且设定其职权行使中主体意志实现的空间领域，但就实践本身而言，法官的独立性随之也提到了一定的地位。辩证法告诉我们，独立是相对的，就如自由一样，法官独立也不是毫无限制地独立于法律，它应该是司法权独立结构性依存关系派生出的一个重要环节，这个环节的滞障，影响了审判的公正与效率。因此，司法职能的独立性是司法现代化至关重要的方面。

司法职能独立的第二层含义是审判主体的中立。如果说，司法审判职能的独立是保证审判过程中主体在职能行使方面的意志不受干扰的话，那么，司法主体的中立则表明在审判过程中与双方当事人保持相等的司法距离。从主观心态而言，这是一种司法态度，表明在对个案的审理进入结束之前，法官不应带有任何的先入为主的偏见或带有足以影响案件证据的认定并据此做出判决的倾向；从客观情势而言，可以避免法官既是证据调取者，又是审判指挥者和案件仲裁者的多重角色，可以避免在控、辩、审三方力量失衡下做出影响法律公正性的判决。主体中立的要求，促使诉讼程式的变革，而颇受学界褒誉的起诉状一本主义或诉讼当事人主义的理论与实践的借鉴，是改变与完善司法职能独立性的重要措施。

司法现代化的第二个特征是司法主体的公正性。它是指法官在适用法律过程中，把法律所体现的自由理性精神具体融解和贯彻落实到个案公正的审理之中，它所反映的是主体对公正性认同在形式上的体现。公正性在法的领域具有二元性，在立法领域它“是一项标准，法律应该同它一致”，①在司法领域它“归之为一种要求，即一项决定应该是适用一项普遍规则的结果。正义是法律的正确适用”。② 其实，司法领域内法官的公正是一个比法律的公正内涵远为丰富的范畴，它绝非是实在法所含之公正所能囊括，它涉及法官个人对正义的一种理想和追求。需要指出的是本文对公正性的讨论仅限于法官在审案过程中对法律公正性的认同，不涉及对法律公正性与否的评价，换句话说，我们的前提是当实在法的公正性是确定无疑时，关键的问题就是在将确定的一般规则运用到个案审理中公正性结果的取得。马克思曾经在批驳资产阶级法官的公正性时指出：“如果认为立法者在偏私的情况下，可以有公正的法官，即简直是愚蠢而不切实际的幻想，既然法律是自私自利的，那么，大公无私的判决还有什么意义呢？法官只

---

① ［美］E. 博登海默著：《法理学：法律哲学和方法》，张智仁译，上海人民出版社1992年版，第246页。

② 同上，第247页。

能一丝不苟地表达法律的自私自私，只能够无条件地执行它。在这种情况下，公正是判决的形式，但不是它的内容，内容早被法律所规定在这里。”我们明显可以看到马克思将司法公正完全依托于作为内容的法律的公正，离开“内容”的公正，司法公正只沦为判决的形式。我们强调的是在立法公正的条件下，还必须有司法的公正，就是说在将普遍性规范贯彻实施到个案审理中对法律公正性认同的差异及差异的避免，以保证“内容”公正性的取得。当然，我们深知内容公正性的重要，因为倘使没有一种保证平等地对待平等的情况的法律，司法的公正性是不存在的；相反，有了公正的法律，适用法律过程的公正性取得，仍然需要有公正的法官，这就是司法公正性的意义所在。

由此可见，公正的法官是司法现代化过程的一个非常重要的环节，而公正的法官的遴选，是实现司法现代化的一个重要途径。影响法官公正的因素很多，从程序规则来看，“开庭前法官有充分地接触预审的调查卷宗；不仅曾担任过预审法官的审判长有这种权利，而且人民陪审员也有此种权利。所以，法庭在开始审理案件时，就知道案件的事实和被告的个人背景，这与采用对抗制诉讼程序的法律截然不同。在那里，进行事实审理法官对被告个人的背景和先前调查案卷中所载有的细节一无所知”。① 除此之外，影响法官对公正性认同的因素还包括法官个人的性格品性、知识体系、道德体验和司法经验以及案件的事实因素等。② 由此可见，对法官公正性的寻求不仅在于一种定性式的描述和结果公正性的判定，而在于一种保证公正性取得的机制，即从主、客观两个方面避免法律公正性的丧失。

司法现代化的第三个特征在于程序规则的平等性，它是指诉讼方依法行使之职权所受到的法律保障是平等的。就审判主体的法官而言，就是依法平等地对待诉讼方，特别是在刑事诉讼中，肯定和保障诉辩双方至少在法律地位上的平等和诉讼权利的平等，肯定和保障控辩双方进行诉讼对抗的权力和能力，才能保证法官在“等距离”的情况下的“兼听”，其延伸意义还在于：诉讼双方均不得有超越法律规定去实施行为；诉讼方在履行职责中均不得干扰对方正确行使职权；诉讼任何一方抗衡侵权的行为受到法律的同样支持。③ 程序平等性的要求是司法主体公正地将普遍适用的规则运用到个案中去的客观要求。目前，在审判领域中普遍探讨的关于刑事审判庭审方式改革的问题，虽然是从庭审模式这样一

---

① ［美］格伦顿、戈登、奥萨魁著：《比较法律传统》，米健、贺卫方、高鸿钧译，中国政法大学出版社 1993 版，第 221 页。

② 罗堂庆：“论量刑中的情感因素”，载《法学》1990 年第 4 期。

③ 邵卫锋：“关于刑事审判制度的改革”，载《云南法学》1994 年第 2 期。

个极具操作意义的角度直接介入到程序中的，但实质上是在理论上提出了对程序平等性的要求，只不过这种要求是通过行为方式的变革揭示了对理论变革的渴望。从纠问式向控辩式（或对抗式）的转换，隐蕴着极为深刻的内涵，它是一定的价值观念和行为方式转变的必然，就对抗式的转变而言，它并不与法律所谋求的整体利益相冲突，而是实现法律设定的整体利益的有效手段，“在这个问题上并不存在国家输赢的问题，宣判无辜的人无罪与宣判犯罪的人有罪一样，同样都是法律的胜利。”[①]当然程序的平等性在目前还面临着一系列的法律问题，如，公诉人与辩护方力量的“失衡”，[②]控诉人同时又负有审判监督的职能，因此造成这样的状况，庭审中法官有权制止辩护人发问，并可责令其退庭，面对作为控方的公诉人则不适用这些规定。又如，在辩方“审判前辩护律师不得与证人专家和犯罪受害人有任何接触或单独联系”，“从被告被指控犯有罪行时，到整个预审的进行，都不准许被告聘请律师，其认为这种收集证据的过程是调查阶段，而不是起诉阶段，律师在这个阶段的介入，是不必要的，甚至是有妨害的”。[③] 这样就使得辩方在开展诉讼防御活动时显然与控方失衡。程序平等性的要求，不仅充分体现了诉讼阶段审、辩、控 3 方受到法律的保障是平等的，而且就被告人权利的保护而言，也是一个飞跃。

当然，如果仅仅将司法的现代化归纳为司法审判职能的独立性、司法审判主体的公正性、司法程序规则的平等性，那就有失偏颇之嫌。因为司法的现代化是建筑在无罪推定、法律面前人人平等、罪刑法定等一系列法治原则的基础之上的，它贯穿于整个司法程序的每一环节。其基本要义是当公民的人身受到限制时，就应该得到法律规定的法律援助，而我们在这方面的行为方式和价值观念仍然需要转变，如律师的提前介入、无罪推定的确立、刑法类推适用、收容审查的法律地位直至刑诉中的强职权主义、审案的非直接言词等，这是妨碍或影响司法现代化进程的一些非常重要的因素。

---

① [美]格伦顿、戈登、奥萨魁著：《比较法律传统》，米健、贺卫方、高鸿钧译，中国政法大学出版社 1993 年版，第 145 页。

② 控辩式或对抗式是基于对抗双方力量的均衡而发生的，并且这种均衡绝不是指双方在实际力量和权利上的对等。

③ [美]格伦顿、戈登、奥萨魁著：《比较法律传统》，米健、贺卫方、高鸿钧译，中国政法大学出版社 1993 年版，第 224 页。

二

综观司法现代化的基本要求，我们可以看到法官成为实现司法公正性举足轻重的中心。事实上，对法官的要求已普遍引起重视。法官法的颁布，对法官权利义务及条件的要求，使我们初步有了遴选的规范。但比起司法现代化的要求来看，这些规范还是远远不够的。从世界范围来看，无论是在民法法系国家抑或是普通法系国家，他们对法官遴选都有一套十分严格和苛刻的条件。在大陆法系的国家"没有任何特别司法资格的人成为法官的可能性实际上被排除了"①。而且，新毕业的法科学生必须等到实习期结束并成功地通过专门考试后方能获得法官席位；而在普通法国家，如"在英国，人们不会遇到非常年轻的法官，向法官席攀登是一个漫长而有规律的进程"，②"法官们清楚地意识到司法任命是他们历尽各种苛刻考察而得来的"。③ 同民法国家一样，"从职业法官阶层以外任命法官是极为罕见的"。④ 这种严格程序化遴选的意义在于形成一个具有知识化、职能化体系的法官队伍，同时，由于法官席位的得之不易，使社会上对法官职位的尊敬，并且使法官清楚地认识到自己职业有其他行业所不能比拟的尊荣。这样，从主体意识角度便使法官们甘心将维护法律秩序、追求公平正义作为为之奉献终身的事业，加上法律程序规则的有效保证和物质待遇上的保证，促成法官们尽忠、敬业的精神，这是确保其公正性的前提。国外对法官的遴选和考核给我们以启示，目前司法过程中腐败、不正之风的蔓延，总的来看有其体制的弊端，但就审判人员的素质来看，不是不存在问题的，社会对一个大学生的尊重远甚于对法官的敬重，这就不能不使我们对法官的遴选和考核引起足够的重视。例如，在物质待遇方面，法官的高薪养廉从某种程度上可以防止因收贿而产生的舞弊现象。但因观念的阻却，始终只是一种清论。如果真的以为"这是资产阶级用金钱收买、笼络法官，以巩固其统治的一笔代价、一种手段"，那么，我们又何尝不可以这种手段获取司法的公正呢？法官的遴选较之于法官的考核与惩戒意义来得深远，又因之在司法现代化进程中举足轻重的地位，因此必须引起足够的重视。

---

① ［美］格伦顿、戈登、奥萨魁著：《比较法律传统》，米健、贺卫方、高鸿钧译，中国政法大学出版社1993年版，第52页。

② 同上，第135页。

③ 同上，第135页。

④ 同上，第136页。

实现司法现代化还面临一个如何对待法学学术以及学者在审判中的地位问题。在大陆法系国家里，法学者成为法官“亲密的工作伙伴”①。甚至在一般情况下，“最高法院的职位只对成绩卓著的律师或教授以及职业文官敞开”②。他们认为“几个世纪以来，民法传统留给后世人们的不是法官的名字，而是学者的名字”③。在我们国家，法学学者们不仅没有这种殊荣，而且在一定程度上学者们的学术（特别是针对个案的评价）会成为干扰独立审判的倾向。客观上看，法官有可能处于权力或人际的交织之中，特别是囿于知识和见识的成见，在对事实的认定和法律的适用上出现认识上的偏差，甚至将普遍规则适用到个案的审理中对法律公正性认同的差异，这样，受法学理论浸润又颇远离于权力、人际交织之中的学者，他们在对事实、证据认定的判定上以及法律精神的体认上较之法官们更为接近，或许正因为如此，在我国法学学者们确也成为各级法院案件讨论会上的常客，由此可见，学者们对法律实施的影响不是没有的，但问题的关键不在于此，这要取决于学者们影响案件的态度，倘使被动地被邀参与讨论，则会被视为有助于审判的公正进行，倘使学者主动地对某一案件发表评论，特别是对未审结的案件公开地发表评论，就有干扰独立审判之嫌了。很显然，这不能成为排斥学者意见的理由。那么，据此是否可以得出学者的意见可以替代法官的职能或者像持不同意见的批评者所指责的那样，以为只要有法学学者们的意见就可断案了呢？这实际上是一种情绪上的偏执，很显然，法官的设置是一种政治体制和体制功能作用的需要，而教授学者们的见解只是这种功能充分有效发挥作用的辅助，倘使没有了国家的审判功能，教授们的意见只能是一句“毛将焉附”的空话而已。因此，司法现代化的题中之意，必须处理好法学学术与审判的关系。

司法的现代化是一个涉及观念、制度和操作程式的变革过程，这个过程与法律现代化形成结构性依赖关系，它们的互动式的运转，是实现法制现代化的最根本的动因，也是法治化的必然要求。如博登海默所言，“规范体系的存在和基本上被遵守，乃是社会实行法治不可缺少的条件”，④由此可见，在司法现代化的进程中要不断完善、创新、发展法律的现代化。我们知道，资本主义法制现代化的

① ［美］格伦顿、戈登、奥萨魁著：《比较法律传统》，米健、贺卫方、高鸿钧译，中国政法大学出版社1993年版，第57页。

② 同上，第51页。

③ 同上，第55页。

④ ［美］E. 博登海默著：《法理学：法哲学和方法》，张智仁译，上海人民出版社1992年版，第223页。

历程,是伴随着民主、自由与经济发展的多层面的变革为特征的,并且在立法、司法的彼此变革的过程中不断地丰富自己。因此,我们还必须在法律现代化过程中不断地以民主、自由权利的精神去创新我们的法律,同时也用这种精神去实施法律,这就是司法现代化最为基本的含义。

(1995年第5期)

法的精神与法律精神论略

——与郭道晖同志商榷

张光博*

《法学》1994年第10期发表了郭道晖同志撰著的“社会主义自由——当代社会主义法的精神”一文（以下简称“郭文”）。作者从孟德斯鸠所著《论法的精神》中得到启迪，谈了“法的精神”的科学含义、当代世界的法的精神和当代中国社会主义法的精神。就此，笔者愿同作者进行一些讨论。

一、应如何看待马克思早期关于法的思想

“郭文”从“至今仍在闪光”的《论法的精神》开始，认为孟氏讲的“法’同‘法的本质’、实际是上无甚区别的”。我们也可以如是观。把法、法的本质、法的精神看成一个东西，作为同作者进行商榷的逻辑起点。

对于孟氏是把“法（自然法）与法律（人为法）相区别的，认为法是先于并且高于法律而独立存在的、事物的自然理性关系”的论点，则是笔者无法接受的。因为它不科学，实际上也是不存在的。

法与法律之间不能说没有区别。但是其区别不在于一个是“自然法”，一个是“人为法”。而且这种区别也不在于法“先于”、“高于”法律而独立存在，更无所谓什么“事物的自然理性关系”。“事物的自然理性关系”是一个历史唯心主义的命题。

“郭文”历数了孟德斯鸠和后来的康德、黑格尔关于法和法律相互区别的观点。这些人的观点一脉相承是很自然的，也容易理解。但是，把马克思与他们列在一起，并且说：“马克思也是把法和法律加以区别，而法的本质（自由），亦即是法的精神。它是一种‘无意识的自然规律’，亦即是一种宏（客?）观存在，而非主观意识”就成问题了。

对此必须进行具体分析。马克思在年轻的时候，在从民主主义者向共产主义者转变的时期，尚未完全摆脱黑格尔等人的影响，特别是存在人本主义思想，

---

* 作者单位：吉林大学法学院。

自然会在对法的认识上有所反映。尽管那时的马克思已经提出一些对于社会问题的真知灼见。他在1844年提出的："法的关系正像国家的形式一样，既不能从它的本身来理解，也不能从所谓人类精神的一般发展来理解，相反，它根源于物质的生活关系，是这种物质的生活关系的总和。"①显然，这种认识已经进入历史唯物主义的领域了。但是作为一种科学体系的共产主义思想则尚未成熟。那个时候的马克思，主要目标还在于揭露资产阶级现政权和他们的法在维护剥削制度中的作用，为改善劳动人民的政治地位和经济生活状况而斗争。虽然已经接触到了法的一般根源，即"物质的生活关系"，但尚未与具体的社会形态和具体的阶级统治关系联系起来。也就是尚未提出根本解决问题，即为使劳动人民彻底解放，必须推翻资本主义制度。而为此无产阶级又必须首先夺取政权，争得民主，成为统治阶级，即建立无产阶级专政。因此，那个时候马克思对于法的精神，尚未提出在后来作为成熟的马克思主义者所达到的那样系统的科学认识。所以，也就不可以用马克思在那个时候的观点，作为马克思主义关于法的精神的思想的最后依据。

对于这个过程，马克思在后来有过回忆。他说："我学的专业本来是法律，但我只是把它排在哲学和历史之次当做辅助学科来研究。"以至于后来为了补充其知识之不足，又在巴黎和布鲁塞尔研究政治经济学，从而建立起严整的辩证唯物主义和历史唯物主义的科学体系。②

二、马克思主义关于法的科学论断

作为马克思主义成熟的标志，就是1848年马克思、恩格斯合著的《共产党宣言》的问世。其中所全面论述的科学共产主义原理中，也包括了对于法、法的本质或者叫法的精神的科学论断。

这就是他们在论述资产阶级观念形态时所说的那段话，"你们的观念本身是资产阶级的生产关系和私有制关系的产物，正像你们的法不过是被奉为法律的你们这个阶级的意志一样，而这种意志的内容是由你们这个阶级的物质生活条件来决定的。"③对于法的直接论述，主要是这段经典文字。当然它是被组织在整个科学共产主义理论体系之中，充满着唯物辩证法。特别是这段话虽然直

---

① 《马克思恩格斯选集》(第2卷)，第82页。

② 同上。

③ 《马克思恩格斯选集》(第1卷)，第268页。

接说的是资本主义国家的法，把它放到资产阶级观念形态的领域。但是个性中寓存着共性。其中所涉及的法与法律的关系，资产阶级的法与其阶级意志和物质生活条件的关系，却具有一般的意义。即可以把它作为原则抽象出来，用于说明一切法与法律的关系，说明整个法的本质或者说法的精神。也就是说，把这里的资产阶级换成掌握政权的统治阶级，就可以普遍适用了。譬如说，凡是法都是被奉为法律的统治阶级意志，而这种意志的内容则是由这个阶级的物质生活条件决定的。这样，就科学地解决了法和法律的关系。法是被奉为法律的统治阶级意志，表明了法律是法的存在形式。法律作为由国家制定并以国家强制保证实行的具有普遍约束力的规范性文件，就是法的存在形式，是在资本主义国家已经发展的比较完善的形式。离开法律，法就无从得到表现，而对于各种法律所确定的人们行为规范的概括，就是法。这样，也就把法和法律拿到了人世间，把两者统一起来。从而也就破除了资产阶级学者所搞的法（自然法）与法律（人为法）相分离的神话。“天”不能造（法），“自然”亦不能赐人以法，只有人才能造法。这个造法的人，当然不是抽象的人，也不是所有的人，而是掌握政权的统治阶级的人们。也就是马克思、恩格斯所说的资产阶级的法是他们“这个阶级意志的反映”中的应有之义。这样，才是真正接触到了法的本质或者法的精神，它同时也是作为法的表现形式的法律的本质和法律的精神。

当然，话说到这还不算完。还有，即法所反映的统治阶级意志，其内容是由“这个阶级的物质生活条件来决定的”。到此，法的本质或法的精神才得到彻底的科学说明。如果说法是统治阶级意志的反映，不反映被统治阶级的意志，不是社会共同意志的反映，更不是什么天意、自然精神、人类理性之类所谓抽象意志的反映。那么，这种意志的内容并不是统治阶级的随心所欲，也不是“上天”或者“宇宙理性”的“自然”赋予，而是由这个阶级的物质生活条件所决定，这是社会存在决定社会意识的唯物论。辩证法和唯物论的统一体现，使理论彻底了，从而对于法的本质或者说法的精神的认识，也就成为科学。这才是“法的精神”的科学内涵。

还应强调一下，作为法的本质或者法的精神和统治阶级意志及决定其意志内容的物质生活条件，两者是分不开的统一物的不同层面。统治阶级的意志离开它的物质生活条件，就没有了内容，不称其为法；统治阶级的物质生活条件离开其阶级的国家意志，无从得以表现，也不称其为法。法的本质或者说法的精神就是这两个方面的统一体现。它们都属于统治阶级。这样，马克思主义关于法的本质或法的精神的观点，同那些资产阶级启蒙思想家的论述就有了根本不同。而且同马克思早期的一些论述也有了原则区别，从而对于法、法的本质、法的精神的认识彻底了，成为经得住实践检验的真理。

三、各种不同性质的社会没有共同的“法的精神”

“郭文”所说的“‘法的精神’的科学含义，是指一定历史时代社会物质生活条件所决定的客观法权关系所体现的社会共同意志关系的本质概括”，这就不科学了。因为自有法以来，世界上从来就没有过超越由当时统治阶级所代表的“一定历史时代的社会物质生活条件”，从而也就没有由这种“社会物质生活条件所决定的客观法权关系所体现的社会共同意志关系”。

“郭文”在对这段话的加重解释时，又说，“法的精神”是“由某一时代的社会共同的物质生活条件所形成的‘共同意识关系’（共同利益与需要）的反映（共同性）”的“时代精神”。在这40多个字中，作者用了4个“共同”，再加上前面的“共同意志关系”，一共5个“共同”。其实这是在人类有法以来的各种历史时代中所“共同”没有的。离开一定阶级为代表的“共同的物质生活条件”，“共同”的意志或意识关系，“共同”的利益和需要等所谓“共同性”，只是作者的主观遐想，也不是什么所谓的“客观法权关系”。作者所说的“物质”是非物质，作者所说的“客观”并不客观。它同孟德斯鸠、康德、黑格尔等人所说的“公道关系”、“普遍的自由法则”、“自由的理念”并没有什么本质区别，只是换用了一些历史唯物主义的词汇。

历史发展的最后决定因素是生产力。但是它必须采取一定的社会形式，与一定的生产关系统一起来才能得到实现，从而构成为现实社会的生产方式即社会物质生活条件。在阶级社会中，它的一方是劳动者，另一方是剥削者。作为生产力主要因素的劳动者，只有到剥削者那里，同剥削者掌握的生产资料相结合，才能表现为现实的生产力。因此，任何存在阶级的社会都是由“在一定的经济发展状态下能够并且应该进行统治的”阶级所代表。① 而且这个进行统治的阶级除了以国家的形式组织自己的力量外，他们还必须给予他们自己的由这些特定关系所决定的意志“以国家意志即法律的一般表现形式”，②也就是说，人类社会所经历的奴隶制社会、封建制社会和资本主义社会，从来没有像作者所说的那种“共同”。因而，所谓“先于”、“高于”和“独立于”法律之外的所谓“比阶级性更有决定意义的”法的精神，纯属于作者的虚构。

① 参见《马克思恩格斯全集》（第22卷），第596页。

② 《马克思恩格斯选集》（第3卷），第378页。

四、不同时代的法所具有的阶级精神的自白

"郭文"不仅拿不出任何历史事实予以证明,反而一再进行自我否定。例如,文章以奴隶制国家的法为例,如果它有利于发展生产力,"即使是维护奴隶制的剥削制度和奴隶主的自由的,也应当视为属于符合那个时代的正义,符合法的时代精神的'真正的法律'"。这里的维护奴隶制的剥削制度不明明说的就是那个时候法的阶级属性吗?就算它真的是符合法的"时代精神"的"真正的法律",不也是符合奴隶制时代精神,由奴隶制国家所制定的"真正的法律"吗?这里的时代精神和阶级精神,怎样才能把它分开呢?

文章接着指出:"它至少给予了奴隶作为一个阶级的生存权利,即最低限度的人权。例如,罗马法不仅在私权方面反映了当时商品经济的客观法则与法权关系,而且规定主人过度折磨奴隶致死者,应承担一定的法律责任。"且不说认为奴隶取得了生存权利这个所谓"最低限度的人权"是如何违反常识。就算果真如此,是不是说,只要主人没有"过度",而是"适度"折磨奴隶,并且没有"致死",就成为法的时代精神,而不是法的阶级精神呢?所以,作者所举的例子只能说明没有超阶级的法的时代精神,而只有作为奴隶主阶级意志的反映的阶级时代精神,从而完全否定了自己的命题。

"郭文"还犯了一个常识性的错误,就是把奴隶制和封建制依靠经济以外的人身占有和人身依附等强制手段所进行的超经济剥削,说成是什么刑法中"某些酷刑的规定",或者什么对"当时历史条件所能提供从而为人人应当享有的某些人权的侵犯"。前者论的是奴隶制国家法律的一种,当然体现着那个时代的法的阶级精神。后者则含义极为不清。如果是指奴隶制国家和封建制国家,则不符合历史,是没有的事。因为那里实行人身占有或人身依附的等级制度,人和人根本并列不到一块去。如果指资本主义国家,则是指的违法行为,违反了维护采用经济手段实行剥削的雇佣奴隶制度的法律,又与"超经济剥削"无关。文章说,对封建社会和资本主义社会的法和法律也应作如是观。还说:"无产者也宁愿得到资本家的雇佣(即受其剥削),而避免失业成'流浪汉'。这也是符合无产者当时的意愿的。他们同资本家在劳动力市场上的契约关系,正是这种平等的具有共同意志的法权关系"。

在这里,作者已经深深陷入不能自拔的逻辑矛盾之中。他既然承认奴隶制、封建制和资本主义社会的划分,就是已经不能不承认作为这些类型社会正式代表的国家和体现国家意志的法的阶级精神。既然已经承认了阶级社会的划分,

难道还能抹掉不同社会的国家与法的阶级精神吗？特别是他所说的“劳动力市场上的契约关系”，不正是资本主义剥削的阶级关系由法所认可的形式吗！对此，恩格斯早已说明：“这种契约的缔结之所以被认为出于自愿，只是因为法律在纸面上规定双方处于平等地位而已。至于不同的阶级地位给予一方的权力，以及这一权力加于另一方的压迫，即双方实际的经济地位——这是与法律毫不相干的。”①这种契约一经订立，也就是在劳动力的买卖已经成交之后，其情其景就更为明显。“原来的货币所有者成了资本家，昂首前行，劳动力所有者成了他的工人，尾随于后。一个笑容满面，雄心勃勃，一个战战兢兢，畏缩不前，像在市场上出卖了自己的皮，只有一个前途——让人家来鞣。”②这种契约关系难道不正是法的阶级精神的尖锐表现，还有什么所谓“共同意志的法权关系”呢！

五、“法的精神”与“法律精神”区别不开

“郭文”还进一步提出所谓“良法”与“恶法”、“真正的法律”与“形式上的法律”、“非法之法”等一些概念。总观其要，不外乎是想说明“法的精神”与“法律精神”确实是不同的，并且企图到社会上去寻找它的根源，这同样是徒劳无益的。作者似乎要说明的是；当法在社会发展面前起进步作用，符合生产力发展要求的时候，就是具有决定意义的“法的精神”、“时代精神”，就是“共同的物质生活条件”和“共同意志（识）关系”，就是“良法”、“真正的法律”等，反之，在社会发展面前起阻滞作用，不符合生产力发展要求的时候，就是“劣法”、“形式上的法律”或“非法之法”，等等。这实际上是想用生产力做标准取代用统治阶级意志及其物质生活条件对法进行分类。可这不是对法的本质进行的分类，它不仅无助于对于法、法的本质、法的精神的科学认识，反而会掩盖对于法的科学的本质认识。而这正是资产阶级学者在制定这种理论和词组时的原始意图。特别是这种所谓分类根本无法确立统一的标准，在实际中是划分不出来的，或者一人一个样。因为这当中实际上是以划分者主观的价值取向作为判断标准的。你说的“良法”，对于他来说可能就被认为是“恶法”，你说的“真正的法律”对于另一个人可能就被说成是“形式上的法律”，是“非法之法”。而其实，凡属被作者称为的“人为法”对于它的主人，即统治阶级都是“良法”，都是“真正的法律”，也是“形式上的法律”。如果不相信，你去碰一碰就知道了。至于其他人，特别是被

---

① 《马克思恩格斯选集》（第4卷），第69页。
② 《马克思恩格斯全集》（第23卷），第200页。

统治阶级人们的评价,其优其劣是没用的。因为法本来就是一种以国家武装力量强加于人的统治阶级意志。

六、法自身没有在经济基础之外的独立历史

我们还是回到马克思主义的论述中来。马克思在简要表述自己的研究成果时指出:“人们在自己生活的社会生产中发生一定的、必然的、不以他们的意志为转移的关系,即同他们的物质生产力的一定发展阶段相适合的生产关系。这些生产关系总和构成社会的经济结构,即有法律和政治的上层建筑竖立其上并有一定的社会意识形式与之相适应的现实基础。”法律属于上层建筑现象,产生于并服务于其所借以建立的经济基础。即使当社会发生变革时,它同“生产的经济条件方面所发生的物质的”变革不同,是“人们借以意识到这种冲突并力求把它克服”所运用的一种意识形态力量,这时的法就可能起阻碍甚至破坏生产力发展的作用,但是,“我们判断这样一个变革时代也不能以它的意识为根据;相反,这个意识必须从物质生活的矛盾中,从社会生产力和生产关系之间的现存冲突中去解释。”①所以,对于法的解释、法的本质或法的精神的解释,对于法的发展历史的解释,也不能就法论法,或者单纯从生产关系或者生产力的一方去解释,而是要到“社会生产力和生产关系现存冲突中去解释”。特别是“无论哪一个社会形态,在它们所能容纳的全部生产力发挥出来以前,是决不会灭亡的;而新的更高的生产关系,在它存在的物质条件在旧社会的胎胞里成熟以前,是绝不会出现的。”②只要是这个社会形态没有灭亡,那么它的上层建筑,包括它的法的社会属性即它的阶级性就不会改变。无论它的作用是推动生产力的发展,还是阻滞生产力的发展,都是一样。因为那是其所从属的统治阶级的历史作用的表现,而归根结底又是这个阶级所代表的社会形态的历史地位的表现。这个马克思主义的根本原理是不能动摇的。

七、没有共同的当代世界的法的精神

“郭文”提出一个“当代世界的法的精神”的命题,且把“诸如民主、人权、自

① 以上引语均见《马克思恩格斯选集》(第2卷),第82~83页。

② 同上,第83页。

由、平等、公平、正义、安全、效率、人的主体性、人的解放等"都归入法的精神范畴,同时指出在这些"理念"中,最核心的东西、主要矛盾,"就是人权"。他说:"人权确是不可抗拒的历史潮流,是法的时代精神。"

对此,笔者确实不敢苟同。首先,那些抽象的民主、人权、自由等一长串"理念"不是法的精神,更不是当代世界的法的精神。当代世界,如我们和美国,能有共同的民主、人权和自由等共同法的精神吗?因为不仅没有"郭文"所说的"共同的物质生活条件"的客观法则,就是共同的"理念"也没有的。

人权是资产阶级在反封建斗争中提出来的。它有两个对立面:一个是反封建,反对中世纪的神权,反对等级特权和人身束缚。这在当时是革命的,是进步的。还有另一个对立面,就是欺骗和剥削、压迫无产者,废除了对劳动者人身束缚的枷锁,又套上了雇佣奴隶的枷锁,并把这说成是同资本家平等享有的自由和人权。这种资产阶级人权的基质,特别是在反法西斯战争期间发展为国际化的现象。反对法西斯灭绝人性和蹂躏人权,这是资产阶级人权反封建的进步一面的延长,同时它也把矛头指向社会主义国家,搞和平演变,企图使社会主义国家就范。把人权不加分析地看成是当代世界的法的精神,是不妥的。当然也不能说,我们同资本主义国家在人权方面就没有一点共同的标准。正像前面已经说过的,人权主要是一个国家主权范围内的事情,还有非主要的,但也要服从国家主权,作为国家主权的延长的一部分,那就是资产阶级国家的人权反封建、反对形式特权。社会主义国家的人权也当然反封建、反特权,特别是反对国际特权,反对其现代化的国际霸权,主张国际关系中的平等、自由。尽管出发点和彻底程度不同,但我们之间是可以互相联合起来维护国际人权的。也就是说,在反封建、反法西斯主义、反对殖民统治、反对战争、反对霸权方面,可以和他们统一战线。这也正是那些国际性的人权文件的历史基础。

八、当代中国社会主义法的精神是什么?

按着前述马克思主义的原理,这个问题很容易回答。那就是掌握国家政权的以工人阶级为领导的广大人民意志的反映,它的内容则是人民所借以生存的社会物质生活条件,就是当代中国的法的精神。这种物质生活条件,具体说就是邓小平同志论述的社会主义本质,即"解放生产力,发展生产力,消灭剥削,消除两极分化,最终达到共同富裕”。[①] 这个社会主义本质是一个完整的科学论断。它体现了现阶段我国社会主义生产力和生产关系的统一,社会主义建设的根本任务和目标的统一,正是马克思、恩格斯所说的社会物质生活条件的完整内容,是工人阶级领导的广大人民的根本利益和要求,是工人阶级领导的广大人民意志的内容。把它通过人民民主国家制定的法律反映出来,当然就是我国社会主义法的本质或者说法的精神。

但是,“郭文”说,当代中国的法的时代精神是“人权”,而且其核心是自由。所以,文章的标题才是“社会主义自由——当代社会主义法的精神”。作者还说,“18世纪启蒙学者和康德、黑格尔,以及马克思,都把法的理念、法的本质、法的精神概括为自由”,这是没有多少道理的。

问题不在于这个“自由”本身,而在于把“自由”这个橡皮性的字眼,填充进了“超阶级”的所谓什么“时代精神”。前面谈过两个例子,一个是维护“奴隶主的自由的”;另一个是使“从土地束缚下解放出来的农民,变成‘像鸟一样自由’的无产者”,都是法的时代精神的表现。现在又把它适用于社会主义社会,并说它是马克思的意思(对此,在前面已经作了交代)。其中心意思就是否定法的阶级性,也就是否定法的本质、法的精神的阶级精神。在前面笔者已经阐述过了这个问题,就是每个时代都是由一定的阶级所代表的,只有一定阶级的时代精神,并没有超阶级的时代精神。这个道理对于社会主义国家同样是适用的。

社会主义国家的法的时代精神同样是一种阶级的时代精神,只是它不像以前的时代是由剥削阶级来代表,而是由劳动者阶级、由工人阶级领导的广大人民这个阶级群体来代表的时代精神,是由人民民主专政保卫社会主义建设的精神。即或是在剥削阶级被消灭了以后,这个精神现在也不能改变。人民民主专政即无产阶级专政还要坚持下去,要几代人、十几代人,甚至几十代人的坚持下去才行。所以不可轻信抽象的民主、自由、人权、平等之类,以及抽象的“人的主体性、人的解放”等,这些所谓的“超阶级”观念,不是无产阶级的法律观。

当然也是因为对这些,即抽象的民主、自由、人权、公平、正义、效率、秩序等诸多好听的字眼,早已由马克思主义做过分析。它们都是具体的、相对的,我们只要把它们放到一定的社会历史范围内,就可以立即看到它们的真面貌。所以,我们根本不要什么抽象的社会主义自由的法的时代精神,我们要的是“造成一

---

① 《邓小平文选》(第3卷),第373页。

个又有集中又有民主，又有纪律又有自由，又有统一意志，又有个人心情舒畅、生动活泼，那样一种政治局面。”[1]这当然是对人民内部说的，对于敌人我们还要实行专政，把对人民实行民主和对敌人实行专政结合起来，实行人民民主专政。依靠人民民主专政保卫社会主义，实现社会主义本质，才是我国法的精神和法的本质。

（1995 年第 5 期）

① 《邓小平文选》（第 2 卷），第 176 页。

再论社会主义法的时代精神

——答张光博教授

郭道晖*

读了张光博教授在《法学》1995 年第 5 期发表的“法的精神与法律精神论略——与郭道晖同志商榷”(以下简称张文),觉得他所“论略”或“商榷”的,同我在“社会主义自由——当代社会主义法的精神”(以下简称郭文)①中所探讨的,颇多偏离。例如,关于“法”的概念,就是各执一词,不是在同一概念内涵与层次上讨论问题,不免各说各的,很少共同语言。又如,他并没有把握并围绕郭文的主题——“社会主义法的时代精神”进行讨论,而是大谈人所共识的法律的阶级精神,其所“商榷”或批评的靶子,又并非郭文所持的观点,如张文大量篇幅是在批评郭文否定法律的阶级精神,而事实上郭文白纸黑字,赫然写着:“法律的……精神浸透了阶级性”,通篇好几处都强调“法律(立法)以体现阶级性为主”,“剥削阶级的统治者都有其‘良法’与‘恶法’(均指法律)”,奴隶制的法律“只是体现奴隶主统治集团贪婪的阶级本性的法律”,等等。连张文自己也用了一整节(第 4 节)来历数郭文对“不同时代的法所具有的阶级精神的自白”(只是把我的本意——所谓“自白”当做他的重大发现:“所谓作者已经深深陷入不能自拔的逻辑矛盾之中”!?)。这岂不更加证明郭文肯定了法律的阶级精神,而张文的批评不免有“与风车格斗”之嫌吗?

据此,本来对张教授的“商榷”无须置辩。但一则,笔者与张教授熟识已久,承他对拙文一再关注,②“来而不往,非礼也”;再则,张文在“论略”之中,也不无值得再探讨的观点,所以不揣浅陋,也商榷如下。

一、评所谓“尚不成熟”

张文首先从“应如何看待马克思早期关于法的思想”谈起。本来期待他能

---

* 作者单位:《中国法学》杂志社。

① 载《法学》1994 年第 10 期。

② 张文发表前,在一次法学界全国性会议的大会发言中,他已对郭文作过独家“商榷”(当时我没有发言机会,故曰“独家”)。

就笔者所引马克思的话“法”是“自由的无意识的自然规律”,“法律”则是“法的表现”,是这种无意识的自由的自然规律的有意识的表现,①能作出自己的具体评析。但张文却回避了这一实质问题,而只笼统地说早期的马克思“尚未摆脱黑格尔等人的影响”、“思想尚未成熟”,因而,“也就不可以用马克思在那个时候的观点,作为马克思主义关于法的精神的思想的最后依据”。

这里有几点需要指出:

郭文并未把早期马克思关于法的思想作为“最后依据”,而只是作为行文的起点。并已指出“马克思这时对法的本质或法的精神的理解,还只是指‘精神关系的内在规律’,还带有黑格尔理性法的‘绝对精神’的痕迹”。郭文随后据以立论的主要依据,是马克思在《资本论》第1卷第2章的论点(详下),以及作为“成熟的”马克思主义者的马克思的许多其他论点。

“成熟的”马克思与“尚未成熟”的马克思都是一个马克思,虽则其前后思想不能等同,但也不能割裂。马克思的马克思主义不是从天上掉下来的,而是从非马克思主义的理论但也是人类先进文明成果中发展出来的,包括从他那“尚未成熟”的思想中逐渐发展成熟的,其中都包含着真理的颗粒,乃至“合理的内核”。不是用“尚未成熟”4个大字就可以抹去它真理的闪光,这也恐怕不能说是对待马克思的马克思主义态度。

早期马克思关于法的思想可取之处,至少是他从法的客观规律性上去认识“法”的本质,而把它与“法律”的主观意识性相区别;他关于法律应该反映“事物的法的本质”,“立法者应该把自己看做一个自然科学科学家”,不能“制造”、“发明”而只能“表述”法律的论点,②是他关于法律要符合社会客观规律的思想的最初表述。而且随后不到两年,他就指出“法的关系……根源于物质的生活关系”。③ 这时,如列宁所说,马克思的观点已形成,“他就是一个唯物主义者”。④ 郭文也是据此来汲取早期马克思的法思想中的合理因素的。

二、关于“法”与“法律”的区别

郭文立论的基点是建立在马克思关于“法”与“法律”的联系与区别的一贯

---

① 《马克思恩格斯全集》(第1卷),第71~72页。

② 同上,第139、183页。

③ 《马克思恩格斯选集》(第2卷),第82页。

④ 《马克思恩格斯选集》(第1卷),第5页。

思想理论基础上的。对此，文中已有粗略论述。在拙作"论法与法律的区别——对法伪本质的再认识"（以下简称"区别"）一文[①]中，又进一步作了较详的论证，确当与否，欢迎指正。这里本可以不再多费笔墨。但张文并未就我所引的马克思的论点作出他认为正确的阐释，以纠谬正讹：而是绕过它，自己给"法"与"法律"下了一个定义，然后以它来作为评判一切理论是非的标准。对笔者所引，或笔者所理解的马克思关于"法"的概念，似乎是"王顾左右而言他"，使人有概念歧异、对不上口之感。

"法"本来是一个多义词，可以从不同视角给它下定义。例如，古汉字"法"释为"平如水，去不直"，即公正的意思。外语（如拉丁文，法文、德文）中"法"字兼有权利、公平、正义等内涵。古代中国的"法"与"律"，拉丁文中 Jus 和 Lex，也是有所区别的。当代中国的法律界，"法"或用以称呼法律（如专利法），或用以指包括法规、规章在内的整个法律体系（广义的法）。在法学界，或将"法"与"法律"二者通用，或将"法"泛指成文的或不成文的、总体的或单个的实在法。张文的定义则是："对于各种法律所确定的人们行为规范的概括，就是法。"这样给"法"下定义，自无不可，也可以用来解释他所选择的某些法律现象。但同笔者所引用和理解的马克思关于法的概念（或本质）则是两码事，井水不犯河水。

上述郭文和"区别"一文中，援引于马克思在《资本论》中和其他论著中（这可都是"成熟的"马克思的论著）关于法或法权关系的论述：在商品交换中，"一有符合另一方的意志，就是说每一方只有通过双方共同一致的意志行为，才能让渡自己的商品，占有别人的商品。可见，他们必须彼此承认对方是私有者。这种具有法权关系或意志关系的内容是由这种经济关系本身决定的。"[②]显然，马克思这里讲的"法权关系"即指法的关系或法，它是客观存在的意志关系与意志行为力，规则、法则，而不是作为国家意志的产物——法律。这里，还可补充援引马克思在论到社会分工时所指出的"整个社会的分工都是按照一定的规则进行的。这些规则是由哪个立法者确定的吗？不是，它们最初来自物质生产条件；过了很久以后才上升为法律"。[③] 即先有这些客观存在的法权关系（法），以后才"上升为法律"。恩格斯也指出过；"在社会发展某个很早的阶段，产生了这样的一种需要：把每天重复着的生产、分配和交换产品的行为用一个共同规则概括起来，设法使个人服从生产和交换的一般条件。这个规则首先表现为习惯，后来便

① 载《法学研究》1994年第6期。
② 《马克思恩格斯全集》（第23卷），第102页。
③ 《马克思恩格斯全集》（第41卷），第165页。

成了法律(这里是指习惯法——引者注)……在社会进一步发展的进程中,法律便发展成为或多或少广泛的立法(这里是指制定法—引者)。”可见,恩格斯也是讲先有习惯规则(社会生产、交换与分配中客观地、历史地、自然地形成的权利义务关系,法权关系),后来才有习惯法,最后才有国家制定的法律(立法)。

据此,笔者在“区别”一文中对法与法律的区别作了如下表述:

“法是指由经济关系所派生和决定的法权关系,是在一定生产方式下,人与人的关系(生产、交换、分配等)所必然产生出的权利义务关系与共同的社会规则,是体现经济关系以及其他社会关系的客观法则……而法律(以及立法)则是对这种客观上业已形成的法权关系予以表达和确认,使之成为‘肯定的、明确的、普遍的规范’。”①

这种表述,当然不敢自诩正确领会了马克思关于法的思想,也当然欢迎不同意见的商榷。但既要“商榷”,就应当在同一概念内涵与层次上进行讨论,剖析上述观点的是非。可是,张文却是以自己关于法的概念的界定,硬套在郭文所论不同范畴与层次的法的概念上,加以非难。

如前所引,张文认为“法”是“各种法律所确定的人们行为规范的概括”。这就是说,先有法律,然后才有对它的“概括”,然后才有“法”。“法”与“法律”的关系与区别,只是一般与特殊、整体与部分的区别。实际上张文中二者经常混同或等同,并无实质区别。按他这样给法下定义,再去强调二者的区别,确也没有什么意义。在这个定义前提下,强调法与法律都有阶级性,都是统治阶级意志的体现,恐怕谁也不会反对。可是,用来指摘郭文所论“法的时代精神”与“法律的阶级精神”的区别,则实属张冠李戴。因为,郭文所论的“法”,是指客观存在的法权关系;其与法律的区别,不是张文所称的一般与特殊的区别,而是社会存在(法)与社会意识(法律)的区别(对此,“区别”一文有详细的论述,此处不赘)。因此,两文关于“法”的概念及其与“法律”的区别,不是在同一概念层次上。就如张文讲的是水果(一般概念)与苹果、香蕉、梨等(具体概念)的区别,或整体与部分的区别,而郭文讲的是树上长的苹果(客观存在)与画家画的苹果(主观意识形态)的区别,或实践与认识的区别。苹果是水果,但画上的苹果绝不能等同于树上的苹果。不能拿苹果与水果的概念本质上的同一,来否定画上与树上苹果的实质区别。

马克思是一贯将“法”与“法律”相区别的。除了在“尚未成熟”的著作中以外,在成熟的《德意志意识形态》中就有好多处,并且批判了“法随后也被归结为

① 《马克思恩格斯全集》(第1卷),第71页。

法律”①的唯意志论的错觉，还着重批驳了青年黑格尔派分子施蒂纳的唯心主义法学观：把“法”和“法律”都说成是统治阶级的意志（“法就是统治者的意志”，而“统治者的意志就是法律”），从而他的法学公式就是“法 = 法律”，其要害在于把权力和人的暴力看做“法”的实在基础。② 而马克思、恩格斯则认为，“法”的直接基础是社会共同物质生活条件，“经济关系产生出法权关系”；③“法律”才是国家意志的一般表现形式，是统治阶级权力意志的产物。联系到张文认为“法本来就是一种以国家武装力量强加于人的统治阶级的意志”，这种法与法律不分和把暴力当做“法”的基础的观点，同施蒂纳的观点就很难划清界限了。

至于马克思、恩格斯在《共产党宣言》中所讲的那段揭露资产阶级的法观念的实质的话，④也是将法与法律加以区别，并批评资产阶级思想家把“法奉为法律”，即把本只是反映社会共同物质生活条件、体现社会共同意志关系与意志行为的法权关系（客观的法），归结为（“奉为”）⑤只是体现资产阶级意志的“法律”，以便以“法”的名义（即以社会共同利益与需要的名义），来掩盖其“法律”的阶级偏私性（关于马恩这句名言，笔者在“区别”一文中有专节新释，此处不赘）。

张文中也有一节专门论述马恩这句名言。且不说他把“法”也归结为“法律”，把二者只当成是“一般”与“具体存在形式”的区别；而且认为，对马恩这句话，只要“把这里的资产阶级换成掌握政权的统治阶级，就可以普遍适用了”，则未免过于简单化、绝对化，因为它并未能概括社会主义法（法权关系）全部特点及其与资产阶级法律的本质区别。

三、关于法的共同性

如果同意马克思讲的在交换中客观形成的法权关系是由经济关系决定的人们的共同意志行为关系，那就不能不承认“法”（特别是私法关系）是社会的共同

① 《马克思恩格斯选集》（第1卷），第70页。

② 《马克思恩格斯全集》（第3卷），第376～380页。

③ 《马克思恩格斯全集》（第19卷），第19页。

④ 请注意，笔者这里对马恩这句名言的理解，是认为这句话只是“揭露资产阶级的法观念的实质”（即把“法归结为法律”），以及资产阶级法律的本质，而不是对“法”的本质的定义。

⑤ 在《共产党宣言》的其他译本中，此句中“法”译为“法权”；“被奉为法律”译为“被提升为法律”。参见《马克思恩格斯文选》（两卷集）（第1卷），外国文书籍出版局1954年版，第25页。这个译文也有助于我们更准确理解原文的含义。

意志关系中客观形成的社会法则(或“无意识的自然规律”),而“法律”则只是立法者主观意志的产物(虽然最终也要受社会物质生活条件所制约)。由此就可以得出,客观的法是由社会共同物质生活条件所决定的社会共同意志关系的体现;而法律要反映法的本质,就必须如马克思所说的:“法律应该是社会共同的、由一定物质生产方式所产生的利益和需要的表现”。[1] 郭文由此也就得出,一定时代的法的精神,是该时代社会共同物质生活条件基础上形成的、社会共同意志所体现的[2]共同利益与需要的反映。因此,郭文认为,“法的精神主要是(当然不只是)指法的时代精神,而不是指法律的阶级精神(当然,顺应社会发展的进步的阶级精神能与时代精神相一致)。”

张文不同意上述观点,认为郭文所讲的几个“共同”,“其实这是在人类有法以来的各个历史时代中所‘共同’没有的。离开一定阶级为代表的‘共同的物质生活条件’,‘共同’的意志或意识关系,‘共同’的利益和需要等所谓‘共同性’,只是作者的主观遐想,也不是什么所谓的‘客观法权关系’。”

这里有几点值得“商榷”:

如果依张文所说,这种共同性是“共同没有的”,是“主观遐想”,那么郭文所据以立论的马克思关于商品交换(包括作为商品的劳动力同资本家的货币的交换)中“双方共同一致的意志行为”也是没有的,是马克思的“主观遐想”。包括前引马克思讲的“法律应该是社会共同的、由一定物质生产方式所产生的利益和需要的表现”,也是“纯属于作者的虚构”(见张文)。张文既然要否定马克思的这些论断,就应该针对马克思的这些论断(这可不是“尚未成熟”的马克思的“遐想”),加以评析。可惜没有。而只是武断地把它同孟德斯鸠、康德、黑格尔等人挂钩,说这种观点同他们“并没有什么本质区别,只是换用了一些历史唯物主义的词汇”。其逻辑结论等于说,已经成熟了的马克思的观点,同“尚未成熟”的马克思的观点不同之处,“只是换用了一些历史唯物主义的词汇”。

事物都有矛盾,凡矛盾必有其同一性,才有其斗争性,这是哲学常识。没有卖者,也就没有买者。没有无产阶级,也就没有资产阶级。他们都共同地处于同一社会共同体中,处于同一时代共同的社会物质生活条件即生产方式之中(区别只是资产阶级处于这一生产方式中的矛盾主要方面,处于优势地位,剥削者地位,而无产阶级则是它的对立面,处于被剥削地位)。如果二者没有任何同一性或共同性,这个共同体就要破裂。这种共同性,包括共同的利益与需要——无产

---

① 《马克思恩格斯全集》(第6卷),第291页。

② “郭文”在发表时,此处被印成“共同意识关系”,这是校对疏误,应为“共同意志关系”。

者需要出卖劳动力换取货币以谋生，资产阶级需要购买劳动力以剥削赚钱而付给货币工资，一个愿买，另一个愿卖，这就是“共同一致的意志行为”，也是客观形成的权利义务关系，即法权关系。即使进入生产领域，双方也还有一定的共同利益，即维持企业的生产，否则资本家要破产，工人要失业。当然，当工人为反抗资本家的残酷剥削与压迫而起来罢工，或者当整个工人阶级组织起来开展革命的阶级斗争，推翻资产阶级的统治，这时，共同体破裂，二者不再有同一性或共同性，但也已不再是资本主义企业或资本主义生产方式、资本主义社会了。不过，两个阶级之间（不是个别工厂的工人与资本家之间）的关系完全破裂，二者之间的共同性的消失，毕竟不是某一生产方式、某一社会的常态，只是革命的非常时期。否则，如果资产阶级同无产阶级没有任何共同利益，它们就不可能共处于一个统一的社会中，只会是无休止的分裂与内战；更何况，当他们在反对封建专制统治的共同敌人的斗争中，更有着共同的利益。如马克思所说，“它的利益在开始时的确同其余一切非统治阶级的共同利益还有更多的联系”。[①] 也如恩格斯所说：“当一种生产方式处在自身发展的上升阶段的时候，甚至在和这种生产方式相适应的分配方式里吃了亏的那些人也会热烈欢迎这种生产方式。”[②]何也？也还是因为有共同利益与需要之故。如奴隶可以不再被作为俘虏而全部被杀掉，无产者不致作为“流浪汉”被收容拘捕。即使无产阶级同资产阶级发生重大冲突与对抗时，如恩格斯所说，资产阶级有时也会“甘愿以不断向工人让步为代价来换取比较长期的休战”[③]。之所以能达到“长期的休战”，也还是因为他们存在某些共同利益与需要。

法和法律也是如此。法的共同性已如上述。法律作为人类文化成果，除了阶级性外，也有为当代人们共同需要的规范和为历代人们可以继承的东西。

当然，讲这么多统治阶级与被统治阶级之间的共同性，丝毫不否认它们之间的阶级差别、矛盾、冲突以及有时发生的对抗，只是为了说明，这种矛盾的斗争性与矛盾的同一性是相互联结、相互依存的，矛盾双方互为存在的条件，因而才能共处于一个统一体中，又因而才能互相转化。[④] 如列宁所说，辩证法就是要“研

① 《马克思恩格斯选集》（第1卷），第54页。

② 《马克思恩格斯选集》（第3卷），第188、221页。

③ 《马克思恩格斯全集》（第19卷），第283页。

④ 《毛泽东选集》（4卷合订本），第301～306页。

究对立怎样能够是同一的”[1]。没有同一性或共同性，也就不可能有矛盾和斗争。[2] 同时，讲同一性、共同性，说它们之间处于同一社会共同体中，具有马克思所说的共同意志行为和共同利益与需要，也并不是说这都是出于个人的心甘情愿。这不是个人意志所能左右的，而是如马克思指出的是一种“历史必然性”。张文不去正视这种历史必然性，硬说这种共同性是“各种历史时代中所‘共同’没有的”。如果真是这样，那历史上也就没有过不同阶级共存的社会，各时代社会因无任何共同性，也就没有人类社会的延续了。

正是由于有共同性，即处在共同的社会物质生活条件（指同一生产方式）中，基于双方的共同利益与需要而产生的共同意志关系与意志行为，而客观地历史地形成的法权关系、客观法则，就是客观的法。而符合这种生产方式的要求，符合它们共同意志、共同利益与需要（包括剥削与被剥削的需要，即马克思所说的“历史必然性”与“历史正当性”）的法的本质、理念，也就是法的精神。而这种法的精神，如郭文所说，“主要是反映一定历史时期客观法权关系的时代精神，其时代性是比其阶级性更具有决定意义”。这是因为，它所体现的是某一时代的生产方式的共同要求，而不限于在这种生产方式中居统治地位的阶级的要求。

至于法律，它是统治阶级意志的产物，它只是由“这个阶级的物质生活条件”（见《共产党宣言》）来决定的，即由这个阶级在生产方式中所处于优势地位与利益来决定的，而不是由生产方式中双方的共同意志与利益来决定。因此，如郭文所指出的，其法律精神“浸透了阶级性”。也正如郭文所说：“当然，顺应社会发展的进步的阶级精神能与时代精神相一致。”也就是说，只有符合时代精神，符合法的本质、法的精神的法律，才是马克思所称的“真正的法律”。

张文说，只有“一定阶级的时代精神”，“没有超阶级的时代精神”。如果这是指“法律”而言，有部分道理，但郭文讲的是“法”的时代精神，如前所述，法与法律是有区别的。

张文还说“没有共同的当代世界的法的精神”，“我们和美国，能有共同的民主、人权和自由等共同的法的精神吗?”当然，就其阶级实质而言，我们同资本主义国家在民主制、自由观以及人权观、人权法制上，有本质的不同。但正如马克思所说，任何事物都是“一个具有许多规定和关系的丰富的总体”，“它是许多规定的综合，因而是多样性的统一”。[3] 事物之间有本质的区别，并不因而完全排

① 《毛泽东选集》(4卷合订本)，第301～306页。

② 例如，鸡蛋与石头，在本质上没有同一性，因而二者无所谓矛盾斗争，只有当二者都作为重物时，才有共同性，才会产生“鸡蛋碰石头”的矛盾斗争。

③ 《马克思恩格斯选集》(第2卷)，第102～103页。

斥其有非本质的相同之处。不要说“民主”、“自由”、“人权”这些词是来自西方,而为我们所用,就其某些非本质的(指就国体而言是非本质的)内容,如“少数服从多数”这类程序性民主原则或民主精神,难道就没有丝毫共同之处?市场经济中所要求的自由与平等竞争,反对垄断,人权中所要求的国际集体人权的共同标准(如生存权、发展权、和平权、环境权、人类共同继承财产权等),难道就只有差异而没有共同性?如果其中没有丝毫的共同利益,我们为什么能、为什么要参加那么多国际人权条约?这些条约不正是多少体现了国际法中的某些共同的时代精神,因而能为我们所接受吗?

张教授在几年前写的一篇论人权的论文中,也说过社会主义人权“承认资产阶级人权的历史作用,将其历史上反对封建的功绩肯定下来,并将之容纳于社会主义国家公民的基本权利和义务之中,作为社会主义民主和法制的基本内容予以科学的表达。”[①]——请看,张教授在这里如果不承认它们之间有某种共同性,能不但将它“容纳于”,而且将它“作为社会主义民主和法制的基本内容”吗?

张文在后面也不得不承认;“不能说我们同资本主义国家在人权方面就没有一点共同标准”,“在反封建、反法西斯主义、反对殖民统治、反对霸权方面,可以和他们统一战线,这也正是那些国际的人权文件的历史基础。”——请看,这已不是“一点共同标准”,而是许多方面有共同“基础”了。联系张文前面斩钉截铁断言的:中美之间“能有共同的民主、人权和自由等共同的法的精神吗?”岂不是表明张文前后“已经深深陷入不能自拔的逻辑矛盾之中”吗?

四、关于“良法”与“恶法”

张文还反对郭文提出的“良法(律)”与“恶法(律)”、“真正的法律”与“非法之法(律)”的区分,认为这是“想用生产力作标准取代用统治阶级意志及其物质生活条件对法进行分类”。而他则认为,这只是“以划分者主观的价值取向作为判断标准的”,而对统治阶级来说,“都是‘良法’,都是‘真正的法律”’“被统治阶级人们的评价其优其劣是没用的。”

郭文根据马克思对“真正的法律”与“非法之法(律)”的划分,[②]并引马克思所讲的:法律“只要与生产方式相适应,相一致,就是正义的;只要与生产方式相

① 张光博:“坚持马克思主义的人权观”,载《中国法学》1990年第4期。

② 《马克思恩格斯全集》(第1卷),第183页。

矛盾，就是非正义的”，[①]提出“剥削阶级统治者都有其‘良法’与‘恶法’（均指法律），良法即符合法的时代精神的法律，恶法则反是。”这里，郭文讲的“符合法的时代精神”，亦即马克思所讲的与该时代的生产方式（即生产关系与生产力的统一）相适应，而不是如张文所曲解和指责的只是“想用生产力作标准”。郭文中明白地写看法律的“恶性不在其维护有利生产力发展、为现存生产方式所容许的剥削制度，而在于超出历史正当性，（或历史必然性）的超经济的剥削与政治压迫”，这里既讲了生产力，也着重讲了生产关系。

即使强调评价法律的优劣，以是否最终有利于解放和发展生产力为标准，也没有什么不对。毛泽东早就讲过：一切政党的政策（当然也包括法律）及其实践的作用好坏、大小，“归根到底……看它是束缚生产力的，还是解放生产力的”。[②]邓小平关于社会主义本质的定义，也首先提出以“解放和发展生产力”为主要标志之一。而要“解放”和“发展”生产力，则必须使生产关系适合生产力的性质。这是这一命题应有之义，不能把它曲解为只是以“生产力的状况”为标志。而张文却把这一命题偷换为“用生产力作标准”，并断言这“会掩盖对于法的科学的本质认识，而这正是资产阶级学者在制定这种理论和词组时的原始企图”。至此，张文的原始用意也可不言自明了。

以是否符合一定时代生产方式的要求为标准，来衡量法律的优劣，也正是坚持历史唯物主义的客观标准，而不是张文所谓“划分者主观的价值取向”。

问题还在于，张文居然认为被统治阶级对统治阶级制定的法律“评价其优劣是没用的”，这就更难令人理解和苟同了。张文的理由是：“因为法本来就是一种以国家武装力量强加于人的统治阶级意志”，也就是说，“恶法亦法”，被统治者只能作这种法律的驯服的奴隶，而不应对它加以揭露、批判、抵制和反抗，甚至连作出评价都“没有用”！

当然，被统治阶级的“评价”不可能改变统治阶级法律的本质，在这个意义上说它“没有用”是可以的（郭文也不是从这个意义上去区分良法与恶法）。但也不能因此而抹杀它有良、恶之分，这也是法律的一种属性。更重要的是不能因此而取消被统治阶级对恶法的斗争，迫使其让步、修改，或制定有利于被统治阶级的法律（如《资本论》中所肯定的 8 小时工作制法）。18 世纪的西方启蒙思想家、法学家如斯宾洛莎、格劳秀斯、普芬道夫都曾主张，在人定法（法律）严重违背正义的情况下，应承认人民有权甚至有义务反对它。洛克更明确提出了“抵

① 《马克思恩格斯全集》（第 25 卷），第 379 页。
② 《毛泽东选集》（4 卷合订本），第 1028 页。

抗权”的主张。“二战”后，德国著名法学家赫特希鲁特曾痛心地指出：“法律实证主义以其‘法律就是法律’的信条，使得德国法律界对专横、非法的法律失去抵抗力。”①联邦德国基本法（宪法）吸取纳粹德国的法西斯法律对人民造成的灾难的教训，乃明文规定对违反宪法民主秩序的法律与行为，“在没有其他救济方法时，所有德国人都有抵抗权”。“二战”后在审判纳粹战犯与其他罪犯时，针对他们自辩其暴行是根据当时政权的法律而执行的“合法”行为，不应治罪。联邦德国司法部门“对这种答辩的回答是，他们所依据的法律，由于违反基本道德原则，因而是无效的”。② 此即“恶法非法”。怎么可以说对统治阶级的法律加以评价，区分其良、恶，是“没用的”呢？张文的观点又怎样同赫特布鲁特所批判的法律实证主义的信条保持距离呢？

五、关于社会主义法的精神与社会主义自由

张文不同意郭文提出的社会主义法的时代精神是社会主义自由，提出邓小平同志关于社会主义本质的论述，才是我国社会主义法的本质或者法的精神。

对以邓小平同志关于社会主义本质的论述作为我国社会主义法的本质或法的精神，笔者双手赞成；而且当仁不让地说，这一观点最早见诸报刊的还是在拙作“必须实现法制观念的转变”和“对法制进行再认识”中提出的。其中就指出，界定社会主义的法的本质不同邓小平同志关于社会主义本质的论述结合起来，“就会同社会主义本质脱节，同有中国特色社会主义理论和党的基本路线脱节，同时代精神不合拍。”③

那么，说社会主义法的时代精神是社会主义自由，同邓小平同志关于社会主义本质的定义是否矛盾呢？一点也不，而且正是这一定义在社会主义法上的体现和概括。邓小平同志的定义是属于政治理论或科学社会主义理论范畴，用来解释法的本质或法的精神，就需要将它翻译（或体现）为法学的语言用法学范畴作出法学概括。

该定义首先讲要“解放生产力，发展生产力”。什么叫“解放”？不就是打破束缚、取得自由吗？而且，不解放和发展生产力，中国也不可能取得摆脱“贫穷的社会主义”的自由，也不可能达到“消灭剥削，消除两极分化，最终达到共同富

① ［德］赫特布鲁特著：《法律的公正与超法律的公正》，德文版，第 88 页。

② ［英］哈特：“实证主义和法律与道德之分”，载《哈佛法律评论》1958 年卷，第 618 页。

③ 载《法学研究》1992 年第 6 期和《法制日报》1993 年 1 月 21 日。

裕”的目的，后者亦即打破剥削与分化的桎梏，取得免受剥削的自由、免遭南极分化之苦的自由。从法学上讲，这些都是社会主义法所要求体现或促其实现的自由权利。所以也就是社会主义法的本质与时代精神。

张文指责郭文讲的社会主义自由是“超阶级抽象观念之谬误”。试问：郭文讲的自由已明白界定为“社会主义自由”，既是“社会主义”的，怎么会是“超阶级”的？郭文也明确将社会主义自由同奴隶制时代、封建制时代和资本主义时代的自由以及共产主义的“自由王国”相区别，并将其不同内涵与时代和阶级内容作了具体的历史的分析，①怎么又只是“抽象观念”？何况郭文还具体指出：“要求自主经营，自由竞争，自担风险，自负盈亏，自主发展，自动调节，这也就是当代中国的自由在市场经济上的体现。自由，无非是要求自主而已，也可以说即是我们所常说的‘人民当家作主’的重要组成部分，这是在社会主义民主前提下的社会主义自由。”郭文还指出了改革后的农村“获得的一定限度的经济自由，如联产承包、搞商品经济、办乡镇企业等”。这都是再具体不过的自由了，怎么在张文笔下倒成了“抽象观念”呢？何况，既是探讨法的时代精神，又怎能不运用科学的抽象呢？

也许张文是基于对“民主、自由、人权、公平、正义、效率、秩序等诸多好听的字眼”（见张文）有高度的戒心，所以见之则斥之为“超阶级的抽象观念之谬误”，说“我们根本不要什么抽象的社会主义自由的法的时代精神”；但紧接着却又说：“我们要的是‘造成一个又有集中又有民主，又有纪律又有自由，又有统一意志又有个人心情舒畅、生动活泼，那样一种政治局面。’”请问，这里讲的“自由”，难道不是“社会主义自由”吗？

六、余论：“常识”并不都值得尊敬

张文还在几处没有忘记讥笑郭文的“违反常识”：这使人想起恩格斯在回答杜林先生的挑战时所说的“常识在它自己的日常活动范围内虽然是极可尊敬的东西，但它一跨入广阔的研究领域，就会遇到最惊人的变故”。② 例如，关于奴隶阶级的“生存权”问题，张文斥之为“违反常识”，可是，只要有一点历史唯物主义的眼光，就不能不承认，就奴隶阶级作为一个整体来说，也是享有一定的生存权的。这是由于生产力的发展，维持奴隶的生存，已不再是社会的一个负担，反而

① 见郭文及其注①，《法学》1994 年第 10 期。

② 《马克思恩格斯选集》（第 3 卷），第 61 页。

是社会分工的需要和奴隶主阶级自身生存的条件。既然奴隶已成为奴隶主的个人财产,也就要像其他财产一样受到保护。奴隶主的财产权这一特权的实际享有,是以奴隶享有生命权为条件的。也可以说,奴隶阶级的生存权是依附于奴隶主的财产权的。因此,从这个意义上说,不管这一权利是否已得到奴隶制法律的确认,生存权在奴隶社会实际上已是一项人人享有的非法定的社会权利(最低限度的人权)。当然,它还远非完全平等的权利,实现这一权利的条件和生存的质量有极大差距,是很不平等的,而且奴隶个人(不是指整个阶级)的生命还经常受到侵犯,缺乏法律保障。但毕竟奴隶作为一个阶级不再全部被杀掉或吃掉(奴隶被奴隶主个别处死,并非原则,而是"例外")。如恩格斯所说:"对奴隶来说,这也是一种进步。"①

至于其他一些被张文视为或被曲解为违反常识或违反其他什么原则的,虽则它"极可尊敬",限于篇幅,恕不一一作答。

（1995年第6期）

① 郭道晖:"人权·社会权利与法定权利",载《社会科学季刊》1993年第2辑。该文还指出,奴隶社会奴隶的首要人权是争取"人身自由权",只有在整个奴隶阶级已无法生存而爆发奴隶起义时,奴隶们才是为生存权和人身自由权而斗争(见该文注17)。

中国法制现代化的难点和重点

郝铁川[*]　傅鼎生[**]

综观世界法制现代化的历史经验，不难看出，在各国法制现代化的进程中，始终伴随着对法制现代化途径、模式的理论设计和探讨，清晰地呈现出从理想法到实然法的演进轨迹。因此，多年来我们不避坐而论道之嫌，致力于中国法制现代化理论问题的探索，期望能像德国1900年制定民法典那样，不是简单套用它国公式，而是走出一条既富有民族特色，又与国际接轨的法制现代化道路。

一、中国法制现代化的难点

所谓法制现代化，其实质是建立一套培育、适应、促进市场经济发展的法律制度，并实现"法治国"价值目标。围绕这一问题，我们已经遇到或将会遇到哪些难点呢？

1. 人治和法治

尽管从价值观念上讲，我们每个人都毫不犹豫地认同法律权威高于个人意志的法治，但在目前改革开放这样的社会变革时代，人治却是一种难以避免的现象，它与我们衷心期盼的法治价值目标形成了尖锐的矛盾。人治何以不可避免呢？

第一，由于当前的改革是对旧体制的革命，而旧体制模式在一定程度上具有法律的形式和法律机制。因此，我们的改革往往面临着与某些落后法律的矛盾和冲突。有些现行的但却不合时宜的法令、法规阻碍着改革开放的步伐，而且由于种种主客观因素，这些不合时宜的法令、法规一时难以被废除。从前段时期国务院清理法规的结果来看，国务院从自新中国成立以来至1983年年底发布或批准的1108件法规中，不适应改革开放的、需要废止和修改的达764件，占68%。在各部门发布的规章中，需要废止或修改的也很多。但这些并非马上就能做到，因此，为了加快改革开放的步伐，我们的改革家们就必须以邓小平同志提出的

* 作者单位：华东政法学院（现华东政法大学）。

** 作者单位：华东政法学院（现华东政法大学）。

“三个有利于”为标准，勇敢地冲破不合时宜的种种禁区，人治从而就成为一种不可避免的现象。

第二，在改革开放时期，人治常常是过渡到法制法治的必要中间环节。

我国的改革开放是前所未有的、深刻的社会大变革，没有现成的模式可以照搬。一切都需要人们去大胆地试，大胆地闯，杀出一条血路，摸索出一套成功的体制，然后再用法律形式把它固定下来。如《企业法》中所规定的厂长负责制，就是在长期的试点实践之后作出的结论。这种从多种多样的模式中，挑选出一种成熟模式的过程，无疑带有人治的色彩。

总之，尽管人们所追求的法制现代化是以实现依法治理国家、依法控制社会为价值目标，但在法制现代化的过程中，又夹杂着人治的不可避免性。

美国学者E. 博登海默更加深刻地指出，即便是“法治”，也具有一定的弊端。第一，法律一般具有滞后性，呈现一种保守主义的倾向，“它在某种情况下可能成为进步与变化的桎梏。立法机构在实施改革任务时可能会受到权势集团的阻挠，而这种集团的利益在于维持事物的现状。此外，立法步骤往往是缓慢而麻烦的，并且立法者倾向于敏捷地注意与直接的政治利益有关的问题，而不注意去修改过时的法典，或使充塞传统观念的法律现代化。”①第二，法律的形式结构具有僵硬性，这种僵硬性根源于法律的普遍性。法律总是针对普遍的、一般的情况来制定的，一遇到例外情况，法律就难以应付。第三，法律的限制性功能容易被强化，“于是在某些历史情况下可能发生这样的情况：管理变为管理过头，控制转成镇压。如果法律秩序对公私权力的制衡过严、过硬，那么某些有益的扩充和经验的形式就可能被窒息了”。② 既然法治本身亦具有这些缺陷，那么人治就更难完全杜绝了。而改革开放的社会大变革常常会在某些方面凸显法治的缺陷，因此，人治现象就会在某些范围内发生。当我们认识到这一点之后，在法制现代化进程中，我们就不能对法治寄予过高的期望，不要把法治问题绝对化。

2. 个人本位与社会本位

西方法制现代化经历了从“个人本位”到“社会本位”的演进过程。概括地说，西方十八九世纪的法律制度是以“个人本位”为指导思想，而19世纪末以来的法律制度则是以“社会本位”为指导思想，后者是对前者的修正。例如，在民法领域，十八九世纪民法的基本原则是私权神圣（即民事权利受到法律充分保

---

① [美]E. 博登海默著：《法理学：法哲学及其方法》，张智仁译，上海人民出版社1991年版，第362页。

② 同上，第363～364页。

障，任何人或者任何权力均不得侵犯）、身份平等（即法律资格平等、民事权利能力平等、机会平等）、意思自治（即当事人依照自己的理性判断，去设计自己的生活，尊重个人选择，契约自由），而20世纪的民法理论对上述原则作了较大的修正。由原来的私权神圣转变为限制私权，一些西方国家一度推行某些领域的国有化政策，由原来的意思自治转变为限制契约自由，大量的社会立法即由此产生。“个人本位”理论认为，社会的逻辑起点和价值起点是个人，法律的设立在于对个体权利的保护。反映在民法领域，便是以权利为中心，构筑权利保障体系。“社会本位”理论认为，社会的逻辑起点和价值起点是社会、集体而不是个人，个人只有处于社会集体之中才有其自身价值，因此，法律应该促使个人在行使权利之际，承担增进社会福利、巩固国家安全和维持公共秩序的义务。这种观念尊崇国家，高扬权力。

“个人本位”理论是十八九世纪工业化社会的法律学说，“社会本位”理论则是20世纪后工业化社会的法律学说，它们是不同阶段政治、经济关系的反映。中国目前正在向着工业化社会迈进，通过政治体制和经济体制的一系列改革，冲破传统“官农”、“官工”、“官商”等“官本位”的文化樊篱，完成西方在十八九世纪完成的“从身份到契约”的运动。因此，借鉴西方十八九世纪以个人（权利）本位为特征的法律文化势在必行。但是，中国法制现代化不能简单重演西方的历史，不能机械地先走完西方工业化社会历程，再去步西方后工业化社会后尘。中国法制，现代化要以“只争朝夕”的精神，在短短几十年内走完西方三百余年所走完的路程，不仅要尽快吸纳十八九世纪个人本位式的法律文化，还要兼容20世纪社会本位式的法律文化。如果说西方的法制现代化是循序渐进，中国则是一步到位，毕其功于一役。

更为重要的是，西方的法制现代化是循着经济市场化→思想市场化→政治市场化的轨道运行的，而中国的法制现代化则是沿着政治变革→市场经济的道路展开的，前者是自发的、自下而上的，后者则是受外部刺激而引发的、自上而下的，因此中国法制现代化必须借助政府的推动方能实现，一定程度上的高扬国家权力的权威是不可避免的。十八九世纪的西方社会信奉“最好政府，最少管理”，经济上采取放任主义态度，而今日中国就不能简单仿效西方的做法，相反必须确保一定的中央权威。

这样一来，如何恰如其分地将个人本位与社会本位衔接起来，就成为摆在我们面前的一大难题。如果过分地强调个人本位，市场秩序社会秩序就会出现无序状态，如果过分地强调社会本位，传统的官本位文化就会改头换面地横行于世。

3. 立法超前与观念滞后

西方法制现代化的历史进程是:15世纪人文主义者对人的价值、人的尊严和个性解放的宣传;16世纪宗教改革家加尔文的民主、共和主张,法国进步思想家鲍埃西等人的自由、平等思想的传播;17世纪格劳秀斯、洛克等人的社会契约思想、分权制衡学说的产生,英国君主立宪政体和宪法的产生;18世纪孟德斯鸠、卢梭等民主、法治思想的激荡,法国民主政体的建立,宪法、民法典、刑法典的产生。中国法制现代化的历史进程是:19世纪四五十年代魏源等开始注意中西政制之别,赞扬民主制度又"公"又"周";60年代冯桂芬提出"君民不隔不如夷",批评专制制度不如立宪制度通达民情:70年代个别改良派如郑观应等发出开议院的议论;80年代部分洋务派如张树声等提出立宪问题,个别改良派(如何启)开始宣传"公平"思想;90年代出现了戊戌变法;20世纪初先是清末法制改革,而后是"五四"新文化运动的崛起,民主思想的激荡。将中西法制现代化比较一下,我们便可发现,西方的法制现代化进程是先提出个性解放、自由平等、分权制衡等思想,然后再建立民主政权,最后是通过制定一系列法典保护民主革命的成果,它遵循的是思想启蒙→民主政权→法制现代化这样一条逻辑。而中国法制现代化的进程则与此大不相同。它既未经过前期的自由、平等、法治等思想的社会启蒙运动,又不是在民主政权已经建立的前提下进行法制现代化的,它走了一条从专制政权→法制现代化→思想启蒙的奇特道路。

中西法制现代化的上述差异,原因在于西方是在市场经济的基础上层展开法制现代化的,由强调人的价值、人的尊严、个性解放而宣传自由、平等、法治思想,到建立民主政体、进行法制现代化这样一个由缓而疾的过程,不过是近代市场经济由萌芽、发展而要求确立统治地位这样一个历史过程在政治和思想领域中的投影。因此西方法制现代化既集中体现了资产阶级的经济利益和政治要求,同时也是此前个性的解放、民主法治思想量变积累的结果。而中国法制现代化最初并不是由于近代市场经济的发展引起的,它缺乏市场经济的基础,而是由鸦片战争以后的民族危机直接引发的。所以中国法制现代化是救亡图存、拯救民族危机的产物,没有经历足够的近代思想启蒙教育。西方是思想启蒙先行,然后是法制现代化,中国则是法制现代化先行,然后是思想启蒙。而且思想启蒙也远未深入进行。

眼下的中国法制现代化亦不同于西方,它是在原来的计划经济体制基础上开始的,是通过现代法制的建立来培育市场经济,而不是市场经济已经确立,进而要求现代法制来保护它。人们对市场经济是陌生的,对旨在推进市场经济发展的现代法制和法治思想亦是不甚熟悉的。特别是中国法制现代化将主要通过创造性地移植西方法律来进行，更加剧了人们对现代法制和法治观念的陌生感。

因此，立法超前与观念滞后将是贯穿整个中国法制现代化过程的一个难题，当前大为人们所忧虑的有法不依问题，即与这一难题具有密切的关系。

二、中国法制现代化的重点

中国法制现代化是一个系统工程，涉及方方面面，然其重点，主要有如下3项：

1. 制定民法典，弘扬民法精神

市场经济的发展，需要民法、经济法、行政法、刑法等一系列部门法的保障。然其核心则是民法，它与市场经济最为贴近，正如恩格斯所说的那样："民法准则只是以法律形式表现了社会的经济生活条件。"[①]西方法制现代化的主要标志就是民法典的制定，西方法律的闻名绝不是由于它的刑法，而是基于它的民法。1804年的《法国民法典》是典型的近代市民社会的法典，它不仅促进了自由资本主义的发展，并掀起了欧洲大陆引国以之为范本的法典编纂运动高潮。拿破仑曾自豪地说："我的光荣不在于打胜了四十个战役，滑铁卢会摧毁这么多的胜利……但不会被任何东西摧毁的、会永远存在的，是我的民法典。"[②]

中国不像西方那样，具有悠久的私法传统，相反在相当长的历史时期内不知民法为何物，泛刑主义盛行。这与中国历史上商品经济微弱和自然经济、计划经济占优势直接相关。在现行部门法中，刑法的立法观念和技术明显地要比其他部门法成熟，而民法尤其相形见绌。例如，在民法的立法观念方面，现行民法较多地突出行政手段和指令性计划，过多地限制当事人的意思自由，过分追求特色的排斥市场经济的共同规则，在民法的立法技术方面，现行民法存在互不协调的现象。以债法为例，并存三个互不统率、互不协调的合同法，而且各自的基本原则、基本精神也不一致。关于物权的规定很不完善，尤其缺乏各种用益物权和担保物权的规定，缺乏物权取得方法的规定。[③]《民法通则》既非总则亦非分则，不伦不类。

西方从奴隶社会到近代资本主义社会，私法传统不曾间断，私法观念绵延不绝。中国既无私法传统，私法观念也极为淡薄。改革开放以来的法制宣传教育，

---

① 《马克思恩格斯选集》(第4卷)，第248页。

② 《法国民法典》，李浩培等译，商务印书馆1979年版，译者序，第3页。

③ 梁慧星著：《民法学说判例与立法研究》，中国政法大学出版社1993年版，第58～59页。

重点放在宪法上面，而对民法注意不够。因此，我们必须尽快制定民法典，弘扬民法精神。

2. 完善行政法，促使行政权的合理运用

中国法制现代化不像西方那样是由下而上地进行，而是由上而下、依靠政府的推动来完成。理论和实践都表明，现代市场经济离不开政府的宏观调控，这是因为市场调节具有一定的盲目性、自发性，市场主体具有趋利性，单靠市场调节，难以兼顾经济效率和社会公平分配，难以实现社会全面发展和进步。因此，要充分利用各种法律手段，充分调动各种政治资源去强化政府的合法权威，使其有能力把该管的事情管好。

但是，政府对于市场经济的干预不能倒退到改革前的那种状态，政府的权力不能滥用。中国不像西方那样，政府曾经有过“守夜人”的历史，不管是在自然经济年代，还是在计划经济年代，中国的政府从未做过“守夜人”的角色，而总是以无所不能的“圣者”和企图全面控制一切经济生产活动的政治角色出现。由于存在这样的历史文化背景，所以中国容易出现政府过度干预经济的情况。“翻牌公司”的出现即是一个例证。

因此，在中国法制现代化中，我们既要保持中央政府的权威，又要防范其权力的越轨行为。这样一来，完善行政法就显得十分重要了。英美法系和大陆法系关于行政法的基本观念存有差异，前者突出行政法控制行政权的作用，后者则侧重于行政法保障行政活动的有效性和控制行政权滥用两方面的功能。我们要借鉴大陆法系的行政法律制度，既控制行政权的滥用，又保障行政权的合法使用。

目前，我国的行政法比较落后，如在行政执法方面，迄今尚未制定统一的专门的行政程序法，在行政行为方面，有时过分注重行政处罚和行政强制执行，忽略行政合同和行政指导，在行政责任和赔偿方面，行政责任和赔偿的范围还比较窄，在行政诉讼方面，行政诉讼的对象仅仅局限于行政主体的具体行政行为，而对行政主体的抽象行政行为（行政立法活动）则不予过问，行政诉讼的受案范围也较窄。尤其是行政诉讼活动对行政法规和地方性规章同立法机关制定的法律一样，都必须遵循，把行政主体制定的法规、规章作为审案的依据，这极不符合行政诉讼主体地位平等的原则。

3. 建设有中国特色的民主政治

从西方法制现代化的历史经验可以看出，民法典和行政法都是民主政治确立后的产物，没有民主政治，就没有民法典和行政法。而从鸦片战争后中国法制现代化的历史教训可以看出，中国近代虽然出现了民法典和行政法，但实施效果极差,有法不依的事例不胜枚举,原因就在于当时的政府实行专制统治,以权代法、徇私枉法的现象非常严重。

正反两方面的经验告诉我们,实现中国法制现代化,一是离不开市场经济,二是离不开民主政治。我们是在近百年来未曾变动的理论体系指导下,从几十年一贯制的高度集中的政治、经济体制的实践中转换到市场经济体制上来的,根深蒂固的旧体制具有极大的惯性和同化作用,与市场经济的运作格格不入。所以江泽民同志在中共十四大报告中指出,"同经济体制改革和经济发展相适应,必须按照民主化和法制化紧密结合的要求,积极推进政治体制改革",建设有中国特色的社会主义民主政治。

市场经济不是社会主义的目的,而仅仅是一种手段,是使社会主义经济制度得以自我完善的一个有效的途径,它仅仅是满足人们物质文化的需求,是完善社会主义制度的物质基础,而社会主义的根本目的就是追求人们的物质文明和精神文明的双重目标,没有民主,就没有自由,就没有任何意义上的人的发展,而离开了人的全面发展,经济现代化是不能实现的。① 同样,法治也不是目的,而仅仅是使人们免于恐惧、享受最大限度内自由的手段。

民主政治包括许多内容,但目前尤其要尽快建立违宪审查制度、宪法诉讼制度,完善人民代表大会制度,实现决策民主化,使宪法真正地社会化。

总之,制定民法典,是为了从社会的横向层面上保障市场经济的顺利发展;完善行政法,是为了从社会的纵向层面上保障市场经济的茁壮成长;建设民主政治,是为了造就一个实施民法典、行政法的良好环境,是为了把经济现代化与政治现代化有机地结合起来,使人们在自由的社会中得到全面的发展,这就是中国法制现代化的重点所在。

(1995 年第 7 期)

① 师棠:"市场经济与民主政治",载《法学》1993 年第 1 期。

法律权利与义务的异同

张恒山[*]　黄金华[**]

在法学界，几乎所有的学者都认为权利与义务二者不同，几乎所有的学者都将权利与义务放在相互对立的两极来看待。于是，便有了权利的对应概念是义务这样的通论。但权利和义务究竟有什么具体的不同？似乎很少有人关心。或许，这是中国法理学难以深化的原因之一。其实，权利与义务既有不同，又有相同之处。探讨权利与义务的异同，揭示二者的深层内涵，不但可以加深对这两个概念的认识，还可以为法价值、法规范等问题的研究奠定基础。

一、权利是正当的，即社会判断“权利”这一名目标示的行为是“正当的”；义务是应当的，即社会判断“义务”这一名目标示的行为是“应当的”

这里“正当”与“应当”的意义在于揭示了权利与义务两概念在实质上的区别。但“正当”与“应当”二者本身的区别却是非常微妙和富于启发意义的。

“正当”意指“对的”、“正确”、“可以”。用“正当”来表述的一个句式是一评价判断。例如，“你发表著作是正当的”。这一句式表述的意思是对“你”的“发表著作”这一行为的评价，是对的、正确的、可以的，是说话人所赞同的。但是，“正当”本身不含有义务判归的意思。尽管发表著作行为是对的、正确的，但你没有必要一定去发表著作，或者说，你没有发表著作的义务。

“应当”不仅意指“对的”、“正确”、“正当”，而且意指“必须”、“只有”、“一定”。用“应当”表述的一个句式，是包含着评价判断的义务判断。例如，“你偿还债务是应当的”，或者说，“你应当偿还债务”。这一句式表述的意思有两个层次：(1)你作出“偿还债务”这一行为是正确的、正当的、对的，是说话人所赞同的；(2)你作出“偿还债务”行为是必须的、一定的，是说话人所要求的。

通常人们只注意“应当”一语所蕴涵的后一层意思，而忽略其中的前一层意

* 作者单位：中国人民大学法学院。
** 作者单位：中国人民大学法学院。

思。其实,"应当"所蕴涵的前一层意思更重要。在一种行为是否正确尚不能确定的情况下,要求这种行为一定被做、必须去做便无根据。只有在一种行为本身是正确的、正当的情况下,才能进一步提出这种行为一定被做、必须去做的要求。因此,"应当"的后一层含意"必须"、"一定"是以前一层含意——"正当"、"正确"为依据的。但是,由于包含着后一层含意,"应当"就不同于"正当"这样的评价判断,而成为一种义务判断。换言之,"应当"是由"正当"加"必须"所构成的义务判断用语。

由于义务判断用语"应当"是由表示价值评价的"正当"和表示义务判归的"必须"两要素构成的,因此,它与单纯的价值评价"正当"相比,在语义上更为强烈。"应当"不仅表示一种行为是一种价值、一种好、一种善,而且,因为它是一种价值、一种好、一种善,以至于必须去做。

若进一步分析权利所包含的"正当"与义务所包含的"应当"所标示的价值,我们会发现更重要的区别。

权利内含的"正当"所标示的行为在被做时,对社会而言,可能是一种价值、一种好、一种善,也可能不具有价值,但最起码不会是恶。同时,这种行为若未被做甚至被放弃,对社会而言,即使不具有价值,最低限度也不会是恶。例如,发明创造,对社会而言,可能是一种价值,也可能不具有价值,但不会是恶。

简言之,权利所包含的"正当"是一种价值判断,它是评判权利这一名目下的行为的诸种行为形式(做、不做、放弃)中的无论哪一种行为形式都对社会无害,并且可能有价值。由于"正当"基本上是一种社会性评判,因此,它主要意指"权利"这一名目下标示的行为最起码对社会无害。

义务所内含的"应当"意指:(1)义务要求不做的行为或按义务要求必须做的行为,分别被行为人不做抑或做了,这就是"正确"、"正当"的。社会之所以评价它们为"正确"、"正当",就是因为,它们(按义务要求的不做或者做)可能对他人对社会有利,至少对他人、对社会无害。(2)按义务要求不做的行为或按义务要求必做的行为,分别被行为人所违反,这就是"不正确"、"不正当"的。社会之所以评价它们为"不正确"、"不正当",就是因为,做义务要求不做的行为,或不做义务要求必做的行为,肯定对他人、对社会有害。例如,违反不得盗窃的义务,则对他人和社会有害;违反赡养老人的义务,对老人、对社会有害。社会从自身防卫的角度,评价违反义务为"不正确"、"不正当",并相应地要求遵守义务的行为是"必须的"。

总之,义务中的"应当"包含两个层次的价值判断:按义务要求的做或不做去行为的是"正当的",因为它们是无害的,并且可能有利于他人和社会;不按义务要求的做或不做去行为的是"不正当的",因为它们是肯定有害他人和社会。由"无害"产生"正当"的评价,由"防害"产生"必须"的要求,义务中的"应当"便由"正当"和"必须"合并构成。

由上述分析可见,义务中的"应当"包含着权利中的"正当",即一种义务行为,同时也是"正当"的行为;而权利中的"正当"不能引申为"应当",即一种"正当"权利的行为,不是必然被要求的行为。

当社会将一种"正当"的行为进一步要求为"应当"的行为时,即将"权利"进而规定为"义务"时,必须是出于下述考虑:当这种行为被行为人不做或者放弃时,必然会对他人或社会造成损害。

总之,"正当"和"应当"都是社会从自身利益角度作出的对主体行为的价值评判,"正当"是社会以"无害"作评判依据的,"应当"是社会以"无害并可能有利"和"防害"作评判依据的。从社会自身防卫的角度来看,"应当"具有直接的、较强烈的防卫意义。

二、权利是主体具有选择自由的行为,义务是主体具有必然性的行为

权利就其要素[①]构成而言,其中之一是主体具有行为选择的自由。权利主体可以就权利这一名目下标示的行为在做、不做、放弃之间进行选择。权利主体的这种选择的自由与权利的"正当"这一要素有关。由于社会评价"权利"行为无论处于哪一种形式都是无害的、正当的,所以,它是社会与他人都不应干涉、阻碍的。权利的诸种行为形式的无害性,是权利主体可以在诸种行为形式中作出自主选择的根据。

义务标示的行为却是义务主体不可选择的行为。按照义务准则,主体对某种行为不做,或者对某种行为必做,这是被规定、被要求的。在这里,主体不能在做、不做、放弃之间进行选择。社会所确定的义务准则,在义务准则所涉及的范围内,已经给每个主体作了行为方式的选择与规定。义务之所以是不可选择的,就是因为义务具有防害的价值。如果行为主体作了违反义务的行为方式选择,

① 笔者认为,权利的构成要素包括:(1)主体的实质性要求——对自身利益的追求或维护;(2)主体的形式要素——不做、放弃之间进行选择的自由;(3)社会的实质要求——与权利主体相对的社会其他成员评价"权利"为正当;(4)社会的形式要素——国家组织对权利行为的保护。参见北岳:"法律权利的定义",载《法学研究》1995年第3期。

就必然会对他人、对社会造成损害，从社会防卫的角度来看，为了形成一个无害的社会，环境和社会秩序，要求行为者履行义务就具有必然性。

由于只有在义务被履行的情况下，主体的行为才是无害的，社会环境才是无害的、安全的，这样，当我们说一个主体所享有的及行使的权利是"无害的"时候，它必然是以这一主体已履行社会所要求的义务为前提的。当我们说一个主体所享有的权利是其行为选择的自由时，它也必然是以这一主体已遵循社会所要求的必然性行为去做了为前提的。简言之，义务的必然性行为是权利的自由行为的前提条件。

可见，义务的承诺与履行和权利的获得有紧密的相关性。

三、权利的行使是基于主体自我对利益的判断；义务的履行是基于主体自我良心判断或自我和社会对利益的共同（或趋同）判断

一个主体行使某种权利，他对其权利标示下的行为是做、不做或放弃，完全取决于他的自主意志，他的自主意志形成的根据就是他对自我利益的判断结果。因为这种权利起码无害于他人和社会，所以，社会不干涉主体的自我利益判断。

一个主体履行某种义务当然存在符合社会要求的因素，但是，符合社会要求不等于被强迫。许多学者将义务看做一种强制，将履行义务看做被强制，这种看法至少有很大的片面性。

一个主体若违反义务，忽视义务的性质，他可能会受刑事制裁、民事制裁、行政制裁等。说这是被强制，完全正确。但这是不履行义务而被强制。

在实际社会生活中，绝大多数情况下，义务是由主体自觉履行的，对自觉履行义务者，不见得都是被强制，自行履行义务者大体有以下几种情况：

（1）根据自己的义务、良心感而作出履行义务的行为。例如，甲曾向乙借贷五万元人民币，并承诺两个月之内归还。两个月期限将满时，甲出于自我义务感，认为应当归还欠乙的款项，故履行自己的债务。在此，甲的行为符合社会的义务准则要求，但是，他的行动是受他的自我义务感这种良心的驱使。他的义务感或者是因他自幼耳濡目染的伦理规范在他心中构成的一种根深蒂固的感觉，或者是因他天生具有公平待人的善心而形成的感情。总之，这种感觉、感情支配下的行为对于他来说已经是极自然的；相反，违反这种感觉、感情的行为选择反而是不自然的。这样，他履行义务的行为是他自主作出的，这种行为在客观上也符合社会准则要求，但他本人的意志并无受社会准则要求强制的感觉。

(2)根据自己的爱心、怜悯心而作出履行义务的行为。例如,甲非常爱自己的父母、子女。他既恭谨地赡养自己的父母,也慈爱地抚养自己的子女。他的行为完全符合社会义务准则的要求,但他作出这些义务行为完全不是受社会义务准则强制的结果,而是出于自我的爱心。这样,社会义务准则对于他完全未产生强制作用。

(3)根据功利的比较而作出履行义务的行为。出于功利而作出履行义务的情况亦是多样的。较典型的是,一个并非出于义务感而履行债务的人,可能是出于这样的考虑:如果不履行债务,他人可能视自己为不守信用的人,今后将拒绝与自己合作。与其因不履行债务而失去进一步合作的机会,不如履行债务以保证有继续与他人合作的可能。这种功利的考虑是基于利害得失的比较权衡。这种情况下履行义务者自我判断履行义务的利益,从长远看大于不履行义务的利益,从而作出履行义务的行为。他的行为符合社会义务准则的要求,但他作出履行义务的行为并非出于受义务准则的强制,而是出于对自我利益的选择和判断。

(4)受义务规范的强制而作出履行义务的行为。既非出于义务、良心感,亦非出于功利考虑而自行作出履行义务者,则是受义务规范的心理强制结果。某些人在某些情况下,心中是有相当强烈的违反义务的心理冲动的。例如,在贫困时想盗窃,在仇恨情绪中想杀仇敌等。但他们最终抑制了这些冲动,而抑制这些冲动并非出于义务感、良心或功利考虑,而是出于对义务规范的畏惧的结果。完整的法律义务规范在提出义务行为之后,便规定了对违反义务要求的惩罚、制裁措施。这是法律以国家的名义表述的、对违反义务行为的态度。它的直接效果是使违反义务者的利益受到损害。企图违反义务,而最终抑制了企图,并作出符合义务规范要求的行为者,之所以这样做,便是因畏惧这种由违反义务而附生的惩罚、制裁所导致的自我利益损害的结果。在这种情况下,行为者作出的符合义务的行为是受义务规范本身强制的结果。

我们说,义务是必然性行为,对于义务承担者而言,是不可选择的。这种说法,实际上是站在社会的立场上对义务人提出的要求。但在实际社会生活中,人们履行义务的意志出发点却不一定都是社会的义务要求。人们由多种动机出发,都可以作出履行义务的行为,这说明,对义务、义务规范的强制性,我们不可作简单化看待。义务、义务规范有强制性,这是对一部分有违反义务倾向的人而言的,我们切不可由义务有强制性这一命题推论出逆命题:即人们履行义务的行为都是受义务的强制的结果。根据以上的分析,人们履行义务也存在出于义务感、爱心、功利考虑而自愿、自觉的情形。当一个人作出某种行为并非是外界强迫的结果,而是自我出于某种感情、动机的结果,那么,我们就认为,他作出这种行为的意志是自主的、自由的。正如行使权利者的意志是自由的一样,一部分履行义务者的意志也是自由的。这是义务的履行与权利的行使所具有的共同点。但毕竟存在一部分人履行义务是受义务规范强制的结果,这又是义务履行与权利行使的不同点。

四、国家对行使权利的态度分别为不管、保护;国家对履行义务的态度为不管、保护,对不履行义务的态度是强制

许多法学著作只注意到国家对权利的保护和对义务履行的强制,而忽略了实际生活中国家对权利行使的各种方式的不同态度和对义务履行的各种方式的不同态度,从而使问题简单化、片面化。

任何一项权利所标示的行为都有3种表现方式,权利主体可以从3种不同的方式中选择一种方式来体现其权利。国家对这3种不同的方式都采取不管的态度,即主体行使权利,国家不管;主体不行使权利,国家不管;主体放弃权利,国家不管。正由于国家对权利的三种行为表现方式都不管,所以,在形式上权利主体对权利有选择行为方式的自主、自由。

所谓权利受保护,是指当权利主体以主动的作为或消极的不作为的方式行使权利时,其行为方式受阻碍或受干涉,此时,国家以受理诉讼,或主动侦查、检察、起诉的方式,通过对案件审理,帮助权利主体排除权利行为阻碍,制止外来干涉,使权利主体的权利受到保护。国家对权利主体对权利行使的诸种方式的不管和保护,都和权利中的"正当"这一要素相关。因为权利是正当的,至少对他人、对社会是无害的,这就成为国家对权利的选择不管,但对权利主体的权利在受阻碍、受干涉时加以保护的理由。

国家对义务履行的态度也并不仅仅是强制。

首先,国家对于所有自行履行义务的行为的态度是不管。也就是说,自行履行义务者,无论出于什么动机,他的行为与行使权利行为具有相似性。两种行为的外部特征相似,都有不受国家干预性。如果说,行使权利是因其"正当"而在外部特征上表现为自由的话,那么,履行义务则是因其"应当"而在外部特征上表现为自由。履行义务行为比行使权利有更强烈的正当性。

其次,国家对于履行义务受阻是采取保护的态度,即通过诉讼、行使命令等方式帮助履行义务受阻者排除阻碍。

我国法学界对于这一点很少加以关心,以致几乎无人论析这个问题。履行

法律上的义务行为不得受阻碍,这种情况大体可分为两类:其一是公职人员的履行义务行为不得受阻碍;其二是社会个体履行义务的行为不得受阻碍。

国家机关有管理社会公共事务的义务。国家机关的各公职人员承担着与其职位相应的各种义务。我们通常将此称为职责、职务、任务、责任。国家机关及其工作人员履行职责、职务的行为不应受到阻碍。在这一点上,无人提出反对意见。但是,有些学者常将职责、职务等称为职权,并将此种所谓的职权与权利划为一类,这是一种错误。根据权利的构成要素来看,可以发现,所谓的职权完全不具备权利所具有的行为选择的自由这一特点。所谓职权,不能在做、不做、放弃三者中进行选择,而只能"做",即做自己职务所要求的事。如果公职人员竟然选择不做自己职务所要求的事,或放弃自己职务所要求的事,就构成渎职,严重的则构成犯罪。所以,职务,或者所谓的"职权"符合义务的特征,而不符合权利的特征。

公安人员逮捕嫌疑犯人,这是履行义务,而不是权利,因为公安人员不能在逮捕、不逮捕、放纵之间进行选择。只要嫌疑犯人的犯罪事实符合逮捕的条件,公安人员便有义务去逮捕他,如果公安人员不逮捕嫌疑犯,那只能是该嫌疑犯不符合法定逮捕条件。如果将公安人员逮捕嫌疑犯的行为看做权利的行使,那就等于赋予公安人员随意逮捕人的自由,那将是法治的灾难,同样,如果将国家机关、国家公职人员履行职务的行为看做行使权利,那将导致普遍的渎职、腐败行为。或许,现有的党、政、司法机关中出现大量的渎职、腐败行为,就与这些机关中的公职人员把自己的职务看做权利有关。

国家机关、国家公职人员的职权、职务、职责不是权利,只是义务,这是必须确定的一个基本法律观念。对于社会主义国家采说,尤其如此。这是马克思早在总结巴黎公社经验时,就为无产阶级专政国家机关确定的一个基本原则:一切国家机关公职人员都是人民的公仆。将公职义务改称为权利,就是企图从人民的公仆摇身变为主子。

在私法领域忽视义务人履行义务行为的不可侵犯不可阻碍、必须服从性,其后果也可能是严重的。下面的案例可谓意味深长。

张某曾与李某投资共同经营一家工厂,由于合作不愉快,双方协商分伙,自愿达成分伙协议。协约规定:工厂全部资产折价500万元人民币,协约签订后15天内,张某先付款200万元人民币,剩余50万元人民币张某一个月内付清。协约订立后的第7天,李某从张某处取走股份转让款200万元人民币。剩余款项李某至协议付款期限的最后一天还没来取款,于是张某多次电话催问付款事宜,李某表示好商量。但是,张某总觉不妥,先后于付款期满前后四次携款前往李某处欲行付款,而李某总是托辞拒收。后来,李某向法院起诉,说张某逾期付款,属违约性质,要求张某向他付违约金200万元人民币。此案经过一审、二审法院审理,结果判决张某不仅要付给李某余款50万元人民币。还要付违约金50万元人民币。[①]

该案的判决根本是违背法理的。债权人阻碍、拒绝债务人履行义务,反而能进一步向债务人索取巨额违约金,简直荒谬透顶。该案的判决表现了我国法学理论和司法实践的一大缺憾:法理上未曾明确地提出过义务履行不受侵犯、不受阻碍、必须服从的观念,立法上没有保护义务人履行义务行为的明确规定,司法机关没有保护义务人履行义务行为的意识。鉴于这种缺憾,笔者认为,应当从确立保护义务人履行义务行为的法理学观念开始,推动立法和司法的变革,对履行义务行为加以保护。

最后,关于国家对义务履行的强制,实际上是指,当义务未被履行时,国家给予强制。这只是义务履行中的一种情况,而非全部情况。我们也不能以这种情况下国家的态度来作为国家对所有履行义务行为的态度。

国家对履行义务的诸种情况的不管、保护和强制的态度,都和义务所内含的"应当"这一要素有关。由于义务行为是"应当的"、"必须的",如其不被履行就具有对他人、对社会的危害性,所以,国家对履行义务者加以强制,又由于义务是严"应当的"、"必须的",当其被履行时,也就同时具有比权利更强烈的"正当"性,所以,国家对于履行义务行为或者不管,或者当其受阻碍时应给予保护。

总之,权利和义务是有区别的,但这种区别并不像许多学者认为的那样处处对应。根据我们的看法,权利和义务几乎在区别的每一点上都含有某种共同的因素:

(1)权利是"正当的",义务是"应当的"。二者在这种区别的同时,又有共同点:"应当"中也包含"正当"的成分。

(2)权利是主体具有行为选择的自由,义务是主体应作的必然性行为。但是,必然性行为是自由行为的前提条件,因必然才有自由。

(3)行使权利是主体依据自我利益判断而作出的行为,履行义务是符合社会要求的行为。但是,并不是所有的履行义务的行为动机都是被强制的结果。实际生活中,存在大量的、出于自我利益判断,或自我感情驱使下的履行义务的情况。

(4)行使权利是受国家保护的行为,不履行义务是受国家强制的行为。但

① 张永宏:"债务人也应有权利",载《北京法制报》1994年11月27日。

是，自行履行义务也是国家不管、国家应保护的行为，这与国家对权利行使的不管和保护是相同的。

我们不但要认真地看待权利，更要认真地看待义务，在市场经济条件下尤其如此。市场经济是信誉经济，没有信誉、不信守承诺、不履行义务，就不可能有市场经济。明确义务与权利的异同，有助于提高市场经济活动主体们履行义务的自觉性。

（1995 年第 7 期）

对当前法学界两个重要理论问题的一点看法

铁　犁*

法学界时下有一种颇为流行的看法,认为最近一个时期,不加分析地盲目推崇西方法律观念和法律制度的思想有所抬头。其表现有二:一是把西方当代的乃至原始的市场经济法律,一概视为可以照搬照抄的“共同规律”;二是认为法是超乎一切之上的,法要与姓“社”姓“资”绝缘。①

笔者认为,这一看法既非“持之有故”,亦非“言之成理”。说它不是“持之有故”,是因为法学界在邓小平同志“有中国特色的社会主义理论”指导下,积极探索与社会主义市场经济相适应的法学理论,并不存在什么盲目推崇西方法律的倾向;说它不能“言之成理”,是因为人类历史发展既有共性,亦有个性。抹杀个性固属荒谬,但忽视共性亦非明智。

随着改革开放的深化,随着“一国两制”的实行,如何看待中国社会主义法律与西方法律的关系,将是一个相当敏感、无法回避的问题。因此,本文出于百家争鸣、繁荣学术的目的,就如下两个问题略陈己见,以期得到法学界同人的批评指正。

一、西方市场经济法律与世界法制发展的共同规律

西方市场经济法律是不是世界法制发展共性的体现,关键在于西方的市场经济与中国的市场经济有无共同之处。首先应该承认,西方的市场经济是资本主义私有制性质的市场经济,而中国的市场经济是建立在社会主义公有制为主导基础上的市场经济;西方的市场经济是让少数人富裕,多数人贫困,而中国社会主义市场经济的最终目的是走共同富裕的道路。中国市场经济与西方市场经济的这些差异是不言而喻的,法学界从来没有什么异议。

---

* 作者单位:华东政法学院(现华东政法大学)。

① 邹瑜:“在新形势下推进民主法制建设,促进经济发展和社会全面进步”,载《中国法学》1995年第2期。

问题是,中国的市场经济和西方的市场经济除了差异之外,有无共同之处?两者之间有无共同的规律?就此问题,著名学者王家福先生前不久在给中央领导同志讲授市场经济法律制度时说;"借鉴和吸收市场经济发达国家和地区的成功立法经验,是人类文明成果的承继,也是市场经济客观规律的要求,我们所要制定的有关市场经济的法律法规,本质上是现代市场交易的规则,这些规则背后起作用的是现代市场经济共同的客观规律。由于现代市场经济的基本经济规律是共同的,这就决定了我们在制定有关市场经济的法律法规时,不仅必须而且可能吸收和借鉴国外的立法经验。凡是现代法律中已有的,反映现代化市场经济共同规律的法律概念、法律原则和法律制度,各国成功的立法经验和判例、学说、行之有效的新成果,都要大胆吸收和借鉴。不必另起炉灶,自搞一套,人为地设置藩篱和障碍。"王先生在这里反复强调"现代市场经济的基本经济规律是共同的",要吸收"反映现代化市场经济共同规律的法律概念、法律原则和法律制度",①可谓真知灼见!难怪江泽民总书记听后要走到王家福先生跟前,紧握着他的手说:"今天讲得太好了,有时间我还想再找你专门探讨一下。"②

众所周知,市场经济是世界各个国家、各个民族社会发展的必由之路,因而建立与市场经济相适应的现代化法制也就成为一种不可抗拒的历史潮流。

市场经济首先是从西方发展起来的。在古代,希腊和罗马的商品经济是世界上最为发达的,而当时其他地区和国家都不能与之媲美;在中世纪,又是西方首先发生了"商业革命",出现了近代意义上的城市,孕育了市场经济;在近代,还是西方率先发展了市场经济,建立了现代市民社会。西方既有发展简单商品经济的历史传统,又有发展现代市场经济的丰富经验,而且迄今为止,西方在发展市场经济方面仍然居于领先地位,很多后起的现代化国家都是在西方发展市场经济的经验基础上迈出自己的步伐的。市场经济是一种有秩序、有规则的经济,这种秩序和规则集中表现为现代民法。正如市场经济首先在西方产生和发展一样,民法也首先是在西方产生和发展起来的。民法作为一种法律文化现象,导源于古代西方的罗马私法。公法和私法的划分是罗马人的首创,罗马私法以权利为核心,以私人平等和自治为基本理念,对简单商品经济的一切重要关系都作了详细的规定。西欧封建社会初期,在罗马人中间和一些残存下来的城市法中仍然保留了罗马法。西欧中世纪晚期兴起的罗马法复兴运动,拉开了法制现

① 司法部法制宣传司编:《中共中央举办法律知识讲座纪实》,法律出版社1995年版,第17、88~89页。

② 同上。

代化的帷幕,现代民法乃直接继受罗马私法而来。

市场经济必然要求民法的产生,民法的产生与实施又必然要求相应的民法观念作保障。民法观念的核心是权利。它凝结了对人的价值的尊崇,对市场制度的信心。与西方悠久的民法传统相对应,以权利、平等为核心的自然法思想,几乎贯穿于西方历史上的各个发展时期。

综上所述,西方的市场经济历史悠久,民法制度较为完备,民法权利观念较为普及,这三者构成了现代法律文化的重要内容,是市场经济法律的主要内容,是世界市场经济法律共性的集中体现。过去,我们曾批西方的民商法鼓吹私权神圣,保护资本主义私有制。但在今日的社会主义初级阶段,我们还不能完全否定私权神圣的原则。在积极促进公有制经济发展的同时,还需要鼓励个体、私营、外资等其他经济成分的发展。在市场经济中,作为市场主体,不管是国有企业,还是非公有制企业,地位一律平等。

民商法的发展是世界各国市场经济和法制发展的共同规律,是人类历史共性的体现。它肇始于古代的罗马法,发展于西方近现代,是西方人民对人类历史的巨大贡献。如果说在宪法领域中国和西方有着重大的差异,那么在民商法领域中国和西方则是同多于异。

二、法与姓“社”姓“资”

从根本上来说,法是有姓“社”、姓“资”之分的。这是因为中国的立国之本是四项基本原则,中国的法律体系从属于这一原则。

但是,法律同意识形态既有密切的联系,又多少有所区别,尤其是我们不能把市场经济、贸易、法律问题完全混同于意识形态问题,这就犹如当今世界各国虽然意识形态不同、社会制度不同,但都可以在和平共处五项原则的基础上发展友好关系(尤其是经贸关系)。因此,在市场经济法律的一定范围内,的确不能用姓“社”姓“资”问题妨碍市场经济活动的正常开展,不能妨碍中国法律与国际惯例、公约的接轨。

现代民法的首要原则即是“身份平等”,这是维护市场公正性所不可缺少的要素。它要求:一切市场主体,不论是姓“社”还是姓“资”,均以平等的资格在平等的基础上进行相互竞争。市场主体要遵守同样的法律法规,法律不对某一主体实行优惠。

国际商贸法律制度要求加入世界贸易组织的国家应在非歧视原则的基础上进行贸易,无论是姓“资”姓“社”,在相互的贸易关系中不应存在差别待遇。这一点集中表现在最惠国待遇和国民待遇的规定里。前者是指凡缔约国之间在进出口货物及其有关的关税、征收方法、规章手续、销售和运输以及对进口货物征收内地税,费用或使用的全部法令、条例方面,每一缔约国给予任何一个国家的优惠、特权和豁免,均应立即无条件地适用于所有缔约国;后者是指外国产品进入到另一缔约国领土时,不应对它直接或间接征收高于对相同的本国产品所征收的国内税或费用,在关于产品的国内销售、推销、购买、运输、分配或使用的全部法令、条例和规定方面,进口产品所享受的待遇不应低于相同的本国产品所享受的待遇。

因此,在市场经济法律制度中,的确存在与姓"社"姓"资"绝缘的事实,即便是在所有制性质问题上,我们虽然坚持公有制为主体,但并不歧视非公有制经济,它们在市场经济法律中的地位都是平等的。

在过去一个时期内,受计划经济体制的影响,我们的立法十分看重主体的身份性质,不同的主体用不同的法律规范来约束。改革开放后,我们积极依照国际经贸法律制度规范我国的对外经济活动,依照民法规范我国的对内经济活动,法学界正是据此提出市场经济的法律制度要打破姓"资"姓"社"框框的束缚,大胆学习和借鉴国际经济法原则和规则以及国际惯例,使我国的法规、政策及其日常的经济贸易做法尽快向公认的国际公约、国际惯例靠拢,这是加快形成我国社会主义市场体系、扩大对外开放的必然要求,人同此心,心同此理,对此应予充分理解。

在过去世界资本主义和社会主义两大阵营相对抗的冷战期间,人们都认为资本主义的轨道和社会主义的轨道是平行的,不会相遇交叉的。冷战结束后,又有人认为资本主义和社会主义正在趋同。在笔者看来,资本主义和社会主义既非平行,亦非趋同,而是交叉前行。在笔者看来,那些交叉点即是人类历史共性的体现,是全人类共同享有的文明成果。社会主义的法律和资本主义的法律肯定会有许多交叉点,而这些交叉点即是法制发展的共同规律的体现,是没有姓"社"、姓"资"之分的。所以,原全国人大常委会委员长万里于1988年12月6日在全国人大常委会召开的座谈会上曾讲道:"为了加快立法步伐,外国、香港一些有关商品经济发展的成熟法律,我们也可以移植和借鉴,不必事事从头搞起。"[①]现任全国人大常委会委员长乔石亦曾讲道:"凡是国外立法中较好的又适合我们目前情况的东西,我们都应当大胆吸收。他们走过的弯路,也值得我们借

① 参见《人民日报》1988年12月8日。

鉴,有些适合我们的法律条文,可以直接移植,在实践中充实、完善。”[1]前些时候,中央领导同志邀请曹建明教授讲授国际商贸法律制度,邀请王家福研究员讲授市场经济法律制度,表明了中国将更进一步重视市场经济法律,与国际接轨。法学界理应以更开阔的胸襟,广泛研究、吸纳西方法律文化,切不可错估形势,作出有悖于历史发展潮流的事情。

(1995年第8期)

① 参见《人民日报》1994年1月15日。

党领导人民与人民监督党

——论党领导人大与人大对党的监督

铁　犁*

[**编者按**]　坚持中国共产党的领导，完善人民代表大会制度，是我们在改革开放的历史进程中立于不败之地的前提，但是，如何在新的形势下，坚持、完善党的领导和人民代表大会制度？本文从宪法理论、党章规定以及无产阶级政党的性质等角度，对党的领导与人民监督的关系进行了分析。这是一个具有重大理论和实践意义的新课题，欢迎广大读者就此展开讨论。

一、问题的提出

根据邓小平同志的论述，我国的政治体制改革，一是要坚持党的领导，二是要完善人民代表大会制度。因此，我们有必要深入探讨这两者之间的关系。

这是一个在理论和实践方面都具有相当难度的课题。从理论上说，恩格斯在《论权威》中有无产阶级权威理论，列宁有建党理论。根据他们的阐释，人民是划分为阶级的，阶级通常是由政党领导的，政党的领导是通过它的有威望的、通常称为领袖的人物组成的集团实现的。因此，无产阶级政党对人民（包括对人大）的领导是天经地义的。但按照现代宪政人民主权理论，公民选举自己的代表组成国家权力机关，实现人民意志。这两种理论是不是完全一致呢？在社会主义国家如何沟通？值得深思。从实践方面说，党在历史上曾犯过错误。当然，党对自己所犯的每一次错误都是由自己主动纠正的，这正是党的强大生命力之所在。

现在值得讨论的问题是，如何才能有效地防止或减少党犯错误，以有利于加强党的领导？为此，今后能不能在党外增加一种预防或尽早纠正错误的机制？在沟通党的意志和人民意志方面，能不能把人民代表大会作为一座桥梁，以集思广议，加强党的决策的科学性？

---

* 作者单位：华东政法学院（现华东政法大学）。

二、人民代表大会为什么对党拥有监督权

在社会主义市场经济体制下,利益主体发生了从一元到多元的深刻变化。对不同利益主体加以协调,促进社会稳定和谐的发展,是中国共产党在社会主义初级阶段的重要历史使命。因此,我们必须加强党的领导,增强党对人民的凝聚力。

但问题是,要想加强党的领导,必须随着历史的发展,不断改进、完善党的领导。与建设社会主义民主和法制的目标相适应,党必须善于运用法律手段来实现对人民的领导,同时为了使党的意志与人民意志时刻保持一致,为了使党廉洁公正,杜绝腐败,党必须自觉接受人民的监督。

那么,党通过何种渠道接受人民的监督呢?根据国情及现有制度,党通过人民代表大会来的监督,是最可取的做法。落实到制度层面(或曰落实到操作程序上),那就是各级党组织则接受各级人民代表大会的监督,各级人民代表大会对各级党组织要拥有监督权。

党领导人民与人民监督党,这本来是一个事物的两个方面,从无歧义。不过,怎样把人民监督党变成一种可以操作的程序,还有待理论界进一步努力。我们现在提出人大对党拥有监督权,主要是基于以下几个理由:

第一,人民代表大会制度是我国的基本政治制度,它是由选民或者人民的代表,按照民主集中制原则依法选举代表,组成全国的和地方的国家权力机关体系(即全国和地方各级人民代表大会),通过国家权力机关,组织国家机构,行使人民当家作主的权力。它具有深厚的群众基础和广泛的代表性,最能反映人民的要求。因此,既然党要接受人民的监督,那么由人民代表大会来行使监督权加以实现,是最好不过的办法。

第二,党的领导地位是人民选择的结果,是全国人民代表大会审议、通过了宪法,把党的领导写进了宪法,确认了党为执政党。因此,中国共产党的执政党地位,既是近代民主革命的必然产物,又是社会主义时期全国人民代表大会确认的结果。亦可以说,是全国人民通过自己的代表大会确认了中国共产党为执政党,所以人民代表大会自然有权监督党。

在宪法上确立共产党的执政党地位,是社会主义国家宪法所独有的,其法律依据即在于它是人民代表大会确认的,因此,共产党要接受人大的监督。西方资本主义国家实行多党制,不在宪法上规定某一党为执政党,因此,西方的议会对通过竞选而获得执政资格的党不具监督权。中国的国情和西方不同,因而中国

有必要通过人民代表大会监督自己选择的执政党。

第三,由人民代表大会来监督党,符合宪法精神。现行《宪法》第5条规定:"一切国家机关和武装力量,各政党和各社会团体、各企业事业组织都必须遵守宪法和法律。一切违反宪法和法律的行为必须予以追究。"因此,由人大监督各政党,特别是执政党,是宪法的固有之义。

第四,由人大来监督党,是中国共产党自身的要求。中国共产党的宗旨是全心全意为人民服务,正如邓小平同志所说,人民拥护不拥护、人民高兴不高兴、人民赞成不赞成,是中国共产党考虑一切问题的出发点。而宪法和法律是人民意志的体现,所以《中国共产党章程》总纲部分要求"党必须在宪法和法律范围内活动"。各级人大是制定法律的机构,又是监督法律实施的机拘。因此,人大有权监督党。

或许会有同志提出,人大监督"一府两院"就可以了,何必再监督执政党?笔者认为,现在党、政已经分开,政府虽然是党领导的政府,但毕竟不是党自身的一个组织部门。此外,前文已述,在宪法上明确规定执政党,是社会主义国家独有的,共产党在国家政治生活中具有特殊地位,正如陈云同志所说,执政党的党风问题关系到国家的生死存亡。因此,人大有必要对它加以监督。

三、人民代表大会如何监督党

虽然从宪法原理和中国共产党的章程来说,人大监督党是没有什么问题的,但它毕竟还未成为明确的法律条文。因此,笔者建议尽早在宪法里设立这样的条文。

人大监督党的方式是,各级党委应向同级人大及其常委会定期进行工作报告,请人大及其常委会提出批评、建议。我们相信,党的工作只要反映了人民的意志,就肯定获得人大的支持。

人大并非监督党的所有活动,而只是监督党的工作中涉及社会管理方面的内容,主要是:

第一,党的政策。从总体上来说,法律具有滞后性,而政策比较灵活,在由计划经济体制向市场经济体制转型时期,在如今各种利益主体的意志经常处于碰撞的年代,中国共产党作为执政党,针对千变万化、错综复杂的社会形势,提出一定的政策,以稳定社会、深化改革、抓住机遇、促进发展,弥补法律的不足,这既是中国长期认可的政治惯例(是不是一种宪法惯例,还可以研究),亦具有合理性。但党的政策必须和人民意志相一致。因此,党应该及时把自己提出政策的理由、内容向人民代表大会报告，取得人民代表大会的理解和支持。

第二，党所承担的社会管理工作。例如，社会主义精神文明建设通常是由各级党委直接负责的，它不仅仅是党内工作，而且已延及整个社会。因此，像这样的社会管理工作就应该向人民代表大会报告，取得人民代表大会的理解和支持。众所周知，中国目前的形势是：因循守旧不行，照抄照搬西方也不行。只有坚持实事求是的思想路线，从中国的国情出发，兼顾世界历史发展的潮流，选择具有中国特色的社会主义发展模式。全是有感于此，草成此文，疏漏、不当之处，敬祈教正。

（1995 年第 12 期）

编　后　记

本卷主编为郝铁川和李桂林，副主编为张卓明和马金芳。编校工作也由本卷主编和副主编承担。

编校工作的总体原则是尊重历史。由于文集收录的文献时间跨度较大，论文在结构、注释体例等方面差异较大，难以按某种标准予以统一。因此，除了原文中的文字与知识错误之外，编校者尽量减少对原文的修改，以最大限度地体现尊重历史原貌的原则。

但编校者并没有以此为由稍缓编校责任。斟酌与判断需要以责任感作保障。编校者以高度负责的精神，在编校过程中利用各种条件查考原文，避免了一些错误。

由于时间较紧，编校中定会有疏漏失误之处，敬请读者指正。

编　者

2012 年 4 月

领取稿费告知

尊敬的各位作者：

值华东政法大学建校60周年、《法学》创刊56周年之际，华东政法大学《法学》月刊社出版了《法学的历史》文丛，旨在以文献的方式反映新中国法制建设的进程以及法学理论的发展。为此，选萃了《法学》月刊自1956年创刊以来刊登的具有代表性的、能够反映当期现实问题和理论研究水平的文章。您的文章被我们选用，但由于各方面原因，我们无法与您直接取得联系，希望看到此通知后联系我们，以便发放您的稿费。具体事项如下：

1. 请告知您的信息，具体包括：(1)作者姓名；(2)文章名；(3)文章发表的卷名。可直接到杂志社领取稿费。如需要邮寄稿费的，为防止冒领，请将个人身份证号、收款账户、联系电话予以告知我刊。

2. 稿费的发放标准为每千字10元。

3. 杂志社地址：上海市万航渡路1575号华东政法大学六三楼《法学》月刊社。邮政编码：200042。联系电话：021－62071924。联系人：过纯益 汪池洲

感谢您的大力支持！

华东政法大学《法学》月刊社

2012年7月8日

图书在版编目(CIP)数据

法学的历史．第3卷,法理学．上卷:1981年~1995年/郝铁川,李桂林主编．—北京:法律出版社,2012.9
ISBN 978-7-5118-3736-3

Ⅰ.①法…　Ⅱ.①郝…②李…　Ⅲ.①法学史—世界—文集②法理学—文集　Ⅳ.①D909.1-53②D90-53

中国版本图书馆CIP数据核字(2012)第157133号

责任编辑/王津京　　**装帧设计**/李　瞻

出版/法律出版社　　**编辑统筹**/财税出版分社
总发行/中国法律图书有限公司　　**经销**/新华书店
印刷/北京中科印刷有限公司　　**责任印制**/吕亚莉

开本/720毫米×960毫米　1/16　　**印张**/38.75　　**字数**/672千
版本/2012年9月第1版　　**印次**/2012年9月第1次印刷

法律出版社/北京市丰台区莲花池西里7号(100073)
电子邮件/info@lawpress.com.cn　　**销售热线**/010-63939792/9779
网址/www.lawpress.com.cn　　**咨询电话**/010-63939796

中国法律图书有限公司/北京市丰台区莲花池西里7号(100073)
全国各地中法图分、子公司电话:
第一法律书店/010-63939781/9782　**西安分公司**/029-85388843　**重庆公司**/023-65382816/2908
上海公司/021-62071010/1636　**北京分公司**/010-62534456　**深圳公司**/0755-83072995

书号:ISBN 978-7-5118-3736-3　　**定价**:142.00元

(如有缺页或倒装,中国法律图书有限公司负责退换)